KB169194

쾌락의 정원

# 쾌락의 정원

동양의 에피쿠로스,
이어李漁의 『한정우기閑情偶寄』

이어 지음 | 김의정 옮김

글항아리

# 꽃보다 늦게 잠들고 새보다 빨리 일어난다

## 1. '이어李漁'라는 인물에 대하여

새벽에 일어나 처음 맡는 말리꽃 향기 曉起初聞茉莉香

몇 송이 집어 꽃잎을 엮어보네 指拈幾朵綴芬芳

찾고 찾아도 이제는 꽃을 꽂을 데가 없어 遍尋無復簪花處

한번 웃고는 비벼서 길옆에 버렸네 —笑揉殘委道旁

「머리를 깎고薙髮」라는 제목의 이 시는 명말 청초 시기 남다른 삶의 길을 갔던 이어李漁(1611~1680)가 후반생을 어떻게 받아들였는지를 상징적으로 보여준다. 그는 명나라 황실의 측근도 아니었고 과거 시험을 통과하여 관리가 되어 백성을 구제해야 할 책임을 한 몸에 짊어진 것도 아니었다. 상인商人 집안 출신으로 가문의 지원을 받아 관리가 되고자 했으나, 부패한 명나라는 청나라의 공격에 힘없이 무너졌다. 과거의 왕조에 남다른 미련이 있는 것도 아니었으니, 굶거나 자결하는 것도 어울리지 않았다. 영화 속 한 장면 같은 위의 시는 아무렇지도 않게 청조淸朝의 백성으로 살아가다 문득 자신의 변발에서 현실을 깨닫는 장면을 스케치하고 있다.

이어李漁는 원래 이름이 선려仙侶였는데 나중에 어漁로 개명했다. 자字는 적범謫凡이고 호號는 천도天徒 또는 입옹笠翁이라 한다. 절강성 금화부金華府 난계현蘭溪縣 하리촌夏李村 사람으로 명말 청초의 저명한 희곡 이론가이며 희곡 작품과 백화소설을 다수 창작했다. 다재다능했던 그는 오늘날의 직업군으로 보면 한마디로 정의하기 힘들 만큼 다양한 분야에 몸담았는데, 극작가이자 연출가 겸 극단 경영자였고, 책의 기획과 편집에서 출판과 판매를 총괄하는 전문 출판인이었다. 또한 소설과 희곡을 쓰는 작가이자 비평가였다. 그리고 무엇보다 이 책『한정우기閑情偶寄』의 면면에 드러나듯이 건축·가구 제작·의복·장신구·화훼·음식에 이르기까지 생활의 전 영역에 깊은 관심을 두고 자신만의 세계를 추구했던 예술가였다.

독특한 이름을 가진 이어의 출생과 관련하여 다음과 같은 일화가 전해진다. 이어의 모친이 열 달이 넘었는데도 해산하지 못하고 있었다. 마침 이곳을 지나던 백발노인은 큰 인물이 태어날 예정이나 이곳의 지세가 출산을 막고 있다고 하여, 마을에서 가장 큰 사당으로 옮겼더니 순산할 수 있었다고 한다. 힘들게 얻은 아이였고 비범할 것이라는 예언을 들어 '신선의 벗(선려仙侶)'이라는 이름을 얻었고, '속세에 유배 오다(적범謫凡)'라는 자를 가졌으며, '하늘의 무리(천도天徒)'라는 호를 받았다. 그리고 과연 어려서부터 남다른 총명을 보여 가족

뿐 아니라 온 가문의 기대를 한 몸에 모았다.

이어는 가문의 전폭적인 지지를 받고 공부하던 중, 19세에 아버지가 사망하여 생계가 곤란해지자 가족과 함께 난계로 돌아와 결혼했다. 꿋꿋이 학업을 계속하여 숭정崇禎 8년(1635), 금화金華의 동자시童子試에 합격하고 생원이 되었다. 그러나 29세가 되던 숭정 12년(1639) 항주杭州에서의 향시에는 합격하지 못하고 금화에서 2년간 막부의 막료생활을 했다. 숭정 15년(1642) 명 왕조의 마지막 향시가 있던 해, 항주로 응시하러 가던 중에 정국의 위험을 느끼고 난계로 돌아왔다. 그리고 얼마 후 과연 청나라의 침입으로 명 왕조는 사라졌다. 국가 멸망과 함께 오랫동안 꿈꾸었던 과거시험을 통한 성공의 꿈도 사라진 것이다. 그는 관리의 길을 포기하고, 고향 하리촌 이산伊山에 별장을 마련했다. 별장의 이름은 이원伊園으로, 자신의 원림 철학에 따라 직접 설계했다. 또한 이 시기에 고향 마을에 주민을 위한 정자를 짓고 하천의 준설 공사도 벌였다.

1651년, 이어는 분쟁에 휘말려 가산을 정리하고 항주로 이사했다. 이때부터가 이어의 인생 제2기인데, 그는 전과 다른 삶의 길을 결심했으며 글을 팔아 생활하기 시작했다. 『풍쟁오風箏誤』『의중연意中緣』 등의 희곡과 『무성희無聲戲』『십이루十二樓』 등의 백화소설집이 이 시기의 대표적 성과다. 항주에 거주한 지 몇 년 지나지 않아 이어는 인기 작가가 되었다. 당시 항주杭州, 소주蘇州, 남경南京 등지에서는 불법 복제가 심해졌는데, 이어 본인도 모르는 작품이 '호상입옹湖上笠翁'이라는 이름으로 발행되기도 했다. 이러한 문제점을 해결하기 위해 그는 1662년 항주를 떠나 남경으로 거처를 옮겼으며, 이때부터 문화 사업을 본격적으로 시작했다. 항주 시기의 이어가 전업 작가에 가까웠다면, 남경 시기의 이어는 극단주와 출판인을 겸한 다각적 문화 사업가였다. 몇 년 후 그는 이곳에 자신이 설계한 개자원芥子園을 지었다. 문인들의 서신 모음집과 관리들의 판결 모음집을 출판했고, 유명한 그림 교본 『개자원화보芥子園畫譜』도 이곳에서 나왔다. 당시 이어의 집안에는 노복까지 합치면 수십 명에 달하는 식솔이 있었다. 이들을 부양하고 관리하기 위해서도 상당한 자금이 필요했으므로, 그는 늘 외출하여 관리들과 사귀며 그들의 사례를 받았다. 글을 파는 것도 모자라 대놓고 후원금을 받았으며 팔리지 않는 글은 쓰지 않겠다고 공언했다. 이를 입증하기라도 하듯 불륜과 엽기로 가득한 그의 소설과 희극은 정통 문인들의 눈에는 천박하고 조잡한 것일 뿐이어서 따가운 눈총을 받았다.

1666년부터 이어는 섬서陝西, 감숙甘肅, 북경北京 등지를 돌아다니며 후원자를 알아보았다. 이 와중에 미모와 재능을 겸비한 교희喬姬와 왕희王姬를 발굴하여 가반家班(가정 내 연극단)을 꾸려 전국 각지를 돌면서 공연 활동을 했다. 아마도 이 시기는 비록 힘들었어도 이어의 후반생에서 가장 의미 있고 득의한 시절이었을 것이다. 일생의 경험을 총괄한 야심작 『한정우기』도 이때 나왔다.(1671, 강희 10년) 그러나 몇 년 후 교희와 왕희가 병사하고 심리적 타격을 입었으며, 사업도 잘되지 않아 만년의 이어는 상당히 곤궁하게 생활했던 것으로 보인다.

만년의 이어는 고향 난계로 돌아왔다가 1677년, 늦게 얻은 아들의 과거시험 응시를 위해 67세의 나이에 다시 항주로 이사했다. 이 시기 거주지는 산기슭에 있어 이곳에 작은 원림을 짓고 이름을 층원層園이라 했다. 힘든 이사 끝에 가난과 질병이 겹쳐 고통스런 시기를 보냈으나, 대련對聯에서 "호수와 난이 나를 부르니 온 집안이 그림 속으로 이사왔다"라고 쓰며 기뻐했다. 그리고 1680년(강희 19년) 일생을 여러 직업을 가지고 여러 지역을 떠돌며 늘 새로운 것을 추구하던 이어는 항주에서 눈을 감았다.

이어는 수시로 후원자를 물색하는 여행을 떠났던 만큼 수많은 사람을 만났고 그 일화를 기록했으며, 이들과 주고받은 편지를 별도의 출판물로 묶어내기도 했다. 이어가 만난 인물은 전겸익錢謙益과 오위업吳偉業 등 저명한 문인에서 공예품 기술자에 이르기까지 다양하며 그 수가 800여 명에 이른다. 그는 전국의 17개 성省, 200개 현縣을 방문했다고 한다. 수많은 사람과의 만남은 늘 그를 깨어 있게 했고 작품의 풍부한 소재가 되었다.


## 2. 『한정우기閑情偶寄』에 대하여

16~17세기 강남의 지식인들은 풍부한 물질문화를 문인의 관점에서 담론화했다. 고렴高濂의 『준생팔전遵生八牋』, 진계유陳繼儒의 『암서유사巖棲幽事』, 도륭屠隆의 『고반여사考槃餘事』, 문진형文震亨의 『장물지長物志』가 대표적이라 할 수 있다. 다만 『한정우기』는 이러한 책들과 노선을 달리하는데, 세상 속으로 뛰어들었던 비주류 문인답게 대중화의 길로 나아갔다. 한마디로 『한정우기』는 전통적 문인의 삶에서 새로운

돌파구를 찾아 문화 시장에 뛰어들었던 그의 고민과 열정이 담겨 있는 일종의 백과사전이라 할 수 있다.

이 책은 주로 희곡 창작과 무대 연출을 위한 전문서로 알려졌지만 사실은 의식주衣食住 전반을 다룬 실용 서적에 가깝다. 사곡부詞曲部·연습부演習部·성용부聲容部·거실부居室部·기완부器玩部·음찬부飲饌部·종식부種植部·이양부頤養部의 8부로 구성되어 있는 가운데, 사곡부와 연습부는 희곡 연출에 특화된 부분이고, 국내에 따로 번역되어 소개된 적 있다. 이 책에서는 일상생활의 미학이라 할 수 있는 나머지 여섯 부문에 대하여 번역했다. 각각을 소개하면 '성용부'는 여인의 용모, 화장법, 옷 입기 등에 관해 기술한 것이다. 세수하기, 눈썹 그리기, 자신을 돋보이게 할 수 있는 신발 고르기, 몸매가 날씬하게 보이는 조끼와 벨트 이용하기 등은 오늘의 관점에서 보아도 신선한 점이 있다. 검은색 재킷은 안에 여러 가지를 바꿔 입을 수 있으므로 활용도가 높다거나, 신발을 선택할 때는 양말과 신발 그리고 발이 닿는 땅의 색깔까지 고려해서 각각이 조화롭게 이루어져야 한다고 조언했다. '거실부'는 거실, 벽, 창문, 천장, 화장실, 수납공간, 액자 등 주거 공간의 활용에 대해 서술했다. '기완부'는 집에서 사용하는 각종 기물에 대해 서술했다. 당시 수많은 문인 애호가가 골동품 수집에 열을 올렸고, 서화와 수석에 이르기까지 전문 서적이 많았는데, 이어는 실용적 측면을 고려하여 평범한 사람이 일상생활에서 기물 활용을 하는 데 중점을 두고 침대, 의자, 책상, 서랍 등의 활용법을 소개했다. 등불, 접시, 편지지 등의 작은 소품도 빼놓지 않고 다뤘다. '음찬부'는 음식, 즉 먹거리를 다룬 부분으로 재료와 조리법을 소개했다. 이어는 육식보다 채식을 권장했으며 버섯, 죽순, 각종 나물의 이로운 점을 소개하고, 매일 먹는 밥, 죽, 떡, 국수 등을 종류별로 자세히 다뤘다. 이어서 육류에서 어류로 넘어가며 각각의 특징을 차례로 이야기했다. '종식부'는 식물의 품종과 재배에 관한 것이다. 주로 꽃을 다루고 있지만 목본(나무), 등본(덩굴식물), 초본(풀)으로 구분하고 토양, 바람, 햇빛 등 재배 조건까지 세밀하게 논하고 있어 16~17세기 식물학 발전의 한 수준을 보여준다. 또한 갖가지 꽃에 얽힌 자신의 일화, 여러 가지 별칭, 꽃과 관련된 자신의 특별한 애호 등에 대해서도 흥미진진하게 늘어놓아 읽을거리로서의 가치도 풍부하다. '이양부'는 건강하고 쾌적한 삶을 위한 구체적 방법을 제시하고 있다. 이어는 인생은 한번뿐이니 즐기는 것이 마땅하다는 철학관을 일관되게 유지한다. 다만 이것이 지나치면 오히려 몸을 망칠 수 있으므로 적절한 절제가 요구된다고 말한다. 제철에 맞는 음식 먹기, 올바른 수면법과 휴식법은 절제하며 즐기는 삶의 기본으로 제시되고 있으며, 나아가 올바른 성생활 등 은밀한 부분까지 하나의 실용적 지식 차원에서 제공하고 있어 놀라움을 준다. 이 대목에 이르면 과연 이어가 입만 열면 주장해온 "나는 아무것도 숨기는 것이 없다"는 말이 틀리지 않았음을 알 수 있다.


### 3. 『한정우기』의 세 가지 키워드

수많은 일상 사물이 즐비한 이 지식 백과사전은 어떻게 읽는 것이 좋을까? 물론 저자 이어는 음식, 건축, 기물 등 범주별로 서술하고 있지만 그 안을 관통하고 있는 핵심적 사고방식을 파악한다면 이 책 전체를 이해하는 데 도움이 될 것이라 생각한다. 또한 이를 통해 일견 모순된 지점들도 해소될 수 있을 것이다.

역자는 번역 과정에서 『한정우기』를 다음 세 가지 측면으로 바라볼 수 있다고 생각했다. 첫째, 이 책은 물질문화가 범람하는 시대에 출현한 '사물'에 관한 기록이다. 둘째, 『한정우기』는 생활미학 서적이며 살아 있는 것, 삶 자체를 중시한다. 셋째, 저자가 집필하면서 당시 유사한 서적들과 스스로 어떻게 차별화할 것인지를 고민했고, 책의 활용도를 높이기 위해 많은 노력을 기울인 실용서다.

### 1) 『한정우기』는 사물에 관한 기록이다

이 책은 무엇보다 사물 자체를 다룬다. 17세기 중반에 오면 중국 강남의 물질문화는 만개한다. 이에 따라 사물에 대한 애호가 폭증했으며 『한정우기』는 그러한 현실을 고스란히 반영한 기록이다. 예를 들면, 다구는 자사호紫沙壺가 가장 좋고 그 가운데서도 의흥宜興에서 만든 게 가장 훌륭하다는 것은 누구나 알고 있다고 말한다. 또한 등본식물의 지지대로 죽병竹屛을 활용하는데, 찻집과 술집마다 이것을 요란하게 설치해서 주택가에 이용하면 오히려 번잡스럽게 느껴진다고 지적하고 있다. 이러한 문제점을 해결하는 방법은 발견된 사물을 새롭게 변형하는 것이다. 그는 문장을 베껴서는 안 되듯이, 일상생활에서도 유행하는 것을 그대로 따를 것이 아니라 자신만의 변형을 시도해보라고 권했다. 이어가 가장 득의했던 부분은 창문의 난간을 부채꼴로 만들어 안팎 풍경이 마치 부채 속 그림처럼 보이도록 고안한 것이다. 특히 이것을 이동하는 배의 선박에 이용할 경우 창밖 풍경은 이동하는 그림이 된다.

그는 물질의 시대를 정확히 바라보며 이를 도피하거나 거절하는 대신 더 많은 사람이 이를 향유하는 쪽으로 사고했다. 많은 문인이 대중과 선을 그으며 경쟁적으로 고급화를 지향했다면, 이어는 통속 소설과 희곡의 창작자답게 생활미학 서적에서도 모든 계층이 공유할 수 있는 저비용 고효율의 방안을 강구했다. 서술 과정에서 그는 부자와 빈자가 모두 아름다움을 향유할 수 있다고 주장하며, 신부의 비녀와 귀걸이를 다룰 때 가난한 사람을 위해 별도의 조언을 덧붙이기도 했다. 즉 금비녀와 옥비녀를 마련할 수 없을 경우, 소뿔은 사용할 수 있지만 구리나 주석을 사용하면 머릿결이 상하므로 추천하지 않는다고 했다. 아울러 이 책을 쓰는 취지는 별난 취향을 공유하기 위한 것임을 분명히 하면서, 가난한 집이어서 옹기 조각으로 벽을 만들 수밖에 없다면, 그 한도 내에서 조각들을 크고 작게 다듬고 무늬를 만들어 삭막함을 없앰과 동시에 운치를 만들 수 있을 것이라 조언했다.

### 2) 『한정우기』는 삶 자체를 중시한다

이어는 책에서 무엇보다 삶을 긍정했으며, 삶의 모든 영역이 즐겁고 쾌적하기를 희망했다. 한없이 '사물'에 집착한 시대 심리의 저변에서 우리는 생生의 발견이라는 동전의 양면 같은 또 하나의 특징을 발견하게 된다. 이는 구체적으로 욕망의 인정, 쾌적함의 추구, 양생법

소개로 드러난다. 『한정우기』에서 희곡 부분을 제외하면 맨 앞에 놓인 것이 성용부이며, 이는 여인의 목소리와 외모 가꾸기에 관한 글이다. 식욕과 성욕은 본성이라 말했던 맹자를 끌어와 다소 익살스럽게, 집에 사나운 부인이 있는 경우가 아니라면 첩을 사서 즐거움을 취하는 것이 인지상정人之常情이라 했다. 남녀 간의 욕망뿐 아니라 일상생활에서의 올바른 수면과 바른 먹거리에 대해서도 일가견을 보였다. 그는 이양부頤養部를 인생 백세에 즐거운 날이 얼마나 되느냐는 탄식으로 시작했지만, 곧바로 우울한 감정을 떨치고 더더욱 하루하루를 쾌적하게 즐겨야 한다고 주장한다. 이어서 사계절 행락법 등을 구분하여 서술한 뒤, 특히 많은 지면을 할애하여 숙면의 비법을 소개했다.

욕망의 발견과 맞물려 있는 또 하나는 사람의 개성이다. 이어는 『한정우기』의 여러 부분에서 남들과 구별되는 자기 자신에 대해서 말하고, 한평생 두 가지 재주가 음악과 정원 건축인데 가난한 삶에서 이를 다 구현하지 못해 애석하다고 술회했다. 또한 이어의 독특한 개성은 사물에 대한 집착 속에서 더욱 잘 드러나기도 한다. 그는 꽃과 대나무를 이상할 정도로 좋아했다. 꽃 가운데는 수선화를 가장 사랑하여 '나의 목숨'이라 불렀고, 음식 중에는 게를 가장 좋아하여 가을철 게를 사먹기 위해 따로 모아둔 돈을 일러 '매명전買命錢'이라며 유난히 장황하게 기술했다. 이 밖에도 꽃구경과 새소리 듣기를 좋아해 밤에는 꽃보다 늦게 잠들고 아침에는 새보다 빨리 일어나 그 소리와 모습 하나라도 놓칠까 두려워했다고 고백했다.

한번뿐인 삶에서 쾌적함의 추구는 주로 청결에 대한 요구와 식생활에 많이 드러났다. 이에 거실부에서는 시각적 아름다움을 추구하여 담장, 대청, 창문틀의 양식을 세세히 지적하는 것은 물론, 물 뿌리기와 쓸기 항목을 따로 마련하여 청소의 도道를 자세히 소개했다. 쾌적하고 건강한 삶을 위해 그는 주로 음찬부에서 건강하고 맛있는 식재료를 소개하고, 세척법과 손질법을 다루었으며, 이양부에서는 음식의 때에 맞는 적절한 섭취가 중요함을 강조했다.

### 3) 『한정우기』는 활용을 다룬 실용서다

이어는 책에서 수많은 기물, 음식, 도구 등의 활용법에 대해 고민했다. 우선 그는 더 많은 실용 지식을 전달하고자 애썼다. 예를 들면, 여성의 화장법에서는 피부 청결의 비법으로 수시로 손을 깨끗이 닦고 머릿기름이 얼굴에 번지지 않도록 수건을 분리해서 사용해야 한다고 제안했다. 또한 건축은 화려한 것이 능사가 아니라 아름다움 속에 편리함이 있어야 하므로, 남향으로 집을 앉히고 적절한 담을 설치해야 한다고 했다. 동선動線의 편리를 위해 쪽문을 따로 두는 것도 잊지 않았다. 꽃과 관련된 지식에서는 토양과 물의 조건뿐 아니라 말리꽃 가꾸는 법, 매화 감상을 위한 도구, 난초 향 맡는 법 등을 각 화초의 특성에 맞게 세심하게 정리했다. 대중을 위한 책인 만큼 모두가 공유하는 일상생활 지식을 전달할 수 있도록 서랍이나 상자, 의자 등 문인생활에 가까운 기물들의 사용법을 전수함은 물론, 효과적인 목욕법과 여름철 휴양 방법 등에 대해서도 지면을 마련했다.

활용에 대한 이어의 철학은 '활변活變'이라는 단어가 대변한다. 그는 이 단어를 중시했는데, 그 바탕에는 지식과 문화 발전에 대한 이어의 긍정적 가치관이 깔려 있다. 그는 그의 시대가 전체적으로 옛것을 미워하고 새것을 좋아하며, 보통의 것을 지겨워하고 기이한 것을 추구하고 있다고 보았다. 그는 이러한 추세에 있다보면 자신의 모습조차도 진저리나게 느껴져 타고난 외모조차 바꾸고 싶어질 터인데, 과연 어떻게 처신하는 것이 좋은가라는 질문을 던진다. 미용 목적의 성형수술이 확산된 21세기 한국에 오면 이어가 어떤 반응을 보일지 궁금하다. 그의 대답은 맹목적으로 새로움을 추구하는 데는 한계가 따르므로, 상황에 맞게 적절한 변화가 필요하다는 것이다. 그는 간단하게 의자 밑에 석탄이나 차가운 물을 설치하는 방법으로 겨울용 의자와 여름용 의자를 고안했고, 침대 휘장에는 겉 씌우개를 마련하여 자주 세탁할 수 있도록 하라고 조언했다. 겨울철 도자기에 꽃을 꽂을 때는 안에 받침대를 설치하여 꽃들의 모양을 잡아주도록 했다. 이렇게 하면 얼어서 터지는 것을 방지하고 꽃의 모양도 아름답게 유지할 수 있다. 이러한 작은 변화 가운데 이어가 가장 득의한 부분은 날씨에 따라 변형이 가능하게 고안한 처마다. 이것을 '활첨活簷'이라 불렀는데, 처마 아래 별도의 차양을 설치하고 양 끝에 회전축을 설치하여 맑은 날에는 아래를 향하게 해 볕을 확보하고 비오는 날에는 위로 향하게 하여 낙수를 받는다. 이 대목에 이르러 이어는 기분 좋은 어조로 "이렇게 하면 내가 하늘을 이용할 수 있으니 하늘이 나를 곤궁에 빠뜨릴 수 없을 것"이라 했다.

활용에 있어서 빠뜨릴 수 없는 또 하나의 부분은 '절제'다. 청나라가 들어서기 전, 물질문화의 선두에 선 책들에서는 절제를 발견하기 어려웠다. 물질문화는 끝이 없을 정도로 빠른 속도로 발전되고 확산

되었으며, 온갖 계층의 사람이 그 화려함과 속도에 매료되었다. 정치에 실망한 강남을 중심으로 문인들은 여행을 즐기고 원림에서 희곡을 감상하면서 자신들의 극단적 도취 상태를 '벽癖'이라 칭하고 예술가라 자부했다. 이어는 한편으로 이러한 미감을 공유하면서도 절제를 주장했는데, 그 이유는 두 가지로 생각된다. 첫째는 풍요로운 사물을 더 많은 계층이 향유해야 한다는 대중화 지향에 기반한 것이고, 둘째는 전란의 시대를 지나온 사람으로서 가졌던 생명에 대한 연민과 관련된다. 이러한 사고방식이 결합되어 그는 세상에 재화는 한정되어 있으므로 불필요한 낭비는 줄여야 한다고 주장한다. 예를 들어, 여인의 치마폭에 주름을 많이 넣으면 풍성하고 예쁘지만, 과도한 주름은 미관에 도움이 되지 않을뿐더러 비싼 옷감을 낭비하는 것이라 지적한다. 또한 비용 절감의 효과를 늘 강조했으며, 때로는 벽의 중간에 등불을 설치하여 두 개 공간에서 나눠 쓸 수 있는 실질적 방법을 제시하기도 했다. 절제의 철학은 그의 미학적 입장에도 반영되어 있다. 이어는 값비싼 골동품과 서화는 자신이 잘 알지도 못할뿐더러 사치와 낭비에 반대하는 그의 주장과도 맞지 않아 이 책에서 다루지 않는다고 밝혔다.

'아속공상雅俗共賞'을 표방한 『한정우기』는 그가 가장 득의한 건축에 있어서조차 그 첫 단락에서 "집은 사람과 어울려야 한다"고 말하면서 부유한 사람의 집이라도 쾌적할 정도의 넓이면 족하다며 불필요하게 크기만 한 건축에 반대했다. 아울러 그는 식생활에 있어서도 탐욕을 경계했는데, 여러 가지 이유로 채식을 위주로 할 것을 권유했다. 이 부분은 특히 오늘날에도 공감할 만하다. 그는 인류가 이미 너무 많은 종류의 음식을 섭취하여 더욱 더 질병에 잘 걸리게 되었으니, 전보다 덜 먹고 양도 줄여야 한다고 말한다. 음식에는 많이 먹어도 되는 음식, 삼가야 하는 음식 등이 있다. 그의 설명에 따르면, 물고기나 조류보다 소, 돼지, 양이 더 가련한데 그 이유는 잡아먹기 위해 덫을 놓았기 때문이라 했다. 그는 맛을 좋게 하기 위해 살아 있는 채로 거위 발에 뜨거운 기름을 부었다가 연못에 풀어주기를 몇 차례 반복하는 요리 비법을 듣고 그 참혹함에 가슴 아파하기도 한다. 또 초목은 감각이 없다는 사람들의 생각은 잘못된 것이라며 백일홍 나무는 가려움을 두려워해 사람이 줄기를 문지르면 몸을 떠는데 이로 미루어 정도의 차이는 있지만 다른 초목들도 모두 지각이 있다고 보았다. 따라서 식물을 함부로 훼손해서는 안 된다고 주장했다.

## 4. 글을 마치며

이어는 연극단을 소유하고 있었고 그 배우 중 상당수는 첩이기도 했으므로, 요즈음의 도덕 기준에서 보면 상당히 문란한 생활을 영위했다. 사치와 욕망의 시대에 활동하면서 그 당시 사람들에게도 기인奇人으로 비춰졌던 인물이기 때문에, 어떤 부분은 눈살을 찌푸리게 만들기도 할 것이다. 특히 여성의 미모에 관한 부분은 여성 자신을 위한 것이 아니라, 그녀를 바라보는 감상자이자 소유자를 위한 것이어서 여성 독자들은 이런 대목에서 씁쓸해질지도 모르겠다. 역자는 『한정우기』를 번역하며 다양한 감정을 느낄 수 있었는데, 때로는 여성 번역자로서 여성을 남성의 소유물로 여기고 선택하고 관리하며 감상하는 일련의 체계적 서술에 당황할 수밖에 없었다. 그는 초목조차 통증을 느낀다며 함부로 식물을 훼손하지 말라고 당부했는데, 잔혹한 방법으로 행해진 여성의 '전족'은 당연시했으며, 오히려 한걸음 더 나아가 악기를 연주하는 아름다운 손가락, 표정 있는 눈동자, 흰 피부 등 하나하나를 분류하여 기술했다. 그러나 이어의 강점은 자신의 이러한 생각과 감정을 속임 없이 다 드러냈다는 데 있다. 여성의 미모에서 가장 중요한 것은 '태態'라고 했는데, 이는 오늘날 '매력'이나 '분위기'에 해당하는 것이다. 정확히 말해 미인은 아니지만 사람을 끄는 경우가 있는데 그 비밀은 바로 '태態'에 있고, 이러한 매력은 자로 잰 듯 규격화된 아름다움으로 말할 수 없다는 것이다. 이어의 가감 없는 서술에 당황하다가 허를 찔린 기분이다.

그럼에도 글을 읽다보면 그의 매력에 빠져들게 된다. 번역하면서 가장 매료되었던 부분은 다음 두 가지다. 하나는 이어 자신이 몹시 득의했던 부채꼴 모양의 창문으로, 배에 설치하면 안팎으로 서로의 모습이 풍경이 된다. 일찍이 송대의 문호 소식蘇軾이 「적벽부赤壁賦」에서 하늘의 달과 흘러가는 물은 조물주의 무진장無盡藏이니 귀로 듣고 눈으로 보면 그 순간 그림으로 탄생한다고 했다. 소식의 이 명구가 고전적 물아일체의 전형을 보여준다면, 이어는 이 그림을 양방향으로 설명한다. 그들이 나에게 그림이 되듯, 나도 그들에게 그림이 된다는 것이다. 고정된 시점에서 한곳을 응시하는 것이 아니라 상하좌우가 언제든 바뀔 수 있다는 발상은 사상이 자유로웠던 명나라 풍토였기에 가능했던 것으로 보인다.

다른 하나는 온갖 꽃의 아름다움을 서술한 끝에 나오는 '채소 꽃' 예찬론이다. 채소 꽃 하나하나는 초라하지만 그것이 지천으로 피어 있을 때, 그 아름다움은 그 어떤 명품 꽃에 비길 바가 아니라는 것이다. 이러한 논지를 서술하며 그는 숫자가 많아지면 비천하고 비루한 것이 귀해지는 경우가 있다고 언급했다. 어쩌면 상인 가문 출신이었고 명明과 청淸의 왕조 교체를 경험했기 때문에, 어렴풋하게나마 '민중' 혹은 '시민'의 힘을 인식하고 있었던 것이 아닐까?

이 밖에도 이어는 통속소설과 희극의 작가답게 읽는 사람을 쥐락펴락하는 재주를 지녔다. 단순한 지식의 나열이었으면 잘 읽히지 않을 것을, 실용 지식과 경험담을 섞어서 얘기하는 가운데 수시로 과장된 언어를 구사한다. 자신이 고안한 침상용 휘장을 설치하고 그 안에 생화를 꽂아두었더니 마치 선경에 든 듯 숙면하고 깨어서도 황홀했다고 고백했다. 당시 이어는 몸이 가벼워 날아갈 듯하고 인간 세상에 있지 않은 것 같아 자신도 모르게 처자식을 돌아보며 이렇게 말했다고 한다. "우리가 누구이기에 이런 복을 받게 되었는가? 설마 평생의 복을 다 누린 것은 아닌가?" 이 대목을 읽으면 이어의 허풍이 어이없기도 하고, 한편으로는 고난을 많이 겪었기에 조금의 호사스러움에도 두려울 만큼 감사하는 것인가 하는 생각도 든다. 이어는 글을 이어나가며 수시로 득의하고 기뻐하며, 때로는 조급해하고 때로는 허탈해하는 자신의 모습을 드러낸다. 이어 감독, 이어 주연의 실생활 모노드라마를 보는 것 같기도 하다.

이 책의 제목은 분명 『한정우기閑情偶寄』인데 전통적으로 '한정閑情'이란 공적인 일에서 벗어났을 때 느끼는 한가로운 감정이며, 그에 더해 말할 수 없이 미묘한 슬픔과 여운까지 묻어나는 단어다. 이어가 자신의 책에서 '한정'을 표방한 것은 이 글이 업무에 관한 것이 아니고 일상생활의 취미나 편안한 휴식에 관계되기 때문이다. 또 '우기偶寄'라는 것은 어쩌다 기록한다는 것으로, 논리적이고 체계적인 서술이 아닌, 즉흥적 감정의 자유로운 기록이라는 의미가 있다. 그런데 제목과는 반대로 이어의 '우기偶寄'는 겸사일 뿐이며, 그는 아마도 이 책을 필생의 업적으로 남기려는 야심이 있었던 것 같다. 글의 도처에서 묻어나는 득의와 과장, 더 잘 쓰지 못하는 것에 대한 아쉬움의 토로를 보면 더욱 그렇다. 그리고 그는 이 책을 읽는 모든 사람의 한가한 그 어느 때를 대비해 일상에서 즐길 수 있는 각종 취미 생활을 세세하게 기록했는데, 이런 그의 필치를 따라가다보면 과연 이어 본인은 어느 때 한가하고 자적할 수 있었을까 의문이 들지 않을 수 없다. 그 자신의 필법을 따르자면, 어쩌면 자신의 한 몸을 희생하여 세상 모든 이의 '한가함'을 위해 끝없이 분주했던 사람이 아니었을까 생각된다.

이 책을 번역하면서 역자는 새로운 지식들을 접할 수 있었고, 무엇보다 이를 흥미진진하게 전달하는 이어李漁라는 타고난 이야기꾼 덕택에 그 과정은 힘겹지 않았다. 그럼에도 오역과 오독이 있을까 두려운 마음은 어쩔 수 없다. 독자 여러분의 기탄없는 질정을 기다린다.

2018년 초봄
역자 씀

# 차례

# 제1부 목소리와 용모에 관하여 聲容部[1]

## 1. 자태의 선정

"식욕과 성욕은 본성이다食色, 性也."[2]

"자도子都[3]가 아름다운 줄 모르는 사람은 눈이 없는 사람이다不知子都之姣者, 無目者也."[4]

옛날의 위대한 현인은 말을 가려서 했다. 그들이 인정을 거스르지 않고 여러 차례 이렇게 설명한 까닭은 식욕과 색욕이 본성에 원래 존재하는 것으로 억지로 없어지게 할 수 없는 것이기 때문이다.

타인에게 아름다운 아내와 첩이 있는데 내가 이를 좋아하는 것은 인간의 본성을 거스르는 것으로, 좋아하면 덕을 손상시킬 뿐만 아니라 또한 몸을 망치게 된다. 나에게 아름다운 아내와 첩이 있어 내가 좋아하면 나의 본성에 존재하는 것을 되살린 것이므로, 성인

---

1 성용부聲容部: 여성의 외모를 자태, 피부, 눈과 눈썹, 손과 발, 머리 모양, 화장법 등 여러 측면에서 분석한 내용을 수록했다.
2 食色, 性也: 출처는 『맹자』 「고자告子」.
3 자도子都: 공손자도公孫子都. 춘추 시기 정鄭나라 귀족으로 천하제일의 미남자로 유명했다. 원명은 공손알公孫閼로 자도는 자다.
4 不知子都之姣者, 無目者也: 출처는 『맹자』 「고자」.

이 다시 살아나도 내 마음과 같을 것이며, 덕을 잃는 것이 아니다.

공자가 말했다. "본래 부귀했으면 부귀한 기풍에 어울리도록 행동한다素富貴, 行乎富貴."[5] 사람이 득의한 위치에 있으면서 한두 명의 첩을 사서 스스로 즐기지 않으면, 부귀하면서도 가난하고 비천하게 행동하는 것이리라! 왕도는 인정에 근본을 두는데, 어찌 이처럼 청렴한 척하고 검소한 척하겠는가? 다만 사나운 부인이 집에 있으면, 이것을 구실로 이러한 기호를 감추어야 마땅하다. 그렇지 않으면 첩을 좋아하는 것이 사실은 첩을 미워하는 것이 되고, 첩을 가련

「파초사녀도芭蕉仕女圖」, 청대, 사복沙馥(1831~1906)

———
5  素富貴, 行乎富貴: 출처는 『예기禮記』「중용中庸」.

히 여기는 것이 첩을 죽이기에 딱 알맞은 것이므로, 미인박명을 핑계 삼아 하늘을 대신해서 첩을 벌하는 잔인한 사람이 되어서는 안 된다.

나는 가난한 일개 서생으로 종신토록 곤궁하여 절세미인과 친하기 어려웠고, 타고난 미인은 아직 만나지 못했으니, 설사 비루한 신분이나마 간신히 봐줄 만한 여인을 몇 사람이나 만날 수 있었겠는가? 그런데 감히 음성과 용모에 대하여 사리에 맞지 않게 등수를 매기고, 가무에 대해 헛소리를 해, 화류계에 빠져 지내는 사람에게 웃음거리가 되겠는가! 그러나 인연은 비록 만나지 못했더라도 흥취는 상당히 훌륭하며, 일은 비록 아직 경험하지 못했더라도 이치는 실제로 쉽게 이해할 수 있다. 오묘한 경지를 상상하는 것이 실제로 홍등가에 정신을 빼앗긴 사람과 비교하여 더 정취가 있다고 느낀다. 만약 믿지 못하겠으면 지난 일을 통해 증명할 수 있다.

초나라 양왕襄王6은 임금이었다. 육궁六宮7의 미녀가 궁전을 가득 채우고 있었으므로, 남녀 사이의 애정 행각에 어떤 사건인들 없었겠는가? 그러나 아득한 옛날부터 그러한 사실이 전해오는 것은 듣지 못했으며, 다만 양대陽臺8의 꿈 이야기만 인구에 회자되고 있다. 양대는 지금 어디에 있는가? 무산신녀巫山神女의 집은 어디에 있

---

6　초나라 양왕襄王: 즉 경양왕頃襄王(재위 기원전 298~기원전 263). 본명은 웅횡熊橫. 문학가 송옥宋玉(기원전 298?~기원전 222?)과 더불어 무산巫山을 유람한 왕.

7　육궁六宮: 황후와 비가 사는 궁전. 출처는 『예기』 「혼의昏義」.

8　양대陽臺: 남녀가 밀회하는 장소. 송옥의 「고당부高唐賦」에 나오는 초나라 회왕懷王(재위 기원전 328~기원전 299, 경양왕의 부친)과 무산의 신녀巫山神女가 만났다는 장소. 지금의 충칭시 우산 가오두산高都山에 있었다고 하며, 양대춘우陽臺春雨(양대의 봄비)는 지금도 무산팔경巫山八景의 하나로 꼽힌다.

는가? 아침에는 떠가는 구름이 되었다가 저녁에는 비가 되어 내린다는 말은 도대체 어떠한 상황인가? 어찌 조사할 만한 흔적이 있었으며, 자세히 진술할 만한 실제 사건이 있었겠는가? 모두 환상이었다. 환상은 미묘하여 실제보다 열 배나 더 진실같이 아득한 옛날부터 전해 내려왔다. 실제보다 열 배 더 진실 같은 일을 정리해 규범으로 만들면, 한정삼매閑情三昧9에 빠지지 않을 일이 없으리라!

무릇 이 책을 읽는 사람으로 내 학문의 유래를 조사하고자 하는 사람이 있다면, 초나라 양대의 일로 대답하리라!

## 피부

여인의 사랑스러운 모습은 다양하지만 결국에는 색色(색깔)이 중심이다. 『시경詩經』에서 "흰 분으로 아름답게 단장했네素以爲絢兮"10라 하지 않았던가? 소素는 흰 것이다. 여인의 본질은 하얗기가 가장 어렵다. 항상 눈썹과 눈, 입 및 치아의 여러 가지가 모두 그림으로 그려지지만, 결함은 오직 피부에 있다. 어찌 조물주가 인간을 만든 교묘한 솜씨가 도리어 염색공만 못하여 표백하는 일을 하지 않고 급히 화려한 색채를 첨가했는가? 내가 대답했다. 그렇지 않다. 하얗기는 어렵지만 색을 칠하기는 쉽다. 어찌 어렵다고 하는가? 사물의 생장은 모두 근본을 봐야 한다. 근본이 어떠어떠한 색이면 가지와 잎도 어떠어떠한 색이 된다.

9  한정삼매閑情三昧: 한가하고 자유로운 심경에 취해 있는 상태.
10  素以爲絢兮: 현재의 『시경詩經』에는 이 구절이 없으며, 산일된 작품이라 한다.

사람의 근본은 무엇인가? 정기이며 혈액이다. 정기는 흰색을 띠며, 혈액은 붉으면서 자주색이다. 부친의 정기를 많이 받아서 잉태된 사람은 그 사람이 태어나도 반드시 피부가 희다. 부친의 정기와 모친의 혈액이 결합하여 잉태되거나 혈액이 많고 정기가 적은 사람은 그 사람이 태어나도 반드시 피부가 흑백 사이에 있다. 만약 혈색이 옅은 홍색인데 결합하여 잉태되면, 비록 흑백 사이에 있지만 태어나서 좋은 음식으로 양육하고 밀실에서 생활하면 도리어 날이 갈수록 색이 옅어지는데, 완전히 다 검은 것이 아니었기 때문이다. 어렸을 때 희지 않은데 자라면서 비로소 희어지는 사람은 이러한 종류다.

혈색이 짙은 자주색인데 결합하여 잉태되면 그 근본이 이미 검어 희어질 여지가 전혀 없으므로, 자라면서 설령 수정水晶과 운모雲母를 복용하고 옥으로 만든 전각에 거주해도 진한 색이 연해지기를 기대하기 어렵다. 옛 모습을 유지해 변하지 않으며 늙을수록 더 검어지는 지경에 이르지 않는다면 그 또한 다행일 것이다. 부귀한 집안에 태어났으나 나면서부터 희지 않으며 장성하거나 늙도록 이와 같은 사람이 바로 이 종류다. 이런 내용을 알면 미인을 고르는 방법을 알게 될 것이다. 이것은 당연히 염색공이 염색할 옷을 떠맡는 것과 같다.

흰옷을 표백하라 하면 염색공은 바로 떠맡는데, 작업이 쉽기 때문이다. 흰옷이 조금 더럽혀져서 표백시켜야 할 때에도 역시 일감을 맡는다. 작업하기는 어렵지만 여전히 가능하기 때문이다. 만약 이미 짙은 색으로 염색된 옷에서 다른 색을 제거하고 표백해서 희

「나부천영도羅敷倩影圖」(나부의 아름다운 모습), 청대, 사복
沙馥(1831~1906)
나부羅敷는 악부시가 「맥상상陌上桑」의 여주인공으로 한나
라 말기부터 삼국 시기까지의 미인

게 만들라 시키면, 비록 열 배나 백 배의 품삯을 주더라도 염색공은 기필코 사양하여 떠맡지 않을 것이다.

인간의 힘이 비록 교묘하더라도 하늘의 조화를 이기기는 어려우며, 이미 존재하는 것을 억지로 없애는 것은 불가능하다. 여인의 피부가 흰 것은 쉽게 판단할 수 있으며 검은 것도 쉽게 판단할 수 있지만, 오직 흑백 사이에 있는 것은 판단하기 쉽지 않다. 여기에는 세 가지 방법이 있다. 얼굴이 몸통보다 검은 사람은 희게 하기 쉬우며, 몸통이 얼굴보다 검은 사람은 희게 하기 어렵다. 피부가 검으면서 고운 사람은 희게 하기 쉬우며, 피부가 검으면서 거친 사람은 희게 하기 어렵다. 피부가 검으면서 느슨한 사람은 희게 하기 쉬우나, 검으면서 쫀쫀한 사람은 희게 하기 어렵다.

얼굴이 몸보다 검은 사람은 얼굴이 밖에 드러나 있고 몸은 옷 속에 있기 때문에, 밖에 있으면 바람이 불고 해가 비춰 점점 희게 하기가 또한 어렵다. 몸은 옷 속에 있으므로 얼굴보다 조금 흰데, 이것이 진한 색에서 옅게 변했다는 명확한 증거다. 얼굴을 이 몸처럼 희게 하는 것은, 무언가로 얼굴을 가리면 효과가 이와 같을 것이므로 하기 쉽다. 몸이 얼굴보다 검은 사람은 이와 반대이므로 희게 바꾸기 어렵다.

피부가 섬세하고 여린 사람은 각종 비단처럼 몸체가 매끄러워서 색을 받아들이기 쉽고 퇴색도 쉬우므로, 부는 바람을 조금만 받고 햇볕을 덜 쪼이면 짙은 것은 옅어지고 진한 것은 담담해질 것이다. 피부가 거칠어 마치 베나 담요와 같으면 색을 받아들이기가 각종 비단보다 열 배나 어려우며, 퇴색시키려 해도 그 공력이 또 열 배에 그치지 않는다. 피부를 희게 하는 원리도 이와 같으므로, 피부가 여린 사람은 희게 하기 쉽고 거친 사람은 희게 하기 어렵다는 것을 알 수 있다. 피부가 검고 느슨한 사람은 다림질하지 않은 비단이나 신골에 대고 골을 키우지 않은 신발처럼 주름이 아직 펴지지 않은 경우이므로 옅은 것이 짙은 듯하고 담담한 것이 진한 듯하지만, 한 번 다림질하거나 신골에 대고 처리한 뒤에는 피부가 확 변하여 옛 날의 빛깔을 찾아볼 수 없다. 피부가 느슨한 사람은 피와 살이 충 분하지 못해 성장과 보양이 필요한 경우이며, 신골로 교정을 기다 리는 신이나 다림질하지 않은 각종 비단과 같으므로 피와 살이 충 만해진 뒤에는 반드시 달라진다. 느슨한 피부는 희게 하기 쉽고 쫀 쫀한 피부는 희게 하기 어렵다. 피부를 평가하는 방법은 이렇게 정 리된다. 그렇다면 피부가 흰 사람·여린 사람·느슨한 사람은 사람 들이 다투어 선택하고, 검으면서 거칠고 수축되어 견실한 사람은 마침내 폐물이 될 것인가?

내가 대답했다. 그렇지 않다. 각박한 운명은 모두 미인에게서 나 타나고, 많은 복은 오로지 못난 용모의 여인에게 돌아간다고 하는 데, 이는 다름이 아니라 그들이 본래부터 부유한 사람의 짝이 될 재목이고 고명부인誥命夫人[11]이 될 자질을 갖췄기 때문이다.

---

11  고명부인誥命夫人: 고관의 모친이나 부인으로서 봉호를 받은 여인.

## 눈썹과 눈

———

얼굴은 몸의 주인이고, 눈은 또 얼굴의 주인이다. 사람을 평가하려면 반드시 먼저 얼굴을 봐야 한다는 것과 얼굴을 평가하려면 반드시 먼저 눈을 평가해야 하는 것을 사람들은 모두 알고 있으나, 반드시 그 비밀을 연구하지는 않는다. 내 생각에 사람을 평가하려면 반드시 먼저 마음을 평가하여, 마음을 얻은 뒤에 그 형체를 관찰해야 한다.

형체란 무엇인가? 눈썹·머리카락·입·치아·귀·코·손·발과 같은

「장창화미도張敞畫眉圖」(눈썹을 그리는 장창). 청대, 전혜안錢慧安(1833~1911)
장창(?~기원전 48)은 전한 무제 때의 관료로 아내를 위해 매일 아침 눈썹을 그려주었다고 한다.

것이다. 마음은 배 속에 있는데 어떻게 볼 수 있는가? 다음과 같이 대답했다. 눈이 있으니 걱정할 것이 없다. 마음이 옳고 그른가를 살피기에 눈동자를 관찰하는 것보다 오묘한 것이 없으며, 맹자가 이미 이것을 책에 써놓아 관상술의 기원을 개척했다. 내가 그 학설을 장황하게 늘어놓을 것은 없고, 다만 성정의 강직함과 부드러움, 사고력의 우둔함과 지혜로움에 관해 말해보고자 한다. 이 네 가지는 다른 것이 아니라, 훗날 꽃을 가꾸는 여인과 밥하는 여인의 갈림길이고, 사후당獅吼堂[12]과 온유향溫柔鄕이 인접한 경계다.

눈이 가늘고 긴 사람은 천성이 반드시 부드럽다. 눈이 굵고 큰 사람은 마음이 틀림없이 사납다. 눈이 잘 움직여 활기가 넘치며 흑백이 분명한 사람은 대부분 총명하고 지혜롭다. 눈이 항상 고정되어 멍하면서, 흰자위가 많고 검은자위가 적거나 그 반대인 사람은 틀림없이 우매한 자에 가깝다.

그러나 처음 관상을 볼 때, 눈이 잘 움직여 활기가 넘치는 사람도 갑자기 잘 움직여 활기가 넘칠 수 있는 것은 아니며, 눈이 고정되어 멍하지 않은 사람도 때때로 멍한 경우가 있다. 어떻게 구분하는가? 대답했다. 방법이 있으니 걱정할 것이 없다. 그 방법은 무엇인가? 하나는 정적인 것으로 동적인 것을 기다리는 것이며, 다른 하나는 낮은 곳에서 높은 곳을 바라보는 것이다. 눈은 몸을 따라서 움직이며, 그 몸이 출렁이는데 그 눈이 조금도 움직이지 않는 경우는 없다. 여인에게 이리저리 움직이며 작은 걸음으로 몇 걸음

---

12  사후당獅吼堂: 사나운 아내가 위세를 부리는 집.

걷도록 시키고 내가 돌아가며 그 눈을 관찰하면, 여인의 고운 눈길이 움직이지 않으려 해도 저절로 움직일 것이니 이것이 하나의 방법이다.

여인이 수줍어하면 눈은 반드시 아래를 볼 것이므로, 내가 만약 높은 곳에서 내려다보면 여인이 아래에 있고 시선은 더욱 아래에 있으므로 영원히 눈을 볼 기회가 없을 것이다. 반드시 여인을 높은 위치에 있게 하거나, 누대와 언덕 위에 서 있도록 하거나, 누각 앞에 세워두고 나는 짐짓 몸을 낮추어 여인을 바라보면, 여인이 시선을 아래로 해도 나보다 아래로 할 수가 없으므로 이런 상황에서는 틀림없이 눈을 돌려 나를 피할 것이다. 비록 눈을 잘 움직이는 자가 눈을 움직이고, 눈을 잘 움직이지 못하는 자도 눈을 움직인다고 하지만, 억지로 하거나 자연스럽게 하는 과정에서 저절로 귀천과 미추가 구별되므로 이것이 또 하나의 방법이다.

귀의 크고 작음, 코의 높고 낮음, 눈썹과 머리칼의 농담, 입술과 치아의 붉음과 희기는 장님도 손으로 만지면 판별할 수 있는데, 어찌 식견 있는 사람이 모습으로 판별을 못하겠는가? 재잘대어 쓸데없이 복잡하고 어지럽게 할 필요가 없다. 눈썹의 아름다움과 아름답지 않음도 또 성정과 관계가 있으므로, 눈과 동일하게 취급해야 마땅하다. 눈썹과 눈 두 가지는 그 형세가 왕왕 서로 연관되어 있다. 눈이 가늘면 눈썹은 틀림없이 길며, 눈썹이 굵으면 눈은 틀림없이 크다. 다만, 이러한 사항은 비교적 들어맞지만 완벽히 부합하는 것은 아니다.

만약 길고 짧고 굵고 가는 것 가운데 하나하나가 전부 좋을 수 없으면, 장점을 선택하고 단점을 포기해야 마땅하고, 인력으로 처리할 수 있는지 봐야 한다.

　장창張敞[13]은 눈썹 그리기에 정통했는데, 그 부인의 두 눈썹은 농담이 적절하여 꾸밀 필요가 없는 눈썹은 아니었을 것이다. 짧은 것은 길게 할 수 있으며, 오묘한 점은 늘이는 데에 있다. 굵은 것은 가늘게 할 수 있으며, 오묘한 점은 줄이는 데에 있다. 그러나 반드시 없어서는 안 되는 한 가지가 있으나 사람들이 대부분 홀시하는데 이름하여 '곡曲(구부러진 눈썹)'이다. 반드시 태생적으로 구부러진 뒤에야 인력으로 교묘하게 처리할 수 있다. "눈썹이 먼 산과 같다"고 하거나 "눈썹이 초승달과 같다"는 것은 모두 구부러진 눈썹을 지극하게 묘사한 것이다. 만약 먼 산과 아주 흡사하거나 초승달과 꼭 닮을 수 없으면, 또 약간 초승달의 모습을 띠게 하거나 산의 느낌을 다소간 보존시킬 필요가 있다. 눈썹의 윗부분을 구부러지게 하고 아랫부분을 구부러지지 않게 하거나, 바깥 부분을 가늘게 하고 중간 부위를 가늘지 않게 하거나 해서 모두 인력으로 다듬을 수 있다. 터무니없이 확 칠하여 금성이 하늘을 지나가는 것처럼 하는 것을 가장 피해야 하며, 또 두 번의 붓질이 비스듬히 기울어 거꾸로 쓴 '八' 자와 꼭 닮게 되는 것을 피해야 한다. 둥그런 먼 산을 변화시켜 가까이에 있는 폭포처럼 만들고, 초승달을 뒤집어 기다란 무지개로 하면, 비록 눈썹을 잘 그리는 장창이라도 어렵고 두려워 달아날 것이다. 자태를 선발하는 사람의 마음이 너무 각박한

---

13　장창張敞(기원전 ?~기원전 48): 경조윤京兆尹을 역임하여 장경조張京兆라 했으며, 『한서漢書』「장창전張敞」에 따르면 부인이 화장할 때 부인의 눈썹을 그려줬다고 한다.

것이 아니다. 왜냐하면 온유향을 위해 미인을 가려내는 것이지, 낭자군娘子軍[14]을 위해 장군을 선발하는 것이 아니기 때문이다.

## 손과 발

———

여인을 평가하는 데엔 간편한 비결이 있다. "위로는 머리를 보고 아래로는 다리를 본다." 이 두 마디는 몸 전체를 개괄한 듯하다. 그러나 가장 중요한 한 조목을 아예 언급하지 않아서 나는 이상하게 여겼다. 두 손의 열 손가락은 한평생 재주가 있고 없고를 결정하는 관건이며, 평생의 영고성쇠와 연결된 것이므로 여인을 평가하는 것은 먼저 손에 중점을 둬야 하는데, 어찌하여 생략했는가? 또 손이 가녀린 사람은 틀림없이 총명하며, 손가락이 뾰족한 사람은 대부분 지혜롭고, 팔뚝이 풍만하며 손목이 두터운 사람은 틀림없이 진주와 비취를 휘감는 영화를 누릴 것이라는 점은 말할 나위가 없다.

현재 필요한 것을 말하면 다음과 같다. 손으로 현을 튕길 때 손마디가 두꺼우면 거의 활을 당길 때 사용하는 결습決拾[15]과 비슷할 것이다. 손으로 퉁소를 연주할 때 팔이 건장하면 거의 대나무를 베는 도끼처럼 보일 것이다. 이런 여인과 잠자리를 같이하면 보는 순간 흥이 싹 사라지고, 이런 여인이 술잔을 들어 술을 권하면 술잔

———

14　낭자군娘子軍: 수나라 말기, 당고조 이연李淵(566~635)의 딸 평양공주平陽公主(?~623)가 이끌던 부대의 명칭이었으며, 나중에는 여인으로 구성된 부대를 지칭.
15　결습決拾: 활을 쏠 때 사용하는 도구. 결決은 반지扳指로 활을 쏠 때 손가락에 끼워 활시위를 여기에 걸쳐 놓고 당기는 용도로 사용하는 면이 넓은 도구. 습拾은 팔에 끼워 팔을 보호하는 토시.

「완련도玩蓮圖」(금련을 감상하다), 명대
유생이 '금련金蓮', 즉 여인의 발을 어루만지고 있다.

을 받는 사람이 눈썹을 찌푸리므로, 또 아주 쉬운 첫 단계부터 크게 실수하는 것이다. 그러므로 손을 품평하는 대목은 여인을 관찰하는 중요한 항목으로, 기녀를 희롱하려는 자가 몰라서는 안 된다. 그러나 이러한 원리 또한 말하기 어려운 것이다.

사람을 선택할 때 발을 보고 선택하라면, 대부분 전족繼足[16]을 한 발을 선택한다. 그러나 손을 관찰하여 사람을 평가하려 하면 섬섬옥수가 극히 드물다. 따라서 가장 선택하기 쉬운 것은 발이고 가장 선택하기 어려운 것이 손이어서, 백 명 가운데 섬섬옥수는 하나 둘도 만날 수 없다. 그러므로 기준을 정립할 때는 반드시 엄격해야 하지만, 이러한 기준을 실행할 경우에는 관대해야만 한다는 점을 알아야 한다. 가녀리거나 부드럽거나 뾰족하거나 가느다란 것 중에서 하나를 추구하면 나머지 조건은 관대하게 적용할 수 있어야 한다는 것이다. 발을 선택할 때 작은 것만 추구한다면 일목요연할 수 있다. 만약 대충 선택하는 것에서 시작하여 정밀하게 선택하는 것까지 추구하여 모두 다 아름다우면서 좋을 것을 생각한다면, 발이 작지만 작은 발의 단점에 얽매이지 않는 동시에 작은 발의 쓰임새를 갖추려고 하는 것이므로 손을 선택하는 것과 비교해도 더욱 어렵다. 이것은 구한다고 구할 수 있는 것도 아니고 우연히 만날 수밖에 없다.

  작은 발의 단점은 무엇인가? 발이 작아서 걷기가 어려우며 움직이려면 반드시 담이나 벽에 기대야 하는데, 자신이 힘든 것이다. 발이 작아서 더러우면 사람들이 코를 감싸 쥐고 눈썹을 찌푸리는데, 남이 힘든 것이다. 작은 발의 용도는 무엇인가? 발이 수척하여 형체가 없는 듯이 보이면 보일수록 동정심을 유발한다. 이것의 용도는 낮에 있다. 뼈가 없는 듯 부드러워 어루만질수록 더 어루만지고

---

16  전족繼足: 어릴 때부터 여인의 발이 자라지 못하도록 동여매는 것. 전족을 한 발. 출처는 북송 문학가 장방기張邦基의 필기 『묵장만록墨莊漫錄』.

싶다. 이것의 용도는 밤에 있다.

옛날에 어떤 사람이 내게 말했다. 의흥宜興[17]의 주상국周相國은 천금으로 미인을 한 명 사들여 '포소저抱小姐'라 이름했는데, 그 여인의 발이 지극히 작아서 촌보도 옮기기 어려워 움직일 때마다 반드시 남이 안아줘야 하므로 그런 이름이 붙었다. 내가 말했다: 과연 이렇다면 진흙으로 빚어 만든 미인에 불과해 몇 푼이면 살 수 있는데 어찌하여 천금을 들였는가? 조물주가 사람에게 발이 있도록 만든 것은 걸어 다니게 하기 위해서다. 옛날에 날씬한 여인을 묘사하여 "걸음마다 황금 연꽃이 피어나네步步生金蓮"[18]라거나 "걸어가는 모습이 옥처럼 아름답다行行如玉立"고 했는데, 모두 발이 작지만 걸어 다닐 수 있는 것을 말한 것이다. 또 걸어 다니는 모습을 그림으로 그려 진귀하게 여기고 보물이 되기도 했다. 만약 작아서 걸어 다닐 수 없으면 발이 잘린 것과 무엇이 다른가? 작은 발의 이러한 단점은 있어선 안 되는 것이다.

내가 사방을 두루 돌아다니며 봤던 발 가운데 가장 작으면서 단점이 없고 용도가 있는 발로 감숙성 난주蘭州[19]와 산서성 대동大同[20]의 것보다 뛰어난 것이 없었다. 난주 여인은 발이 크면 세 치

---

17  의흥宜興: 강소성 남부에 있는 도시로, 차를 마시는 데 사용하는 도기인 자사호紫沙壺로 유명하다.
18  步步生金蓮:『남사南史』「폐제동혼후본기廢帝東昏侯本紀」에서 "폐위된 황제 동혼후 (483~501)는 또 금을 조각해 연꽃을 만들어 땅에 붙이고, 반비潘妃(?~501, 동혼후의 귀비)를 그 위로 걸어가게 하고는 '이것이 걸음마다 연꽃이 피어나는 것이다'라 했다又鑿金爲蓮花以帖地, 令潘妃行其上, 曰此步步生蓮花也"고 했다.
19  난주蘭州: 감숙성의 성도. 춘추전국시대 진秦나라에 속해 있었다.
20  대동大同: 산서성의 제2도시.

(약 10센티미터)고 작은 발은 그에도 미치지 못하지만 나는 듯이 걸어 다녔다. 때론 남자가 따라가지 못할 정도였다. 하지만 작은 능파말凌波襪[21]을 벗기고 어루만지면, 도리어 굳센 것과 부드러운 것이 절반씩 뒤섞여 있었다. 뼈가 없는 듯이 부드러운 발이 있지만, 우연히 만나기는 쉬워도 자주 만나기는 어렵다. 산서성 대동의 유명한 기녀는 태반이 이와 같았다. 그 여인과 함께 침상에 올라가 작은 발을 어루만지면 차마 손을 놓을 수 없으며, 여인을 가까이하는 즐거움을 느끼기에 이보다 좋은 것이 없었다. 옛날 북경에서 다른 사람에게 이 이야기를 했으나 대부분 믿지 않았다. [그러다가 마침] 한 자리에서 두 명의 기녀를 품었는데 하나는 진晉(산서성) 출신이고 다른 하나는 연燕(하북성) 출신으로 아름답진 않았으나 발이 매우 작았다. 믿지 않았던 그 사람을 불러 즉시 경험해보라고 했더니, 과연 산서성 출신이 하북성 출신보다 뛰어나다고 느꼈는데 강함과 부드러움의 차이가 컸다. 참석한 사람 가운데 이 차이를 즉각 알아채지 못하는 사람이 없었다. 믿지 않은 그 자는 결국 금곡金谷의 술잔 수[22]에 따라 처벌했다. 이 일화는 작은 발이 왜 없어서는 안 되는지를 말한 것이다. 아아! 어찌 아내를 얻는다며 반드시 제나라 강씨姜氏[23]를 찾을까? 현지에서 인재를 구하며 미녀를 고르는

---

21  능파말凌波襪: 미인의 버선. 출처는 삼국 위나라 문학가 조식曹植(192~232)의 「낙신부洛神賦」.
22  금곡의 술잔 수金谷酒數: 진晉의 거부 석숭石崇(249~300)은 금곡원金谷園(낙양에 있는 석숭의 별장)에서 연회를 베풀고 시를 짓지 못하는 사람에게 술 세 말을 벌로 마시게 했다. 이 고사에서 유래하여 술자리에서의 벌주를 지칭한다.
23  제나라 강씨姜氏: 춘추전국시대 제나라 종실의 성이 강씨였다. 명문귀족의 여인을 지칭한다.

요지를 잃지 않으면 되는 것이다.

발을 점검하는 방법은 다른 것이 아니라 다만 몇 걸음 걸어보게 하는 데에 있으며, 행동하기 어려워하는가와 쉽게 움직이는가를 관찰하여 부자연스러운가와 자연스러운가를 살피면 태반은 알 수 있다. 발이 곧으면 쉽게 움직이고 발이 굽으면 행동하기

「기소유한도綺疏遺恨圖」(규방의 원망). 명대. 당인唐寅 (1470~1524)

어렵다. 발이 정상적이면 걷는 게 자연스럽고, 발이 뒤틀렸으면 걷는 게 억지스럽다. 곧고 바른 발은 보기에 아름답고 걷기에 편리할 뿐만 아니라 더러운 냄새도 적다. 대개 더러운 냄새가 발생하는 것은 모두 억지로 조작하여 빚어진 것이다.

## 태도

옛말에 "우물尤物은 사람의 감정을 움직이기에 충분하다尤物足以移

人"²⁴고 했다. 우물은 무엇인가? 미태媚態(아양을 떠는 모습)다. 세상 사람들이 잘 몰라서 우물이 미색美色(아름다운 용모)이라고 여기지만, 용모가 비록 아름답더라도 하나의 사물에 불과하다는 것을 어찌 알겠는가? 이걸로 어떻게 사람을 감동시키겠는가? 만약 여기에 미태가 더해진다면 '사물'이 '우물'이 될 것이다. 미색이 곧 우물이어서 사람을 움직일 수 있다면, 비단 속 미녀와 그림 속 미인이 살아 있는 사람보다 열 배 아름다운 것에 그치겠는가? [그런데도] 왜 이들이 사람의 마음을 움직여 그리워하게 하고 고통스럽게 하고 우울증에 걸리게 하지 못하는가? 따라서 '미태'라는 두 글자가 없어서는 안 되는 것임을 알 수 있다.

사람의 몸에 있는 미태는 불에 불꽃이 일렁이는 것처럼, 등에 불빛이 반짝이는 것처럼, 보석이나 금은 기물에 보배로운 빛깔이 나타나는 것처럼 무형의 물질이며 유형의 물질이 아니다. 미태는 물질이지만 물질이 아니며, 형태가 없으나 형태가 있는 듯하므로 '우물'이라 한다. 우물이라는 것은 괴물이며, 설명할 수 없는 일이다. 대체로 여인은 한 번 보면 바로 그립고, 그리워 자신을 제어하지 못하고 마침내 목숨을 버려가면서 도모하게 한다. 사람으로 하여금 살기 어렵게 하는 것은 모두 괴물이며, 모두 설명할 수 없는 일이다.

나는 '태態(교태)'라는 한 글자를 보며 천지가 사람을 탄생시킨 교묘함과 귀신이 만물을 만든 솜씨에 탄복했다. 내가 천지의 귀신이 된다면 사물에 형체를 부여하거나 지식이 있게 할 순 있을 것이다.

---

24  尤物足以移人: 출처는 『좌전』 소공昭公 28년의 "우물이 있으면 사람을 움직이기에 충분하다夫有尤物, 足以移人".

하지만 사물이면서 사물이 아니고 무형이면서 유형이며, 없는 듯 있는 태態를 만들 수는 없으리라. 교태라는 것은 아름다운 것을 더욱 아름답게 하고 요염한 것을 더 요염하게 할 뿐만 아니라, 늙은이를 젊게 하고 못생긴 것을 예쁘게 하며, 무정無情한 사물을 유정有情한 사물로 변화시킬 수 있다. 그래서 사람들이 자신도 모르게 농락당하면서도 자각하지 못하게 된다.

여인에게 일단 교태가 있으면 서너 푼의 자색姿色(아름다운 용모)이 예닐곱 푼의 자색에 필적하게 된다. 시험 삼아 예닐곱 푼의 자색이 있으나 교태가 없는 여인과 서너 푼의 자색이 있지만 교태가 있는 여인을 한곳에 있게 하면 사람들은 서너 푼만을 사랑하고 예닐곱 푼을 사랑하

「석화도惜花圖」(꽃을 애석해하다), 청대, 개기改琦(1773~1828)

지 않을 것이므로, 자태는 용모와 비교하여 한 배에 그치지 않고 두 배 더 나은 것이다. 두세 푼의 자색이 있으면서 교태가 없는 여인과 전혀 자색이 없으면서 교태가 있는 여인이 한곳에 함께 있거나 사람들과 몇 마디를 주고받으면, 사람들은 교태에 미혹될 뿐 미색에는 현혹되지 않는다. 자태는 용모와 마주하여 오히려 소수로 다수를 대적할 뿐만 아니라, 또한 무형의 것으로 유형의 것을 대적할 수 있다.

오늘날 여인이 그 외모는 하나도 선택할 만한 점이 없으나, 사람들이 지치지 않고 그리워하며 심지어 목숨을 버려가며 추종하는 것은 모두 '태態'라는 한 글자가 빌미가 되기 때문이다. 따라서 외모를 고르고 자색을 선택하는 것은 교태를 선택하는 한 수의 중요함만 못하다. 교태는 선천적으로 나타나며 억지로 조작할 수 없다. 억지로 조작한 교태는 아름답지 않으며, 누추함을 더할 뿐이다. 똑같이 얼굴을 찌푸리지만, 서시西施25에게 나타나면 사랑스럽고 동시東施26에게 나타나면 가증스러운 것은 바로 천부적인 것과 억지로 조작한 것의 차이다. 얼굴을 품평하고 피부를 품평하고 눈썹을 품평하고 눈을 품평하는 방법은 모두 말로 설명해줄 수 있으나, 오직 교태를 품평하는 한 가지 일은 내 마음속으로 알 수 있으나 진정 입으로는 말할 수 없다. 입으로 말할 수 있는 것은 사물이며 우

---

**25** 서시西施: 본명은 시이꽝施夷光. 춘추시대 월나라의 미녀로 중국 4대 미인 가운데 침어沈魚(물고기가 서시의 모습을 보고 부끄러워 물속으로 숨다)의 주인공.
**26** 동시東施: 『장자莊子』 「천운天運」에 나오는 서시의 이웃집에 살았다는 추녀. 효빈效颦(얼굴 찡그리는 것을 흉내 내다)의 주인공이다.

물이 아니다. 아! 사람들에게 알릴 수는 있으나 사람들에게 설명하려 해도 할 수 없게 만드니, 이 어찌 천지간에 커다란 괴물이 아니며 예로부터 지금까지 설명할 수 없었던 일이 아니겠는가?

나를 힐난하는 자가 말했다. "이미 교태에 관해 학설을 세웠으면서 또 사람들에게 방법을 가르쳐주지 않아, 끝내 이러지도 저러지도 못 하게 하는가. 어찌 여인을 품평하는 사람에게 알맹이를 버리더라도 껍데기나마 그 내용을 대강이라도 보여주지 않는가?" 내가 대답했다. "부득이하여 말했으며 다만 본 것을 그대로 써서 잠시 본보기로 삼았을 뿐이다."

옛날 유양維揚27에서 한 귀인을 대신하여 첩을 품평했다. 아름답게 꾸미고 온 여인이 한 사람이 아니었으며, 처음에는 모두 고개를 숙이고 서 있었다. 고개를 들도록 명령하자 한 여인은 부끄러운 모습을 하지 않고 뜻밖에 고개를 들었다. 한 여인은 교태를 부리며 수줍어하다가 서너 번 억지로 권한 뒤에야 고개를 들었다. 한 여인은 처음에는 즉시 고개를 들지 않고 있다가 억지로 권한 뒤에야 고개를 들었는데, 먼저 눈을 한 번 깜빡거렸으며 사람을 보는 것 같았으나 사실은 사람을 바라보지 않았고, 눈 깜빡거리기를 마친 후 고개를 들어 사람들이 다 보기를 기다렸다가 다시 눈을 한 번 깜빡거린 뒤에 고개를 숙였는데, 이것이 바로 '태態'(교태)다.

기억하기를 옛날 봄나들이를 갔다가 비를 만나 정자로 피하여 수많은 여인을 보았는데 미인과 추녀가 섞여 있었으며 모두 비틀거

---

27  유양維揚: 강소성 양주揚州에 속한 지역.

리며 도착했다. 그중에 비단옷을 입은 가난한 여인이 하나 있었는데, 나이는 서른쯤으로 사람들이 모두 정자 안으로 뛰어 들어왔지만 그 여인은 홀로 처마 아래를 배회하고 있었다. 정자 안에 빈 곳이 없었기 때문이다. 사람들이 모두 옷을 털며 크게 젖었을까 염려하는데, 그 여인은 홀로 되는대로 맡겨두었다. 처마 아래에 비가 들이쳐 털어도 무익하며 헛되이 추태만 드러내기 때문이었다. 비가 그쳐 떠나려 할 때 그 여인이 홀로 머뭇거리며 조금 뒤처졌는데, 몇 걸음을 가다가 비가 다시 내려 바로 정자 안으로 뛰어 들어오게 되었다. 그 여인은 먼저 정자 안에 서 있었는데, 반드시 비가 다시 내릴 것이라 예상하여 먼저 좋은 자리를 차지했기 때문이다. 그러나 억측이 비록 우연히 들어맞았을지라도 절대로 교만한 기색이 없었다. 뒤에 들어온 사람들을 보니 처마 아래에 서 있었으며, 옷이 젖은 것이 전보다 몇 배나 더 심했다. 이 여인이 대신 옷을 털어주자 교태가 백출했으며, 결국 하늘이 여러 추녀를 모아다가 한 사람의 교태를 드러낸 것과 같았다.

구경꾼의 입장에서 보면, 처음에는 움직이지 않아 정중하게 교태를 배양하는 듯했다. 그 뒤에는 고의로 움직여 유유하게 교태를 드러낸 듯했다. 그러나 그 여인이 어찌 하늘에서 틀림없이 다시 비가 내릴 것을 알아 먼저 그 재주를 준비하여 사용하기를 기다릴 수 있었겠는가? 배양한다는 것은 무심한 경지에서 나왔고, 교태가 드러난 것도 역시 의도적인 것이 아니었으며, 모두 선천적인 재치가 스스로 나타났다가 스스로 사라진 것일 뿐이다. 교태를 배양할 때에는 먼저 교태를 띠고 수줍어하여 어쩔 줄 모르는 분위기가 몸 밖으로 드러나 사람들이 사랑하고 가련하게 여기도록 만든 것이며, 아름다운 모습이 크게 드러난 뒤에야 사람들이 깨닫게 되는 것은 아니다. 이 두 가지 사항은 모두 여인이 가진 교태의 일부분으로, 이를 거론하여 대강을 보여주었다. 아아! 나이 서른가량의 가난한 여인은 자태가 조금 달랐을 뿐이었지만, 마침내 이팔청춘의 미인과 화려하게 장식한 여인들을 모두 자신의 아래에 두었다. 그러므로 교태의 작용이 어찌 경미하겠는가!

사람들이 질문했다. 성현이 신비로운 조화를 부린 일은 찾아가 익혀 이룩할 수 있는데, 어찌 여인의 교태만 배워서 도달할 수 없는 가? 내가 대답했다. 배우려면 배울 수 있지만, 가르치기가 불가능하다. 사람들이 또 질문했다. 이미 가르칠 수 없는데, 어찌 배울 수 있다 하는가? 내가 대답했다. 교태가 없는 사람과 교태가 있는 사람이 함께 있게 하여 아침저녁으로 훈도하면 혹은 그로 말미암아 변화될 수 있을 것이다. 마치 쑥이 마밭에서 자라면 떠받쳐주지 않아도 곧게 자라는蓬生麻中, 不扶自直[28] 것과 같은 것이며, 매가 변하여 비둘기가 되는 것[29]은 형상이 정신에 의해 감화되는 것이므로, 이렇게 되면 가능할 것이다. 만약 간곡하게 타이르고자 한다면 한 부의 『이십일사二十一史』[30]처럼 내용이 많으니 어디서부터 말해야 하는가? 또 말해줄수록 더 몸이 굳어질까 두려우니, 어찌할 것인가!

---

28  蓬生麻中, 不扶自直: 출처는 『순자荀子』 「권학勸學」.
29  매가 변해 비둘기가 되다: 출처는 남조 송 유의경劉義慶(403~444)의 『세설신어世說新語』 「방정方正」의 "매가 변해 비둘기가 되어도, 아직도 매의 눈을 증오한다鷹化爲鳩鳩, 猶憎其眼". 외모가 바뀌어도 매의 사나운 본성은 바뀌지 않았음을 비유한다. 여기서는 전혀 다르게 변화한 것을 의미한다.

## 2. 몸단장

여인이 선녀의 자태로 나라에서 제일가는 미인이라면 몸단장할 필요가 없을 것이다. 조금이라도 타고난 미인에서 떨어지는 사람이라면, 바로 인공적인 몸단장에서 벗어날 수 없을 것이다. 그러나 내가 말하는 '수식修飾(꾸미다)'이라는 두 글자는 미녀, 추녀를 막론하고 모두 없어서는 안 되는 것이다. 속담에 "세 푼의 타고난 모습에 칠푼의 꾸밈三分人材, 七分妝飾"이라 했다. 이것은 중간 등급 이하의 사람을 위하여 말한 것이다. 그렇다면 칠 푼의 타고난 모습을 가진 사람은 세 푼의 몸단장이 없어도 되는가? 가령 열 푼 다 타고난 모습이 있는 사람이라도, 어찌 한 푼의 몸단장이 전혀 소용이 없겠는가? 대답하기를, 그럴 수가 없다. 그렇다면 몸단장하는 방법을 빨리 설명하지 않을 수 없다.

오늘날 몸단장을 설명하는 사람은 솜씨가 대단히 정교한 것에 그치지 않고 거의 귀신으로 변화시키고 신선으로 만들 수 있다. 내가 힘껏 심신을 다하여 새로운 학설을 창조하려 하지만, 만약 사람들의 마음은 지극히 교묘한데 나의 방법이 정교하지 못하면 작은 무당이 큰 무당을 만나는 것31과 같을 뿐만 아니라, 또 작은 무당

---

30  『이십일사二十一史』: 명대까지 편찬된 21종류의 중국 역사서를 통칭하는 것으로 『사기史記』『한서漢書』『후한서後漢書』『삼국지三國志』『진서晉書』『송서宋書』『남제서南齊書』『양서梁書』『진서陳書』『위서魏書』『북제서北齊書』『주서周書』『수서隋書』『남사南史』『북사北史』『신당서新唐書』『신오대사新五代史』『송사宋史』『요사遼史』『금사金史』『원사元史』다.
31  小巫見大巫: 작은 무당이 큰 무당을 만나다. 수준 차이가 커서 서로 비교할 수 없다는 의미다. 출처는 후한의 문인 진림陳琳(?~217)의 「장굉에게 답하는 글答張紘書」.

인 제자가 큰 무당을 가르치는 스승노릇을 하는 격이 되어, 참지 못하고 웃음을 터트리며 얼굴에 침을 뱉는 상황을 모면하기 힘들 것이다. 그러나 한 시대의 유행을 좇다보면 종종 너무 지나치게 된다. 처음에 설정한 방법이 좋지 않은 게 아니라, 사람마다 다른 사람보다 뛰어나고자 추구하고, 하루하루 다른 날보다 새롭고자 노력하며, 조금씩 나아가다가 지나쳐서 결국은 참 모습을 상실하는 폐단에 이를 것이다.

"초나라 왕이 가는 허리를 좋아하여, 궁중에서 모두 굶어죽었네.32

「추야음시도秋夜吟詩圖」(가을 밤 시를 읊다), 청대, 비단욱費丹旭(1802~1850)

---

32 "전하여 말하기를, 초나라 왕이 가는 허리를 좋아해 궁중에 굶어 죽는 사람이 많았다傳曰, 楚王好細腰, 宮中多餓死." 출전은 『후한서後漢書』「마료전馬廖傳」.

초나라 왕이 높은 상투를 좋아하여, 궁중에서 모두 1자(약 23센티미터)33로 했네. 초나라 왕이 넓은 소매를 좋아하여, 궁중에서 모두 온필34로 만들었네."35 가는 허리가 사랑스럽지 않은 것이 아니며, 높은 상투와 넓은 소매가 아름답지 않은 것이 아니지만, 굶어 죽는 지경에 이르면 사람이 귀신이 되어버린다. 상투의 길이가 1자에 이르고 소매의 길이가 온필에 이르면, 아름답게 보이지 않을 뿐만 아니라 바로 온갖 잡귀신과 차이가 없을 것이다. 이것은 가는 허리를 좋아하고 높은 상투와 큰 소매를 좋아한 사람의 과실이 아니라, 바로 스스로 굶어 죽고 스스로 1자 높이의 상투를 하며 스스로 온필로 소매를 만든 사람의 과실이다. 또한 스스로 굶어 죽고 스스로 1자로 높이며 스스로 온필로 소매를 만든 사람의 과실이 아니며, 그 과실을 통렬하게 징벌하고, 저술하여 조목조목 규정을 만들어서 이러한 수준에서 그쳐야 마땅하며 너무 지나치면 안 되고 미치지 못해도 안 된다고 말하여, 준수할 것을 만들지 못한 사람의 과실이다.

내가 오늘날의 몸단장을 관찰하니, 대체로 초나라 궁정의 말세

---

33 1자: 현재는 33.3센티미터지만 진秦나라까지는 23.1센티미터, 한나라 21.35~23.75센티미터, 당나라 30.7센티미터, 명·청 시기 31.1센티미터로 시대마다 길이가 달랐다. 일반적으로 고대의 칠척장신은 2.1미터가 아니라 1.7미터 정도에 해당한다.

34 온필: 천의 단위. 비단의 경우 한대에는 길이 약 10미터에 폭은 1미터가 못 되며, 당대에는 길이 40자(약 13미터)에 폭은 1자 8치(약 60센티미터)다.

35 출전은 『악부시집樂府詩集』「잡가요사雜歌謠辭」에 실린 후한 시기 무명씨의 「성중요城中謠」다. "성안에서 높은 상투를 좋아하니, 사방에서 상투 높이가 한 자라네. 성안에서 넓은 눈썹을 좋아하니, 사방에서 또 이마의 반이나 되게 그리네. 성안에서 큰 소매를 좋아하니, 사방에서 또 온필로 만드네城中好高髻, 四方高一尺. 城中好廣眉, 四方且牛額. 城中好大袖, 四方全匹帛."

풍속과 유사하지만, 저술하여 조목조목 규정을 만드는 것은 초야에서 할 수 있는 일이 아니다. 그러나 누군가 좋아해서는 안 되고 증오해야 한다는 것을 설명하여 알리지 않고, 날이 갈수록 심해지는 상태로 맡겨두면, 살아 있으면서 온갖 잡귀신처럼 되어 이미 죽은 사람과 차이가 크지 않다. 하물며 허리가 실오라기처럼 가늘어져서 반드시 굶어 죽을 상황인 사람에 있어서랴! 내가 몸단장에 관해 학설을 세운 것은 진실로 이러한 노파심을 가졌기 때문이니, 대체로 서시西施와 같은 미인이라면 스스로 인정을 완곡하게 헤아려 절대로 성급하게 화를 내며 내 말이 당돌하다고 책망하지 마시오!

## 세수와 빗질

───

세안하는 방법에는 다른 기이한 기교가 없으며, 단지 때를 철저하게 씻어 없애 얼굴 위에 또 다른 때가 없게 하는 것이다. 이른바 때라고 하는 것은 기름일 뿐이다. 기름에는 두 종류가 있는데, 자생自生한 기름이 있고 달라붙은 기름이 있다. 자생한 기름은 모공에서 분비되며, 살찐 사람은 많고 마른 사람은 적은데, 땀 같지만 땀은 아니다. 달라붙은 기름은 얼굴의 아래에서 위로 올라가는 것이 적으며, 얼굴의 위에서 아래로 내려가는 것이 많다. 두발과 고목膏沐(머릿기름)36은 서로 떨어질 수 없는 관계이며, 두발과 얼굴이 만

───

36  膏沐고목: 고대에 여인들이 머리칼을 윤기 나게 하는 데 사용한 유지油脂. 출처는 『시경』「위풍·백혜衛風·伯兮」.

나는 경계 부위는 상황이 서로 침범하지 않도록 보호하기 어렵다. 하물며 손으로 두발을 쓰다듬고, 다 쓰다듬은 뒤에 위에서 아래로 내려오면서 또 손으로 얼굴을 문지르지 않도록 하기가 어려우므로, 손으로 문지른 부위에는 바로 기름이 묻어 번들거리는 부분이 나타나게 된다. 기름이 나타나 번들거리는 것이 얼굴에는 크게 해가 없는 듯하지만, 하루의 미추가 이것에 달려 있다는 것을 전혀 모르고 있다. 분을 칠해도 얼굴이 하얗지 않고 화장이 고르지 않은 것은 바로 여기서 비롯된다. 예로부터 분을 칠하고 색을 칠하는 부위에 기름이 있는 것을 가장 두려워했는데, 기름이 있으면 바로 색을 칠할 수 없기 때문이다.

간혹 세안이 막 끝나 아직 분을 바르지 않았을 때, 단지 손가락 크기의 한 부위가 기름 묻은 손으로 오염되면, 분을 얼굴에 바른 뒤에, 얼굴 전체가 모두 하얗지만 이 부분만은 유독 검으며, 또 검으면서 번들거리는데, 이것은 오염이 분칠보다 앞서 이루어진 것이다. 이미 분을 바른 뒤에 기름 묻은 손에 의해 오염되면, 검으면서 번들거리는 것이 역시 그러하며, 분을 바른 위에 기름이 더해졌지만, 기름만 나타나고 분은 나타나지 않는데, 이것은 오염이 분칠보다 뒤에 이루어진 것이다. 이 두 가지 걱정거리가 비록 큰 것 같지만 사실은 작으며, 이는 오염된 부위가 한 귀퉁이에 그치고 얼굴 전체에 미치지 못하기 때문으로 이 점은 여인들이 모두 알고 있다. 이 밖에 얼굴 전체가 손상될까 하는 걱정이 있는데, 예로부터 미인들이 자신도 모르게 그러한 피해를 받으면서도 왜 그런지 알지 못했으므로, 내가 연구하여 이를 밝히고자 한다.

예로부터 얼굴을 닦는 수건은 대부분 얼굴을 닦는 데 그치지 않고, 되는대로 사용하여 팔과 가슴도 닦았다. 끈적거리면 기름기가 존재하는 것으로, 수건이 불결하게 된 지도 오래되었을 것이다. 가령 청결한 것을 좋아하는 사람이라면, 얼굴만 닦고 다른 부위에는 수건을 사용하지 않을 수 있지만, 위로 두발에 닿지 않게 하고 이마 끝에 닿았을 때 바로 닦는 것을 멈춘다고 보장

「관즐도盥櫛圖」(세수하는 과소아), 청대, 마태馬駘(1886~1937), 『미인백태화보美人百態畫譜』의 삽도
과소아戈小娥는 원나라 순제順帝(재위 1333~1370)의 숙비淑妃. 피부가 투명할 정도로 희면서도 은은한 붉은빛이 돌았다고 한다.

할 수 있겠는가? 일단 머릿기름이 묻으면 바로 기름이 없고 끈적거림이 적은 물건이 아니게 되어버릴 것이다. 이것으로 얼굴을 닦으면 얼굴을 닦는 것이 아니라, 자잘한 기물을 갈아서 광택을 내는 사람이 고의로 기름 수건으로 문질러 광택을 내 다른 물질이 달라붙

지 않게 하려는 것과 같은 상황이 된다. 다른 물질은 달라붙지 않는데 분만 달라붙겠는가? 대체로 얼굴에 화장이 먹지 않으면, 균일하게 칠할수록 더욱 검어진다. 같은 분이지만, 어떤 사람이 바르면 희어지고, 어떤 사람이 바르면 희어지지 않은 것은 이것 때문이다. 얼굴을 닦는 수건에 차이가 있는 것으로, 얼굴에 바르는 분에 좋고 나쁨이 있는 것이 아니다. 그러므로 얼굴에 고르게 분을 잘 바르려는 사람은 반드시 먼저 그 수건을 청결하게 해야 한다. 얼굴을 닦는 수건은 얼굴을 닦는 용도에만 사용하며, 또 사용하고 나면 즉시 세탁하여 조금도 기름의 흔적을 남기지 않도록 해야 하는데, 이것이야말로 근본에 힘쓰고 근원을 탐구하는 방법이다.

빗질을 잘하는 것은 참빗질을 잘하는 것만 못하다. 참빗은 빗 가운데 형님이다. 두발에 때가 없어야 비로소 가닥가닥 머리카락이 드러나며, 그렇지 않으면 한 조각 모직 양탄자와 같아져서 경계를 찾으려 해도 찾을 수 없으므로, 이것은 모자이지 상투가 아니며, 광채가 검은색의 퇴광칠退光漆37을 한 물건이지 구름처럼 감도는 검은색 어린 여인의 머릿결이

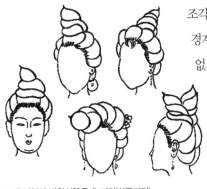

고대 여인의 반첩식盤疊式 머리(상투머리)

---

37 퇴광칠退光漆: 생칠生漆의 일종으로 처음 칠했을 때 광택이 비교적 어두우며, 갈수록 반짝거리는 칠.

아니다. 그러므로
첩을 잘 관리하
는 사람은 100개
의 동전으로 얼레
빗을 사고 1000개
의 동전으로 참빗을 사
야 마땅하다. 참빗이 정교
하면 두발이 정밀해지고,

고대 여인의 영선식擰旋式 머리(비틀어 올린 머리)

조금 값이 저렴하면 두발이 손상되고 머리가 아파지므로, 참빗질
을 몇 번 못하고 그만둘 것이다. 참빗질을 아주 깨끗하게 하면, 얼
레빗을 사용하기 편해진다. 그리고 얼레빗이라는 물건은 오래될수
록 좋다. "사람은 오직 옛사람을 구하며, 물건은 오직 새것을 추구
한다"라는 옛말이 비록 옳지만, 얼레빗을 논평한 것은 아니다. 오
래된 얼레빗을 구하여 얻지 못하면, 부자는 상아 빗을 사용하고
가난한 사람은 소뿔 빗을 사용한다. 새로 만든 나무 얼레빗은 머리
카락을 상하게 하니 기름에 열흘을 담갔던 것이 아니면 사용해서
는 안 된다.

옛사람들은 상투를 '반룡蟠龍'이라 불렀다. 반룡이라는 것은 상
투의 본체이며 장식으로 만든 것이 아니다. 손이 가는 대로 묶어서
만들며, 몸을 서리고 있는 용의 자세로 만들었으므로, 옛사람의 머
리장식은 완전히 자연스러웠으며 조금도 조작하지 않았음을 알 수
있다. 그러나 용은 바로 잘 변하는 동물이고 두발頭髮에는 일정한
형태가 없는데, 현재까지 전해지도록 사물이면서 변하지 않았다면,

고대 여인의 결환식結鬟式 머리
(고리 머리)

용은 반룡이 아니라 바로 죽은 용일 것이고, 두발은 미인의 두발이 아니라 바로 죽은 사람의 두발일 것이다.

요즘 사람들이 자주 머리를 바꾸는 것도 이상한 일이 아니며, 변화하는 것이 진실로 옳다. 그러나 변화하는 형태가 단지 새로운 경향만을 고려하고 합리적인 것을 추구하지 않으며, 변한 형태만을 추구하여 참모습을 잃어버리는 것을 고려하지 못한다. 대체로 저것으로 이것을 모방하려면 반드시 당연한 것을 선택하여 모방해야 하며, 반드시 마땅히 존재해야 할 것을 선택하여 모방해야 한다. 또 그 형태와 색이 비슷한 것을 선택하여 모방해야지, 터무니없이 날조하고 임의로 모방하여 다른 것을 고려하지 못해서는 안 된다. 옛사람들이 두발을 '오운烏雲'이라 하고 상투를 '반룡'이라 한 것은 이 두 가지 사물이 하늘에서 나타나는 것이므로, 머리에 있는 것이 타당했기 때문이다. 두발은 구름처럼 감돌고 용처럼 서려 있으며, 구름의 색에는 먹구름이 있고 용의 색에는 흑룡이 있다. 이러한 색·형상·감정·원리가 모두 서로 부합했으므로 이렇게 이름을 붙인 것이며, 터무니없이 날조하고 임의로 모방하여 다른 것을 고려하지 않은 게 아니다.

내가 괴이하게 여기는 것은 이른바 '모란머리'[38] '연꽃머리'[39] '사발머리'[40]라는 각종 새로운 양식이 새롭고 괴이한 것을 극단으로 추구하여 사람들의 모습을 바꾸어놓기는 했지만, 있어야 마땅하고 형태와 색상이 서로 유사해야 한다는 의미에서는 하나도 선택할 만한 것이 없기 때문이다. 사람의 한 몸에서 손으로 꽃을 피울 수가 있는데, 강엄江淹[41]의 뛰어난 문장력이 그렇다. 혀로 꽃을 피울 수 있는데, 부처의 장광설이 그렇다. 머리에서 꽃이 피어나는 것은 아직 나타나지 않았지만, 피어나는 것이 오늘부터 시작되었다. 이것은 당연히 그렇지 않아야 하지만 그렇게 된 것을 말하는 것이다. 두발 위에 비록 꽃을 꽂는 경우가 있지만, 머리를 꽃으로 하고 몸을 꽃받침으로 하는 경우는 아직 없었다. 발우鉢盂는 밥을 담는 그릇으로, 산 사람의 머리 위에 거꾸로 덮어씌워 엎어 놓은 밥그릇의 모습으로 두발의 양식을 만든 예는 없었다. 이러한 모든 일은 들은 적이 없었는데, 들은 것이 오늘부터 시작되었다. 이것은 마땅히 존재하지 않아야 하지만 존재하는 것을 말한 것이다. 여러 꽃의 색깔은 울긋불긋하지만 오직 흑색은 보이지 않는다. 만약 한 여인을 여기에 세워놓고, 어떤 사람이 '검은 모란黑牡丹'이나 '검은 연꽃黑蓮花'

---

38  모란머리: 모란두牡丹頭. 청대에 강소성 소주에서 유행했으며, 가발을 받쳐 상투의 높이가 6~7치(약 20센티미터)다. 좌우가 더부룩하며 모란꽃과 모양이 유사한 여인의 머리 양식.

39  연꽃머리: 하화두荷花頭. 모란머리와 비슷하게 상투가 높고 연꽃과 유사한 모양의 머리 양식.

40  사발머리: 발우두鉢盂頭. 가발을 사용하고 머리의 모양이 엎어 놓은 사발과 비슷한 청대 여인의 머리 양식으로 강소성 소주에서 유행했다.

41  강엄江淹(444~505): 남조 송宋·제齊·양梁나라 시기의 저명한 문학가.

혹은 '검은 사발黑鉢盂'이라 한다면 이 여인은 틀림없이 발끈 성을 낼 것이고, 성낸 다음 뒤이어 욕할 것이다. 그런데 그 이름으로 불리기 싫은 괴상한 사물과 스스로 닮고자 하니 어찌 이해할 수 없는 일이 아니겠는가?

내가 말하는 빗질 잘한 미인의 상투는 날이 갈수록 새로워져도 무방하지만, 방법은 이치에 맞는 것으로 해야 한다. 이치에 맞는 것은 그 형상이 다양하지만, 전체적으로 구름과 용 둘보다 오묘한 것이 없다. 계속 이러한 명칭을 사용하며 실체를 변화시킨다면, 옛 제도와 새로운 양식이 병행되어 사리에 어긋나지 않을 것이다. 두 가지에 그쳐 변화에 한계가 있다 여기지 말고, 천하의 사물로 온갖 다른 모습과 형상을 선택해 변한다 하더라도 이 둘을 넘어서는 것이 없다는 것을 알아야 한다.

용은 비록 잘 변화하지만 도리어 비룡飛龍(날아가는 용), 유룡遊龍(꿈틀거리는 용), 복룡伏龍(웅크린 용), 잠룡潛龍(숨어 있는 용), 희주룡戲珠龍(여의주를 희롱하는 용), 출해룡出海龍(바다에서 솟아나는 용) 등에 불과하다.

구름이라는 것은 잠깐 사이에 위치를 여러 번 바꾸고 찰나에 모습을 자주 바꾸므로, '천변만화千變萬化'라는 네 글자가 도리어 고정된 양식이 있다는 말이다. 사실 구름이 변화하는 형상은 '천만千萬'이라는 두 글자로 한정하기에 부족하다. 만약 총명한 여인이 날마다 고개를 들어 천체 현상을 관찰하여, 구름을 모방해 상투를 만들고, 다시 상투에 근거하여 구름을 관찰한다면, 하루에 한 번 상투의 양식을 바꾸어도 구름의 교묘한 변화를 다 모방할 수 없고,

구름의 기이한 모습을 다 따라갈 수 없는데, 하물며 매일 아침마다 머리 양식을 바꾸지는 않음에랴!

만약 하늘이 높고 구름이 멀리 있어 불분명하게 보여 모방하기 어렵다고 여긴다면, 화가에게 교묘한 구름 몇 송이를 그리게 하고, 종이를 오려 양식을 만들어 두발 아래에 붙였다가, 머리 감기와 빗기가 끝나기를 기다려 이것을 제거한다. 이것이 간편하고 하기 쉬운 방법이다. 만든 구름에는 모두 착색이 가능하며 계절에 피는 꽃을 꽂거나, 혹은 진주와 비취로 장식하여 오색구름을 환상적으로 꾸미면, 형상이 기이하고 색채가 찬란해 보인다. 다만 위치가 적당해 구름 모양의 상투와 서로 어울리도록 해야 하고, 만약 구름 모양 상투에 계절에 피는 꽃, 진주, 비취를 붙이더라도 이들의 본래 형상이 드러나지 않아야 좋을 것이다.

두발을 용 모양으로 손질하는 방법은 다음과 같다. 만약 비룡과 유룡을 모방하고자 하면, 먼저 자신의 머리를 깨끗이 빗질하여 두발을 아래로 모두 늘어뜨린 뒤, 가발로 용의 모양을 만들어 빙 둘러 감아 두발 위에 놓는다. 반드시 두발과 약간 떨어져 서로 들러붙지 않도록 해야 비로소 비룡과 유룡의 의미를 잃지 않으며, 서로 달라붙으면 잠룡이나 복룡이 될 것이다. 허공에 매다는 방법은 철사 한두 가닥을 보이지 않는 곳에 설치하는 것이다. 용의 발톱이 아래로 향한 것에 머리카락을 끈으로 삼아 매끈한 두발의 위에 묶으면 움직이지 않을 것이다. 희주룡을 만드는 방법은 머리카락으로 작은 용 두 마리를 만들어 양쪽에 묶어서 용의 꼬리가 뒤로 향하고 머리가 앞을 향하도록 하여, 용의 앞에 큰 구슬 하나를 꿰매

청 말기에서 민국 초기에 유행한 머리 모양

어 용의 입 가까이 두는데, '이룡희주二龍戱珠'라 한다. 출해룡도 앞의 방식에 비추어서 하지만 가발을 파도 문양으로 만들어 용 몸체의 빈 곳에 묶으면 하기 쉽다. 이러한 여러 방법은 모두 구름과 용의 형체를 잘 구분하는 것으로, 구름은 구름이고 용은 용이다.

내가 또 생각하기에 구름과 용은 서로 분리하기에 상황이 적절하지 않다. "구름은 용을 따르고, 바람은 호랑이를 따른다雲從龍, 風從虎"라고 『주역周易』에서 이미 말했으므로 함께 사용해야 마땅하다. 똑같이 하나의 두발을 사용하여 똑같이 하나의 가발을 만들면서, 어찌하여 구름과 용을 환상적으로 어울리게 만들지 않는가? 용의 전신이 드러나지 않고 구름도 완전한 모양은 아니라, 홀연히 용이 나타났다가 홀연히 구름이 나타나 사람들이 추측하여 알아볼 수 없게 하지 않는가? 이렇게 하면 미인의 머리에는 배회하고 날아가며 춤추는 기세가 모두 존재하여, 아침에는 떠가는 구름이 되고 저녁에는 비로 내려, 두 가지 자태를 모두 뽐낼 수 있다. 거의 양대陽臺 무산신녀巫山神女의 현신이 되지 않겠는가?

아! 나, 입옹笠翁이 여기서 온갖 궁리를 다하여 이러한 상투를 만든 것은 숭배를 받지 않을 수가 없다. 천수를 마친 뒤에 혹시 신선이 되면, 화려한 규방을 왕래하며 내가 만든 양식이 과연 꽃다운 얼굴과 달 같은 자태에 도움이 되었는지 점검하리라!

# 훈도薫陶[42]

---

아름다운 꽃과 미녀는 기질이 같아 출중한 미모가 있으면 반드시 천상의 향기가 존재한다. 천상의 향기는 포태胞胎[43]에서 맺히며, 향기를 스미게 한 것이 아니다. 미인 가운데 실제로 이러한 신체가 있으며 과장된 말이 아니다. 또 자태와 용모가 그리 심하게 아름답지 않지만 우연히 이처럼 기이한 향기를 풍길 수 있는 여인이 있다. 종합하면, 일단 이러한 향기가 있으면 바로 요절하거나 박해를 받을 조짐으로, 미인박명에 이보다 빨리 들어맞는 경우가 없었다.

제일가는 미모이면서 천상의 향기를 지닌 여인과 제일가는 미모가 아니면서 천상의 향기를 지닌 여인 모두 천 명에 한 명도 만나기가 어려우니 그 나머지는 몸에 향기가 스며들도록 노력을 해야 한다. 그 노력은 어떻게 하는가? 부귀한 집안에서는 화로花露, 즉 향수를 사용한다. 화로는 꽃잎을 따서 시루에 넣어 발효시켜 만든 것이다. 장미薔薇[44]가 가장 좋고 여러 다른 꽃이 그다음이다. 그러나

---

42  훈도薫陶: 본래의 의미는 사람의 품성이나 도덕 따위를 잘 가르치고 길러서 좋은 쪽으로 나아가게 한다는 것이다. 출처는 『송사宋史』 「도학전1·정이道學傳一·程頤」. 여기서는 인격이 아니라 여인의 몸에서 향기가 풍기도록 해야 한다는 의미로 사용되었다.

43  포태胞胎: 태내胎內의 아이를 싸는 얇은 막.

44  장미薔薇: 장미과Rosaceae 장미속에 속한다. 장미, 매괴玫瑰(Rosa rugosa), 월계月季(Rosa chinensis)를 모두 '장미'라 통칭하지만 이파리·가지·꽃·꽃받침·열매 등 여러 면에서 차이가 있다. 장미의 가지는 비교적 가늘고 길며 사방으로 덩굴이 벋고, 가시는 크고 듬성듬성하며 대부분 어두운 청색이다. 매괴의 가지는 굵고 직립이며, 가시는 밀집하고 크기가 동일하며 대부분 회갈색이다. 월계의 가지는 키가 작고 굵으며, 가시는 크고 듬성듬성하며 약간 갈고리 형상을 띠고, 극소수는 가시가 없다. 꽃이 진 뒤에 매괴와 월계는 꽃받침이 떨어지지만, 장미의 꽃받침은 떨어지지 않는다. 장미와 월계의 과실은 원구형이며, 매괴의 열매는 납작한 원형이다.

사용할 때 많이 뿌려서는 안 되
며, 매번 세수와 목욕을 한 다
음에 몇 숟가락을 떠서 손바닥
에 묻혀 몸과 얼굴에 문질러
고르게 바른다. 이러한 향기는
꽃인 듯 꽃이 아니고 이슬이면
서 이슬이 아니며, 꽃의 향기는
있으나 사람을 억누르는 꽃의 기운
은 없는 것에 오묘한 점이
있는데, 이 점이 훌륭한 것
이다. 다른 종류의 향기는
빨리 날아가거나 오랫동안

「영청투조권초문훈로影青透彫巻草紋熏爐」, 송대
뚜껑에 권초문을 투각하여 장식한 청백자青白磁
(푸른빛이 감도는 백자) 향로

배어 있어 난초인지 계수나무인지를 한 번 맡으면 바로 알게 되는
데, 이러한 경우와는 다른 것이다.

　그다음으로는 세숫비누로 몸을 씻고 향차香茶로 입안을 헹구는
것으로, 모두 규방에서 마땅히 해야 할 일이다. 비누라는 것도 일
종의 신기한 물건으로, 사람의 몸이 우연히 더러운 물질로 오염되
거나 더러운 냄새가 배었을 때, 이것으로 한 번 문지르면 남김없이
모두 제거된다. 이러한 사실로 추론하면, 가령 백 가지가 융화된
기이한 향기를 비누 속에 넣더라도, 때와 함께 향기는 모두 사라져
버리고 물속에 넣으면 보이지 않아야 할 것인데, 때만 제거하고 향
기는 보존시키므로, 사악한 것은 공격하고 좋은 것은 공격하지 않
는 차이가 있는 듯하다. 비누 가운데 좋은 제품은 한 번 목욕한

뒤, 향기가 하루를 지나도 흩어지지 않으므로, 어찌 자연적으로 만들어져 용모를 단장하고 몸을 장식하는 용도로 제공된 것이 아니겠는가? 비누는 강남 육합현六合縣[45]에서 나오는 것이 제일이지만, 값이 조금 비싸고 또 멀어서 살 수 없을까 걱정되므로, 많으면 목욕을 하고 적으면 얼굴만 씻어, 많거나 적거나에 따라서 임시변통하는 것이 상책이다.

향차로 입을 헹구는 것은 비용도 많이 들지 않는데, 세상 사람들이 귀한 줄만 알고 매일 필요한 줄은 모른다. 손가락 크기에 불과한 한 조각으로 무게는 호리毫釐[46]에 그치지만, 몇 쪽으로 쪼개어 매번 밥을 먹은 뒤와 잠자리에 들 때 조금의 향차를 혀로 녹이면 입안에 향기가 가득해진다. 다만 많으면 맛이 써서 도리어 약냄새가 날 것이다. 대체로 여기서 말한 것은 사람들이 모두 공통으로 아는 것이나, 내가 특별히 그 내용을 공표하는 것은 미인의 향기는 혹시라도 없어서는 안 된다는 것을 보여주려는 것이다.

그 밖에 따로 한 종류가 있는데, 값이 더욱 저렴하며 사람들이 먹으면서 그 맛이 달다고만 하고 냄새를 맡아도 그 향기를 구분하지 못한다. 나는 이것을 밝혀보고자 한다. 과일 가운데 여지荔枝[47]는 비록 인간 세상에서 나지만 사실은 교리交梨 및 화조火棗[48]와 차이가 없으며, 그 모습은 나라에서 가장 아름답고 그 향기는 천상

---

45 육합현六合縣: 지금의 장쑤성 난징 루허구六合區.
46 호리毫釐: 아주 적은 양. 10호=1리=1/1000냥. 1냥이 37.5그램이므로 1리는 0.0375그램.
47 여지荔枝: 중국 남방에서 산출되는 양귀비가 즐겨 먹었다는 과일.
48 교리交梨, 화조火棗: 도교에서 말하는 신선세계의 과일. 출처는 남조 양梁나라 도사 도홍경陶弘景(456~536)의 도가서 『진고眞誥』 「운상2運象二」.

의 향기여서 과일 가운데 우물尤物이다. 내가 복건성과 광동성을 유람하다가 다행히 구하여 실컷 먹고 돌아온 일이 있는데, 거의 내 입이 헛되이 생겨난 것이 아니라고 느꼈다. 다만 조물주가 사심을 품어 사방에 모두 여지가 나도록 하지 않은 것이 한스러웠다. 묵은 여지는 신선한 여지만 못하다는 것은 사람들이 대체로 알 것이다. 하지만 묵은 여지는 향기가 아직 다 사라진 것이 아니고 바로 감람橄欖49과 효과가 같으며, 도리어 음미할 때에 좋은 점이 있다는 것을 전혀 모르고 있다. 미인이 잠자리에 들며 하나를 먹으면 입술연지의 향기가 밤새 지속될 수 있지만, 많이 먹으면 달고 느끼할 것이다. 본고장의 여지를 선택하여 사용해야 하므로, 풍정楓亭50의 여지를 선택한다.

어떤 이가 질문했다. "입에서 풍기는 향기는 미인을 위해 준비한 것인가? 미인의 동반자를 위해 준비한 것인가?" 내가 대답했다. "동반자를 위한 것이 다수를 차지한다. 미인을 논하면 용모와 사지가 모두 남을 위해 있는 것인데, 어찌 입안의 향기뿐이겠는가?"

---

49 감람橄欖: 학명은 *Canarium album*으로 감람과에 속하는 상록교목이다. 중국 남부에서 많이 자라며, 물푸레나무과에 속하는 올리브와 열매가 유사하지만 서로 다른 종이다.
50 풍정楓亭: 복건성 선유仙遊에 속하는 지명으로, 여지와 용안龍眼(여지와 유사한 과일)이 많이 산출된다.

## 얼굴 화장

———

"도리어 연지와 분이 얼굴 더럽힌다고 싫어하여, 흐릿하게 눈썹을 그리고 임금을 뵙는다네却嫌脂粉污顏色, 淡掃蛾眉朝至尊."[51]는 당나라 사람의 절묘한 시구다. 지금 세상에서는 연지와 분을 언급하기 꺼려 걸핏하면 사람을 더럽히는 물건이라 하고, 얼굴 가득 분을 칠했으면서 분을 얼굴에 칠하지 않았다고 한다. 입술 전체에 모두 연지를 발랐으면서 바르지 않았다고 하는 것은 모두들 당시唐詩를 과신하여 괵국부인虢國夫人[52]을 자처하려는 것이다. 아! 연지와 분이 어찌 사람을 더럽히겠는가? 사람이 스스로 더럽혀질 뿐이다.

사람들은 연지와 분이 본래 중간 정도 미모의 여인을 위하여 준비된 것으로 미인에게는 필요하지 않다고 한다. 나는 이렇게 주장한다. "그렇지 않다. 미인만이 연지와 분을 바를 수 있으며, 나머지는 바르지 않아도 좋을 듯하다. 무엇 때문인가? 연지와 분에는 세속적인 감정이 많이 담겨 있어 세도가에게 아부하며 빌붙는 태도가 크게 존재하므로, 미인이 사용하면 아름다움을 증가시키지만, 추녀가 사용하면 더 추하게 되기 때문이다. 절세미인에게 살짝 분을 바르고 붉은 연지를 약간 칠하게 하면 교태와 미색이 늘어나지 않겠는가? 얼굴이 추하고 비루한 여인에게 연지와 하얀 연분鉛粉을

———

51  출처는 당 장호張祜(785?~849?)의 시 「집영대에서 2수集靈臺二首」에서 제2수의 3·4구이며, 괵국부인을 풍자한 시다. 두보의 시 「괵국부인虢國夫人」이라는 설도 있다.

52  괵국부인虢國夫人(?~756): 양귀비楊貴妃(719~756)의 셋째 언니 또는 양귀비 숙부의 딸이라는 설이 있다. 현종과 사통했는데, 자신의 미모를 자신하여 화장을 하지 않고 현종을 만났다고 한다.

「사의훈롱도斜倚熏籠圖」, 명대, 진홍수陳洪綬(1599~1652)
훈롱熏籠(덮개가 있는 향로)에 살며시 기대어 있는 여인

얼굴에 칠하게 하여 용모를 꾸민다면, 사람들을 놀라게 하지 않겠
는가? 그 까닭을 알아보면, 흰 얼굴은 더 희게 할 수 있지만, 검은
얼굴은 갑자기 희게 하기 어렵기 때문이다. 검은 얼굴 위에 흰색을
칠하는 것은 고의로 그 검은 얼굴을 드러내어 흰색의 분과 서로 비
교하려는 것이다.

시험 삼아 먹과 분을 먼저 두 곳에 나누어 놓았다가, 뒤에 한곳
에 모아 관찰하면, 나뉘어 있을 때에는 검은 것은 스스로 검고 흰
것은 스스로 희어서, 비록 각각 그 성격이 다르다고 하지만 그리 서
로 대립되지 않는다. 두 개를 합해 놓으면 마침내 흑색은 스스로
불안하게 느끼고 백색은 떠나가려 하여, 서로 비교되고 서로 방해
되어 하루아침이라도 같이 있기 어렵다. 천하의 사물 가운데 서로
같은 종류의 것은 함께 있도록 할 수 있어, 가령 서로 같은 종류가

아니라도 비슷한 것이면 함께 있을 수 있다. 서로 같은 종류가 아니면서 서로 비슷하지 않고 또 상반되는 사물은 절대로 함께 있도록 할 수 없으며, 함께 있으면 반드시 곤란해질 것이다. 이것은 분을 함부로 칠해서는 안 된다는 것을 설명한 것이다.

연지는 그렇지 않고, 얼굴이 하얀 사람도 검은 사람도 사용할 수 있다. 다만 연지와 분이라는 두 가지 물건은 그 형세가 서로 의지하여, 얼굴 위에 분이 있고 입술 위에 연지를 칠하면 그 색이 선명하여 사랑스럽다. 만약 얼굴에 분을 바르지 않고 입술만 붉으면 홍색이 드러나지 않을 뿐만 아니라 또한 얼굴의 흑색이 변하여 자주색이 되며, 자주색은 천연색이 아니라 바로 홍색과 흑색의 두 가지 색이 합쳐져서 된 것이다. 흑색이 일단 홍색과 만나면, 마치 옛 친구를 만난 듯이 합치려 하지 않아도 저절로 합쳐지고, 말끔한 광채가 사방으로 발산되어 부지불식간에 자주색 기운이 나타난다. 만약 이 여인에게 노자老子처럼 푸른 소를 타도록 하면, 마침내 오색찬란한 서기瑞氣가 나타날 것이다.[53]

이와 같다면 연지와 분은 끝내 얼굴이 검은 여인과 인연이 없어 종신토록 사용할 수 없을 것이다. 그러나 세상의 여인들은 모두 아쉬워하며 시시각각으로 연지와 분을 필요로 하고, 사람들도 일찍이 연지와 분을 많이 칠했다고 여인을 배척하지는 않았지 않은가?

---

[53] 전한 문학가 유향劉向(기원전 77?~기원전 6)의 『열선전列仙傳』에 따르면 노자가 푸른 소青牛를 타고 함곡관函谷關을 지나갈 때 상서로운 자색 구름이 관문 위에 떠 있었다고 한다. 여기서는 얼굴이 검은 여인이 분과 연지를 잘못 바르면 더 낭패스럽게 된다는 것을 비꼬아서 말했다.

내가 말했다. 그렇지 않다. 내가 논한 것은 바로 얼굴색이 가장 검은 사람으로, 서로 종류가 같지 않고 서로 비슷하지 않으며 또 서로 반대되는 경우다. 만약 얼굴색이 흑색과 백색의 사이에 끼어 있으면 종류가 같고 서로 비슷할 것이며, 이미 서로 종류가 같고 서로 비슷하다면 왜 함께 있지 못할 것인가? 다만 분을 바르는 데도 방법이 있으니, 농담을 적당하게 해야 연지와 분이 다투어 효과를 발휘할 것이다.

예로부터 분을 바른 얼굴은 멀리에서만 봐야 하며 가까이서 보기에는 적당하지 않은데, 균일하게 바를 수 없기 때문이다. 화가가 색을 칠할 때, 아교를 사용해야 비로소 균일하게 조제되며, 아교가 없으면 아주 곱게 갈아도 균일하게 조제할 수 없다. 사람의 얼굴은 종이나 비단과 달라 절대로 아교를 사용할 수 없으며, 이것이 균일하게 발라지지 않는 원인이다.

해결 방법이 있다. 한 번을 나눠 두 번으로 하여, 옅은 색에서 짙은 색으로, 얇게 바르다가 점차 두껍게 바르면, 이러한 근심이 없을 것이라 보장할 수 있다. 다른 일로 비유하고자 한다. 벽돌공이 석회를 벽에 바를 때, 반드시 먼저 거친 회를 한 번 바른 뒤에 고운 회를 한 번 바른다. 먼저 바르지 못한 부위를 뒤에 바르는 것으로 보충한다. 뒤에 바르다가 우연히 빠진 부위는 또 먼저 바른 부위가 보충하며, 이렇게 하여 두께가 균일해지고 완전히 융화되어 바른 흔적이 없어진다. 만약 두 번에 바르는 회를 합쳐서 한 번에 바르면, 서투른 장인은 고르게 바르기가 어려울 뿐만 아니라 뛰어난 장인도 두루 잘 바를 수 없을 것이다. 벽을 바르는 것도 그런데 하물며 얼굴에 분을 바르는 것임에랴! 이제 한 번에 바르는 분을 나누어 두 번에 바르며, 먼저 한 번 바르고 약간 마르기를 기다린 뒤에 다시 두 번째로 바르면, 진한 것은 옅어지고 옅은 것은 진해져서, 비록 무심하게 발랐지만 저절로 교묘하게 융화되어 멀리서 보거나 가까이서 보거나 적당하지 않은 것이 없을 것이다.

이 방법은 균일하게 바를 수 있을 뿐만 아니라, 또한 피부를 변화시켜 검은 피부를 점차 희게 할 수 있다. 무엇 때문인가? 염색공이 천을 가지고 염색할 때 옅은 색부터 시작해 진한 색으로 물들이지 않는 것이 없으며, 짙은 색과 옅은 색의 사이에 있는 것은 옅지도 않고 진하지도 않은 별도의 다른 색인데, 바로 한 편의 문장 속에 앞뒤를 이어주는 단락이 존재하는 원리와 같다. 자주색으로 물들이려면, 반드시 먼저 흰색을 홍색으로 변화시키고, 다시 홍색을 자주색으로 변화시켜야 한다. 홍색은 백색과 자주색 사이의 과도적인 색으로서, 백색에서 시작하여 바로 자주색이 되는 경우는 없다. 청색으로 물들이려면, 반드시 먼저 백색을 남색으로 변화시키고, 다시 남색을 청색으로 변화시켜야 한다. 남색은 바로 백색과 청색 사이의 과도적인 색으로서, 백색에서 시작하여 바로 청색으로 넘어간 경우는 없다.

만약 여인의 얼굴이 조금 검은데 바로 백색으로 변화시키려 한다면, 그 상황은 진실로 어렵다. 이제 옅은 분을 먼저 균일하게 한 번 바르면, 얼굴에 발라진 색은 이미 흑색과 백색의 사이에 있어 이전의 순흑색이 아닐 것이다. 다시 한번 발라서 옅은 백색을 진한 백색으로 변화시키며, 이것은 순흑색을 순백색으로 변화시키는 것이 아니다. 어렵고 쉬운 상황에 천양지차가 있지 않은가? 이것으로 추정하면, 두 번 바르기를 확대하여 세 번으로 할 수 있을 것이며, 짙은 흑색이라도 엷은 흑색처럼 될 수 있으므로, 인간 세상에서 분을 사용하여 얼굴을 매끄럽게 칠할 수 없는 여인은 없을 것이다. 이러한 이치는 경험하지 않아도 처음부터 명확하며, 대개 이 글을 읽는 사람은 읽다가 여기에 이르러 바로 호상입옹湖上笠翁(작가 자신)이 본래 우둔한 물건이 아니고 풍류의 공신일 뿐만 아니라 또한 미녀의 지기라 할 수 있음을 알 것이다. 처음으로 얼굴의 흑백을 논하여 학설이 지나치게 엄격한 것에서 벗어나지 못했다. 그러나 사실은 지나치게 엄격한 것이 아니다. 진실로 심하게 병이 들었다는 것을 안 뒤에야 의원의 은덕에 감사할 것이고, 의원에게 과연 기사회생의 능력이 있음을 알게 될 것이다.

이 밖에 두 가지 방법이 더 있으며, 모두 이것보다 미약하지만 그러나 또 반드시 알아둬야 한다. 얼굴에 균일하게 분을 칠하려면 반드시 목까지 균일하게 칠해야 하며, 그렇지 않으면 앞은 희고 뒤는 검어서, 연극 무대의 귀신 얼굴처럼 될 것이다. 얼굴을 고르게 바르려면 반드시 눈썹을 닦아내는 것을 기억해야 하며, 그렇지 않으면 서리처럼 하얀 분이 눈을 덮어 거의 춘사春社의 사파社婆54와 같아질 것이다.

입술을 칠하는 방법은 또 얼굴을 고르게 바르는 것과 상반되어, 한 번 칠하면 완성되어 바로 앵두와 같은 입술이 된다. 만약 계속

---

54 춘사春社의 사파社婆: 춘사春社는 토지의 신령에게 봄에 지내는 제사. 사파社婆는 토지신 사공社公의 부인으로 하얀 눈썹으로 분장한다.

덧칠하여 두세 번 손이 가면, 길고 짧으며 넓고 좁은 흔적이 나타나 주르륵 꿴 앵두가 되어버리고 한 알이 아니게 된다.


## 3. 옷 입기

옛말에 "3대가 지속되어야 옷을 입을 줄 알고, 5대가 지속되어야 음식 먹을 줄 안다三世長者知被服, 五世長者知飲食"[55]고 했다. 속담에 "3대에 걸쳐 관리가 되어야 옷을 입고 밥을 먹을 수 있다三代爲宦, 着衣吃飯"고 했다. 옛말과 지금의 말이 약속한 것처럼 의견이 일치했으니, 의복과 음식 두 가지 일의 어려움을 알 수 있다. 음식은 다른 부분에 실려 있으므로 여기서는 논하지 않으며, 옷 입는 일 한 가지만 말하고자 한다.

　비천한 집안에서는 남루하다고 스스로 부끄러워하고, 걸핏하면 옷을 살 돈이 없다고 핑계를 삼으며, 하루아침에 출세하면 남자는 의기양양하게 갖옷을 입고 말을 타겠다고 하고 여인도 멋지게 옷을 입겠다고 한다. 의복이 사람의 신체에 부착되는 것이나 사람의 신체가 땅에 부착되는 것이나 꼭 같다는 것을 누가 알 것인가? 사람이 땅과 익숙해질 때 오래 지나야 비로소 편안해진다. 매우 화려하고 대단히 아름다운 옷을 갑자기 검소한 사람에게 입히면, 의복도 살아 있는 사람과 비슷해서 항상 주위환경에 적응하지 못하는

---

[55] 三世長者知被服, 五世長者知飲食: 출처는 위문제魏文帝 조비曹丕(187~226)의 문학비평론인「전론典論」.

근심이 있다. 넓은 옷이 좁은 듯하고 짧은 것이 긴 듯하여, 손을 내밀려 해도 소매가 손을 감추어버리고, 목을 펴야 마땅하지만 옷깃이 구겨지며, 옷이 사람이 시키는 대로 되지 않아 마침내 몸에 차꼬와 수갑을 찬 듯하다.

"원숭이가 관을 쓴 것과 같다沐猴而冠"56면 사람들에게 웃음거리로 지적을 받는다. 원

청대 여인의 상의

숭이가 관을 쓸 수 없는 것이 아니라, 관을 쓰는 것이 습관이 되지 않아 머리와 관이 어울리지 않는 것이다. 이것은 아직 투박한 논리로서 정미한 부분에는 미치지 못했다. "옷으로 몸을 드러낸다衣以章身"라는 말을 명쾌하게 풀이하고자 한다. '장章'은 '드러낸다著'는 것인데 화려한 색채를 드러내 밝히는 것을 말함이 아니다. '신身'은 육체로서의 신체가 아니라, 슬기로움과 우둔함 그리고 현명함과 불초

---

56  沐猴而冠: 『사기』「항우본기項羽本紀」. 원래는 항우를 조롱하는 의미이며, 꼭두각시처럼 겉만 번지르르하거나 유명무실한 것을 비유한다.

함을 실제로 갖추고 있는 신체로서, "부는 집을 윤택하게 하고, 덕은 신체를 윤택하게 한다富潤屋, 德潤身"[57]에서의 신체와 같다.

동일한 의복이라도 부자가 입으면 그 부를 드러나게 하고, 가난뱅이가 입으면 그 가난을 더욱 드러나게 하며, 귀한 사람이 입으면 그 귀함을 드러나게 하고, 천한 사람이 입으면 그 천함을 더 드러나게 한다. 덕이 있고 공적이 있는 현인과 품격이 없고 재능이 없는 불초한 사람이 신체를 드러내는 것도 그렇다. 부유한 어른은 누더기 옷을 입고 뒤꿈치가 터진 신을 신더라도 일종의 넉넉하고 여유로운 기상이 저절로 옷과 신발 밖으로 뿜어져 나와, 물어보지 않아도 어른인 줄 알게 된다. 이처럼 해지고 더러운 옷으로도 사람의 부를 드러낼 수 있는데, 하물며 비단에 화려하게 수를 놓은 옷을 입으면 어떻겠는가? 거지와 요리사가 아름다운 옷을 훔쳐 입으면 왕왕 이로 말미암아 화를 당하니, 가난을 드러내는 의복이 반드시 거칠고 짧은 베옷이 아니라, 긴 도포인 경우도 있다.

"부는 집을 윤택하게 하고, 덕은 신체를 윤택하게 한다"는 말의 뜻 또한 이와 같다. 부자가 사는 집이라고 반드시 모두 마룻대에 그림을 그리고 대들보를 조각하지는 않으며, 부자가 겨우 서까래가 몇 개뿐인 초가집에 살더라도 그 문을 지나가고 그 집에 들어오는 사람은 대나무로 엮어 만든 문과 담을 뚫어 만든 작은 문에 저절로 왕성한 기운이 있는 것을 항상 느끼게 되는데, 이것이 이른바 '윤택함潤'이라는 것이다. 고관대작이나 장군 혹은 재상의 후예

---

57  富潤屋, 德潤身: 출처는 『예기』「대학大學」.

인 자손이 쇠락하여 거주하는 집은 조금도 바뀌지 않았어도 그 땅을 지나가는 사람이 냉기가 스며드는 것을 느끼는데, 가문이 쇠락한 이러한 과오는 집을 윤택하게 할 사람이 없었기 때문이다. 예로부터 『대학大學』을 읽은 사람들이 이를 올바르게 이해하지 못하고 그저 화려하게 장식한다는 의미로 해석했다. 과연 그 말과 같다면, 부자가 옛 집을 버리고 따로 새 집을 찾아서 화려하게 장식하고, 덕이 있는 사람도 옛 신체를 버리고 달리 새 신체로 바꾼 뒤에야 마음이 편하고 풍채가 넉넉해질 것인가?

심하도다! 독서는 어려우며, 단락과 구절을 해석하는 학문도 쉬운 일이 아니다. 내가 일찍이 이 논리를 소설에서 보여주었는데, 이제 또 '한가로운 정취閑情'를 말한 이 책에도 넣어 설명한다. 아아! 이러한 해설이 어찌 유유자적한 마음을 좋아하고 소설을 쓰는 사람이 말할 만한 것인가? 우연히 덧붙였을 뿐이다.

## 머리 장식

———

진주와 비취 및 진귀한 옥은 여인이 머리를 장식하는 도구인데, 이는 교태를 증가시키기도 하고 줄어들게도 한다. 교태를 증가시키는 경우는 혹 얼굴이 희지 않거나 두발의 색이 황색을 띨 때로, 이러한 보배를 그 위에 치장하면 광채가 사방으로 발산되어 피부와 두발의 면모를 일신시킬 수 있으며, 마치 산에 옥이 감추어져 있으면 산이 신령스러워지고 연못에 진주가 감추어져 있으면 연못이 아름다워지는 것과 동일한 이치다.

만약 피부가 희고 두 발이 검은 미인이 머리 가득 비취로 장식하고 황금과 진주로 귀를 꾸미면, 황금만 보이고 사람은 보이지 않아 도리어 꽃이 이파리 아래 숨어 있는 것이나 달이 구름 속에 있는 것과 같고, 머리를 들어 얼굴을 다 드러내도 되는 사람이 고의로 머리를 파묻어 얼굴을 감추는 격이다. 눈이 밝은 사람은 장식한 모습을 헤아려서 참모습을 찾을 수 있으므로, 그 아름다움이 마땅히 이것뿐이 아니며 장식을 제거하여 천연의 참모습이 모두 드러나면 또 얼마나 아름다울지 모르겠다고 할 것이다. 만약 피상적인 모습을 보는 무리를 만나면, 장식의 신기함만을 언급하고 요조숙녀의 자태는 언급하지 않을 것이다. 그렇게 되면, 사람으로 진주와 비취를 장식하는 것이지, 진주와 비취로 사람을 장식하는 것이 아니다. 따라서 여인의 일생에서 진주와 비취로 장식하는 일은 한 달에 그쳐야 하며 절대로 길어서는 안 된다.

청대 민간 여성의 장신구로 금을 상감한 백옥 팔찌(맨 위), 매화 문양 금 귀걸이(오른쪽 아래), 마노로 장식한 옥 귀걸이(왼쪽 아래)

이른바 한 달이라는 것은 신부가 되어 시집간 날부터 1개월이 되어 화장을 지우는 날까지다. 이 한 달만은 역시 어쩔 수 없다. 부모가 한바탕 마련해주고 시부모가 한차례 혼사를 치르는데, 이처럼 아름답게 꾸미고 화려하게 장식하지 않으면 그 마음을 위로하기에 부족하기 때문이다. 이 기간이 지난 후에는 마땅히 차꼬를 제거하여 얽매이지 않아야 하며, 종신토록 그러한 고행은 하지 말아야 한다.

비녀 하나와 귀고리 하나면 일생을 함께할 수 있다. 그러므로 이 두 물건은 정교하고 우수한 것을 추구하지 않을 수 없다. 부귀한 집에서는 금비녀·옥비녀·서각 비녀(코뿔소 뿔로 만든 비녀)·패각 비녀(자개로 장식한 비녀) 등을 많이 준비해 각각 한 가지씩 있어도 무방하며, 자주 그 형태를 바꾸어 며칠에 한 번 바꾸거나 하루에 한 번 바꾸는데, 모두 안 될 것이 없다. 가난한 집으로서 금비녀와 옥비녀를 준비할 힘이 없는 사람은 차라리 뼈나 소뿔을 사용할지언정, 구리나 주석을 사용해서는 안 된다. 뼈와 소뿔은 봐줄 만하며, 양식이 우수한 것은 서각이나 자개와 차이가 없다. 구리와 주석은 우아하지 않을 뿐만 아니라 또 머릿결을 상하게 할 수 있다.

비녀와 귀고리 이외에 귀밑머리를 장식하기에 마땅한 것으로 계절에 피는 꽃 몇 송이보다 절묘한 것이 없다. 이것은 진주와 비취, 옥과 비교해도 우아함과 저속함이 뚜렷이 다를 뿐만 아니라, 생기 발랄한 것과 죽은 것 같은 느낌이 서로 아주 다르다. 「청평조淸平調」58의 첫 구절에서 "명화와 양귀비 둘 다 서로 좋아하네名花傾國兩相歡"라고 했다. '환歡'은 '좋아한다'는 것이다. '상환相歡'은 저가 이미

---

58 「청평조淸平調」: 당 이백李白(701~762)의 시. 양귀비의 미모를 칭찬하는 내용이 중심이다.

나를 좋아하고 나도 저를 좋아한다는 것을 말한다. 절세미인은 바로 사람 가운데 꽃이며, 명화는 바로 꽃 중의 사람으로, 두 사물은 동조자라 할 수 있으므로 아침저녁으로 함께해야 마땅하다.

한나라 무제는 "만약 아교를 얻으면 황금 궁전에 살게 하리라若得阿嬌, 貯之金屋!"[59]라고 했다. 내 생각에 황금 궁전은 짓지 않아도 괜찮지만, 작약이 피어 있는 난간과 꽃으로 둘러싸인 정자는 절대로 있어야 하고 없어서는 안 된다. 부귀한 집에서 미인을 얻으면, 유명한 꽃을 두루 찾아서 문 안에 심어 아침저녁으로 꽃과 친하도록 해야 하며, 진주를 두르고 비취로 에워싸는 부귀영화는 말할 것이 못된다.

새벽에 일어나 꽃을 꽂는 것은 스스로의 선택에 맡겨둔다. 홍색을 좋아하면 홍색을, 자주색을 좋아하면 자주색을 마음에 따라 꽂으면 자연스럽게 어울리므로, 이것이 이른바

송대 여성의 장식

---

59  若得阿嬌, 貯之金屋: 출처는 후한 말기에 저술된 것으로 추정되는 소설집 『한무고사漢武故事』의 "만약 아교를 아내로 삼으면, 황금 저택을 만들어 살게 하리라!若得阿嬌作婦, 當作金屋貯之也"라는 내용. 금옥장교金屋藏嬌(황금 저택에 아교를 살게 한다)의 고사가 여기서 유래했다.

'둘이 서로 좋아한다相歡'는 것이다. 청빈한 집에서 만약 아름다운 부인을 얻었는데 집 곁에 빈 땅이 조금 있으면, 역시 나무와 꽃을 심어 머리를 장식하는 용도로 준비해야 마땅하다. 다른 일은 검소하게 할 수 있으나 이 일만은 검소하게 할 수 없다. 여인의 청춘 시절은 짧으며, 남자가 미인을 만나기는 어렵기 때문이다. 설령 공후장상과 부유한 대갓집이라도 인연이 없어 괴로워하거나 본처의 투기로 근심하는 경우에는 미인과 친하고자 해도 종신토록 할 수가 없다. 나는 어떠한 사람이라서 이러한 즐거움을 홀로 누리는가? 만약 한두 가지 일로 미인의 마음을 즐겁게 해주지 않고, 한두 가지 물건으로 미인의 모습을 장식해주지 않는다면, 이는 하늘이 내린 미인을 멸절시키는 것이고, 좋은 쌀로 지은 깨끗한 밥을 쓰레기장에 쏟아버리는 격이다.

가령 매우 가난한 집이어서 송곳을 꽂을 땅도 없어 계절에 피는 꽃을 심으려 해도 할 수 없는 사람은, 여러 유명한 정원에 부탁하거나 구입하여 가져와야 한다.

가령 매일 몇 푼의 돈을 써도 술 한 잔을 적게 마시는 것에 불과한데, 부인의 마음을 기쁘게 하고 또 남자의 눈을 즐겁게 할 수 있다면 또 편리한 점이 많지 않은가?

이보다 더 검소한 방법은 근래 오문吳門60에서 만든 조화造花가 있는데, 지극히 정교하여 나무에서 꺾은 것과 차이가 없다. 순전히 통초通草61로 만들었고, 꽃송이마다 몇 푼에 불과하며, 한 달이

---

60  오문吳門: 강소성 소주蘇州의 별명.

넘도록 사용할 수 있다. 비단으로 만든 것이 가격이 항상 몇 배이지만 도리어 풀로 만든 것이 정교하고 우아하며 또 진짜와 더 흡사하다. 그러나 현재 사람들이 좋아하는 것은 오직 값비싼 것이니, 어찌하여 사물의 좋고 나쁨을 따지지 않고 귀천만을 따지는가? 아아! 선비를 평가하여 사람을 쓰는 것도 이와 같으니, 어찌 사물에만 그치겠는가? 오문에서 만든 꽃은 꽃이 살아 있는 것 같지만 잎은 살아 있는 것 같지 않으며, 집집마다 모두 그런데 도무지 이유는 알 수가 없다. 만약 가짜 잎을 제거하고 진짜 잎으로 만들면, 잎이 진짜이므로 꽃이 더욱 진짜처럼 보일 것이다. 이 또한 하나의 방법이다.

철따라 피는 꽃의 색은 흰색이 일등이고 황색이 그다음이며, 옅은 홍색은 그다음이고, 진홍색을 가장 기피하고, 특히 목홍색木紅色[62]을 기피한다. 매괴玫瑰(장미)는 꽃 가운데 가장 향기로운 꽃이지만 색이 너무 요염하므로, 쪽 진 머리 아래에 꽂아 은은하게 향기를 풍기게 하는 정도가 적당하며, 꽃을 모두 드러내서는 안 되는데, 전부 드러내면 촌스런 화장과 비슷해지고 시골 아낙은 홍색이 아니면 좋아하지 않기 때문이다. 꽃 가운데 말리화茉莉花(재스민)는 머리에 꽂는 것 외에 하나도 쓸모가 없다. 하늘이 꽃을 낳은 것은 본래 화장을 돕기 위한 것임을 알 수 있으니, 화장할 때 꽃이 없

---

61 통초通草: 통탈목通脫木이라고도 하며 학명은 *Tetrapanax papyrifer*로 두릅나무과의 낙엽관목이다. 줄기의 속 부분을 건조시키면 마치 희고 굵은 국수와 같은 형태가 되며, 가소성이 있고 염색이 가능하다. 이것을 이용하여 만든 꽃을 통초화通草花라 하며, 현대에 들어와서도 중국에서 수출품으로 제작되었다.
62 목홍색木紅色: 나무의 불그스름한 색으로 고동색과 유사하다.

을 수 있겠는가? 주란珠蘭[63]도 그렇다. 주란의 오묘함은 말리화의 10배인데, 곳곳에 자라지 않는 것이 한스러운 일이다.

내가 앞에서 상투를 논할 때 사람들의 '모란머리' '연꽃머리' '사발머리' 등 괴이한 형상을 혁파하여 없애고 가발로 구름이나 용 등의 양식을 만들려 했다. 한 손님이 찾아와 말했다. 우리가 양식을 확립하면 천하에서 가짜를 제거하고 진짜를 남기도록 해야 마땅한데, 어찌하여 사람들에게 가짜를 하도록 가르치는가? 내가 대답했다. 지금 세상에 태어나 옛 법칙을 실행하자고 학설을 수립하는 것은 좋지만 누가 따르겠는가? 형세에 따라 이로운 것으로 유도하여 점차 자연스럽게 되도록 하는 것만 못하다.

여인의 머리는 장식하지 않을 수 없으며, 예로부터 그러했다. 진주와 옥으로 꾸미는 것은 가발로 꾸미는 것만 못하다. 가발은 비록 가짜라 하지만, 본래 부인 머리 위의 물건이었으므로, 이것으로 꾸미면 본래 있던 곳으로 돌아간다고 할 수 있으며, 또 지극히 사치하는 비용의 낭비가 없고, 철따라 피는 꽃을 숭상하여 주옥을 천시해 물리치는 것과 같은 이치다. 내가 어찌 세속을 초월한 논리를 펼 수 없겠는가? 인정에 보탬이 되지 않을까 근심할 뿐이다.

비녀의 색은 옅어야 마땅하고 진해서는 안 되는데, 머리카락의 검은색을 돋보이게 하려는 것이다. 옥이 제일이며, 황색에 가까운 코뿔소 뿔과 백색에 가까운 밀랍이 그다음이고, 금과 은이 또 그다

---

63  주란珠蘭: 학명은 *Chloranthus spicatus Thunb. Makino*. 금속란과에 속하는 상록의 다년생 초본식물로 꽃이 작고 황색으로 조와 비슷하며, 맑은 향기가 난과 같아서 '주란'이라 한다. 잎을 차로 사용한다.

음이며, 마노와 호박은 모두 사용할 수 없다. 비녀의 머리 부위는 사물의 형상을 모방하는데 용두龍頭·봉두鳳頭·여의두如意頭(영지)·난화두蘭花頭(난초 꽃)와 같은 종류다. 다만 튼튼하고 자연스러워야 하며 영롱하게 꾸며서는 안 되고, 두발의 형상과 어우러져야 하며, 머리를 들어 튀어나온 형태로 만들어서는 안 된다. 대체로 비녀의 머리 부위는 머리카락을 누르는 것이므로 착 달라붙는 것이 좋으며, 허공에 매달리면 잘못된 것이다.

귀를 장식하는 고리는 작을수록 좋아서 진주 한 알이나 금과 은 한 조각으로 하며, 집에서 항상 착용하는 물건으로 '정향丁香'(라일락)이라 속칭하는데, 라일락꽃을 닮았기 때문이다. 만약 정장이나 화려한 복장에 착용하려면 약간 형태가 커야 하지만, 라일락의 한두 배를 넘어서는 안 된다. 이미 형태를 간략하고 작게 했으므로, 제작을 더욱더 정교하고 우아하게 해야 마땅하며, 고대 영락瓔珞(목걸이)의 양식을 절대로 피해야 한다. 정월 대보름도 아닌데 굳이 귀에 등燈을 매달 필요가 있는가? 진주와 비취로 장식을 첨가하면, 복건의 주등珠燈[64]이나 단양丹陽[65]의 요사등料絲燈[66]이 될 것이다. 등이라도 도리어 혐오스러운데, 하물며 귀에 다는 고리야 말해 무엇 하겠는가?

---

64 주등珠燈: 진주를 엮어 만든 등. 출처는 남송 문학가 장효상張孝祥(1132~1170)의 사詞 「못생긴 노비醜奴兒」

65 단양丹陽: 강소성 단양. 연해 지구의 도시로 오吳 지역 문화 발원지 중 한 곳이다.

66 요사등料絲燈: 요사料絲는 고대에 유리를 실처럼 가늘게 뽑은 것을 지칭. 요사등은 이러한 유리 재질의 실로 엮어 만든 등. 명나라 장서가 낭영郎瑛(1487~1566)의 소설 「칠수유고七修類稿」에 보인다.

# 옷

___

부인의 옷은 정교한 옷이 귀한 것이 아니라 깨끗한 옷이 귀하며, 화려한 옷이 귀한 것이 아니라 우아한 옷이 귀하다. 집안 환경과 어울리는 것이 귀한 게 아니라 자신의 용모와 어울리는 것이 귀한 것이다. 수놓은 비단옷에 때와 먼지가 묻으면 도리어 깨끗한 베옷만 못하므로, 이른바 깨끗한 옷이 귀한 것이며, 정교한 옷이 귀한 것은 아니라는 것이다. 홍색과 자주색은 매우 요염한 색이지만 유행이 지나면 도리어 적절한 옅은 색만 못하므로, 이른바 우아한 옷이 귀한 것이며, 화려한 옷이 귀한 것은 아니라는 것이다. 부귀한 집의 여인은 화려한 색채의 옷을 입어야 마땅하고, 빈한한 집안에서는 흰옷을 입어야 마땅한데, 이른바 사람과 어울린다는 것이다. 그러나 사람에게는 타고난 얼굴이 있으며, 얼굴에는 서로 어울리는 옷이 있고, 옷에는 서로 어울리는 색이 있어 모두 정해진 것으로 바꿀 수 없는 것이다.

이제 시험 삼아 아름다운 옷 한 벌을 가져다가 젊은 여인 몇 명에게 차례대로 입혀보면, 틀림없이 한두 명은 보기 좋고, 한두 명은 보기 좋지 않을 것이다. 얼굴색과 옷 색이 서로 어울리고 어울리지 않는 차이이며, 옷이 그 사이에서 공적으로나 사적으로 누구 편을 든 것이 아니다. 부귀한 집 여인의 얼굴색에 화려한 옷이 어울리지 않고 흰옷이 어울리는데, 굳이 흰옷을 버리고 화려한 옷을 선택한다면, 이것은 거의 얼굴과 원수가 되려는 것이 아니겠는가? 그러므로 집안 형편과 어울리는 것이 귀한 게 아니라, 얼굴과 어울

수전의水田衣를 입은 명대 여인
수전의는 명대 말기에 유행한 복식으로 크기가 각각 다른 사각형의 옷감을 이어서 만들었다. 승려의 옷과 유사하여 '백납의百衲衣'라고도 한다.

리는 것이 귀하다고 하는 것이다. 대략 얼굴색이 매우 희고 보드라우며 자태가 매우 날씬한 사람은 어떻게 하더라도 어울리지 않는 게 없다. 색이 옅은 옷은 담백함을 드러내주고, 색이 짙은 옷은 담백함을 더 드러내준다. 옷이 정교하면 교태를 드러내주고, 옷이 투박하면 그 교태를 더 드러내준다. 이들은 절세미인이 아니더라도 또 서시나 왕장王嬙67에 뒤지지 않을 것이다. 그러나 요즘 세상에 몇 명이나 있겠는가?

중간 미모에 가까운 여인은 몸에 맞추어 옷을 재단해야 하며, 색상을 뒤섞어서는 안 된다. 몸에 맞추어 옷을 재단하는 방법은 변화가 다양하여 일률적으로 논해서는 안 되지만, 부득이 억지로 대강을 말하자면 얼굴색과 가깝도록 애쓰는 것이다. 얼굴이 흰색에 가까운 여인은 옷 색이 짙어도 좋고 옅어도 좋다. 얼굴색이

---

67  왕장王嬙(기원전 52~기원전 15): 중국 4대 미인 가운데 낙안落雁(날아가던 기러기가 미모에 놀라 떨어지다) 왕소군王昭君을 가리킨다. 소군은 왕장의 자字.

흑색에 가까운 여인은 옅은 색은 좋지 않으며, 오직 짙은 색이어야 마땅한데, 옷의 색이 옅으면 검은 얼굴을 더욱 드러나게 하기 때문이다. 피부가 보드라운 쪽에 가까운 여인은 의복이 정교해도 좋고 투박해도 좋다. 피부가 거친 쪽에 가까운 여인은 정교한 옷은 적당하지 않으며 오직 투박한 옷이 적당한데, 옷이 정교하면 거친 피부를 더욱 드러나게 하기 때문이다. 그러나 가난하고 비천한 집에서는 정교하고 짙은 색의 옷을 추구해도 구할 수가 없으며, 부귀한 집에서는 투박하고 옅은 색의 옷을 입으려 해도 불가능하다. 어떻게 해야 하는가? 내가 대답했다. 어렵지 않다. 베와 모시에는 정교하고 투박하고 진하고 옅은 차이가 존재하고, 화려한 비단에도 정교하고 투박하고 진하고 옅은 차이가 있으므로, 베와 모시가 반드시 투박하고 비단이 반드시 정교하며, 수놓은 비단은 반드시 색이 진하고 흰 비단이라고 반드시 색이 연하다고 하지 않는다.

명주와 주단satin으로서 재질이 매끄럽지 않고 문양이 두드러진 것은, 바로 정교한 가운데 투박한 것이며 진한 것 가운데 옅은 것이다. 베와 모시로서 옷감을 짠 실이 촘촘하고 표백과 염색이 정교한 것은, 바로 투박한 가운데 정교한 것이고 옅은 가운데 진한 것이다. 대체로 내가 말한 것은 귀한 사람과 천한 사람 모두에게 적당한 것이며, 부호에게 자세하고 가난한 사람에게 대충 말한 것이 아닐뿐더러, 또한 가난한 집을 편애하고 부유한 집을 버려둔 것도 아니다. 대개 미녀는 지역을 골라서 태어나지 않으며, 미인이 지아비를 골라서 시집갈 수도 없지만, 이 책을 힘써 읽는다면 사람마다 도움이 될 것이고, 미인을 아끼는 마음이 비와 이슬처럼 두루 혜택을 내리게 될 것이다.

근래 의복에 대한 기호와 취향은 옛날보다 크게 훌륭하여 고정되어 바꿀 수 없는 법칙이 될 수 있지만, 또 크게 도리에 벗어나는 내용이 있어서 인심과 사회 상황에 근심이 될 수 있으므로 아울러 설명하려 한다. 옛날보다 크게 훌륭하며 고정되어 바꿀 수 없는 법칙이라 할 만한 것은 부유한 집안에서 옷 색깔로 모두 청색(사실은 검은색)을 숭상하는 것이다. 청색은 청색이 아니라 검은색이다. 피휘로 말미암아 의도적으로 글자를 바꾸었다.68 내가 어렸을 때 본 것을 기억해보면, 여인 중에 젊은 사람은 은홍색銀紅色(연분홍)과 도홍색桃紅色(분홍)을 선호했으며, 조금 나이 든 여인은 월백색月白色(옅은 남색, 하늘색)을 선호했는데, 얼마 지나지 않아서 은홍색과 도홍색은 모두 진홍색으로 변했으며 월백색은 남색으로 변했고, 다시 변하여 진홍색은 자주색으로 변하고 남색은 석청색石靑色(짙은 남색)으로 변했다.

왕조가 바뀐 이후, 석청색과 자주색은 모두 드물게 나타나며, 남녀노소를 막론하고 모두 청색을 입었으니, "제나라가 변하면 노나라에 이르고, 노나라가 변하면 도에 이를 것이다齊變至魯, 魯變至道"69라고 할 수 있으며, 변하여 선한 경지에 도달하면 다시 더할

---

68 강희제(1654~1722)의 이름이 애신각라현엽愛新覺羅玄燁이므로 '검다'를 의미하는 '현玄'자를 피휘하여 '청靑'자로 바꾸어 썼다는 의미다. 그러므로 청색이라고 했으나 사실은 검은색을 가리킨다.
69 齊變至魯, 魯變至道: 출처는 『논어』 「옹야雍也」의 "제나라가 한 번 변하면 노나라의 수준에 이를 것이고, 노나라가 한 번 변하면 도의 경지에 이를 것이다齊一變至於魯, 魯一變至於道".

것이 없을 것이다. 차례로 변하여 이러한 수준에 도달하는 것도 결코 의도적으로 그렇게 된 것이 아니라, 사람들의 마음이 남에게 지기 싫어하여 어느 집의 옷 색이 진해져서 다른 집처럼 되고 하루하루 더 진해져, 부지불식간에 마침내 최고로 진한 단계에 이르게 되었을 뿐이다.

평상복을 입은 옹정제(재위 1722~1735)의 비妃

그러나 청색은 오묘한 용도가 다양하여 이루 다 열거할 수 없다. 다만 여인에게 적합한 것으로 논하자면, 얼굴이 흰 여인이 청색 옷을 입으면 얼굴이 더욱 희게 보이고, 얼굴이 검은 여인이 청색 옷을 입으면 얼굴이 검은 것을 못 느끼게 되므로, 이것이 용모에 적당하다는 것이다. 나이가 젊은 여인이 청색 옷을 입으면 나이가 더욱 젊어 보이고, 나이가 많은 여인이 청색 옷을 입으면 또한 나이가 든 것을 느끼지 못하므로, 이것이 나이에 적당하다는 것이다. 가난하고 비천한 여인이 청색 옷을 입는 것은 가난하고 비천한 사람의 본분이며, 부귀한 여인이 청색 옷을 입으면 또 사치스러운 습관에서 벗어난 것으로 느껴지면서도 우아하고 소박한 풍채는 보존되어 역시 부귀한 본색을 잃지 않으므로, 이것이 분수에 적당하다는 것이다. 다른 색의 옷은 극히 오염을 견디지 못하여, 차나 술과 같은 색이 약간 달라붙거나 기름기가 조금 묻으면 염색하지 않고는 다시 입을 수 없고, 염색하면 낡은 옷이 되어버린다. 그러나 청색은 그렇지 않은데, 매우 진하기 때문이다. 대체로 이 색보다 연한 색이 모두 여기에 묻어도 표시가 나지 않는다. 오직 청색이 매우 진하기 때문에 이 색보다 옅은 색으로 더럽혀지면 그대로 흡수하므로, 이것은 또 신체에 적당하면서 사용하기에도 적당한 것이다.

가난한 집에서 이 청색 옷 한 벌만 있고 받쳐 입을 다른 아름다운 옷이 없는 경우에도 속에 입은 옷이 다 드러나지 않는데, 겉에 입은 청색 옷의 색이 본래 아름답지 않으므로 설사 속에 입은 옷이 해지고 더러워도 서로 그리 심하게 대비되지 않기 때문이다. 만약 다른 색의 옷을 겉에 입었을 경우에는, 실 한 올이라도 정교하지 못하면 바로 단점이 드러날 것이다. 부귀한 집에는 대개 비단옷과 수놓은 치마가 있어서 모두 안에 받쳐 입을 수 있으며, 바람에 소매가 날리면 오색찬란하여 하나의 옷이 다른 하나의 옷보다 좋은 듯이 보이므로, 속에 입은 옷을 가리지 않을 뿐만 아니라 또한 숨어 있던 멋을 다 드러낼 수 있다. 『시경』에서 "비단옷을 입고 마로 만든 겉옷을 더해 걸치네衣錦尙絅"[70]라고 한 것은 화려함이 드러

70　衣錦尙絅의금상경: 출처는 『예기』 「중용」. 원문에서 "시운詩云"이라 했는데, 『시경』 「위풍·석인衛風·碩人」에 "의금경의衣錦褧衣"(비단옷의 위에 마로 만든 홑옷을 겹쳐 입는다)라는 구절이 있으며, 의미가 서로 통한다.

나는 것을 싫어한 것이다. 이 색깔의 경우에는 그렇지 않은데, 겉에 입은 옷의 색이 가장 진하기 때문에 속에 받쳐 입은 옷의 화려함을 더 드러내게 되어, '복고復古'라는 미명만 있을 뿐이고 옛것에 매몰되는 실질적인 피해는 없다. 이팔청춘의 미인이 만약 옷의 양식을 화려하게 하고 싶어 청색 옷 위에 수를 놓거나 청색 옷 위를 무늬로 장식하면, 다른 색과 비교하여 더 잘 드러나 보인다. 반복하여 찾아도 옷 색의 오묘함이 청색보다 좋은 것은 없다. 훗날 설사 변화가 있더라도, 또 한 가지가 유리하고 백 가지 폐단이 있을 것이므로 사사건건 모두 적당할 수가 없으며, 이것이 내가 말하는 옛날보다 크게 뛰어난 고정불변의 법칙이다.

인정과 도리에 크게 어긋나 사람의 마음과 사회 상황에 근심이 될 수 있는 것은 조각을 모으고 부스러기를 보충한 옷으로서, 속칭 '수전의水田衣'[71]라는 것이다. 옷에 꿰맨 흔적이 있으면 옛사람들은 좋아하지 않았으며, 부득이한 것이었다. 사람에게는 뚱뚱하고 마르며 키가 크고 키가 작은 차이가 존재하여 신체에 맞추어 천을 짤 수가 없으므로, 반드시 온필로 짠 후 재단해서 옷을 만든다. 따라서 이처럼 한두 줄의 꿰맨 흔적이 사람 몸의 혹과 같지만 절대로 제거할 수 없으므로, 할 수 없이 그 흔적을 남겨두는 것이다. 신선의 미를 찬송하면 반드시 '천의무봉天衣無縫'이라고 하는데, 이것은

---

71 수전의水田衣: 승려가 입는 가사의 별명. 여러 조각의 사각형 천을 꿰매어 만들어 논과 같은 모습이므로 이러한 명칭이 붙었다. 백납의百衲衣라고도 한다. 출처는 당나라 정치가 당언겸唐彦謙(?~893)의 시 「서명사 위공의 작은 논에 벼를 심으며西明寺威公盆池新稻」.

인간 세상에는 꿰맨 흔적이라는 군더더기가 있음을 분명하게 말해주는 것이다. 그러나 현재 또 꿰맨 흔적이 한두 줄에서 확대되어 수십이나 수백 줄이 되면, 천의天衣와 같지 않을 뿐만 아니라 인간 세상의 옷과도 비슷하지 않다. 그러나 갈수록 쇠퇴하고 있으니, 장차 어떤 사물을 모방한 뒤에야 그칠 것인가? 그 시작의 근원을 추적해보면 역시 의도적으로 한 것이 아니며, 대개 옷을 만드는 간교한 장인이 겉으로는 재단하는 척하고 속으로는 재료를 아껴 단계별로 훔쳐 감추었다가, 벗어날 방법이 없자 이러한 양식을 창조하여 음모를 펼친 것이다. 뜻밖에 사람의 마음은 상투적인 것을 지겨워하고 신기한 것을 좋아하므로, 그 잘못을 공격하지 않았을 뿐만 아니라 모두가 법칙으로 삼아 모방하게 되었다. 온필을 훼손하여 작은 조각으로 만드는데, 온필이 무슨 죄라서 조각조각 찢기는 형벌을 받아야 하는가? 부스러지고 찢어진 조각을 꿰맨 것은 수없이 기워서 만든 승려의 옷인데, 여인에게 무슨 허물이 있어서 갑자기 출가한 모습을 드러내게 되었는가?

풍속과 유행의 변천은 항상 운수와 관련이 있다. 이러한 양식은 지금 시작된 것이 아니라 숭정崇禎 말기72에 시작되었다. 내가 보고서 나무라며 일찍이 사람들에게 알려주며 말했다. 옷이 이유가 없이 모습을 바꾸었는데 아마도 변하도록 시킨 것이 있는 듯하니, 천지 사이에 땅이 무너져 와해되는 일이 있으려는가? 얼마 뒤에 반란의 기운이 사방에서 일어나 중원이 분열되자, 사람들은 불행하게

---

72  숭정崇禎 말기: 숭정은 명나라 마지막 황제의 연호로 1628~1644년.

도 내 말이 들어맞았다고 했다. 바야흐로 이제 성인이 세상을 다스리고 만국에서 귀순하여 오며, 각종 제도가 통일된 왕조가 되었으므로 이러한 제도는 저절로 개혁되어야 마땅하다. 만약 마음이 같은 사람을 만나면, 나무꾼의 말이라고 심하게 나무라지 말고 서로 타일러서 앞의 잘못된 양식을 본받지 않을 일이며, 내가 한 이 말도 오히려 닭이 울고 개가 짖는 소리와 같지만 훌륭한 정치에 도움이 없지는 않을 것이다.

운견雲肩[73]은 옷깃을 보호하여 기름이 묻지 않도록 하는 것으로서, 가장 훌륭한 양식이다. 다만 옷과 같은 색으로 해야 하며, 가까이 보면 있으나 멀리서 보면 없는 듯이 해야 제격이다. 한 가지 색으로 하기 어렵더라도, 그리 심하게 차이가 나지 않아야 한다. 만약 옷 색이 매우 진하고 운견의 색이 매우 연하거나, 옷 색이 매우 연하고 운견의 색이 매우 진하면, 몸통과 머리의 구분이 뚜렷하게 되어 비록 서로 연결되었지만 사실은 다른 곳에 있는 것과 같으므로, 이것은 가장 어울리지 않는 일이다. 내가 또 생각하기에, 운견의 색이 옷과 같아야 할 뿐만 아니라 안팎이 더욱더 합치되어야 한다. 만약 겉옷의 색이 청색이면 안에 입은 옷의 색도 청색을 사용해야 마땅하며, 겉옷의 색이 남색이면 안에 입은 옷의 색도 남색을 사용해야 한다. 무엇 때문인가? 운견은 어깨에 있어 항상 옷에 착 붙을 수가 없으므로, 조금 바람이 불면 휘날려 안에 입은 옷이 밖으로 드러나서, 바람이 불어 떨어진 잎이 흩날리는 듯하고 바람이

---

73   운견雲肩: 피견披肩이라고도 한다. 수나라 이후에 발전했으며 목 주위에 걸치는 것으로, 사방을 구름무늬로 장식하고 오색실로 수를 놓아 완성한다.

호접운견胡蝶雲肩(나비 모양 운견, 왼쪽)과 수전의 조끼(오른쪽)

시든 연잎을 말아 올리는 듯하여, 미인의 모습이 어지럽고 스산한 형상을 드러내지 않을 수 없다. 이때 만약 안팎을 같은 색으로 하면, 가지런하거나 뒤집히거나 간에 그대로 두어도 전혀 걱정이 없다. 그러나 일상생활이라면 그뿐이지만, 외출하여 사람을 만나려면 반드시 보이지 않게 실로 고정시켜 입은 옷과 떨어지지 않도록 하는 것이 좋다. 대체로 움직였을 때 색깔이 같은 것보다 아예 고정되어 있는 편이 낫기 때문이다.

여인의 복장은 집안의 형편을 따라가지만, 값은 싸고 효과는 두 배가 되는 두 가지 물건은 절대 없어서는 안 된다. 하나는 '반비半

臀'라 하는데, '배답背准(조끼의 일종)이라 속칭하는 것이다. 다른 하나는 허리를 묶는 띠로서, 속칭 '난조鸞綃'라는 것이다. 여인의 형체는 날씬해야 하고 뚱뚱해서는 안 되는데, 배답을 입으면 뚱뚱한 사람은 날씬해 보이고, 날씬한 사람은 날씬한 것이 더 잘 드러날 것이다. 여인의 허리는 가늘어야 하고 굵어서는 안 되는데, 끈으로 한 번 묶으면 굵은 허리는 가늘어 보이고 가는 허리는 배나 더 가늘게 느껴질 것이다. 배답은 겉에 입는다는 것을 사람들이 모두 알고 있다. 그러나 난조는 안에 묶어야 하는 것을 모르는 사람이 많다. 허리띠가 옷 속에 감추어지면 비록 있지만 없는 듯하여, 허리가 본래 가늘었으며 허리띠로 묶어 가늘어진 것이 아닌 것처럼 보인다.

치마 제작이 정교한지 투박한지는 오직 주름이 많고 적은가를 본다. 주름이 많으면 걷기가 자유로워서 몸에 휘감겨 발에 걸리는 근심이 없지만, 주름이 적으면 다닐 때 답답하여 차꼬와 수갑을 찬 모습이 된다. 주름이 많으면 상수湘水[74]의 물결처럼 움직이기 쉬워서 바람이 없어도 나부끼는 듯하지만, 주름이 적으면 아교로 고정한 것처럼 움직이기 어려워 태도도 나무처럼 뻣뻣해진다. 그러므로 의복의 재료 가운데 다른 것은 아껴도 되지만, 치마의 폭은 반드시 아끼지 말아야 한다. 옛말에 "여덟 폭 치마가 상수의 물결처럼 하늘거리고裙拖八幅湘江水"[75]라고 했다. 폭이 이미 8폭이므로 주름이 적지 않음을 알 수 있다. 내가 말한 여덟 폭 치마는 일상생활에 적당

---

74  상수湘水: 장강의 지류로 호남성의 최대 하천.
75  裙拖八幅湘江水: 출처는 당나라 시인 이군옥李群玉(808~862)의 시 「정재상 및 가기와 함께 술 마시다 재미삼아 증정하여同鄭相幷歌姬小飮戱贈」의 첫 구절.

하다. 사람들 앞에서 아름답게 보이려면 10폭이 필요하다. 대체로 치마폭의 증가에 쓰이는 비용은 얼마 되지 않으며, 게다가 폭을 늘리면 틀림없이 실을 절감할 수 있음에랴? 오직 고운 비단과 가벼운 비단만이 8폭이나 10폭으로 만들 수 있으며, 두껍고 무거우면 거치적거리는 물건이 되어 폭이 줄어들고 주름이 적은 치마와 같아질 것이다. 그러므로 좋은 천에 좀더 돈을 쓰는 것이 다른 데 쓰는 것과는 다를 것이다. 여인이 남자와 다른 점은 모두 하체에 있다. 남자는 태생적으로 부인 갖기를 원하며, 여인이 부인이 될 수 있는 것도 신체의 작은 차이에 있을 뿐이다. 비밀스러운 기물로 감추고 집안의 보물로 애호하는 것이 모두 비단 치마 몇 폭일 뿐인데, 재료를 넉넉하게 사용하고 제작을 아름답게 하지 못하여 순무나 무를 캐는 사람76에게 비웃음을 받겠는가?

근래 소주 지역에서 숭상하는 '백간군百襇裙'(자잘한 주름이 매우 많은 치마)은 더없이 훌륭하다 할 수 있다. 내 생각에 이러한 치마는 정장에 어울리지만, 일상생활에는 어울리지 않으므로 물자를 낭비한 것이다. 옛 양식과 비교하여 조금 늘리고, 새로운 양식과 비교하면 약간 줄여서, 사람들의 앞에서는 10폭을 입고 집안에 거주할 때는 8폭을 입으면 사치하기와 검소하기가 적당할 것이다. 소

---

76 순무나 무를 캐는 사람: 남편을 비유하지만, 여기서는 여인을 찾아다니는 남자의 의미로 해석된다. 출처는 『시경』 「패풍·곡풍邶風·谷風」의 "무를 캐고 순무를 캐며, 잎만 보고 뿌리를 버린다네采葑采菲, 無以下體". 부부가 함께 있으면 덕을 중시해야 하며, 여인의 용모가 쇠락했다고 버려서는 안 된다는 것을 비유한다. 순무는 뿌리가 양파와 비슷한 모양의 보라색 무를 가리키며, 잎과 줄기 및 뿌리를 모두 먹을 수 있지만, 줄기와 뿌리는 쓴맛이 있으므로 버리는 경우가 있다.

주의 새로운 양식에 또 '월화군月華裙'이라는 것이 있는데, 주름 하나마다 오색이 모두 갖추어져 있어 밝은 달의 광채를 보는 것 같지만, 나는 유독 괴이하게 여겨 선택하지 않는다. 이 치마의 수공과 재료는 보통 치마의 10배에 이르러, 천하 만물을 낭비하는 것은 말할 필요가 없으며, 또 그리 아름답게 보이지도 않는다.

대체로 하체에 입는 옷은 색이 옅어야 어울리고 짙으면 어울리지 않으며, 색이 순정해야 어울리고 뒤섞이면 어울리지 않는다. 내가 일찍이 옛 시를 읽다가 "휘날리는 붉은색 치마 땅에 끌리고飄颻血色裙拖地"[77]나 "붉은 치마가 석류꽃을 질투하네紅裙妒殺石榴花"[78] 등의 구절을 보고 이전 사람들의 어리석음을 크게 비웃었다. 만약 진실로 이렇다면 요염하게 단장한 시골 여인일 뿐인데, 어찌 우아한 사람과 운치 있는 선비의 마음을 움직이기에 충분하겠는가? 오직 최근 양식인 '탄묵군彈墨裙'[79]이 매우 특별한 운치가 넘쳐흐르지만 내 마음을 사로잡지는 못했으며, 계속 별도로 새로운 양식을 창조하여 지금의 풍조를 바로잡으려 한다. 생각은 하면서도 아직 만들지 못했는데, 감히 경거망동하여 남을 그르칠 수 없기 때문이다.

---

77 飄颻血色裙拖地: 출처는 송대 승려 혜홍惠洪(1070~1128)의 시 「그네鞦韆」의 3번째 구절.

78 紅裙妒殺石榴花: 출처는 당나라 만초萬楚의 시 「단오에 기녀를 보고五日觀妓」의 4번째 구절.

79 탄묵군彈墨裙: 고대 치마의 명칭으로 묵화군墨花裙이라고도 하며, 탄묵彈墨 기법으로 무늬를 장식한 치마다. 탄묵은 종이를 오려 만든 문양을 천 위에 대고 먹물을 위에서 튕겨서 수묵화처럼 표현하는 기법이다.

## 신발과 양말

———

남자가 신는 신은 '혜鞋'라고 속칭하고, 여자의 신도 '혜'라고 한다. 남자가 발에 신는 양말을 '말襪'이라 속칭하고, 여자만 그 명칭을 바꾸어 '습褶'(버선)이라 하는데, 사실 습은 바로 양말이다. 옛날에 '물결 위를 거니는 작은 버선凌波小襪'이라 했듯이, 이 명칭이 가장 우아한데 후인들이 무슨 까닭으로 이름을 바꾸었는지 알 수 없다.

양말의 색은 백색을 선호하고, 옅은 홍색을 숭상한다. 신의 색은 짙은 홍색을 선호했으며, 지금은 또 청색을 선호하는데, 양식이 더할 수 없이 훌륭하다 할 것이다. 신은 굽이 높은 것을 사용해서 작은 발을 더욱 작게 보이게 하고 날씬한 발을 더 날씬해 보이도록 하니, 양식이 더할 수 없이 아름답고 또 훌륭하다 할 것이다. 그러나 발이 큰 사람이 왕왕 굽이 높은 신을 결점을 감추는 데 사용하므로, 제작자의 초심을 말살시키고 추녀가 엉터리로 흉내를 내어 오히려 더 추하게 되는 데 사용될 뿐으로, 미인에게 도움이 되지 못했다.

당대 여성의 신발

근래 이러한 폐단을 교정한 사람이 나타나, 발이 작은 여인에게 모두 굽이 평평한 신을 신도록 하여, 거짓으로 발이 작아 보이게 한 사람과 구별되도록 했다. 그러나 이러한 양식이 널리 시행되면, 사람마다 굽 높은 신에 매달리게 되어, 굽 높은 신이 마침내 오랜 세월에 걸쳐 변하지 않는 물건이 되는 줄을 전혀 모르고 있다. 굽 높은 신이 있으면 큰 발이 작아 보이고, 굽 높은 신이 없으면 작은 발도 커 보이게 된다. 일찍이 굽이 없는 신을 신은 세 치의 작은 발과 굽이 있는 신을 신은 네다섯 치의 큰 발을 한 곳에 세웠더니, 도리어 네다섯 치의 발이 작고 세치의 발이 크게 느껴졌다. 굽이 있으면 발가락 끝이 아래를 향하여 뭉툭한 부분이 뾰족한 듯이 느껴지고, 굽이 없으면 발끝이 하늘을 향하여 뾰족한 부분이 뭉툭한 듯이 보이기 때문이다. 내 생각에 높은 굽을 다 없애는 것이 적당하지 않으며, 다만 재료를 줄여야 할 뿐이다. 발이 큰 사람은 밑창이 두터워야 이롭고 얇으면 이롭지 않은데, 얇으면 본래의 모습이 다 드러날 것이기 때문이다. 또 신은 커야 이롭고 작으면 불리한데, 신이 작으면 아파서 걸을 수 없을 것이다. 내가 밑창이 매우 얇고 작으면서 굽이 높은 신으로 비교해보았더니, 군계일학처럼 다르게 보이려 하지 않아도 저절로 다르게 보였다. 세상에 어찌 동전처럼 얇으면서 굽이 높은 신을 신고 좌우로 비틀거리지 않으며 걸어갈 수 있는 큰 발이 있겠는가?

옛사람이 의미를 선택하여 이름을 붙인 것은 전혀 잘못이 없는데, 앞에 말한 바와 같이 '반룡'으로 상투를 이름 붙이고 '오운'으로 두발을 이름 붙인 것이 이런 종류다. 오직 여인의 발은 의미를 선택하여 이름을 붙였으나, 모두 사실과 반대가 되었다. 무엇 때문인가? 발은 형체가 가장 작은 것이다. 연꽃은 꽃 가운데 가장 큰 것이다. 그러나 여인의 발에 이름 붙이면 반드시 '금련金蓮(연꽃)'이라 하고 가장 작은 발에 이름을 붙여 '삼촌금련三寸金蓮(세 치 크기의 연꽃)'이라 했다. 부인의 발을 진실로 연꽃과 같은 모습으로 하면 넓적하고 클 것이니, 말할 것이 있겠는가? 매우 작고 매우 좁은 연꽃이라 해도 어찌 세 치(약 10센티미터)에 그칠 뿐이겠는가? 이 '금련'이라는 단어의 의미를 이해할 수 없다.

예로부터 여인의 신에 이름을 붙일 때 반드시 '봉두鳳頭'라 했다. 세상 사람들이 이름을 보고 그 의미를 생각하여 마침내 금과 은으로 봉황을 만들고 신의 끝에 장식해 그 의미를 실현시켰다. 봉황이라는 사물을 시험 삼아 생각해보면, 대붕大鵬[80]보다 작을 뿐으로, 일반 새와 비교하면 거의 장대하여 장관이지 않은가? 신에 봉두란 이름을 붙인 것이 비록 찬미하는 말이지만, 실제로는 조롱하는 것과 유사하다. 만약 '봉두'라는 두 글자가 단지 그 모습을 모방한 것이라면, 봉이 머리는 뾰족하고 몸체는 장대하므로 이렇게 이름을 붙인 것이다. 그러나 다른 여러 새의 머리가 모두 봉황보다 뾰족한데, 무슨 이유로 다른 새로 이름을 붙이지 못하고, 오직 봉을 선택했는가? 또 봉을 다른 새와 비교하면 머리를 홀로 우뚝 들고 있는데, 부인의 발가락 끝은 낮아서 숨을 수 있어야 오묘한 것이거늘, 봉의 치켜든 머리처럼 하면, 그러한 모습이 그래도 볼 만할 것인

---

80  대붕大鵬: 『장자』 「소요유逍遙遊」에 나오는 거대한 상상의 새.

가? 이 '봉두'라는 단어의 의미를 이해할 수 없다.

만약 이렇다면, 옛사람들이 의미를 선택하여 이름을 붙인 것은 과연 무엇을 보고 그렇게 한 것인가? 어찌 끝내 이해할 수가 없는가? 내가 대답했다. 학설이 있다. 여인이 전족纏足하는 제도는 옛날에 시작된 것이 아니라, 아마도 나중에 나타난 일일 것이다. 이름을 붙인 초기에는 여인의 발도 남자의 발과 같았다. 연꽃잎처럼 조금 뾰족하거나 봉의 머리처럼 조금 뾰족한 것도 옛날의 작은 발이라 할 수 있다. 전족 제도가 없으면서도 발의 모습을 작게 할 수 있었으므로, 요즘 사람과 비교하여 아마 훨씬 대단하게 보였을 것이다.

내가 말하는 '봉두'와 '금련' 등의 단어는 전해 내려온 지가 이미 오래되었으므로, 이러한 명칭은 급하게 바꿀 수 없으나 명칭을 부르는 것에 그치고 절대로 그 실체를 모방해서는 안 된다. 만약 그 실체를 모방한다면, 극히 아름답지 않을 뿐만 아니라 옛사람들 때문에 잘못된 길로 빠지는 것이다. 이뿐만 아니라, 봉은 깃털 달린 짐승의 왕으로 용과 비견되는 것이며, 바로 제왕의 옷과 기물에 장식되는 동물인데, 이것을 발에 장식하면 진귀한 기물을 크게 모독하는 것이 아닌가? 일찍이 여인의 수놓은 버선을 보았는데, 매번 용이나 봉의 모습으로 만들었으니, 모두 크게 사리에 어둡고 분수에 넘치는 것으로서, 지적하여 혁파하지 않을 수 없다.

근래에는 여인의 신발 끝에 봉을 장식하지 않고 진주를 장식하는데 좋은 변화라 할 수 있다. 진주는 물 밑에서 산출되므로 물결 위를 거니는 작은 버선에 장식하기 적당하며, 또한 좁쌀과 비슷한 진주는 값이 그리 비싸지 않으므로 신발 끝에 한 알을 장식하면 발 가득히 보배로운 광채가 드러날 것이다. 노래하고 춤추는 무대에 올라가게 하면 쟁반을 구르는 구슬이 되고, 양대陽臺로 가서 운우의 정을 누리게 하면 손바닥 위의 구슬이 될 것이다. 그러나 처음 만든 사람은 식견이 이 수준에 미치지 못했으며, 또한 옷 색이 청색으로 변한 것처럼 그렇게 변할 줄을 알지 못하고 그렇게 했는데, 이른바 오묘한 도리에 우연히 부합한 것이다.

내 친구 여담심余澹心[81]이 예전에 「혜말변鞋襪辨」 한 편을 지어 전족의 유래를 고찰하고, 여인 신발의 원 제도를 검토했는데, 정밀하고도 정확하여 나의 이러한 주장과 서로 밝혀 보완이 되므로 뒤에 덧붙여 싣는다.

---

[81] 여담심余澹心: 여회余懷(1616~1696). 명말 청초의 문학가. 자가 담심澹心. 『판교잡기板橋雜記』『차사茶史』『부인혜진고婦人鞋袗考』 등의 많은 저서를 남겼다.

부록

## 여인의 신과 버선에 대한 고찰

———

옛날 여인의 발은 남자와 차이가 없었다. 『주례周禮』에 따르면 구인
屨人82이 있어 왕과 왕후가 착용하는 신을 관리했는데, 붉은 신赤舃,
검은 신黑舃, 붉은 끈赤繶, 황색 끈黃繶, 청색으로 장식한 하얀 신靑
絇素履, 갈포로 장식한 신葛履 등이 있었으며, 조정 안팎의 봉호를 받
은 남자와 봉호를 받은 부인이 신었던 공구功屨83, 명구命屨84, 산구
散屨85를 판별했다. 남녀의 신은 동일한 양식으로, 활처럼 휘고 섬
세하며 작은 것을 귀하게 여긴 후대 여인들의 신과 같지 않았다.

　전족을 고찰해보면, 남당南唐 이후주李後主86에게서 기원했다. 이
후주에게는 '요낭窅娘'87이라는 시첩이 있었는데, 날씬하고 아리따
우며 춤을 잘 추어, 이후주는 바로 황금 연꽃을 만들도록 명했다.
높이가 6자(약 180센티미터)에 진귀한 보배로 장식하고 구슬 목걸이
를 주렁주렁 매달았으며, 중간은 상서로운 연꽃 모양으로 만들었

———

82　구인屨人: 왕과 왕후가 사용하는 각종 신발을 관장하는 주나라의 관직. 출처는 『주
례周禮』「천관·구인天官·屨人」.
83　공구功屨: 고대에 재명再命(9등급에서 8등급 이상의 귀족)이 신던 신. 출처는 『주례』
「천관·구인」.
84　명구命屨: 고대에 제왕이 작위를 받은 남자와 부인에게 하사한 단저혜單底鞋(밑창이
얇은 신). 출처는 『주례』「천관·구인」.
85　산구散屨: 장식이 없는 신. 출처는 『주례』「천관·구인」.
86　이후주李後主: 이욱李煜(961~975년 재위). 예술적인 재능은 뛰어났으나, 정치에 무
능하고 향락에 젖어 나라를 멸망으로 이끈 남당南唐의 마지막 황제.
87　요낭窅娘: 남당 이후주의 시첩으로 춤을 잘 추었으며, 전족을 하여 이후주를 즐겁
게 했다. 혼혈로 눈동자가 한족과 달라 '요낭(눈이 움푹 들어간 여인)'이라 했다 한다. 출처는
명나라 학자 도종의陶宗儀(1321~1412?)의 필기 『남촌철경록南村輟耕錄』「전족纏足」.

다. 요낭에게 비단으로 발을 구부려 싸매서 초승달 모양으로 만든 후 하얀 버선을 신고 연꽃 위에서 춤을 추게 했는데, 빙빙 돌며 구름으로 올라가는 것 같은 자태가 있었다. 이로 말미암아 사람들이 많이 모방했으며, 여기서 전족이 시작되었다.

당나라 이전에는 이러한 풍조가 유행하지 않았으므로, 문인들이 미인과 훌륭한 여인을 노래할 때 용모의 특별한 아름다움과 얼굴의 타고난 미모, 얼굴 화장과 머리 장식, 옷의 주름과 치맛자락의 화려함, 두발, 눈썹과 눈, 입술과 치아, 허리, 손의 곱고 깨끗함 등 흥미진진하게 언급하지 않은 것이 없으나, 발이 섬세하고 작은 것에 대해서는 한마디도 없었다.

고악부 「한 쌍의 행전雙行纏」88에서 "새하얀 정강이에는 새 비단에 수를 놓았고, 발등은 봄처럼 아름답네新羅繡白脛, 足趺如春姸"라 했고, 조자건曹子建89은 "멀리 나들이 가는 화려한 신을 신고踐遠遊之文履"90라 했으며, 이태백 시에서는 "한 쌍의 굽이 있는 황금색 나막신, 두 발은 서리처럼 하얗다네一雙金齒屐, 兩足白如霜"91라 했고, 한치광韓致光92의 시에서는 "여섯 치(약 18센티미터)93 발은 둥글고 광채

---

88  雙行纏쌍행전: 출처는 『악부시집』 「청상곡사樂府詩集·淸商曲辭」.
89  조자건曹子建: 진사왕陳思王 조식曹植(192~232)으로 자가 자건子建. 조조曹操의 둘째 아들로 위진 시기의 저명한 문학가.
90  踐遠遊之文履: 출처는 조식曹植의 「낙신부洛神賦」.
91  一雙金齒屐, 兩足白如霜: 출처는 이백의 시 「바위 위에서 비단을 세탁하는 여인浣紗石上女」.
92  한치광韓致光: 한악韓偓(842~923)으로 자가 치광致光. 이상은李商隱(812?~858?)이 그의 이모부이며, 시에 매우 뛰어났던 당나라의 정치가이자 문학가다.
93  여섯 치: 당나라의 1척은 30.7센티미터, 여섯 치는 18.42센티미터.

가 반짝반짝六寸膚圓光致致"[94]이라 했으며, 두목지杜牧之[95]의 시에서는 "전척細尺[96]으로 재단하여 네 치를 줄였네細尺裁量減四分"[97]라 했고, 한나라의 『잡사비신雜事祕辛』[98]에서는 "발의 길이는 여덟 치,[99] 정강이와 발등은 통통하고 아름답네足長八寸, 脛跗豐姸"라 했다. 대체로 여섯 치에서 여덟 치로 발이 희고 통통했으므로, 당대 이전 여인의 발은 구부려 초승달 모양을 만들지 않았음을 알 수 있다.

가령 남제南齊 동혼후東昏侯는 금으로 만든 연꽃金蓮花을 땅에 붙이고 반비潘妃[100]에게 그 위를 걷도록 시키며 "이것이 걸음마다 금련화가 피어나는 것이다此步步生金蓮花"라고 했지만, 전족을 말한 것은 아니었다. 최표崔豹[101]의 『고금주古今注』에서 "동진東晉(317~420)에 봉두리鳳頭履[102]와 중대리重臺履[103]가 있었다"고 했지만 여인만을 언급한 것이 아니었다. 송나라 원풍元豐 연간(1078~1085) 이전에는 전족을 한 여인이 아직 적었으므로, 원대부터 현재까지 400년이 지

---

94  六寸膚圓光致致: 한악의 시 「나막신屐子」의 첫 구절.
95  두목지杜牧之: 당 말기의 유미주의 시인 두목杜牧(803~852?)으로 자가 목지牧之.
96  전척細尺: 눈금을 금속에 상감하여 표시한 자.
97  細尺裁量減四分: 두목의 시 「버선을 읊어咏襪」의 첫 구절.
98  『잡사비신雜事祕辛』: 한나라 환제桓帝(재위 146~167)의 의덕황후懿德皇后가 책봉된 사건을 서술한 책. 한나라의 무명씨가 저술했다고 하지만, 체제가 당나라 전기傳奇와 유사하여 명나라 문학가 양신楊愼(1488~1559)의 위작이라는 주장이 있다.
99  여덟 치: 한나라의 1자는 23.1센티미터이므로 여기서 여덟 치는 18.48센티미터.
100  반비潘妃: 자색이 뛰어나고 성정이 음탕했던 남제 동혼후의 비.
101  최표崔豹: 서진의 관리이자 학자. 고대와 그 당시 각 사물에 대하여 해설한 『고금주古今注』 3권이 대표작이다.
102  봉두리鳳頭履: 봉두혜鳳頭鞋. 신발의 코 부분에 봉 문양을 그려 넣은 신으로, 오대 후당後唐 마호馬縞의 『중화고금주中華古今注』 「혜자鞋子」에 따르면 진시황의 비빈이 봉두혜를 신었다고 한다.
103  중대리重臺履: 신발의 이름으로 고대의 굽 높은 신. 오대 후당 마호의 『중화고금주』 「혜자」에 따르면 남조 송나라 때 신었다고 한다.

나며 일부러 꾸미며 조작한 것도 매우 심하다. 옛날 여인은 모두 버
선을 신었다. 양귀비가 죽던 날, 마외파馬嵬坡[104]의 할미가 비단 버
선 한 짝을 얻었으며, 지나가는 나그네가 한 번 감상하는 데 100전
을 받았다.

이태백의 시에서 "시냇가의 발은 서리같이 희고, 아두말[105]을 신
지 않았네溪上足如霜, 不着鴉頭襪"[106]라 했다. 말襪(버선)은 일명 '슬고膝
褲'라 한다. 송 고종高宗은 진회秦檜[107]가 죽었다는 소식을 듣고 기뻐
하여 "이후로 슬고 속에 비수를 감출 필요가 없겠구나!"라 했다. 버
선은 바로 슬고이며, 남자와 여자에 통용되는 명칭으로 본래 구별
이 없었다. 다만 옛날에는 굽이 있었고, 지금은 굽이 없을 뿐이다.
옛날 굽이 있는 버선을 신으면 반드시 신을 신지 않아도 모두 땅을
걸어 다닐 수 있었다. 현재 굽이 없는 버선은 신을 신지 않으면 촌
보도 갈 수 없을 것이다. 장평자張平子[108]는 "비단 버선을 신고 걷
는 발이 편안하네羅襪凌躡足容與"[109]라 했으며, 조식은 "물결 위를 가
듯 사뿐히 걸으니, 비단 버선에 먼지가 이네凌波微步, 羅襪生塵"[110]라

---

104 마외파馬嵬坡: 지금의 산시성 싱핑興平 서북에 있는 지역. 755년 7월 15일에 수행
하는 군인들에 의해 양귀비가 이곳에서 삶을 마쳤으며, 역사적으로는 '마외역병변馬嵬驛
兵變'이라 한다.
105 아두말鴉頭襪: 엄지발가락과 나머지 네 발가락이 분리되도록 만든 버선 양말.
106 溪上足如霜, 不着鴉頭襪: 출처는 이백의 「월녀사越女詞」.
107 진회秦檜(1090~1155): 남송의 명장 악비岳飛(1103~1142)를 모함으로 죽게 만든 희
대의 간신.
108 장평자張平子: 장형張衡(78~139). 후한 때의 문학가이자 과학자로 자가 평자平子.
109 羅襪凌躡足容與: 현재 장형의 「남도부南都賦」에는 '羅襪蹳躒而容與'라고 되어 있다.
110 凌波微步, 羅襪生塵: 조식曹植이 낙수洛水에서 낙수의 여신과 만난 일을 읊은 「낙
신부洛神賦」에 나오는 구절.

했고, 이후주의 사詞[111]에서는 "버선 신고
섬돌을 내려오며, 손에는 금루
혜[112]를 들었네却襪下
香階, 手提金縷鞋"[113]라

만주족의 궁중용 여성
신발

했는데, 고대와 현재
의 신과 버선의 양식
이 이처럼 달랐다.

높은 굽의 양식에
관하여는 이전에 듣지 못했으며, 현재까지 유일무이하다. 오하吳
下[114]의 여인에게는 기이한 향료를 신 바닥에 넣고 정밀한 비단으로
주위를 두른 것이 있는가 하면, 어떤 것은 영롱하게 꽃 모양으로
장식하고 사향으로 싸서 걸어가면 향기가 흠씬 풍기고 땅에 향기
가 남는다. 이러한 것은 복요服妖[115]이며, 송원宋元 이래로 시인이 언
급하지 않았으므로, 겉으로 드러내어 세상에서 '향렴香奩'[116]을 묘
사하고 '경대鏡臺'를 노래하는 사람에게 알려준다.

버선의 색과 신의 색은 서로 반대돼야 해서, 버선은 매우 연한

---

111    사詞: 정해진 곡조에 맞추어 가사를 써넣는 시가 형식의 일종으로, 구법이 시詩보
다 자유로우며 내용이 시보다 통속적이고 창작이 용이하여 민간에서도 널리 유행했다.
송대에 전성기를 구가했다.
112    금루혜金縷鞋: 금방울을 장식한 신. 이 구절은 신고 걸으면 방울 소리가 나서 남이
알까 저어하여, 손에 신을 들고 버선발로 걸었다는 의미다.
113    却襪下香階, 手提金縷鞋: 이욱李煜의 사「보살만菩薩蠻」의 한 구절.
114    오하吳下: 춘추전국시대 오나라 지역. 지금의 장쑤성 남부 타이후太湖호 유역과 저
장성 북부 및 안후이성 창장강 이남 지역.
115    복요服妖: 괴이한 복식. 고대인은 기이한 복장이 천하의 변고를 예시한다고 여겼으
므로 이렇게 말했다. 출전은『상서尙書』권2.

색이어야 적당하고 신은 매우 진한 색이어야 적당하며 이러하면 서로 어우러져서 비로소 잘 드러난다. 지금 여인의 버선은 모두 흰색을 선호하고, 신은 짙은 홍색과 짙은 청색을 사용하는데, 양식을 모두 어울리게 했다고 할 수 있다. 그러나 가가호호 이렇다면, 또 부화뇌동을 피해야 한다. 나는 다시 색을 뒤집어서 버선을 진한 색으로 하고 신을 연한 색으로 하고자 하며, 그렇게 하면 발이 작은 사람이 더 잘 드러날 것이다.

대체로 신의 색은 땅의 색과 같게 해서는 안 된다. 땅의 색이라는 것은 진흙과 벽돌의 색이다. 진흙과 벽돌은 색이 대부분 진하므로, 연한 색이 그 위에 서 있으면 한계가 분명하여 땅의 색에 의해 가려지지 않는다. 만약 땅이 청색인데 신도 청색이거나 땅이 녹색인데 신도 녹색인 경우에는 그 특징이 드러나지 않을 것이다. 발이 큰 사람은 이와 반대로 해야 마땅하다. 땅의 색을 보고 신의 색을 정해야 옳으며, 단점을 감추는 방법으로 다만 높은 굽에만 의지해서는 안 될 것이다. 나의 천박한 견해는 이와 같으니, 황금 저택의 주인에게 질문하여 아교阿嬌117에게 전달하여 물어보게 한 뒤에 가부를 결정하고자 한다.

---

116  향렴香奩: 분과 거울 등을 넣어두는 여인의 화장 도구 상자. 출처는 남조 문학가 서릉徐陵(507~583)의 「옥대신영의 서문玉臺新咏序」. 여인의 신변잡사를 제재로 삼아 화려한 언어로 묘사한 시가를 향렴체香奩體라 하며, 당나라 말기의 문학가 한악韓偓의 시집 『향렴집香奩集』이 대표적이다.

117  아교阿嬌: 금옥장교金屋藏嬌의 주인공인 한무제漢武帝의 황후 진황후陳皇后의 아명이 아교. 출처는 소설 『한무고사漢武故事』.

## 4. 기예 학습

"여인은 재주 없는 것이 바로 덕스러운 것이다女子無才便是德."[118] 말
이 이치에 가깝지만, 까닭 없이 그렇게 말한 것은 아니다. 총명한
여인 중에 절개를 잃은 사람이 많으므로, 재주가 없이 귀하게 된
경우만 못하기 때문이다. 대체로 이전 사람들이 격분하여 뱉은 말
로, 남자가 관직으로 화를 당하므로 독서하여 관리가 되는 것이
위험한 길이라고 여기고는 자손에게 유언으로 훈계하여 독서하지
말고 관리가 되지 말라고 하는 경우와 같다. 이것은 모두 목 메이
는 것을 보고 밥을 먹지 말라고 하는 헛소리로서, 도대체 책을 모
두 폐기하고 벼슬을 다 버릴 수 있겠는가? 내 생각에 '재덕才德'이라
는 두 글자는 본래 서로 장애가 되지 않는다. 재주가 있는 여인이
라고 반드시 모든 사람이 품행이 나쁜 것이 아니며, 음탕한 여인이
또 어찌 분명하게 책을 알았겠는가? 다만 남편이 되려는 사람이 재
주를 아끼는 마음이 있고, 재능을 통제하는 기술을 겸하면 될 뿐
이다.

  첩과 시녀는 또 본부인과 같지 않다. 아내를 얻는 것은 토지와
집을 사는 것과 같다. 오곡이 아니면 기르지 않고 뽕나무나 마麻가
아니면 심지 않듯이, 놀며 구경하는 일과 조금 관련되면 바로 뽑아
서 없애버린다. 땅에서 입고 먹는 것이 나오는데, 지력地力에는 한

---

**118**  女子無才便是德: 출처는 명말 청초 문학가 장대張岱(1597~1684)의 「공적으로 기부
인을 제사지내는 글公祭祁夫人文」에서 "장부는 덕 있는 것이 재주이며, 여인은 재주가 없
는 것이 덕이다丈夫有德便是才, 女子無才便是德".

계가 있으므로, 다른 것을 함께 기를 수 없기 때문이다. 첩을 사는 것은 정원을 가꾸는 것과 같다. 열매를 맺는 꽃도 심고 열매를 맺지 않는 꽃도 심는다. 그늘을 드리우는 나무도 심고, 그늘이 없는 나무도 심는다. 정원은 본래 마음을 즐겁게 하기 위하여 설치했으므로 중요시하는 것이 눈과 귀에 있으며, 먹고 마시는 것은 경우에 따라 가벼이 여길 수밖에 없으므로, 명목과 실질을 겸하여 다 챙길 수가 없다.

첩을 집에 가득 채우면 이들은 모두 어리석은 존재라서, 내가 말하려 하면 저들은 침묵하고, 내가 조용히 있으려 생각하면 저들은 시끄럽게 떠들며, 대답은 질문에 대한 것이 아니고 결과는 요구한 것이 아니므로, 여우 굴에 들어가서 공공연하게 음란한 짓을 하는 것밖에 할 일이 하나도 없는 것과 무엇이 다르겠는가? 그러므로 기예를 익히는 도리는 용모를 단장하고 복장을 꾸미는 것과 함께 설명하지 않을 수 없다.

기예는 서화가 제일이고, 음악이 그다음이며, 가무는 또 그다음이고, 길쌈과 자수 및 바느질은 여인이 당연히 해야 할 일로 구분되므로 말할 필요가 없다. 그러나 오로지 남자의 기예를 익혀 바느질을 하찮게 여기고, 길쌈을 천한 일이라 깔보며 바느질을 원수처럼 간주하여, 심지어 세 치 크기의 궁혜弓鞋[119]도 스스로 만들지 않고 또 늙은 할미나 가난한 여인에게 부탁하여 대신 만들게 하는 여인이 있는데, 어찌하여 뛰어난 재주를 빌려 자신의 약점을 감추고

---

**119** 궁혜弓鞋: 고대에 전족한 여인이 신던 신. 출처는 북송 문학가 황정견黃庭堅(1045~1105)의 사詞 「만정방·기녀滿庭芳·妓女」.

도리어 조물주가 사람을 만든 최초의 의도를 잃어버렸는가!

「여락도女樂圖」(여인이 규방에서 오락을 즐기는 모습). 명대, 구영仇英(1498?~1552)

내 생각에 여인의 직업은 필경 바느질이 주종이며, 바느질이 이미 능숙해지면 서서히 다른 일로 나아간다. 내가 기예의 학습을 언급하고 여인이 해야 할 자수나 길쌈 등을 언급하지 않은 것은, 난새를 그리고 봉황을 수놓는 일은 규방 사람이 모두 알고 있으므로, 내가 주제넘게 나서서 말할 필요가 없기 때문이다. 여인이 해야 할 일을 언급하지 않았으면서 여전히 그 일은 중시하여 감히 끝내 빠트리지 않는 것은, 후세에 말류를 추구하는 길을 열어 방적과 양잠 및 고치 켜기를 도외시할까 우려하기 때문이다. 비록 한가한 내용을 말했지만, 올바른 도리를 손상시키지 않는 것이 내가 여기서 학설을 세운 최초의 의도다.

## 문예文藝

기예를 익히려면 반드시 먼저 글을 익혀야 한다. 어려운 것을 먼저 하고 쉬운 것을 나중에 하려는 것이 아니라, 사실은 쉬운 것을 먼저 하고 어려운 것을 나중에 하려는 것이다.

천하 만물과 천하만사에는 모두 문을 여는 열쇠가 있다. 열쇠는 무엇인가? '문리文理'(문장과 도리)라는 두 글자다. 보통의 열쇠는 하나의 열쇠가 하나의 자물쇠를 여는 데 불과하며, 하나의 자물쇠는 하나의 문을 잠그는 데 불과하다. 그러나 '문리'라는 두 글자가 열쇠와 자물쇠가 되면, 관할하는 것은 천 개의 문이나 만 개의 대문에 그치지 않는다. 대개 천상과 지하 그리고 전 세계와 중국을 합하여, 거대하기는 끝이 없는 지경에 이르고 작기는 내부가 없는 수준에 이르므로, 행해야 마땅하고 익혀야 마땅한 모든 일은 요점을 파악하고 드나드는 것을 조절해야 한다.

이러한 의론을 제기하는 것은 부인과 여인을 위해서뿐만이 아니며, 천하의 사농공상土農工商과 삼교구류三敎九流[120] 및 모든 기예를 통틀어서 모두 이것처럼 간주해야 마땅하다. 이렇게 거대한 세계를 '문리'라는 두 글자로 개괄하면 간략하다고 할 수 있지만, 문리 두 글자 속에 또 주체와 객체가 구분되는 것을 모르고 있다. 대

---

**120** 삼교구류三敎九流: 고대 중국의 종교와 각 학파를 지칭하는 용어. 삼교는 유교·불교·도교를 가리키고 구류는 유가儒家·도가道家·음양가陰陽家·법가法家·명가名家·묵가墨家·종횡가縱橫家·잡가雜家·농가農家를 지칭. 출처는 송나라 관리 조언위趙彦衛의 『운록만초雲麓漫鈔』 권6.

개 문장을 익히는 것은 문장을 익히기 위한 것이 아니라, 이러한 도리를 밝히고자 하는 것일 뿐이다. 이러한 도리가 이미 밝혀졌으면, 문자는 또 문을 두드리는 벽돌[121]에 속하여, 버리고 사용하지 않을 수 있을 것이다.

천하의 기예는 무궁하지만, 그 원류는 다만 하나의 도리에서 나왔다. 도리에 밝은 사람이 기예를 익히는 것과 도리에 밝지 않은 사람이 기예를 익히는 것은 그 난이도

「연필고시도吮筆敲詩圖」(시를 퇴고하는 모습). 청대 여성 화가 범설의范雪儀

가 천양지차다. 그런데 독서하지 않고 문자를 알지 못하면 무엇으로 도리를 밝히겠는가? 그러므로 기예를 익히려면 반드시 먼저 문

---

121  문을 두드리는 벽돌: 원문은 고문지전敲門之磚. 공명을 도모하는 수단으로, 목적을 달성하면 버릴 수 있는 것. 출처는 송나라 학자 증민행曾敏行(1118~1175)의 소설집 『독성잡지獨醒雜志』 권5.

장을 익혀야 한다. 그러나 여자가 익히는 문장은 매사가 완전무결하기를 강요할 필요가 없으며, 한 글자를 알면 한 글자의 용도가 있으므로, 많을수록 좋지만 적다고 좋지 않은 것도 아니다. 사사건건 정통할 수 있으면, 한 가지 일은 저절로 더욱 정통할 수 있다. 내가 일찍이 생각해보니, 토목 기술자 가운데 어떤 이가 글자를 알아 장부를 기록할 수만 있어도 그 사람이 만든 건물과 기물은 틀림없이 졸렬한 기술자가 만든 것과 다르며, 또한 노력은 반이 들고 효과는 배가 되는 이익이 있었다. 사람들이 처음에는 믿지 않았지만 뒤에 여러 사람에게 시험해보았더니 과연 나의 말과 같았다. 서투른 기예도 이와 같으므로 정교한 기예는 알 만할 것이다. 심하구나! 문자를 알지 못하면 안 되며, 도리를 밝히지 않으면 안 되는 것이다.

여인이 독서하고 글자를 익힐 때에 어려운 점은 단지 입문에 있다. 입문한 뒤에는 여인의 총명이 틀림없이 남자보다 뛰어나다. 남자는 생각이 복잡하지만, 여인은 마음이 하나이기 때문이다. 여인을 인도하여 입문시킬 경우에는 아직 남녀 사이의 애정을 이해하지 못할 때가 좋다. 애정을 이해하면 의지와 생각이 약간 분열되어, 이전처럼 한결같지 않기 때문이다. 그러나 첩을 사거나 두면 대부분 15살 혹은 16살인데, 장가를 들어서 가까이하지 않고 철부지 상태로 나에게 부탁하는 사람이 몇 명이나 있겠는가? 만약 반드시 남녀 사이의 애정을 아직 이해하지 못하는 경우를 기다려야 한다면, 종신토록 전수할 수 있는 사람이 없을 것이다. 오직 차근차근 잘 타일러 유도하여 기회를 막지 않아야 하며, '복작교형撲作教刑'(계척으로 교칙을 따르지 않는 사람을 처벌하다)122이라는 말은 여자들을 위해서 있는 것이 아니다.

먼저 글자를 알게 하며, 글자를 안 이후에 책을 가르친다. 아는 글자가 많은 것이 중요한 게 아니라, 매일 다만 몇 글자면 충분하고, 필획이 가장 적고 눈으로 보기 쉬운 글자를 선택하여 가르친다. 쉬운 글자에서 어려운 글자로, 필획이 적은 글자에서 필획이 많은 글자로, 매일 쌓이고 매달 누적되면 한 해쯤 지난 뒤에는 독서를 시키지 않아도 스스로 단락과 구절을 이해할 것이다. 독서를 좋아할 만한 시기를 이용하여 이야기가 있는 전기傳奇123와 흠결이 없는 소설을 급하게 찾아다가 마음대로 뒤적이면서 보게 하면, 책은 책이 아니라 성내지 않고 위세도 부리지 않으면서 조예가 깊어지도록 인도하는 현명한 스승이 된다. 그 까닭은 무엇인가? 전기와 소설에 실려 있는 내용은 모두 흔한 이야기와 속어이므로 여인이 보면 익숙한 물건을 만난 것과 같기 때문이다. 예를 들면 한 구절 안에 모두 열 글자가 있는데, 이 여인이 이미 일곱 글자를 알고 모르는 글자가 세 글자면, 내키는 대로 읽어가도 자연히 틀리지 않는다. 이것은 이미 아는 글자가 일곱 글자여서 알지 못하는 세 글자를 깨달을 수 있기 때문으로, 이 세 글자는 내가 가르친 것이 아니라 전기와 소설이 가르친 것이다. 이로 말미암아 영감이 촉발되며,

---

122  복작교형撲作敎刑: 『상서尙書』「순전舜典」. 복撲은 고대에 교사가 학생을 체벌할 때 사용하던 목판인 계척戒尺이다. 두 개의 얇고 긴 목판을 서로 묶어 만들었으며, 손으로 잡고 윗부분을 흔들어 부딪쳐 소리를 나게 하는 불가에서 사용하는 도구다. 교형敎刑은 고대에 학교에서 가하던 형벌의 일종이다. 복작교형은 '학업에 부지런하지 않은 사람을 신체적으로 처벌해 마음을 경각시킨다'는 의미다.

123  전기傳奇: 명·청 시기 유행했던 희곡戲曲(중국 고대 연극)의 일종으로, 『모란정牡丹亭』『명봉기鳴鳳記』『장생전長生殿』『도화선桃花扇』 등이 대표작이다.

「소완임창小宛臨窓」(창가의 동소완), 청대, 오위업吳
偉業(1609~1672)
동소완董小宛(1624~1651)은 진회하秦淮河의 8미녀
가운데 첫 번째로 꼽히는 인물. 명말의 명사 모벽강冒
辟疆(1611~1693)과 함께 은거했다.

스스로 간접적으로 깨달아 두루 통달하게 된다. 다시 남자를 구해 잘 지도하여 얕은 곳에서 깊은 곳으로 나가도록 하고 동침하며 글을 논하면, 때에 맞추어 비가 내리는 것과 같은 교화가 될 것이므로, 단상에 올라가 육예를 강론하는 것과 비교하여 쉽고 어려움의 차이가 어찌 10배에 그치겠는가?

열 명 가운데 가장 총명한 한두 명을 선발해서, 날마다 더불어 시를 이야기하여 점차로 성률에 통달시켜서, 단지 하는 말이 낭랑하고 중복되거나 껄끄러운 글자가 없는 것이 바로 여인이 시와 문장을 짓는 재료다. 소동파의 부인은 "봄밤의 달은 가을밤의 달보다 좋다. 가을밤의 달은 사람을 처참하게 만들지만 봄밤의 달은 사람을 화기애애하게 만든다"고 말했다. 이것은 시를 지은 것이 아니라 입에서 나오는 대로 한 말이다. 소동파는 그녀의 입에서 나오는 말이 운율에 맞았기 때문에 시를 잘 짓는다고 칭찬했으며, 이는 아름다운 이야기로 전해온다. 이것이 바로 말이 낭랑하고 중복되거나 껄끄러운 글자가 없으면 시를 지을 수 있다는 명확한 증거다. 그 나머지 여인들이 반드시 사람마다 이와 같을 수는 없지만, 글의 의미를 조금 이해할 수 있으면 모두 열쇠를 손에 넣은 것이므로 여러 기예를 익히도록 맡겨 두어도 장애가 되는 사람이 있을까 하는 걱정은 할 필요가 없다.

여인이 독서하고 글자를 익히면 학문이 완성된 뒤에 받는 이익이 무궁할 뿐만 아니라, 바로 처음 학문을 익힐 때에도 우선적으로 구경하는 사람에게 도움이 되는 바가 있다. 책상에 책을 펼쳐놓고 손에 붓을 잡은 채 푸른 창가나 푸른 주렴의 아래에 앉아 있으면 바로 한 폭의 그림이다. 반희班姬[124]가 『한서漢書』를 계승하여 저술하는 모습이나, 사안謝安의 정원에서 눈을 읊는 자태[125]도 이와 다르지 않은데, 하필 시 읊는 것을 보고 우열을 비교한 뒤에야 규수와 동침하는 즐거움이 있겠는가? 아! 이러한 장면이 인간세계에 적지 않은데, 그곳에 있으면서도 모두 평범한 사물로 간주하고 있으므

---

**124** 반희班姬: 후한의 사학가 반소班昭(45?~117?), 『한서漢書』의 저자 반고班固(32~92)의 누이로 반고가 『한서』를 완성하지 못하고 사망하자 뒤를 이어 완성시켰다.

**125** 사안謝安의 정원에서 눈을 읊는 자태: 『진서晉書』 「열녀전列女傳」에 따르면 눈이 오는 날 저명한 정치가 사안謝安(320~385)의 정원에서 사안의 형 사혁謝奕(301~358)의 딸 사도온謝道韞(349~409)이 날리는 눈을 보고 "버들개지 바람에 날리네柳絮因風起"라 읊어 칭찬을 받았다고 한다.

로 너무 애석할 뿐이다.

여인에게 시를 익히게 하려면 반드시 먼저 독서를 많이 시켜야 한다. 독서를 많이 하면 입에서 시가 떠나지 않아 시로 말을 할 수 있으므로, 시의 의미와 시의 정취가 저절로 기회가 닿는 대로 드러나 자연스럽게 읊는 아름다운 시가 될 것이다. 여인의 총명이 드러나고 사고의 맥락이 열리는 단계에 이르는 것은 전적으로 읽은 시의 우열에 있다. 시를 선별하여 읽힐 때에는 그 여인의 천성에 잘 들어맞는 것을 고르도록 힘써야 한다. 그러면 어떤 것을 선정하는가? 대답은 '평이첨영平易尖穎' 네 글자에 있다. '평이平易'라는 것은 여인으로 하여금 이해하기 쉽고 배우기 쉽게 하는 것이다. '첨영尖穎'이라는 것은 부인의 총명은 대개 섬세하고 정교한 방면에 있어 참신한 시를 읽으면 옛 친구를 만난 것처럼 기뻐하며 익히기를 원하므로, 이른바 잘 들어맞는 것을 고르는 것이다. 선택하는 시로는 만당晩唐[126]과 송나라 사람의 시보다 오묘한 것이 없으며, 초당初唐과 중당中唐 및 성당盛唐의 시는 모두 선택하지 않아야 한다. 한·위·진漢魏晉 시기의 시는 모두 감추어 보지 못하게 하는데, 이를 보면 바로 기봉機鋒이 가로막혀 종신토록 감히 배우려 하지 않을 것이다. 이것은 나의 얕은 견해이며, 고명한 사람이 읽으면 틀림없이 놀라 입을 벌리고 한바탕 비웃을 것이다. 나의 재주가 얕고 식견이 좁아 겨우 여인의 스승이 되기에 충분할 뿐이며, 훌륭한 문단에는

---

126 만당晩唐: 당시를 초당初唐·중당中唐·성당盛唐·만당晩唐으로 구분하며, 이어가 중요시하는 만당시는 이상은李商隱(약813~858)이나 두목杜牧과 같은 유미주의 계열 작가의 시를 말하는 것으로 추정된다.

평생 가본 적이 없으니, 비천한 학설을 수립했다고 비난하지 않기를 바란다.

여인으로 노래를 잘하는 사람이 만약 문장의 의미를 이해한다면 모두 사詞를 가르칠 만하다. 대개 길고 짧은 구절을 사용하는 기법이 늘 사詞의 곡조에 보이며, 입문한 사람이 이미 많아 사를 짓는 것이 자연스레 쉽고, 시를 짓는 공력에 비하여 효과가 더 빠르다. 곡曲[127]의 체재는 가장 길어서, 모든 일투一套가 반드시 여러 곡으로 구성되므로

화예부인花蕊夫人 목판 삽도
화예부인(883?~926)은 후촉後蜀의 군주 맹창孟昶(919~965)의 비로 시와 문장에 뛰어났다.

필력이 풍부한 사람이 아니면 지을 수 없다. 사는 짧고 끝마치기가 쉬워 '장상사長相思'[128] '완계사浣溪紗'[129] '여몽령如夢令'[130] '접련화蝶戀

<hr />

**127** 곡曲: 사詞와 비슷한 시가 형식의 일종으로 원대에 유행했다. 사처럼 시보다 구법이 비교적 자유롭고 구어체를 많이 사용하며, 한 곡을 독창하기도 하고 여러 곡이 일투一套(한 조)를 구성하기도 한다.

**128** 장상사長相思: 남녀가 서로 사모하는 내용을 주로 노래한 사패詞牌(율시의 구법처럼 사를 짓는 격식의 이름).

**129** 완계사浣溪紗: 춘추시대 서시가 약야계若耶溪에서 비단을 세탁한 일에서 명칭이 유래했다고 하는 사패의 명칭.

**130** 여몽령如夢令: 6언구가 위주인 사패의 일종. 일반적으로 '여몽如夢'(꿈과 같네)이라는 단어가 반복하여 사용된다.

「빙창무금도憑窓撫琴圖」(창가에서 거문고를 연주하는 모습), 청대, 임웅任熊(1823~1857)

花[131] 같은 종류는 10~20자에 불과하여 지어보면 영감을 드러낼 수 있다. 단지 사의 선집을 보기만 해도 규수와 뛰어난 여인의 작품이 많은데, 사가 원리는 알기 쉽고 어조는 모방하기 쉽기 때문이다. 사가 이미 능숙해지면 짧은 작품에서 바로 긴 작품을 지을 수가 있으므로, 사곡詞曲으로 확대하며 나아가는 것도 쉬워진다. 과연 이럴 수 있을 때 스스로 창작하여 부르도록 맡겨두면 재주 있는 남자와 아름다운 여인이 합쳐져 하나가 되는 것이며, 예로부터 멋스러운 일과 멋진 사람 가운데 이보다 뛰어난 것이 없었다. 그리하여 천상의 신선이 스스로 자신의 음악을 비천하다고 여겨 모두 인간세계로 귀양을 오려 할까 나는 두렵다. 이러한 논리는 앞사람들이 아직 말하지 않았으며, 실제로 나 스스로 창조했으므로 이로 말미암아 오묘한 경지를 얻는 사람은 절대로 나의 공로를 잊지 않기 바란다.

규수라고 스스로 이름하는 사람은 금기서화琴棋書畫(거문고·바둑·

---

**131**  접련화蝶戀花: 60자로 구성되며 마음속의 근심이나 고통을 주로 노래한 사패의 명칭.

서예·그림) 네 가지 기예가 없어서는 안 된다. 그러나 이것들을 익히려면 완급을 조절해야 하며, 반드시 그만둘 수 없는 것을 먼저 익히고, 그 나머지는 천성에 따라 겸비하여 차례대로 시도해도 괜찮다. 그렇지 않아도 한 가지 기예에 뛰어나면 재녀라는 명성이 드러날 것이다.

거문고는 현악기에 속하며 별도로 분류된다. 서예에 관해서는 앞의 논설에서 이미 갖추어 설명했다. 잘 가르치는 것은 타인에게 달려 있고, 잘 익히는 것은 자신에게 달려 있으며, 우열과 깊이는 억지로 할 수 없다. 회화는 바로 규방의 말단 기예로 배우거나 말거나 맡겨둔다. 바둑이라는 한 항목은 결코 그만두는 것이 용납되지 않고 가르쳐 익히도록 해야 하는데, 타인이나 자신에게 이로운 것이 하나에 그치지 않기 때문이다. 여인에게 일이 없으면 반드시 다른 생각이 일어나는데, 바둑을 익혀 시간을 보내면 망령된 생각이 생기지 않으므로 이것이 첫 번째 이로움이다. 여자들이 모여 살면 분쟁이 쉽게 조성되는데, 손으로 입을 대신하면 시끄러운 사람이 조용해지므로 이것은 두 번째 이로움이다. 남녀가 마주 앉아 조용히 있으면 반드시 생각이 음탕해진다. 거문고나 비파를 타는 여가나 향을 피우고 차를 마시는 여가에, 한바탕 공부를 하지 않으면 정적이 극에 달하여 생각이 움직이고 두 사람 모두 서로 견딜 수 없는 상황이 되며, 책상 앞에서 발산하지 않으면 바로 침상 위에서 발산하게 될 것이다. 일단 바둑을 두면 여러 생각이 모두 마음 밖으로 사라지므로, 분쟁을 완화시키고 열을 내리게 하는 방법으로 이보다 좋은 게 없다. 다만 여인과 대치하여 일없이 승부를 겨루는 것보다 차라리 몇 수를 양보하여 그녀에게 조금 져주면, 성내지 않고 기뻐하며 만면 가득 웃음을 띠게 된다. 여인을 패배시키려는 마음을 먹으면 당장 난감한 것에 그치지 않고, 또 여인에게서 훗날 바둑을 두려는 흥미를 차단해버릴 것이다. 고운 손으로 바둑돌을 집어 주저하며 놓지 못하고 있으면, 이러한 자태를 고요히 바라보다 넋이 다 나가게 된다. 반드시 이기려 한다면 아마도 천지간에 이처럼 잔인한 사람이 없을 것이다.

쌍륙雙陸132과 투호投壺133 등의 여러 기예는 모두 천천히 익혀도 좋다. 골패骨牌134로 승부를 하는 것도 한가한 시간을 보내기에 좋고, 또 알기 쉽고 익히기 쉬우므로 포기하지 못할 것이다.

## 관악기와 현악기

관악과 현악의 소리 가운데 거문고를 제일로 꼽는다. 고대 음악은 현재까지 전해오면서 이미 변했으나, 아직 변하지 않은 것은 오직 이 한 종류뿐으로, 나머지는 모두 말세의 음악이다.

여인이 거문고를 익히면 성정을 변화시킬 수 있으며, 온유향溫柔鄕(따스하고 편안한 장소)에 두고자 하면 이처럼 성정을 배양하는 기

---

132  쌍륙雙陸: 판 위에서 하는 고대 놀이의 하나로, 주사위를 던져 말을 모두 판에서 옮기는 사람이 승리한다.
133  투호投壺: 화살을 병에 던져 넣어 많이 넣는 사람이 이기는 놀이.
134  골패骨牌: 대략 북송 선화宣和 연간(1119~1125)에 나타나 '선화패宣和牌'라고도 하며 28개의 숫자나 볼록한 무늬가 있는 각기 다른 패를 가지고 2인이나 4인이 승부를 겨루는 마작과 유사한 놀이.

구가 없어서는 안 된다. 그러나 이러한 종류의 음악은 배우기 매우 어려우며 듣기도 가장 어렵다. 대개 첩에게 이것을 익히도록 시키는 사람은 당연히 우선 스스로 연주할 수 있는가를 자문해봐야 한다. 주인이 음악을 이해해야 비로소 거문고와 비파라는 악기를 통제할 수 있으며, 그렇지 않으면 연주가 낭랑해도 듣는 사람은 아무 감각이 없이 억지로 정신을 집중하며 끝나기만을 기다리게 되므로, 귀에 즐거운 소리

「이빙공후인도李憑箜篌引圖」, 류링창劉凌滄(1908 ~1989)
당나라 시인 이하李賀(790?~817?)의 시 「이빙공후인」 을 그림으로 나타낸 것이다.

가 아니라 사람을 괴롭히는 도구가 되는데 익혀서 무슨 소용이 있겠는가?

대개 첩을 사거나 첩을 두는 것은 모두 스스로 즐기기 위해서다. 자신이 즐기는 것을 첩에게 유도하여 익히도록 하고, 자신이 즐기지 않는 것은 경계하여 하지 않도록 하는 것이 진실로 스스로 즐

길 수 있는 사람이다. 일찍이 부귀한 사람 가운데 익양강弋陽腔[135]
과 사평강四平腔[136] 등은 듣기 좋아했으나, 단조로운 곤강崑腔[137]은
매우 싫어하는 사람을 보았다. 세상 사람들이 곤강을 우아하게 여
겨 중시하므로 억지로 가동歌童에게 곤강을 익히도록 했지만, 매번
한 곡을 들을 때마다 오랫동안 눈썹을 찌푸렸으므로 좌석에 있는
손님들도 고역이었는데, 이것은 완전히 스스로 즐기는 것을 잘하지
못하는 사람이다.

내 생각에 사람의 성정은 각각 좋아하는 바가 있으며 또 각각
싫어하는 바가 있으므로, 만약 좋아하는 것이 부당하고 싫어하는
것이 마땅치 않으면 스스로 그 오류를 반박해도 무방하다. 스스로
그 오류를 반박하면 아무 잘못이 없을 것이다. 내 평생에 세 가지
버릇이 있는데, 세상 사람들이 모두 함께 좋아하지만 나 홀로 좋아
하지 않는 것이다. 하나는 과일 가운데 감람橄欖이며, 하나는 음식
가운데 해삼이고, 하나는 옷 가운데 비단이다. 이 세 가지 사물은
사람들이 나에게 먹이면 나도 먹고, 사람들이 내게 입히면 나도 입
는다. 그러나 일찍이 스스로 사서 먹고 사서 입지 않았는데, 정교
함과 아름다움이 어디에 있는지를 모르기 때문이다. 속담에 "시골

---

**135** 익양강弋陽腔: 강서성 익양에서 기원한 희곡戱曲 곡조의 하나. 연기가 질박하고 가
사가 통속적이며, 노랫가락이 높으면서 우렁차고, 징과 북으로 박자를 맞추며, 관현악의
반주가 없는 것이 특징이다.
**136** 사평강四平腔: 익양강 지파의 하나. 곡조가 활발하고 속도가 비교적 빠르며, 방강
幫腔(무대에서 한 사람이 노래를 부르면 여러 사람이 무대 뒤에서 여기에 맞추어 노래하는 것)이
있다.
**137** 곤강崑腔: 원대에 강소성 곤산崑山에서 민간 희곡으로 발생한 중국 전통 희곡 곡
조의 하나로, 각지에 유전되면서 특히 흥성하여 많은 민간 희곡의 형성과 발전에 중대한
영향을 끼쳤다.

사람이 감람을 먹으면 뒷맛을 모른다"고 했다. 나야말로 천하의 촌놈이다. 거문고 익히기를 주장하다가 잘못하여 말이 여기에 이르렀으니, 진실로 쓸데없는 말이다.

사람들이 질문했다. 주인이 거문고를 좋아해야 비로소 첩에게 거문고를 익히도록 할 수 있다면, 가무를 가르치는 경우에도 반드시 주인이 가무에 뛰어난 뒤에야 가르칠 수 있는 것인가? 당당한 대장부로서 가무에 뛰어난 사람이 몇 사람이나 있겠는가? 내가 대답했다. 그렇지 않다. 가무는 정통하기 어려우나 깨우치기는 쉽다. 구성진 소리를 듣고 날렵한 자태를 보면, 반드시 음악에 정통해야 비로소 대강을 이해할 수 있는 것이 아니며, 좌석의 주인과 손님이 모두 그러하므로 이는 이른바 고상한 사람이나 속된 사람이나 함께 감상할 수 있다는 것이다.

거문고 음악은 연주하기 쉬우나 분명하게 이해하기는 어려우므로, 직접 익힌 사람이 아니면 알지 못하며 오직 잘 연주하는 사람만이 들을 수 있다. 백아伯牙가 종자기鍾子期[138]를 만나지 못하고 사마상여司馬相如가 탁문군卓文君[139]을 얻지 못하면, 하루 종일 현을 튕겨도 모두 헛된 연주가 된다. 내가 보기에 요즈음 거문고를 잘 연주하는 사람은 많으나 들을 수 있는 사람은 적다. 유명한 스승을 맞이하여 아름다운 첩을 가르치는 사람은 매우 많지만, 이것으로

---

**138**　백아伯牙, 종자기鍾子期: 백아는 춘추전국시대의 저명한 음악가로 백아의 연주를 종자기가 이해했다고 하며, 지음知音의 전고가 여기서 유래했다. 출처는 『열자列子』 「탕문湯問」.

**139**　사마상여司馬相如, 탁문군卓文君: 사마상여(기원전 179?~기원전 118)는 한나라의 저명한 문학가. 사마상여의 연주에 반하여 탁문군이 사마상여와 결혼했다고 한다.

즐거워하여 탁문군과 사마상여의 명성을 부끄럽게 하지 않을 수 있는 사람은 절대적으로 적다. 실질에 힘쓰고 명성에 힘쓰지 않는 것, 이것이 내가 학설을 세운 의도다. 만약 주인이 연주를 잘하면 여러 기예를 버리고 오로지 거문고에 힘써야 한다. "부부가 잘 맞으면, 금슬을 타는 듯하네妻子好合, 如鼓瑟琴"[140] "요조숙녀는 금슬로 친해진다네窈窕淑女, 琴瑟友之"[141]라고 했듯이, 금슬은 다른 것이 아니라 정을 도탑게 하여 남녀를 하나로 합치도록 하고, 애정을 연결하여 남녀를 떨어지지 않도록 하는 것이다. 달빛 비치는 꽃그늘과 경치가 아름다운 좋은 시절, 물가 누각에서 시원한 기운이 피어나고 규방에 일이 없는 한가한 때를 만나, 남편이 노래하고 아내가 화답하거나 여자가 연주하고 남자가 듣거나 두 목소리로 함께 불러서 운율이 잘 조화를 이루면, 자신이 이러한 상황에 있는 사람은 엄연히 신선과 같을 것이며, 그림으로 그려 한 폭의 합주도가 되는 것은 물론이고 구경꾼의 혼을 빼며 음악에 정통한 남녀의 질투를 일으키기에도 충분할 것이다.

현악기는 거문고 외에 여인이 익히기에 적당한 것으로 또 비파琵琶와 현삭弦索 및 제금提琴[142] 세 종류가 있다. 비파는 매우 오묘하지만 애석하게도 지금은 숭상하지 않아서 잘 연주하는 사람이 드물다. 그러나 현삭의 소리는 비파를 대체하기에 실제로 충분하다.

---

**140** 妻子好合, 如鼓瑟琴: 출처는 『시경』 「소아·상체小雅·常棣」.
**141** 窈窕淑女, 琴瑟友之: 출처는 『시경』 「주남·관저周南·關雎」.
**142** 제금提琴: 원대의 호금胡琴과 유사하며 현이 2개다. 환모獂毛(오소리 털)로 만든 활로 연주한다.

「궁중악宮中樂」(궁중에서 음악을 연주하는 모습), 명대, 구영仇英

현삭의 형태는 비파보다 작고 홀쭉하여, 젊은 여인의 날씬한 신체에 가장 적당하다. 최근에 가르치는 사람으로서 음악의 원리에 해박하고 음률에 큰 오류가 없는 사람은 현삭을 제일로 꼽고 유행하는 노래를 그다음으로 꼽으며 희곡戱曲은 또 그다음으로 꼽는다. 내가 줄곧 "무대에 훌륭한 가사가 없고 무대에 훌륭한 곡조가 없다"는 주장을 했는데, 지나친 주장이 아니다. 단지 처음 익힐 때에 득실의 취사선택을 중심으로 삼으므로 곡조가 고상해서 따라 부를 수 있는 사람이 적을까 우려하고, 다만 '하리파인下里巴人'[143]을

---

143   하리파인下里巴人: 원래는 전국시대 초나라 민간에서 유행하던 가곡의 일종. 통속적인 문학예술을 비유한다. 출처는 초나라 문학가 송옥宋玉(298?~222?)의 부賦 「초왕의 질문에 대답하여對楚王問」.

추구하고 '양춘陽春과 백설白雪'144을 창작하는 것을 원하지 않으므로 5~7푼의 수준에 도달하면 바로 멈출 뿐이다.

제금은 현삭과 비교하여 형태가 더 작고 소리는 더 맑으며, 청곡淸曲145에 맞추어 노래하는 사람에게는 필수적이다. 제금의 소리는 아주 젊은 미인이 내는 소리와 같다. 은은하고 낭랑하며, 부드러우면서 아름답고, 구성지게 끊어질듯 이어지므로 닮지 않은 것이 하나도 없다. 설령 청곡에 맞추어 노래하지 못하더라도, 다만 솜씨좋은 두 사람에게 하나는 퉁소를 불고 하나는 제금을 켜도록 하며 은은한 곡을 연주하여 꽃이나 버들 사이에 있는 사람에게 들려주면, 마치 절세미인인 듯 느껴져 자신도 모르게 미인을 가까이하려는 생각이 일어날 것이다. 현악기 가운데 가장 배우기 쉬운 것이 제금이다. 노력은 반이 들고 효과는 배가 되며 듣기에 좋고 정신을 즐겁게 해준다. 나는 제금을 발명한 사람에게 감사하지 않을 수 없으니, 그대들이 제사를 지내어 송축하라.

관악기 가운데 규방에 적당한 것은 오직 퉁소 한 종류다. 피리는 잠깐 동안은 좋지만 항상 좋을 수는 없다. 생황과 관악기 두 가지는 여러 악기와 함께 놓이지만, 부득이한 경우 가끔 한 번 연주하며 규방에 꼭 있어야 하는 악기는 아니다. 대개 여인이 연주하는 기법은 남자와 다르다. 남자가 중시하는 것은 소리에 있지만, 여인

---

144 양춘陽春과 백설白雪: 원래 전국시대 초나라의 비교적 수준이 높은 가곡. 고아하고 통속적이지 않은 문학예술을 비유한다. 출처는 송옥의 「초왕의 질문에 대답하여」.
145 청곡淸曲: 청창淸唱으로 부르는 곡. 청창은 악기 반주와 무대 장식, 대사가 없이 노래만 하는 희곡에서 노래하는 형식의 한 가지.

이 중시하는 것은 자태에 있다. 생활을 불고 관악기를 연주할 때, 소리는 들을 만하지만 모습은 봐주기 어려운데, 호흡이 막혀서 뺨이 부풀어 올라 꽃이나 달 같은 미모가 이 때문에 모습이 변하므로, 익히

「두추랑도杜秋娘圖」, 원대, 주랑周朗
두추랑(791?~?)은 무희 출신으로 당 헌종憲宗(재위 805~820)의 비가 되었다.

도록 해서는 안 된다. 여인이 퉁소를 불면 용모가 변하지 않을 뿐만 아니라, 더욱 교태를 더할 수가 있다. 무엇 때문인가? 퉁소의 구멍을 막아 가락을 연주하므로, 옥 같은 손이 더욱 가늘어 보인다. 입을 모으고 불어 소리를 내므로, 붉은 입술이 더욱 작아 보인다. 미인을 그리는 사람은 항상 취소도吹簫圖(퉁소를 부는 장면)를 그리는데, 아름다운 모습을 드러내기 쉽기 때문이다. 퉁소나 피리를 만약 두 여인에게 함께 불도록 하면, 그 소리는 배나 맑고 그 자태도 더욱 아름답게 드러날 것이므로, 향을 피우고 차를 끓이면서 이러한 모습을 음미하면 몸이 인간세계에 있지 않게 될 것이다.

퉁소를 불고 피리를 부는 여인은 팔에 팔찌가 없어서는 안 된다. 팔찌는 또 너무 헐거워서는 안 되는데, 헐거우면 소매 속으로 숨어 버려 보이지 않기 때문이다.

## 가무歌舞

———

옛사람이 여자에게 가무를 가르친 것은 가무를 가르친 것이 아니라 목소리와 용모를 다듬도록 한 것이다. 목소리가 구성지려면 반드시 노래를 배우게 해야 한다. 노래 배우기가 이미 끝났으면, 입에서 나오는 대로 소리를 내어도 모두 제비가 지저귀고 꾀꼬리가 노래하는 듯한 운치가 있어, 노래를 할 필요가 없이 노래가 목소리에 있을 것이다. 자태를 나긋나긋하게 하려면 반드시 춤을 배우도록 시킨다. 춤 배우기가 이미 끝났으면, 몸을 돌리거나 걸음을 내딛는 것이 모두 버들이 휘날리고 꽃이 웃는 듯한 모습을 띠게 되어, 춤을 출 필요가 없이 춤이 자태에 있을 것이다. 옛사람이 방법을 정립하면 항상 사건은 여기에 있으나 의도는 저기에 있었다. 예를 들면 활을 잘 만드는 사람의 아들은 먼저 키 제작을 익히고, 훌륭한 대장장이의 아들은 먼저 가죽옷 제작을 배웠다. 여인이 가무를 익히는 것은 바로 활 장인과 대장장이가 키 제작이나 가죽옷 제작을 배우는 것과 같다. 후세 사람들은 이러한 것을 모르고 모두 '성용聲容'(목소리와 용모)이라는 두 글자를 가무에만 한정시켜, 노래하는 것 이외에는 목소리가 필요 없다고 여겼고, 용모를 품평하려면 반드시 춤을 시험했으므로, 여인이 모두 날아가는 제비와 같은 날씬함과 서시의 아름다운 자태가 있어도 가무 이외에는 장점을 드러낼 방법이 없었다. 그러나 하루에 맑게 노래하고 절묘하게 춤추는 것이 몇 시간이나 되겠는가? 만약 '성용' 두 글자가 단지 가무를 위해 설정되었다면, 목소리와 용모를 가르치는 것은 도리어 중요할 수도 중요하지 않을 수도 있다. 만약 노래와 춤 두 가지가 사실은 목소리와 용모를 위하여 설정되었다는 것을 안다면, 가무를 중시해야 하며 대충 얼버무릴 수는 없을 것이다. 가무에 정통하지 못한 것만 봐도, 주인과 가까이하는 신체로서 운우지락을 나누는 여인이지만 아리따운 목소리와 애교가 없으리라는 것을 알 수 있다.

"현악기는 관악기만 못하고, 관악기는 목소리만 못하다絲不如竹, 竹不如肉."[146] 이것은 성악의 삼매경을 설명한 말로, 더욱 자연에 접근했음을 말한 것이다. 내가 또 생각하기에 남자의 목소리로 노래하여 극히 정묘한 수준에 도달한다고 해도, 다만 현악기나 관악기에 비견될 수 있을 정도이므로 목소리로 낸 현악기나 관악기라 하겠다. 어떻게 아는가? 다만 남자 목소리의 아름다움을 찬양하는 사람을 보면 "현악기처럼 섬세하다"고 말하지 않으면 "관악기처럼 맑다"고 하므로, 이로써 대강 알 수 있다. 여인의 목소리와 같은 것은 순수한 성악이 될 것이다. 속담에 "사詞는 미인의 입에서 나온다"고 했다. 내가 말했다. 미인일 필요는 없으며, 대개 노래를 잘하는 여인은 미녀이거나 추녀이거나를 막론하고 목소리가 모두 남자와 크게 다르다. 용모가 아름답지 못하나 목소리가 아름다운 여인은 있

---

146   絲不如竹, 竹不如肉: 출처는 도연명陶淵明(352?~427)이 외조부를 위해 지은 「진 고 정서대장군 장사 맹부군전晉故征西大將軍長史孟府君傳」.

「사녀도仕女圖」, 청대, 비단욱費丹旭

지만, 용모가 볼 만하나 목소리가 듣기 좋지 않은 여인은 아직 없었다. 다만 방법을 찾아 가르치고 기술로 유도하며, 재주에 맞춰 가르쳐서 타고한 천성에 어긋나지 않게 할 뿐이다. '가무'라는 두 글자는 무대에 올라 연극하는 것만을 말하는 것이 아니지만, 무대에 올라 연극하는 일이 현재 매우 높이 평가되고 있으므로, 먼저 함께 좋아하는 것부터 설명하고자 한다.

첫째는 취재取材다. 취재란 무엇인가? 배우들이 말하는 '배역을 분배하는 것'일 뿐이다. 목소리가 맑고 호흡이 긴 사람은 정생正生(남자 주인공)과 소생小生(청소년 남자)의 재목이다. 목소리가 부드럽고 구성지며 폐활량이 큰 사람은 정단正旦(여주인공)과 첩단貼旦(여자 조연)의 재목이며, 조금 떨어지면 노단老旦(늙은 여인)에 충당한다. 목소리가 맑고 울리며 조금 질박한 사람은 외말外末(남자 조연)의 재목이다. 목소리가 비장悲壯하고 약간 빠른 사람은 대정大淨(선한 배역)의 재목이다. 축丑(익살꾼)과 부정副淨(악역)이나 골계 배역은 목소리를 따지지 않고, 다만 활발한 성격과 민첩한 말솜씨를 선택할 뿐이다. 그러나 이들 배역은 쉬워 보이지만 사실은 어렵다. 남자 배우 가운데 쉽게 구하지 못하는 것은 정단과 첩단이며, 여자 배우 가운데 쉽게 구하지 못하는 것은 정淨(남자 역할)과 축丑이다. 배역을 잘 배치하지 못하는 사람은 매번 하급을 선발하여 충당하는데, 여인의 자태가 장중하거나 요염하기는 어렵지 않으나, 걸출하거나 소탈하기는 어렵다는 것을 전혀 모르고 있다. 만약 그러한 사람을 선택한다면, 가령 얼굴이 아리땁고 목소리가 청량하여 생生147과 단旦(여자 배역)의 역할에 배치될 수 있는 사람이 또 등급을 낮추어 배역을 맡게 된다. 대개 여자 배우의 정과 축은 남자 배우와는 다르게 화면花面[148]이라는 명칭만 있고 실제로 분이나 연지를 바르지는 않으며, 비록 익살을 부리고 농담을 하지만 명사의 풍류와 비슷하다. 만약 매향梅香(시녀)의 모습이 아가씨보다 뛰어나고, 늙은 노비의 사곡詞曲이 관리보다 우수하다면 보고 듣는 사람이 훨씬 더 불쌍히 여기므로, 역할을 맡은 위치가 낮다고 하여 재주와 용모를 낮게 평가할 필요는 없다.

둘째는 정음正音(발음 교정)이다. 정음이란 무엇인가? 태어난 지역을 관찰하여 시골 사투리를 금지시키고 『중원음운中原音韻』[149]의 표준으로 돌아가게 하는 것이다. 시골 사투리가 한 번 변하여 바로 곤강昆腔에 합치되는 것은 고소군姑蘇郡(지금의 장쑤성 쑤저우蘇州) 하나뿐이다. 하나의 군에서 또 장주현長洲縣(소주성 동쪽)과 오현吳縣(소주성 서쪽)의 두 고을만 선택할 만하며 나머지는 모두 조금 손색이 있는데, 다른 군과 경계가 닿아 다른 군의 발음을 띠고 있기 때문이다.

가령 양계梁溪[150] 경내의 백성은 오문吳門(소주)과 불과 수십 리 떨어져 있지만, 이들에게 노래를 익히게 하면 종신토록 고칠 수

---

147 생생生生: 정淨과 축丑 이외의 남자 배역.
148 화면花面: 화검花臉. 희곡에서 정淨의 배역으로, 역할에 따라 홍색·백색·황색·자주색·녹색·남색 등을 조화시켜 고정된 도안에 따라 화장을 한다.
149 『중원음운中原音韻』: 원나라 산곡散曲(곡의 가사) 작가 주덕청周德淸(1277~1365)이 편찬한 희곡의 곡운曲韻 전문서로 중국 최초로 북곡北曲(북방 희곡)의 곡운과 음악론을 다루었다.
150 양계梁溪: 강소성 무석無錫을 경유하여 흐르는 강 이름. 무석의 별칭.

없는 글자가 있는데, 예를 들면 '酒鍾'(jiuzhong, 술잔)151을 '酒宗'(jiuzong, 술의 조종)이라 부르는 종류다. 가까운 지역 또한 그러한데, 하물며 멀고 더욱 다른 것이야 말해 무엇 하겠는가! 그러나 먼곳이 고치기 쉽고 가까운 곳이 고치기 어려운 줄을 모른다. 단어가 판이하고 발음이 크게 다른 것은 고치기 쉽지만, 단어와 발음이 대동소이한 것은 고치기 어렵다. 예를 들면 초楚 지역(호북성) 사람이 월粵 지역(광동성)으로 가고, 월越 지역(절강성) 사람이 오吳지역(강소성)으로 오면, 두 지역의 발음이 하늘과 땅만큼 판이하여 여기서 부르지만 저기서는 대답하지 않거나, 저기서 말을 하지만 여기서는 말을 못 하게 되어 반드시 크게 신경을 써서 자신의 발음을 바꾸어 같은 소리를 찾아서 서로 통하게 해야 한다. 다만 어렵다고 자임했기 때문에 전환하기 쉽게 느껴지는 것이다. 가까운 지역에 가면 상대방이 말하는 것을 나도 말할 수 있으며, 입으로 말하는 것과 귀로 듣는 것이 조금 다른 것에 불과하므로 고치거나 고치지 않거나 그리 관계가 없으며, 그렇기 때문에 왕왕 여전히 대충 넘어가며 한평생을 지낸다. 스스로 쉽다고 생각하기 때문에 전환하기가 오히려 어렵게 느껴지는 것이다. 발음을 교정하는 방법은 발음이 같거나 다르거나 지역이 멀거나 가깝거나를 막론하고 모두 쉬운 것을 어렵게 여겨야 한다.

　여자 배우를 선발하는 것은 반드시 소주蘇州에서 선발해야 한다. 그러나 우물尤物의 탄생은 지역을 가리지 않으며, 연燕나라의 소

---

151　酒鍾주종: 술 그릇. 작은 것은 술잔으로 사용하고, 큰 것은 술 단지로 사용.

녀와 조趙나라의 여인 그리고 월越나라의 부인과 진秦나라의 미녀로 역사책에 기록된 사람이 적지 않다. "초나라에 재목이 있으면, 진나라에서 등용한다惟楚有材, 惟晉用之."[152] 이 말은 진나라 사람이 즐겨 사용하지만, 초나라에서만 재목이 탄생될 수 있다고 말하는 것이 아니다. 내가 두루 전국을 유람하며 사방의 발음을 깨달았는데, 대개 16세 전후의 나이에서는 고칠 수 없는 사람이 없었고, 오직 복건성과 강서성의 두 성 그리고 신안군新安郡[지금의 안후이성 황스시 후이저우徽州구]과 무림군武林郡[지금의 저장성 항저우] 두 군이 다른 곳과 비교하여 고치기 조금 어려울 뿐이었다.

발음 교정에는 방법이 있는데, 하나의 운韻에서 글자를 모두 다르게 선택해야 하며, 다른 운에서 또 글자가 서로 같은 것은 중요한 한두개를 선택하여 정신을 집중하여 교정해야 한다. 한두 글자를 전환하여 바로잡으면 이미 파죽지세가 되어, 이 하나의 운에 속한 같은 글자는 모두 바로잡지 않아도 스스로 고쳐질 것이다. 한두 마디로 개괄하고자 한다. 중국 안에 사투리가 가장 강하고 설근음 舌根音[153]이 가장 강한 지역을 꼽으면 진秦(섬서성)과 진晉(산서성) 둘보다 지나친 곳이 없다. 섬서성과 산서성의 발음에 모두 고정되어 변하지 않는 성격이 있는 것을 사람들은 모르고 있다. 섬서성의 발음에는 동종東鍾(dongzhong)운[154]이 없으며, 산서성의 발음에는 진

152 惟楚有材, 惟晉用之: 출처는 『좌전』 양공襄公 26년.
153 설근음舌根音: 혀뿌리가 여린입천장·목젖·인두벽 사이의 공간을 좁히면서 나는 소리.
154 동종東鍾운: 곡운曲韻(희곡과 곡에 사용하는 글자의 발음 표준)의 일종으로 모두 17종 운으로 나뉘고, 각 운은 평성과 측성으로 구분되는데 3번째가 동종운이고 5번째가 진문 운이다.

문眞文(zhenwen)운이 없다. 섬서성의 발음에서는 동종운을 진문운으로 발음하고, 산서성의 발음에서는 진문운을 동종운으로 발음한다. 이것은 내가 직접 그 지역에 들어가 그 지역 사람들과 오래 살며 익숙해져서 세세하게 깊이 이해하여 체득한 것이다.

섬서성 사람은 중용中庸의 '中(zhong, 중)'을 '肫(zhun, 준)'으로 발음하고, 통달通達의 '通(tong, 퉁)'을 '呑(tan, 탄)'이라 발음하며, 동서남북의 '東(dong, 둥)'을 '敦(dun, 둔)'이라 하고, 청홍자록青紅紫綠의 '紅(hong, 훙)'을 '魂(hun, 훈)'이라 발음하는데, 대체로 동종운에 속하는 글자마다 모두 그러하여 본래 운에 합치하는 것이 하나도 없으며, 진문운과 관계되지 않은 것이 하나도 없다. 어찌 섬서성의 발음에는 동종운이 없으므로 섬서성의 발음에서 동종운을 진문운으로 발음하는 실제 근거가 아니겠는가? 내가 이 운 가운데 한두 글자를 선택하여 아침저녁으로 가르쳐서 고치도록 유도했는데, 한 글자가 변할 수 있으면 글자마다 모두 변할 것이다.

산서성의 발음은 섬서성의 발음보다 좀더 복잡하여 지역마다 같을 수가 없다. 그러나 대개 진문운에 속하는 글자는 그 발음이 모두 동종운과 유사하다. 예를 들면, 자손子孫의 '孫(sun, 쑨)'을 '松(song, 쑹)'이라 하고 곤강昆腔의 '昆(kun, 쿤)'을 '空(kong, 쿵)'이라 하는 부류다. 가령 다 그렇지는 않더라도 어느 정도 비슷할 것이다. 이것을 교정하는 법도 앞의 방법과 같으며, 사용되는 힘은 적지만 성공률이 높다. 이처럼 동종운이 없는 것을 동종운이 있게 하고, 진문운이 없는 것을 진문운이 있게 하면, 두 운의 발음이 각각 본래 위치로 돌아갈 것이다. 섬서성과 산서성도 그러한데 하물며 다른 지역이랴?

대략 북방의 발음은 평성平聲이 많고 입성入聲이 적으며, 음조陰調155가 많고 양조陽調156가 적다. 소주의 발음이 노래 배우기에 편한 것은 다만 음조·양조·평성平聲·측성仄聲이 그리 심하게 다르지 않기 때문이다. 그러나 노래를 배우는 집안에서 모두 노래하며 한 평생을 보내지만 음조·양조·평성·측성이 무엇인지 알지 못하고 있으니, 좀벌레가 매일 책 속에 있으면서 도리어 글자를 모르는 것과 같은 것이다. 내 생각에 사람에게 노래 배우기를 가르치려면 여기서 시작해야 한다. 평성·측성·음조·양조를 이미 안 뒤에 곡을 배우도록 하면 노력의 대부분을 줄일 수 있다.

발음을 교정하고 글자를 고치는 논의는 다만 노래 배우기를 위하여 설정한 것이 아니며, 대개 한 지역에서 태어나 그 지역의 선비가 되는 것에 그치는 것이 달갑지 않으면, 모두 이 방법을 사용하여 그 발음을 고쳐야 마땅하다. 높은 지위에 이르러 관리를 거느리고 백성을 만나는 책무가 있는 사람은 더욱더 사투리를 씻어내고 음운학을 중시하여, 입을 열어 하는 말이 사람마다 모두 이해할 수 있도록 힘써야 마땅하다. 보통 관리가 말을 하지만 서리胥吏가 알아듣지 못하고, 백성이 억울함을 변명하지만 관리가 이해하지 못하여, 그릇되게 태형에 처하고 상벌을 거꾸로 하는 상황에 이른다. 발음이 남에게 피해를 입힐 수 있으니 어찌 가벼이 여기겠는가?

---

155 음조陰調: 음운학 용어. 음평陰平, 음상陰上, 음거陰去, 음입陰入의 총칭.
156 양조陽調: 음운학 용어. 양평陽平, 양상陽上, 양거陽去, 양입陽入의 총칭.

발음을 교정하고 글자를 고치는 경우에는 많이 하려 애쓰는 것을 극력 피해야 한다. 총명한 사람이 매일 10여 자에 불과해야 하며, 자질이 둔한 사람은 더 줄여야 한다. 한 글자를 교정할 때마다 반드시 일상 대화 속에서 모두 고치도록 하며, 곡을 읽거나 대사를 할 때만 교정하는 것이 아니다. 만약 곡을 읽을 때만 글자를 교정하고, 다른 곳에서는 되는대로 맡겨두면, 눈앞에서는 교정되지만 오래지 않아 다시 옛날처럼 된다. 대개 사곡詞曲을 이용하여 말투를 바꾸려는 것이며, 말을 빌려 사곡을 잘하려는 것이 아니다.

셋째는 습태習態(자태를 익힘)다. 자태는 하늘에서 타고나며 배움 및 노력과는 관계없다. 앞에서 목소리와 용모를 설명하면서 이미 그 내용을 다 갖추어놓았다. 그런데 여기서 다시 습태를 말하는 것이 혹시 스스로 모순이 아닌가? 대답했다. 그렇지 않다. 저기서는 규방의 일을 말했으며, 여기서는 무대 위의 일을 말하는 것이다. 규중의 자태는 모두 자연스럽게 나온다. 무대 위의 자태는 부득불 힘써 노력해야 하며, 비록 힘써 노력한 것이지만 또 자연스러운 것과 비슷하므로, 연습의 공로를 빼놓을 수 없다.

생生에는 생의 자태가 있으며 단旦에는 단의 자태가 있고, 외말外末157에는 외와 말의 자태가 있으며, 정淨과 축丑에는 정과 축의 자태가 있어, 이러한 이치는 사람마다 모두 깨우치고 있다. 이것은 남자 배우와 서로 동일한 점이므로 접어두고 논하지 않기로 하며, 다만 여자 배우의 자태를 논하기로 한다. 남자 배우가 단旦으로 분장

---

**157** 외말外末: 말末은 남자 역할. 정말正末은 남자 주인공. 외말은 남자 주인공 다음으로 중요한 역할.

하면, 기세는 반드시 몸을 꼬며 살랑거려야 하는데, 몸을 꼬며 살랑거리지 않으면, 여인과 닮아 보이기에 부족하기 때문이다. 여자 배우가 단旦으로 분장하면 오묘함은 자연스러움에 있으며 조작을 극력 피해야 하는데, 한번 조작하면 또 남자 배우와 비슷해질 것이다. 사람들은 여인이 여인으로 분장하는데 어찌 조작할 이치가 있겠느냐면서 이러한 주장은 군더더기라 한다. 그러나 여인이 무대에 오르면 반드시 일종의 자부하려는 태도가 있으며, 스스로는 자부한다고 여기지만 사람들에게는 조작으로 보일 것이다. 연극을 할 때에는 다만 집안에서 하듯이 생각하도록 시키고 무대 위에서 보이는 모습으로 하지 않아야, 비로소 자부하며 조작하는 병폐에서 벗어날 수 있다. 이것은 단旦 배역의 자태를 말한 것이다.

그러나 여자의 자태를 연기하기 어려운 것은 단旦 역할이 아니라 생生 역할이다. 또 생 역할보다는 외말外末·정淨·축丑의 역할이 어렵다. 또 외말·정·축이 앉고 눕고 기뻐하고 즐거워하는 것은 어렵지 않으며, 외말·정·축이 걸어가는 것과 우는 것이 어렵다. 전체적으로 발이 작아서 큰 걸음을 내딛을 수 없고, 얼굴이 아리따워 초췌한 용모로 분장하기를 기꺼워하지 않기 때문이다. 그러나 용으로 분장하면 용다워야 하고, 호랑이로 분장하면 호랑이다워야 하므로, 이러한 사물로 분장했으나 비슷하지 않다고 사람들에게 조롱을 받으면 영화를 추구하다가 치욕을 당하는 것이며, 도리어 입장을 바꾸어 생각해 배역의 본질과 흡사하게 모방하여 사람들에게 찬미를 받는 것이 좋을 것이다. 미인이 생生으로 분장하는 것이 여인으로 분장한 것보다 더 맵시 있고 아름답다. 반안潘安158과 위개衛玠[159]는 그들이 살아 있을 때의 모습을 다시는 보여줄 수 없다. 하지만 여배우들을 빌려 임시로 작은 모습으로 분장시키면, 무대 위에서 자태가 살아나 곡조를 부르는 가운데 눈이 부신 것은 물론이고, 꽃 앞과 달 아래에 우연히 이러한 형상으로 분장시켜서 더불어 앉아서 담소하고 바둑을 두며 차를 끓이고 향을 피우면, 비록 가무의 여흥일지라도 확실히 온유향의 색다른 흥취가 된다.

---

158  반안潘安: 반악潘岳(247~300)으로 서진西晉의 저명한 문학가이자 중국 고대 4대 미남 중 하나다.

159  위개衛玠(286~312): 위·진 시기의 청담淸談 명사이자 현학가玄學家이며, 중국 고대 4대 미남의 하나다.

# 제2부 거실에 관하여 居室部

## 1. 집

사람에게 집이 없어서는 안 되는데 이는 몸에 옷이 없어서는 안 되는 것과 같다. 옷은 여름에 시원하고 겨울에 따스한 것이 귀중한데 집도 그렇다. 건물의 높이가 몇 길이고 처마가 몇 자면堂高數仞, 榱題數尺[1] 장관은 장관일 것이다. 그러나 여름에는 적당하나 겨울에는 적당치 않다. 귀한 사람의 집에 들어가면 사람으로 하여금 춥지 않아도 전율하게 하는 것이 있으며, 비록 주인의 권세가 그렇게 만든 것일지라도 또 건물이 높고 확 트여서 그런 느낌이 드는 것이다. 주인에게는 두터운 가죽옷이 있으나 손님은 솜옷을 입기 어렵기 때문이다. 어깨 높이의 담과 무릎을 들이밀 만한 작은 집은 검소하다면 검소할 것이다. 그러나 주인에게는 편안하지만, 손님에게는 불편하다. 가난한 선비의 오두막에 가면 근심이 없어도 사람을 탄식하게 하는데, 비록 분위기에 물든 것이지만 또한 상황이 그렇게 몰아간 것이다. 주인은 쓸쓸한 것도 참을 만하지만, 손님은 적막한 것

---

1 堂高數仞, 榱題數尺: 출처는 『맹자』 「진심盡心」. 인仞은 길. 주나라 때의 1인은 7자나 8자이며, 1자는 약 23센티미터.

이 싫기 때문이다. 나는 현달한 사람의 집이 너무 높고 넓지 않기를 바란다. 대개 집과 사람은 서로 어울려야 한다.

산수를 그리는 사람에게 비결이 있다. "산은 한 장丈(10자) 크기로 나무는 한 자 크기로, 말은 한 치 크기로 사람은 콩의 크기로 丈山尺樹, 寸馬豆人."2 한 장 크기의 산을 두 자나 세 자 크기의 나무로 장식하고, 한 치 크기의 말에 좁쌀 크기의 사람이 걸터앉게 하면 어울리겠는가, 어울리지 않겠는가? 현달한 사람의 신체를 탕왕湯王 (상나라 시조)과 주 문왕周文王처럼 9자, 10자로 한다면 건물의 높이가 여러 길이어야 적당하며, 그렇지 않으면 건물이 높을수록 사람은 더욱 왜소하게 느껴지고, 땅이 넓을수록 사람은 더욱 수척하게 드러날 것이다. 건물을 약간 작게 하고 사람을 크게 하는 것이 어떻겠는가? 처사의 오두막은 나지막하고 좁은 것에서 벗어나기 어렵다. 그러나 나지막한 것은 추켜 높일 수 없고 좁은 것은 확장하여 넓게 할 수 없지만, 더러운 것과 가득 찬 것은 제거하여 깨끗하게 할 수 있으며, 깨끗하면 나지막한 것이 높아지고 좁은 것이 넓게 느껴질 것이다.

나는 일생 동안 가난하고 비천하여 정처 없이 떠돌며 지내어 일정한 거처가 없었으며, 비록 돈을 빌려 밥을 먹고 집을 빌려 살았지만 전혀 조금도 그 자리를 더럽게 느껴지도록 하지 않았다. 성격이 꽃과 대나무를 매우 좋아하여, 살 돈이 없으면 반드시 처와 자식에게 며칠 동안 굶주림을 견디거나 한겨울 추위를 견디게 하여,

2 丈山尺樹, 寸馬豆人: 출처는 오대 후량後梁의 화가 형호荊浩(850?~?)의 화론畫論 『산수결山水訣』.

먹고 입는 돈을 절약해서 나의 이목을 즐겁게 했다. 사람들이 비웃었으나, 나는 스스로 즐거워하고 만족했다. 성격이 또 부화뇌동하기를 좋아하지 않고 특이한 주장하기를 좋아했으며, 항상 사람이 집을 마련하고 관리하는 것도 책을 읽고 글을 쓰는 것과 같은 이치라고 생각했다. 비유하면 과거 공부를 하는 사람이 수준이 높으면, 스스로 새로운 길을 개척하여 참신하고 기이한 글을 창조한다. 매우 형편없는 사람도 숙독한 글에서 본래의 면모를 뒤바꾸어 자구를 생략하거나 보충하여 내놓는다. 예로부터 문장을 통째로 베껴서 스스로 잘 활용했다고 한 경우는 없었다. 그런데 건물을 짓는 일에 관해서는, 반드시 남의 건물을 모방하여 짓고 남의 문을 엿보아 세우며, 조금이라도 부합하지 않으면 득의하게 여기지 않고 도리어 치욕으로 여긴다. 제후와 황제의 친족이 수많은 자금을 들여 정원을 만들 때에는 반드시 먼저 훌륭한 장인에게 다음과 같이 분부하는 경우가 자주 나타난다. 즉 정자는 누구의 양식을 본받고, 누대는 아무개의 규범을 준수하여 조금도 틀리지 않아야 한다는 것이다. 그리고 건설하는 권한을 가진 장인은 건물이 완성되면 반드시 공로가 있다고 교만하게 말한다. 즉 문을 세우고 창을 내며 복도를 설치하고 누각을 배치하는 데 있어서 사사건건 모두 유명한 정원을 모방하여 조금도 어긋남이 없다고 자부한다. 아, 비루하구나! 정원과 정자를 세우는 훌륭한 일에서, 높은 수준에서는 참신한 것을 표방하고 기이한 것을 창조하는 문인처럼 스스로 새로운 길을 개척하지 못하고, 낮은 수준에서는 본래의 면목을 뒤바꾸어 진부한 내용을 익혀 새롭게 내놓은 용렬한 솜씨마저도 배우지

건축 공사, 인경麟慶의 『홍설인연도기鴻雪因緣圖記』 삽도
『홍설인연도기』는 청대 인경(1791~1846)의 저서로 건축·풍속·산천 등에 관한 내용을 기록했다.

못했으면서, 아직도 시끄럽게 떠들며 득의양양하고 있으니, 얼마나 비루하다고 자처하는 것인가!

  내가 일찍이 사람들에게 말했다. 평생 두 가지 뛰어난 재주가 있으나, 스스로 사용할 수가 없고 다른 사람도 사용할 수 없어 너무 애석했다. 사람들이 질문했다. 뛰어난 재주는 무엇인가? 내가 대답했다. 하나는 음악을 감별하는 것이고, 다른 하나는 정원을 건설하는 것이다. 성격이 전사塡詞3를 매우 좋아하여 많이 지었으며, 천하 사람들이 모두 보았을 것이다. 만약 내 마음대로 할 수 있는 위치

3  전사塡詞: 음악이나 격률에 맞추어 사詞를 짓다. 곡패曲牌(곡의 격식)에 맞추어 곡을 짓다. 여기서는 곡의 창작을 의미한다.

에 있다면, 스스로 배우를 선발하여 내가 지은 희곡을 노래하도록 시키고, 말로 전수하여 직접 시험해서, 새로 지은 곡을 현재의 곡조와 아주 다르게 할 수 있는 것은 물론이고 설사 옛날의 전기傳奇[4]라도 일괄적으로 진부한 분위기를 없애고 새로운 격조를 첨가하여 옛날의 작가를 위해 새로운 형식을 창조할 것이다. 이것이 하나의 재주다.

다른 하나는 정원을 창조하는 것이다. 장소에 따라 적합하게 구상하여, 선입견에 구애받지 않고 서까래 하나까지 반드시 스스로 설계할 것이므로, 만약 그 장소를 지나가고 그 집에 들어가는 사람이라면 나의 책을 읽는 것과 같을 것이다. 비록 뛰어난 재주는 없지만 특별한 운치는 풍부할 것이므로, 어찌 성스럽고 밝은 세상과 문명이 발달한 나라에서 태평한 세상을 꾸미는 하나의 도구가 아니겠는가? 아! 나는 늙어 쓰이기에 부족하다. 개요를 간단한 책으로 간행하여 나처럼 별난 취향을 가진 사람이 선택하도록 제공하고자 한다. 그중의 하나를 얻으면 나를 마주하는 것과 같을 것이므로, 이 글은 실제로 정신적 교류에 도움이 될 것이다. 토목에 관한 일에서는 사치와 낭비를 제일 금기로 한다. 서민의 집에서만 검소함을 숭상하는 것이 아니라, 왕공대인이라도 검소함을 숭상해야 한다. 대개 거실의 양식은 정교한 것이 귀중하고 화려한 것은 귀중하지 않으며, 신기하고 매우 우아한 것이 귀중하고 섬세하고 현란

---

4  전기傳奇: 명·청 시기에 남곡南曲(장강 이남의 희곡과 산곡散曲에 사용되는 각종 곡조)을 위주로 노래하는 장편 희곡을 가리킨다. 대표 작품으로 『완사기浣紗記』『모란정牡丹亭』 『장생전長生殿』『도화선桃花扇』 등이 있다.

한 것은 귀중하지 않다.

대체로 사람이 부귀하고 화려한 것만을 좋아하는 것은 부귀하고 화려한 것 자체를 좋아하는 게 아니라, 신기한 주장을 창조하고 참신한 것을 표방할 수가 없어 부귀하고 화려한 것을 빼면 드러낼 다른 장점이 없으므로 다만 부귀하고 화려한 것으로 얼버무리는 것이다. 예를 들면 어떤 사람에게 새 옷 두 벌이 있어 시험 삼아 두 사람에게 입혀보았을 때, 한 사람은 소박하면서 신기하고 다른 한 사람은 휘황찬란하지만 평범하다면, 관찰자가 평범한 것에 주목하겠는가 아니면 신기한 것에 주목하겠는가? 수놓은 비단과 화려한 비단은 누가 귀한 줄을 모를 것이며, 또 누가 보지 못했겠는가? 하얀 웃옷과 하얀 치마는 양식이 약간 참신하면 여러 사람의 주목을 끌게 되는데, 일찍이 보지 못했기 때문이다. 대체로 내가 말한 것은 모두 값이 저렴하고 수공이 절감되는 사항에 속하며, 만약 비용이 들어도 화려하게 꾸미는 비용의 1/100에도 미치지 못할 것이다. 또 옛 격언에서 "농사는 남자 노복에게 물어야 마땅하고, 길쌈은 여자 노비를 찾는 것이 마땅하다耕當問奴, 織當訪婢"[5]라고 말했다. 나는 가난한 선비로 이렇게 구차한 일만 알고 있다. 부귀한 것을 과시하여 화려한 것으로 남을 이기고 싶다면 옛 양식에 답이 있다.

새로운 양식은 사람들이 아직 보지 못하여 하나하나 설명해도 다 이해하기 어려우며, 반드시 도면을 그리고 견본을 만들어야 한다. 그러나 도면으로 표현할 수 있는 것이 있고, 표현할 수 없는 것

---

5  耕當問奴, 織當訪婢: 출처는 『송서』「심경지전沈慶之傳」.

이 있다. 표현할 수 없는 것이 열에 아홉이고, 표현할 수 있는 것은 열에 하나에 불과하다. 그러므로 표현할 수 있는 것을 통해 표현할 수 없는 것을 이해하는 것은 사리를 아는 사람이 잘 깨달아야 할 뿐이다.

## 방향

———

집은 남방을 향하는 것을 올바른 방향으로 한다. 그러나 반드시 남방을 향할 수가 없으면, 북방을 향한 집은 후방을 비워 남방에서 불어오는 바람을 받아들여야 한다. 동방을 향한 집은 오른편을 비우고, 서방을 향한 집은 왼편을 비우니 역시 이와 같은 원리다. 만약 동방·서방·북방에 모두 공터가 없으면, 창문을 만들어 하늘을 받아들여 보완한다. 큰 들창 벽의 위쪽에, 위로 들어 올려 열도록 만든 작은 창문은 작은 문 두 짝에 상당하며, 창문의 위치가 높으면 낮은 곳의 창문 두 짝에 필적하는데 이런 것을 몰라서는 안 된다.

## 동선動線

———

동선은 지름길보다 편리한 것이 없으나, 우회하는 것보다 오묘한 것이 없다. 대체로 의도적으로 우회하도록 만들어 특별한 운치를 선택한 경우에는 반드시 따로 이문耳門6 하나를 설치하여, 집안사람들이 바삐 다닐 때 편리하도록 하며, 급하면 열고 한가하면 닫아둔다. 이렇게 하면 우아한 것이나 속된 것에 모두 유리하고, 원리와 운치를 겸비하게 될 것이다.

## 높낮이

———

집은 들판처럼 평평하게 배치하는 것을 피하여 높고 낮은 기세가 있어야 한다. 농경지가 그럴 뿐만 아니라 가옥도 이와 같아야 한다. 앞을 낮추고 뒤를 높이는 것이 보통의 원리다. 그러나 지세가 이와 같지 않은데 억지로 이처럼 하려는 것도 원리에 구애된 병폐다. 전체적으로 지세에 따라 적절하게 제정하는 방법이 있다. 높은 곳에는 가옥을 짓고, 낮은 곳에는 누각을 짓는 것이 첫 번째 방법이다. 낮은 곳에 바위를 쌓아 산을 만들고, 높은 곳에 물을 끌어들여 연못을 만드는 것이 두 번째 방법이다. 또 높기 때문에 더 높게 하려고, 가파른 언덕 위에 누각을 세우고 산봉우리를 만들 수도 있다. 마찬가지로 낮기 때문에 더 낮게 하려고, 지세가 낮아 습기가 많은 구역에 연못을 뚫고 우물을 팔 수 있다. 이처럼 전체적으로 고정된 법칙은 없으며, 오묘한 경지를 진정으로 명백히 아는 것은 각자의 깨달음에 달려 있으므로, 이것은 멀리서 방침과 책략을 전수할 수 있는 것이 아니다.

———

6  이문耳門: 곁문. 옆문.

## 처마 길이

——

거주하는 주택은 화려하거나 소박하거나를 막론하고, 결국 비바람을 피할 수 있는 것이 가장 중요하다. 대개 그림과 조각으로 장식한 기둥과 들보가 있고 옥으로 만든 누각과 난간이 있어도 맑은 날에만 즐길 수 있고 비를 견디지 못하는 경우가 있는데, 너무 넓어 잘못된 것이 아니면 지나치게 높은 것이 단점이기 때문이다. 그러므로 기둥은 너무 길어서는 안 되며 길면 비가 들이치는 매개체가된다. 창은 너무 많아서는 안 되는데 많으면 바람을 받아들이는 통로가 된다. 공간과 실체가 조화를 이루고 길이가 적당하도록 해야한다. 또 가난한 선비의 집이 건물은 넓으나 공터는 적은데, 또 처마를 길게 하여 비바람을 막으려 하면 어두워서 괴롭다. 긴 들창을 설치하여 빛을 받아들이려 하면 비가 들이칠까 염려스럽다. 이두 가지 곤란한 것을 다 처리하려면 활첨活檐[7]을 첨가하는 한 가지방법이 있다. 무엇이 활첨인가? 처마의 아래에 별도로 차양 하나를설치하고 양 끝에 회전축을 설치하여 올리거나 내릴 수 있게 하는것이다. 날씨가 맑으면 반대로 펼쳐 정면이 아래를 향하도록 하여처마 바깥에 있는 천장으로 삼는다. 비가 오면 바르게 펼쳐 정면이위를 향하도록 하여 낙숫물을 받는다. 이렇게 하면 내가 하늘을이용할 수 있으며 하늘이 나를 곤궁에 빠트릴 수 없을 것이다.

——

7  활첨活檐: 본문의 내용을 보면 건물에 부착하여 사용하는 현대의 접이식 차양과 유사한 것으로 추정된다.

## 천장 설치

———

정교한 집 실내에서는 서까래와 기와가 보이지 않도록 널빤지로 덮거나 종이로 발라서 옥상의 흉한 모습을 가리며, 이것을 '정격頂格'(천장)이라 하고 천하에서 모두 그렇게 한다. 하지만 나 홀로 그러한 방법이 좋지 않고 괴이하다고 여겼다. 무엇 때문인가? 보통은 지붕이 높고 처마가 낮으므로, 처마와 평평하게 하려는 의도에서 마침내 높은 것을 아래로 끌어내려 천장이 일괄적으로 처마와 나란하게 되었으며, 높고 확 트여 쓸모가 있는 구역을 보이지도 않고 들리지도 않게 방치하여 쥐구멍이 되었으므로 진실로 개탄스럽다. 이렇게 버려두는 것을 참지 못해 기어이 천장의 판자에 서까래를 덧붙여 지붕의 형태로 만들어서 중간을 높게 하고 앞뒤를 낮게 만든 것도 있으나, 또 보기에 아름답지 못하고 엉성한 것이 단점이다.

내가 만든 새로운 양식은 천장을 삿갓의 형태로 하여 사각형으로 할 수도 있고 원형으로 할 수도 있으며, 사면이 모두 아래를 향하고 오직 중간만 높이 솟았다. 또 많은 비용이 들지 않고 평평한 천장을 만드는 판자를 사용해 목수에게 크기를 지정해주고 빙 돌아가며 잘라내면 된다. 만약 원형으로 만들려면 중간의 잘라낸 부분이 폐기물이 될 것이다. 이 폐기물로 천장을 만들려면, 위로 올리고 주위에 수직으로 판자를 한 단 덧붙이며 길이는 겨우 한 자 정도로 하고, 적으면 한 층으로 많으면 두 층으로 사람의 기호에 따라 하며, 사각형의 경우에도 그렇게 한다. 완성된 뒤에 종이로 바르면, 또 수직으로 있는 판자 위에 서화를 표구하여 붙일 수 있는데, 둥근 것은 두루마리와 비슷하고 각진 것은 서화첩과 유사하여, 간결하면서 문아하고 참신하면서도 안성맞춤이다. 고명한 사람에게 질정을 구하여 반드시 도움이 될 만한 것을 선택해야 한다. 사각형의 천장은 수직의 판자를 이용하여 문을 만들어 수시로 여닫을 수 있으며, 사방의 벽장으로 삼아서 그 속에 무수히 많은 기물을 넣어도 눈치채지 못할 것이다.

## 지면 포장

----

옛사람들은 띠풀로 지붕을 이고 흙으로 계단을 만들어, 비록 검소함을 숭상했으나 또한 양식을 다 갖추지는 못했다. 하늘을 지붕으로 삼은 사람만이 땅을 자리로 삼을 수 있었다. 들보와 마룻대가 설치되면 바로 계단을 만들었으니, 관을 쓴 사람은 맨발을 드러내서는 안 되는 것과 같은 원리다. 또한 땅에 벽돌을 깔지 않으면 질퍽하여 골치가 아프거나 먼지가 나기 쉬웠다. 판자로 땅을 포장한 사람은 걸어갈 때 소리가 나서 고요하지 않은 것을 고민했다. 삼화토三和土8를 땅에 깔고 매우 단단하게 다져 완전히 돌처럼 하면, 너무 사치하거나 검소하지 않고 적당하다.

그러나 또 사람에게 불편한 것이 있다. 만약 석회와 흙을 반죽

----

8  삼화토三和土: 삼합토三合土. 석회·점토·모래를 물과 반죽하여 건물 기초나 도로 포장용으로 사용하는 건축 재료. 출처는 명말 청초의 과학자 송응성宋應星(1587~1666?)의 『천공개물天工開物』「석회石灰」.

하면서 간수9를 사용하지 않으면 건조되면서 쉽게 갈라 터진다. 간수를 사용하면 습기가 차서 또 흐린 날에 불리하다. 또한 벽돌은 옮길 수 있으나, 삼화토로 다진 흙은 옮길 수 없으므로 훗날 수리하거나 이사하면 마침내 폐기물이 되므로 사용하기에 적당하지 않다. 따라서 여전히 벽돌을 사용하여 포장하는 것만 못하며, 단지 광을 내거나 광을 내지 않는 것에서 사치한 것과 검소한 것이 구별된다. 능력이 있는 사람은 연마하여 광을 내며, 능력이 없는 사람은 자연스럽게 거친 대로 내버려둔다. 내가 생각하기에 매우 거친 벽돌이 도리어 아주 매끄러운 흙보다 좋다. 다만 스스로 만들 수 있으면 작은 벽돌을 큰 벽돌과 뒤섞고 모난 벽돌을 둥근 벽돌과 합쳐 특별한 무늬를 만들어 빙렬문氷裂紋10으로 할 수가 있고 귀갑문龜甲紋과 비슷하게 할 수도 있다. 질경이와 버섯 같은 것도 거두어 약상자에 넣어두었다가 적당하게 사용하면, 그 가치는 도리어 인삼과 복령茯笭11보다 낫다. 이러한 종류의 배치는 말하기 쉽지만 실행하기는 매우 어려우므로, 이 주장을 보존해둘 뿐이다.

## 물 뿌리기와 쓸기

정교하고 아름다운 방은 부지런히 청소해야 마땅하다. 그러나 청소

---

9  간수: 염로鹽鹵. 습기를 빨아들인 소금에서 녹아 나오는 쓰고 짠 물로, 주성분은 염화마그네슘이며 두부를 만들 때 사용한다.
10  빙렬문氷裂紋: 얼음이 갈라 터진 흔적처럼 나타난 무늬.
11  복령茯笭: 주로 소나무 뿌리에 기생하는 버섯의 일종으로 약재로 사용된다.

에도 대단한 학문이 갖추어져 있으며, 어린 종이 알 수 있는 것이
아니다. 떠다니는 먼지를 제거하려면 먼저 물을 뿌리는데, 이것은
옛사람이 전하여 보여준 방법이지만 현재 실행하는 사람은 열에 한
둘이 되지 못한다. 대개 동자는 성격이 게을러 물을 떠오는 번거로
움을 걱정하여 땅을 쓸기만 하고 물을 뿌리지 않으며, 두 가지 일을
묶어 하나의 일로 처리하여 힘을 아낀다. 오랫동안 습관이 되고 고
정되어서 동자만 잊어버린 것이 아니라 주인도 땅을 쓸기에 앞서 한
가지 일이 더 있다는 것을 모르고 있다. 저들은 두 가지를 하나로
합치는 것이 일을 줄이는 방법이라는 것만을 알았고, 게으름으로

「춘효도春曉圖」(봄날의 새벽), 『홍설인연도기』 삽도
그림에서 묘사한 것은 난징 샤오창산小倉山산의 수원隨園으로, 원래 조설근曹雪芹(1715?
~1763?, 『홍루몽紅樓夢』 저자)의 원림이었던 것을 시인 원매袁枚(1716~1798)가 구입했다.

말미암아 마침내 한 가지 일이 수십 가지의 일이 되어버린 것은 모르고 있다. 일을 하는 사람도 이미 괴롭다고 여기고 시키는 사람도 번거롭다고 느끼지만, 그러나 이러한 수십 가지의 일이 모두 한 가지 일을 소홀히 하는 것에서 발생되었다는 것을 전혀 모르고 있다.

정갈한 집안에는 밝은 창과 말끔한 탁자 이외에도 갖가지 책과 서화 및 골동품이 있으며, 모두 떠도는 먼지를 피해야 하는 것들이다. 물을 뿌리지 않고 쓸면 먼지가 기물에 앉아 기물마다 모두 영향을 받으며 아울러 마룻대와 들보 위, 서까래 사이도 먼지로 뒤덮이므로, 반드시 차례대로 닦아야 비로소 본래의 면목이 드러날 것이다. 손을 멈추지 않고 움직여 반나절이 지나 겨우 일을 마칠 수 있으니 또한 수고롭지 않은가? 만약 먼저 물을 뿌린 뒤에 쓸어낼 수 있으면, 다 쓸어낸 뒤에 주미塵尾[12]로 한 번 털기만 해도 그날 아침의 일이 끝날 것이다. 어찌 지시하고 일하느라 분주하겠는가? 물을 뿌리는 이 방법은 그만두어서는 안 된다. 그러나 부지런히 쓰는 것이 부지런히 물을 뿌리는 것만 못하다는 것은 사람들이 알고 있지만, 물을 많이 뿌리는 것이 가볍게 쓰는 것만 못하다는 것은 사람들이 아직 알지 못한다.

아무리 물을 잘 뿌려도 곳곳에 모두 두루 뿌릴 수는 없으므로 결국 마른 곳이 많은 부분을 차지한다. 일하는 사람은 알지 못하

---

12  주미塵尾: 위·진 시기 현학玄學(노장사상과 주역에 대하여 주로 연구하는 학파)을 논하는 청담가淸談家들이 먼지를 피하고 더위를 쫓으며 신분을 드러내기 위해 사용하던 도구. 나뭇잎과 비슷한 형태에 손잡이가 달려 현대의 부채와 비슷했으나, 송나라 이후 점차 사라졌다. 불진拂塵(먼지떨이)과는 다른 형태의 기물이다. 출처는 동진 서예가 왕도王導(276~339)의 「주미명塵尾銘」.

고 이미 물을 뿌려 축축해졌으므로 제멋대로 쓸어도 무방하다고 생각한다. 먼지가 날려 춤출 때에 표면을 덮는 먼지의 발생도 더 많아지므로, 비질은 절대로 세게 하지 않도록 기억해야 한다. 세게 하지 않을 뿐만 아니라 매번 손을 놓고 있을 때에도 반드시 비를 땅에 대고 있어야 하며, 허공에 떠 있지 않게 한다. 만약 한 번 비로 쓸 때마다 비를 한 번 들면 부채질과 차이가 없어서, 먼지를 날려 일어나게 하는 것이지 가라앉게 하는 것이 아니다. 이것이 하나의 방법이다. 또 문을 닫고 청소하는 비결이 있으니 유념해야 한다. 만약 먼저 건물을 청소한 뒤에 계단을 청소한다면, 건물의 문을 꼭 닫아두었다가 계단의 청소가 끝난 잠시 후 문을 열어야 먼지가 들어올 걱정이 없다. 종놈이 알지 못하고 실내 청소가 끝나면 일을 마친 것인 양 점차 문밖으로 청소하며 건물의 내부와 전혀 관련이 없다고 여기지만, 이것을 고려하다가 저것을 놓치는 근심이 있는 것을 어찌 알겠는가! 바람을 따라 먼지가 날리면 한 번 비질할 것을 열 번 비질해야 하며, 청소하지 않은 것보다 더 더러워진다. 이것은 세상 사람들이 모두 소홀히 하므로 집어내어 알려주었지만 쓸데없이 말이 많았던 듯하다.

물 뿌리기와 쓸기의 두 가지 일은 상황이 반드시 서로 관련되므로 하나라도 빠지면 안 된다. 그러나 또 단독으로 해야 오묘한 경우가 있으므로 이 또한 모르면 안 된다. 먼저 물을 뿌린 뒤에 쓰는 것은 보통의 경우를 말한 것이다. 만약 아침마다 이렇게 하면 흙이 물에 끈적거리게 되고 지면에 쌓인 것을 제거하지 않으면 나날이 두꺼워져 포장한 벽돌이나 판자가 헛된 이름이 되어버리며 실제로는 흙 계단이 될 것이다. 그러므로 며칠 물을 뿌렸으면, 반드시 하루는 물을 뿌리지 않고 동자에게 가볍게 쓸기만 해서 먼지가 날리지 않도록 한다. 이렇게 며칠 동안 쌓인 것을 하루아침에 제거하면, 물과 흙이 서로 어울려 쓸모 있게 될 것이며 서로 해가 되지는 않을 것이다.

## 쓰레기 치우기

정결한 방을 유지하려면 먼저 쓰레기를 처리하는 장소를 설치한다. 무엇 때문인가? 정결함을 좋아하는 선비는 물건 하나라도 가지런하지 않으면 바로 눈에 가시가 돋은 것과 같아서, 반드시 이를 제거한 뒤에야 그만둔다. 그러나 한 사람의 몸으로 갖가지 기술로 만든 물건을 구비하고 있는데, 물건이 모두 정교하다고 보장할 수 있는가? 또한 문인의 손은 잠시라도 글쓰기를 멈추지 않으니 수놓는 여인이 한시라도 자수를 그만두기 어려운 것과 같다. 실밥이 바닥에 가득하면 화려한 저택이 이로 말미암아 빛나지 못한다. 구겨진 원고가 뜰에 가득하면 정갈한 집이 이로 말미암아 나쁘게 된다. 이처럼 매우 운치가 있는 사물이 도리어 사람을 운치가 없도록 만들 수 있는데, 하물며 나머지야 말해 무엇 하겠는가? 그러므로 정갈한 집의 좌우에는 반드시 별도로 작은 방 한 칸을 설치하는데, 복도와 같으며 속칭 '투방套房'[13]이라 한다.

---

13 투방套房: 본채와 연결된 부속실로 직접 외부로 통하는 문이 없는 작은 방. 현대 아파트의 다용도실이나 작은 창고에 해당.

무릇 잘못 쓴 편지지, 폐지, 때 묻은 벼루, 몽당붓 등 급하게 처리할 수 없는 것은 임시로 그 방에 두었다가 한가로울 때 점검한다. 여인의 규방도 그렇다. 남은 연지와 분이 없는 날이 없지만, 청결하게 하려 해도 다 청결하게 할 수가 없다. 이러한 방은 크기에 관계없이 반드시 투방을 갖추어야 한다. 만약 가난한 집으로 이것을 만들 수 없으면, 상자로 대체하여 탁자 옆이나 침대 뒤에 둘 수 있다. 먼저 졸렬함을 감추는 공간이 있고 나서야 교묘한 재주를 펼칠 수 있으므로, 이처럼 쓰레기를 감추는 곳이 없어서는 안 된다.

오물을 처리하는 장소는 더욱 없어서는 안 된다. 모든 사람은 마

「척친닉기도滌親溺器圖」, 청대, 무명씨
효심이 지극했던 송대 문학가 황정견黃庭堅(1045~1105)이 모친의 변기를 매일 직접 세척하는 모습을 그린 작품. 최초의 그림은 명대 화가 당인唐寅이 그렸다고 한다.

시면 소변을 보며 먹으면 대변을 본다. 대변을 보는 경우는 오히려 적으므로, 화장실에서 처리하는 것 외에 별도로 가는 곳을 준비할 필요는 없다. 소변을 보는 횟수는 하루에 대강 몇 번인지 알 수 없으므로, 만약 장소를 골라 처리하지 않으면 깨끗한 땅이 모두 오물장이 되어버린다. 만약 정결한 장소를 피해 더러운 곳으로 가자면 오고 가며 지칠 것이며, "천하의 사람들을 인솔하여 지치게 하는 것이다是率天下而路也"[14]. 이것은 청결을 좋아하는 일반적인 사람을 위해 말한 것이다. 문인이 붓을 움직이다가 매번 득의하여 빠르게 써나갈 때에 영감이 한번 뒤바뀌면 끊어져서 지속할 수 없다. 그러나 자고 먹는 것은 그만둘 수 있지만, 대소변 보는 것은 그만둘 수 없다.

"관청의 급한 일은 개인의 급한 일만 못하다官急不知私急"라고 속담에 말하지 않았던가? 항상 구절이 떠올라 글로 쓰려다가 소변으로 방해를 받으며, 소변을 본 뒤에 찾으려 해도 아득해져서 찾지 못하는데, 내가 자주 경험했으므로 화장실을 만드는 것이 가장 긴급하다. 서재의 곁에 두어야 마땅하므로, 담에 구멍을 뚫고 작은 죽관을 꽂아 안에서 소변을 보아 바깥으로 흘러나가게 하면, 더러운 냄새를 맡지 않아 일찍이 소변을 보지 않은 것과 같으며, 흐리거나 개거나 춥거나 덥거나를 막론하고 문밖으로 나가지 않을 수 있다. 이것은 내 자신을 위해 설계한 것이지만, 역시 열거하여 사람들에게 제시하는 것으로, 내가 숨기거나 꺼리는 것이 없음을 알 수 있을 것이다.

---

14  是率天下而路也: 천하의 사람들을 인솔하여 지치게 하는 것이다. 출처는 『맹자』 「등문공상滕文公上」.

## 2. 창문과 난간

사람들이 옛 방법
을 현재의 양식으
로 변화시킬 수 있
는 것을 관찰해보
니 창문과 난간 두
가지뿐이었다. 창문
과 난간의 양식은
날마다 새로워지고

쑤저우蘇州 류위안留園(중국 4대 정원의 하나)의 투각 창문

달마다 달라졌으며, 모두 고정된 법식에서 변화되어 나왔다. "썩은
풀이 반딧불이 된다腐草爲螢"[15]는 것에는 진실로 지극한 도리가 함
유되어 있다. 이렇다면 조물주가 사람을 만들 때 심기를 쓸데없이
사용하지 않았을 것이다. 그러나 방을 만들고 집을 짓는 것은 창문
과 난간을 설치하는 것과 원리가 동일한데, 이것은 잘 알면서 저것
에는 어두우니 어찌 총명하면서 잘 확대하여 적용하지 못하는가?

내가 왕왕 창문과 난간의 풍격을 스스로 만들어 목수에게 말로
전달해서 만들도록 시켰는데, 매우 참신하고 기이하다고 여겼다.
그러나 우연히 한 곳에 이르러 이미 설치된 것을 보았더니 내 생각
과 동일한 것을 다른 사람이 먼저 사용했으므로, '요동의 흰 돼지遼

---

**15** 腐草爲螢부초위형: 고대인은 반딧불의 알이 썩은 풀에서 부화하여 나오는 것을 모
르고, 썩은 풀이 변하여 반딧불이 된다고 오인했다. 출처는 『예기』 「월령月令」.

東白豕'16라고 자조했다. 오직 집의 양식은 그렇지 아니하여 같은 생각을 가진 사람을 찾아도 매우 적었다. 문과 창의 두 가지 사물은 새로운 양식이 이미 많으므로 내가 다시 덧붙이지 않는데, 또 흰 돼지의 전철을 밟을까 두렵기 때문이다. 간략하게 설명하여 현재 사람들의 결함을 보충한다.

## 양식과 실물은 견고해야 한다

———

창살은 환하게 투과되는 것을 우선으로 하고 난간은 영롱한 것을 위주로 하지만, 이것은 모두 두 번째 의의에 속한다. 첫째로 중요한 것은 다만 한 글자 '견堅'에 있으며, 견고한 다음에야 정교함과 졸렬함을 평가한다. 일찍이 기교를 다해 최선의 경지를 추구했으나, 시간이 얼마 되지 않아 머리를 잃어버리고 다리가 떨어져 나가 도리어 호랑이를 그리려다 완성하지 못한 것과 비슷해진 경우가 있었는데, 참신한 것은 계산했으나 낡아지는 것을 계산하지 못했기 때문이다. 요점을 총괄하면 두 마디다. 즉 간결해야 하고 번잡하지 않아야 하며, 자연스러워야 하고 꾸미지 않아야 한다. 대개 사물의 원리는 간략하면 지속될 수 있고 복잡하면 오래 유지되기 어려우며, 천성에 순종한 것은 틀림없이 견고하고 본체를 손상시키는 것

---

16 遼東白豕요동백시: 한나라의 무신 주부朱浮(기원전 6?~66?)의 「팽총에게 주는 글與彭寵書」에, 요동에 돼지가 있어 머리가 하얀 새끼를 낳아 기이하게 여겨 바치려고 하동河東에 이르렀더니, 보이는 돼지가 모두 흰 돼지였으므로 부끄러워 돌아갔다고 하는 내용이 있다.

은 쉽게 부서진다.

나무로 기물을 만들 때 대개 장부[17]를 결합하여 만든 것은 모두 천성에 순응하여 만든 것이다. 조각하여 완성한 것은 모두 본체를 손상시켜서 만든 것이다. 일단 조각하면 썩어 문드러지기를 서서 기다릴 수 있을 것이다. 그러므로 창살과 난간을 제작할 때는 결합 부위마다 장부가 있고, 격자 구멍마다 꽉 끼이도록 한다. 그러나 결합 부위와 격자 구멍이 지나치게 촘촘하면 장부와 끼워 넣은 부분이 너무 많아져서, 또 조각한 것과 다름없게 되어 여전히 본체를 손상시키는 것이다. 그러므로 또 간결해야 하고 번잡하지 않아야 한다. 창살 수는 적을수록 더 아름다우며, 적으면 튼튼하게 할 수 있다. 격자 구멍은 촘촘할수록 훌륭한데, 촘촘하면 표면에 붙인 종이가 쉽게 찢어지지 않기 때문이다. 그러나 창살 수가 이미 적다고 했는데 또 어찌하여 촘촘할 수 있는가? 다음과 같이 대답했다. 즉 이것은 설계가 뛰어나기 때문이며 필설로 다툴 수 없다. 창문과 난간의 본체는 종횡격縱橫格·의사격敧斜格·굴곡체屈曲體의 세 종류를 벗어나지 않는다. 서재에 사용된 것에서 각각 하나씩 도면으로 그려 예로 삼으려 한다.

• **종횡격縱橫格**[18]: 종횡격은 창살이 많지 않으나 격자 구멍도 결코 촘촘하지 않음이 없으며, 이른바 "결합 부위마다 장부가 있고

---

17 장부: 두 목재를 결합시킬 때, 한쪽 목재의 끝을 다른 한쪽의 구멍에 맞추기 위하여 가늘게 만든 부분.
18 종횡격縱橫格: 창살을 수직과 수평으로 배치하는 양식.

격자 구멍마다 꽉 끼인다"는 것으로서, 우아하기로는 이보다 더 우아한 것이 없고 견고하기도 이보다 더 견고한 것이 없을 것이다. 이것은 진부한 양식에서 변하여 나온 것이다. 이렇게 추론하면 구식이 신식으로 변화할 수 있는 것은 부지기수다. 다만 간결한 것, 견고

나무 격자창. 종횡격縱橫格(원서의 삽도)

한 것, 자연스러운 것을 선택하여 변화시키며, 사사건건 조각하여 꾸미는 것을 경계하여 인공적인 것을 점차로 제거하면 신묘한 솜씨가 저절로 드러날 것이다.


• 의사격欹斜格[19]: 의사격은 매우 아름다워서 사람들이 생각해내지 못한 것이다. 평평하면서 장부가 있는 것은 튼튼하게 끼울 수 있지만, 뾰족하면서 장부가 없는 것은 창살이 나올 근거가 없었기 때문이다. 그러나 타섬법躱閃法[20] 덕택에 겉에서 보기에는 허공에 매달린 것처럼 보이지만, 안에서는 틀림없이 튼튼하게 고정되게 할 수 있으며, 다만 보기 싫은 부분을 잘 감추어야 할 뿐이다. 뾰족한

---

19  의사격欹斜格: 창살을 비스듬히 배치하는 양식.
20  타섬법躱閃法: 타섬은 '피하다·비키다·물러나다'를 의미하며, 창살을 만들 때 보기 싫은 부분이 보이지 않도록 가리는 기법이다.

나무 뒤에 별도로 견고한 얇은 판자 하나를 덧대어 뒤에서 떠받치고 아래위에서 장부를 끼워 뾰족한 나무를 그

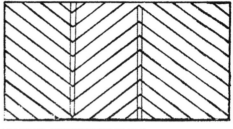

나무 격자창. 의사격斜格(원서의 삽도)

위에 못질하여 고정하면, 앞에서 보아 보이지 않으나, 뒤에서 관찰하면 보인다. 환상처럼 있지만 없는 듯이 보일 수 있는 것은 완전히 칠을 할 때 잘 착색하는 데 달려있다. 만약 난간의 본체에 붉은색을 사용하면 부착하는 판자에는 다른 색을 사용한다.

다른 색도 마구 사용해서는 안 되며, 실내 벽의 색으로 칠해야 한다. 만약 벽이 하얀 석회이면 이 판자도 흰색으로 한다. 벽이 청색의 벽돌이면 이 판자도 벽돌의 색과 비슷하게 한다. 밖에서 보면 붉은색의 무늬만 보이고 벽과 동일한 것은 완전히 한 가지 색으로 뒤섞여 구별되지 않을 것이다. 난간 창틀 중간의 지지대가 내부로 향한 것은 또 반드시 별도로 한 가지 색을 사용하여 밖의 색과 같지 않도록 하며, 청색이나 남색 모두 가능하지만, 얇은 판자의 내부를 향한 부위의 색이 이것과 서로 합치해야 한다. 내부에서 보면 또 별도로 무늬를 형성하여 외부보다 더 볼 만하다.

• 굴곡체屈曲
體[21]계란系欄[22]:
이 양식은 가
장 견실하고
또 비용이 절
감되는 것으
로, '도화랑桃
花浪'(복사꽃 물

굴곡체屈曲體(원서의 삽도)

결)이라 하며 또 '낭리매浪裏梅'
(물결 속의 매화)라 한다. 굽은
나무를 별도로 제작하고 꽃
문양도 따로 만들어, 굽은 나
무를 기둥에 넣고 장부를 끼
운 뒤, 비로소 꽃문양을 빈
곳에 채우고 아래위에서 못으
로 박아 이것에 의지하여 연
결하는데 힘이 센 사람이 흔
들어도 움직일 수 없을 것이
다. 안팎의 꽃은 두 종류를
만들어야 마땅하며 하나는
복사꽃이고 다른 하나는 매

장시성 징더전景德鎭 사당의 금박 목조 문과
창문, 청대

---

21　굴곡체屈曲體: 창살을 구불구불하게 물결 형태로 만든 양식.
22　계란繫欄: 본문의 내용을 고려하면 창살을 고정하는 지지대의 의미로 해석된다.

화꽂으로 이른바 '도화랑'과 '낭리매'다. 물결의 색도 유사한 것을 피하여 남색이나 녹색으로 하며, 그렇지 않고 동일한 한 가지 색이라면 짙고 옅은 것으로 구별하여, 사람이 한번 발을 돌리는 순간에 풍경이 판이하게 달라지도록 한다. 이것은 하나의 사물을 변화시켜 두 가지 사물처럼 보이게 하는 것으로, 또 원래의 재료 이외에 따로 돈을 들이지 않는다. 대체로 내가 한 것은 태반이 모두 이렇다.

## 차경借景[23]을 이용한 배경 선택

———

창의 설치는 차경借景보다 오묘한 게 없다. 나는 차경의 비밀을 알 수 있었다. 지금까지 비밀로 했으나 지금은 취향이 괴이한 사람이 많아 미래에 틀림없이 단순한 모방이 많아질 것이므로, 천하에 공개하여 사물마다 모두 그 영험함을 드러내게 하고 사람마다 즐거움을 누리도록 하는 것만 못할 것이다. 다만 득의하여 술 마시고 흥에 겨워 노래할 때, 큰 소리로 나를 몇 번 불러 꿈속의 혼이라도 서로 의지하도록 하여, 다른 사람이 즐겁고 나도 더불어 즐거우면 마음이 만족스러울 것이다.

　옛날 서호西湖[24] 가에 거주할 때 호수에 띄우는 배 한 척을 구입

---

**23** 차경借景: 시야가 미치는 범위 내의 아름다운 경치를 시야 속으로 들어오도록 설계하는 중국 정원의 전통 수법. 출처는 명말 조경 전문가 계성計成(1582~?)의 조경 전문서 『원야園冶』 「차경借景」.
**24**　서호西湖: 서자호西子湖라고도 한다. 절강성 항주에 있는 호수.

척폭창尺幅窓(원서의 삽도)

하여 다른 것들은 사람들과 같게 하여 조금도 특이한 것을 추구하지 않았으나, 창살만은 다르게 하고자 했다. 사람들이 방법을 물어봐 내가 대답했다. 즉 사면을 모두 막고 오직 중앙을 비워 부채의 형태로 하는 것이다. 막힌 부분은 판자를 사용하고 회색 면포를 덮어 한 줄기의 빛도 새지 않도록 한다. 비운 부분은 나무로 테두리를 만드는데, 아래위는 모두 구부러지고 양쪽은 곧게 했으니, 이른바 부채라는 것이다. 완전하게 텅 비워 터럭만큼도 가리는 것이 없도록 한다. 이 배의 좌우에는 다만 두 개의 부채꼴 창이 있으며, 부채꼴 창 이외에 다른 사물은 없다. 배의 내부에 앉으면 양 기슭의 호수빛, 산 경치, 절, 탑, 안개, 대숲, 오고 가는 나무꾼, 목동, 취한 노인, 유람하는 여인, 말을 탄 행렬이 모두 부채꼴 창문 속으로 들어와 나에게 자연의 그림이 된다. 또 때때로 변화하여 일정한 형상이 아니다. 배가 흘러갈 때뿐만 아니라 노를 한 번 저으면 형상이 한 번 변하고, 삿

서우시호瘦西湖의 문
문짝이 없이 터널식의 구멍만 있다. 원형이 가장 많고 육각형이나 팔각형으로 된 것도 있다. 중국 원림에서 보편적으로 보이는 형태로 문을 통해 바라보이는 풍경에 시선을 집중시킨다. 서우시호는 중국 장쑤성 양저우揚州 서쪽 교외에 있는 호수.

대를 한 번 저으면 경물이 한 번 바뀐다. 닻줄을 묶어 정박했을 때에 바람이 불어 물결이 일면 또한 시시각각 형상이 달라진다. 하루 동안에 수많은 아름다운 산수가 나타나도 모두 이 부채꼴 창으로 거두어들인다. 그리고 부채꼴 창의 제작에는 절대로 많은 비용이 들지 않으며, 구부러진 나무 두 쪽과 곧은 나무 두 쪽에 불과하다. 세상에 금화를 다 써서 신기한 것을 추구하는 사람이 있지만, 이처럼 신기할 수 있겠는가? 이 창은 나를 즐겁게 할 뿐만 아니라 다른 사람도 즐겁게 할 수 있다. 배 바깥의 무궁한 경치를 배 안으로 끌어들일 뿐만 아니라, 겸하여 배 안의 모든 사람 및 일체의 탁자와 그릇을 창밖으로 투사하여, 왕래하며 노니는 사람들이 감상하도록 제공할 수 있다. 왜 그런가? 내부에서 외부를 보면 분명 한 폭의 부채에 그려진 산수화이지만, 외부에서 내부를 보아도 부채에 그려진 인물화이기 때문이다.

비유하자면 기녀를 부르고 승려를 맞이하며 벗을 불러 더불어 바둑을 두고 그림을 감상하며 운을 나누어 시를 짓는데, 술 마시거나 노래하거나 멋대로 잠을 자거나 일어나거나 외부에서 보면 그림과 같지 않은 것이 하나도 없다. 동일한 사물이고 동일한 사건이지만, 이 창문이 설치되기 이전에는 다만 사물로 보았다. 일단 이러한 창이 있으면 지시하여 알려줄 필요 없이 사람마다 모두 그림으로 볼 것이다. 대체로 부채는 특이한 물건이 아니며, 부채를 모방하여 창을 만드는 것 또한 어려운 일이 아니다. 세상 사람들이 사물에서 형상을 선택하여 문을 만들고 창을 만든 것이 부지기수이지만, 오직 이 눈앞에서 함께 바라보는 사물은 버려두고 선택하지 않은 채 나를 기다리고 있으니, 어찌 매우 괴이한 일이 아니겠는가? 한스러운 것은 마음은 있으나 힘이 없어 이러한 배 한 척을 마련할 수 없어 끝내 유감스러운 일이 되고 만 것이다. 이제 또 남경으로 이사하여 서호에 무심한 사람이 되었다. 이러한 바람은 아득해져버렸으니 어떻게 완성할 수 있을까? 하는 수 없이 기지를 조금 발휘하여 누각 머리에 창문을 설치해서 종산鍾山[25]의 경치를 엿보았으나, 부채꼴 창을 창조했을 때의 본래 의도는 아니며 그러한 양식을 보존한 데 그칠 따름이다.

　나는 또 일찍이 산을 바라보는 빈 창을 만들어 '척폭창尺幅窓[26]'이라 했으며 또 '무심화無心畫[27]'라 했는데 잠시 두서없이 말해볼까

---

**25**　종산鍾山: 쯔진산紫金山. 난징南京 쉬안우구 중산먼中山門 밖에 있는 해발 448미터의 산.
**26**　척폭창尺幅窓: 작은 크기의 그림처럼 창을 통해서 보이는 경치가 그림의 내용이 되도록 창틀만을 만들어 놓은 창.
**27**　무심화無心畫: 척폭창을 통해 보이는 장면을 그림으로 간주하여 표현한 용어.

한다. 부백헌浮白軒28의 뒤에 작은 동산이 하나 있는데, 높이는 한 길을 넘지 않고 폭은 여덟 자에 그치지만, 그 안에는 아름다운 바위와 푸른 물이 있으며, 숲이 무성하고 대나무가 번었으며, 새가 울고 폭포 소리가 울리며, 모옥에 판자 다리가 있어 무릇 산에 살 때 있던 사물이 하나도 갖추어지지 않은 게 없었다. 잘 빚어 만드는 사람이 나를 모방한 형상을 하나 만들었는데, 표정이 매우 흡사했고 또 나의 호가 입옹笠翁(삿갓 쓴 늙은이)이므로 글자 그대로 낚싯대를 잡은 모습으로 만들었다.

내 생각에 기왕 낚싯대를 잡았으므로 반드시 바위 위에 앉아야 하며, 바위가 있으면 물이 없어서는 안 되고, 물이 있으면 산이 없어서는 안 되었다. 산이 있고 물이 있으니, 내가 낚시를 마치고 돌아가 쉴 곳이 없어서는 안 되었으므로, 마침내 이 장소를 만들어 조각상을 놓았다. 이 산은 본래 조각상을 설치하기 위한 것으로, 처음에는 창을 만들 의도가 없었다. 뒷날 사물은 작으나 함축하고 있는 의미가 큰 것을 보니 "수미산이 겨자 속에 있다須彌芥子"29는 의미가 있었다. 온종일 앉아서 관상하며 차마 창을 닫을 수 없었으며, 그러다가 깜짝 놀라서 "이 산은 그림이 될 수 있으며, 이 그림은 창이 될 수 있다. 나의 하루 술값을 덜어내어 장식용으로 쓰는 것에 불과하다"고 했다. 마침내 동자에게 종이 몇 장을 재단하여 그

28  부백헌浮白軒: 남경 개자원芥子園에 있었던 저자 이어의 서재.
29  須彌芥子수미개자: 수미산須彌山은 인도 신화에 나오는 명산으로, 불교에서는 세계의 중심을 가리킨다. 수미산과 같이 거대한 존재가 겨자와 같은 미미한 존재 속에 들어갈 수 있다는 말은 불법이 오묘하다는 것을 비유하는 말이다. 출처는 『유마힐경維摩詰經』「불사의품不思議品」.

림의 아래와 윗부분 및 좌우의 테두리를 만들게 했다. 그림의 아래와 윗부분이 되는 종이를 창의 아래와 위에 붙이고 테두리는 양측에 붙이자, 엄연히 벽에 걸어 놓은 그림 한 폭과 같았으나, 중간이 비었을 뿐이었다. 중간이 그냥 빈 것이 아니라 집 뒤의 산으로 이를 대신하려는 것이었다. 앉아서 바라보면 창은 창이 아니라 그림이고, 산은 집 뒤의 산이 아니라 바로 그림 위의 산이었다. 나도 모르게 미친 듯이 웃고 무심결에 소리를 지르자, 처자식이 몰려와서 또 다시 내가 웃는 것을 보고 웃었는데, '무심화'와 '척폭창'이라는 양식이 이로부터 시작되었다.

나는 또 일찍이 고목 몇 그루를 가져다 천연의 창을 만들어두고 이름을 '매창梅窓'이라 했다. 평생 제작한 멋진 것 가운데 이것을 제일로 해야 마땅하다. 기유년(1789) 여름, 하늘에 닿을 듯이 물이 급격하게 불어나 오래도록 빠지지 않아서, 서재 앞의 석류나무와 등자나무(귤의 일종) 각각 한 그루가 물에 잠겨 죽었다. 베어 땔감으로 하려는데, 단단하여 칼과 도끼가 들어가기 어려워 며칠 동안 계단에 눕혀져 있었다. 가지가 이리저리 구부러진 것을 보니 매화나무 고목과 비슷했으며, 늙은 가지가 또 복잡하게 뒤얽힌 자세를 지니고 있으므로, 골라서 기물을 만들 수 있을 것 같아 쓸 곳을 계획했다. 마침 그때 날씨가 운무에 뒤덮인 계곡에 있는 듯 어두워 창을 열려다가 불현듯 "방법이 여기에 있구나!"라고 말했다. 이렇게 해서 목공에게 말해 늙은 가지 가운데 그나마 곧은 것을 골라 본래의 모습에 따라 다듬지 않고 창의 상하좌우로 삼으니 창의 외곽이 갖추어졌다. 다시 가지 가운데 한 면은 구부러지고 한 면은 조금 곧은 것을 골라 나누어 매화나무 두 그루로 만들어, 하나는 위에서 자라나 아래로 드리우고, 하나는 아래서 자라나 위에 닿게 했으며, 조금 평평한 면은 약간 도끼질을 해 껍질과 마디를 제거해서 밖으로 향하게 하여 종이를 바르기 편리하도록 했다. 구부러진 한 면은 천연의 모습이 모두 완전할 뿐만 아니라, 조금도 다듬지 않고 성긴 가지와 가는 줄기도 모두 남겨두었다. 이미 만든 뒤에 채색 종이를 오려서 꽃을 만들어 붉은 매화꽃과 푸른 꽃받침 두 종류로 성긴 가지와 가는 줄기 위에 장식했더니, 엄연히 살아 있는 매화가 처음으로 꽃을 피운 듯했다. 친구들이 보고 극찬하지 않은 사람이 없었다. 나의 생각은 여기에서 종지부를 찍었다. 뒤에 만드는 것은 당연히 이것을 뛰어넘지 못할 것이다.

부채꼴 창을 배에 사용하지 못하고 집에 사용한 것은 굴욕스러운 일이다. 그러나 하늘을 옮기고 해를 바꾸는 방법이 있으며, 또 어제를 오늘로 바꾸고 생기가 없는 것을 활기차게 변화시킬 수 있으므로, 보고 듣는 것이 시시각각 살아서 춤추는 것 같다. 이 또한 오묘하지 않은 게 없지만 단지 내가 한 번 머리를 썼을 뿐이다. 나는 성격이 매우 괴팍하여 화분의 꽃, 새장의 새, 어항의 물고기, 책상 위의 받침대가 있는 수석을 좋아하지 않는데, 협소하여 기를 펼 수 없게 돼 있어 사람으로 하여금 난새와 봉황을 가두어 매어놓은 듯한 생각이 들게 하기 때문이다. 그러므로 화분의 꽃은 난초와 수선화 외에 일찍이 눈길을 주지 않았다. 새 가운데 화미조畫眉鳥30는 천성적으로 매우 좋아하지만 반드시 별도로 의견을 제출하여 새장을 만들고, 옛 양식과 다르게 해 구속되어 갇힌 자국이 보이지 않도록 한 뒤에 그쳤다. 그런데 부채꼴 창을 설치한 뒤부터 평생 동안 버렸던 사물을 모두 취할 수 있게 되었다.

예로부터 부채를 만드는 경우에 산수와 인물, 대나무와 바위, 화조, 곤충 가운데 그려지는 내용으로 들어가지 않는 것이 하나도 없었다. 그러므로 이러한 창을 집안에 설치하려면 틀림없이 먼저 담 밖에 판자를 설치하여 사물을 받치는 용도로 갖추어놓아야 한다. 모든 화분의 꽃, 새장의 새, 뒤틀린 소나무, 괴석은 바꾸어놓을 수 있다. 만약 화분의 난초가 꽃을 피워 창밖으로 옮기면, 바로 부채에 그린 한 폭의 그윽한 난초 그림이 된다. 화분의 국화가 꽃들을 피워내 창에서 보이는 곳으로 들여놓으면 바로 부채에 그려진 아름다운 한 폭의 국화가 된다. 혹은 며칠에 한 번 바꾸고 혹은 하루에 한 번 바꾼다. 가령 하루에 여러 번을 바꾸어도 안 될 것이 없다. 다만 아랫부분을 잘 가려서 화분의 형태가 드러나지 않도록 해야 한다. 그리고 가리는 물건으로는 자잘한 자갈보다 오묘한 것이 없다. 이러한 창은 집집마다 사용할 수 있고 사람마다 만들 수 있으니, 어찌 귀와 눈 앞에 펼쳐지는 가장 즐거운 일이 아니겠는가? 마음먹은 대로 되어 흥에 겨워 노래를 부를 때, 이것을 시작한 나 입옹을 잊을 수 있겠는가?

---

30 화미조畫眉鳥: 흰눈썹웃음지빠귀로 학명은 *Garrulax canorus*. 작형목雀形目 화미과畫眉科의 조류로 길이 약 23센티미터에 전신이 갈색이며 울음소리가 아름다워 애완용으로 많이 키운다.

## 호수에 띄우는 배의 형식

——

호방식湖舫式 부채꼴 창의 양식(원서의 삽도)

이 호수에 띄우는 배의 형식은 서호뿐만 아니라 대체로 명승지에서 모두 사용할 수 있다. 다만 부채꼴 창은 산수를 감상할 수 있지만 비바람을 막을 수 없으므로, 또 한 걸음 물러서서 앞의 주장에서 부족한 것을 보충해야 마땅하다. '한 걸음 물러선다'는 것은 무엇을 말하는가? 외부에 추판推板을 설치해 열고 닫을 수 있도록 하는데, 이것은 하기 쉬운 일이다. 다만 순전히 추판을 사용하면 어두컴컴하여 밝지가 않다. 순전히 밝은 창을 사용하면 또 부채꼴 창의 제작에 부합하지 않으므로, 판자에 창을 상감하는 방법으로 처리해야 한다. 그 방법은 무엇인가? 바로 매창의 제작을 모방하여 창살을 만드는 것이다. 그 양식도 아래에 소개해놓았다.

• 부채꼴 창의 바깥에 판자를 대고 꽃을 장식하는 양식

사방에 판자를 사용하는 것은 견고함을 선택하면서도, 또 창살

을 만들고 꽃을
장식하는 공정을
절반으로 줄일 수
있다. 중간에 꽃나
무를 만드는 것은
부채 그림의 본색
을 잃지 않은 것이
다. 곧은 창살을

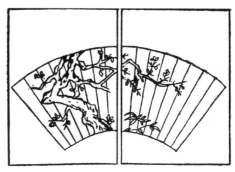

부채꼴 창便面窓의 바깥에 판자를 대 화훼를 장식하는 양식
(원서의 삽도)

그 중간에 끼우는 것은 이것이 없으면 꽃나무가 의지할 장소가 없기 때문에 억지로 한 것이지만, 역시 허공에 떠 허약하여 오래 견디기 어렵다. 창살은 곧은 것을 선택하지 않고 비스듬한 자세로 만들며, 또 위를 넓게 하고 아래를 좁게 하는 것은 쥘부채의 주름 문양을 모방하려는 것이다. 또 작은 것은 부채꼴 하나로 할 수 있으며, 크면 반드시 두 개의 부채꼴로 나누고 중간에 만나는 부위에는 비단이나 종이를 바르는데, 곧은 나무로 경계를 세우지 않으면 비단과 종이가 의지하여 붙을 곳이 없다. 그런데 이렇게 하면 창살과 꽃나무가 종횡으로 서로 뒤섞여 거의 경하涇河와 위하渭河[31]를 구분할 수 없게 되므로, 정교하게 하려다가 도리어 졸렬하게 된 것이 아닌가?

---

31  경하涇河와 위하渭河: 위하는 황하의 최대 지류로 물이 맑으며, 경하는 위하의 최대 지류로 물이 혼탁하다. 경하와 위하가 섬서성 서안西安의 북방에서 만날 때 하나는 맑고 하나는 혼탁하여 뚜렷하게 구분되어 흐르는 기이한 현상이 나타난다. 경계가 분명하거나 시시비가 분명하다는 비유로 사용된다. 출처는 『시경』「패풍·곡풍邶風·谷風」.

대답했다. 그렇지 않다. 약점을 감추는 두 가지 방법이 있으니 걱정하지 말라. 꽃나무는 굵기가 일정하지 않아 자세가 들쭉날쭉한 것보다 오묘한 것이 없으며, 창살은 매우 균일해야 하고 또 아주 가늘어야 좋으므로, 아주 단단한 나무로 만드는 것이 하나의 방법이다. 기름과 옻칠을 하고 착색할 때, 창살에는 하얀 석회를 사용하여 창에 바르는 비단이나 종이와 같은 색으로 하고, 꽃나무는 오색으로 그리면 엄연히 살아 있는 나무에 꽃이 피어난 것과 같으며, 이것이 또 하나의 방법이다. 이렇게 하면 경하와 위하가 저절로 나뉘어져 부채꼴 창과 꽃이 판이하게 구별될 것이다. 매화는 한 종류만을 준비하고, 이 밖에 꽃이나 새는 다만 간편한 것을 선택하여 만들며, 한 가지 풍격에 구애되지 않게 한다. 오직 산수와 인물은 절대 사용해서는 안 된다. 판자와 꽃이 장식된 창살은 모두 별도로 제작하며, 꽃이 장식된 창살을 만든 이후에 판자를 박아 넣는다. 만약 꽃과 창살을 합하여 제작하기 어려우면, 꽃은 꽃대로 창살은 창살대로 먼저 나누어 제작한 뒤에 결합한다. 연결 부위는 각각 약간 잘라내어 맞추며, 못을 박거나 아교로 붙여 반드시 오래 견딜 수 있도록 한다.

•부채꼴 창에 화훼를 장식하는 양식:

부채꼴 창에 화훼를 장식하는 양식(원서의 삽도)

•부채꼴 창에 벌레와 새를 장식하는 양식: 여러 양식은 대강만 준비하면 나머지는 유추할 수 있다. 그러나 이것은 모두 창밖에 경치가 없어 천연의 경치를 구할 수 없기 때문에 인력으로 보충한 것이다. 만약 원근의 경물을 모두 관상할 수 있으면, 어찌 이렇게 쓸데없이 고생할 필요가 있겠는가? 옛사람이 "마음에 맞는 곳은 바로 멀리 있지 않다會心處正不在遠"[32]고 말했다. 만약 약간의 한가한 심정과 한 쌍의 혜안을 실제로 갖출 수 있으면, 눈으로 훑어보는 사물이 모두 그림이고 귀로 듣는 소리가 시의 재료가 아닌 것이 없다. 비유하면 내가 창문의 안쪽에 앉아 있고 사람들은 창문 밖에서 지나가면, 보이는 젊은 여인이 한 폭의 미인도인 것은 물론이고, 늙은 할미와 머리 허연 노인이 지팡이를 짚고 오는 모습이 보이는 것도 명인의 그림 속에 반드시 없어서는 안 되는 경물이다. 아이들이 모여 노는 것을 보면 한 폭의 백자도百子圖[33]이며, 소와 양이 함께 방목되고 닭과 개가 서로 울어대는 것은 또 시인의 마음속에서

부채꼴 창에 벌레나 새를 장식하는 양식(원서의 삽도)

---

32 會心處正不在遠: 출처는 명나라 도사 홍응명洪應明의 어록집 『채근담菜根譚』.
33 백자도百子圖: 주문왕周文王이 아들 백 명을 낳았다고 하며, 고대 중국에서는 이것이 상서로운 징조로 간주되어, 후대에 수많은 어린이를 묘사한 '백자도'가 유행했다. 자손이 많기를 기원하는 의미의 도상이다. 출처는 남송 문학가 신기질辛棄疾의 사詞「자고천鷓鴣天·양현가의 모란 한 그루에 백 송이가 달린 것을 축하하며祝良顯家牡丹一本百朵」.

일찍이 빠졌던 적이 없는 자료다. "질경이와 버섯이 모두 약상자에 들어간다"고 하지 않았던가! 내가 만든 부채꼴 창은 바로 우아하고 멋진 사람을 위한 약상자다.

만약 별도로 이 창을 비단 창으로 만들어 여러 색의 화조를 그린 다음, 밤이 되어 내부에 초롱을 두고 외부에서 바라보면 또 부채꼴의 등이 된다. 만일 낮에 안에서 바라보면, 광채가 서로 비추어 또한 등을 구경하는 것과 다름이 없다.

•산수도 창: 대개 이러한 창을 설치한 집은 걸어 들어가는 길이 깊숙해야 한다. 앉아 있는 손님이 산을 바라보는 위치를 창과 조금 멀게 하면, 창의 외곽이 그림이 되고 그림의 내용이 산이 되어, 산과 그림이 연결되어 이것과 저것의 구분이 없어지므로, 보는 사람이 묻지 않아도 천연의 그림인 줄 알게 될 것이다. 좁은 집에서 창가에 앉으면 틀림없이 창에 기대고 이를

산수도창山水圖窓(원서의 삽도)

난간으로 삼게 되므로, 몸의 대부분이 창밖으로 나와 산만 보이고 그림은 보이지 않아 작자의 심오한 생각이 매몰되어버리므로, 아주 훌륭한 양식은 아니다.

• 척폭창의 설계도: 척폭창의 설계도는 그려내기가 가장 어렵다. 그렸을 경우 실제 그림과 비슷하지 않으면 바로 실제 산과 비슷하여, 그림 속의 산과 산속의 그림이 아니게 된다. 앞에서 설명한 양식이 비록 정교하지만, 구경하는 사람이 끝까지 깨닫기 어려울까 걱정이 되었으므로, 여기 다시 한 장을 그려 참고도로 한다. 또 이 창은 비록 열어둘 때가 많고 닫아둘 때가 적지만, 또한 간간이 닫을 때가 있다. 닫을 때에 다른 틀과 다른 창살을 사용하면, 그림의 의미와 부합하지 않아 추태가 나타날 것이다. 반드시 양식의 크기에 따라 나무틀을 하나 만들어 명화 한 폭으로 표구하여 창에 상감하면, 또 한 폭의 실제 그림이 되어 결코 '무심화'와 '척폭창'이 아니게 될 것이다. 다만 이 설계도를 보면 스스로 이해할 수 있다. 창틀을 표구하는 것은 병풍을 표구하는 것과 같이 마포와 두터운 종이로 받치며, 얇으면 빛이 투과되어 그림이 되지 않을 것이다.

• 매화창: 이 창을 만드는 방법의 총론은 이미 구비되어 있고, 간략하여 상세하지 못한 것은 고목의 줄기를 선택하여 외곽을 만드는 일뿐이다. 외곽이라는 것은 창의 사면으로 바로 상하와 양측이다. 만약 통나무로 하면 실내를 향한 가지는 예스럽고 질박하여 사랑스럽지만, 실외를 향한 한 면은 굴곡이 균일하지 않아서, 이것을 벽

에 부착하려고 해도 부착하기 어려운 상황이 된다. 반드시 통나무 한 부분을 선택하여 중간을 톱으로 잘라서 톱질한 흔적이 있는 부분을 벽에 부착하면, 천연의 다듬지 않은 부분이 실내를 향하므로 교묘한 솜씨와 사람의 재주가 자연스럽게 모두 사용될 것이다.

## 3. 담장과 벽

안후이성 훙춘宏村 월당月塘의 여장女牆

"높이 솟은 건물과 채색하여 장식한 벽峻宇雕牆."34 "집안에는 사방에 벽만 서 있다네家徒壁立."35 옛사람의 빈부는 모두 담에서 판별되었다. 그러므로 부자가 집을 치장하고 가난한 선비가 오두막을 짓는 일은 모두 담에서 시작되었다. 담이라는 것은 안과 밖을 구분하여 타인과 내가 서로 반씩 바라보는 것이다. 속담에 "한 집에서 담을 쌓으

---

34  峻宇雕牆준우조장: 높은 집과 화려하게 장식한 담. 건물이 즐비한 부잣집을 가리킨다. 출처는 『상서』 「오자지가五子之歌」.
35  家徒壁立가도벽립: 집안이 텅 비어 사방의 벽만 서 있다. 가난한 집을 가리킨다. 출처는 『사기』 「사마상여열전司馬相如列傳」.

면, 두 집에서 보기에 좋다"고 했다. 거실의 기물 가운데 공정한 도리가 있는 것은 오직 담 한 종류뿐이며, 나머지 일체는 모두 나를 위한 학설이다. 나라에서 견고하게 해야 마땅한 것은 성과 해자垓字이며, 성과 해자가 견고해야 나라가 비로소 안전해진다. 집안에서 마땅히 견고하게 해야 할 것은 담이며, 담이 견고해야 집안이 비로소 견고해진다. 사실 타인을 위한 것이 바로 자신을 위한 것이며, 사람들이 담을 세우는 일념으로 자신의 몸을 다스리면 어디를 가더라도 이로울 것이다. 사람들은 내가 한가로운 감정에만 힘쓰고 참선과 학문 담론을 좋아하지 않는다고 비웃으므로, 가끔 이러한 말로 조소를 피하려 변명하지만, 성리학 명현이나 선지식善知識36에 정당한가의 여부는 아직 심사를 받지 않았다.

## 울타리

울타리는 타인과 나의 공사公私를 구분하는 경계이며 집의 외곽이다. 자잘한 돌을 쌓아 만든 것보다 오묘한 게 없고, 크거나 작거나 모나거나 둥글거나 일정한 규격에 한정되지 않는다. 쌓는 것은 사람의 힘이지만 돌 자체는 조물주가 만든 본질적인 것이다. 그다음은 자갈로 만든 것이다. 자갈도 천연적으로 생성된 것이지만 자잘한 돌에 버금가는데, 자갈은 모난 부위가 없이 둥글어서 하나하나

---

36  선지식善知識: 범어梵語의 음역은 가라밀迦羅蜜. 정직하며 덕행이 있어서 정도正道를 가르쳐 인도할 수 있는 사람. 덕과 학식이 고명한 승려. 출처는 북송 승려 석도원釋道原의 『경덕전등록景德傳燈錄』「혜능대사慧能大師」.

세취위안諧趣園(베이징 이허위안頤和園의 동북쪽에 있는 정원)의 창과 담장

같아 보이는 듯하여, 비록 천연적으로 생성된 것에 속하지만 인력으로 만든 것에 가깝기 때문이다. 그러나 이 두 물체의 견고함을 논하면 역시 또 차이가 있다. 만약 아름다운 모습을 그림으로 그린다면 각각 그 장점을 발휘할 것이다.

이것은 오직 산 옆과 물가에서 구할 수 있으며, 육지와 평원에서는 아름다운 줄 알지만 구할 수 없다.

나는 한 노승이 절을 짓는 것을 보았는데, 석공이 다듬고 남은 자잘한 부스러기 돌을 거의 1천 담擔37이나 모아서 벽을 쌓았다. 높이와 넓이가 모두 10인仞(약 21미터)을 넘었으며, 가파르고 단단한 절벽으로, 모습이 기이하고 번쩍거려 가파른 벼랑이나 낭떠러지와 같은 멋이 풍부했다. 이 승려는 진실로 운치 있는 사람이었다. 지금까지 30여 년 동안 이 벽이 아직도 때때로 꿈에 나타나고 있으니,

---

37 담擔: 중국 고대의 중량 단위로 100근. 1근은 약 600그램이므로 1담은 약 60킬로그램.

얼마나 사람을 매
혹시켰는지 알 만
하다. 벽돌로 쌓은
담은 바로 천하의
공공 기물로, 원리
와 방법은 사람들
이 모두 알고 있으
므로 잠시 제쳐두
고 설명하지 않아
도 된다.

「노석장老石墻」(오래된 돌담), 양연문楊延文(1939~ )

　진흙　담과　흙
벽은 가난한 사람과 부자에게 모두 적당하며, 매우 소탈하고 우아
한 운치가 있다. 다만 밑부분이 지나치게 두텁고 위로 올라가며 너
무 좁아져서 뾰족한 산과 같고 또 표면이 움푹 들어가거나 툭 튀어
나와서 벽돌담처럼 한 번에 자른 듯이 가지런할 수 없는데, 이것
은 완전히 주인이 감독을 잘못한 것이다. 만약 벽돌담의 괘선법掛線
法[38]으로 한다면 먼저 높이와 튀어나오고 들어가는 기준을 정하여
다른 물건으로 외부에 표시판을 세운 다음에 판자를 대고 쌓는다.
이렇게 하면 천막을 두르거나 분칠한 벽과 같이 말끔한 모습은 있
되, 담이 무너지고 부서지는 것과 같은 현상은 사라질 것이다.

---

38　괘선법掛線法: 건축할 때 줄을 이용하여 수평과 수직을 맞추는 방법.

## 여장女墻[39]

『고금주古今注』[40]에 "여장이라는 것은 성 위의 작은 담으로 '비예睥
睨'라고도 하며, 성 위에서 사람을 살펴보는 것을 말한다女墻者, 城上
小墻. 一名睥睨, 言於城上窺人也"라고 했다. 내가 개인적인 견해로 해석하
자면 이 명칭은 매우 훌륭하며, 반드시 성벽을 가리키는 것은 아닌
듯하고 대체로 대문 안의 어깨 높이 정도의 작은 담은 모두 여장으
로 이름 붙일 수 있다. '여자女'라는 것은 부인이 출가하기 이전의 칭
호이며, 작다는 것을 말한 것이다. 만약 반드시 성 위의 작은 담을
가리킨다면 성에 올라 적을 방어하는 일이 어찌 부인과 여인의 일
이겠는가? 담 위에 문양을 박아 넣거나 구멍을 뚫는 것은 안팎에
서 서로 바라볼 수 있도록 하는 것으로, 근래 정원에 쌓은 것과 같
은 종류는 더욱더 '여장'이라 할 수 있는데, 대체로 비예의 양식을
모방하여 만든 것이다. 그 방법은 매우 기이하고 정교하며 『원야園
冶』[41]에 실려 있는 여러 양식처럼 거의 빠트린 것이 없다.

다만 매우 견고한 것을 골라 만들어야 하며, 그렇지 않으면 벽
돌 하나가 우연히 흔들리면 담 전체가 모두 기울어지므로, 짐을 메
고 왕래하는 사람 가운데 누가 한 번이라도 잘못 부딪칠 위험이 없

---

39 여장女墻: 본래는 성벽 윗부분에 설치되어 있는 성가퀴를 가리키지만, 여기서는 성
가퀴를 응용하여 명·청 시기의 주택에 설치한 낮은 담을 가리킨다.
40 『고금주古今注』: 전3권. 진晉 최표崔豹가 편찬한 책으로 각 사물에 대하여 설명했
다. 조선진졸朝鮮津卒 곽리자고霍里子高의 처 여옥麗玉이 지었다는 「공무도하가公無渡
河歌」가 실려 있어 국내에 널리 알려진 서적이다.
41 『원야園冶』: 전3권. 명나라 말기 조경 전문가 계성計成(1582~?)이 저술한 정원 조성
에 관한 전문 저서로 1634년에 간행되었다.

다고 보장할 수 있겠는가? 담이 무너지는 것은 아깝지 않으나 사람이 다칠까 진실로 염려된다. 내 생각에 꼭대기부터 밑부분까지 모두 벽돌을 쌓아 무늬를 만들면, 극히 위험할 뿐만 아니라 또 인력도 크게 소모된다. 안팎에서 훤히 보이게 하는 것은 유리 병풍으로 대신하여 다른 사람이 집안의 멋진 모습을 엿보게 하는 것과 다르지 않다. 사람의 시야가 미치는 부위에 맞추어 2~3자(약 60~90센티미터)를 비워 기이하고 교묘한 무늬를 만들며, 이보다 높거나 낮은 부위에는 여전히 상례에 따라 벽돌을 쌓으면 비용이 많이 들지 않고 또 잘못 부딪쳐 무너질 근심이 영원히 없을 것이다. 이것은 사치하거나 검소하지 않고 적절한 것으로, 이로우면서 해가 없는 방법이다.

## 대청의 벽

대청의 벽은 너무 소박해서는 안 되며 너무 화려한 것도 피해야 한다. 자연히 명인의 작품이 빠질 수 없지만, 반드시 농담이 적절해야 하고 뒤섞어 배치해야 운치가 있다. 내 생각에 족자로 표구하는 것이 직접 벽에 붙이는 것만 못하다. 족자는 바람이 불면 흔들려 명작이 손상될 염려가 있지만, 직접 붙이면 이러한 근심이 없으며, 또 크거나 작거나 모두 적당하다고 느낄 것이다. 직접 붙이는 것은 또 직접 그리는 것만 못하다. "언제 고개지가 벽에 가득 은자의 거주지를 그렸는가何年顧虎頭, 滿壁畫滄州?"[42]와 같은 상황은 자연히 고아한 사람들의 운치 있는 일이다. 내 서재가 우연히 이러한 양식을 모

여장女牆. 장시성 우위안婺源의 민가

방하고 또 그 형상을 변화시켰는데, 좋은 친구가 오면 모두 이목이 일신되어 배회하고 머물며 떠나지 못했다. 내 성격이 새를 좋아하지만 또 새장을 제일 싫어하여 두 가지 일을 원만하게 처리할 수가 없었는데, 일 년 내내 모자란 머리를 짜내어 한 번 깨달음으로 마침내 훌륭한 방법을 만들어냈다. 바로 대청의 사방 벽에 네 명의 명가를 초청하여 갖가지 색의 꽃나무를 그리고 구름과 안개를 그려 감싼 다음, 바로 좋아하는 새를 구불구불 늙은 가지 위에서 길렀다. 그림은 공허한 흔적에 불과하고 새는 실제 형체가 있는데 어떻게 기를 수 있는가?

대답했다. 어렵지 않다. 새를 기르는 것은 앵무새에서 시작해야 한다. 예로부터 앵무새를 기르는 사람은 반드시 구리로 만든 시렁을 사용했는데, 구리로 만든 시렁에서 세 면을 제거하고 발판이 되는 한 면과 물을 마시고 모이를 쪼는 두 개의 관을 남겨놓았다. 먼저 소나무 가지를 그린 위에 작은 구멍을 판 뒤 앵무새가 앉을 구리 시렁을 그 속에 삽입하며, 매우 견고하게 하여 새가 왔다 갔다

---

42  何年顧虎頭, 滿壁畫滄州: 출처는 당 두보의 시 「현무선사의 선실 벽에 써서題玄武禪師屋壁」. 고호두顧虎頭는 고개지로, 호두는 고개지(348~409)의 어릴 때 이름이다. 창주滄州는 물가로 은자의 거주지다.

뛰어놀아도 흔들리지 않도록 한다. 소나무는 착색하여 그린 소나무이고 새도 색깔이 있는 새이므로, 서로 어우러져 한 번의 붓질로 그린 듯하다. 좋은 친구가 도착하여 벽화를 올려다 보는데, 갑자기 가지 끝의 새가 움직이고 이파리 아래로 날개가 펼쳐지면, 혼비백산하며 신선의 솜씨라고 괴이하게 여기지 않는 사람이 없었다. 놀란 마음이 가라앉기도 전에 또 날갯짓을 하고 울어대 날아서 내려앉을 듯 할 것이다. 자세히 살펴보고 눈에 익어 비로소 그 안의 정황을 알고 나면, 박수치고 훌륭하다 소리치며 인공으로 만든 정교한 것이 천연적인 것보다 훌륭하다고 칭송하지 않겠는가?

만약 사방의 벽에 모두 앵무새를 기른다면 또 부화뇌동을 피해야 하므로

「화조도花鳥圖」, 명대, 담지이談志伊(16세기 활동)

반드시 다른 새를 섞어야 한다. 새 가운데 잘 우는 새는 화미조를 제일로 꼽는다. 그러나 앵무새의 새장은 제거할 수 있지만, 화미조의 새장은 제거할 수 없는데 어떻게 할 것인가? 나에게 또 한 방법이 있다. 용처럼 구부러진 나뭇가지를 골라 한 부분을 잘라서, 촘촘한 가지는 그대로 남겨두고 성긴 가지는 철사로 그물처럼 얽는데 너무 성글지 않고 또 너무 촘촘하지 않게 하여, 전체적으로 날아서 벗어나지 못하는 것을 기준으로 한다. 그 안에서 화미조를 기르며, 벽에 삽입하는 것은 앞의 방법과 같다. 이쪽의 새소리가 막 그치면 저쪽에서 우는 소리가 다시 들린다. 푸른 날개를 막 접으면, 붉은 눈동자를 다시 굴린다. 새가 잘 울고 잘 쪼아대므로, 꽃나무도 요동치는 것처럼 느껴진다. 흐르는 물은 소리를 내지 않으나 우는 듯하고, 높은 산은 적막한 듯 적막하지 않다. 자리를 끝내고 떠나는 손님들은 모두 은호殷浩가 허공에 글을 쓴 것처럼[43] 대단히 괴이한 일로서 이보다 지나친 것이 없을 것이라 했다.

## 서재의 벽

서재의 벽은 소탈한 것이 가장 중요하다. 소탈하게 하려면 기름과 칠을 절대로 피해야 한다. 기름과 칠의 두 가지 물질은 속물로서,

---

43　은호가 허공에 글을 쓴 것처럼殷浩書空: 『세설신어』「출면黜免」에 따르면, 진晉나라 중군장군中軍將軍 은호(303~356)가 평민으로 강등되어 신안信安에 있으면서 종일 허공에 '돌돌괴사咄咄怪事'(대단히 괴이한 일이로다!)라는 네 글자를 썼다고 한다. 괴이한 일을 가리킨다.

이전 사람들은 어쩔 수 없이 사용했으며 좋아서 칠한 것이 아니다. 문과 창살에 반드시 기름과 칠을 해야 하는 것은 비바람을 견디기 위해서다. 건물의 기둥과 서까래에 반드시 기름과 칠을 해야 하는 것은 오염을 방지하기 위해서다. 만약 서재의 내부에 인적이 드물고 비가 들이치지 않아 두 가지 걱정이 없는데도 이러한 전철을 밟으면, 항상 오동기름 비린내와 칠 냄새 속에 있게 되는 것이다. 어찌 자신의 몸에까지 칠을 하여 종기가 나게 하지 않는가? 석회로 벽을 바르고 표면을 연마하여 매우 매끄럽게 하는 것이 상책이다. 그다음은 종이로 바르는 것이다.

종이를 바르면 건물의 기둥 및 창살까지 모두 같은 색으로 할 수 있다. 설사 벽에 석회를 발랐더라도 기둥 위에 종이를 붙여야 하는데, 종이의 색과 석회는 그다지 다르지 않기 때문이다. 벽 사이에 서화가 당연히 없어서는 안 되지만, 아주 번잡하게 부착하여 공백을 남기지 않는 것은 또 문인의 속된 사고방식이다. 천하 만물은 수가 적어야 귀중하다. 보장步幛[44]이 아름답지 않은 것은 아니지만, 우연히 한 번 봐야 귀중한 것이다. 만약 왕개王愷[45]처럼 40리에 걸쳐 설치하거나 석숭石崇처럼 50리에 걸쳐 설치한다면, 정오의 시끌벅적한 시장에서 수놓은 비단을 나열한 점포에 불과할 뿐이다.

---

44  보장步幛: 보장步帳. 길의 양측에 차단용으로 설치하는 휘장. 출처는 당나라 시인 노륜盧綸(739~799)의 시 「결혼하기 위해 섬부로 가는 여병조를 전송하며送黎兵曹往陝府結親」.

45  왕개王愷: 진晉 무제 사마염司馬炎(236~290)의 외숙부로 생활이 몹시 사치스러워 석숭石崇(249~300)과 부를 다투었다. 왕개가 40리에 걸쳐 자주색 사포絲布(날실은 면사로 씨실은 비단실로 짠 혼방직 천)로 보장을 만들자 석숭은 50리에 걸쳐 비단 보장을 만들었다고 한다.

번잡한 곳을 보면 진저리가 나지 않겠는가?

"옛날에 승려 현람玄覽이 형주荊州[46] 척기사陟屺寺에 갔을 때, 장조張璪[47]가 서재의 벽에 늙은 소나무를 그리고 부재符載[48]가 이 그림을 찬양하는 글을 썼으며 위상衛象[49]이 시로 읊었는데, 또 한 시대의 삼절三絶이라 했지만 현람이 모두 석회로 덮어버렸다. 사람들이 그 이유를 묻자 현람이 '내 절의 벽에 옴이 있을 일이 없다'고 대답했다."[50] 진실로 고승다운 말이지만 너무 심했다. 근래 서재의 벽에는 장편의 시문과 짧은 작품을 남김없이 모두 붙여놓아, 번잡한 거리의 객사에 왕래하는 과객 가운데 글을 남기지 않은 이가 없는 것과 비슷하며, 빠진 것은 한 마디뿐이다. 그 한 마디는 무엇인가? "모년 모월 모일 아무개가 아무개와 여기서 한 번 즐겁게 놀았다某年月日某人同某在此一樂"라는 것이다. 이것은 진실로 벽에 돋아난 옴이므로, 나는 현람의 약으로 이를 고치려 한다.

벽을 바르는데 종이를 사용하는 것은 도처에서 모두 그러하여 방안 가득히 일관되게 흰색일 뿐이다. 나는 정체되어 변하지 않은 것이 괴이하여 남몰래 새롭게 하고자 했다. 끊임없이 새롭게 했으

---

46 형주荊州: 고대에는 '강릉江陵'이라 했으며, 춘추전국시대 초나라의 도읍이었고 호북성 중남부에 위치한 도시.

47 장조張璪: 당나라 서화가. 자가 문통文通. 왕유王維 수묵화의 영향을 받았으며, 파묵법破墨法(농담을 표현하는 방법)을 창조했고, 소나무와 바위 그림에 뛰어났다. 「송석도松石圖」와 「한림도寒林圖」 등 6점의 작품이 전해온다.

48 부재符載: 당나라 문학가. 자가 후지厚之. 건중建中 연간(780~783) 초기에 양형楊衡·최군崔群·이발李渤과 함께 여산廬山에 은거하여 '산중사우山中四友'라 불렸다.

49 위상衛象: 당나라 시인. 정원貞元 연간(785~805) 초기에 장림령長林令을 역임. 『전당시全唐詩』에 시 2수가 실려 있다.

50 현람의 이야기는 당나라 소설가 단성식段成式(803~863)의 필기소설집 『유양잡조酉陽雜俎』 「어자語資」에 나오는 내용이다.

며 또 작은 재주로 도공陶工이 되어 도자기를 모방하여 그으한 서재를 변화시켰는데, 비록 실내에 있어도 신선세계에 있는 것과 같으므로 또 사람의 이목을 일신시키는 일이었다. 먼저 진한 홍갈색의 종이 한 겹을 벽에 발라 바탕으로 삼은 뒤 푸른 콩 색의 운모전雲母箋[51]을 손이 가는대로 찢어 자잘한 조각으로 만드는데, 사각형이거나 납작하거나 짧거나 길거나 삼각형이거나 사각형과 오각형으로서 둥글지 않게만 만들어 손에 잡히는 대로 진한 홍갈색의 종이 위에 붙인다. 하나를 붙일 때마다 반드시 진한 홍갈색의 종이가 한 줄 드러나게 하고 크고 작은 것을 뒤섞어 기울어지거나 똑바르거나 들쭉날쭉하도록 하면, 다 붙인 뒤에는 방안 가득히 모두 얼음이 갈라진 듯 자잘한 문양이 나타나 가요哥窯[52]의 아름다운 자기와 같게 된다. 쪼가리가 큰 것에는 또 시를 쓰거나 그림을 그려 자잘한 쪼가리 사이에 배치하면, 청동 종에 글자를 새기고 청동 술통에 글자를 새기며 청동 쟁반에 명문銘文을 만든 것과 같아 어느 것 하나 운치 있는 일이 아닌 게 없다. 내게 얼마를 썼느냐고 질문하지만 보통의 종이값 외에 약간의 자르고 붙이는 노력이 더해졌을 뿐이다. 똑같이 돈을 써서 진부한 것과 신기한 것의 차이가 나타나는데, 다만 마음을 좀더 기울였을 뿐이다. "마음의 기능은 생각하는 것이다心之官則思"[53]라고 했다. 생각하지 않는다면 이 마음으로 무

---

51  운모전雲母箋: 운모 가루를 뿌려 장식한 시전지詩箋紙.
52  가요哥窯: '금사철선金絲鐵線'(누런색의 가느다란 선과 흑색의 굵은 선)이라 불리는 가늘고 굵은 얼음이 갈라진 것과 같은 무늬가 도자기 전체에 가득 분포한 것이 특징인 송나라 5대 명요의 한 종류. 명·청 시기에도 계속 제작되었으나 매우 진귀하다.
53  心之官則思: 출처는 『맹자』 「고자상告子上」.

엇을 하겠는가?

종이로 바른 벽에는 판자의 사용을 절대로 피한다. 판자가 건조
되면 갈라터지며, 판자가 터지면 종이가 찢어질 것이다. 나무 막대
기로 가로세로 격자를 만들며, 병풍의 골격과 같이 그렇게 만든다.
이전 사람들이 기물을 제작하여 사용할 땐 모두 여러 양식을 시도
한 뒤에야 성공했으며, 병풍에 판자를 사용하지 않고 나무 격자를
사용한 것은 바로 이러한 이유다. 풀칠하는 붓과 같은 경우에는 종
려털54을 사용하고 다른 물체는 사용하지 않는데, 그 방법도 여러
번의 시도를 거친 것으로 종려털을 버리고 다른 물체로 바꾸면 종
이와 풀 두 가지가 서로 조화롭지 못하다. 풀칠의 두께가 균일하지
않거나 혹은 붓이 너무 뻣뻣하거나 너무 부드럽게 된다. 이것은 천
연적으로 이 소재가 이러한 용도에 쓰이도록 된 것으로서, 사람이
선택하여 할 수 있는 것이 아니다. 사람들은 교묘한 것은 옛사람
의 교묘함보다 더한 것이 없다고 알고 있지만, 옛사람들도 여기에
크게 노력을 들여 모두 배워서 알게 된 것이며 태어나면서 안 것이
아니라는 것을 그 누가 알까?

벽 사이에는 공간을 마련하여 벽장을 대신할 수 있다. 이것은
복생伏生55이 벽에 책을 감춘 일을 모방한 것으로 매우 예스런 풍치
가 있지만 용도가 옛날에 부합하지 않는 것이 있다. 이 장소에 다
른 물건은 놓을 수 있으나 오직 책은 보관해서는 안 되는데, 벽돌

---

54  종려털: 종려나무의 잎자루 밑부분에 붙어 있는 갈색 털.
55  복생伏生(기원전 260~기원전 161): 복승伏勝이라고도 한다. 전한 시기의 경전 연구자
로 진시황이 책을 불태울 때에 벽속에 『상서尚書』를 감추어 보존시켰다 한다.

의 흙은 성질이 습하여 습기가 차기 쉬우며, 습기가 차면 좀이 생겨나므로 썩는 것을 방비해야 하기 때문이다. 그렇다면 옛사람들이 벽에 책을 감추었다는 것은 아마도 헛소리인가? 대답하기를 그렇지 않다. 동서남북의 기후가 다르므로, 이러한 방법은 다만 서쪽과 북쪽 지역에 적당하고 동쪽과 남쪽 지역에는 적당하지 않다. 서쪽과 북쪽 지역은 지대가 높고 바람이 거세며, 땅을 몇 길 파야 비로소 샘을 찾을 수 있다. 습기는 물에서 나오는 것으로 물도 얻을 수 없는데 습기가 어디서 발생하겠는가? 가령 매우 습한 지역이라도 거센 바람이 불면 습한 기후가 건조한 기후로 돌아가지 않는 곳이 없다. 그러므로 벽 사이에 책을 보관하는 것은 연燕·조趙·진秦·진晉56 지역에서는 가능하지만, 이 밖의 지역에서는 모두 피해야 한다. 다른 물건을 보관하더라도 역시 때때로 열었다 닫아서 부는 바람을 받아들여야 한다. 오랫동안 닫아놓고 열지 않으면 또 습기가 가득 차서 벌레가 생기는 근심이 있다. 그 속을 텅 비게 하여 받침대만 설치하고 문을 만들지 않아 서가의 형태와 비슷하게 하는 것보다 오묘한 것이 없는데, 쓸모가 있으면서 내 공간을 침범하지 않으며 또 반석처럼 단단하여 흔들리지 않는다. 이처럼 교묘한 양식과 훌륭한 계책은 집에서 지내는 데 절대 없어서는 안 된다.

나에게 또 벽에 등불을 감추는 방법이 있는데, 눈을 보호할 수 있고 기름을 절약할 수 있다. 하나의 물건으로 두 방에서 사용할 수 있으므로 가져다가 세상에 공개하는 것은 가난한 선비가 남을

---

56 연燕·조趙·진秦·진晉: 모두 지금의 창장강 이북에 존재하던 고대국가 이름으로, 창장강 이북의 건조 지대를 지칭한다.

이롭게 하는 또 하나의 방식일 것이다. 우리가 기나긴 밤에 독서할 때 등불이 눈을 찔러 원기와 정신을 가장 많이 소모시킨다. 오지 등잔에 불을 담아 불빛이 새어나오는 구멍 하나를 남겨서 책만 비추고, 나머지 빛은 모두 등잔 안에 가두어 다른 곳을 비추지 못하도록 한 것이 있었다. 나는 쓸모 있는 불빛을 쓸모없는 곳에 방치하여, 하늘이 만든 사물을 낭비하는 것 같아서 괴이하게 여겼다. 그래서 광형匡衡이 벽에 구멍을 뚫은 일을 모방해57 담에 작은 구멍을 뚫고 저 방에 등을 설치하여 빛이 이 방까지 비추도록 했다. 저는 저의 일을 하고 나는 나의 책을 읽으면, 등은 하나이지만 온 집 안의 용도로 사용되고 또 등불 때문에 시력이 나빠지지 않을 수 있으니 오지 등잔과 비교하여 그 이로움이 어찌 10배에 그치겠는가? 가난한 선비에게 알려주면 재물을 나누어주는 것에 맞먹을 수 있다. 만약 앞으로 내가 많은 자산을 갖게 되더라도, 인색하지 않게 하는 것이 또 이와 같을 것이다.

## 4. 대련對聯과 편액

대청의 대련과 서재의 편액에는 정해진 규칙이 없다. 옛사람들이 다른 사람에게 좋은 말을 써줄 때, 내용이 길면 두루마리에 쓰고

---

57 광형匡衡: 갈홍葛洪이 지었다는 소설 『서경잡기西京雜記』에 따르면, 전한의 경전 연구가인 광형은 가난하여 밤에 등이 없었으므로 벽에 구멍을 뚫어 옆집의 촛불 빛을 이용해서 책을 읽었다고 한다.

내용이 짧으면 부채에 쓴 것에 불과하다. 만약 한두 글자나 서너 글자 그리고 한 짝이 되는 두 구절에 그치면, 내용이 너무 적기 때문에 부채에 쓰기가 어렵고 책에 쓰기도 부족하여 부득이 나무에 크게 썼다. 이러한 글은 단단하고 커서 보관하기가 어렵고 상자에 넣기가 불편했으며, 들어서 다른 사람에게 보이고자 해도 또 품이나 소매에서 꺼내기 불편하므로 받는 사람은 부득이 대청의 중앙에 걸어 사람들이 함께 보도록 했다. 이것은 그 당시에 시작한 사람이 우연히 그렇게 한 것으로, 고정된 격식이 있어 획일적으로 바꿀 수 없는 것이 아니다. 한 사람이 그렇게 했는데 천만인이 모방하여 예로부터 지금까지 조금도 변하지 않을 줄 어찌 생각했겠는가?

예악禮樂의 제정은 성인에게서 비롯되어 후대에 감히 수정하지 못했으나, 은나라가 하나라의 예법을 따르고 주나라가 은나라의 예법을 따르면서 오히려 그 사이에 줄이거나 늘린 것이 있으니 하물며 대나무와 나무로 만든 감상용 기물이야 말해 무엇 하겠는가? 나도 반드시 함부로 크게 개혁하는 것이 아니라, 이전 사람들이 가감한 것을 본받는 게 가능할 뿐이다. 완고한 습관은 번잡하여 이루 다 개혁할 수가 없고, 임시로 서재에 이미 설치된 것을 선택해서 몇 조목을 대강 설명하여 나머지 사항을 위한 예로 삼는다. 온 세상에서 본받기를 바라는 것은 아니며, 다만 동조자들이 각각 새로운 양식을 제출하여 나보다 열 배 백배 총명하기를 바랄 뿐이다. 벽돌을 던져 옥을 가져오려 하는데, 얼마나 많은 신기한 생각을 이끌어낼 수 있을지 모르겠다.

나를 꾸짖는 사람이 말했다. 그대가 만든 대련과 편액의 양식을

보면 아름답다면 아름답지만, 어찌하여 하나를 건지고 만 개를 빠트렸는가? 그대가 한 것을 통해 유추하면 「박고도博古圖」에서 술통과 술독, 거문고와 비파, 안석案席과 지팡이, 쟁반과 사발과 같은 종류 중 모방하여 대련이나 편액으로 만들 수

「박고도博古圖」(정원에서 골동품을 감상하는 모습), 송대, 유송년 劉松年(1155?~1218)
북송 대관大觀 연간(1107~1110)에 휘종이 왕보王黼(1079~1126) 등에게 명하여 선화전宣和殿에 소장되어 있는 고대 기물을 모사하여 『선화박고도宣和博古圖』 30권을 편찬했으며, 후대에 도자기·청동기·옥기·석기 등의 각종 고대 기물을 그린 것을 '박고도'라 한다.

없는 것이 하나도 없는데 어찌하여 다만 간단하게 몇 조목만 설명했는가? 내가 대답했다. 그렇지 않다. 대체로 내가 한 것은 기이한 것을 선택하고 참신한 것을 표방했을 뿐만 아니라, 모두 그 의미를 선택한 것에 요점이 있다. 대개 사람이 붓을 들고 글을 쓰면 반드시 먼저 장소를 선택한 뒤에 글을 썼다. 예를 들면 옛사람들은 파초를 심어 종이를 대신하고58 대나무를 깎아서 글을 남겼으며, 간

---

58 파초를 심어 종이를 대신하고: 『전당문全唐文』 권433의 「승회소전僧懷素傳」에 따르면, 회소는 집이 가난하여 종이가 없자 파초를 심고 종이를 대신해 그것으로 글씨를 연습했다고 한다.

책에 글을 쓰고 두루마리에 글씨를 썼으며, 오동잎을 잘라서 조서를 쓰고 바위를 골라 시를 썼다. 이러한 여러 가지는 모두 서예가에게 본래 있었던 물질인데, 선택하여 사용한 것에 불과하므로 거기에 사족을 덧붙일 것이 없다. 만약 가부를 따지지 않고 뒤섞어 사용한다면, 미래에 온갖 나쁜 것이 모두 사용되어, 내가 나쁜 선례를 처음으로 만든 사람이 되지 않겠는가? 삽도에 나오는 여러 명인의 작품은 그림을 그린 사람이 억지로 모방한 것으로 그 작가의 손에서 나온 작품이 아니다. 거대한 것을 압축하여 작게 하면, 자연히 원래의 운치를 잃어버리지만 보는 사람이 그 의미를 이해하기만 하면 괜찮을 것이다.

## 초엽련蕉葉聯[59]

파초 잎에 시를 쓰는 것은 운치 있는 일이다. 파초 잎을 모방하여 대련을 만들면 그 일은 더욱 운치 있다. 다만 평평하여 붙이기 좋은 곳에 설치할 수 있으므로 벽 사이와 문 위에는 모두 사용할 수 있지만, 기둥에 매다는 데는 적당하지 않은데 넓고 커서 가리기 어렵기 때문

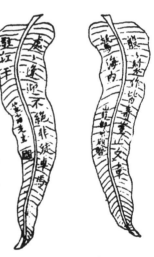

초엽련蕉葉聯(원서의 삽도)

---

59  초엽련蕉葉聯: 파초 잎 형태의 대련.

이다. 먼저 종이에 파초를 한 장 그린 후 목공에게 주어 판으로 만들며, 꼭 같은 두 쪽을 하나는 정면으로 사용하고 하나는 뒤집어서 사용하면 판에 박은 듯 똑같지는 않게 된다. 그 뒤에 칠하는 기술자에게 주어, 회를 가득히 촘촘하게 발라서 갈라 터지는 것을 방지한다. 칠이 완성된 뒤에 비로소 구절을 쓰고 또 잎맥을 그린다. 파초의 색은 녹색이 적당하고 잎맥의 색은 흑색이 적당하며, 글자는 석황石黃[60]으로 메워 칠해야 비로소 알록달록하여 아름답게 느껴지고 다른 색은 모두 어울리지 않는다. 석황과 유금乳金[61]을 사용하면 더욱 오묘하지만 완전히 금색의 글자를 사용하면 너무 저속할 것이다. 이러한 편액을 분칠한 벽에 걸면 색이 더욱 두드러져 '눈 속의 파초[62]'라 할 만하다.

## 차군련此君聯[63]

———

"차라리 음식에 고기가 없을지언정, 거처에 대나무가 없어서는 안된다寧可食無肉, 不可居無竹.[64] 사람이 잠시라도 대나무를 떠날 수 있는

———

60 석황石黃: 광물의 이름으로 웅황雄黃이라고도 한다. 귤과 비슷한 황색으로 광택이 있으며 안료와 유리 및 약제 등의 제조에 사용된다.

61 유금乳金: 금가루에 아교를 섞어 서화용으로 사용하는 황금색의 안료.

62 눈 속의 파초: 북송 과학자 심괄沈括(1031~1095)의 필기 『몽계필담夢溪筆談』에 따르면, 당 왕유王維에게 눈 속에 서 있는 한 그루 푸른 파초를 그린 「설중파초도雪中芭蕉圖」 또는 「원안와설도袁安臥雪圖」가 있었으며, 역대로 북방의 추위에 남방의 식물인 파초가 어떻게 살 수 있는지에 관해 논쟁이 있었다.

63 차군련此君聯: 대나무 형태의 대련. 차군此君은 대나무를 지칭한다. 『진서晉書』 권80 「왕희지열전·왕휘지王羲之列傳·王徽之」에 따르면, 왕희지가 대나무를 가리키며 '차군'이라 했다.

64 寧可食無肉, 不可居無竹: 출처는 소식蘇軾의 시 「어잠 지역의 승려 혜각惠覺의 녹균헌於潛僧綠筠軒」.

가? 기물로서 누각과 책상 및 침상과 같은 대형부터, 상자와 술잔 및 젓가락과 같은 소형에 이르기까지 대나무가 사용되지 않는 곳이 없는데, 오직 대련이나 편액과 같이 운치 있는 여러 일에는 버려두고 사용하지 않았다. 이것이 어찌 대나무의 행운이겠는가? 대나무를 사용하는 것은 나로부터 시작되리라! 대나무 하나를 잘라 쪼개어 둘로 만들어서, 겉의 푸른 껍질을 제거하고 안의 마디를 깎아 없애 아주 매끄럽게 윤을 내어 거울처럼 만든다. 그 뒤에 여기 대련을 써서 명장에게 조각하도록 하고 석청石青[65]이나 석록石綠[66]을 칠하며, 먹으로 글자를 써도 좋다. 우아하기로는 이보다 우아한 것이 없으며, 검소하기로노 이보다 검소한 것이 없다. 뿐만 아니라 예로부터 기둥에 설치하는 대련은 판자가 아니면 안 되었다. 기둥은 둥글고 판자는 사각형이며 기둥은 좁고 판자는 넓으므로, 서로 어긋나서 착 달라붙기 어려운 상황이었다. 둥근 것에 둥근 것을 맞추어 추호도 어긋남이 없도록 하여 자연의 비밀이 오묘하게 한곳에 모이도록 하는 것이 어떠한가? 이 대

차군련此君聯(원서의 삽도)

---

65 석청石青: 그림의 안료로 쓰는 남동석藍銅石.
66 석록石綠: 공작석孔雀石. 염기성 탄산구리로 이루어진 단사 결정계單斜結晶系의 광석으로 공작의 날개와 같은 밝은 녹색을 띠며 장식물이나 안료로 사용된다.

련은 구리 갈고리로 기둥에 걸 필요가 없다. 구리 갈고리를 사용하면 그만큼 사물이 많아져서 혹이 된다. 단지 아래위에 구리 못 두 개를 사용하여 구멍을 뚫고 못을 박아 움직이지 않도록 하면 그만이다. 구멍을 뚫는 곳은 반대로 글자가 있는 곳을 선택하여 구멍을 뚫으며, 못을 박은 뒤에 글자의 색으로 못의 위를 칠하면, 하나의 색으로 혼연일체가 되어 못의 모양이 보이지 않아서 더 오묘하다. 파초 잎 모양의 대련을 못질할 경우에도 그렇게 한다.

## 비문액碑文額[67]

세 글자 편액은 가로로 쓰는 것이 다수이며, 간간이 세로로 쓰는 것이 있는데 모두 두 줄로 쓴다. 편액에 사각형의 양식을 사용하는 것도 가끔 나타나지만, 모두 흰 바탕에 검은 글자이거나 청록색의 글자다. 이것은 석각石刻을 모방하여 만들고 분칠한 벽 위에 걸은 것으로 편액이라 할 수 있고 비문碑文이라고 해도 된다. 이름은 비록 비석이지만 실제로 석재를 사용하지는 않는데, 석재를 사용하면 비용이 많이 들고 색이 잘 드러나지 않아 나무로 만드는 것만 못하다. 그 색은 또 탁본의 색을 모방하지 않는데, 탁본의 색은 어두워 멀리서 보면 그리 분명하지 않기 때문이다. 바탕은 검은 칠을 사용하고 글자는 백색의 분으로 메워 칠한다. 이렇게 하면 값이 저렴하고 또 관상하는 사람의 눈에 잘 보인다. 이러한 편액은 오직

---

67  비문액碑文額: 비문 형태의 편액.

문이 열리는 벽 위에 사용해야 마땅하며, 또 비바람이 미치지 않는 곳이어야 한다. 손님이 도착하여 두 짝의 문을 아직 열기 전에 먼저 편액 아래에 서면, 휘장을 젖히고 방에 들어서지 않아도 이미 문사의 거처임을 알게 될 것이다.

## 수권액 手卷額[68]

편액의 몸체는 판자를 사용하며, 바탕에는 하얀 분을 사용하고 글자는 석청과 석록을 사

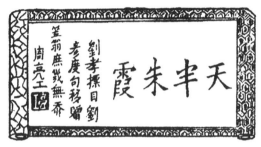

수권액 手卷額(원서의 삽도)

용하거나 혹은 숯으로 먹을 대신해도 안 될 것이 없다. 보통의 편액 양식과 다름이 없으며, 다만 둥근 나무 두 개를 첨가하여 편액의 양측에 붙여서 두루마리의 축처럼 그렇게 만든다. 좌측에는 비단의 무늬를 그려서 표구의 양식과 비슷하게 한다. 우측은 너무 정교하면 안 되고, 단지 그림을 배접한 종이의 색과 비슷하게 할 뿐이다. 천연의 그림이며 절대 깎고 다듬은 흔적이 없으므로 훌륭한 제도로서 어찌 이보다 뛰어난 것이 있겠는가? 눈앞에 있는 경물이

---

68　수권액 手卷額: 두루마리 형태의 편액.

고 가까이 있는 사물임에도 아주 오랜 옛날부터 헤아려 언급한 사
람이 없는 것이 너무나 괴이하다.

## 책혈편冊頁匾[69]

사각형의 판자
네 조각을 사
용하며 크기는
서로 같고, 뒷
면에서 나무로
연결한다. 끊어
진 것을 연결

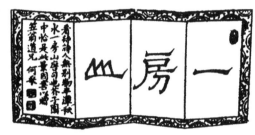

책혈편冊頁匾(원서의 삽도)

시켜 형태를 구부릴 수 있게 하지만 너무 굽어서는 안 된다. 테두
리에는 비단 무늬를 그리며 역시 표구의 색과 유사하게 한다. 다만
붓을 사용하여 그리며 칼로 조각하지 않는다. 조각하는 것은 거칠
고 간략하여 도리어 붓으로 그린 것만큼 정교하지 못하다. 또 기름
을 칠에 섞으면 착색하기가 어려워, 그림을 그릴 때에 색을 진하거
나 연하게 선택하는 대로 칠할 수 있는 것만 못하다. 글자는 반드
시 칼로 새긴다. 각각 적당한 곳이 있으므로 뒤섞어 사용하면 안
된다.

---

69 책혈편冊頁匾: 책 형태의 편액.

## 허백편 虛白匾70

"텅 빈 방에는 빛이 생겨나 밝다虛室生白"71는 옛말이 있다. 또 텅 비어서 오묘하지 않은 것이 없으며 꽉

허백편虛白匾(원서의 삽도)

차면 융통성이 없을 것이다. 얇은 판자 중에 견고한 것을 사용하여 그 위에 표현하려는 글자를 붙이고, 이 글자를 투각하여 텅 비게 하여 달콤한 음식이나 소를 넣은 떡을 만드는 목제 떡살처럼 반드시 앞뒤가 서로 통해 조금도 걸리는 것이 없게 한다. 글자가 없는 부위에는 재灰를 발라 단단하게 하고 칠을 하여 광택을 없앤다. 이렇게 완성되기를 기다렸다가 깨끗한 백면지白綿紙72 한 겹을 글자 뒤에 붙인다. 나무는 검으면서 광택이 없고 글자는 희면서 광택이 있으므로, 이미 영롱하면서 또 탁본과 유사해 편액이라는 명칭이 있지만 편액의 흔적은 없을 것이다. 다만 이러한 편액은 마구 사용

---

70  허백편虛白匾: 검은 바탕에 하얀색의 글자가 보이도록 만든 편액. 글자 부분을 투각하여 텅 비어虛 하얗게 보이므로白 허백편이라 했다.

71  虛室生白허실생백: 텅 빈 방에는 빛이 생겨나 밝다. 마음에 잡념이 없으며 도를 깨달아 지혜가 생겨난다는 것을 비유. 출처는 『장자』「인간세人間世」.

72  백면지白綿紙: 흰색의 면지. 면지는 면화로 만든 것이 아니라 나무의 섬유로 만든 종이이며, 섬유질이 면화처럼 길어서 면지라 한다.

해서는 안 되며, 내부가 어둡고 외부가 밝은 방을 선택하여 설치한다. 만약 방의 뒤에서 광선이 비치면, 우선 그 방과 구멍이 통하게 하여 편액이 밖으로 향하도록 하며, 그렇지 않으면 들어오는 문의 위치에 설치하여 정면이 안을 향하게 한다. 예로부터 천장이 높고 문이 낮으면 반드시 가로 판자 하나를 문 위에 설치했다. 허백편虛白匾으로 판자를 대신하면 누가 아름답지 않다고 하겠는가?

## 석광편石光匾[73]

———

석광편은 허백편의 일종으로 실질은 같으나 명칭이 다른 것이다. 돌을 쌓아 가산假山(인공으로 만든 산)을 만든 장소에서 바위가 우연히 끊어진 지점을 선택하여 석광편으로 연결한다. 역시 얇은 판자 하나를 사용하여 글자의 투각이 완성되면 색을

석광편石光匾(원서의 삽도)

칠하여 산과 색을 같게 하는데, 조금도 다르게 해서는 안 된다. 글

———

**73** 석광편石光匾: 글자 부위를 투각하고 나머지 부위를 여러 가지 돌로 장식하여 만든 편액.

자 옆에 있는 공백은 작은 돌로 보충하는데, 생칠生漆[74]로 접착시켜 판자가 보이지 않도록 한다. 판자의 사방도 돌로 보충하여 산의 돌과 한 덩이로 결합되어 가공한 흔적이 없도록 한다. 그러면 결국에는 돌 위에 쓴 글자를 후세 사람이 조각하여 그 자취를 보존시킨 것처럼 보일 것이다. 글자 뒤에 걸리는 것이 없으면 하늘과 통하게 하고, 그렇지 않으면 면지綿紙를 붙여 빛을 투과시키고 장애물을 가려버린다.

## 추엽편秋葉匾[75]

홍엽紅葉(붉게 단풍이 든 나뭇잎)에 시를 써서 궁전의 도랑에 띄운 일[76]은 천고의 아름다운 이야기다. 이

추엽편秋葉匾(원서의 삽도)

것을 가져다가 편액을 만드는 일도 운치가 있다고 느껴진다. 다만 홍엽 형태의 편액을 제작하는 것은 푸른 파초 잎 형태의 편액을 제

---

74  생칠生漆: 옻나무에서 채취한 천연의 유백색 아교상의 액체.
75  추엽편秋葉匾: 가을철 이파리 형태의 편액.
76  御溝題紅어구제홍: 여러 가지 이야기가 전해오며, 대표적인 것은 당나라 은자 범터范攄의 필기소설집 『운계우의雲溪友議』에 실려 있는 당 선종宣宗(재위 846~859) 시기 시인 노악盧渥과 궁녀 사이의 이야기와 송나라 문학가 손광헌孫光憲(901~968)의 필기소설집 『북몽쇄언北夢瑣言』에 실려 있는 당 희종僖宗(재위 873~888) 시기 진사 이인李茵과 궁녀 사이의 이야기다.

작하는 것과 다르다. 파초 잎은 커야 하고 홍엽은 작아야 적당하다. 편액은 가로 양식을 선택하며 대련의 오묘함은 세로 양식에 있다. 대련의 오묘함이 여기에 있다. 이것도 모르면 안 된다.


## 5. 가산假山과 돌

그윽한 거처에 자갈을 쌓아 가산假山을 만든 것은 본래 부득이한 것이다. 자신의 몸을 산의 바위 아래에 두어 나무나 바위와 더불어 살 수 없으므로, 한 무더기의 돌로 산을 대신하고 한 움큼의 물로 강을 대신했는데, 이른바 다른 도리가 없어 온갖 궁리를 다한 것이다. 그러나 도시를 산림으로 변화시키고 비래봉飛來峯[77]을 불러다가 평지에 놓을 수 있는 것은 자연히 신선의 신묘한 술법으로서, 사람의 손을 빌려 기이한 재주를 보여준 것이므로 작은 재주로 간주해서는 안 된다. 또 자갈을 쌓아 산을 만드는 것은 별도의 학문이며, 특별한 지혜이고 기교다. 산수의 흥취가 가슴에 가득 차고 안개와 구름이 붓을 휘감고 있는 듯한 풍류객에게 물을 그리고 산을 읊도록 명령하면, 순식간에 수많은 봉우리와 계곡을 그려낼 것이다. 하지만 방 앞에 돌조각을 쌓도록 요청하면 그 재주가 즉시 궁색해져서 맹인에게 길을 묻는 것과 비슷해진다. 그러므로 예로부터 산을

---

77  비래봉飛來峯: 마치 다른 지역에서 날아온 듯이 주위 환경과 격리된 느낌을 주는 바위나 봉우리를 지칭. 절강성 항주와 소흥紹興을 비롯한 여러 지역에 '비래봉'이라 불리는 봉우리나 바위가 있다.

쌓는 명인이 모두 시를 잘 짓고 그림을 잘 그리는 사람은 아니었다. 되는대로 돌 하나를 집어 뒤집어놓은 것을 보면, 예스럽고 힘차게 무늬를 이루며 구불구불하여 그림처럼 아름다운데 이것은 바로 조물주의 교묘한 솜씨를 이하게 보여준 것이다. 비유하자면 점을 쳐서 신령을 부를 때, 신들려 쓴 시와 길흉을 판단하는 글자는 손이 가는 대로 바로

원림園林. 명대. 목판삽도

서첩이 되고 붓만 대면 모두 아름다운 말이 되지만, 신령을 부른 술사에게 질문하면 도리어 그 의미를 설명하지 못하는 것이 있다. 만약 이러한 것들이 서예에 뛰어나거나 시를 잘 짓는 사람에게서 나왔다면, 사람의 마음을 날조한 것에서 나온 게 아님을 어떻게 알겠는가?

오묘한 점은 시를 잘 짓지 못하는 사람에게 시를 짓도록 시키고 서예에 뛰어나지 못한 사람에게 글을 쓰도록 하는 데에 있으며, 그렇게 한 뒤에야 신묘한 도리를 움직이는 것은 모두 신령의 힘에서

비롯된다는 것을 알게 된다. 돌을 쌓아 산을 만드는 일에는 문인이나 풍류객을 쓰지 않으며, 오직 이러한 일에 뛰어난 무리에게 시키는 원리도 이와 같다. 그러나 조물주와 귀신의 재주에도 뛰어나거나 졸렬하거나 우아하거나 저속한 구분이 있으며, 주인의 취사선택에 따라 취사선택된다. 주인이 우아하여 정교한 것을 좋아하면 정교하고 우아한 것이 만들어질 것이다. 주인이 저속하여 졸렬한 것을 용납하면 졸렬하고 저속한 것이 만들어질 것이다. 수많은 돈을 써도 산은 산이 되지 못하고 바위는 바위가 되지 못하는 것은 또한 조물주와 귀신이 몰래 나쁜 짓을 해서 주인을 위해 주인 본래의 모습을 그려내어 주인의 사람됨과 닮게 한 것이다. 꽃 하나와 돌하나의 위치가 적당하면 주인의 정신 수준이 이미 여기서 드러날 것인데, 어찌 말을 들어보고 모습을 살핀 뒤에야 그 사람을 알아보겠는가?

## 대형 가산

———

산 가운데 작은 산은 정교하게 만들기 쉬우나 큰 산은 잘 만들기 어렵다. 내가 평생 마음껏 유람하며 유명한 정원을 두루 관람했지만, 1무(약 607제곱미터)의 넓이에 여러 길(10여 미터) 높이의 가산으로서 보충하고 뚫은 흔적이 없어 멀리서 보면 진짜 산과 다름없는 것은 지금까지 보지 못했다. 이는 글을 쓰는 것과 같아서 전체를 구상하기는 어렵지만 자잘한 단락을 배치하기는 쉬운 것과 마찬가지다. 당송팔대가唐宋八大家[78]의 문장은 모두 기백이 남보다 뛰어나

정원과 연못, 명대, 목판 삽도

자구를 자세히 살펴보지 않아도 한 번 보고 명작임을 알 수 있다. 먼저 전체적인 구도를 완성한 이후에 화려한 어휘로 수식하므로 대충 보거나 자세히 관찰하거나 간에 운치가 동일하다.

　만약 문장의 골격이 아직 세워지지 않았는데 재주가 붓끝에서 나오는 경우라면 앞부분으로 말미암아 중간 부분이 만들어지고 중간 부분으로 말미암아 뒷부분이 만들어지는데, 이러한 것은 문장으로 문장을 짓는다고 하며 이 역시 물이 흘러 시내를 이루는 것과 같이 오묘한 경지라 할 수 있다. 그러나 이러한 문장은 자세히

---

**78**　당송팔대가唐宋八大家: 당나라의 한유韓愈(768~824)와 유종원柳宗元(773~819), 송나라의 소순蘇洵(1009~1066), 소식蘇軾(1037~1101), 소철蘇轍(1039~1112), 구양수歐陽修(1007~1072), 왕안석王安石(1021~1086), 증공曾鞏(1019~1083) 등 여덟 문장가. 중국 문학계뿐만 아니라 고려와 조선에도 많은 영향을 미쳤다.

감상할 수 있지만 멀리서 감상할 수 없는데, 멀리서 감상하면 중복되고 꾸민 흔적이 나타날 것이기 때문이다. 서화의 원리도 그렇다. 명인의 서화 작품을 대청의 중앙에 걸어놓고 8자에서 10자(약 2.4~3미터) 떨어져서 감상하면, 무엇이 산이고 무엇이 물이며, 어느 곳이 정자이고 나무인지 알 수 없다. 즉 글자의 필획은 아득하여 판별할 수 없고 작품 전체의 규모만 보이지만 바로 사람들의 찬탄을 자아낸다. 무엇 때문인가? 기백이 남보다 뛰어나고 전체적인 구도에 오류가 없기 때문이다. 돌을 쌓아 산을 만드는 방법에 있어서도 대부분은 완성된 구도가 전혀 없어 마치 문장으로 문장을 짓는 것처럼 한 단락씩 늘리는 것일 뿐이다. 명인도 그런데 하물며 졸렬한 장인이야 어떻겠는가? 그러므로 거석을 쌓으려는 사람은 앞으로 어떻게 해야 할까? 반드시 당송 시기의 여러 대가가 다시 태어나고 비범한 재능을 가진 사람을 다섯 명의 역사로 변하게 한 뒤에야 만들도록 시킬 수 있는가? 아니면 하나의 큰 가산을 수십 개의 작은 가산으로 나눠서 만들어 일 년 내내 내려다보며 졸렬함을 감출 것인가? 대답하기를, 어렵지 않다. 흙으로 돌을 대신하는 방법이 있다. 인력과 물자를 절약할 수 있으며 천연적으로 구불구불하여 오묘하게 할 수 있다. 진짜 산에 가산을 섞어 사람들이 알아보지 못하게 하는 것으로 이보다 오묘한 방법은 없다.

높고 넓은 가산을 쌓는데, 전부 부스러진 돌을 사용하면 수없이 기운 승복처럼 한곳이라도 깁지 않은 곳을 찾으려 해도 찾을 수 없으며 이것이 차마 볼 수가 없는 원인이다. 흙으로 사이를 채우면 말끔하게 흔적이 사라지며 또 나무를 심기에 편리하다. 나무뿌리가 단단하게 얽히면 돌처럼 견고해지고, 또 나무가 자라 잎이 무성해지면 완전히 하나의 색으로 어우러져, 어느 것이 돌이고 어느 것이 흙인지 분간할 수 없다. 진짜 산의 좌우에 세워두면 쌓아서 만든 산인지 구별해낼 수 있겠는가? 이 방법은 돌의 많고 적음에 관계가 없으며, 또 반드시 흙과 돌을 반씩 섞으려 할 필요도 없다. 흙이 많으면 토산에 바위가 있는 것이며, 돌이 많으면 석산에 흙이 있는 것이다. 흙과 돌의 두 물질은 본래 서로 떨어질 수 없으므로, 석산에 흙이 없으면 초목이 돋아나지 못하며 민둥산이 될 것이다.

## 소형 가산

────

작은 산에도 흙이 없을 수 없지만 돌을 위주로 만들며 흙을 덧붙인다. 흙이 돌보다 뛰어날 수 없는 점은, 돌로는 벽을 세울 수 있으나 흙으로 벽을 세우면 쉽게 무너지므로 반드시 돌에 의지하여 울타리를 만들어야 하기 때문이다. 겉은 돌이고 내부는 흙으로 하는 이것이 예로부터 변하지 않은 방법이다.

산의 바위가 아름답다고 하는 것은 모두 투透·누漏·수瘦[79] 세 글자에 있다. 이곳이 저곳과 통하고 저곳이 이곳과 통하여 다닐 수

────

[79] 투透·누漏·수瘦: 일반적으로 중국에서 특히 태호석太湖石(타이후호에서 주로 산출되는 구멍이 많이 뚫리고 구불구불한 형태의 수석)을 감상하는 표준으로 많이 사용되는 용어. 투透는 구멍이 전후좌우로 서로 통해 구멍을 통해 뒤의 배경이 투과되어 보이는 상태를 지칭한다. 누漏는 구멍이 많고 서로 연결되어 있는 상태를 지칭한다. 수瘦는 태호석의 형태가 날씬하고 우뚝하게 솟아 아름다운 것을 지칭한다. 이 밖에 추皺라는 표준이 하나 더 있으며, 주름이 지듯이 돌이 구불구불하게 변화가 많은 형태를 지칭한다. 네 가지 표준 모두에 철학적인 개념이 함유되어 있어 해석이 분분하다.

태호석太湖石, 『마태화보馬駘畫寶』의 삽도, 1928

있는 도로가 있는 것과 같은 것이 이른바 '투透'다. 바위 위에 눈(구멍)이 있고 사면이 아름다운 것이 이른바 '누漏'다. 석벽이 허공을 향해 솟구쳐 기댈 곳 없이 외롭게 서 있는 것이 이른바 '수瘦'다. 그러나 수瘦와 투透 두 가지는 어느 부분이든지 그래야 하지만, 누漏는 너무 심해서는 안 된다. 만약 도처에 구멍이 있으면 가마에서 구운 도기와 비슷해지며, 구멍의 크기에 제한이 있으므로 하나의 틈이라도 우연히 막히는 것이 허용되지 않는다. 막힘이 극에 달하면 통하는 법이며 우연히 한 번 구멍이 나타나야 비로소 돌의 본성에 부합한다.

수척하고 작은 산은 모두 윗부분이 넓고 아랫부분이 좁아야 하며, 뿌리 부분이 일단 크면 비록 아름다운 형상이라도 감상하기에는 충분하지 않다.

바위의 눈은 둥근 것을 피한다. 설사 천연적으로 둥글게 생성된 눈이 있더라도 옆에 깨진 돌을 붙여 모나도록 해 지나치게 둥근 모양은 피한다.

돌의 무늬와 돌의 색은 동일한 것을 선택한다. 예를 들면 굵은 무늬와 굵은 무늬가 한곳에 어우러져야 하고, 가는 무늬와 가는 무늬가 한 방향에 있어야 적당하다. 자주색·푸른색·청색·홍색은 각각 유사한 종류를 한데 모아야 옳다. 그러나 구분되는 것이 너무 심하여 서로 연결된 부위가 도리어 부자연스럽게 느껴지면, 되는대로 선택하여 편리하게 마음이 가는 대로 변화되는 것만 못하다. 돌의 본성이란 서로 의지해야 한다. 그러한 본성을 거슬러 사용하면 차마 볼 수 없을 뿐만 아니라 오래 지탱하기 어렵다. 돌의 본성은 무엇인가? 기울어지거나 똑바르거나 가로이거나 세로로 나 있는 무늬다.

## 석벽石壁

가산을 좋아하는 것은 사람마다 모두 같은 마음이지만, 유독 절벽을 만드는 것을 모르는데, 이것은 섭자고葉子高가 용을 좋아한 것80과 같은 것이라 할 수 있다. 가산을 만들려면 그 장소가 넓지 않으면 안 된다. 벽은 우뚝하게 수직으로 올라가서 굳센 대나무나 홀로 서 있는 오동나무와 같은데, 거처 앞에 공터만 있으면 누구나 만들 수 있다. 또 산의 형

양저우揚州 펜스산팡片石山房의 가산
펜스산팡은 양저우 쇼화이위안雙槐園에 있으며 호수의 돌로 유명하다. 원림 내부의 가산은 청대 화가 석도石濤(1642~ 1707?) 가 쌓아 올린 것이라고 한다.

---

80　섭자고葉子高가 용을 좋아하다: 출처는 한나라 문학가 유향劉向의 『신서新序』 「잡사오雜事五」. 춘추시대 초나라의 귀족 섭자고가 용을 좋아하여 온통 용무늬로 장식했으나, 실제 용이 나타나자 혼비백산하여 도망가버렸다. 스스로 어떤 사물을 애호한다고 하지만 실제로는 진정으로 애호하는 것이 아니라 심지어 두려워하는 것을 가리킨다.

상은 구불구불하여 기세를 표현하기 어려우므로 재주가 조금 용렬하면 바로 전문가의 질책을 받는다. 벽에는 다른 기이한 기교가 없으며 그 양식은 담을 쌓는 것과 같지만, 조금 구불구불하게 굴곡이 있으면 그 모습이 험준하고 우뚝하여, 올려다보면 깎아낸 듯해 바로 깎아지른 절벽과 다름이 없다. 또 산과 벽은 그 형세가 서로 의지하고 있으므로 병행해도 서로 조화를 깨트리지 않는다.

대체로 돌을 쌓아 산을 만든 집에서는 정면에 산을 만들면 뒷면은 모두 석벽을 만들 수 있다. 앞이 비스듬하고 뒤가 수직인 것은 산과 석벽뿐만이 아니며, 사물의 원리가 모두 그렇다. 의자·평상·배·수레 등의 종류처럼 바로 산의 본성도 또 이와 같아서, 앞부분이 울퉁불퉁하면 뒷면이 깎아지른 절벽이 아닌 것이 없으므로, 절벽의 설치는 진실로 그만둘 수 없는 것이다. 다만 절벽 뒤를 평평한 벌판으로 만들어 사람들에게 한 번에 다 보이도록 하는 것은 피해야 한다. 반드시 어떤 물건으로 가려서 자리에 있는 손님이 올려봐도 꼭대기를 다 볼 수 없도록 해야 하며, 이렇게 해야 까마득히 높은 절벽의 기세가 있어 그 명칭이 헛되지 않을 것이다. 무엇으로 가리는가? 대답하기를 정자가 아니면 가옥이다. 벽을 마주하고 있거나 담을 등지고 서서 다만 시선과 처마가 수평이 되며 절벽의 꼭대기가 보이지 않으면 최고일 것이다.

석벽은 반드시 산 뒤에 있을 필요가 없으며, 왼쪽이나 오른쪽에 있어도 모두 좋다. 다만 다른 자세와 서로 어울리는 것을 선택한다. 혹은 원래 정자나 가옥이 있어 이 석벽으로 조장照墻[81]을 대신하면 또 매우 편리하다.

## 석동 石洞

가산은 크기에 관계없이 그 속에 모두 동굴을 만들 수 있다. 동굴도 넓게 할 필요가 없지만 넓으면 이것을 이용하여 사람이 앉을 수 있다. 만약 너무 작아 무릎을 넣을 자리가 없으면 다른 가옥과 연결한다. 그 가옥 안에도 작은 돌 몇 덩이를 놓아 이

항저우杭州 구산孤山산에 있는 샤오룽훙둥小龍泓洞

동굴과 끊어진 듯 연결된 듯하게 하여 가옥과 동굴을 뒤섞어 하나로 하면 거실에 있더라도 동굴에 앉은 것과 다름없을 것이다. 동굴 속은 약간 비어야 적당하며 속에 물을 저장해두고 새는 틈을 인공적으로 만든다. 위에서 아래로 흘러 떨어지는 소리가 나게 하는데 아침저녁으로 모두 그렇게 되도록 한다. 동굴 속에 몸을 두면 유월에도 한기를 느끼니, 실제로 그윽한 골짜기에 산다고 말하지 않는 경우를 나는 믿지 못하겠다.

---

81  조장照墻: 조벽照壁. 영벽影壁. 대문을 마주하여 세워 가림막 역할을 하는 벽.

## 자잘한 작은 돌

가난한 선비의 집으로서 돌을 좋아하는 마음은 있으나 능력이 없는 사람은 굳이 가산을 만들 필요가 없다. 울퉁불퉁하고 우뚝하게 솟은 하나의 돌을 정감 있게 잘 놓아두고, 그 곁에 앉거나 누우면 바로 산수를 몹시 좋아하는 버릇을 위로할 수 있다. 만약 주먹 크기의 돌도 돈으로 사야 한다면 이러한 물건도 사람에게 효용이 있으니 어찌 헛되이 보기 위해서만 설치하겠는가? 평평하게 하여 앉을 수 있으면 의자나 평상과 같은 용도가 된다. 기울여 기댈 수 있으면 난간과 용도가 같아진다. 어깨 높이와 조금 비슷하게 하여 향로나 차 도구를 놓을 수 있으면 또 탁자를 대신할 수 있다.

꽃 앞이나 달빛 아래 사람을 접대하는 이러한 돌이 있고, 또 드러난 곳에 두어도 무방하면 다른 물건을 움직이는 수고가 줄어든다. 오래 견뎌 부서지지 않으므로 명칭은 비록 돌이지만 사실은 가구일 것이다. 또 옷을 다듬이질하는 다듬잇돌은 마찬가지로 돌이지만 구하는 데 돈을 아끼지 않는다. 돌이 비록 쓸모가 없다 하더라도, 옷을 다듬이질하는 다듬잇돌조차 될 수 없겠는가? 왕자유王子猷[82]는 다른 사람에게 대나무를 심도록 권했으나, 나는 또 사람들에게 돌을 세워놓도록 권유한다. 대나무가 있으면 돌이 없어서는 안 된다. 똑같이 긴급하지 않은 일이지만, 이를 위해 매우 간

---

**82** 왕자유王子猷(338~386): 본명은 왕휘지王徽之. 왕희지의 다섯째 아들이다. 『진서』 「왕희지열전·왕휘지」에 따르면, 대나무를 몹시 좋아하여 하루라도 대나무가 없으면 안 된다고 말했다.

곡하게 말하는 것은 사람의 일생에 다른 병은 있을 수 있지만 저속하다는 병은 있어서는 안 되기 때문이다. 이 두 가지(대나무와 돌)를 얻으면 바로 저속한 병을 고칠 수 있으니 약을 주어 사람을 구제하는 것과 마찬가지로 선량한 마음에서 자원한 것이다.

「죽석도竹石圖」, 명대, 요수姚綬(1422~1495)

# 제3부 완상하는 기물에 관하여 器玩部

## 1. 제도制度

사람의 귀천에 관계없이, 또한 집의 빈부와 관계없이 음식 그릇은 모두에게 필요하다. "한 사람의 몸에 수많은 기술자가 만든 기물이 갖추어져 있다一人之身, 而百工之所爲備"[1]고 맹자가 일찍이 말했다. 완상하고 좋아하는 물건은 부귀한 사람만이 필요로 하며, 가난하고 비천한 집에서는 그 양식에 관심을 갖지 않을 수 있다. 그러나 대충 사용하는 물건이라도 제작이 매우 정교해 왕후의 집으로 들어가면 완상하고 애호하는 기물과 같은 것이 된다. 보석과 옥으로 만든 기물이라도 가공이 훌륭하지 못하면 자손의 손에 전해졌을 때 팔아도 한 푼의 가치가 못 된다. 만약 정교함과 투박함이 하나의 원리임을 알면, 부귀와 빈천도 동일한 이치임을 바로 알 것이다. 나는 태생이 비천하며 또 매우 곤궁하여, 진귀하고 보배로운 기물은 비록 일찍이 갖지 못했지만 눈으로 본 것은 매우 많다.

　매번 화려하고 아름다운 집에 가서 휘황찬란한 것이 별처럼 펼쳐

---

1　一人之身而百工之所爲備: 출처는 『맹자』「등문공상」.

지고 바둑알처럼 진열된 것을 보았으며, 이것들에 마음이 움직이지 않은 적이 없었다. 하지만 보는 대로 마음이 움직인 것도 아니었는데 재료는 훌륭했으나 재료를 선택하여 제작한 것이 다 뛰어나지는 않았기 때문이다. 가난하고 검소한 집에 들어가 그 집 사람이 나무로 사립문을 만들고 항아리로 창을 만든 것을 보면, 황제黃帝·우임금·순임금 및 하·은·주 시대의 품격이 넘쳐흘렀으나 한편으로 순전히 자연 그대로 사용하여 가공하지 않은 점이 마음에 들지 않았다. 예를 들어 깨진 항아리로 창을 만들 수 있지만, 항아리 가운데 깨어진 것을 골라 연결하여 크고

「시문송객도柴門送客圖」, 명대, 주신周臣(1460~1535)
두보의 시 「남린南鄰」의 "사립문에서 배웅하는데 달빛이 새롭구나相送柴門月色新!"라는 구절을 그림으로 표현

작은 것이 뒤섞이도록 하면, 같은 항아리라 하더라도 가요哥窯2의 빙

2  가요哥窯: 가요에서 생산한 도자기에는 금사철선金絲鐵線(황금색과 비슷한 누런색의 가는 선과 흑색의 굵은 선)이라 불리는 굵고 가는 균열 무늬가 도자기 전체에 가득 분포한다. 송대의 5대 명요名窯에 속한다.

렬문氷裂紋[3]이 나타날 것이다.

땔나무로도 사립문을 만들 수 있다. 그림에 그려 넣을 만한 보기 좋은 땔나무를 골라 사립문을 만들어 성글고 촘촘하기를 적당하게 하면 동일한 사립문이지만 농부의 문과 유학자의 문이라는 차이가 있을 것이다. 사람들이 말하기를 저속한 것을 우아하게 변화시키는 것은 철을 황금으로 만드는 것과 같아서, 천하에서 오직 세상을 다스리고 백성을 구제하는 재능을 가진 사람만 이렇게 할 수 있는데 어찌 모든 사람을 책망할 수 있느냐고 했다. 내가 대답했다. 눈을 뭉쳐 사자를 만들고 대나무를 잘라 말을 만드는 것은 모든 삼척동자가 뛰어나게 할 수 있지만, 어찌 동자도 세상을 다스리고 백성을 구제하는 재능을 가지고 있다고 하겠는가? 귀와 눈이 있으면 잘 듣고 분명하게 볼 수 있으며, 생각이 있으면 지혜와 기교가 있는데 스스로 우둔하다고 한정하여 고민만 하고 온갖 궁리를 다해 시도하지 않았을 뿐이다.

## 탁자

———

내가 처음 『연궤도燕几圖』[4]를 보고 이것을 만든 사람이 나보다 열 배나 백배 더 총명한 것에 탄복했다. 스스로 설치하기에는 능력이 없

———

3 빙렬문氷裂紋: 얼음이 갈라 터진 흔적처럼 도자기의 유약 표면에 나타나 있는 균열의 무늬. 가요哥窯 자기가 빙렬문으로 유명하다.
4 『연궤도燕几圖』: 송나라 서예가 황백사黃伯思(1079~1118)가 저술한 중국 최초의 가구를 조합하여 배치하는 설계도. 일정한 비례에 따라 대형·중형·소형 세 종류 탁자를 제작하고, 이들을 조합하여 25종의 형태로 배치하는 방법을 설명했다.

어 설치할 사람을
널리 구해 과연
적용할 수 있는가
를 물어보려고 했
으나, 끝내 그러
한 사람을 찾지
못했다. 내가 이처럼

황화리궤안黃花梨几案, 명대

대단한 생각을 다해가며 그야말로 고심참담했다고 말하지 않을 수
가 없는데 본받으려는 사람이 없으니 그 까닭은 무엇인가? 너무 번
잡하고 자잘했으며 또 모두 진열하여 전체적인 형세를 관망할 수
있는 매우 커다란 저택이 없기 때문이다. 대개 사람이 물건을 만들
면, 반드시 사람마다 구비할 수 있고 집집마다 사용할 수 있도록
해야 비로소 일용 필수품이라는 자원이 된다. 그렇지 않으면 면류
관을 팔고 진귀한 음식을 파는 일이 되어 구매하기 어려울 것이다.
그러므로 내가 말하는 바는 반드시 높고 심원한 것을 버리고 가깝
고 알기 쉬운 것을 추구해야 한다는 것이다. 탁자의 설치는 내가
재료를 구비할 자산이 없어 아직 취급하지 못했다. 다만 탁자를 설
치하려면 반드시 그중에 세 가지 작은 물건이 없어서는 안 된다.

하나는 서랍이다. 이것은 세상에 원래 존재하는 것이지만 대부
분 이 물건을 경시하여 설치하기도 하고 설치하지 않기도 한다. 이
한 가지 물건이 있으면 편안하고 없으면 수고로우며, 또 이것을 게
으르고 졸렬한 것을 감추는 장소로 이용할 수 있다는 것을 모른
다. 문인에게 필요한 것으로, 예를 들면 편지지·칼·송곳·단사丹砂

및 백연분白鉛粉5·아교·풀 등의 종류는 하나라도 없어서는 안 된다. 비록 담당하는 사람이 있고 저장하는 다른 곳이 있더라도 결국 손에 잡히는 대로 구할 수 없으며 오른손이나 왼손처럼 자유롭게 사용할 수 없다. 나는 성격이 급해 왕왕 동자를 불렀을 때 오지 않으면 즉시 스스로 그 일을 한다. 서재의 위치가 멀리 우회하거나 가깝거나를 막론하고, 결국에는 몸을 움직이는 것 자체가 번거롭다. 서랍을 하나 설치하면 갑자기 필요한 물건을 모두 그 안에 수납하여, 신속하게 꺼낼 수 있을 뿐만 아니라 또 신기한 물건이 그 안에서 대기하며 주인의 명령을 듣고 있는 듯하다.

폐기된 원고와 찢어진 편지가 떨어지는 잎과 날리는 먼지처럼 청소해도 남고 치워도 다 제거되지 못하여, 밝은 창과 깔끔한 탁자에 큰 피해가 된다. 이때에도 잠시 수납하여 불에 태울 때를 기다릴 수가 있으므로 이른바 게으르고 졸렬한 것을 감추는 장소라 할 수 있다. 이것을 알면 책상만 그렇게 하는 것이 아니라, 거문고를 타고 그림을 감상하며 부처를 공양하고 손님을 맞이하는 자리에 모두 이것이 있어야 마땅하다. 하나의 일에는 그 일에 필요한 것이 있으며, 하나의 사물에는 그 사물의 용도가 구비되어 있는 것이다. 『시경』에서 "동자가 뿔송곳을 찼네童子佩觽"6라 노래했으며, 『논어』에서 "상복을 벗으면 패용하지 못할 장신구가 없다去喪, 無所不佩"7라고 했다. 사람의 몸도 그러한데 하물며 기물이야 어떠하겠는가?

---

5  단사丹砂 및 백연분白鉛粉: 책을 교정하는 데에 사용한 붉은색과 흰색의 물질.
6  童子佩觽: 출처는 『시경』 「위풍·환란衛風·芄蘭」.
7  去喪無所不佩: 출처는 『논어』 「향당鄕黨」.

하나는 격판隔板이라 하며, 이것은 내가 혼자 설치한 것이다. 겨울에 화로를 에워싸고 모일 때 궤석几席(탁자와 방석)을 설치하지 않을 수 없다. 불이 위로 타오르면 매번 탁자 표면과 몸체가 갈라 터지므로 미리 계획하지 않을 수 없다. 날씨가 아직 추워지기 전에 별도로 활판活板8 하나를 만들어 사용할 수도 있고 제거할 수도 있도록 탁자 표면의 아래에 보충한다. 끈으로 매달거나 갈고리로 걸어두거나 하여 탁자를 만들 때 먼저 기계장치를 만들어 준비해두었다가, 이것으로 불기운을 받도록 하여 불에 그슬리면 다른 것으로 바꾸는데 비용도 많이 들지 않는다. 이것은 기물을 소중하게 여기고 걱정하는 마음으로, 천하 만물을 낭비할까 염려되어 눈앞의 복을 아끼도록 권하는 것이다.

하나는 탁살桌撒9이라 한다. 이 물건은 돈으로 사는 것이 아니며, 다만 장인이 작업할 때 주인이 입을 여는 수고를 하고 하인이 손을 움직이는 노력을 하면 무궁하게 선택하여 끝없이 사용할 수 있다. 예로부터 탁자와 지면은 둘 다 평평할 수 없으므로 이동할 때 반드시 높이와 길이를 살펴서 탁살을 사용한다. 벽돌과 기와를 찾을 때 부지런해야 할 뿐만 아니라, 서로 어울리기가 어려우므로 높은 것을 덜어내어 낮은 것에 맞추거나 긴 것을 잘라서 짧은 것을 보충해야 한다. 이러한 것은 비록 매우 자질구레한 일이지만 목이 말라 우물을 파는 것과 같이 예나 지금이나 천하에 존재하는 일반적인 병폐이므로 세상 사람을 위해 고쳐보고자 한다.

---

8  활판活板: 고정된 것이 아니라 탈부착이 가능하게 만든 판자.
9  탁살桌撒: 탁자의 다리를 받칠 때 사용하는 쐐기와 유사한 형태의 물건.

대개 사람이 기물을 만들 때, 대나무 조각과 톱밥이 어디엔들 없겠는가? 길이가 한 치(약 3센티미터)를 넘지 않고 폭이 손가락 굵기를 넘지 않으며, 한쪽은 매우 얇고 다른 한쪽은 조금 두터운 정도면 주워서 저장해둔다. 많을수록 좋은데 탁자를 옮길 때 다리를 받치는 용도로 준비하는 것이다. 만약 탁자의 다리에 빈 곳이 적으면 얇은 부분만 괴고 나머지 부분은 다리의 외부에 남겨두고, 그렇지 않은 경우에는 모두 다리 아래에 괸다. 한 치의 나무토막에 불과하지만 높이와 길이에 따라 사용되며 내 돈 한 푼을 쓰지 않았으니 어찌 사람에게 아주 편리한 일이 아니겠는가? 다만 기름과 옻칠을 하여 대나무 조각이나 톱밥의 본 모습이 드러나지 않도록 해야 한다. 무엇 때문인가? 하나는 탁살이 탁자와 같은 색이 되어 비록 있지만 없는 듯 보이도록 하는 것이다. 하나는 동자가 땅을 쓸 때 기억할 수 없어 여전히 대나무 조각이나 톱밥으로 오인하여 제거해버릴 수 있으며 그러면 상황에 따라 반드시 아침마다 바꿔야 하므로 그 번거로움을 이기지 못할까 두려워서다. 기름칠과 옻칠을 하면 쓸모 있는 기물로 알고 그대로 둘 것이다. 이처럼 아주 자잘한 한 가지 일에도 두 가지 의미가 내포되어 있는데, 하물며 큰 일에 있어서야 어떠하겠는가? 한 사람이 수고하여 천하를 편안하게 했으니 나도

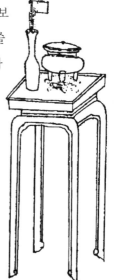

향궤香几(향로 받침용 가구)

세상에 공이 없는 사람은 아닐 것이다.

## 의자와 걸상

----

기물 가운데 앉는 용도인 것에는
세 가지가 있으며, 의자椅(등받이
가 있음), 작은 걸상机(등받이가 없
음), 긴 걸상凳이다. 세 가지의 제
작을 시대로 말하자면 현대가 고
대보다 우수하고, 지역으로 말하
자면 북방이 남방만 못하다. 유
양維揚[10]의 목기와 소주蘇州의 죽
기竹器는 고금에 으뜸이고 천하에
서 제일이라 할 것이므로, 내가
어찌 한마디라도 덧붙일 수 있겠
는가! 다만 두 가지 방법이 아직
구비되지 않았으므로 내가 특별

등凳(등받이가 없는 걸상)

히 창조하여 보충하려 하는데, 하나는 '애의暖椅'(따뜻한 의자)라 하
고 하나는 '양올涼机'(시원한 의자)이라 한다. 겨울에 책을 쓸 때 몸은
추위를 두려워하고 벼루는 얼어서 사용하기 괴로워, 화로를 여러
개 설치하여 서실을 온통 따스하게 하려 했다. 하지만 소용되는 비

----

10  유양維揚: 강소성 양주 중북부에 있는 지역.

용이 헤아릴 수 없이 많을 뿐만 아니라 탁자에 먼지가 발생하기 쉬워 하루가 못 되어 먼지 구덩이가 되었다. 만약 크고 작은 두 개의 화로를 설치하여 손과 발을 따스하게 하면 사지를 우대하지만 몸체를 박대하는 것으로, 한 몸체에서 저절로 겨울과 여름이 나누어지며 눈과 귀 그리고 마음 또한 스스로 외로운 신하나 서자처럼 억울한 처지가 될 것이다. 빈틈없이 계획하여 다 적절하게 준비한 것이 이 애의를 제작한 유래다. 제작법은 뒤에 도면으로 나열했다.

하나의 기물로서 여러 기물의 용도에 충당되므로 사람에게 이로운 것은 추위를 막는 것뿐이 아니다. 무더운 여름에 아교가 흘러내리고 쇳덩이가 녹아 흐를 것 같아 손으로 만지면 끓는 물이나 불에 덴 것 같지 않은 기물이 없는데, 하물며 본래부터 불을 일으킬 수 있는 나무야 말해 무엇 하겠는가? 양올凉杌도 다른 걸상과 같지만, 반드시 걸상의 표면 중앙 부분을 비워 사각형의 상자와 비슷하게 하여, 걸상의 사방과 바닥에 모두 유회油灰[11]를 칠하고 표면의 중앙 부분에 사각형의 기와 하나를 덮는다. 이 기와는 반드시 가마에 주문 제작한다. 강서江西[12]와 복건福建[13]이 가장 우수하고 의흥宜興[14]이 그다음이다. 각각 지역의 원근에 따라 뜻이 맞는 몇 사람이 약속하고 비용을 갹출하여 사람을 고용해서 가져오면 비용도 많이

---

11  유회油灰: 끓인 오동기름熟桐油에 석회나 석고를 반죽하여 만들며 틈을 메우거나 표면을 평평하게 만드는 데 사용하는 겔 형태의 재료.
12  강서江西: 강서성 동북부에 위치한 경덕진景德鎮은 중국 도자기의 중심지로 '자도瓷都'(도자기의 수도)라 불린다.
13  복건福建: 복건성 남부 덕화현德化縣의 덕화요는 명대부터 상아 빛깔을 띠는 백자의 생산지로 특히 유명하다.
14  의흥宜興: 강소성 남부에 있는 도시로 자사紫砂 도기의 생산지로 유명하다.

들지 않을 것이다.

먼저 차가운 물을 길어다가 걸상의 내부에 채우고 기와로 덮는데, 반드시 기와의 아랫면이 물에 닿도록 해야 얼음처럼 시원하다. 물이 더워지면 다시 물을 바꾸며, 물은 몇 바가지면 충분하여 힘도 많이 들지 않는다. 이것을 의자로 만들지 않고 걸상으로 만든 것은 여름에 하나의 사물을 가까이 하지 않으면 사물 하나의 더운 기운을 적게 받기 때문으로, 걸상은 사면에 막힌 것이 없어 앉으면 바람이 통한다는 점을 선택한 것이다. 의자로 만들면 상부의 재료는 반드시 나무를 사용해야 하고, 두 겨드랑이와 등은 또 등받이와 팔걸로 가려지며, 이것은 엉덩이만 고려하고 몸 전체는 고려하지 않는 것이다. 양올의 제작은 이해하기 쉬우므로, 도면을 이용한 설명이 필요 없을 것이다.

## 애의식曖椅式

—

애의(따뜻한 의자)는 태사의太師椅[15]와 같으면서 조금 널찍한데, 태사의는 엉덩이만 들어가지만 이것은 몸 전체가 들어가기 때문이다. 수옹의睡翁椅[16]와 같으면서 조금 직각으로, 수옹의는 잠자기에만 편리하지만 이것은 앉거나 눕거나 모두 적당한데, 앉는 경우가 많고

—

15  태사의太師椅: 송대에 처음 출현했으며, 청대에 와서는 팔을 놓는 팔걸이와 등을 기대는 등받이가 있는 안락의자를 지칭했다. 출처는 송나라 문학가 장서의張端義(1179~1248?)의 필기 『귀이집貴耳集』.
16  수옹의睡翁椅: 누워 잠을 잘 수 있는 평상. 이름은 의자椅이지만 실제로는 침상에 가까운 가구.

눕는 경우가 적다. 앞뒤에 문을 설치하고 양측에는 판자로 막으며, 엉덩이 아래와 발 아래에는 모두 받침대栅[17]를 사용한다. 받침대를 사용하는 것은 열기를 투과시키기 위한 것이며, 판자를 사용하는 것은 따스한 기운이 터럭만큼이라도

애의식曖椅式

새지 않도록 하기 위한 것이다. 앞뒤에 문을 설치한 것은 앞으로는 사람이 들어가고, 뒤로는 불을 들여놓기 위한 것이다. 그러나 일을 덜고자 하면 뒷문은 설치하지 않아도 되며, 사람이 들어오는 곳에서도 불을 들여올 수 있다. 이 의자의 오묘한 점은 완전히 발 받침대 아래에 서랍을 설치한 것에 있다. 단지 이 하나의 사물로 기이한 추위를 모두 막아 자신도 모르게 오관과 사지가 모두 그 이로움을 누린다.

별도로 부수갑扶手匣[18] 하나를 설치하며, 앞뒤의 크기는 가마 내에서 사용하는 것의 두 배로 한다. 문으로 들어가 앉아서 앞에 이 부수갑을 놓아 탁자를 대신한다. 가마 내에서 사용하는 것의 두

---

17  받침대栅: 목책처럼 엮은 형태의 받침대.
18  부수갑扶手匣: 팔을 놓을 수 있도록 만든 작은 탁자.

배로 한 것은 붓과 벼루, 책을 놓으려 하기 때문이다. 서랍은 판자로 만들며 바닥에 얇은 벽돌을 깔고 사방에 구리로 테를 두른다. 여기에 담는 재는 향로에서 향을 피울 때 사용하는 것처럼 아주 미세해야 한다. 그 속에 석탄을 놓고 위를 재로 덮으면, 열기가 강렬하지 않으면서 온 좌석이 모두 따스하여 엄동 시절의 별천지가 된다. 게다가 비용이 극히 저렴하고 아침부터 저녁까지 작은 석탄 네 덩이만 사용한다. 새벽에 두 덩이를 사용하면 정오까지 지속되고, 정오에 두 덩이를 갈아 넣으면 저녁까지 지속된다. 이 4개의 석탄은 저울로 달아서 4냥이 못되지만, 하루 동안 방이 따스하여 겨울이 없는 것과 같은 복을 누릴 수 있으므로 몸에 이로운 것이다. 만약 몸에 지극히 이로워도 일하는 데 무익하면 여전히 향락의 도구이지만 이것은 그렇지 않다. 부수갑은 판자를 사용하여 손바닥 크기의 한 조각을 잘라 제거하고 아주 얇은 단계연端溪硯으로 그곳을 때워서 생칠로 접착한다. 열기가 윗부분을 데워 벼루가 항상 따스하여 입김을 불어 벼루를 녹이는 수고로움이 영원히 없어지리라는 것을 묻지 않아도 알 수 있으니, 이것이 또 일하는 데 이로운 것이다.[19]

이뿐만 아니라 석탄 위에 재를 덮고 재 위에 향을 놓은 채 이 의자에 앉으면, 향기가 코를 찌르며 다가와 온종일 향기만 맡게 되니,

---

19 겨울에 벼루의 물이 어는 것을 방지하기 위해 벼루의 연당硯堂과 연지硯池의 아래에 빈 공간을 만들어 숯을 넣도록 되어 있는 형식의 난연暖硯이 청대에 중국의 북방에서 유행했다. 다만 단계연은 석질이 물러서 흡주석歙州石(안휘성)이나 송화강석松花江石(길림성)을 많이 사용했으며, 도자기나 금속으로 만든 난연도 있다. 북경이 추운 지역이므로 황실에서도 난연을 사용했다.

이것은 의자가 또 향로를 대신할 수 있는 것이다. 향로에 향을 피우면 향기가 흩어지지만, 애의에 향을 피우면 향기가 모여든다. 이렇게 보면 향로를 대체할 뿐만 아니라, 또 향로보다 훌륭할 것이다. 사람이 있으면 신체가 있으며, 신체가 있으면 의복이 있는데, 이 향을 태우면 아래에서 위로 향기가 올라가 자욱하여 뼈까지 스며들므로, 이것은 의자이면서 또 훈롱薰籠[20]을 대체할 수 있다. 훈롱으로 옷에 향을 배도록 할 경우에는 몇 벌에 그치지만, 애의로 옷에 향기를 스미게 하면 몸 전체에 스미게 된다. 이렇게 보면 하나의 훈롱을 대신하는 것일 뿐만 아니라 여러 개의 훈롱을 대신하는 것이다. 피곤하여 졸리면 베개에 기대어 잠시 쉴 수 있으므로 침상이 된다. 배가 고프면 음식을 가져와 탁자에 찬을 올려놓을 수 있으므로 다리가 없는 식탁이 된다.

　산을 유람하고 벗을 찾아갈 때 어찌 번거롭게 별도로 견여肩輿[21]를 찾겠는가? 다만 애의에 기둥을 두르고 의정衣頂[22]을 덮으면, 추위와 눈을 무릅써도 몸에 온기가 넘쳐서 왕자유王子猷의 배[23]를 버릴 수 있고 맹호연孟浩然의 나귀[24]가 없어도 되며, 또 앉을 수도 있

---

20　훈롱薰籠: 의복에 향기가 스미도록 하기 위해 사용하는, 몸체나 뚜껑에 구멍이 숭숭 뚫린 향로. 훈로薰爐라고도 한다.
21　견여肩輿: 두 사람이 메는 가마. 최초에는 산행의 도구였으나 후대에 평지에서 사용하게 되었다. 출처는 『진서』「왕헌지전王獻之傳」.
22　의정衣頂: 청대에 신분의 등급을 표시하는 의복과 모자. 여기서는 사방의 벽과 지붕을 덮는 천의 의미로 사용되었다.
23　왕자유王子猷의 배: 왕휘지王徽之(338~386)는 왕희지의 다섯째 아들로 서예가이며 자유는 왕휘지의 자. 『세설신어』「임탄任誕」에 왕휘지가 산음山陰에 살 때 눈이 내리는 밤에 섬계剡溪에 사는 대안도戴安道(326~396, 동진의 화가)가 그리워 갑자기 배를 타고 찾아갔다가 도중에 흥이 식어 그냥 돌아온 이야기로 유명하다.

고 잠을 잘 수도 있는 가마가 된다. 날이 저물려 하여 그 속에 베개와 자리를 넣어두면, 순식간에 이불이 모두 따스해진다. 새벽에 일어나려고 하여 먼저 옷과 신발을 그 속에 놓으면, 순식간에 옷과 신이 모두 따스해진다. 이처럼 내 몸에 이롭고 일에 편리하여 침상, 책상, 가마, 향로, 훈롱에 더 나아가 밤에는 잠자리를 보살피고 아침에는 안부를 묻는 효자, 온기를 보내주고 추위에 가까이 하는 어진 부인을 모두 이 하나의 물건으로 대신할 수 있다. 창힐 蒼頡[25]이 문자를 창조하자 "하늘에서 곡식이 비처럼 내렸고 귀신이 밤에 통곡했는데天雨粟, 鬼夜哭"[26] 조물주의 신령스럽고 비밀스러운 기운이 남김없이 모두 누설되었기 때문이다. 이 양식이 일난 출현하면 이러한 금기를 다시 범하여 기인杞人의 우려[27]를 반복하는 것은 아닌가?

## 침상과 휘장

———

사람의 백 년 인생 가운데 지나온 시간은 낮이 반을 차지하고 밤이 반을 차지한다. 낮에 생활하는 장소는 본채이거나 곁채이거나

———

24  맹호연孟浩然의 나귀: 맹호연은 당나라의 저명한 시인. 눈 오는 날 나귀를 타고 파교 灞橋(지금의 산시성 시안 동쪽에 있는 다리)로 매화꽃을 찾아 떠난 이야기로 유명하다.
25  창힐蒼頡: 황제黃帝 때에 글자를 만들었다는 전설의 사관史官으로, 도교에서 문자의 신으로 받든다.
26  天雨粟, 鬼夜哭: 출처는 『회남자淮南子』 「본경훈本經訓」
27  기인杞人의 우려 : 기우杞憂나 기인우천杞人憂天이라고도 한다. 기나라 사람이 하늘이 무너질까 걱정했다는 이야기로 『열자』 「천서天瑞」에서 유래했으며, 쓸데없는 걱정을 가리킨다.

배를 타거나 수레를 타거나 모두 일정한 장소가 없지만, 야간에 머무는 장소는 침상 하나뿐이다. 이 침상이라는 것은 바로 나의 반평생을 함께하는 기물이며, 혼인한 조강지처와 비교해도 오히려 선후가 구분되는 것이다. 사람이 사물을 대할 때 중요시하는 것으로 침상보다 더한 것이 없다. 그러나 괴이하게도 현재 사람들은 전답을 구하고 저택을 문의할 경우에는 목숨을 걸지만, 잠을 자고 편안하게 휴식하는 장소에 대해서는 소홀히 되는대로 처리하는데, 자신만 침상을 보고 다른 사람은 보지 않기 때문이다. 이렇다면 아내와 첩 및 비첩婢妾은 사람 가운데 침상으로, 역시 자신은 보지만 타인은 보지 않으므로 모두 무염無鹽28과 모모嫫姆29가 되도록 방임하여 지저분한 머리에 더러운 얼굴을 하고 있어도 꾸짖지 않을 것

청대 침대

---

28  무염無鹽: 춘추전국시대 제나라 무염 지역에서 태어난 종리춘鍾離春으로, 재능은 뛰어났으나 너무나 추하게 생겨 중국 4대 추녀의 한 사람으로 꼽힌다. 출처는 유향劉向의 『열녀전列女傳』 「변통전辯通傳」.
29  모모嫫姆: 중국 4대 추녀 가운데 한 사람. 황제黃帝의 비로 매우 추하게 생겼으며, 원비 누조嫘祖의 장례를 맡기고 방상씨方相氏라는 관직을 줬는데 그녀의 추한 모습으로 사악한 기운을 몰아내도록 했다고 한다. 출처는 『열녀전』 「추녀醜女」.

인가?

나는 그렇지 않다고 대답하겠다. 매번 한 곳을 옮길 때마다, 반드시 먼저 침상을 처리한 뒤에 다른 것을 했다. 처첩은 사람 가운데 침상榻에 해당하며, 상자床笫[30]는 침상榻 가운데 처첩에 해당되기 때문이다. 침상의 양식을 새롭게 하려 했지만 제작 비용이 없어 괴로웠다. 그러나 침상과 휘장을 장식하는 도구와 침소를 배치하는 방법에 대해서는, 일찍이 미천한 능력을 다하지 않음이 없었다. 마치 가난한 선비가 아내를 맞이할 때, 촌스럽게 화장한 여인을 절세미인으로 변하게 할 수는 없지만 부지런히 세수하고 머리를 빗으며 머릿기름을 많이 바르도록 시킬 뿐인 것과 같았다. 그 방법은 무엇인가? 첫째 "침상에서 꽃이 피어나게 한다床令生花"라 하고, 둘째 "휘장에 뼈대가 있게 한다帳使有骨"라 하며, 셋째 "휘장에는 자물쇠가 있어야 마땅하다帳宜加鎖"라고 하고, 넷째 "침상은 치마를 입어야 한다床要着裙"라 한다.

어찌하여 "침상에서 꽃이 피어나게 한다"라고 하는가? 대개 꽃병의 꽃과 화분의 꽃은 문인의 책상머리에 때때로 존재하는 것으로, 낮에는 서로 친하게 지내지만 밤에는 서로 떨어져 있다. 비록 천상의 향기가 코를 찌르고 아름다운 모습이 사람에게 친근하지만, 일단 저녁에 취침할 때가 되면 곧바로 둥글부채처럼 버려지지 않으려 해도 불가능할 것이다. 사람들은 대낮에 향기를 맡는 것이 저녁에 향기를 맡는 것만 못하다는 것을 전혀 모르고 있다. 대낮에

---

30  상자床笫: 침상과 침상 위의 대자리를 지칭. 출처는 『주례』 「천관·옥부天官·玉府」.

향기를 맡으면 그 향기는 입과 귀에만 있을 뿐이다. 황혼에 향기를 맡으면 그 향기는 진실로 꿈속에까지 들어온다. 그 방법은 침상의 내부에 먼저 받침대를 설치하여 꽃을 두는 도구로 삼는 것이다. 그리고 받침대는 또 판자의 모습이 드러나지 않도록 한다. 오묘한 점은 코로 꽃향기를 맡아 마치 몸이 나무 아래에서 잠을 자는 듯하여, 이것이 꾸며서 만든 것이라는 것을 모르는 데에 있다. 먼저 작은 기둥 2개를 만들어 침상 뒤에 보이지 않도록 고정한 다음 휘장을 그 밖에 매달아둔다. 받침대는 너무 커서는 안 되며, 길이는 한 자(약 31센티미터) 정도에 폭은 몇 치 정도가 좋다. 그 아래에 또 작은 나무 여러 개를 사용하여 삼각형의 시렁을 만들어, 아주 가는 못으로 휘장 너머의 기둥에 고정한 뒤에 판자를 올려놓는데, 반드시 아주 튼튼하게 한다. 시렁을 고정한 뒤 천연색 비단으로 한 가지 사물을 만드는데, 혹은 한 덩이 괴석처럼 혹은 여러 송이의 오색구름처럼 만들어 받침대 밖에 설치하여 받침대의 형태를 가린다. 중간을 몇 치 높이 솟게 하고 삼면은 휘장과 수평이 되게 하여 실로 그 위를 꿰매면, 끝내는 휘장에 수를 놓아 장식한 물건과 비슷해 보이고, 소주蘇州 퇴화堆花[31]의 양식과 유사하다. 만약 침상 전체와 어울리도록 하려면, 그림을 그리거나 수를 놓으며, 휘장 전체에 모두 매화를 만들고 받침대는 구불구불한 고목의 가지로 만들거나 벼랑에 튀어나온 바위의 모습으로 만드는 것이 모두 가능하다. 휘장에 이것이 있으면, 대체로 유명하고 기이한 화초를 구해 청

---

**31** 퇴화堆花: 포퇴화布堆花. 각종 천으로 문양을 만들어 장식하는 기법.

공淸供<sup>32</sup>으로 만들 수 있으
며, 낮에는 함께 본채
에 있고 밤에는 데리
고 함께 잠을 잔다.
설령 수많은 꽃이 우
연히 없거나 여러 꽃
이 다 없어지려 하면
또 향로 속의 용연향
龍涎香<sup>33</sup>, 쟁반의 불수
감佛手柑<sup>34</sup>과 모과,
향남香楠<sup>35</sup> 등의
물체로 지속시킬 수 있
다. 이렇게 되면 내 몸

초기의 평상榻, 『낙신부도洛神賦圖』의 삽도

은 내 몸이 아니라 나비

가 되어 아예 꽃 사이에서 날고 자며 숙식을 하는 것이다. 사람은
사람이 아니라 신선이 되어 극락세계에서 활동하게 된다. 내가 일

---

32  청공淸供: 실내에 진열하여 책상머리에서 감상하는 물품으로 각종 분경盆景·꽃꽂
이·제철 과일·수석·공예품·골동·정교하고 아름다운 문방구 등을 가리킨다. 출처는 명
나라 문학가 원굉도袁宏道(1568~1610)의 필기 『병사瓶史』 「기구器具」.

33  용연향龍涎香: 향유고래의 기름이 바다에 떠다니다가 굳어진 것으로, 향료로 사용
된다.

34  불수감佛手柑: 불수佛手나 구조목九爪木이나 오지귤五指橘이라고도 하며, 운향과
蕓香科에 속하는 상록소교목으로, 귤처럼 노랗게 익는 열매의 모양이 손과 비슷하여 이
러한 명칭이 붙었다. 관상과 약용으로 쓰인다.

35  향남香楠: 학명은 *Aidia canthioides*. 대북천초수臺北茜草樹나 수면목水棉木이라
고도 한다. 해발 50~1500미터의 산과 구릉에서 12미터까지 자라는 교목.

찍이 달콤하게 자다가 비몽사몽간에 갑자기 매화의 향기를 맡아, 입과 얼굴에 모두 그윽한 향기가 풍겨 폐부에서 나오는 것과 비슷했다. 나도 모르게 몸이 가벼워 날아갈 듯해 이 몸이 틀림없이 인간 세상에 있지 않은 것처럼 생각되었다. 잠시 뒤에 깨어나 처와 자식에게 "우리가 누구이기에 갑자기 이런 즐거움을 누리게 되었는가? 설마 평생의 복을 다 누린 것인가?"라고 했다. 처자식이 "오랫동안 비천하고 늘 가난했으나 틀림없이 이것 때문은 아닙니다"라 대답했다. 이것은 사실이며 남을 속이는 말이 아니다.

왜 "휘장에 뼈대가 있게 한다"라고 하는가? 침상은 휘장의 밖에 있고 휘장은 침상의 안에 있는 것이 상식이다. 또 이러한 옛 제도를 뒤집어 휘장을 침상의 밖으로 내보내는 것은 좋기는 좋지만, 만약 여름에 모기를 쫓아내면 침상 난간의 구부러진 곳에 숨어 마치 험한 지형에 의지하여 완강하게 저항하는 것처럼 된다. 아름다운 외관을 추구하려다가 고혈을 모기에게 빨리게 되므로 훌륭한 계책이 아니며, 옛 제도를 따르는 것만 못하다. 옛 제도를 따르지 않고 휘장을 침상의 밖으로 내보내는 경우, 침상에는 단정한 형체가 있지만 휘장에는 사각형의 곧은 형체가 없으므로, 온갖 수단으로 휘장을 지탱해도 끝내 착 달라붙게 하기 어렵다. 결국 사방의 모서리 근처는 부드럽고 뼈대가 없어 기둥을 세운 것처럼 형체를 지탱할 수 없어 모서리 부위가 착 달라붙지 않는 상황이 발생한다. 그러므로 반드시 별도로 형태를 만들어 뼈대가 있게 해야 한다. 굵지도 가늘지도 않은 대나무를 이용하여 하나의 천장과 네 개의 기둥을 만들고 휘장을 걸어 고정시킨 뒤 지탱하면, 침상 안에 침상이 있게 되어 옛 양식의 편리함과 새 양식의 정교함 두 가지를 겸하게 될 것이다. 침상의 천장과 기둥은 교자를 제작하는 사람을 시켜 만들면, 가격이 매우 저렴하여 일반 사람 밥 한 끼 정도의 비용만 들이면 된다. 왜 "휘장에는 자물쇠가 있어야 마땅하다"라고 하는가? 휘장을 설치하는 이유는 두 가지로 바람을 막고 모기를 막는 것이다. 바람을 막는 것의 이로움은 삼 할이고 모기를 막는 공이 칠 할이지만, 이것으로 모기를 막으면 중간에 모기가 갇혀서 나가지 못하기도 한다. 모기라는 동물은 형체가 극히 유연하면서 성질이 매우 용감하고, 형체가 극히 미미하지만 기민하고 매우 교활하다. 해질녘이 되어 쫓아내면 모기는 차라리 이리저리 날아다니는 수고와 때려잡히는 위험을 무릅쓰더라도, 죽어라 떠나가지 않는 것이 십중팔구다. 모기가 떠나가도 또 반드시 장소를 골라서 공격하며 빈틈을 타고 들어온다. 곤충 종류 가운데 병법을 잘 사용하는 곤충으로 모기보다 뛰어난 것이 없다. 모기가 장소를 선택할 때는 매번 뒤를 포기하고 앞을 공격한다. 빈틈을 타고 들어오는 것은 반드시 벽을 포기하고 문을 엿보는 것이다. 휘장 앞의 두 폭이 교차되는 부위는 완전히 모기가 험난한 형세에 의지하여 요충을 차지하고 숨어서 나를 엿보는 구역이다. 혹은 바람이 불어 휘장이 열릴 때나 요강을 잡고 소변을 볼 때, 조금만 틈이 있으면 바로 요란한 소리를 내며 쳐들어온다. 대처하는 방법은 휘장이 닫히는 부위의 상중하에 모두 세 개의 고리를 설치하여 여인의 옷 단추와 같게 하는 것이다. 요강을 잡을 때 먼저 한 손으로 휘장을 잡아 많이 벌어지지 않도록 하고, 다른 한 손으로 요강을 집어 안으로 들이며, 요

매화 문양의 휘장을 단 침대

강을 내보내는 것도 그렇게 한다. 이렇게 하면 단단한 장벽과 견고한 보루와 같아서, 모기에게 비록 기이한 용기와 교묘한 속임수가 있더라도, 자기의 능력을 펼칠 수 없을 것이다. 모기를 몰아낼 때는 사람이 휘장 속에 있고 휘장 밖을 텅 비게 해야 걸릴 것이 없다. 세상 사람들이 모기를 쫓아낼 때 모두 휘장의 처마 아래에 서서 휘장이 열리는 부분의 대부분을 막아버리는데, 이는 모기를 쫓아내려고 하면서 나가는 문을 닫는 것이다. 이러한 잘못을 범하는 사람이 열에 아홉으로 어찌하여 습관이 되어서 알아채지 못하여 또한 이렇게 되었는가?

왜 "침상은 치마를 입어야 한다"고 하는가? 정교하고 아름다운 것을 좋아하는 사람은 하나의 물건이라도 조금도 오염되지 않게 한다. 일반적으로 비단으로 휘장을 만들면 처음에는 정교하지만 끝까지 깨끗할 수 없으며, 휘장의 윗부분은 아름답지만 아랫부분은 오염되지 않을 수 없다. 베개를 놓고 머리를 대는 부위에는 부인의 경우에 머릿기름의 흔적이 남으며 남자의 경우에도 땀의 흔적이 많으므로, 장기간 쌓이면 하자가 없는 것에 흠이 생기고 사랑스러운 것이 증오스러워질 것이다. 그러므로 치마를 입는 방법이 없어서는 안 된다. 이 방법은 천장과 기둥을 첨가하는 방법과 서로 표리 관계다.

　침상에 치마를 입히려면 먼저 반드시 뼈대가 있어야 한다. 지지력이 없으면 옷을 견딜 수 없기 때문이다. 즉 네 개의 대나무 기둥 아래에 구멍을 하나씩 뚫어 가로로 세 개의 대나무를 꽂으며, 앉은 자리와의 거리는 한 자쯤으로 베개와 수평으로 한 뒤 천으로 치마를 만들어 그 위에 놓으면, 치마는 더러워져도 휘장은 더러워지지 않는다. 치마는 부지런히 세탁할 수 있으나, 휘장은 자주 세탁하기 어렵기 때문이다. 잠자리와 이불의 배치는 여름에는 시원하고 겨울에는 따스한 것을 선택하는 것에 불과하며, 두 마디로 개괄하면 "시원하게 하는 방법은 물을 뿌리는 것이 바람을 통하게 하는 것만 못하고, 따스하게 하는 방법은 명주를 첨가하는 것이 베를 더하는 것만 못하다"는 것으로, 나처럼 가난한 선비도 아는 것이다. 양고기를 먹고 좋은 술을 마셔도 한기를 막기에는 충분하고, 넓고 큰 집에 얼음을 많이 쌓아 놓으면 완전히 더위를 피할 수 있을 것이다. 이론은 진실로 그렇지만 일찍이 직접 시도해보지 않았다. "아는 것은 안다고 하고, 모르는 것은 모른다고 한다<sub>知之爲知之, 不知爲不知</sub>."[36] 이 말은 옛 성현의 속임이 없는 학문이므로, 감히 자잘한 일이라고 홀시해서는 안 된다.

---

36　知之爲知之, 不知爲不知: 출처는 『논어』 「위정爲政」.

# 캐비닛橱櫃[37]

___

캐비닛을 만들어 설치하는 데에는 다른 지혜와 기교가 필요 없으며, 결국 많이 넣고 잘 수납할 수 있는 것이 중요하다. 일찍이 형태는 매우 크지만 수납하는 양이 아주 적은 것이 있었으나, 도리어 겉모습은 작아 보여도 내부 공간이 널찍하여 일은 반으로 줄고 효과는 배가 되는 경우만 못했다. 제도에는 좋은 것과 좋지 않은 것이 있다. 좋은 제도는 다른 것이 아니라 다만 선반을 많이 설치하는 데에 있다. 캐비닛 가운데 큰 것도 2~3층에서 4층에 불과할 것이다. 만약 한 층에 한 층의 용도만을 갖춘다면, 물건 가운데 키가 크거나 부피가 큰 것도 몇 개를 넣고, 키가 작으면서 부피가 작은 것도 몇 개를 넣는 데 그칠 것이다. 아랫부분은 채우고 윗부분은 텅 비게 되므로 어찌 윗부분의 쓸모가 있는 공간을 쓸모없는 장소로 방치하는 것이 아니겠는가? 마땅히 매 층의 양측에 별도로 가는 나무 두 개를 못으로 고정시켜 선반의 용도를 구비해야 한다. 판자는 너무 넓어서는 안 되며 캐비닛 깊이의 1/2이나 1/3로 하고, 사용할 때는 그 위에 판자를 얹어놓고 사용하지 않을 때에는 판자를 빼서 제거한다.

　만약 여기 저장하는 물건이 부피가 작으면 상반부가 모두 빈 공간이 되는데, 이 판자를 얹으면 1층이 2층으로 변하게 된다. 전체

___

37 橱櫃주궤: 주橱는 기물을 넣어두는 문이 달린 가구. 궤櫃는 기물을 넣어두는 직사각형의 형태에 덮개나 문이 있는 가구. 본문에 따르면 물건을 넣어두는 용도로 쓰이고 여러 칸으로 구성되며 서랍이 있으므로 '캐비닛'으로 풀이했다.

적으로 따져보면 하나의 캐비닛이 두 개의 캐비닛으로 변한 것이며, 두 개의 캐비닛이 하나의 캐비닛으로 합쳐진 것이므로, 도움이 되는 것도 많지 않겠는가? 또는 저장하는 기물의 형체가 키가 높고 부피가 크면 판자를 치우고 집어넣으면 되므로, 판자 때문에 거치적거릴 일이 없다. 이것이 하나의 방법이다.

황화리만력궤黃花梨萬曆櫃, 명대
명대 만력 연간(1573~1620)에 유행한 황화리로 만든 궤

서랍의 설치는 필수적일 뿐만 아니라 당연히 많을수록 좋다. 그리고 서랍 내부는 또 반드시 크고 작은 여러 개의 칸으로 나뉘어 있어야 한다. 종류별로 분류하기에 편리하여 가지고 있는 기물에 따라 보관할 수 있으므로, 비유하자면 약재를 파는 점포의 이른바 '백안주百眼櫥'38와 같을 것이다. 이것은 다른 사물에서 방법을 본받은 것이 아니라, 조정의 관직 제도를 따른 것으로 이른바 오부육부五府六部39의 많은 관리가 여러 가지 업무마다 각각 일하는 장소가 있고 관장하는 장부

---

38　백안주百眼櫥: 약재를 넣는 백 개의 서랍이 있는 약장藥欌.
39　오부육부五府六部: 오부는 오군도독부五軍都督府, 육부는 이호예병형공吏戶禮兵刑工의 육부.

와 자금이 있는 것이다. 의사에게 만약 백안주가 없어 약물의 명칭은 수없이 많은데, 약재 하나를 사용할 때마다 하나씩 찾는다면, 노의盧醫 편작扁鵲[40]이라도 병을 치료할 겨를이 없고, 상황을 모르는 답답한 사람이 되고 말 것이다. 백안주는 의사에게 적당할 뿐만 아니라 모든 명문가나 부잣집에서 본받아야 마땅하고, 학자와 문인이라면 더욱 이 방법을 선택해야 마땅하다. 한 층을 나누어 여러 층으로 만들고 한 칸을 여러 칸으로 나눌 수 있으므로, 물건을 찾는 수고를 덜어 글을 짓고 책을 쓰는 용도에 충당할 수 있다. 생각에 생각을 거듭하면 귀신과 통할 수 있다. 마음속에 다른 일이 없이 집중하면 귀신이 신통력을 발휘하여 도와줄 것이다.

## 상자

———

휴대하며 물건을 넣는 기물로서 큰 것은 이름을 상롱箱籠이라 하고 작은 것은 협사篋笥라 부른다. 이들을 만드는 재료는 가죽·나무·대나무의 세 종류를 넘지 않고, 자물통을 만드는 것은 또 구리와 철의 두 항목을 넘지 않아, 이전 사람들이 제작한 것도 모두 양식이 구비되었다고 할 것이다. 후대의 제작자가 온갖 궁리를 다하여 기이하고 정교하게 만들려고 힘쓰지 않은 적이 없지만, 결국에는 이전 사람의 울타리를 뛰어넘지 못했다. 이전 사람의 울타리를 조금 넘으면 바로 사용하기에 적절하지 못하고 감상용으로 제공되

———

**40**　편작扁鵲(기원전 401~기원전 310): 『사기』 「편작열전扁鵲列傳」에 나오는 주나라의 명의. 노나라 출신이므로 '노의盧醫'라고도 한다.

는 데 그칠 뿐이었다. 나는 여러 기물의 형체를 전부터 조금도 변경한 적이 없는데, 오직 자물통은 지나치게 평범하고 융통성이 없는 점을 이상하다고 여겨 일찍이 그 양식을 조금 변화시켰더니 면

황화리목제합黃花梨木提盒(황화리로 만든 휴대용 찬합), 명대

모를 일신하기에 충분했다. 방법은 다른 특별한 것이 없으며 있는 것을 없는 듯이 하여 추뉴樞鈕[41]의 흔적을 보이지 않게 하는 것뿐이다. 두 가지 양식만을 준비했는데, 복안은 비록 많지만 일찍이 시도해보지 않았기에 감히 증명이 필요한 방법으로 타인을 오도할 수 없기 때문이다.

　내가 광동성을 유람하다가 시장에 진열된 기물을 보았는데 태반은 화리花梨[42]와 자단紫檀[43]에 속하고 제작 기법이 아름다워 정교함의 극치라 할 수 있었다. 하지만 단지 구리를 상감하고 주석으로 감싸 이도 저도 아닌 것이 괴이했다. 사면을 감싸고 상감하여 모서리가 가려진 것은 말할 것도 없고, 자물쇠를 설치하는 부위에 기어이 구리로 만든 추뉴를 설치했으므로, 비록 제작법이 다르다고 하

---

41　추뉴樞鈕: 상자가 열고 닫히며 맞물리는 부위에 자물쇠를 달도록 설치된 장치.
42　화리花梨: 중국 남방과 동남아시아에서 많이 산출되는 약용과 최고급 목재로 쓰이는 나무. 황화리黃花梨, 화리목花梨木, 향홍목香紅木 등으로 불린다.
43　자단紫檀: 콩과의 교목으로 세계적으로 진귀한 목재의 하나이며, 인도의 소엽자단小葉紫檀(잎이 작은 자단)이 최고급으로 평가된다. 고급 가구의 주재료로 사용된다.

지만 결국에는 이 한 가지 사물이 많아진 것이다. 비유하자면 상자를 매우 반짝이게 연마하여 거울처럼 비치게 되었는데, 그 거울 속에 부스러기가 붙어 있으면 되겠는가? 제작이 매우 정교한 상자가 있어 어루만지면 옥과 같은데, 옥 위에 흠이 생기게 할 수 있겠는가? 어떤 사람이 나에게 기물을 하나 주었는데 이름이 '칠성상七星箱'으로, 내부가 7칸으로 나뉘고 칸마다 하나의 서랍이 있어 별이 늘어선 것과 같아 그런 이름이 붙었다. 외면에 꽂아서 덮는 뚜껑이 달려 있는데, 위에서 아래로 여닫는 것이었다. 못으로 동제 추뉴를 고정하지 않아 아직 하자가 생기거나 부스러기가 부착되지 않아서 좋았으므로, 여기에 자물쇠를 설치하려고 계획했다. 마침내 장인에게 의뢰하여 상자의 중앙에 암산暗閂[44] 하나를 설치하는데, 구리로 만들어 상자의 벽 속에 감추어 겉에서 보이지 않고, 상자의 뒤에서 앞을 향해 상자의 뚜껑에 닿도록 했다. 뚜껑에 작은 구멍을 하나 뚫는데 밖에까지 통하지는 않고 암산이 약간 들어갈 수 있는 정도로 하여, 암산을 여기에 꽂아 넣어 뚜껑이 열리지 않으면 되었다. 그리고 한 치 크기의 작은 금속제 자물쇠를 이용하여 상자의 뒤에서 잠갔다. 책상 위에 두면 금으로 장식하고 옥으로 꾸민 듯이 전체가 확 눈에 뜨이고, 하나의 흠도 나타나지 않았다. 자물통을 찾으려 해도 찾을 수 없어 마치 자물통이 없는 듯했다. 속에 담긴 것을 엿보려 해도 불가능하여, 비로소 열쇠를 찾게 된다. 이것이 한

---

44 암산暗閂: 상자의 뒤에서 꽂아 상자를 통과하여 상자 앞부분의 덮개에 설치된 빗장 구멍에 들어가도록 만든 빗장. 상자의 속을 통과하여 외부에서 보이지 않으므로 '암산暗閂'이라 했다.

가지다.

훗날 삼산三山[45]을 유람하다가 보았던 현지에서 제작한 기물은 조칠雕漆[46]이 아닌 것이 없었는데, 공예는 비할 바 없이 세밀하고 정교하며 색은 사랑스러울 만큼 현란했지만 역시 추뉴를 설치한 부위가 군더더기를 면하기 어려운 것이 단점이라 장인에게 말해 조금 변경시켰다. 장인이 말했다. "우리 지역에 노반魯般이나 수倕[47]와 같이 뛰어난 장인이 매우 많은데, 만약 변경시킬 수 있다면 오늘에야 시작되지는 않았을 것입니다. 그러한 흔적을 없애려면 반드시 추뉴를 없게 한 뒤에야 가능합니다." 내가 대답했다. "그러한가? 어째서 그런가?" 애의 설치가 완성되었다고 알려와, 마침내, 탁자를 대체하기 위해 그 위에 설치하는 상자 하나를 만들도록 시켰다. 아래위와 사방은 모두 장인이 스스로 조칠 기법으로 하도록 맡겨두고, 완성된 뒤에 조각한 경물에 따라 경계를 확정지었다. 전면에 서랍이 있어 앞으로 뺄 수 있는 부위에 조각한 문양은 '박고도博古圖'로 술통·술잔·편종編鍾·편경編磬 등의 종류가 펼쳐져 있다. 후면에 서랍이 없어 평평한 부위에는 꺾어진 꽃가지를 넣었는데 난초·국화·대나무·괴석이다. 모두 다채로운 빛깔을 갖추어 바라보면 광

---

45　삼산三山: 복건성 복주福州의 별명.
46　조칠雕漆: 나무나 천 등의 재료 위에 두껍게 천연의 칠을 한 다음에 이 칠 자체를 조각하여 문양을 표현하는 장식 기법. 색채에 따라 척홍剔紅(칠이 홍색), 척흑剔黑(칠이 흑색), 척채剔彩(칠이 여러 색), 척시剔犀(칠을 조각한 단면이 무소뿔의 단면과 같은 무늬가 나타나는 것)로 나뉜다. 명·청 시기 복주의 조칠 기물이 매우 유명했다.
47　노반魯般이나 수倕: 노반魯般(기원전 507?~기원전 444)은 주나라 시대의 명장. 수倕는 요순시절의 명장. 모두 뛰어난 장인을 지칭하는 의미로 사용된다. 출처는 양웅揚雄의 「감천부甘泉賦」.

금 도금 동제 위각倭角 찬합, 청대
청나라 궁정에서 첨식甛食(달콤한 음식)을 담
았던 찬합

채가 찬란했다. 다만 서랍이 너무 넓어 열고 닫을 때 대부분 꼭 맞지 않아, 왼쪽이 들어가고 오른쪽이 튀어나오지 않으면, 오른쪽이 들어가고 왼쪽이 튀어나왔다. 내가 돌아보고 따져보았더니 반드시 두 가지 용도를 충당할 수 있는 한 가지 방법은 추뉴의 흔적을 없애고 또 여닫을 때 한쪽이 튀어나오는 하자를 피하는 것으로, 사용하기에 적당하고 보기에 아름다운 이점을 모두 수용할 수 있어야 한다고 생각했다. 이리하여 장인에게 명해서 또 구리로 빗장 하나를 만들어 서랍 중앙을 앞뒤로 관통시키고 얇은 판자로 이것을 가렸는데, 이 판자는 바로 중간을 좌우로 나누는 경계다. 대개 하나의 서랍을 두 칸으로 나누는 것이 만물 법칙의 상식이지만, 하나의 사물이 그 중앙에서 관통하여 앞뒤가 하나로 통하는 중심역할을 하게 된 것을 어찌 알 것인가? 이러한 하나의 물체가 서랍의 중앙을 관통하면, 서랍을 여닫는 것이 완전히 화살처럼 직선이 되어, 왼쪽이 튀어나와 오른쪽이 들어가고 오른쪽이 튀어나와 왼쪽이 들어가는 단점이 영원히 사라질 것이다

앞면에 조각한 '박고도'에는 중앙에 세발솥이 있고 양측에 벌여

져 있는 것은 병 하나와 향로 하나다. 내가 박장대소하며 말했다. "'도끼 자루를 잡고 새 도끼 자루를 베니, 그 원칙이 멀리 있지 않다네執柯伐柯, 其則不遠'[48]라고 하지 않았던가? 바로 그 사람의 방법으로 도리어 그 사람을 공격하기에 충분하구나!" 마침내 구리를 다루는 장인에게 분부하여 세 가지 기물의 기존 양식에 따라 각각 하나씩 만들어서, 조각되어 있는 본래 기물 무늬 위에 못질했다. 솥과 향로 및 병은 모두 청동기물로서 또 그 형태와 색상을 모방하여 만들려고 했는데, 하물며 진짜 청동기물에 있어서랴? 물어보지 않아도 진짜와 매우 유사하다는 것을 알 수 있다. 솥의 중심에 작은 구멍을 하나 뚫고 옆에 작은 꼭지를 두 개 설치하면, 서랍을 쏵 닫을 때 구리 빗장이 내부에서 튀어나와 꼭지와 서로 평행이 된다. 빗장과 꼭지 위에 모두 구멍이 있어 한 치 크기의 작은 금속제 자물쇠를 설치하면, 솥 위에 원래부터 있었던 기물과 비슷해 비록 자물쇠가 첨가되었지만 실제로는 첨가하지 않은 것처럼 보인다. 잠그는 것은 잠갔지만, 서랍을 열 때 손으로 어떤 물건을 잡을 것인가? 넣기에만 편리하고 꺼내기에는 불편하지 않은가? 내가 대답했다. 그렇지 않다. 병과 향로 위에는 본래 귀가 있어야 마땅하므로, 구리로 만든 고리 두 개를 첨가하여 이것을 잡고 손잡이로 삼으면, 서랍을 뺄 때 힘이 들지 않을 것이다. 이것은 정면을 구획하는 방법이다.

---

**48** 執柯伐柯, 其則不遠: 출처는 『시경』「국풍·빈풍·벌가國風·豳風·伐柯」. 『중용』에서는 이 구절을 인용한 다음에 "도끼 자루를 잡고 새 도끼 자루 베면서 힐끗 보기만 하고 오히려 멀다고 여긴다執柯以伐柯, 睨而視之, 猶以爲遠"라고 하여, 세상 사람들이 쉬운 일도 노력하지 않는다고 비판했다.

구리 빗장이 이미 내부에서 튀어나왔으면 틀림없이 뒷면에 뿌리가 박혀 상자 본체의 뒤를 뚫고 나오지 않을 수 없으므로, 구리판 한 조각과 연결하여 보완한 흔적을 모두 없앨 수는 없을 것이다. 그러나 또 한 가지 방법이 있다. 하늘에서 내려주어 인력으로 할 수 없는 것을 어찌 알았을까? 상자에 조각한 각종 화훼 가운데 국화가 있으며, 국화의 색은 대부분 황색으로 구리와 서로 같으므로, 구리판 여러 겹으로 꽃잎이 많은 국화 한 송이를 만들어 서랍 내부에 숨어 있는 빗장에서 튀어나온 끝 부분을 국화 꽃잎 중간에 찔러 넣고 아교를 첨가해 매우 단단하게 고정한다. 이렇게 하면 뿌리가 깊고 단단하므로 누가 흔들리게 할 수 있겠는가? 나는 이 물건에 대해 순전히 하늘의 조화를 사용하고 인간의 기교를 사용하지 않았는데, 마치 귀신이 그 안에서 엿보며 나에게 새로운 경지를 열어주도록 도움을 요청하는 듯했다.

제작이 완료되어 장인이 나에게 보고했다. "복건성에서 조칠을 한 것은 지금까지 수백 년이 되었으며 사방에서 이것을 구입하러 오는 사람도 수없이 많았지만, 예로부터 오늘의 이 기이하고 정교한 것처럼 방법을 창조하고 규격을 정립한 사람이 없었습니다. 이 방법을 발전시켜 널리 전하십시오!" 내가 말했다. "잠시 미루어두었다가 새 책의 완성을 기다려 유포해도 늦지 않을 것이다. 세상 사람들이 먼저 물건을 본 뒤에 책을 보면, 창조자가 누구인지 알 수 없어 도리어 내가 남의 완성품을 그대로 베껴 자기 것으로 했다고 할까 남몰래 두려웠다. 어찌 억울한 누명이 아니겠는가? 만든 장인은 누구인가? 성은 위魏이고 자字는 난여蘭如이며, 성은 왕王이고

자는 맹명孟明이다. 복건성 조칠의 아름다움은 두 사람을 제일로 꼽아야 마땅하다. 자신이 직접 만들지는 않았지만, 잘 지시하고 재물을 가벼이 여기며 벗을 숭상하는 나도 멋쟁이일 것이다."

## 골동骨董

이 책에 골동 한 항목이 빠지고 구비되지 않았는데, 아마 이유가 있을 것이다. 옛 기물을 숭상하는 풍조는 한漢·위진魏晉·당唐 이래 오늘날에 이르러 절정에 이르렀다. 백

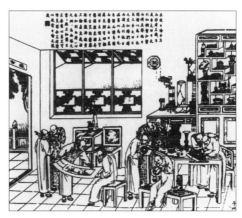

골동품 감상 장면, 청대, 목판 삽도

냥을 하나의 술잔과 바꾸고 수백 냥으로 솥 하나를 사고도 도리어 그 값이 저렴하다 하고 가공이 엉성하여 사용하기에 충분치 않다고 탓하는 사람이 있다. 보통 하나의 자잘한 물건을 위해 지극히 많은 돈을 쓰거나 또는 넓은 토지의 훌륭한 생산물을 포기해도 전혀 아까워하지 않는다. 대개 지금 사람들이 옛 기물을 중요시하는 것은 그 물건을 중시하는 것이 아니라 오랜 세월에도 파괴되지 않은 것을 중요시하는 것이다. 옛사람이 만든 것과 옛사람이 사용한

것을 보면 옛사람을 마주한 것과 같이 만족스럽고 즐겁다. 하지만 이렇게 하면 옛사람과 옛 물건이 서로 멀어져 또 틈이 존재하게 될 것이다. 만약 이러한 물건을 만들어 사용했던 옛사람이 지금 아직도 살아 있다면, 기꺼이 수많은 돈과 넓은 토지의 훌륭한 생산물을 그 물건과 바꿔 그 물건과 더불어 앉아 지난 일을 이야기하겠는가? 틀림없이 그렇게 하지 않을 것을 나는 알고 있다.

내가 일찍이 다른 사람에게 말했다. "사물 가운데 가장 오래된 것은 책보다 더한 것이 없으며, 책은 옛사람의 마음과 면모를 합하여 전하는 것이다." 책이 삼대三代49 시기에 나왔으면 책을 읽을 때 삼대 시기의 사람을 보는 것과 같다. 책이 황제黃帝와 우임금 시대에 근본을 두었으면, 책을 마주할 때 황제와 우임금 시대에 사는 것과 같은 것이다. 이러한 것을 제외하면 모두 물건에 불과하다. 물건은 옛사람을 대신하여 말할 수가 없는데, 하물며 마음을 들추어내고 면모를 드러낼 수 있겠는가?

옛 물건에는 원래 좋아할 만한 점이 있지만, 부귀한 집에서 숭상해야 마땅하다. 이들은 금은이 너무 많아서 저장할 방법이 없어 부득이 비장방費長房50의 축지법을 사용하여 한 길을 줄여 한 자로 하고 한 자를 줄여서 한 치로 하지 않을 수 없다. "은을 저장하는 것은 금을 저장하는 것만 못하고, 금을 저장하는 것은 구슬을 저장하는 것만 못하다"라는 말처럼, 가볍고 작을수록 거두어 저장하기

---

49  삼대三代: 하夏·상商·주周 3대.
50  비장방費長房: 후한 때의 술사. 시장을 관리하는 관리를 지냈으며, 전설에 따르면 축지법으로 유명했다. 출처는 『후한서』 「방술열전方術列傳 82」.

에 더욱 편리하기 때문이다. 하물며 금은이 너무 많으면 보관을 잘할 수 없어 도둑을 불러들인다. 골동품으로 바꾸면 도둑이 가져가지 못할 뿐만 아니라 실수로 손에 넣어도 도리어 버리고 간다. 이렇게 볼 때 골동품과 금은 가치의 높고 낮음은 당연히 1배나 5배, 심지어 계산할 수가 없다. 이리하여 근래 가난하고 미천한 집에서 왕왕 부귀한

그림 감상 장면. 명대. 목판 삽도

집을 흉내 내어, 부귀한 집에서 가끔 화려하고 귀한 비단을 숭상하는 것을 보고 포백布帛[51]이 천하다고 부끄러워하며, 반드시 화려하고 귀한 비단을 찾아서 흉내 낸다. 부귀한 사람이 단순히 진주와 비취를 숭상하고 금옥을 보통의 것으로 무시하는 것을 보고, 모조 진주와 비취로 대신한다. 일마다 모두 그렇게 하여 습관이 본성이 되어버렸다. 그러므로 옛것을 숭상하여 새것을 몰아내므로, 또 자신도 모르게 현재에 태어났으면서 옛날로 돌아간다. 여덟 식구의 아침밥도 유지하지 못하면서, 아침저녁으로 상나라와 주나라에 관해 물어본다. 일신의 살아갈 계책이 망연하면서 차라리 처자식을

---

**51** 포백布帛: 포布는 마나 칡으로 만든 직물. 백帛은 비단의 총칭이지만 여기서는 품질이 낮은 비단의 의미로 풀이된다.

버릴지언정 골동품을 팔지 않는다. 의도적으로 남들과 다르게 되려는 사람의 마음이 어찌 사회의 걱정거리가 아니겠는가?

내가 이 책을 편집할 때는 일마다 모두 검소한 것을 숭상했으며, 감히 진귀한 노리개에 관해 허풍을 떨어 말

「죽원품고도竹院品古圖」, 명대. 구영
대나무가 무성한 정원에서 골동품을 감상하는 모습

세의 타락한 풍속을 조장하지 않았다. 또 나는 가난한 사람으로 내가 차지한 물건의 값은 백 푼(1/10냥)에서부터 천 푼(한 냥)에 그쳤다. 새것을 구입하기에도 도리어 모자랄까 두려워하는데 하물며 옛 기물을 구입하겠는가? 『시경』에서 "오직 재주와 덕망 갖추셨으니 군자께서는 조상의 공덕을 이으시네惟其有之, 是以似之"[52]라고 노래했다. 나는 평생 골동을 알지 못하여 풍속을 보호한다는 것을 핑계 삼아 졸렬함을 숨기고자 한다.

---

**52** 惟其有之, 是以似之: 출처는 『시경』 「소아·상상자화小雅·裳裳者華」.

## 향로와 화병

향로와 화병의 제작은 그 방법이 옛사람에게 갖추어져 있으므로, 후대에 덧붙일 여지가 없다. 다만 보존하고 돋보이게 하는 도구는 내 생각에 덧붙이거나 줄여도 무방하다. 만약 향로가 이미 설치되어 있으면, 부삽과 부젓가락이 수반되어야 하며, 부삽으로 재를 처리하고 부젓가락으로 불을 돋우므로 두 물건은 모두 없어서는 안 된다.

자주요백자척화모란문매병磁州窯白磁剔花牡丹紋梅瓶, 송대
척화剔花 기법(바탕을 깎아 문양을 남기는 기법)으로 모란 문양을 장식한 하북성 자주요에서 만든 백자 매병

부젓가락의 길이는 향로의 높이를 고려하여 서로 어울리도록 하며, 이러한 원리는 쉽고 분명하여 사람들이 모두 알고 있다. 부삽이 모나거나 둥글면, 향로의 구부러진 형태나 곧은 형태를 참조하여 서로 어긋나지 않도록 해야 하는데, 이러한 원리도 쉽고 분명하지만 세상 사람들에게 홀시되고 있다. 숯을 넣은 뒤에는 향로에 있는 재의 높이가 가지런하지 않으므로, 부삽으로 기준을 삼아 평평하게 하며 부삽이 네모지면 재도 네모지고 부삽이 둥글면 재도 둥글게 다져진다. 만약 향로의 모서리 근처 부위가 직각인데 부삽은 구부러졌거나, 향로의 모서리가 구부러졌는데 부삽이 직각이면, 두 가지가 서로 맞지 않으므로 재의 중앙 부분만을 평평하게 할 수 있고 재의 가

장자리를 평평하게 할 수 없을 것이다. 몸에 맞추어 옷을 재단하는 방법을 배합하여 사용해야 한다. 나아가 구리로 만든 부삽으로 재를 다지면 결국에는 가지런하게 하기 어려우며, 또 한두 번의 부삽질로 가능하지 않다. 이것은 하인의 일이 아니라 모두 반드시 주인이 스스로 해야 하는 것이다.

나는 성격이 매우 게을러서 매사에 반드시 게으름 피울 방법을 생각했다. 일찍이 나무 도장을 하나 만들어 재에 찍었는데, 한 번 찍는 것이 수십 번의 부삽질을 대체할 수 있었다. 처음에는 번거로움을 덜고 수고를 아끼려는 계획에 불과했지만, 뜻밖에도 완성된 뒤에는 힘을 덜 뿐만 아니라 또 극히 아름다워 뜻이 맞는 친구들에게 전달해 마침내 고정불변의 법식이 되었다. 예를 들어 향로의 몸체가 원형에 속하면, 향로의 크기를 모방하여 하나의 원판을 잘라서 도장을 만들고 향로와 서로 크기를 같게 하여 추호도 차이가 없도록 하며, 윗부분에 손잡이를 하나 설치해 손으로 잡기 편하게 한다. 다만 중앙 부분을 조금 비게 하여 중간이 볼록하고 가장자리가 낮은 형태로 만드는데, 음식 중 만두와 같이 한다. 네모난 것도 이 방법과 같다. 숯을 넣은 뒤 먼저 부젓가락으로 재를 평평하게 한 다음, 이 판으로 한 번 위에서 누르면, 중간과 사방이 모두 평평하게 되며, 칼로 깎아낸 것과 같이 말끔할 뿐만 아니라 거울과 비교될 만큼 반짝이고, 기름과 다툴 정도로 매끄럽게 된다. 향로에 재가 존재한 이래로 일찍이 이처럼 아름다운 모습이 나타난 적이 없었다. 반짝이고 또 매끄러워 매우 정교하다고 할 수 있었다. 내가 돌아보고 생각해보니 여전히 매우 아름답다고 할 만하

지만 아직 아주 훌륭하
지는 않았으므로, 바로
목수에게 투각하도록
시켰다. 대개 재가
닿는 면에 늙은 매화
나무 몇 가지를 새기
거나 국화 한 송이를

채회훈로彩繪薰爐(채색으로 문양을 그린 도기 향로), 전한
前漢

새기거나, 오언시 한 수를 새기거나 팔괘의 전체 모습을 새긴다. 단
지 손을 들어 한 번 눌러 찍으면 무수하게 기이한 모양이 나타나므
로 인간의 교묘한 재주와 하늘의 솜씨가 그 절묘함을 모두 다 발휘
한 것이었다. 향로가 존재한 이래로 일찍이 이처럼 새로운 모습을
창조한 사람이 없었다. 호상입옹湖上笠翁(저자의 호)이 진실로 교화와
규범에 도움이 된다는 것도 외람된 말이 아니다. 이리하여 이 물건
을 '입옹향인笠翁香印'이라고 이름 붙이고자 한다. 진계유陳繼儒53가
만든 여러 양식으로서 사람의 이름으로 명명한 물건들과 비교하
여, 누가 위이고 누가 아래며, 누가 실제적이고 누가 허황된지는 천
하에 정평이 있으므로, 내가 감히 수다를 떨 바가 아니다. 이 물건
을 사용하는 것은 무엇보다 신속하게 바로 찍고 바로 떼어 조금도
지체되지 않아야 한다. 조금이라도 머뭇거리면 공기가 막혀 불이
꺼질 것이다. 조각을 완성한 뒤에 반드시 기름을 바르고 칠을 칠해
야 비로소 재가 묻지 않는다.

---

53  진계유陳繼儒(1558~1639): 호는 미공眉公. 명대의 저명한 문학가이자 서화가.

분향에 필수적인 기물로 향 삽과 향 젓가락 외에도 향을 담는 합이 있고, 또 부삽과 부젓가락을 꽂는 병 등의 여러 물건은 모두 향과 향로의 수족과 같아서 혹시라도 없으면 안 되는 것이다. 그러나 이 밖에 또 하나의 물건이 있는데, 반드시 갖추어야 하는 것이지만 사람들이 간혹 알면서도 대부분 설치하지 않는다. 마땅히 청공淸供의 항목에 보충해 넣어야 한다. 대개 부젓가락으로 재를 헤치면 지저분해지는 것을 피할 수 없어, 향로의 어깨 부위나 귀손잡이 위에 왕왕 먼지가 앉으므로, 반드시 이를 청소하는 물건이 하나 있어야 한다. 이러한 물건은 특별히 제작할 필요가 없고, 그저 털이 무뎌진 작은 붓 한 자루면 된다. 붓 대롱은 정교하여 먹을 묻혀 글씨를 쓰는 붓과 구별되도록 하고, 부삽과 부젓가락의 두 기물과 함께 하나의 병에 꽂아 차례로 집어 사용하기 편리하도록 하며, 이름은 '향추香帚'라 한다.

향로에 받침대와 뚜껑이 있으며, 옛 양식은 모두 그렇다. 이것을 사용하는 것은 이유가 없지 않다. 뚜껑은 재를 덮어 바람이 불어도 흩어져 날리지 않게 해준다. 받침대는 바로 좌대로서, 이것을 이용하여 향로에 손이 직접 닿지 않도록 하고, 이동할 때 이것을 잡고 손잡이로 삼아 손의 땀이 향로에 묻어 흔적이 남는 것을 방지한다. 모두 이유가 있어 설치한 것이다. 그러나 받침대를 사용하는 경우는 많고 뚜껑을 사용하는 경우는 적다. 무엇 때문인가? 향로는 실내에 두어 시시각각으로 향을 피우므로 뚜껑을 덮을 틈이 없다. 바람이 없으면 재가 날리지 않고, 설사 바람이 불어도 창문과 주렴으로 막혀 있으므로 아직 쓸 만한 향불을 뚜껑으로 덮어 꺼트리면서 언제 불어올지 모르는 바람을 방지할 필요는 없다. 따라서 향로의 뚜껑은 사실 군더더기이므로 아예 설치하지 않을 수도 있다.

그러나 나는 또 여기에 대해 다른 견해가 있다. 향로의 뚜껑이 때로는 필요한 것이지만, 이전 사람들의 제작법이 완벽하지 못해 마침내 쓸모 있는 것을 쓸모없다고 느끼게 되었을 뿐이다. 뚜껑으로 바람을 막는 것은 당연하다. 오직 향로에 불을 피워둘 것이 아니면 뚜껑을 사용하지 않을 수 있을 뿐만 아니라, 아예 향로도 설치할 필요가 없다는 것을 생각하지 못한 것이다. 만약 반드시 불을 붙여두어야 하는데 뚜껑을 덮어 불이 꺼지면, 뚜껑이 무슨 필요가 있겠는가? 내가 일찍이 꽃이 피는 아침과 달이 뜨는 저녁 그리고 여름밤에 더위를 피하려고, 가장 높은 누대에 올라가거나 아주 탁 트인 장소에서 휴식하며 왕왕 향로를 휴대했다. 바람이 불면 재가 휘날려 막을 계책이 없었으므로, 비로소 이전 사람들이 어리석어 물건을 제작하면서 잘 설계하지 못해 마침내 지금까지 걱정을 끼치게 되었다고 느꼈다. 동일하게 하나의 뚜껑이지만 어찌 뚜껑의 꼭대기에 커다란 구멍을 하나 뚫어 공기가 통하게 하지 않는가? 바람이 불지 않으면 높은 누각에 향로를 두고, 얼핏 보아 바람이 불면 뚜껑을 가져다 향로에 덮으면, 바람이 들어가지 못하여 재가 날리지 않으면서도 향기는 아래에서 올라와 조금도 막히지 않는다. 이러한 양식은 또 훌륭하지 않은가? 본래 있는 물건에 손만 살짝 드는 정도의 수고를 더하면 무익한 것을 유익한 것으로 변화시킬 수 있다. 옛사람은 철에 손을 대어 금으로 만들었다고 하는데, 손을 댄 것이 반드시 철은 아니었고 만들어진 것도 반드시 모두 금은 아니었지만, 가치가 없는 것을 변화시켜 가치가 있는 것으로 바꿀 수 있으면 바로 신선의 절묘한 술수일 것이다. 지금까지 말한 것은 향로의 양식이다.

화병은 도자기가 좋으며, 꽃을 기르는 물은 맑아야지 탁하면 곤란하고, 또 구리의 비린내가 없어야 한다. 그러나 구리로 만든 것이 때로는 귀중한데, 겨울에 얼음이 얼면 도자기는 쉽게 갈라 터지며 가끔 실수하면 바로 폐물이 돼 구리 제품으로 대체해야 마땅하기 때문이다. 그러나 도자기 병에 담膽[54]을 설치하면 이러한 근심이 사라지는 것을 보장할 수 있다. 담은 주석을 사용하고 구리의 사용을 절대로 피해야 한다. 구리는 일단 물이 닿으면 즉시 청색의 녹이 발생한다. 청색의 녹이 있는데 또 물을 담으면 녹이 없을 경우와 비교하여 비린내가 10배이므로 주석을 사용해야 마땅하다. 또 주석은 물러서 제작하기 쉬우며, 구리는 단단하여 제작하기 어렵고 가격도 조금 차이가 있어 주석의 편리한 점은 하나가 아니다. 도자기 병에 담을 사용하는 것은 사람들이 모두 알고 있지만, 담 속에 살撒을 설치하는 것은 사람들이 아직 실행하지 않고 있다.

병에 꽃을 꽂을 때는 반드시 적절하게 배

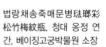

법랑채송죽매문병琺瑯彩松竹梅紋瓶, 청대 옹정 연간, 베이징고궁박물원 소장

---

**54** 담膽: 내부에 물·공기 따위를 넣을 수 있는 주머니 모양의 물건.

치하여 그림처럼 아름다운 꽃가지를 손에 닿는 대로 꽂아 자연스럽게 어우러지게 해야 한다. 그렇지 않으면 이동시켜 배치하는 힘이 적지 않을 것이다. 잘 휘어지지 않는 꽃가지가 있으며 이는 사람이 꽂으려는 대로 되지 않는다. 내가 왼쪽에 꽂으려 하면 꽃가지는 오른쪽으로 기울고, 내가 위로 뻗도록 꽂으려 하면 꽃가지는 아래로 늘어지는데, 이럴 경우에는 한 가지 도구로 바로잡아야 한다. 이른바 살撒55이라는 것으로 단단한 나무로 만들고, 크기와 모양이 한 가지 양식에 한정되지 않으며, 중앙 부위는 납작하거나 네모지거나 삼각형이지만 살의 바깥 면은 반드시 원형이어야 꽃병과 합치기 편리하다. 이 물건은 많게는 수십 개를 준비하여 기회를 보아 골라서 사용한다. 종합하면 한 푼을 쓰지 않고 탁살桌撒과 마찬가지로 주운 것으로, 저기서 버린 것을 여기서 다시 거두어들인 것이다. 이 책이 한번 출판되면 세상에 어찌 버리는 물건이 또 있겠는가?

## 병풍과 족자

―――

10년 전에는 병풍과 서화 두루마리로 만드는 것이 건조巾條56, 두방斗方57, 횡비橫批58 세 가지 양식에 불과했다. 근래에 합금合錦59으로 변화

―――

55  살撒: 꽃병 속에 배치하여 꽃을 꽂을 때 지탱해주는 역할을 할 수 있도록 한쪽 면은 둥그스름하고 다른 면은 여러 형태를 가진 나무 조각.
56  건조巾條: 세로로 기다란 족자 형태의 서화 작품.
57  두방斗方: 일반적으로 크기가 25~50센티미터인 정사각형의 서화 작품.
58  횡비橫批: 횡피橫披나 횡폭橫幅이라고도 하는 축이 좌우의 양 끝에 있으며 가로로 펼치거나 거는 서화 작품.

했는데, 크고 작고 길고 짧고 자잘한 소품에 모두 배합하여 사용할 수 있으므로 역시 좋은 변화라 할 것이다. 그러나 이러한 양식이 한번 출현하자 천하에서 다투어 흉내를 내서 보이는 것마다 모두 그렇게 되었다가, 잠깐 사이에 또 진부하다고 느껴서 도리어 건조와 두방 등의 양식만 못하게 되었다. 장기간 보이지 않아 신선하게 여기게 된 것이므로 양식은 조금씩 변해야 더 적절하다.

어떤 방법을 사용하여 변화시킬 것인가? 빙렬문氷裂紋(얼음이 갈라진 흔적과 비슷한 무늬)보다 오묘한 것이 없다고 대답했다. 앞에서 설명하여 기록한 방을 바르는 양식과 같은 것이 병풍과 두루마리에 가장 어울리는데, 이것을 벽에 걸면 도리어 정교한 재료를 대충 사용한 것처럼 느껴지므로 좋은 재료를 함부로 낭비한 것에서 벗어나지 못한 것이다. 방법은 글씨를 쓰거나 그림을 그리기에 앞서서 종이 전체에 빙렬문을 그리고 문양에 따라 찢어서 각자 한 폭으로 만들어, 시를 쓰고 그림을 그리는 일이 이미 끝난 뒤에 합쳐 완성하는 것이다. 반드시 문양을 다 그린 뒤 찢기에 앞서 종이의 뒷면에 작은 기호를 살짝 써놓는다. 어느 것이 첫 번째에 속하고 어느 것이 두 번째에 위치하며, 어느 것이 가로이고 어느 것은 세로인지, 어느 각도와 어느 각도가 서로 연결되는지를 알 수 있도록 하고 그 뒤에 기호에 따라 배합하여 완성하면 맞춰지지 않는 걱정이 없어질 것이다. 조각들 사이의 자잘한 쪼가리도 반드시 없어서는 안 된다. 만약 너무 자잘한 것이 싫어 자잘한 무늬를 그리지 않으면, 넓은

**59** 합금合錦: 소주蘇州에서 기원한 송금宋錦(송대에 기원한 비단)의 세 종류 가운데 하나로, 재질이 성긴 표구용 비단.

것은 있고 좁은 것은 없어서 빙렬문이 되지 않을 것이다. 다만 가장 작은 쪼가리에는 글씨를 쓰거나 그림을 그리지 않고 갈라진 무늬만 그려서 간격을 표시한다. 만약 모든 조각에 글씨와 그림이 있으면 문양이 모호하고 선명하

규간窺簡, 명대, 『서상기西廂記』 삽도
여주인공 최앵앵崔鶯鶯이 병풍 뒤에서 장생張生의 편지를 읽고 있으며, 시녀 홍낭紅娘이 병풍 뒤에 숨어서 엿보는 모습. 편지를 읽는 최앵앵이 탁자 위의 거울에 비친 모습으로 표현되어 매우 절묘하다.

지 않게 되어, 도리어 전체 작품의 단점이 된다. 이것은 먼저 종이나 비단에 문양을 그린 뒤에 시를 쓰거나 그림을 그리는 것을 말한 것이다. 대체로 방법을 수립한 초기에는 간단하고 쉬운 것을 하지 않으면 안 된다. 표구하는 기술이 노련해지면 완성된 서화 작품을 되는 대로 골라 모두 찢어 빙렬문을 만들 수 있다. 또한 합금을 표구하는 방법과 같은데 사방으로 평평하고 반듯한 각도를 변화시켜 곡선과 직선을 가로와 세로의 각도로 배치하는 것에 불과하다. 이처럼 표구사가 하는 일은 내가 의견을 제시하여 표구사에게 하도록 시킬 뿐이다.

또 서예와 회화를 하나로 합치는 방법이 있지만, 이러한 권한은

나에게 있으므로 글씨를 쓰고 그림을 그리는 사람에게 의견을 제시하며 표구사가 실행할 일은 없다. "시 속에 그림이 있고 그림 속에 시가 있다詩中有畫, 畫中有詩"[60]는 이 말은 예로부터의 관용어다. 그림을 그리는 사람은 시적인 의미로 제목을 붙이고, 시를 짓는 사람은 그림의 내용으로 시를 지으며, 이것도 예로부터 고정된 격식이다. 그러나 결국 시는 시이고 그림은 그림으로서, 뒤섞여 하나가 된 것을 아직 보지 못했다. 뒤섞어 하나로 하는 것을 지금부터 시작하고자 한다. 방법은 커다란 편폭의 산수화를 그릴 경우, 매번 붓이 멈출 때에 바로 공간을 남겨 시를 써넣도록 대비하는 것이다. 험준한 절벽과 깎아지른 낭떠러지의 아래, 낙락장송과 고목의 곁, 정자와 누각의 안, 담장의 틈과 같은 부분은 모두 글씨를 쓸 수 있는 부위다. 대개 명사를 만나면 즉시 새로운 시구를 요청한다. 공백의 크기를 살펴 글자의 크기를 결정하고 왕희지의 행서체로 쓰거나 아주 작은 해서체로 쓴다. 바로 그림을 읊은 시를 가지고 해당 그림을 장식하는 것으로, 당시의 원작이라도 좋고 후에 읊은 시라도 좋다. "시 속에 그림이 있고, 그림 속에 시가 있다"는 두 마디가 옛날에는 유명무실한 말이었지만, 지금은 실제 사건이 되었으므로, 이 또한 서화를 가지고 즐기는 작지만 신묘한 재간이다. 고명한 사람에게 질정을 요청하니 가부를 결정해주시기 바랍니다.

---

60　詩中有畫, 畫中有詩: 출처는 소식의 『동파제발東坡題跋』「왕유의 '남관연우도'에 글을 써서書摩詰藍關烟雨圖」. 왕유의 시는 경물의 묘사가 뛰어나 시를 읽으면 마치 그림을 보는 것처럼 느껴지고, 왕유의 그림에는 시적인 정취가 풍부하여 그림을 보면 마치 시를 읽은 것처럼 느껴진다는 의미다.

# 다구茶具

차를 우리는데 자사호紫沙壺[61]보다 좋은 것이 없고, 자사호 가운데 정교한 것은 또 양선陽羨[62]에서 만든 것을 능가하는 것이 없다. 이 것은 사람들이 다 알고 있다. 그러나 상식을 초월할 정도로 자사호를 보배롭게 간주하여 금은과 가치를 비교하고 있는데, "공자는 정도가 너무 심한 일은 하지 않았다仲尼不爲已甚者"[63]고 하지 않았던가? 기물을 구비하는 것은 다만 적절하게 사용하기 위해서인데, 하필 기물에 대한 학설을 난해하게 하여 반드시 원리를 깊이 연구하고 의미를 파헤친 뒤에야 그만두는가! 대개 찻주전자를 제작하면 부리는 곧아야 하며 구입할 때도 그렇다.

부리가 한 번 구부러지면 우려할 만하고 두 번 구부러지면 폐물이라 할 것이다. 대개 차를 저장하는 기물은 술을 저장하는 기물과 다르다. 술에는 찌꺼기가 없어 한번 따르면 바로 술이 나

화훼문자자사호花卉文字紫沙壺. 청대

오므로, 술 주전자 부리의 굽거나 곧은 것은 토론할 만하지 않다. 차는 형체가 있는 물질로서 작은 찻잎에 물이 들어가면 바로 커다

---

61  자사호紫沙壺: 옹기를 만드는 흙과 비슷한 자사紫沙로 만든 찻주전자. 중국의 여러 지역에서 유사한 흙이 산출되지만, 강소성 의흥宜興의 자사로 만든 자사호가 품질이 좋기로 유명하다.

62  양선陽羨: 지금의 장쑤성 이싱. 자사호의 산지로 유명함.

63  仲尼不爲已甚者: 출처는 『맹자』 「이루하離婁下」.

란 잎으로 되어, 찻물을 따를 때 조금이라도 찻잎이 부리에 들어가면 막혀서 찻물이 흘러나오지 않는다. 차를 마시는 것은 상쾌한 일인데, 차를 따라서 나오지 않으면 대단히 답답하게 느껴질 것이다. 부리가 곧으면 이러한 걱정이 없다고 보증할 수 있다. 가령 막히는 때가 있어도 뚫을 수가 있으므로, 무이구곡武夷九曲[64]처럼 소통시키기가 어렵지는 않을 것이다.

차를 담는 병은 다만 주석을 사용해야 적당하다. 도자기와 구리 등의 기물이 찻잎의 특성과 서로 어울리지 않는 것은 물론이고, 가령 금은으로 만들어 찻잎을 저장하더라도 보물처럼 취급하지만 찻잎에 해를 끼칠 뿐이다. 다만 주석으로 병을 만드는 것은 차의 향기와 맛이 새어나가지 않도록 하는 것이다. 그러나 제작이 훌륭하지 못하면 쓸모없는 정도가 도자기 병보다 더 심하다. 이러한 원인을 알아보면 두 가지다. 하나는 완성하고 시험을 하지 않아 구멍이 많기 때문이다. 대체로 주석공이 술 주전자와 찻주전자 등의 기물을 제작하여 완성하면 반드시 물을 넣어 시험하여 조금이라도 새면 바로 결함을 메워야 한다. 차를 담고 술을 담기 위해 만들었으므로 새면 쓸모가 없을 것이다. 건조한 물품을 담는 기물은 바로 이 점을 경시하는데, 마치 목공이 화분을 만들고 통을 만들면 새는 것을 방지하지만, 됫박을 만들고 말을 만들면 새는 것을 방지하지 않는 것과 상황이 동일하다. 주석으로 만든 병에 구멍이 있어

---

64  무이구곡武夷九曲: 복건성 무이산武夷山에 있는 아홉 굽이의 명승 구곡계九曲溪를 말한다. 15리에 걸쳐 구불구불한 계곡이 아름답게 펼쳐져 있다. 무이산은 또 차의 산지로도 유명하다.

습기가 차고 향기가 새
어나가는 것이 도리어
도자기 병보다 배가 되
는 것을 어찌 알았으
랴? 그러므로 완성한
뒤에 반드시 직접 시
험해야 한다. 큰 기물
은 물을 담고 작은 기
물은 공기를 불어넣어
서, 조금이라도 새는
틈이 있으면 즉시 보강
하도록 독촉한다. 시험
은 또 반드시 두 번 해
야 한다. 한 번은 완성

다구도茶具圖

되기 전 아직 갈이틀65을 돌려 마감을 하지 않았을 때이고, 한 번
은 이미 완성되어 갈이틀을 돌려 마감을 한 뒤다. 무엇 때문인가?
보통 처음에는 새지 않았으나, 갈이틀을 돌려 주석의 표면을 다듬
고 연마하여 매끄럽게 한 뒤에 갑자기 작은 구멍이 드러나는 경우
가 있다. 이러한 것은 여러 차례 검사하여 자세히 살펴보지 않은
사람이 아니면 알지 못하는 것이다. 이것은 지혜가 얕은 사람을 위

---

65  갈이틀: 나무 따위의 재료를 틀에 올려 돌리면서 깎거나 연마하여 제품을 만드는 기
구. 여기서는 주석으로 만든 병을 갈이틀 위에 올려 놓고 회전시켜가며 형체를 다듬고 표
면을 다듬는 것을 가리킨다.

해 말한 것이다.

다른 하나는 덮은 뚜껑이 견고하지 않으면 향기와 맛을 보존하기 어렵다는 것이다. 대개 향기가 좋은 물품을 저장하려면, 꼼꼼하게 처리해야 하는 것이 입구의 밀봉이다. 입구의 밀봉이 치밀하지 못하면 노천에 두는 것과 동일하다. 세상에서 차를 담는 병의 뚜껑을 반드시 두 겹으로 하는 것을 나는 비웃었다. 이러한 양식은 누구에게서 시작되었는가? 앞뒤가 꽉 막힌 사람이라 할 수 있다. 한 겹의 뚜껑에는 뚜껑의 내부에 종이를 채워서 뚜껑의 단단한 것과 종이의 부드러운 효력을 서로 발휘시킬 수 있으나, 일단 두 겹을 사용하면 단단한 것에만 의지하여 효력을 발휘하므로 부드러운 것이 쓸모없어질 것이다. 가득 채우고 세밀하게 밀봉하여 하나의 틈도 남기지 않으려 하지만, 어찌 단단하여 잘 구부러지지 않는 것으로 이렇게 할 수 있겠는가? 설령 외면에 종이를 붙이더라도, 종이를 붙이는 부위가 또 울퉁불퉁한 형태이므로, 반드시 길고 가는 종이로 잘게 잘라 도롱이의 양식으로 만들어야 비로소 착 붙일 수 있다. 시험 삼아 묻건대, 도롱이로 물건을 덮어서 안팎으로 바람이 통하지 않게 할 수 있는가? 그러므로 주석 차병의

유금마갈문뢰뉴삼족염대鎏金摩羯紋蕾鈕三足鹽臺(도금한 삼족 소금 그릇), 당대
하부는 좌우로 마갈어摩羯魚로 장식했고 상부의 뚜껑은 꽃봉오리 모양의 꼭지가 달려 있다.
차를 끓일 때 넣는 소금과 후추 등을 담아두는 용기다. 마갈은 인도 신화 속 물의 요정으로 남
북조시기에 중국으로 유입되었다.

뚜껑은 다만 두터워야 마땅하고, 두 겹은 부적당하다. 차를 저장하는 집에서 저장하여 즉시 개봉하지 않을 것은 차병의 입구 윗부분에 먼저 면지綿紙 두세 겹을 꽉 차게 붙여 단단히 밀봉하고 건조된 다음에 뚜껑을 덮으면, 단단한 것과 부드러운 것이 함께 작용하여 향기가 새는 일이 영원히 없을 것이다. 때때로 열었다가 닫는 경우에는 뚜껑 내부에 종이 한두 겹을 메워 향기가 밀폐되어 새지 않도록 한다. 이것이 차를 저장하는 좋은 방책이다. 만약 뚜껑을 두 겹으로 사용하면 바깥에 있는 것은 두 토막으로 만들어 종이로 오목한 부분을 묶어야 마땅하며, 이러한 방법이 조금 편리하다. 그러나 외부를 밀봉하는 것은 내부를 밀봉하는 것만 못하며 결국에는 앞에서 설명한 방법이 뛰어나다.

## 주구酒具

주구에 금은을 사용하는 것은 마치 화장함에 진주와 비취를 사용하는 것과 같다. 모두 부득이하여 사용하는 것으로 모여서 연회를 열 때 있어야 하는 것은 아니다. 부귀한 집에서 서각犀角(코뿔소 뿔)으로 만든 주구는 늘 진열해도 무방한데, 서각으로 만든 주구는 진귀한 보물 계열에 속하지만 찬란하게 반짝이는 형태가 아니므로 마치 겉모양을 꾸미지 않은 관리와 같다. 상아는 서각과 같은 종류이지만 광채가 너무 드러나는 단점이 있다. 또 좋은 술을 서각배에 따르면 특별한 향기가 난다. 당시에서 "옥 사발에 담아 오니 호박 같은 광채가 나네玉碗盛來琥珀光"[66]라고 읊었다. 옥은 술의 색을 드러

은제 술잔, 당대

낼 수 있으며 서각은 술의 향기를 돋울 수가 있으므로, 두 기물은 술에 대하여 모두 공신이다. 우아하고 소박한 것을 숭상하는 풍조이면 도자기 잔을 첫째로 중시해야 한다. 옛날 자기가 사랑스러운 줄은 사람들이 모두 알고 있다. 아쉽게도 가격 상승이 날로 심해지고, 큰 세력을 가진 사람들이 모두 소유하여 우리 가난한 선비는 구경하기도 어렵다. 그러나 이러한 기물이 있으면 골동으로 소장할 수는 있어도 식기를 충당하기는 어렵다.

무엇 때문인가? 술을 마신 뒤에 잔을 잡고 있으면서 떨어뜨리지 않는다는 보장을 하지 못하므로, 열 개 가운데 하나가 손상되면 마치 기러기의 행렬이 중간에 끊어져 다시는 무리를 구성하지 못하는 것과 같아진다. 가지고 있으면서 사용하지 못하면 없는 것과 같다. 가난한 집에서 자위할 수 있는 것은 다행히 이것뿐이다. 그러나 근래 도공은 교묘한 재주를 갖가지로 발휘한다. 그들이 제작한 새로운 도자기는, 그 수준이 선덕요宣德窯와 성화요成化窯[67] 아

66 玉碗盛來琥珀光: 이백의 시 「여행 중에 지어客中作」의 둘째 구절.
67 선덕요宣德窯와 성화요成化窯: 명나라 선덕 시기(1426~1435)에 제작된 도자기와 성화 시기(1465~1487)에 제작된 도자기. 이 시기의 도자기는 중국에서 명품으로 평가를 받는다.

래에 있지만 양식의 정교하고 신기함에 있어서는 또 이들보다 뛰어나다. 그러나 옛 가마의 도자기와 가치를 경쟁할 수 없는데, 그 까닭은 수량의 많고 적은 차이 때문일 뿐이다. 나는 근래 도공이 어찌하여 자신의 능력을 스스로 소중하게 여기지 않는지 괴이했다. 가령 하루에 술잔杯을 하나 만들고 한 달에 작은 술잔盞을 하나 만들어, 세상 사람들이 필요로 해도 구하지 못해 반드시 높은 가격으로 구입하기를 기다리게 한다면, 그 이익이 많이 만들어 마구 판매한 것과 같을 것인데 어찌하여 이렇게 하지 않는가? 그렇지 않다고 대답했다. 내가 그러한 기술을 높이 산다고 해도 사람들이 그러한 능력을 천시하면 헛되이 발 빠른 사람에게 농단을 당할 뿐이다.

## 사발과 접시

사발은 건요建窯[68]보다 정미한 것이 없으나, 기벽이 너무 두꺼운 점이 고민이다. 강우江右[69]에서 제작한 것은 비록 건요의 명칭을 표절했으나, 미관은 사실 그 위에 있으므로 청출어람이라 할 수 있다. 그다음은 문양을 평가하지만, 문양이 너무 번잡해도 비속하게 되므로 필법이 생동하고 색이 산뜻하면서 아름다운 것을 선택할 뿐이다. 사발과 접시 가운데 사용하기를 가장 꺼리는 것은 글자가 있

---

68  건요建窯: 건안요建安窯라고도 한다. 요지가 복건성 남평시 건양구建陽區 수길水吉에 있으며 송·원시기에 주로 기물을 제작했는데, '건잔建盞'이라 불리는 구경 15센티미터 정도의 흑유 찻잔이 매우 유명하다.
69  강우江右: 강서성. 여기서는 '도자기의 수도瓷都'라 불리는 강서성 경덕진을 의미.

는 종류로서, 예를 들면 「전적벽부前赤壁賦」나 「후적벽부後赤壁賦」[70]와 같은 것이 쓰여 있는 것이다. 이것은 도공이 죄를 짓는 일이며, 구입하여 사용하는 사람도 천지신명에게 죄를 짓는 것이 적지 않다. 이제 그 까닭을 설명하고자 한다.

"1000글자를 소중하게 대우하면, 수명이 12년 늘어난다惜字一千, 延壽一紀."[71] 이것은 문창제군文昌帝君[72]이 내려준 훈계의 말이다. 반드시 효험이 있다고는 못 하지만, 글자의 필획은 성현에게서 나왔고 창힐蒼頡이 글자를 창조하자 귀신이 밤에 통곡했으므로, 문자가 운수에 관계되어 천지신명이 소중히 여기고 아꼈음을 알 수 있다.

문자가 쓰여 있는 그릇을 사용하여 복이 줄어들지는 않지만, 사용한 지 오래되지 못하여 부서지면 반드시 버려져 짓밟게 되므로 죄를 짓는 도공과 허물을 반씩 나누는 것이 아니겠는가? 도공은 다만 완성을 담당하고 깨진 것을 보지 못했으므로, 도공의 죄는 도리어 용서할 수 있을 듯하다. 문자가 쓰여 있는 종이가 땅에 버려져도, 복을 귀하게 여기는 사람을 만나면 이것을 주워 불에 태운다. 태울 수 있으면 태워야 하기 때문이다. 문자가 있는 깨진 그릇은 단단하여 태울 수 없으며, 불에 넣어도 타지 않고 물에 넣어도 젖지 않는 신령스러운 물건인 듯하다. 부수려 해도 부서지지 않

---

70 「전적벽부前赤壁賦」「후적벽부後赤壁賦」: 소동파가 적벽에서 소회를 읊은 부. 명문장으로 유명하다.
71 惜字一千, 延壽一紀: 문자는 성현이 창조하여 성스러운 것이므로 함부로 취급해서는 안 된다는 '경석자지敬惜字紙'(글자가 있는 종이를 받들고 아껴야 한다)의 관념에서 나온 내용.
72 문창제군文昌帝君: 문곡성文曲星, 문성文星. 선비의 공명과 벼슬을 관장한다는 도교의 신령.

으므로 마침내 버리고 또 버리는 지경에 이른다. 길 옆에서 본 사람이 비록 눈앞의 복을 귀하게 여겨 아끼려는 생각이 있어도 실행할 방법이 없고, 어느 때에는 큰 거리에 버려져 수많은 사람에게 짓밟힌다. 또 어느

길주요표반완吉州窯豹斑碗(표범무늬 다완), 송대

때에는 변소에 쏟아 넣어서 천백 년 동안 수모를 받으므로, 문자가 화를 당하는 경우가 이보다 심한 것이 없다. 나는 천하의 사람들이 모두 눈앞의 복을 귀하게 여기는 마음으로 문자가 있는 그릇을 보면 바로 죄를 지을까 하는 근심이 생기기를 바란다. 구매자가 서로 경계하여 선택하지 않으면, 판매자도 방법이 없어질 것이다. 판매자가 방법이 없으면, 도공이 위험한 일로 간주하여 만들지 않을 것이다. 그러면 문자가 화를 당하는 일이 날이 갈수록 사라지지 않겠는가? 이것은 폐단을 없애는 말단의 대책이다.

혹시 눈앞의 복을 귀하게 여겨 아끼는 관리로서 강서성에서 정권을 잡은 사람이 있으면, 엄격한 격문을 하나 발송하여 두루 도공에게 훈시해서 그릇에 문자를 쓰지 못하도록 시켜야 한다. 「적벽부」 등의 부賦를 자기에 쓰도록 허락하지 않을 뿐만 아니라, '성화년조成化年造' '선덕년조宣德年造' '모재某齋' '모거某居'[73] 등의 문자를 모두 없애도록 해야 한다. 시험 삼아 묻건대, 이러한 몇 글자가 있으면

---

73　成化年造·宣德年造·某齋·某居: 도자기에 황제의 연호·제작 시기·주문자·사용처 등을 표시하기 위하여 써넣는 문자를 가리키며 '관지款識'라고 한다. 명·청 시기의 도자기에 여러 종류의 관지가 많이 사용됐다.

과연 성화요나 선덕요와 가치를 비교할 수 있는가? 이 몇 글자가 없으면 평상시의 가치와 비교하여 반 푼이라도 늘거나 줄어드는가? 이것이 있거나 없거나 이익은 동일하며, 이러한 몇 번의 운필이 많아져서 헛되이 천백 년 지속되는 무궁한 죄를 지을 뿐이다. 총독, 순무巡撫(지방장관), 포정사布政使(성의 행정 장관), 안찰사按察使(순무의 속관), 수령의 여러 관리는 모두 유학계의 맹주이므로, 강서성에서 벼슬을 하는 사람이라면 급히 이러한 법령을 실행해야 하는데, 이것은 천백 년 동안 짓지 않은 복이 남아서 한 사람을 기다리고 있는 것이기 때문이다. 기회로다! 기회로다! 놓치지 말고 올라타시오!

## 등불과 촛불

———

등불과 촛불이 휘황찬란한 것은 손님을 위한 연회에서 첫 번째로 중요한 일이다. 그러나 매번 관리가 많이 모이고 산해진미가 차려져 있으며, 좋은 술을 기울이고 몇 무리가 북치고 나팔을 불며 자주 노래하고 연주하는 것을 보면, 일마다 모두 매우 통쾌하나 무대의 색상만은 조금 모호했다. 사람의 귀와 마음을 통쾌하게 했지만 눈을 상쾌하게 하지 못했는데, 주인이 등의 기름이 아까워 많이 설치하지 않으려 해서가 아니라 다만 등불의 그을음이 해를 끼친 것이다. 그을음을 제거하는 올바른 방법을 찾지 못했거나, 이것을 담당하는 적임자를 구하지 못한 것이다. 내가 여섯 글자의 비결을 전수하여 말했다. "많이 등을 켜는 것이 부지런히 심지를 잘라주는 것만 못하다多點不如勤剪." 부지런히 심지를 잘라준 5개의 등불이 심지를 잘라주지 않은 10개보다 밝다. 심지를 잘라주지 않은 이유를 따져보면, 무대를 구경하려는 간절한 마음은 주인과 노복이 서로 같으므로 모두 무대에 집중하여 어두운지 밝은지를 따지지 못했거나, 바쁘고 너무 피로하여 직무를 전적으로 맡길 사람이 없어서다. 저것을 돌아보다 이것을 실수하여 등은 있으나 빛은 없는 상황에 이르게 되었으니 이른바 담당하는 적임자를 찾지 못한 것이다.

이러한 폐단을 바로잡으려면 전문적으로 한 사람에게 책임을 지게 해야 한다. 신중하고 노련하며 놀이에 빠지지 않을 사람을 선택하면 두 가지 근심에서 거의 벗어날 수 있다. 그러나 담당하는 적임자를 찾아도, 심지를 자르는 올바른 방법을 알지 못하면 끝내 어려운 일이 된다. 대체로 무대 위의 등은 높이 매달려 있는 것이 많고 낮은 위치에 서 있는 것이 적다. 낮은 위치의 등에서 심지를 자르기는 쉽지만, 높이 매달린 등의 심지를 자르기는

「내연냉찬도內宴冷餐圖」(찬 음식을 먹는 모습), 왕홍력王弘力(1927~)

어렵다. 사람이 등 가까이 높이 올라가도록 하지 않으면 등을 사람 가까이 낮게 내려야 하는데, 심지를 자를 때마다 반드시 한 차례 오르락내리락 해야 하므로 사람과 등에 모두 번거로움이 많다.

나는 두 가지 방법을 통해 이러한 수고를 덜어주고자 한다. 하나는 이미 시험하여 자신하는 것이며, 다른 하나는 감히 급하게 자신하지는 못하고, 다른 사람이 시험하기를 기다리는 것이다. 이미 시험한 것은 무엇인가? 길이 서너 자의 심지 가위다. 철로 만들며 반드시 아주 가늘게 만들어야 하는데, 굵으면 무거워서 들기가 어렵기 때문이다. 그러나 드는 데에도 방법이 있으며 뒤에서 설명하겠다. 이 긴 가위가 있으면 사람이 올라갈 필요가 없다. 등이 올라가 있어도 내릴 필요 없이 손을 쳐들면 되므로, 낮은 위치에 있는 등 심지를 자르는 것과 차이가 없다.

시험하지 않은 것은 무엇인가? 보이지 않도록 끈을 잡고 꼭두각시를 등장시키는 방법을 사용하는 것이다. 대들보 위에 보이지 않도록 기다란 끈 하나를 만들어 집 뒤로 통하게 하고, 중간에 등을 거는 끈을 연결하여 작은 조종간을 그 아래에 받친 뒤에 등을 매다는 것이다. 등의 내부 기둥과 외부의 막을 분리하여 두 개로 만들고, 외부의 막은 대들보 사이에 고정하여 아래위로 움직이지 않도록 하며, 등 내부 기둥의 끈에 조종간을 걸쳐놓는다. 등의 심지를 자르고자 하면 등 내부 기둥의 끈을 풀어 등이 내려와 사람에게 다가오고, 자르기가 끝나 다시 올리면 스스로 외부의 막 속으로 들어간다. 외부의 막은 높이 매달려 움직이지 않고 가지런히 정지한 채로 움직이는 내부 기둥을 기다린다. 동일한 등이지만 수고로운 것과 편안한 것으로 구분되어, 수고할 것은 수고하고 편안할 것은 편안하다. 등의 내부와 외부가 모두 내려오고 또 거치적거리는 번거로움이 있는 것과 비교하여, 우선 한 단계의 우위를 차지한다. 밝은 곳에서 끈을 당기지 않도록 반드시 보이지 않게 대들보의 틈 속에 설치하고, 또 집 뒤로 관통시킨 것은 무슨 까닭인가? 끈을 당기는 사람을 집 뒤에 숨겨 모습이 드러나지 않게 하면, 조종간을 한 번 돌려 등이 저절로 내려오고 자르기가 끝나면 다시 올라가는 것만 보이게 되고, 끈을 조정하는 모습은 전혀 보이지 않아 대들보 사이에 신기한 물건이 숨어 있는 듯하다. 내가 이 방법을 창조한 것은 재주를 뽐내려는 마음이 있는 것이 아니라 졸렬함을 잘 감추려는 것에 불과하다.

「서방자락書房自樂」(서재에서 홀로 바둑 두는 여인), 청대, 우지정禹之鼎(1647~1716)

대개 무대에 한 사람이 더 서 있으면 그만큼 가리는 부분이 더 발생한다. 한 사람이 심지를 자르고 한 사람이 끈을 당기면, 이것이 끝나고 저것을 하면서 빈번하게 왕래하므로 관객은 사람이 다니는 것만 보여 귀를 기울여 노래를 들을 겨를이 전혀 없을 것이다. 그러므로 집 뒤에 사람을 숨기면 가리는 것을 절반은 없앨 수 있어 시선이 얼마나 깔끔하겠는가! 사람을 집 뒤에 숨기는 것도 반드시 담장 밖으로 정할 필요는 없으며 대청에 남는 공간이 틀림없이 있으므로 병풍 뒤가 바로 적당한 장소다. 혹은 붉은 비단으로 가리거나 푸른 주렴을 매달아 안에서는 밖이 보이고 밖에서 안이 보이지 않도록 하면, 인위적인 조작을 드러내지 않으면서 신기한 기교를 실행할 수 있다. 등 하나마다 줄 하나를 사용하며, 밀랍으로 윤을 내어 줄이 껄끄럽지 않도록 한다. 대들보 사이의 틈 하나에 여러 가닥의 끈을 넣을 수 있지만, 반드시 미리 번호를 매기고 작은 표찰을 묶어 줄을 당기는 사람이 인식하기에 편리하도록 한다. 심지를 자르는 사람은 어느 번호가 되면 미리 해당하는 번호의 줄을 놓고 기다리며, 이 번호의 등이 올라가면 저 번호의 등이 즉시 내려온다. 그 술법을 구경하는 사람은 산음도山陰道[74]에 들어가는 것처럼, 분명 귀신이 아닌 사람인 줄 알면서 또 틀림없이 이상하게 여기고 놀라서 손뼉을 치면서 구경할 것이다. 또 하나의 재미난 일이 아닐 수 없다. 애석하게도 나는 주머니가 비어 능력이 없으므로, 기술자에게 시키지 못하고 훌륭한 방법을 먼저 실행할 사람을 기다리고 있으며, 스스로 여지를 남겨두었다고 해도 좋다. 대들보에 틈을 만드는 것은 상황이 불가능하며, 등을 매다는 작은 일을 위해 많은 재료를 손상시키는 것은 이치에 맞지 않다. 만약 집을 짓기에 앞서 이를 설치하려면, 대들보를 만든 뒤에 별도로 얇은

---

판 두 개를 박아 내부를 비게 하고 그 아래를 막아, 그다음에 기둥에 대들보를 올려 등에 연결된 줄을 설치하는 게 하나의 방법이다. 이미 완성된 집에도 이러한 방법을 사용할 수 있지만, 먼저 대들보 내부에 줄을 설치한 뒤에 판자로 주위를 막아야 한다. 이 방법은 무대에 적용할 수 있을 뿐만 아니라 대보름에 등을 걸고 평소에 손님을 맞이하는 데 모두 사용할 수 있다. 다만 긴 가위를 사용하는 방법과 비교해 비용이 조금 더 들 뿐이다.

기다란 심지 가위를 만드는 방법은 집의 높이를 보며 길이를 정한다. 짧은 것은 3자(약 93센티미터)이고 긴 것은 4~5자(약 124~155센티미터)로 하며, 몸체를 곧게 하고 끝부분을 새의 부리처럼 구부러지게 해서 전체적으로 정교하고 단단하게 한다. 그런데 이것은 사용하는 방법이 있으니 그 방법을 찾으면 실행할 수 있으나 방법을 찾지 못하면 설치해도 사용하기에 부적당하여 폐물과 같을 것이다. 대개 쇠로 가위를 만들고 또 길이가 몇 자가 되면 몸체가 무겁지 않을 수 없다. 손으로 높이 쳐들기만 해도 반드시 위가 흔들리며, 가위가 흔들리면 등도 움직인다. 등과 가위가 함께 움직이면, 등은 동쪽으로 가위는 서쪽으로 움직여 비록 자르고자 해도 할 수 없을 것이다. 방법은 오른손으로 가위를 잡고 왼손으로 가위를 받치며, 받치는 부위는 오른손의 한 자 정도 높이로 하는 것이다. 가위의 몸체가 비록 무겁지만 1~2근(약 0.6~1.2킬로그램)에 불과하여, 한 손으로만 들면 부족하지만 두 손으로 힘을 합치면 충분하다. 쳐들어 자르는 것이 한 손이고, 받쳐서 요동치지 않도록 하는 것이 또 한 손이다. 등의 위치가 비록 높아도 무엇을 걱정하겠는가? "손바닥 하나로는 소리가 나지 않고, 여러 사람이 같이 들면 들기 쉽다孤掌難鳴[75], 衆擎易擧"고 하지 않았는가? 천하의 일은 대개 이와 같은 것이다. 기다란 가위가 비록 보기 좋지만, 나는 끝내 몸체가 무거운 것이 싫었다. 만약 단단한 나무로 몸체를 만들고, 등의 심지에 닿는 부위만 쇠를 사용할 수 있으면 더할 나위 없이 좋을 것이다. 생각하기만 하고 아직 제작하지 않았으므로, 그 방법을 보존하여 이해할 만한 사람을 기다린다.

기다란 가위는 여러 상황에 통용하기 어렵다. 등에 외피가 없거나 사방에는 외피가 있으나 아랫부분이 뻥 뚫린 등에만 사용할 수 있다. 명각등明角燈[76]이나 주등珠燈[77]과 같은 경우에는 모두 가위를 넣을 틈이 없으므로, 비록 긴 가위가 있어도 어떻게 사용하겠는가? 대들보 사이에 줄을 설치하는 것은 이러한 등에 모두 가능하다. 두 가지 일은 병행할 수 있으며, 실행하는 방법은 또 앞의 설명과 서로 반대다. 등의 기둥은 중앙에 위치하여 움직이지 않으며, 외피를 들어서 가위로 자르고, 자르기가 끝나면 다시 외피를 내린다. 또 중요한 원칙을 지키며 부차적인 것을 제어하는 방법에 합치하므로, 사람들이 좋아하는 대로 하도록 맡겨둔다.

---

75  孤掌難鳴고장난명: 출처는 『한비자韓非子』「공명功名」.
76  명각등明角燈: 양각등羊角燈. 양의 뿔을 삶아 반투명의 얇은 조각으로 만들어 외피로 제작한 등.
77  주등珠燈: 오색 구슬을 망으로 엮어 외피를 만들고 하부에 술이 달린 등.

## 편지지

편지지의 제작은 예로부터 지금까지 수천만 번 변했는지 모른다. 인물과 완상용 기물부터 화조와 곤충에 이르기까지 그 모습을 모방하지 않은 것이 없으며, 그 양식이 새로워지지 않은 날이 없다. 교묘한 인간의 마음과 정교한 기술이 여기에서 극치에 달했을 것이다. 내가 생각하기에 교묘하기는 진실로 교묘하고 정교하기는 지극히 정교하지만, 구상하여 붓을 대는 초기에는 실제와 맞지 않게 지나치게 높은 목표를 추구하는 것에서 벗어나지 못하고 아주 가까운 것을 버려 고려하지 않은 채 하늘 위와 온 세상에서 두루 찾는데, 결국 찬란한 광채는 군더더기가 되어 편지 본래의 일과는 아무런 관계도 없게 된다. 내가 말한 아주 가까운 것은 다름이 아니라 바로 자신의 손으로 만든 편지지다. 이미 '전간簡箋'(편지지)이라고 이름을 지었으면, '전간'이라는 두 글자에 바로 무궁한 본래의 의미가 포함되어 있다. 어서魚書[78]와 안백雁帛[79] 외에 죽자竹刺[80]의 양식을 만들 수 있지 않은가? 책의 형식을 모방할 수 있지 않은가? 서책과 부채, 화려한 병풍과 아름다운 두루마리가 먹을 묻혀 붓을 휘두를 수 있는 공간이 아니던가? 석벽에 글을 써서 남겨놓을 수도 있으며, 파초 잎은 일찍이 종이를 대신했는데 어찌 이전에 들어

---

**78** 어서魚書: 편지를 지칭. 『악부시집樂府詩集』「상화가사·음마장성굴행相和歌辞·飲馬長城窟行」의 잉어 배 속에서 비단에 쓴 편지가 나왔다는 내용에서 유래했다.
**79** 안백雁帛: 편지를 지칭. 기러기의 발에 매달려 있었다는 비단에 쓴 편지에서 유래했으며, 출처는 『한서』「소무전蘇武傳」이다.
**80** 죽자竹刺: 대나무 조각에 쓴 편지나 대나무 조각으로 만든 명함.

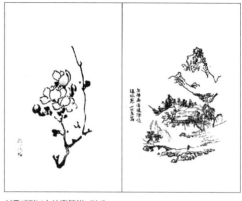

십죽재전보十竹齋箋譜, 명대

보지 못했다고 나의 억지 주장이라 하는가? 소혜蘇蕙[81] 낭자가 짠 비단은 또 후세의 사람들이 사모했지만, 그 위에 한 글자를 쓰려 해도 다시는 할 수 없는 것이다.

나는 여러 사물의 형체를 모방하여 편지지를 만들 수 있다. 편지지 위에 나열된 사물은 모두 시를 쓰고 글자를 쓰는 재료가 된다. 고유한 면모를 되돌려주고 본래 없던 것을 포기하면, 모두 눈앞의 운치 있는 일인데 어찌 다른 것을 구할 필요가 있겠는가? 이미 노복에게 명하여 양식에 따라 편지지를 제작해서 거리에서 판매했으며, 벌어들인 돈을 목수에게 주어 편지지를 찍는 목판을 제작하는 용도로 비축했다. 이렇게 하면 이후로 끝없이 늘어날 것이며, 사람의 견문을 새롭게 하고 즐겁게 붓을 휘두르는 일이 정말로

81　소혜蘇蕙(357?~?): 자가 약란若蘭. 회문시回文詩(바로 읽거나 거꾸로 읽어도 의미가 통하는 시)인 '선기도璇璣圖'(회문시를 자수나 서예로 표현한 것)를 고안한 것으로 유명하다. 출처는 『진서』「열녀전」.

끝나지 않을 것이다. 나를 설도薛濤[82]의 환생이라고 부르는 것을 나 역시 받아들이지 않은 적이 없다. 대개 사내대장부가 편지지를 제작하여 전하지 못하면, 유명한 여자에게 부끄러울 것이 정말로 적지 않다. 이미 제작을 거친 것으로 운사전韻事箋 8종과 직금전織錦箋[83] 10종이 있다. 운사韻事(운치있는 일)란 무엇인가? 제석題石(바위에 글씨 쓰기), 제축題軸(두루마리 작품에 글쓰기), 편면便面(부채), 서권書卷(두루마리 서적), 부죽剖竹[84], 설초雪蕉(눈에 덮인 파초), 권자卷子(두루마리), 책자冊子(책)다.

직금의 무늬 10종은 모두 회문직금回文織錦[85]의 의미를 모방하여 표면 전체가 모두 비단의 무늬이며, 다만 비단의 무늬가 없는 부위를 남겨 다른 사람에게 글을 쓰게 했더니 글씨가 완성된 뒤에는 직조한 회문回文과 다름이 없었다. 10종류 비단 무늬는 각기 상이하고, 글씨를 쓰는 부위도 비슷하지 않았다. 고심하여 경영했던 일은 자세히 서술하기 어렵다. 천하에서 사리에 밝고 어진 사람으로서 이것을 구하려는 사람은 다른 사람에게 부탁하여 금릉金陵(지금의 난징)에서 구입할 수 있다. 이 책 안의 여러 가지 새로운 양식은 아직 모두 세상에 돌아다니지 않으므로, 이 기회를 빌려 대강을 설명

---

82  설도薛濤(768?~832): 당나라 여성 시인. 사천성 성도 완화계浣花溪에서 살 때, '설도전薛濤箋'이라 불리는 연분홍색의 작은 편지지를 제작했으며, 후대에 많이 모방 제작되었다.
83  직금전織錦箋: 직조하여 무늬를 짠 직금의 무늬가 있는 편지지.
84  부죽剖竹: 부부剖符. 제후와 공신을 봉할 때에 반으로 갈라 증표로 사용하는 대나무 조각. 출처는 남조 송나라 시인 사영운謝靈運(385~433)의 시 「시령의 별장을 지나가며過始寧野」.
85  회문직금回文織錦: 회문시를 무늬로 짜서 표현한 비단.

한다. 편지지를 판매하는 장소는 바로 책을 판매하는 장소며, 대개 나의 평생 저작은 모두 여기에 모여 있다. 특이한 것을 좋아하는 버릇이 있는 사람이 이것을 구입해가면, 나와 함께 돌아가는 것과 같을 것이다. 천 리 밖에서도 정신을 교유할 수 있으니 모두 편지지 덕분이다. 지금 지기가 천하에 두루 있지만 어찌 모두 안면이 있는 사람이겠는가?[금릉 승은사承恩寺에 '개자원명전芥子園名箋'86이라는 다섯 글자를 써놓은 바로 그곳이다.]

이 책에 실린 여러 가지 새로운 양식은 사람들이 모방하여 실행하도록 맡겨둔다. 오직 편지지 도록의 체재는 노복에게 스스로 제작하고 판매하도록 하여 필경筆耕87을 대신했으므로 타인의 복제를 불허한다. 이미 문서로 포고했으며 처음부터 경고했다. 혹시 여전히 농단하는 사람이 있어 내 양식에 따라 간행하거나 한두 부분을 증감하거나 그 형태를 조금 변형하거나 한다면, 바로 타인의 공을 가로채 자신의 소유로 하는 것이다. 그 이익을 차지하고 그 명예를 말살하는 자이므로 이러한 자는 바로 중산의 늑대88와 비슷한 부류다. 당연히 소재지의 관청에 고발할 것이며, 공공의 도리가 집행되기를 엎드려 바라고 있다. 부귀를 믿고 강한 힘을 빙자하여 내 책을 복각하는 사람이 천하에 모두 몇 명인지 알 수 없다. 내가 농

---

86　개자원芥子園: 강희 7년(1668), 이어가 남경 진회구秦淮區 노호두老虎頭 부근에 지은 자신의 저택. 「한정우기」가 바로 이곳에서 저술되었다.

87　필경筆耕: 붓. 옛날에 필사나 글을 쓰는 일로 생계를 도모하는 것. 출처는 남조 양梁나라 문학가 임방任昉(460~508)의 「안왕安王 소요광蕭遙光을 위하여 선비를 천거하는 표를 지어爲蕭揚州作薦士表」.

88　중산의 늑대 : 중산랑中山狼. 명나라의 잡극 「동곽선생이 중산의 늑대를 잘못 구해주다東郭先生誤救中山狼」에서 나왔으며, 배은망덕한 사람을 비유한다.

사를 지었는데 저 사람이 먹어버리면 심적으로 어찌 견디겠는가? 당연히 죽음을 각오하고 싸울 것을 맹세하며 당사자에게 포고하는 것을 이 책으로

「운중유사도雲中幽思圖」, 청대, 고옹高邕(1850~1921)
달이 뜨고 구름이 자욱한 산에서 한 여인이 홀로 앉아 그윽한 상념에 빠져 있는 모습

예고한다. 종합하면 천지가 사람을 낳아 각각 마음을 부여했으므로 각자 자신의 지혜를 내야 마땅하다. 내가 일찍이 저 사람의 마음을 틀어막아 그로 하여금 지혜를 내지 못하도록 하지 않았는데, 저 사람이 어찌하여 나의 생계를 빼앗아 스스로의 힘으로 살아갈 수 없도록 할 수 있겠는가?


## 2. 위치

완상할 수 있는 기물을 취득하지 못했으면 찾아 구입하려고 궁리한다. 이미 취득했으면 자리 배치를 궁리한다. 완상할 수 있는 기물의 자리를 배치하는 것은 인재를 배치하는 것과 동일한 원리다. 관직을 설치하여 직책을 수여하는 것은 인물과 지역이 서로 조화되는가를 고려한다. 기물을 안치하는 것은 이리저리 타당하게 배치되도록 노력한다. 가령 시시각각 필요한 것을 높은 누각에 배치하고,

부서지지 않게 해야 하는
것을 책상머리에 진열
하는 것은 복잡한 업
무를 처리할 인재를
조용하고 할 일이 없
는 지역에 배
치하는 것과
같으며, 제왕
의 책략과
교화를 보
좌할 관리
를 거리에서 분주히 뛰어
다니는 관리로 만드는 것과 같다. 인재가
있어도 잘 등용하지 않으면 나라에 인재가 없어 텅 빈 것과 같다.

박고도博古圖

기타 네모지거나 둥글거나 구부러지거나 곧거나 가지런하거나
들쭉날쭉한 것과 같은 것은 모두 장소를 선정하여 자리를 배치하
는 방법과 때에 맞게 처리하는 방법이 있다. 이러한 부분에서 재주
를 잘 발휘하면, 찾아오는 사람이 문으로 들어와 대청에 올라 기물
마다 모두 허투루 진열되지 않았고, 일마다 깊은 정성이 배어 있는
것을 보게 될 것이다. 산수를 배치하는 재능이 여기에서 그 전모가
충분히 증명될 뿐만 아니라, 나라의 살림살이를 의논하는 재능도
어느 정도 드러낼 수 있다. 자신의 집을 망하게 하고 나라를 다스
릴 수 있는 사람이 있다는 것은 아직 들어보지 못했다.

## 대칭 배열의 회피

"골동품을 진열할 때 대칭으로 배열하는 것은 절대로 피해야 한다." 이것은 진부한 주장이다. 나는 평생 타인의 견해를 답습하는 것을 수치스러워했는데, 굳이 다시 전철을 밟겠는가? 다만 대칭으로 배열할 때 구별할 것이 있다. 짝인 것 같지만 짝이 아니며, 짝이 아닌 것 같지만 짝인 것이 있다. 또 짝이라는 명목은 있으나 사실은 짝이 아닌 것이 있다. 그러한 주장을 모두 풀어 밝혀서 따져 묻는 것에 대비해야 마땅할 것이다. 마치 하늘이 해를 하나 낳고 또 달을 하나 낳아 짝을 이루는 듯하지만, 해와 달은 서로 다른 시간에 나타나는 것과 같다. 또 아주 밝은 것과 어슴푸레하게 밝은 것의 구별이 있으므로 같은 것 가운데 다른 점이 있어 결국 나란히 배열했다고 지적할 수는 없을 것이다. 짝을 이루도록 진열하는 데에서 기피하는 것은 의도적으로 그렇게 만드는 것을 말한다. 만약 왼쪽에 하나의 기물을 배치하고 오른쪽에 이것과 짝을 이루는 기물이 없으면 반드시 색깔과 모양이 모두 동일한 것을 찾아서 나란히 두는데, 이것은

요삼채원앙호遼三彩鴛鴦壺

짝이 아닌 듯하지만 짝을 이루는 것으로 긴급하게 피해야 한다.

대체로 하늘이 한 쌍을 낳고 땅이 한 쌍을 낳은 경우가 있다. 예를 들면 자웅검雌雄劍[89]의 두 검 그리고 원앙호鴛鴦壺[90]의 두 호와 같은 것은 본래 한 곳에 있었다. 이를 반드시 분리하여 짝을 이룬 흔적을 피하고자 하면 또한 조작하고 집착하여 사물의 이치와 인정의 정도를 크게 상실하는 것이다. 그러므로 짝을 이룬 흔적을 피하려고 억지로 분리시킬 필요가 없으며, 형태를 비교하거나 상황을 연관시켜 두 가지 기물을 하나의 기물로 결합시키면 짝을 이루었다고 이름을 붙이지만 사실은 짝을 이룬 것이 아니다. 대개 진열하는 방법은 '八'자 형으로 진열하는 것을 기피하는데, 두 개의 기물이 병렬되어 앞뒤가 구분되지 않아 조금의 차이도 없는 경우다. 사각형으로 진열하는 것을 피하는데, 모서리마다 하나의 기물이 있으면 형세가 작은 요리 접시와 같아질 것이다. 매화 형태를 피하는데, 중앙에 큰 기물 하나를 놓고 주위에 작은 기물을 놓는 것이다. 나머지는 유추할 수 있다.

실행방법은 때에 따라 변화하고 장소에 맞추어 임기응변해야 하는 것이다. 형태를 관찰하여 가로나 세로나 곡선이나 직선으로

---

**89** 자웅검雌雄劍: 자웅검은 춘추시대 오나라의 대장장이 간장干將이 주조한 두 개의 검이다. 웅검은 '간장'이라 하고 자검은 '막야莫邪'라 했다. 또는 한 쌍을 이루는 검을 가리키기도 한다.

**90** 원앙호鴛鴦壺: 전국시대 초나라 회왕懷王의 비 정수鄭袖(기원전 330~기원전 290)가 약을 편리하게 먹기 위하여 제작했다는 전설의 기물로 내부를 두 칸으로 분리하여 한쪽에는 술을 담고 다른 쪽에는 약을 담아 필요에 따라 조절하여 따를 수 있었다고 한다. 고대 자기에 원앙호라는 명칭으로 쌍을 이루는 주전자는 현재까지 알려진 것이 없으므로, 자검과 웅검처럼 분리되어 존재하는 두 개의 기물로 기록한 것은 저자의 착각이거나, 저자 스스로 한 쌍의 기물에 붙인 용어로 판단된다.

진열하고, 미리 진열 규모를 결정하지 않는다. 만약 반드시 억지로 한두 가지를 지적한다면, 세 개의 기물이 갖추어졌을 때에는 '品' 자 형으로 배열하여 앞에 하나 뒤에 두 개, 혹은 뒤에 하나 앞에 두 개, 혹은 왼쪽에 하나 오른쪽에 두 개, 혹은 오른쪽에 하나 왼쪽에 두 개를 배치해야 좋으며, 이러한 배열을 '착종錯綜'(조화롭게 잘 섞은 진열)이라 한다. 만약 세 개를 나란히 배열하면 짝을 이루는 잘못을 범하는 것이다. 네 개의 기물이 서로 모이면, '心'자 형과 '火'자 형으로 진열해야 적당한데, 키가 크거나 길이가 긴 기물 하나를 중심 기물로 선택하고 나머지는 전후좌우에 진열한다. 다만 성글고 촘촘하고 끊어지고 이어지는 것을 적당하게 해야 하며, 균일하게 배합해서는 안 된다. 이러한 진열을 '참차參差'(들쭉날쭉한 진열)라 한다. 만약 좌우에 각각 두 개를 배열하여 단독으로 진열하지 않으면, 짝을 이루는 잘못을 범한 것이다. 이것이 대략적인 내용이며, 내용을 윤택하게 하는 것은 우아한 사람과 군자에게 달려 있다.

## 자유로운 변화

———

그윽한 서재에서 진열할 때, 묘미는 나날이 달라지고 다달이 새로워지는 데에 있다. 만약 골동품에 뿌리가 자라난 듯이 일 년 내내 한 장소에 쓸모없이 묶여 있으면, 기물에 보기 싫은 모습이 늘어나 마침내 주인의 생기마저 줄어들게 한다. 이는 골동품을 잘 활용하는 사람이 아니다. 집에서 지내며 필요한 기물로서 오직 집 자체만

실내의 가구 배치, 명대, 목판 삽도

이 이동할 수 없으며, 이 밖에 모든 것은 자유롭게 변화시켜야 마땅하다. 무엇 때문인가? 시야는 마음과 관련이 있으므로, 사람이 그 마음을 활발하게 하려면 먼저 눈이 발랄해야 한다. 설령 집이 이동할 수 없더라도 역시 기사회생의 방법이 있다. 예를 들어 몇 칸의 집을 지었으면, 높이와 넓이가 매우 현격하게 차이 나지 않는 것을 선택한 후 장인에게 의견을 제시하여 창살과 문짝을 제작한다. 모두 폭은 같으나 양식은 상이해서 서로 교체하기 편하게 한다.

동일한 방이지만 저곳의 문과 창문을 이곳으로 옮겨 달면 바로 이목이 일신되어 건물이 모두 이동한 것처럼 느껴진다. 다시 저 방에 들어가면 또 풍경이 한 번 변하므로 하나를 이동한 것일 뿐만 아니라 또한 두 개를 이동한 것이다. 건물이 그런데 하물며 기물이야 어떻겠는가? 낮은 위치의 기물을 높이 배치하거나, 멀리 있는 것을 가까이 배치하거나, 이미 오래 분리되었던 두 기물을 하루아침에 서로 가까이 배치하거나, 여러 개의 기물이 오랫동안 뒤섞여 있던 것을 갑자기 분리시키는 것은 무정한 사물을 감정이 있는 사물로 변화시키는 것이다. 그렇게 하는 사이 만나고 헤어지는 것을 슬퍼하는 듯한 느낌이 생긴다. 그러나 왼쪽에 두거나 오른쪽에 두거나 반드시 적당하기만 하면 조물주의 능력을 손에 지니게 되어 입신의 경지에 도달할 것이다. 사람들이 "아침에 동쪽에 두었다가 저녁에 서쪽에 두면 왔다 갔다 하다가 지치는데, 어찌 허자許子[91]처럼 번거로운 것을 꺼리지 않는가?"라고 했다. 내가 이렇게 대답했다. "도간陶侃[92]은 항아리를 운반했으며, 이것이 도리어 번거롭게 보였지만 도간이 쓸데없는 일을 많이 한다고 비웃지 않았다. 하물며 골동품이 친숙하기로는 항아리보다 훨씬 뛰어나므로, 골동을 즐기는 사람은 피로한 줄 모르는데 다만 배부르게 먹고 종일토록 아무 일에도 관심을 두지 않는 사람을 위해 말할 수는 없다."

골동품 가운데 향로라는 하나의 기물은 형체가 매우 정적이지만, 사용할 때 매우 동적인 데에 그 묘미가 있다. 하루에 여러 번 자리를 이동해야 마땅하고 잠시라도 고정해서는 안 된다. 사람들이 그 까닭을 물으면 나는 돛단배에 비유했다. 배가 운행할 때 펼쳐놓는 돛은 바람의 기울기를 보고 그 기울기를 조절해야 한다. 바람이 왼쪽에서 불어오는데 돛이 오른쪽으로 향하면 배가 전진하지

---

91　허자許子: 전국시기의 농가農家 허행許行(기원전 372?~기원전 289). 모든 사람이 스스로 밭을 갈아 자기 힘으로 먹고 살아야 한다고 주장했다.

92　도간陶侃(259~334): 자가 사행士行. 시인 도연명의 증조부로 동진의 명장名將. 『진서』「도간전陶侃傳」에 따르면 광주자사廣州刺史를 할 때, 일이 없으면 아침저녁으로 항아리를 운반하며 의지를 단련했다고 한다.

독서의 즐거움. 목판삽도

못하고 또 후퇴할 것이다. 향로를 배치하는 방법도 그렇다.

바람이 부는 것을 봐야 한다. 만약 실내에 남북으로 두 개의 창이 있는데 바람이 남쪽에서 들어오면 남쪽에 배치해야 마땅하고, 바람이 북쪽에서 들어오면 북쪽에 배치해야 마땅하다. 만약 바람이 동남이나 서북에서 들어오면 또 위치를 조금 치우치도록 해야 마땅하며, 전체적으로 바람에서 떨어지지 않도록 하는 것이 옳다. 만약 바람이 부는 방향과 반대로 배치하면, 바람을 따라 향이 사라져버려 내가 그 향기를 맡지 못할 것이다. 또 바람이 들어오는 길을 열어놓고 바람이 나가는 길을 막아야 마땅하다. 만약 바람이 남쪽에서 들어오는데 북쪽 창을 활짝 열어놓거나, 바람이 북쪽에서 들어오는데 남쪽 창을 활짝 열면, 바람은 완전히 지나가는 나그네가 되고 향기도 내 집을 여관으로 간주할 것이다. 감상하는 기물 가운데 거의 모든 기물을 정지 상태로 배치시킬 수 있지만, 오직 향로라는 기물은 그러한 상황이 불가능하다는 것을 알아야 한다. "사랑한다면 수고롭게 하지 않을 수 있겠는가愛之, 能勿勞乎"[93]라고 하지 않았는가? 이것은 사람을 대접하는 방법이지만 나는 향로에 대해서도 그렇게 말한다.

---

93   愛之, 能勿勞乎: 출처는 『논어』 「헌문憲問」. 자식을 진정으로 사랑한다면, 온실 속의 화초처럼 곱게 모셔두는 것이 아니라 자식이 힘들더라도 인생과 사회를 이해할 수 있도록 해야 한다는 의미다.

제4부 **음식에 관하여** 飮饌部

## 1. 채식

내가 인간의 몸을 관찰해봤더니 눈·귀·코·혀·손발·신체의 각 부위가 모두 없어서는 안 되었다. 없어도 되는데 굳이 만들어서 마침내 오랜 세월 인간의 삶에 혹이 된 것은 오직 입과 배 두 가지다. 입과 배가 만들어져 살아갈 방도가 복잡해졌으며, 살아갈 방도가 복잡해졌으므로 사기치고 위조하고 간사하고 음험한 일이 나타났다. 사기치고 위조하고 간사하고 음험한 일이 나타났으므로 오형五刑[1]이 제정되지 않을 수 없었다. 임금은 친애하고 양육해줄 수가 없었으며, 어버이는 은혜를 내릴 수가 없었다. 조물주는 생명을 사랑했으나 또 자신의 뜻에 역행하지 않을 수 없었는데, 인간을 창조한 당일에 형태를 잘못 부여하여 이러한 입과 배라는 혹을 더 만들었기 때문이다.

초목은 입과 배가 없지만 결코 생장을 못하지 않으며, 바위와 토

---

1  오형五刑: 수나라와 당나라 이후 청나라 말기까지 실행되었던 태형笞刑(매로 볼기 치기)·장형杖刑(곤장으로 볼기 치기)·도형徒刑(감옥에서 강제 노역)·유형流刑(먼 곳으로 유배시키기)·사형死刑의 다섯 가지 형벌. 출처는 『구당서舊唐書』 「형법지刑法志」.

「봉식도奉食圖」,(시녀가 음식을 받쳐 든 모습), 당대, 무덤 벽화

양 또한 음식이 없어서 자라지 못한다는 것은 들어보지 못했다. 어찌하여 오직 인간의 형체를 다르게 하여 입과 배를 부여했는가? 설령 입과 배를 만들었더라도, 물고기나 새우가 물을 마시고 매미가 이슬을 마시며 모두 기력을 증진시켜 물에서 출몰하거나 창공에서 울며 날아갈 수 있는 것처럼 했어야 마땅하다. 이렇다면 세상에서 추구할 것이 없으므로 인간의 근심이 사라질 것이다. 그렇지만 이미 입과 배가 있는 상태로 태어나고, 게다가 기호와 욕망이 많으므로 탐욕이 너무 커 만족할 수 없다. 기호와 욕망이 많으며 게다가 밑바닥에 구멍이 나 있어 강과 바다처럼 채울 수 없게 했다. 이리하여 인간의 일생은 온 몸의 힘을 다 사용하더라도 입이나 배 하나가 소모할 것을 공급하는 데도 부족한 지경이 되었다. 내가 반복하여 자세히 따져보았더니 조물주를 탓하지 않을 수 없었다. 조

물주도 이 일에 대하여 자신의 잘못을 스스로 결코 후회하지 않은 것이 아님은 나도 알고 있다. 다만 이미 제정하여 변경하기 어려우므로 잘못된 채로 끝까지 밀고 나갈 수밖에 없었던 것이다. 심하도다! 법을 만들 때는 처음부터 신중해야 하며 대충 제정해서는 안 되는 것이었다.

　내가 이 책을 편집하면서 그릇되게 음식의 내용까지 언급하고 있지만 해도 그만이고 하지 않아도 그만인 일이다. 다만 검소함을 숭상하고 사치로 인도하지 않고자 부득이하게 조물주를 위하여 잘못을 은폐하게 되었는데 또한 시작과 끝을 고려하고 계획하여 만물을 위해 근심을 없애고자 한 것이다. 만약 자신의 총명을 드러내어 천만인의 기호와 욕망을 추구하도록 인도한다면, 금수와 곤충 가운데 살아남을 것이 없을 뿐만 아니라, 이러한 풍조가 시작되어 나날이 심해질 것을 나는 걱정한다. 역아易牙[2]가 다시 태어나 자식을 요리하여 영화를 추구하거나, 어린애를 죽여 권세가와 간신에게 아첨하여 수나라를 멸망시킨 것과 같은 사건이 일어나지 않으리라고 어찌 알겠는가? 한 번 잘못했다고 어찌 다시 잘못을 하려는가? 나는 감히 사람에게 이러한 형체를 부여한 조물주를 실패의 교훈으로 삼지 않을 수가 없다.

　음악의 원리는 현악기가 관악기만 못하고 관악기가 육성만 못한데, 자연에 조금 더 가깝기 때문이다. 내 생각에 음식의 원리는 잘게 저민 날고기膾가 고깃덩이肉만 못하고, 고깃덩이는 채소만 못한

---

2　역아易牙: 춘추 시기 유명한 요리사. 제환공齊桓公(?~기원전 643)을 위해 자신의 자식을 요리하여 바쳤다고 한다. 출처는 『사기』 「제태공세가齊太公世家」.

데, 역시 자연에 조금 더 가깝기 때문이다. 풀 옷을 입고 나무 열매를 먹는 것은 상고시대의 풍조다. 사람이 기름진 고기를 멀리하고 채소를 먹으면서 달게 여기고 배 속의 채소밭을 양이 와서 짓밟아 파괴하지 못하게 할 수 있으면,3 복희伏羲 시대의 백성이 되고 요순 시대에 배를 두드리면서 편히 사는 것과 같다. 오래된 골동품을 숭상하는 것과 같은 원리다. 세상 사람들이 괴이한 것은 옛것을 숭상한다는 아름다운 이름을 버려둔 채, 고의로 이단의 학설을 만들어 부처의 가르침이 이와 같다고 말하고 있으니 이는 잘못된 것이다. 내가 「음찬飮饌」 1권을 편집하여 육식을 뒤로 하고 채식을 앞세웠는데, 하나는 절검을 숭상하려는 것이며 하나는 복고復古를 위해서다. 동물을 도살하는 것을 무겁게 여기고 생명을 애석히 여기는 것은 자나 깨나 생각해야 하며 차마 혹시라도 잊어버려서는 안 되는 것이다.

## 죽순

보통 채식의 훌륭함을 논할 때 '맑고淸' '깔끔하며潔' '향기롭고芳馥' '아삭거린다鬆脆'라고만 한다. 지극히 훌륭한 맛으로서 육식을 능가하는 부분이 다만 한 글자 '선鮮'(신선함)에 있다는 것을 모른다. 『예

---

3 어떤 사람이 채식을 하다가 갑자기 양고기를 먹은 고사. 채식하는 사람의 꿈에 하루는 오장五臟의 신이 나타나 "양이 채소밭을 짓밟는다羊踏菜園"라고 했다. 그는 꿈에서 깨어나 양을 잡아 죽여 먹었다. 채식에 습관이 된 사람이 우연히 육식을 한 것을 비유한다. 삼국시대 위나라 서예가 한단순邯鄲淳(132?~221)이 우스운 이야기를 모은 『소림笑林』에 나온다.

기』에서 "감미로운 것은 조화시키기가 쉽고, 하얀 것은 착색하기가 용이하다甘受和, 白受采"라고 했다. 신선함은 감미로움이 나오는 근원이다. 이러한 맛을 누릴 수 있는 사람은 오직 직접 농장을 경작하는 산에 사는 승려와 들에 사는 늙은이이며, 도시에 사는 사람이 채소를 파는 사람에게 신선한 것을 구한다 해도 얻을 수가 없다. 그러나 다른 종류의 채식은 도시와 산림을 막론하고, 대개 집 옆에 채소밭이 있는 사람은 방금 뜯어 금방 요리하여 역시 계절에 따라 그 즐거움을 누릴 수 있다. 그러나 죽순이라는 한 식물은 결단코 산림에서 자라야 마땅하며, 도시에서 산출되는 것은 향긋하고 신선해도 결국은 죽순 가운데 저급품이다. 죽순은 채식 중의 일등품인데, 어찌 살진 양과 어린 돼지와 비교할 수 있겠는가? 다만 죽순과 살코기를 함께 요리하여 하나의 궤簋(손잡이가 달린 그릇)에 합쳐 담으면, 사람들은 죽순만 먹고 살코기를 남기므로, 살코기는 물고기 요리가 되고 죽순은 곰 발바닥 요리가 되는 것을 알 수 있을 것이다.4 시장에서 구입하는 것도 그러한데, 하물며 산중에서 방금 캔 것이야 어떠하겠는가?

죽순을 먹는 방법은 다양하여 이루 다 기록할 수 없으나 두 마디로 개괄하면, "채식에는 맹물이 적당하고, 육식에는 살진 돼지를 사용한다"이다. 채식하는 사람이 죽순을 먹을 때 만약 다른 음식

---

4  이 내용은 『맹자』 「고자」의 "물고기는 내가 원하는 것이고, 곰 발바닥도 내가 원하는 것이다. 두 가지 다 겸할 수 없으면 물고기를 버리고 곰 발바닥을 택한다魚, 我所欲也, 熊掌亦我所欲也, 二者不可得兼, 舍魚而取熊掌者也"라는 내용을 이용하여, 선호하는 우선 순위를 표시했다.

물과 섞고 향유로 조리하면, 묵은 맛이 신선함을 빼앗아 죽순의 진정한 맛이 사라질 것이다. 맹물에 삶아 익으면 약간 간장을 첨가한다. 예로부터 지극히 감미로운 음식은 모두 단독으로 요리하는 것이 이로우며, 이 죽순이 그렇다. 죽순에 고기를 곁들일 경우에 소·양·닭·오리 등의 동물은 모두 좋지 않으며, 오직 돼지가 적당하다. 또 오직 기름진 고기가 좋다. 기름진 고기는 느끼하게 하려는 것이 아니라, 고기 가운데 살진 것은 감미로울 수 있기 때문으로, 감미로움이 죽순에 들어가면 그 감미로움은 드러나지 않지만 지극히 신선하게 느껴진다. 삶아서 이미 익었으면, 살진 고기는 모두 제거해야 한다. 즙도 많이 남겨서는 안 되며 반 정도 보존하여 맑은 탕을 첨가한다.

죽순

조미하는 물질은 오직 식초와 술이다. 이것이 죽순 고기 요리를 만드는 대강이다. 죽순이라는 것은 단독으로 요리할 뿐만 아니라 다른 음식과 함께 요리해도 각각 그 좋은 맛을 드러낸다. 대체로 음식물 가운데 고기 요리와 채소 요리를 막론하고 모두 죽순을 사용하여 조미해야 한다. 채소에서 죽순이나 약초에서 감초는 똑같이 반드시 갖춰야 할 것들이다. 이것이 있으면 여러 맛이 모두 신선해지며, 다만 찌꺼기를 사용해서는 안 되고 정제된 액체를 사용해야 한다. 요리사로서 재료를 잘 관리하는 자는 대개 죽순을 데친 탕을 모두 버리지 않고 남겼다가, 매번 한 가지 음식을 만들 때 반드시 이것으로 조미하며, 먹는 사람은 다른 음식물의 신선함을 알지만 그 음식을 신선하게 한 것이 존재한다는 것을 알지 못한다. 『본초本草』5에 기록된 여러 음식 가운데 사람을 이롭게 하는 것이 모두 맛있지는 않으며, 맛있는 것이 반드시 사람을 이롭게 하지는 않는다. 이러한 장점을 둘 다 가질 수 있는 것을 찾으면 죽순보다 좋은 게 없다. 소동파는 "차라리 음식에 고기가 없을지언정, 거처에 대나무가 없어서는 안 된다. 고기가 없으면 사람이 수척해지지만, 대나무가 없으면 사람이 저속해진다寧可食無肉, 不可居無竹. 無肉令人瘦, 無竹令人俗"6라고 말했다. 하지만 소동파는 저속한 것을 고치는 것이 수척해지는 것도 고칠 수 있다는 것을 몰랐는데, 다만 다 자란 대나무와 덜 자란 대나무(즉 죽순)의 차이가 있을 뿐이다.

## 버섯

죽순 이외에 매우 신선하고 감미로운 음식물을 찾으면 버섯밖에 없지 않을까? 버섯이라는 물질은 뿌리가 없고 꼭지도 없이 갑자기 자라나며, 아마 산천초목의 정기가 맺혀서 형태를 만든 것이겠지만, 모양은 있고 사지가 없다. 대체로 사물로서 사지가 있는 것은

---

5  『본초本草』:『신농본초경神農本草經』. 고대의 저명한 의약 서적으로, 기록된 각종 약재에 풀 종류가 많으므로 『본초本草』라 부른다. 저술 시기는 불분명하며 전국시대로 추정되지만, 현재 전하지 않고 각 서적에 내용이 남아 있다.
6  출전은 소동파의 시 「어잠의 승려 혜각의 녹균헌에서于潛僧綠筠軒」.

반드시 찌꺼기가 있는데, 찌꺼기가 없으면 사지가 없는 것이다. 사지가 없는 사물은 아직 정기精氣와 분리되지 않은 것이다. 이러한 물질을 먹는 것은 산천초목의 정기를 흡수하는 것과 같으며, 인간에게 무익한 것이 없다. 버섯 가운데 독이 있어서 사람을 죽일 수 있는 것은 『본초』에서 뱀과 벌레가 지나갔기 때문이라 했다. 하지만 나는 그렇지 않다고 대답했다. 버섯의 크기

향심香蕈(표고버섯)

가 얼마나 되기에 뱀과 벌레가 그 위를 지나갈 수 있는가? 하물며 또 극히 허약하고 매우 잘 부스러져 뱀과 벌레를 지탱할 수 없지 않은가? 아마 땅속에 뱀과 벌레가 있었는데 버섯이 그 위에서 자랐으므로 마침 독기가 스며들었고, 그러므로 사람을 해칠 수 있는 것이다. 독기가 스며든 것이 사람을 해칠 수 있으면 맑은 기운이 스며든 것은 사람을 이롭게 할 수 있음을 알 수 있다. 세상 사람들이 이것을 판별하는 데에 원래 방법이 있으며, 만약 독기가 있는 것이 아니라면 먹기에 가장 적당한 것이다. 이 식물은 채식에 물론 좋지만, 약간의 고기 음식을 곁들이면 더욱 훌륭하다. 아마 버섯의 맑은 향기는 유한하지만, 탕의 신선한 맛은 무궁하기 때문일 것이다.

## 순채7

—

육지의 버섯과 물의 순채는 모두 깨끗하고 오묘한 물질이다. 내가 일찍이 버섯과 순채로 국을 끓여 게의 알과 복어의 이리(수컷의 배 속에 있는 하얀 정액덩어리)를 섞어 '사미갱四美羹'이라 이름을 붙였다. 손님들이 먹고 감미롭게 여겨 "이제부터는 젓가락을 댈 곳이 없을 것이다!"라 했다.

## 나물

—

「야소초충도野蔬草蟲圖」, 송대

세상 사람이 나물을 만드는 방법은 수백 수천 가지로 기이하다 할 수 있다. 신선한 것에서부터 소금에 절이고 술에 재우고 간장에 담그고 포로 말리는 것에 이르기까지 기이한 재주를 충분히 발휘하지 않

—

7 순채: 수련과에 속하는 여러해살이 물풀로 자주색의 작은 꽃이 피며, 어린 순을 나물로 먹으므로 '순채'라 한다.

은 것이 하나도 없었다. 다만 지극한 맛을 추구하려 노력했으나, 오직 나물을 만드는 첫 단계에 관해서는 빠트리고 설명하지 않아서 내가 매우 곤혹스러웠다. 첫 단계는 무엇인가? 여덟 자 비결이 있으며, "뜯을 때에는 신선하도록 힘쓰고, 세척할 때에는 깨끗하도록 힘쓴다摘之務鮮, 洗之務淨"라고 한다. "신선하도록 힘써야 한다"는 주장은 앞의 글에 이미 자세히 밝혔다.

채식에서 가장 깨끗한 것은 죽순, 버섯, 콩나물豆芽[8]이며, 가장 더러운 것은 집에서 심은 채소만 한 것이 없다. 비료를 줄 때 틀림없이 뿌리와 이파리까지 뿌린다. 수시로 뿌리고 수시로 뜯으며, 수시로 뜯어서 수시로 먹으므로 그 사이의 깨끗하고 더러운 것은 알 수 없는 것이 많다. 채소를 씻는 사람은 겨우 물속에 담가 좌우로 몇 번 흔들어 씻는 일을 끝낼 것이다. 오물 가운데 축축한 것은 제거될 수 있지만, 말라붙은 것은 제거되기 어려운 것을 누가 알 것인가? 날마다 쌓이고 달마다 누적된 인분이 어찌 잠깐 동안 몇 번 흔들어 다 없앨 수 있겠는가? 그러므로 채소를 씻을 때는 반드시 올바른 방법을 찾아야 하고, 아울러 반드시 적합한 사람을 찾아야 한다.

게으른 사람과 성격이 급한 사람이 채소를 씻으면 씻지 않은 것과 같다. 채소를 씻을 때는 물속에 오래 담가두어야 마땅하며, 오래 두면 건조한 오물에 물이 침투하여 제거하기 쉽다. 잎을 씻을 때는 솔을 사용하는데, 솔은 채소의 위나 아래나 구부러진 곳

---

8  콩나물豆芽: 각종 콩에서 발아한 채소를 통칭하여 콩나물이라 했으며, 숙주나물도 포함된다.

에 모두 닿을 수 있으므로 비로소 남김없이 모두 세척할 수 있다. 이렇게 하면 채소의 본질이 깨끗해질 것이다. 본질이 깨끗해진 뒤에야 요리할 수 있고 사람의 재주를 다 발휘할 수 있다. 그렇지 않으면 먼저 오물로 조미하게 되어, 비록 백가지 양념의 향기가 있더라도 한 가지 악취를 대적할 수 있겠는가? 아! 부잣집과 대갓집의 많은 사람이 더러운 채소를 먹지 않는다고 보장하기는 어려울 것이다!

채소의 종류가 매우 많지만 뛰어난 것은 배추를 꼽는다. 이 채소는 경성에 모이지만, 안숙安肅9에서 생산되어 '안숙채安肅菜'라 하며 이것이 최상품이다. 매 포기마다 큰 것은 몇 근이며, 먹으면 고기 맛을 잊을 수 있다. 부득이 그다음을 생각하면 오직 남경南京의 미나리인가! 내가 남경으로 이사하고부터 매번 채소를 먹고 포도를 먹을 때마다 번번이 경성을 생각했으며, 죽순과 계두鷄豆10를 먹을 때 번번이 무릉武陵11을 생각했다. 음식물 가운데 감미로운 것은 도리어 사람들이 매끼마다 잊지 않는데, 하물며 좋은 장소로 가서 음식을 대접받는 사람은 어떻겠는가?

채소 가운데 색깔과 모양이 가장 기이하지만 『본초』와 『식물지食物志』12 등의 서적에 실리지 않은 것은 서쪽 섬서성에서 산출되는

---

9  안숙安肅: 고대 지명으로, 지금의 허베이성 바오딩시 쉬수이구徐水區 안쑤진安肅鎭. 배추가 청나라 순치順治 연간(1644~1661)에 공물로 지정되었다.
10  계두鷄豆: 병아리 콩. 인도와 파키스탄에서 주로 재배하며 유럽에서 보편적으로 식용하는 콩의 한 종류.
11  무릉武陵: 지금의 후난성 창더시常德市 우링구武陵區.
12  『식물지食物志』: 이 제목의 단독 간행물은 현재 전하지 않으며, 식물에 관하여 기록한 각종 서적을 통칭하는 용어로 풀이했다.

두발채頭髮菜[13]다. 내가 섬서성 지역의 나그네가 되어 변방의 여러 관리에게 기식하며 다닌 적이 있다. 하루는 수레를 몰아 출발하려다가 구들 위에 있는 물건을 보았는데, 마치 둥글게 말려 있는 얼크러진 머리칼과 같아서 노비가 머리를 빗다가 떨어트린 것으로 오인하여 그대로 두고 가려 했다. 노비가 "그렇지 않습니다. 여러 손님께 드리는 예물입니다"라고 했다. 토박이에게 물어보고 두발채인 줄을 알았다. 끓는 물에 담갔다가 생강과 식초에 버무리면, 그 좋은 맛은 연근과 녹각鹿角[14] 등의 채소보다 배나 되었다. 가지고 돌아와 손님들에게 맛보였더니 기이하게 여기지 않는 사람이 없었으며, 산해진미 가운데 보지 못한 것이라 했다. 이 식물은 황하黃河 서쪽 지역에서 산출되며, 값이 매우 저렴하다. 대개 섬서성 지역에 가는 사람은 모두 다투어 기이한 물건을 구입하지만, 이것은 값이 저렴하여 소홀히 했다. 그래서 이 물건이 대도시에 도착하지 못해 본 사람이 극히 적다. 이렇게 볼 때 사방의 천한 물건 가운데 귀해질 수 있는 것이 모두 얼마인지 알 수가 없다. 어찌 사람마다 이것을 찾겠는가? 두발채가 강남에 도착한 것도 천재일우의 지극한 행운이다.

---

13  두발채頭髮菜: 발채髮菜, 용수채龍鬚菜. 중국 서북 지역의 사막과 척박한 토지에서 생장하며, 흑색으로 가늘고 길어 사람의 머리칼과 비슷한 모양의 남조류문 염조말목에 속하는 균류菌類로 식용한다.
14  녹각鹿角: 청각채靑角菜. 청각과에 속한 녹조류로 무쳐서 나물로 먹기도 한다.

## 오이·가지·박·토란·마

오이, 가지, 박, 토란 등의 식물은 채소 가운데 열매가 열리는 것이다. 이 열매는 요리가 될 뿐만 아니라, 겸하여 주식±食도 될 것이다. 한 궤簋15의 채소를 더하여 몇 홉의 양식을 절감할 수 있는 것이 이러한 채소들이다. 하나를 두 가지 용도로 사용하므로, 얼마나 많이 절약되겠는가? 가난한 집에서 이것을 구입하면 쌀이나 조와 같다. 다만 먹는 데 각각 그 방법이 있다. 동과冬瓜16와 사과絲瓜, 수세미를 삶을 때에는 너무 날것을 피하고, 왕과王瓜17와 첨과甜瓜, 참외 종류를 삶을 때에는 너무 익는 것을 피한다. 가지와 박을 삶을 때에는 간장과 식초를 이용하며, 소금은 적당하지 않다. 토란을 삶을 때에는 곁들이는 재료가 없어서는 안 되는데, 대개 토란 자체는 맛이 없으므로 다른 재료를 빌려 자신의 맛을 완성하는 것이다. 마는 단독으로 요리하거나 다른 것과 함께 요리해도 모두 좋으며, 또 기름·소금·간장·식초를 치지 않아도 스스로 자신의 감미를 드러낼 수 있으므로, 채소 가운데 가장 쓰임이 넓은 재료다.

---

15  궤簋: 고대에 제사 지낼 때 기장과 피稷를 담는 귀가 달린 그릇. 용량은 1되(10홉)나 2되.

16  동과冬瓜: 박과에 속한 한해살이 덩굴성 식물로 호박처럼 생긴 긴 타원형의 열매가 달린다.

17  왕과王瓜: 호로과에 속하는 여러해살이 등본식물로 산기슭 숲이나 관목 중에서 자라며 열매와 씨 및 뿌리는 약용으로 한다. 열매는 구형이나 기다란 타원형으로 길이는 5~10센티미터이며 10월 무렵에 익으면 홍색을 띤다.

## 파·마늘·부추

파·마늘·부추 세 가지는 채소 가운데 맛이 매우 진한 것이다. 채소로서 사람의 입에 향기를 풍길 수 있는 것은 참죽나무[18] 새순이며, 채소 가운데 사람의 입과 위장에 악취를 풍길 수 있는 것은 파·마늘·부추다. 참죽나무 새순은 그 향을 분명히 알지만 먹는 사람이 매우 적으며, 파와 마늘 및 부추는 모두 그 악취를 알면서도 즐기는 사람이 많은데 그 까닭은 무엇인가? 참죽나무 새순의 맛이 비록 향기롭지만 담백하여, 파·마늘·부추의 냄새가 심하고 진한 것만 못하기 때문이다. 맛이 진하면 때로는 경생석으로 숭상되어 악취를 달게 받아들이며 사양하지 않는다. 맛이 담백하면 세상에서 모두 버려, 스스로 향기롭다고 추천해도 받아들여지지 않는다.

나는 음식의 원리를 통하여 몸을 잘 보존하며 세상에서 살기가 어렵다는 것을 깨달았다. 일생 동안 세 가지 음식을 끊고 먹지 않았으며, 또 참죽나무 새순을 많이 먹지 않았으니 거의 이른바 백이伯夷[19]와 유하혜柳下惠[20] 사이에 있는[21] 사람이 아니겠는가? 내가 세

---

18  참죽나무: 학명은 *Toona sinensis*, 멀구슬나무과에 속하는 낙엽교목. 약 20미터까지 자라며 어린잎을 식용한다.

19  백이伯夷: 상나라 고죽국孤竹國 사람 자윤子允. 상나라가 망하자 절개를 지켜 수양산首陽山에 들어가 굶어죽었다. 출처는 『사기』「백이열전伯夷列傳」.

20  유하혜柳下惠(기원전 720~기원전 621): 춘추 시기 노나라 사람 전적展荻. 유하柳下는 식읍이고 '혜惠'는 시호. 곧은 성품을 지니고 있으면서도 사람들과의 화합의 덕을 중시하여 '화성和聖'이라 불린다. 출처는 『맹자』「만장하萬章下」.

21  이혜之間: 백이와 유하혜의 사이. 불이불혜不夷不惠. 백이처럼 하지 않고 유하혜를 배우지도 않는다. 중용을 지킨다는 의미. 출처는 전한 학자 양웅揚雄(기원전 53~기원전 18)의 『법언法言』「연건淵騫」.

가지 음식을 대하는 데에는 차별이 있다. 마늘은 영원히 금지하여 먹지 않는다. 파는 비록 직접 먹지는 않으나 되는대로 조미하는 데에 사용한다. 부추는 다 자란 것은 금했지만 처음 돋아난 것은 금하지 않았다. 싹이 처음 났을 때에는 악취가 나지 않을 뿐만 아니라 맑은 향기를 지니고 있는데, 이것은 어린애의 마음이 아직 변하지 않은 것이다.

## 무

생무는 가늘게 썰어 간단한 반찬을 만들고 식초와 다른 음식물과 곁들여 죽에 넣는 데 사용하면 가장 적당하다. 다만 먹은 뒤에 트림이 나오는 것이 한스러운데, 트림하면 틀림없이 악취가 나기 때문이다. 내가 일찍이 남에게 이러한 재앙을 당해 남이 나를 싫어하는 것도 이와 같으리라는 것을 알았으므로, 또한 끊고 먹지 않으려 했다. 그러나 이 식물이 파와 마늘과 크게 다른 것을 보았다. 날것은 악취가 나지만, 익으면 악취가 나지 않는다. 이것은 처음에 소인처럼 보이지만 결국에는 군자인 것과 같다. 비록 작은 단점이 있지만 역시 용서할 만하여 여전히 먹으며 금하지 않는다.

## 매운 겨자즙

채소 중에 생강과 계피의 성질을 가진 것이 있는가? "있다. 매운 겨자다"라고 대답한다. 매운 즙을 만드는 겨자는 묵은 것이 매우 훌류하여, 이른바 묵을수록 더 맵다는 것이다. 이것을 섞으면 맛이 좋아지지 않는 음식이 없다. 겨자를 먹는 것은 정직한 사람을 만나는 것과 같고 정직한 말을 듣는 것과 같아서, 피곤한 사람은 이로 인하여 정신을 차리고, 우울한 사람은 이로 인하여 가슴이 시원해지므로 음식 가운데 상쾌한 맛이다. 나는 매끼마다 반드시 준비하여, 남몰래 공자가 생강을 끊지 않은 일22에 견주었다.

## 2. 곡식

음식이 사람을 양육하는 것은 모두 오곡五穀23에 달려 있다. 만약 하늘이 오곡만을 낳고 다른 식물을 낳지 않았다면, 사람의 몸이 살찌고 장수하는 것이 현재와 비교해 반드시 더 좋아졌을 것이고, 질병으로 고통스러워하는 것과 장수하거나 요절하여 수명이 일정하지 않은 근심이 없어졌을 것이다. 새가 곡식을 쪼고 물고기가 물을 마시는 것을 시험 삼아 관찰하면, 모두 한 가지 음식에만 의지하여 살아간다. 새와 물고기가 한 가지 음식 외에 또 풍성한 음식과 술, 여러 음료를 잡식한다는 얘기는 들어보지 못했다. 바로 새와 물고기의 죽음은 모두 사람에 의해 죽는 것이다. 이들에게 질병

---

22 『논어』「향당鄕黨」에 "생강 먹는 것을 그만두지 않았으나, 많이 먹지 않았다不撤薑食, 不多食"라는 내용이 있다.
23 오곡五穀: 인간에게 중요한 다섯 가지 곡식. 대표적인 주장은 두 가지다. 하나는 벼稻·기장黍·조稷·보리麥·콩菽이고 다른 하나는 마麻·기장黍·조稷·보리麥·콩菽이다.

원나라 주방의 모습

으로 죽고 천수를 다하여 죽는 것이 있다는 것은 들어보지 못했으므로 한 가지 음식만 먹는 것이 바로 불로장생의 도다.

사람은 불행하게도 정갈하고 풍성한 음식으로 인해 해를 입고 있다. 한 가지 음식을 더 먹으면 그 한 가지 음식만큼 손상을 더 받으며, 잠시의 안정을 잃으면 또 그만큼 담박함을 덜 누리게 된다. 질병의 발생과 사망의 신속함은 모두 음식이 너무 많고 기호와 욕망이 과도하여 초래된 것이다. 이것은 사람이 스스로 잘못한 것이 아니라, 하늘의 잘못이다. 천지가 만물을 낳은 초기에는 또 이와 같이 될 것을 헤아리지 못했으며, 원래 사람의 입과 배를 이롭게 하려고 했는데, 이롭게 하려는 것이 도리어 해가 될 것을 어찌 생각했으랴! 그러므로 인간으로서 자신의 삶을 스스로 사랑하려는 자가 가령 한 가지 음식만 먹을 수는 없다고 하더라도, 또한 이러한 의식을 조금이라도 간직하여 한 가지 음식을 주식으로 삼아야 한다. 술과 고기가 비록 많더라도 주식의 양을 초과하지 않으면[24]

---

24  使酒肉雖多, 不勝食氣: 『논어』 「향당」의 "고기가 비록 많지만, 주식 먹는 양을 초과하도록 하지 않았다肉雖多, 不使勝食氣".

해가 되어도 당연히 그리 심하지 않을 것이다.

## 밥과 죽

———

죽과 밥 두 가지 음식은 일상생활에서 날마다 먹는 필수품이다. 그 방법은 모르는 사람이 없는데 어찌 주제넘게 나서서 억지로 연설을 하겠는가? 그러나 중요한 두 마디 말이 있는데, 솜씨 좋은 부인이 알고는 있지만 말을 할 수 없을 경우에 내가 대신 설파해도 무방할 것이다. 그러면 시어머니가 며느리에게 전하고 어머니가 딸에게 전해 두 마디 말로 수많은 말을 대신하는 것이므로, 간편하게 사람을 이롭게 하는 일이 된다.

먼저 대략적인 것을 설명한다. 밥을 할 때 가장 큰 단점은 속은 날것이고 겉만 익어서 물크러지지 않으면 타버리는 것에 있다. 죽을 쑬 때 가장 큰 단점은 위는 맑고 아래는 걸쭉하여 풀이나 고약처럼 되는 것이다. 이것은 불의 세기가 균일하지 못하기 때문으로, 가장 졸렬하고 어리석은 사람에게만 나타난다. 취사를 조금 할 수 있는 사람에게는 틀림없이 이러한 경우가 없다. 그러나 또한 밥이 되거나 진 것이 정도에 맞고 죽이 되거나 묽은 것이 적당한데, 사람이 씹어 먹을 때 죽과 밥의 보기 좋은 모습은 있으나 음식의 지극한 감미가 없는 경우가 있다. 그 병폐는 어디에 있는가? 물을 넣을 때 요령이 없어서 아무렇게나 물을 더 붓거나 줄여서 해가 된 것이라고 대답했다.

중요한 두 마디 말은 다음과 같다. "죽의 물은 늘이는 것을 피하고, 밥의 물은 줄이는 것을 피한다粥水忌增, 飯水忌減." 쌀을 이만큼 사용할 때 물은 얼마만큼 사용하는지 마땅히 일정하게 계산하는 숫자가 있어야 한다. 의사가 약을 달이려면 물은 일종一鍾25이나 반종을 부어 7푼이나 8푼이 되도록 달이며, 모두 정해진 숫자가 있다. 만약 자신의 의지대로 물의 양을 증감하면 약의 맛이 우러나오지 않고 약의 효능도 보존되지 않아 복용해도 효과가 없을 것이다. 취사를 잘하지 못하는 사람은 사용하는 물이 일정하지 못하여, 죽을 끓일 때 항상 물이 적을까 근심하고, 밥을 지을 때 항상 물이 많을까 고민한다. 물이 많으면 퍼내어 제거하고 물이 적으면 더하여 집어넣지만, 쌀의 정수가 모두 물에 있으므로 밥 짓는 물을 퍼내는 것은 밥물을 제거하는 것이 아니라 밥의 정수를 제거하는 것임을 모른다. 정수를 제거하면 밥은 찌꺼기가 되는데, 먹을 때 아직도 맛이 있겠는가? 죽이 이미 익었으면 물과 쌀이 서로 융화되어 쌀이 발효하여 술이 된 것과 같을 것이다. 너무 될까 염려하여 물을 넣으면, 죽에 물을 넣는 것이 아니라 술에 물을 넣는 것과 같다. 물이 들어가서 술이 지게미가 되면 그 맛이 아직도 먹을 만하겠는가? 그러므로 부엌일을 잘 주관하는 자는 물을 넣을 때 반드시 수량을 한정하여 한 국자도 늘릴 수 없고 한 방울도 줄일 수 없게 한다. 게다가 불을 알맞게 피우면 죽이 되고 밥이 될 때에 다르게 하려고 하지 않아도 남과 다르게 될 것이다.

손님을 초대하여 잔치를 베푸는 사람이 밥을 할 때가 있는데, 반

---

**25** 일종一鍾: 고대의 계량 단위. 64말, 80말, 100말 등의 여러 설이 있다. 명·청 시기에는 1두斗(말) = 10승升(되) = 100합合(홉) = 약 10리터.

드시 일상생활에서 먹는 것보다 조금 더 훌륭하게 하려고 한다. 어떤 방법을 사용해야 훌륭한가? "향기가 있게 할 뿐이다"라고 대답한다. 내가 일찍이 첩에게 시켜 미리 꽃이슬 한 잔을 준비하여 밥이 처음 익기를 기다렸다가 꽃이슬을 뿌리고, 뿌린 뒤에 조금 솥뚜껑을 닫아두었다가 균일하게 뒤섞은 다음에 밥그릇에 담도록 했다. 먹는 사람은 쌀에게 공을 돌려 쌀의 종류가 다른지 이상하게 여기고 질문했으며, 보통의 오곡임을 알지 못했다. 이 방법은 비밀로 한 지가 이미 오래되었는데 이제 비로소 사람들에게 알려준다.

이 방법을 실행하는 사람은 반드시 솥에 가득 두루 꽃이슬을 뿌릴 필요가 없으며, 두루 뿌리면 꽃이슬의 낭비가 매우 심하여 이 방법이 세상에 통행되지 않을 것이다. 단지 한 귀퉁이에 한 잔을 뿌려, 훌륭한 손님에게 필요한 만큼 제공하고 그친다. 꽃이슬은 장미薔薇, 향연香櫞(레몬 종류), 계화桂花[26] 세 종류가 으뜸이고 매괴玫瑰(장미의 일종)는 사용하지 않는데, 매괴의 향기는 먹는 사람이 쉽게 구분하여 오곡의 본성에 속하지 않는다는 것을 알기 때문이다. 장미·향연·계화는 오곡 본성의 향기와 서로 유사하여 사람들이 구분하기 어려우므로 사용한다.

---

26 계화桂花: 계수나무의 꽃. 신화 전설에 따르면 계수나무는 달나라에 사는 나무인데 아무리 찍어내도 계속 자란다고 한다. 이와 관련이 있는 현실 속 나무는 '육계肉桂'로 상록수이며 계피를 생산한다. 고대 문학작품 가운데 『초사』에 주로 등장한다. 다른 하나는 '계화桂花'라는 이름으로 주로 등장하는데 10월경 쌀알 크기의 금색 혹은 은색 꽃이 피고 향이 좋다. 한국에서 계수나무라 불리는 나무는 단풍이 아름다운 일본 원산지의 나무로 문화적 관련성은 없다.

# 탕湯

탕湯은 갱羹(국)의 별명이다. 국이라는 명칭은 우아하고 예스러운 것에 가깝다. '국'이라 하지 않고 '탕'이라 한 것은 사람들이 이러한 명칭을 예스러우면서 우아하다고 생각하고 곧이곧대로 사실로 간주하여, 마치 전문적으로 손님을 초청하여 잔치할 때만 사용하는 음식이라고 생각할까 우려해서다. 그러나 이것은 국이라는 음식이 밥과 서로 함께하는 것임을 모르는 것이다. 밥이 있으면 국이 있어야 하며, 국이 없으면 밥을 넘길 수 없다. 국을 준비하여 밥맛을 돋우는 것은 바로 절약을 도모하는 방법이며, 사치를 숭상하는 방법이 아니다.

옛사람이 술을 마시면 술맛을 돋우는 음식이 있었고, 밥을 먹으면 밥맛을 돋우는 음식이 있었다. 세상 풍속에서 '하반下飯'(밥맛을 돋우다)을 '하반廈飯'이라 고치는데 이는 오류일 것이다. 옛사람들은 역사 읽기를 술맛을 돋우는 물질로 여겼는데, 어찌 하주下酒(술맛을 돋우다)의 '하下'가 '하廈'(크다)에서 나왔겠는가? '하반下飯'이라는 두 글자를 사람들은 반찬을 가리켜서 말한 것이라 생각하지

양을 삶는 모습. 당대 벽화

만, 나는 그렇지 않다고 말한다.

반찬은 바로 밥을 남기게 하는 도구이며, 밥맛을 돋우는 도구가 아니다. 밥을 먹는 사람은 맛난 반찬이 앞에 있는 것을 보면 수저를 머뭇거리며 대지 못하는데, 밥을 남기게 하는 도구가 아니면 무엇이겠는가? 밥은 배가 나아가는 것과 같고, 국은 물과 같다. 배가 여울에 있을 때에 물이 아니면 나아가지 못하는 것은, 밥이 목구멍에 있을 때에 탕이 아니면 내려가지 않는 것과 상황이 동일하다. 또 양생법에서 음식은 소화될 수 있는 것을 귀하게 여긴다. 밥이 국과 배합되면 바로 소화되며 그 원리는 쉽게 드러난다. 그러므로 양생을 잘하는 사람은 밥 먹을 때 국이 없으면 안 된다. 살림을 잘하는 사람 역시 밥 먹을 때 국이 없으면 안 된다. 손님에게 연회를 베풀며 반찬을 절약하려는 사람은 국이 없으면 안 된다. 연회를 베풀어 배불리 먹고 떠나가며 한 가지 반찬도 남기지 않도록 할 때에도 국이 없으면 안 된다.

무엇 때문인가? 국은 밥맛을 돋울 수 있으며 또한 반찬의 맛을 돋을 수도 있기 때문이다. 근래 강소성과 절강성에서 연회를 베풀면 매끼마다 반드시 탕을 제공하는데, 이 방법을 제대로 이해한 것이다. 내 생각에 일상생활에서 식사할 때도 이보다 오묘한 것이 없다. 차라리 반찬 없이 먹을지언정 탕 없이 밥을 먹을 수는 없다. 탕이 있으면 밥맛을 돋우므로, 반찬을 준비하지 않아도 물이 흐르듯 먹을 수 있다. 탕 없이 밥맛이 돌면 맛있는 음식이 앞에 잔뜩 놓여 있어도 밥을 목구멍으로 넘기지 못할 때가 있다. 나는 몹시 가난한 선비로 50여 명의 식구를 부양하는데, 배가 고플 때는 있으나 굶주리는 날이 없는 것은 이 방법을 따르기 때문이다.

## 떡과 전

———

곡식으로 만든 음식에 떡糕과 전餅이 있는 것은 육식에 말린 고기와 회가 있는 것과 같다. 『논어』에서 "곡식은 잘 찧은 것을 싫어하지 않고, 저민 고기는 가늘게 썬 것을 싫어하지 않는다食不厭精, 膾不厭細"[27]라고 했다. 떡과 전을 만드는 사람은 이 두 구절의 내용을 겸비해야 한다. 음식 가운데 잘 찧은 것은 쌀과 보리이며, 저민 것 가운데 가는 것은 국수다. 잘 찧고 가늘게 써는 것이 함께 뛰어나야 비로소 공졸工拙을 논할 수 있다. 잘하는 방법은 방각본坊刻本[28]에 매우 자세하게 실려 있으므로, 내가 이를 주워 모아 언급하여 떡과 전을 만드는 서적으로 만들면 보는 사람이 틀림없이 크게 웃으며 말할 것이다. "이어

절강성 영파寧波에서 설 떡年糕을 만드는 모습. 목판 삽도

———

27  食不厭精, 膾不厭細: 공자의 식생활을 주로 언급한 『논어』 「향당」에 나오는 말.
28  방각본坊刻本: 민간의 출판업자가 인쇄한 책으로 당나라 때부터 출현했다.

는 다른 사람의 의견을 줍지 않는데, 지금 음식에 관해서는 똑같은 복사본을 하나 더 늘려놓았구나!" 예전에 그만둔 일을 다시 했던 풍부馮婦[29]처럼 되지 않으려면 시작을 경계해야 한다. 단지 두 마디 말로 개괄하여 "떡은 바삭해야 귀하고, 전은 얇아야 좋다"고 한다.

## 국수

——

남방인은 쌀을 주식으로 하고 북방인은 밀가루를 주식으로 하는 것이 보통이다. 『본초』에서 "쌀은 비장을 보양할 수 있고, 보리는 심장을 보양할 수 있다米能養脾, 麥能補心"라고 했으며, 각각 사람에게 도움 되는 것이 있다. 그러나 만약 날이 가고 해가 가도록 한 가지 음식만 먹는다면, 입과 배에만 집착하여 심장과 비장을 겸하여 사랑하지 않으려는 것인가? 나는 남방인으로 북방인의 모습을 하고 있으며, 강직한 성격은 북방인과 비슷하고 난폭하게 먹는 것도 북방인과 비슷하다. 하루 세 끼 가운데 두 번을 쌀을 먹고 한 번은 밀가루 음식을 먹는데, 남방과 북방의 중간을 참작하여 심장과 비장을 위해 잘 대처하는 방법이다. 다만 밀가루를 먹는 방법이 북방과 조금 상이하고, 또한 남방과 크게 다르다. 북방인은 밀가루를 먹을 때 대부분 전餠을 만들지만, 나는 가닥으로 나누어서 실처럼 만든 것을 좋아한다. 남방인이 말하는 '절면切麵(칼국수)이다.

---

29  풍부馮婦: 『맹자』 「진심하」에 따르면, 호랑이를 잘 잡는 진晉나라의 풍부가 손을 씻었다가, 훗날 호랑이가 나타나 여러 사람이 곤경에 처하자 다시 호랑이를 잡는 일에 참여했다. 여러 사람이 기뻐했으나 선비들은 비웃었다고 한다.

남방인이 절면을 먹을 때에는 기름·소금·간장·식초 등의 양념을 모두 국수 국물에 넣는데, 국물은 맛이 있으나 국수는 맛이 없게 된다. 이는 사람들이 중요시하는 것이 국수에 있지 않고 국물에 있는 것으로 국수를 먹지 않는 것과 같다. 나는 그렇게 하지 않으며, 여러 재료를 조화시켜 모두 국수에 들어가게 한다. 국수에 오미가 갖추어지고 국물은 홀로 맑다. 이렇게 해야 비로소 국수를 먹는 것으로, 국물을 마시는 것이 아니다. 만드는 국수는 두 가지로 하나는 '오향면五香麵'이라 하고, 하나는 '팔진면八珍麵'이라 한다. 오향면은 자신이 먹기에 좋고 팔진면은 손님을 대접하기 좋다. 둘 사이에서 사치하는 것과 절약하는 것으로 대강 나누어진다.

오향은 무엇인가? 간장, 식초, 산초 가루, 참깨 가루, 죽순을 데치거나 버섯과 새우를 우려낸 신선한 국물이다. 먼저 산초 가루와 참깨 가루를 밀가루에 넣어 뒤섞고, 그 뒤에 간장, 식초, 신선한 국

「용미도舂米圖」(쌀을 찧는 모습), 화상전畫像磚, 후한後漢

물 세 가지를 한곳에 뒤섞어 국수를 반죽하는 물로 하며, 다른 물은 사용하지 않는다. 반죽은 아주 균일해야 하고 반죽을 밀 때는 매우 얇게 해야 하며, 써는 것은 아주 가늘어야 한다. 이렇게 한 뒤에 끓는 물을 부으면 핵심이 모두 국수 안에 남아 모두 음미하게 되므로, 일반적으로 국수를 먹는 사람이 국수는 직접 삼켜버리고 국물만을 음미하는 것과는 다르다.

팔진은 무엇인가? 닭·생선·새우를 햇볕에 말려 완전히 건조시키고 신선한 죽순·버섯·참깨·산초 열매와 함께 모두 아주 고운 가루로 만들어 밀가루에 넣어 뒤섞는다. 여기에 신선한 즙을 더하면 모두 8종이 된다. 간장과 식초도 사용하지만 숫자에 포함하지 않는 것은 일상생활에서 날마다 사용하는 것이므로 진미라고 이름붙일 수 없기 때문이다. 닭과 생선의 살은 아주 좋은 살코기를 선택하며, 조금이라도 지방이 붙어 있으면 사용하지 않는다. 밀가루는 본래 기름이 닿으면 바로 흐트러져서 반죽을 밀어도 넓은 조각이 되지 못하고 칼로 썰어도 실처럼 되지 않기 때문이다. 떡과 과자 만드는 것을 보면, 부슬부슬 찰지지 않게 하려고 기름을 넣고 반죽하므로 밀가루의 성질을 알 수 있다. 신선한 국물은 고기를 삶은 물을 사용하지 않고 죽순과 버섯 및 새우로 만든 국물을 사용하는데, 역시 밀가루가 기름기를 피해야 하기 때문이다. 사용하는 고기인 닭·생선·새우 가운데 오직 새우가 가장 편리하며, 갈아서 분말을 만들기가 손바닥을 뒤집듯 쉬우므로, 새우 가루를 많이 만들어 늘 사용할 수 있도록 준비해둔다. 자기가 먹는 오향면은 또 육향면으로 해서 안 될 것이 없다. 밀가루를 반죽하는 즙에 달걀 흰자위

한두 잔을 첨가하면 더욱 좋은데, 이 재료를 앞에 열거하지 않고 뒤에 덧붙인 것은 사용할 줄 아는 사람이 많으므로 이를 열거하면 또 표절한 것과 같아지기 때문이다.

## 분말

분말의 가짓수는 매우 다양하며, 항상 곁에 있어 사용하기 적당한 것으로는 우분藕粉(연뿌리에서 얻은 전분), 갈분葛粉(칡뿌리에서 추출한 전분), 궐분蕨粉(고사리 뿌리에서 채취한 전분), 녹두분綠豆粉 네 종류다. 우분과 갈분 두 재료는 솥에 넣을 필요가 없이 끓는 물로 조리하면 즉시 날것이 변하여 익을 수 있다. 옛사람은 "갑자기 오는 손님은 있지만, 황급하게 서두르는 주인은 없다有倉卒客, 無倉卒主人"[30]고 했다. 황급하게 서두르는 주인을 위해 이 두 재료를 많이 저장해놓을 것을 요청한다. 또 급하게 시장기를 면하려 할 때도 이보다 좋은 것이 없다. 배와 수레를 몰아 먼 길을 가는 사람에게는 건량 중에서 가장 좋은 음식이다. 분식粉食 중에 씹을 만한 것은 궐분이 제일이고 녹두분이 그다음이다. 녹두분을 씹을 만하게 하려면 궐분을 조금 섞어야 한다. 대개 음식이란, 입으로 들어가 바로 목구멍으로 넘길 수 없으며 씹는 맛이 있고 씹을 때 소리가 나지 않는 것이 오묘한 식품이다. 내가 두루 찾은 음식 중에 이 두 음식만 찾았

---

30  有倉卒客, 無倉卒主人: 동진東晉의 도교 학자 갈홍葛洪(284~364)이 편집한 소설집 『서경잡기西京雜記』 권4. 창졸주인倉卒主人(황급하게 서두르는 주인)은 손님이 갑자기 왔을 때 준비가 되어 있지 않아 제대로 대접하지 못하는 주인을 가리킨다.

다. 녹두분은 탕이 되고 궐분이 탕의 맛을 돋우는 밥이 되면, 둘이 잘 어울린다고 할 수 있다. 이러한 음식을 먹으면 이른바 "수고스러워도 원망하지 않는다勞而不怨"31는 것이리라!


## 3. 육식

"고기를 먹는 자는 비루하다肉食者鄙."32 고기를 먹어서 비루하다는 것이 아니라 잘 도모하지 못해 비루하다는 것이다. 고기를 먹는 사람이 잘 도모하지 못하는 것은 기름기의 정수가 지방으로 맺혀서 가슴을 틀어막은 것으로, 띠풀이 마음을 메워 다시는 깨닫지 못하게 하는 것과

「재축도宰畜圖」(도축하는 모습), 감숙성 가욕관嘉峪關, 위진 시기 무덤의 전화磚畫(벽돌에 그린 그림)

같다.33 이것은 나의 억지 주장이 아니라 대개 경험한 것이다. 여러

---

31 　勞而不怨: 출처는 『논어』 「이인里仁」. 자식이 부모를 봉양할 때, 자신이 수고스러워도 원망하지 않는다는 의미다.

32 　肉食者鄙: 출처는 좌구명左丘明의 『좌전』 장공莊公 10년. 지위가 높고 봉록이 두터운 사람은 식견이 천박하다는 의미다.

짐승이 초목과 잡다한 음식물을 먹는데 모두 교활하며 지혜가 있다. 호랑이는 유독 사람을 잡아먹지만, 사람을 잡아먹지 못하면 여러 짐승의 고기를 먹으며 고기가 아니면 먹지 않는 것이 호랑이다. 호랑이는 짐승 가운데 지극히 우둔한 존재다. 어떻게 아는가? 여러 책을 고찰해보면 믿을 것이다.

"호랑이는 어린아이를 잡아먹지 않는다虎不食小兒"34고 하지만 먹지 않는 것이 아니다. 아이는 어리석어 호랑이를 두려워하지 않으므로 어린애를 용사라고 오인하여 피하는 것이다. "호랑이는 술 취한 사람을 잡아먹지 않는다虎不食醉人"35고 하지만 잡아먹지 않는 것이 아니다. 술 취한 자세로 사납게 날뛰므로 강한 적으로 지목하여 방어하는 것이다.

호랑이는 굽은 길을 가지 않으므로, 호랑이를 만난 사람이 굽은 길로 들어가면 즉시 벗어날 수 있다. 호랑이가 굽은 길을 가지 않는 것은 담대멸명澹臺滅明36처럼 길을 갈 때 샛길로 가지 않는 것이 아니라, 목이 뻣뻣하여 뒤돌아볼 수 없기 때문이다. 만약 굽은 길에서 반드시 벗어날 것을 알면 먼저 큰길에서 해치울 것이다.

---

33 『맹자』「진심하」에 맹자가 고자高子에게 "산의 길은 한동안 사람이 다니면 길이 나지만, 한동안 다니지 않으면 띠 풀이 자라나 막아버릴 것이다. 지금 띠 풀이 그대의 마음을 막아버렸다山徑之蹊, 間介然用之而成路, 爲間不用, 則茅塞之矣, 今茅塞子之心矣"라고 했다.
34 虎不食小兒: 출처는 명 도앙都昻이 잡답을 기록한『삼여췌필三餘贅筆』.
35 虎不食醉人: 출처는 송나라 소식의 문장「사람이 호랑이를 두렵게 했다人之懼虎」. 어린이의 이야기도 이 글에 나온다.
36 담대멸명澹臺滅明(기원전 512~?): 공자의 제자로 공문 72현의 한 사람. 샛길을 가지 않았고 공적인 업무가 아니면 자유子遊(기원전 506~?)를 찾아오지 않았다고 하는 매우 공명정대했다는 인물.『논어』「옹야雍也」에 내용이 나온다.

『호원虎苑』37에서 "호랑이가 개를 잡을 수 있는 것은 발톱과 이빨이다. 호랑이에게서 발톱과 이빨을 없애면 도리어 개에게 복종할 것이다虎之能搏狗者, 牙爪也, 使失其牙爪, 則反伏于狗矣"라 했다. 이렇게 보면, 호랑이가 사람을 항복시키고 동물을 항복시켜 양식으로 삼을 수 있는 것은 오로지 사나움에 의지한 것이며, 사나움 외에는 다른 능력이 전혀 없으므로 세상에서 이른바 "용기가 있으나 지모가 없는" 것이 호랑이다.

내가 그러한 이유를 연구했더니, 고기를 먹는 것 이외에 다른 음식을 먹지 않아서 지방이 가슴을 메워 지혜가 자라날 수 없기 때문이었다. 그러므로 "고기를 먹는 사람은 비루하여, 원대한 계획을 세울 수가 없다肉食者鄙, 未能遠謀"는 이러한 주장이 이미 증명되지 않았는가? 내가 지금 고기 먹는 것을 위하여 처음으로 나쁜 선례를 만들었으나, 천하 사람들이 많이 먹기보다는 적게 먹기를 희망한다. 호랑이의 사나움은 없으면서 더욱 어리석은 것과 호랑이의 사나움이 있으면서 스스로 어리석게 되는 것은 모두 양생과 뒤처리를 잘하는 방법이 아니다.

37 『호원虎苑』: 전3권. 명나라 시인 왕치등王穉登(1535~1612)이 역대로 호랑이와 관련된 고사를 모은 책.

# 돼지

거란족 백정, 요나라

사람의 이름으로 전해오는 음식이 있는데 '동파육東坡肉'[38]이다. 얼핏 들으면 돼지고기가 아니라 소동파의 고기인 듯하다. 아! 소동파가 무슨 죄를 지었기에 소동파의 고기를 잘라서 천고에 식탐하는 자들의 배를 채워주게 되었는가? 심하도다! 이름 붙이기를 이렇게 해서는 안 되며, 이름 붙일 때 유희로 하는 작은 술책은 더욱더 신중하지 않으면 안 된다. 수백 년의 후대에 이르러 떡과 옷 등에 또 미공眉公[39]이라는 이름이 붙게 되었다. '미공고眉公糕'[40]와 '미공포眉公布'[41]라는 이름을 가져다가 '동파육'의 세 글자와

---

**38** 동파육東坡肉: 소동파가 서주지주徐州知州를 역임할 때 만들어 먹었다는 돼지고기 요리. 나중에 항주지주杭州知州를 역임하면서 널리 유행하게 되었다. 출처는 소동파의 시 「돼지고기를 먹으며食猪肉」

**39** 미공眉公: 명대 문학가이자 서화가 진계유陳繼儒(1558~1639). 소곤산小昆山(지금의 상하이)에 있는 산에 은거하여 은자라는 명성을 얻었으나, 늘 관리들 사이를 맴돌아 일부에게 비웃음을 받았다.

**40** 미공고眉公糕: 진계유가 즐겨 먹었다는 떡이나 과자.

**41** 미공포眉公布: 진계유가 만들어 입었다는 옷.

비교하면 저것이 동파육보다 좋은 듯 느껴진다. 그러나 가장 불행한 것은 측간에 있는 물건으로 속인들이 '미공의 변기眉公馬桶'[42]라 부르는 것이다. 아! 변기가 어떤 사물이기에 우아하고 고상한 선비의 이름을 붙였는가? 나는 고기 맛을 모르는 것이 아니지만, 돼지라는 것에 대해서는 감히 한마디 말도 멋대로 하지 않는다. 소동파의 후계자가 될까 두렵기 때문이다. 또 측간에서 쓰는 물건에 대해서도 내 나름의 방식을 시도해본 적이 있지만, 집에 보관할 뿐 감히 꺼내서 남에게 보이지 않았다. 물론 책에도 쓰지 못했는데 이또한 미공의 후계자가 될까 걱정했기 때문이다.

## 양

동물 가운데 소비가 가장 많은 것은 양고기다. 속담에 말했다. "양고기 몇 관貫[43]은 계산하기 어려우니, 산 것을 잡으면 반으로 줄고 삶으면 또 반으로 준다네. 100근에서 20여 근만 남아 줄어든 뒤에는 한 부분뿐이라네." 대체로 100근짜리 양을 잡아서 가르면 50근만 얻으며, 삶아서 익히면 또 25근만 얻는데 이것은 고정불변이다. 그러나 생양고기는 소화가 쉽다는 것을 사람들이 알고 있지만, 삶은 양이 팽창되기 쉽다는 것은 사람들이 아직 잘 모른다. 양고기라는 음식은 사람을 가장 배부르게 할 수 있다. 처음 먹었을 때는 배

---

42  미공의 변기眉公馬桶: 밑바닥이 없어 야외에서 앉아서 대소변을 보기 편리하도록 진계유가 만들어 사용했다는 변기.
43  관貫: 중량 단위로 명·청 시기의 1관은 10근(약 6킬로그램).

부르지 않지만 먹은 뒤에는 점차 포만감을 느끼므로, 이것이 쉽게 팽창한다는 증거다.

대개 먼 길을 떠날 때나 문을 나서 일을 하느라 황망하여 밥을 먹을 수 없는 자는 양고기를 먹는 것이 가장 적합하다. 섬서성의 서부는 양의 산출이 극히 풍부하며, 토착민이 하루에 한 끼만을 먹지만 배가 고프지 않은 것은 양고기의 힘이다. 『본초』에 양고기가 기록되어 있으며, 인삼과 황기黃芪[44]에 비교했다. 인삼과 황기는 기운을 보충하며, 양고기는 육체를 보충해준다. 내 생각에 사람을 보양해주는 것은 양이며, 사람을 해치는 것도 양이다. 대개 양고기를 먹은 사람은 배 안에 여지를 남겨두어 팽창에 대비해야 마땅하다. 혹시 먹는 것을 절제하지 못하여 배불리 먹으면 반드시 팽창하여 터지기 직전이 된다. 비장과 배를 손상시키는 것이 모두 여기서 비롯되므로, 양생하는 자는 몰라서는 안 된다.

## 소와 개

돼지와 양 다음에는 소와 개를 언급해야 한다. 이 두 동물은 세상에 공이 있으므로 소와 개를 먹지 않도록 사람에게 권하려고 해도 오히려 시간이 없다. 그런데 어찌 [여기에 글을 씀으로써 소와 개에게] 잔인하게 혹형을 가하겠는가? 이 두 동물은 생략하고 바로 가금家

---

44  황기黃芪: 너삼[苦蔘]과 비슷하되 단맛이 나서 단너삼이라고도 한다. 콩과에 속하는 여러해살이 초본식물로 인삼의 대용으로 많이 사용하는 약재. 삼계탕에 많이 넣는다.

禽을 언급하려 한다. 이 또한 양으로 소를 대신하도록[45] 이전 사람
이 남겨놓은 뜻일 것이다.

## 닭

———

닭도 공이 있는 동물이지만 죽이는 것을 꺼리지 않음은 닭의 공이
소와 개에 비해 조금 덜하기 때문이다. 날이 밝는 것은 닭이 알려
도 밝아지고 닭이 알려주지 않아도 밝아진다. 밭과 도적의 경우에
소가 아니면 갈지 못하고 개가 짖지 않으면 알아차리지 못하는 상
황과 다르다. 그러나 거위·오리와 비교하면 한신韓信이 관영灌嬰 및
관부灌夫와 동열에 놓인 것을 부끄러워한 것과 같다.[46] 닭을 요리하
는 형벌은 거위와 오리보다 조금 관대해야 마땅한 듯하다. 계란을
낳는 닭은 잡아먹지 않으며 무게가 한 근이 못 되는 닭도 잡아먹지
않는데, 설사 천수를 다하게 하지는 못한다 해도 빨리 요절하게 해
도 안 될 것이다.

## 거위

———

거위의 고기는 다른 장점이 없으므로, 살지고 또 감미로운 것을 선

———

**45**  以羊易牛: 『맹자』 「양혜왕梁惠王」에 양혜왕은 소를 잡아 죽이는 것을 보고 참지 못하
여 양으로 소를 대신하도록 하여 인자하고 의로운 마음을 표시했다.
**46**  『사기』 「회음후열전淮陰侯列傳」에 따르면 한신(기원전 231?~기원전 196)은 초왕楚王에
서 회음후淮陰侯로 강등되어 관영灌嬰(?~기원전 176) 및 관부灌夫(?~기원전 131)와 동열
에 놓인 것을 치욕스러워했다. 관영과 관부는 한나라 초기의 명장.

택할 뿐이다. 살이 쪄야 비로소 감미로울 수 있다. 살이 찌지 않으면 밀랍을 씹는 것과 같다. 거위는 고시固始[47]의 거위가 가장 좋으며, 토착민에게 물어보면 이렇게 말한다. "거위를 기르는 음식도 사람이 먹는 것과 같다. 사람의 음식을 먹이므로 거위 고기가 기름진 것도 사람과 같다." 돼지고기는 금화金華[48]를 최고로 치는 것과 같은데, 금화 사람이 돼지를 기를 때는 밥이 아니면 죽을 먹이므로, 돼지의 살도 감미로우면서 기름지다. 그러므로 고시의 거위와 금화의 돼지는 모두 거위와 돼지의 고기가 감미로운 것이 아니라, 감미로운 것을 먹은 것이다. 잘 먹어야 잘 자랄 수 있는데 굳이 다른 설명이 필요하겠는가? 되돌아가서 찾아보면 내가 배울 점이 있을 것이다. 다만 집안사람에게 이러한 방법을 전수하여 집안사람이 비록 훌륭한 음식으로 사육하더라도 끝내 때로는 배불리 먹이고 때로는 굶기는 것이 일정하지 않으므로, 고시와 금화에서 절도가 있게 키우는 것과 같지 않아서 고기 맛에 약간 차이가 있다는 걸 알게 되었다. 아마 끝까지 금수로서 사육하여 사람을 대하는 것과 같은 감정이 조금도 없었기 때문일 것이다. "의붓자식은 먹을 것을 얻어도, 살은 찌지만 윤택하지는 못하다繼子得食. 肥而不澤"[49]고 하는데, 이것을 말한 것인가?

나에게 거위를 기르는 방법을 알려주는 사람이 말했다. 옛날에

---

**47** 고시固始: 하남성 동남에 위치한 도시로 닭·오리·거위로 유명하다.
**48** 금화金華: 절강성 중부에 있는 도시로 금화화퇴金華火腿(소금에 절인 훈제 돼지 뒷다리)가 유명하다.
**49** 繼子得食, 肥而不澤: 출처는 『회남자』 「무칭훈繆稱訓」.

한 사람이 아장鵝掌(거위 발 요리)을 잘 만들었다. 매번 거위를 살지게 길러 잡으려고 할 때, 먼저 끓는 기름 한 사발을 거위의 발에 뿌려 거위가 고통스러워 기절하려 하면 연못 속에 놓아주어 멋대로 뛰어다니게 한다. 뒤이어 다시 잡았다가 놓아주며 처음과 같이 기름으로 데친다. 이처럼 네 번을 하면 아장은 맛이 풍부하고 감미로워지며 두께는 한 치나 되는데 음식 가운데 기이한 식품이다. 내가 말했다. 참혹하구나! 이 말이여! 나는 듣고 싶지 않다. 동물이 불행하게도 사람에게 길러져서 사람이 주는 음식을 먹고 사람의 일 때문에 죽는다. 죽어 보상하는 걸로 충분한데, 어찌하여 아직 죽기도 전에 이처럼 참혹한 형벌을 가하는가? 두 개의 아장이 비록 맛이 있더라도 입으로 들어가면 바로 소화되어버리지만, 거위가 고통을 받는 시간은 이것의 백배나 된다. 살아 있는 동물의 장기간에 걸친 고통을 내 잠깐 동안의 달콤한 맛과 바꾸는 것은 잔인한 사람도 하지 않는데, 하물며 조금이라도 연민을 가진 사람임에랴? 지옥은 바로 이러한 사람을 위해 준비된 것으로, 그가 죽은 뒤에 받는 포락炮烙의 형벌[50]은 반드시 이보다 심할 것이다.

## 오리

날짐승에 속하는 것으로 양생에 좋은 것은 수오리다. 어떻게 아는

---

**50** 포락炮烙의 형벌: 상나라 주왕紂王(?~기원전 1046)이 설치한 잔혹한 형벌로 『사기』 「은본기殷本紀」에 따르면, 구리 기둥에 기름을 칠하고 그 아래는 불을 피워놓은 채 죄수가 기둥 위를 건너다가 미끄러져 타 죽게 하는 형벌이다.

닭과 거위를 손질하는 시녀, 감숙성 가욕관, 위진 시기 무덤의 전화

가? 사람이 좋아하는 것에서 알 수 있다. 여러 날짐승은 암컷을 높이 평가하지만 오리만은 수컷을 높이 평가한다.

여러 날짐승은 어린 것을 귀하게 여기지만, 오리만은 다 자란 것을 귀히 여긴다. 그러므로 양생가는 "늙은 수오리를 푹 삶으면, 그 효험이 인삼이나 황기와 비교할 만하다爛蒸老雄鴨, 功效比參芪"라 했다. 만약 동물이 양생을 잘 못하면 반드시 암컷에게 정기를 빼앗기므로, 여러 날짐승에서 암컷을 높이 평가하는 것은 정기가 모인 존재이기 때문이다. 만약 동물이 양생을 잘 못하고 발정하게 되면, 자랄수록 나날이 수척해질 것이다. 여러 날짐승에서 어린 것을 귀하게 평가하는 것은 정기를 적게 배설하고 많이 보존하고 있기 때문이다. 수오리는 자랄수록 살이 찔 수 있으며, 껍질과 고기가 늙어도 변하지 않는다. 또 수오리를 먹으면 인삼이나 황기와 효험에 비견되므로, 수오리가 양생을 잘하는 것은 고증해보지 않아도 알 수 있다. 그러나 반드시 고증이 필요하다고 여기는 것은 이전에 들어보지 못했기 때문이다.

## 야생 조류와 야생 짐승

야생 고기가 가축에 뒤지는 것은 충분히 살찔 수가 없다는 점이다.

가축이 야생 고기에 뒤지는 것은 향기가 있을 수 없다는 점이다. 가축이 살찌는 것은 스스로 음식을 찾지 않고 인간이 주는 음식을 편안하게 누리기 때문이다. 야생 고기가 향기 나는 것은 초목을 집으로 삼아서 자유로이 행동하기 때문이다. 이리하여 편안한 옷과 맛있는 음식, 쾌적한 거처와 편안한 생활은 살 찌게 하는 일이며, 흐르는 물과 높은 산, 기이한 꽃과 특이한 나무는 향기롭게 하는 물질임을 알 수 있다. 살이 찌면 틀림없이 도마 위에 올라가 조금도 남지 않게 되고, 향기로운 것도 사람에게 먹히지만 간혹 때때로 면하게 된다. 양자를 겸비할 수 없다면 살을 버리고 향기를 좇을 뿐이다.

야생 조류는 때때로 먹을 수 있지만, 야생 짐승은 어쩌다가 한 번 맛볼 수 있다. 야생 조류 중에 꿩·기러기·산비둘기鳩·집비둘기鴿·참새·메추리와 같은 종류는 비록 들에서 살지만 집에서 기르는 것과 같아서, 기숙하는 것처럼 골라잡을 수 있다. 야생 짐승 가운데 잡을 수 있는 것은 오직 토끼·노루·사슴·곰·호랑이 등의 여러 동물로, 일 년에 몇 마리밖에 잡을 수 없다. 야생 고기는 또 잡기 어려운 것과 쉬운 것으로 나뉜다. 잡기 어려운 것은 무엇인가? 오랫동안 깊은 산에 살며 사람 사는 곳으로 들어오지 않으므로, 함정檻阱51에 빠져도 사람이 가서 이러한 짐승을 잡아야 하며 짐승이 와서 사람을 선택하지 않는다. 조류는 그렇지 않다. 사람이 주살(실이 활에 연결된 화살)로 쏘려는 것을 알면서도 그물로 들어가서

---

51　함정檻阱: 들짐승을 잡는 도구와 구덩이. 함檻은 도구로 짐승을 잡는 것이고 정阱은 구덩이를 파서 빠지게 하는 것.

먹을 것을 찾으며, 먹을 것을 얻지만 재앙이 따라온다. 이처럼 짐승의 죽음은 사람 때문이며, 조류의 죽음은 자신 때문이다. 야생 고기를 먹는 사람은 이와 같이 간주해야 한다. 조류를 불쌍히 여겨야 하지만 짐승을 더욱 불쌍히 여겨야 마땅한데, 죽음을 선택하는 방법이 정상을 참작할 만하기 때문이다.

## 물고기

물고기는 물 밑에 숨어 각자 자신의 세계를 만들어 세상에서 추구하는 것이 없다. 그래서 창칼에 맞을 일이 없다고 스스로 여길 것이다. 그러나 고기 그물의 위력이 화살과 사냥 그물보다 더 심할 줄을 어찌 알았겠는가? 연못의 물을 말려 물고기를 잡을 필요도 없이, 큰 고기가 빠져나가지 못하는 방법이 본래부터 존재했다. 그러나 물고기와 금수의 생사는 똑같이 하나의 목숨이지만, 물고기가 사람의 도마 위에 오르는 것은 다른 동물과 비교하여 조금 적당한 듯이 느껴진다. 무엇 때문인가? 수서 동물은 다 사라지기 어렵고 번식하기가 쉽기 때문이다. 태생胎生과 난생卵生 동물은 적으면 한 어미에 새끼가 여러 마리이고, 많아도 수십 마리에 그칠 것이다. 물고기가 알을 낳는 것은 좁쌀과 같이 천 개의 창고를 채우고 만 대의 수레에 실릴 만큼 많지만, 모두 한배에서 나온 새끼다. 만약 잡는 사람이 없으면 천 개의 창고를 채우고 만 대의 수레에 실릴 만큼 많은 물고기가 끝없이 생장 번식하고, 또 변하여 갠지스강의 모래 숫자처럼 된다. 갠지스강의 모래 숫자처럼 많은 것이 한 번 변하고 두 번 변하여 백 번과 천 번을 변해서, 끝내는 비유할 만한 사물이 하나도 없어지고, 얼마 안 되어 강을 메워 육지로 만들 것인데, 배의 왕래에 탈이 없을 수 있겠는가? 그러므로 어부가 물고기와 새우를 잡는 것과 나무꾼이 초목을 벌목하는 것은 모두 마땅히 먹어야 할 것을 잡고 베지 않으면 안 되는 것을 베는 것이다. 우리들이 물고기와 새우를 먹는

「쌍어도雙魚圖」, 청말, 마태馬駘

죄는 다른 음식을 먹는 것과 비교하여 조금 가볍다. 여기에 간략한 법률 몇 조목을 만들었는데, 비록 형벌을 잘 적용하는 사람에 견주기는 어렵지만, 또 가혹한 관리보다는 조금 나을 것이다.

물고기를 먹는 자는 신선도를 가장 중요시하고 그다음으로 살진 것을 중요시하므로, 살지고 또 신선하면 물고기의 장점은 완비될 것이다. 그러나 두 가지 장점을 겸비했더라도 또 중시하는 것이 하나 있다. 철갑상어·쏘가리·붕어·잉어와 같은 것은 모두 신선함이 뛰어난 것으로, 신선하면 맑게 끓여 탕으로 해야 좋다. 편어編魚[52]·백어白魚[53]·준치·연어와 같은 것은 모두 살진 특성이 뛰어난 것으

---

[52] 편어編魚: 방어魴魚. *The white Amur bream*. 맑은 물에 사는 잉엇과에 속하는 40센티미터 정도의 민물고기로 흑룡강에서 많이 잡힌다.

로, 살진 것은 푹 삶아 잘게 썰어야 좋다. 끓이는 방법은 불을 적당하게 조절하는 데 있다. 다 끓는 시점보다 앞서 먹으면 고기가 덜 익으며, 덜 익으면 말랑말랑하지 않다. 끓이는 시간이 지나서 먹으면 고기가 물크러지고, 물크러지면 맛이 없다.

손님을 접대하는 집에서 다른 요리는 미리 진열해놓고 기다릴 수 있으나, 물고기는 반드시 산 채로 보관했다가 손님이 도착하기를 기다려서 바로 요리해야 한다. 물고기의 지극한 맛은 신선함에 있으며 신선함의 지극한 맛은 막 끓여 솥을 떠나는 짧은 시간에 있으므로, 만약 먼저 끓여놓고 기다리면 물고기의 지극한 맛을 허공의 무인지경으로 날려 보내는 것이다. 손님이 도착하기를 기다려서 다시 불을 피우면 찬밥을 다시 하고 남은 술을 다시 데우는 것과 같아서, 형체는 있으나 맛은 사라질 것이다. 물고기를 삶을 때는 물을 많이 붓지 말아야 한다. 물고기가 반 정도 잠기는 선에서 그쳐야 하는데, 물이 한 모금 많아지면 물고기의 맛이 한 푼 옅어지기 때문이다. 부엌을 담당하는 하녀는 자신에게 유리한 것이 탕에 있으므로, 항상 물을 첨가하고 또 첨가하여 신선한 맛이 줄어들고 또 줄어드는 것이다. 의도가 손님을 두터이 접대하는 데 있으면 요리사를 박대하지 않을 수 없다.

물고기를 요리하는 좋은 방법이 또 있는데, 신선함과 살진 것을 겸비할 수 있고 천연의 맛을 상실하지 않으며, 천천히 끓이거나 빨리 끓이거나 모두 적당하여 불의 온도를 걱정하지 않는 것으로는

---

53  백어白魚: 중국 특산으로 주로 운남과 사천 지역의 강과 호수에 서식하며 2미터까지 자라는 흰색의 민물고기.

찜보다 오묘한 것이 없다. 냄비 안에 물고기를 넣고 묵은 술과 간장을 각각 몇 잔 넣으며, 오이와 생강, 버섯과 죽순 등의 여러 신선한 식물로 덮어 센 불로 완전히 익도록 찐다. 이것은 아침과 저녁에 수시로 손님을 대접하기에 다 적당하며, 신선한 맛이 모두 물고기에 남아 있고 다른 맛이 전혀 배어들 수 없다. 또 향기가 하나도 새어나가지 않는 진실로 훌륭한 방법이다.

## 새우

죽순은 채식에 필수적이고, 새우는 육식에 필수적이다. 모두 약방의 감초와 같은 것이다. 육식을 잘 요리하는 사람이 새우를 데친 탕을 여러 식품에 조화롭게 넣으면 식품이 모두 신선해지며, 역시 죽순탕이 여러 채소에 이로운 것과 같다. 죽순은 단독으로도 다른 것과 함께 사용할 수 있다. 새우는 스스로 주요리가 될 수 없으며, 반드시 다른 식품을 빌려 왕이 되어야 한다. 삶아 익힌 새우를 단독으로 하나의 식기에 담는 일은 화려한 연회에서는 절대로 일어나지 않으며, 이는 또한 먹는 사람에게 흥미를 잃어버리게 하는 것이다. 오직 취하醉蝦54와 조하糟蝦55에만 젓가락을 댈 수 있다. 이 새우라는 것은 다른 재료에 의지하여 요리가 되는 식품이지만, 또 반드시 없어서는 안 되는 식품이다. "나라를 다스리는 것은 작은 생

---

54  취하醉蝦: 독한 술에 절여 만든 새우 요리.
55  조하糟蝦: 조로糟鹵(묵은 술지게미)로 만든 지게미즙, 소금, 조미료, 산초, 엿 등으로 조리한 새우.

선을 요리하는 것과 같다治國若烹小鮮.″56 이것이 작은 생선이 나라에
도움 되는 점이다.

## 자라

"햇곡식으로 물고기알 밥을 짓고, 여린 아스파라거스로 자라탕을
끓이네新粟米炊魚子飯, 嫩蘆笋煮鱉裙羹.″57 은거한 사람은 이렇게 말하여
득의한 것을 자랑했으므로, 그 맛의 신선하고 감미로운 것을 알 수
있다. 나는 좋아하지 않는 어류가 없으나 오직 자라와는 사이가 나
쁜데, 많이 먹으면 입이 건조하게 느껴져서 너무나 이해할 수가 없
었다. 하루는 이웃 사람이 그물로 큰 자라를 잡아 여러 사람을 초
대하여 먹었는데 죽은 사람이 줄을 이었으며, 국물을 약간 맛본
사람도 몇 달을 앓다가 비로소 나았다. 내가 자라 먹기를 좋아하지
않아 초대를 받지 못하여 마침내 죽음을 면했다. 어찌 식성의 소재
가 바로 운명의 소재가 되는 것인가?

　나는 평생 운 좋은 일이 이루 헤아릴 수 없이 많았다. 을미년
(1655)에 항주에 살 때, 이웃집에 불이 나서 삼면이 모두 불탔으나
내 거처는 탈이 없었다. 기묘년(1639) 여름, 호조산虎爪山58에서 큰

---

**56** 治國若烹小鮮: 노자 『도덕경』 제60장으로, 나라를 다스릴 때는 작은 생선을 다루듯
이 매우 신중해야 한다는 의미다.

**57** 新粟米炊魚子飯, 嫩蘆笋煮鱉裙羹: 출처는 『강릉현지江陵縣志』에 기록된 북송 인종
仁宗의 질문에 대한 장경張景(970~1018)의 대답으로 노순蘆笋이 동과冬瓜로 기록되어
있다. 노순蘆笋은 갈대의 새싹이나 아스파라거스, 별군鱉裙은 자라 등의 연하고 맛있는
부분.

**58** 호조산虎爪山: 절강성 항주 소산蕭山에 있는 해발 134미터의 산.

도적을 만났는데 많은 재물을 주는 사람은 벗어나게 하고 그렇지 않으면 즉시 죽이려 했다. 나는 주머니에 한 푼이 없어 필시 죽으리라 생각하고 목을 늘여 죽음을 받아들였으나, 도적이 죽이지 않았다. 갑신년(1644)과 을유년(1645) 변란[59]이 일어나자, 나는 산속으로 들어가 전쟁을 피했으나 또 때때로 성으로 들어갔다. 매우 다행인 것은 겨우 집을 옮기자 집이 불타고, 막 성을 나오자 성이 함락된 것으로, 죽음에서 살아난 것이 모두 찰나에 있었다. 아! 내가 얼마나 수양을 하여 하늘에서 이러한 복을 얻었는가! 보답하려 해도 방법이 없어 억지로 선을 행할 뿐이다.

## 게

내가 좋은 맛에 대해 말할 수 없는 음식이 하나도 없었으며, 또 상상을 다 하고 심오한 내용을 다 파헤쳐 말하지 않은 것이 하나도 없었다. 오직 '게'라는 음식물에 대해서는 그렇지 않다. 게는 내가 마음으로 좋아할 수 있고 입으로 달게 먹을 수 있으므로 평생 하루라도 잊을 수 없음은 말할 것도 없다. 하지만 좋아하고 달게 먹으며 잊을 수 없는 원인에 대해서는 입을 다물게 되며 설명할 수가 없다. 이 하나의 일과 하나의 음식물이 나에게는 음식 가운데 매우 각별한 것이고, 게에게는 내가 천지간의 괴물일 것이다. 나는 일

---

59  갑신년의 변란甲申之變은 명나라가 청나라에 망한 사건을 가리키고, 을유년의 변란 乙酉之變은 청나라 군대가 남명南明 홍광제弘光帝(재위 1644~1645)가 있는 남경을 공격하여 함락시킨 것을 가리킨다.

「황갑도黃甲圖」, 명대, 서위徐渭(1521~1593)

연하荷과 게蟹를 그려 발음의 유사성을 이용하여 화해和諧(조화롭다)라는 의미를 나타낸다. 또 연잎이 시드는 가을에는 게가 살이 통통하게 올라 가장 맛있는 시절이라 한다.

생 동안 게를 좋아했다. 해마다 게가 아직 나오지 않았을 때는 바로 돈을 저축하여 기다렸다. 가족은 내가 게를 목숨처럼 여기는 것을 비웃었으므로, 게 살 돈을 '매명전買命錢(목숨을 사는 돈)이라 스스로 이름 지었다.

게가 처음으로 나오는 날부터 시작하여 게가 나오지 않는 날에 이르기까지, 하루 저녁을 헛되이 보내지 않았고 한시라도 빠트리지 않았다. 친구들은 내가 게를 지나치게 좋아하는 것을 알고, 초대하는 것과 대접하는 것을 모두 이날에 했다. 그러므로 나는 9월과 10월을 '해추蟹秋'(게의 가을)라 부른다. 게가 쉽게 다 없어져 지속하기 어려울까 근심하여, 또 집안사람에게 항아리를 씻고 술을 빚어 게를 술지게미에 담그게 해서 게를 술에 담그는 용도로 준비시켰다. 술지게미는 '해조蟹糟'라 하고 술은 '해양蟹釀'이라 하며, 항아리는 '해옹蟹翁'이라 한다. 예전에 한 노비가 있어 게 요리에 열심이므로, 이름을 바꾸어 '해노蟹奴'라 했는데 지금은 죽고 없다. 게야! 게야! 너는 내 일생에 거의 처음부터 끝까지 함께하는구나! 너를 위해 생색을 낼 수 없는 것은, 게가 산출되고 감독관이 없는 곳에서 지방관이 되어 봉록을 꺼내어 통쾌하게 먹지 못하고, 단지 저금통을 털어 너와 바꾸기 때문이다. 가령 날마다 백 광주리를 구입해도 손님에게 대접하는 것을 제외하면 50명의 집안사람과 나누어 먹는데, 그러면 내 배 속에 들어오는 것이 얼마나 되겠는가? 게야! 게야! 나는 끝내 너에게 부끄럽구나!

게라는 식품은 지극히 맛이 좋으나, 게의 맛은 게를 먹는 사람에 의해 파괴된다. 게로 국을 끓이는 것은 신선하기는 신선하지만 게 맛의 본질은 어디에 있는가? 게를 회로 하면 기름지기는 기름지지만 게의 참맛은 존재하지 않는다. 더욱 가증스러운 것은 두 쪽으로 잘라서 기름·소금·콩가루와 버무려서 지지는 것으로, 게의 색과 게의 향기 및 게의 참맛을 전부 사라지게 한다. 이것은 모두 게의 풍부한 맛을 질투하고 게의 아름다운 모습을 시기하여 다방면으로 유린하고 게를 맥이 빠지게 하여 변형시키는 것인 듯하다. 세상의 좋은 식품은 단독으로 먹는 것이 이롭다. 게는 신선하고 살지며, 감미롭고 기름지며, 하얀 살은 옥과 비슷하고 노란 알은 황금과 비슷하여, 이미 색과 향과 맛의 세 가지가 지극한 경지에 도달했으므로, 이보다 위에 있을 식품이 하나도 없다. 다른 맛으로 조미하는 것은 햇불로 태양을 보조하는 것과 같고, 물을 움켜쥐어 황하에 보태는 것과 같으므로, 도움이 되기를 바라는 것도 어렵지 않겠는가? 대개 게를 먹을 때는 다만 게의 몸체를 온전한 그대로 모아 쪄서 익힌 후 커다란 쟁반에 담아 탁자 위에 진열하여, 손님이 마음대로 가져다 먹도록 맡겨둔다.

한 마리를 쪼개 한 마리를 먹고, 다리 하나를 잘라서 다리 하나를 먹으면, 향기와 맛이 조금도 새지 않는다. 게의 껍질에서 나온 것이 바로 사람의 입과 배로 들어가므로, 음식의 삼매경이 이보다 깊은 게 또 있겠는가? 대개 다른 식품을 요리하는 것은 모두 남에게 그 수고를 맡기고 나는 편안하게 누릴 수 있지만, 오직 게와 씨앗(호박씨나 해바라기씨 등), 마름 열매의 세 종류는 반드시 그 수고를 스스로 부담해야 한다. 바로 까서 바로 먹으면 맛이 있지만, 남이 껍질을 까주고 내가 먹으면 맛이 밀랍을 씹는 것과 같을 뿐만 아니라 또 게와 씨앗, 마름 열매가 아니라 다른 음식인 듯하다.

이것은 향을 좋아하면 반드시 스스로 피우고 차를 좋아하면 반드시 스스로 따라 마셔야지, 노복이 비록 많아도 이러한 일을 맡길 수 없는 것과 같은 이치다. 음식과 청공淸供의 도리를 추구하는 사람이라면 모두 몰라서는 안 된다. 귀빈에게 잔치를 베푸는 사람은 게를 통째로 사용할 상황이 아닌지라 부득이 국을 끓이지만, 역시 다른 음식으로 조미하면 마땅하지 않으며 오직 닭과 거위를 삶은 즙으로 탕을 만들어 기름기를 제거하면 된다.

항아리에서 술에 담근 게를 꺼낼 때는 등불을 사용하는 것을 우선적으로 피해야 한다. 등불이 한번 비치면 항아리에 가득 차 보이는 것이 모두 모래이며, 이것은 모든 사람이 피해야 하는 것을 안다. 올바른 방법으로 처리하면 멋대로 불을 비추어도 거리낄 것이 없다. 처음 술에 담글 때 밤낮을 막론하고 모두 등잔 하나를 켜서 불빛을 비추며 게를 항아리에 넣으면, 게가 불빛과 익숙해져서 피하지 않고 적응하므로 마음대로 불을 비추며 꺼내도 영원히 모래로 변하는 근심이 없을 것이다(이 방법은 경성에서 사용한 사람이 있다).60

## 여러 가지 수산물

____

나는 20년 동안 분주하게 돌아다녀 발자취가 거의 천하에 두루 미쳤다. 사해四海61는 세 곳을 갔으며, 삼강오호三江五湖62는 모두 하나도 빠트리지 않았지만, 오직 구하九河63는 아직 다 돌아보지 못했는데, 멀리 우회하고 외진 곳이 많아서 배와 수레로 모두 도달할 수 있는 지역이 아니었기 때문이다. 지나친 강이 이미 많으므로 수산물로서 먹어본 것이 자연히 적지 않다. 그러므로 천하 만물이 번성하지만 수산물보다 번성한 것은 없으며, 서적에 열거된 여러 물고

____

60 이 단락의 내용에 따르면, 저자 이어의 취해醉蟹는 항아리에 모래와 술을 넣고 살아 있는 게를 집어넣어 일정 기간 살아 있는 게를 꺼내어 먹는 방법으로 보인다. 또는 술에 담가 먹을 게를 오랫동안 신선하게 보관하기 위해 항아리에 게와 함께 모래와 물을 넣어 보관하는 방법으로 보인다. 현대의 취해는 신선한 게를 잡아서 깨끗이 씻어 죽은 상태로 술에 담갔다가 1주일 정도 뒤부터 꺼내어 먹는다.

61 사해四海: 동해(황해)·서해·남해(남중국해)·북해(바이칼호).

62 삼강오호三江五湖: 삼강은 태호 부근의 송강松江·전당강錢塘江·포양강浦陽江. 오호는 여러 설이 있으나 동정호洞庭湖·파양호鄱陽湖·태호太湖·소호巢湖·홍택호洪澤湖가 일반론이다.

63 구하九河: 우임금 시절에는 황하의 9개 지류를 가리켰으나, 후대에는 황하 하류 여러 지류의 총칭으로 사용되었다. 황하를 가리키기도 한다. 여기서는 황하의 9개 지류로 판단된다.

기의 명칭은 열에 예닐곱에 지나지 않을 뿐임을 알고 있다. 기이한 모습으로 맛도 특이하며 어부가 온종일 잡고 선비가 일 년 내내 먹으면서도, 그 이름을 물어보면 모두 어떤 생물인지 알지 못하는 것이 항상 존재한다. 다른 곳은 물론이고 소주蘇州와 경구京口[64]의 여러 지역에서 산출되는 수산물 가운데 물고기와 비슷하지만 물고기가 아니고 모양은 하돈河豚[65]과 비슷하지만 매우 작아 '반자어斑子魚'[66]라고 속칭하는 것이 있는데, 맛의 감미로움은 거의 유락乳酪[67]과 같고, 또 뼈가 없어 부드럽고 매끄러워 진실로 지극한 맛이다. 하지만 『본초』와 『식물食物』 등의 여러 서적에 모두 실려 있지 않다. 가까운 지역도 그런데 하물며 끝없이 넓어서 멀고 외진 곳이야 어떻겠는가?

해산물 가운데 지극히 맛이 좋으며 사람들이 부러워하지만 먹을 수 없는 것은 복건성의 '서시설西施舌'[68]과 '강요주江瑤柱'[69] 두 종류가 있다. '서시설'은 내가 이미 먹었으나 오직 '강요주'는 아직 한 번도 맛보지 못하여, 복건성에 들어와 한스러운 일이 되었다. 이른바 '서시설'은 그 모양을 묘사하면 희고 깨끗하며 반짝이고 매끄러워 입에 들어와 맛을 보면 엄연히 미인의 혀와 같지만, 혀뿌리를 잡

---

64  경구京口: 장강 하류에 있는 강소성 진강鎭江 경구京口.

65  하돈河豚: 복어.

66  반자어斑子魚: 잉엇과에 속하며 크기가 2~3치에 불과한 장강 중하류에 주로 분포하는 물고기.

67  유락乳酪: 우유를 가공하여 만든 식품인 치즈나 버터. 출처는 『진서』 「장천석전張天錫傳」.

68  서시설西施舌: 중국어 정식 명칭은 장항해방漳港海蚌이고 라틴 학명은 *Mactra antiquata*인 조개의 일종.

69  강요주江瑤柱: 조개 관자.

아당기는 붉은 입술과 하얀 치아가 없어 입안에 머물지 않고 바로 목구멍으로 넘어간다. 이것은 이른바 그 모양을 묘사한 것이다. 만약 신선한 맛으로만 논한다면 해산물 가운데 이보다 뛰어난 것이 있어, 그리 기특할 것도 없다. 이 맛을 통쾌하게 보려는 사람은 다만 미인의 혀를 찾아서 맛보면, 실제로 구하지는 못해도 스스로 위안을 삼게 될 것이다. 그리 유명하지 않으면서 맛이 기이한 것으로 북해의 선륵鮮鰳[70]이 있으며, 맛은 시어鰣漁[71]와 비슷하고 배에 이리가 있으며 감미로움이 비할 데가 없다. 세상 사람들은 심어鱘魚(철갑상어)와 황어鰉魚(줄철갑상어)의 배 속에 있는 것을 '서시유西施乳'[72]라 하는데, 선륵의 이리와 장단점을 비교하면 아마도 또 동시東施와 서시西施처럼 차이가 있을 것이다.[73]

하돈은 강남에서 가장 귀하게 여기는 생물로, 나도 먹고 매우 감미롭다고 느꼈다. 그러나 요리법을 물어보면 필요한 재료가 매우 복잡하여, 합쳐 계산하면 10여 종에 이르고 또 하나라도 빠져서는 안 된다. 하나가 빠지면 비린내가 나서 맛이 줄어든다. 그러므로 하돈은 기이할 게 없으며, 바로 여러 훌륭한 재료를 빌려서 기이한 맛을 완성한 것이다. 많은 조미료를 다른 식품에 넣으면 어느 음

---

70 선륵鮮鰳: 영문 명칭은 Chinese herring. 준치.
71 시어鰣漁: 영문 명칭은 Reeves shad. 강을 거슬러 올라와 산란하는 청어과의 회류성 어류. 매년 초여름에 강에 나타나므로 이러한 이름이 붙었으며, 장강 하류에서 산출되지만 1980년대 이후 야생 시어는 멸종되었다.
72 서시유西施乳: 현재는 복어 수컷의 정소(정자를 생산하는 기관)를 지칭하며, 본문에서는 철갑상어의 알이나 복어의 정소로 추정된다.
73 서시는 중국 4대 미인의 한 사람. 동시는 서시와 같은 동네에 살았다는 대표적인 추녀다.

식인들 기막힌 맛이 나지 않겠는가? 굳이 사람을 죽일 수 있는 음식물을 빌려 기이함을 드러내야 하는가? 먹어도 좋지만 먹지 않아도 된다. 강남의 갈치와 같은 것은 봄 요리 가운데 오묘한 음식물이다. 시어鰣漁와 심어鱘魚, 황어鰉魚를 먹다가 질릴 때가 있는데, 갈치는 씹어 먹을수록 더 감미로우며 배가 불러도 오히려 손을 놓을 수 없다.

## 과일과 차 및 술에 관해 쓰지 않은 이유

———

과일은 술의 원수이고 차는 술의 적이므로, 술을 즐기는 사람은 틀림없이 차와 과일을 즐기지 않으며, 이것이 정해진 운명이다. 대개 새로운 손님이 자리에 앉으면 평소 함께 술을 마셔보지 않았으므로, 손님 주량의 깊이를 알지 못하여 다만 과일과 떡, 단 음식으로 시험한다. 집어서 바로 먹고, 먹고 나서 뛸 듯이 좋아하는 감정이 있는 듯한 사람, 이러한 사람은 바로 다인茶人이며 주객이 아니다. 집어 먹지 않고 먹어도 서너 개가 못 되어 피곤한 기색이 있는 사람, 이 사람은 틀림

「품차도品茶圖」, 명대, 진홍수陳洪綬(1599~1652)
거문고 연주를 마치고 차를 마시는 모습

없이 주량이 거대한 주객으로 술을 목숨처럼 여기는 사람이다. 이러한 방법으로 귀한 손님을 시험하면, 백에 하나도 실수하지 않는다. 나는 다인으로 주객이 아니며, 성격이 원숭이와 비슷하여 과일을 식사로 대신하는 것을 천하에서 모두 알고 있다. 술맛을 내게 물어보면 망연하지만, 과일을 먹고 차 마시는 것을 이야기하면 조리가 정연하고 점점 흥미진진하게 느낀다.

　현재 이미 음식에 관한 일을 상세하게 서술했으므로 차와 과일에 대하여 더 상세하게 해야 마땅한데, 어찌하여 빠트리고 설명하지 않는가? "간략할까 두렵기 때문이다." 성격이 이미 이것을 즐기므로 반드시 대서특필할 것이며 또 방대한 책이 될 것인데, 만약 몇 장의 종이에 대강의 내용을 적어 끝내려고 하면 붓을 멈추고 싶어도 마음이 허락하지 않아 나도 모르게 말이 산만해져서 수습하기 어려울까 걱정이다. 또 과일은 생략할 수 있으나 차는 생략할 수 없다. 투차鬪茶74의 병법이 『삼략三略』75과 『육도六韜』76보다 다양하므로 어찌 『손자孫子』77 13편으로 오묘한 비밀을 다 표현할 수 있겠는가? 그러므로 전문적으로 한 편을 모아 『다과지茶果志』라 이름

---

74　투차鬪茶: 명전茗戰. 광동성 혜주惠州나 복건성 건주建州에서 당나라 시절에 시작되었다고 하며, 매년 봄 햇차를 만든 다음 우열을 겨루었던 풍속. 송대에 황제부터 민간에 이르기까지 널리 유행했으며, 특히 복건성 건양建陽의 건요建窯에서 만든 흑유잔이 투차에 적당하여 유명했다.

75　『삼략三略』: 『무경칠서武經七書』의 하나. 『황석공삼략黃石公三略』이라고도 하지만 황석공(기원전 292?~기원전 195)과는 관련이 없으며, 전한 말기에 저술된 병법서다. 상략上略·중략中略·하략下略의 3권 3800여 자로 구성되어 있으며, 정치 전략과 군사 전략에 관한 내용이 수록되어 있다.

76　『육도六韜』: 『태공병법太公兵法』이라고도 하며, 도가 계열의 병법서로 강태공姜太公(기원전 1156?~기원전 1017?)이 저술했다고 하지만 실제로는 전국시대 말기에 지어진 강태공 이름에 의탁한 저술로서 6권 60편으로 구성되어 있다.

붙여 단독으로 간행하는 것이 가능하며, 이 책의 뒤에 붙여도 좋다. 술이라는 분야에 대하여 나는 이미 스스로 망연하다고 했으니, 만약 다시 억지로 언급한다면 다른 사람의 말을 빌려야 하는 것인가? 아니면 억지로 모르는 것을 안다고 하여 천하를 속일 것인가? 남의 입을 빌리면 여전히 표절의 계율을 범하는 것이다. 남을 속이려 한다면, 다인은 속일 수 있지만 주객은 속일 수 없다. 만약 단점을 잡고 신랄하게 문책하면 내가 투차로 대항할 수 있겠는가? 입을 다물고 말하지 않는 것이 좋을 것이다.

---

77 『손자孫子』: 『손무병법孫武兵法』이라고도 하며 13편 36계로 구성되어 있다. 저자는 춘추시대 오나라의 병법가 손무孫武(기원전 545~기원전 470)이며 병법서의 대표작이다.

## 1. 목본

초목의 종류는 매우 복잡하지만 대강 목본木本·등본藤本·초본草本으로 구별한다. 목본은 단단하여 오그라들기 어려우며, 수명이 비교적 긴 것은 뿌리가 깊기 때문이다. 등본의 뿌리는 약간 얕으므로, 허약하여 지탱할 것이 필요하지만 그래도 수명은 여전히 일 년 단위로 계산한다. 초본의 뿌리는 더욱 얕으므로, 서리를 맞으면 즉시 시들어 수명은 기껏해야 1년밖에 되지 않는다. 이 뿌리라는 것은 만물의 수명을 결정하는 운명을 지녀, 수확을 풍부하게 하려면 먼저 뿌리를 단단하게 해야 한다. 나는 농사와 농장에 관한 일에서 양생과 처세의 방법을 얻었다. 사람이 오래 지속되도록 미래를 계획하여 사사건건 목본처럼 되려고 추구하면, 비와 이슬을 보아도 기뻐하지 않고 서리와 눈을 목격해도 놀라지 않는다. 목본의 몸체는 우뚝하게 홀로 서 있지만 도끼가 다가오는 것은 타고난 팔자다. 영춘靈椿[1]과 늙은 잣나무라도 어찌 피할 수 있겠는가?

---

1  영춘靈椿: 『장자』 「소요유逍遙遊」에 나오는 8000년을 봄으로 삼고 8000년을 가을로 삼아 장수한다는 전설의 나무.

만약 덕을 쌓는 것에 힘쓰지 않고 구차하게 연명하는 데 힘쓰면, 자신의 몸이 등본인 것이다. 다른 사람에 기대야만 일을 성공시킬 수 있으므로 남이 서면 나도 서고 남이 넘어지면 나도 넘어질 것이다. 삶이 무궁화꽃과 같아서 내일을 따지지 못하는 자는 뿌리가 무엇인지조차도 알지 못하는데, 하물며 땅에 들어가는 깊이와 뿌리가 묻히는 두께를 계산하겠는가? 이러한 자는 바로 초목의 아류다. 아! 세상에서 어찌 초목과 같은 행동도 하지 않는데, 도리어 나무처럼 천수를 누리고 등나무처럼 그 후손이 번성하겠는가? 이것은 조물주가 우연히 한 실수이며, 천지가 인간을 다스리고 사물을 대우하는 불변의 원칙은 아니다.

## 모란

———

모란은 여러 꽃 중에 왕의 자리를 차지했으나 나는 처음에 이러한 논리에 불복했다. 모란의 색과 향기가 작약과 얼마나 차이가 있는가? 가장 뛰어난 것을 선택하여 자웅을 겨루어도 승자가 누구인지 전혀 알지 못했다. 『사물기원事物紀原』[2]을 보면 측천무후則天武后[3]가 겨울에 후원을 유람하는데, 꽃이 모두 피었으나 모란만 홀로 늦게 피어났으므로 마침내 낙양洛陽으로 좌천되었다고 했다. 이리하

———

2  『사물기원事物紀原』: 전10권. 송대 고승高承이 편찬한 전문적으로 사물의 시원을 기록한 책.
3  측천무후則天武后(624~705): 이름은 무조武曌. 당 고종 이치李治(628~683)의 황후로, 두 아들인 중종과 예종을 폐위시키고 스스로 중국의 유일한 여황제가 되었다.

「모란도牡丹圖」, 청대, 임웅

여 크게 깨달아 말했다. "이처럼 강직하므로 좌천된 것이 진실로 당연하다. 그러나 제왕의 칭호라도 더해지지 않으면, 어떻게 8000리 밖으로 좌천된 치욕을 씻겠는가?"[한유韓愈의 시에 "저녁에 8000리 밖 조양으로 좌천되었네夕貶潮陽路八千"라는 구절이 있다.]4 식물의 생장은 절기를 따르고 시절에 맞추어 움직이므로, 진실로 그 시기가 아니면 열 명의 요임금이 있더라도 겨울에 이삭 하나가 나도록 할 수 없다. 측천무후가 군주이지만 억지로 닭을 낮에 울도록 할 수 있겠는가? 만약 식견이 있다면 여러 꽃을 모두 좌천시키고 오직 모란을 숭상해야 마땅하다. 화왕花王, 꽃의 왕에 봉하는 것이 측천무후가 꽃을 감상한 이날부터 시작되어야 마땅했지만 애석하게 측천무후의 식견이 미치지 못하여 반대로 행동하고 거꾸로 시행했다. 진실로 거꾸로 했구나! 측천무후는.

내가 감숙성의 공창鞏昌5에서 모란 열몇 그루를 싣고 돌아왔다. 친구가 시로 나를 조롱했는데 "많은 꽃은 인간의 열렬한 감정을 괴

---

4 夕貶潮陽路八千: 출처는 당 한유의 시「좌천되어 남전藍田에 이르러 조카 손자 한상에게 보여左遷至藍關示侄孫湘」. 조양潮陽은 지금의 광둥성 차오저우潮州.
5 공창鞏昌: 지금의 간쑤성 룽시隴西. 이어가 거주하는 남경과는 직선거리로 약 1300킬로미터 정도 떨어져 있다.

이하게 여기리라! 천 리 밖으로 가서 모란을 맞이하다니群芳應怪人情
熱. 千里趨迎[6]富貴花"라는 구절이 있었다. 나는 "모란은 청빈함을 지켜
좌천을 당했으므로, 내가 모란을 싣고 돌아온 것은 지조를 지킨 것
이며 권세가에 빌붙는 것이 아니다"라 대답했다. 이제 이러한 논리
를 더욱 분명하게 설명할 것이다. 재배법은 명인의 책에 실려 있는
내용에 조금도 남김없이 자세히 설명했으므로, 내가 만약 언급하
면 또 남의 말을 표절하는 격이리라! 다만 중요한 한 가지 방법이
있는데『화보花譜』[7]에는 가끔 실려 있으나 다 갖추지 못했으므로 이
번에 통쾌하게 말하고자 한다.

모든 꽃에는 정면이 있고 뒷면이 있으며 옆면이 있다. 정면은 태
양을 향해야 마땅하며, 이것은 꽃을 심는 통상적인 원리다. 그러나
다른 꽃들은 그런대로 타협할 수 있지만, 홀로 모란은 융통성이 없
어 남향으로 위치하면 살아나고, 다른 방향으로 향하게 하면 죽어
버린다. 이것은 모란의 강직하고 정직한 본성으로 군주(측천무후)도
굴복시킬 수 없었는데 누가 굴복시킬 수 있겠는가? 내가 일찍이 이
러한 내용을 친구들에게 말했는데 진부하다고 하는 자가 있었다.
내가 말했다. "백성뿐만 아니라 제왕의 존엄으로도 이 꽃을 심고
자 하면 따르지 않을 수 없다." 친구가 나를 힐문하여 말했다. "근거

---

6 趨迎추영: 앞으로 나아가 영접하다. 출처는 금나라 문학가 왕약허王若虛의 「부주 용
흥사 명극헌기鄜州龍興寺明極軒記」.
7 『화보花譜』: 화훼의 종류와 재배법 등을 기록한 책. 명대 농학자 왕상진王象晉
(1561~1653)의『이여정군방보二如亭群芳譜』(간칭『군방보芳譜』)가 대표적이다. 청 강희 47
년(1708)에 정치가 왕호汪灝 등이 어명을 받들어『광군방보廣群芳譜』로 개편했다. 본문에
서 언급하는『화보花譜』는 시기적으로『군방보群芳譜』일 가능성이 있으나, 특정할 수는
없다.

가 있는가?" 내가 대답했다. "근거가 있다. 우리 가문의 이백이 지은 시에 '명화와 절세미인은 둘 다 사람을 기쁘게 하여, 항상 군왕이 웃음 띠고 바라보게 하네. 춘풍 속에 끝없는 한을 이해하여 침향정沈香亭[8] 북쪽에서 함께 난간에 기대네名花傾國兩相歡, 常得君王帶笑看, 解釋春風無限恨, 沈香亭北倚欄杆'[9]라 했다. 난간에 기댄 사람은 북쪽을 향하므로, 꽃이 남쪽을 향하지 않고 어디를 향하겠는가?" 친구가 웃으며 시인했다. 이 말이 정설이 아니겠는가?

## 매화

꽃 중에 가장 먼저 피는 것은 매화이며, 과일 중에 가장 먼저 익는 것은 앵두다. 만약 빠른 순서에 따라 지위의 고하를 정한다면, 매화가 꽃에서는 왕이 되어야 마땅하고, 앵두가 과일에서는 왕이 되어야 한다. 오이 중에서 가장 먼저 익는 것을 '왕과王瓜'라 하는 것처럼 논리적으로 부합하지 않는 것도 아닌데, 어찌하여 다른 평가 기준을 두어 뒤에 오는 것이 윗자리를 차지했는가? 먼저 세상에 나온 자가 성인이 되지 못하면, 무지몽매한 것을 깨우쳐 문명으로 이끈 것은 누구의 힘인가? 비록 그렇지만 매화를 여러 꽃의 으뜸으로 하는 것은 여론을 헤아려도 틀림없이 타당하다. 다만 앵두를 여

---

8  침향정沈香亭: 당나라 장안성 흥경궁興慶宮 안의 용지龍池 동북방에 있던 정자. 현재 시안의 원래 자리에 복원되어 있다.
9  名花傾國兩相歡, 常得君王帶笑看, 解釋春風無限恨, 沈香亭北倚欄杆: 출처는 이백의 시 「청평조사清平調詞」의 제3수.

러 과일의 으뜸으로 하면, 공정한 도리를 주재하는 자가 또 여지茘
枝를 위해 억울함을 호소할까봐 나는 두렵다. 임시로 옛 관습에 따
라 저촉되는 것을 피하고자 한다.

매화를 심는 방법도 여러 책에 구비되어 있으므로 언급할 필요
가 없으며, 다만 깨달은 방법을 언급할 뿐이다. 매화가 피는 것은
추위에 괴로울 때다. 만약 매화를 처로10 삼으려는 마음이 있다면,
함께 침소에 있을 방법을 계획해야 마땅하다. 그렇지 않으면 이부
자리와 베개를 갖추지 못해 노숙하기가 어렵고, 흥이 일어서 왔던
사람이 흥이 다 식어 모두 돌아가게 된다.11 설사 나귀를 타고 매
화를 찾아다닌 맹호연孟浩然12이 되려고 해도, 여러 번 하지는 못할
것이다.

매화를 감상하는 도구는 두 가지가 있다. 산을 유람하는 자는
반드시 천막을 휴대한다. 삼면은 막히고 앞면은 뚫려 있어 양식이
탕 임금의 그물13과 같다. 그 안에 난로를 많이 설치하면 따스하게

---

10 매화를 처로: 송나라 문학가 임포林逋(967~1028)는 절강성 항주 고산孤山에 은거하
며 매화를 아내로 삼고 학을 자식으로 삼아 청아하게 살았으므로, '매처학자梅妻鶴子'라
불렸다. 출처는 북송 과학자 심괄沈括(1031~1095)의 필기 『몽계필담』「인사人事」.
11 『세설신어』「임탄任誕」에 따르면, 왕희지의 셋째 아들 왕휘지가 산음에 살 때 밤에 큰
눈이 내리자 흥이 일어 섬계剡溪에 있는 대규戴逵를 찾아가려고 작은 배를 타고 떠나 대
규의 문 앞에 이르렀으나 만나지 않고 돌아왔다. 사람들이 까닭을 묻자 "흥이 일어 왔다
가 흥이 다해 돌아간다乘興而行, 興盡而返"고 했다고 한다.
12 당나라 시인 맹호연(689?~740)이 나귀를 타고 지금의 산시성 시안 동쪽에 있는 파교
灞橋로 매화꽃을 찾아다닌 일은 매우 유명하여, '답설심매踏雪尋梅'(눈을 밟으며 매화꽃을
찾아다니다)라는 고사성어가 만들어졌다.
13 탕 임금의 그물湯網: 출처는 『여씨춘추呂氏春秋』「기부紀部」 권10 「맹동기·이용孟冬
紀·異用」. 탕 임금이 사냥을 나가 그물을 쳐서 짐승을 잡을 때 3면의 그물은 제거하고 한
면만 남겨두었다고 한다. 이어가 말한 천막은 한쪽만 입구가 뚫려 있으므로, 사실은 3면
이 뚫리고 한 면에만 그물이 있는 탕 임금의 그물과는 반대가 된다.

할 수 있고 술을 데우는 용도로도 사용 가능하다. 이것이 하나의 방법이다.

정원에 있는 사람은 종이 병풍 몇 폭을 설치하여 평평한 지붕을 덮고, 사면에 창을 내어 모두 열었다 닫았다 할 수 있게 해서 꽃이 있는 방향에 따라 창을 열어 감상한다. 이러한 병풍은 매화를 감상하는 데 사용할 뿐만 아니라 모든 꽃에 그렇게 할 수 있으므로 일 년 내내 사용하도록 비치한다. 작은 편액을 하나 세워 이름을 '취화거就花居'라 했다. 꽃 사이에 깃발 하나를 세워 어느 꽃인가를 막론하고 대략 통칭으로 '축지화縮地花'라 했다. 이것이 하나의 방법이다.

만약 집에 거주하며 재배하는 사람이라면, 가까이 몸 근처에 있고 멀어도 눈앞을 벗어나지 않아 모든 꽃을 사람이 가까이 할 수 있으므로, 사람이 벌과 나비처럼 꽃을 찾아갈 필요가 없을 것이다. 그러나 매화를 사랑하는 사람에게는 두 가지 결함이 있다. 대개 매화가 필 때면 바람이 향기를 보내오지만 향기가 다가오면서 추위도 다가오니 문을 열 수도, 문을 닫을 수도 없게 한다. 사랑스러운 것도 바람이고 증오스러운 것도 바람이다.

납매臘梅, 목판 삽도

눈은 꽃이 아름답도록 돕는다. 하지만 눈이 얼면 꽃도 얼어 사람이 갈 수도 머물 수도 없게 한다. 공로가 있는 것도 눈이고 과오가 있는 것도 눈이다. 공로가 있고 과오가 없으며 사랑스러우면서 증오스럽지 않은 것은 태양뿐이다. 꽃을 기를 수 있으며 또 볕을 쬐일 수 있으므로 진실로 하늘이 내려준 훌륭한 관리다. 태양만 존재하고 바람과 눈이 없다면, 꽃 사이에 있지 않는 순간이 없을 것이며 천막과 종이 병풍을 모두 설치하지 않아도 된다. 어찌 매화의 지극한 행운이 아니며 살아가는 사람의 지극한 즐거움이 아니겠는가! 그러면 하늘이라는 존재가 매우 난처할 것이다.

납매蠟梅[14]는 매화의 별종이지만, 아마도 성이 같으므로 동족으로 인정한 것인가? 그렇지만 이처럼 뛰어난 덕이 있으므로 매화도 기꺼이 같은 동족이 된 것이다. 내가 또 생각하기에 납매와 성씨 다른 형제가 되기 마땅한 것은 매괴玫瑰다. 분위기가 서로 통하고 모두 농염의 극치에 도달하여 아마 하나도 남김없이 사람들에게 감상될 것이다. 지나치면 모자란 것만 못하므로 치우치지 않도록 힘써야 마땅하다고 사람들이 말하지만, 타고난 성품 자체가 한번 빠지면 갈수록 깊어져서 적절하게 조절하려 해도 가능하지 않다.

---

14  납매臘梅: 중국 원산의 관상수로 납매과 납매속에 속하는 낙엽관목. 늦겨울에 잎보다 꽃이 먼저 피어난다. 꽃 지름은 2센티미터 내외로 꽃받침과 꽃잎은 다수이며, 가운데 잎은 노란색으로 대형이고 속잎은 암자색暗紫色으로 소형이다.

## 복숭아

대개 초목의 꽃을 언급할 때 입에서 나오는 대로 두면 복사꽃과 자두꽃부터 말하게 된다. 복사꽃과 자두꽃은 여러 꽃을 영도하는 존재다. 두 꽃이 여러 꽃을 영도하는 이유는 색이 대부분 홍색과 백색 두 종류를 벗어나지 않기 때문이다. 복사꽃의 색은 홍색 가운데 극히 순정하고, 자두꽃의 색은 백색 중에 지극히 순결하여, "복사꽃은 붉고 자두는 희다네桃花能紅李能白"[15]라는 말은 두 사물의 장점을 다 드러내기에 충분하다. 그러나 지금 사람들이 중요시하는 복숭아는 옛사람이 사랑한 복숭아가 아니다. 지금 사람들이 중요시하는 것은 입과 배를 위한 계책으로, 아직 연구가 감상 분야에 미치지 못했다. 대체로 복숭아라는 식물은 눈으로 보기 좋은 것이 먹기 좋은 것은 아니므로, 두 방면 모두 사람에게 만족스러울 수는 없다.

대개 복숭아를 맛있게 하려면 반드시 다른 나무로 접붙여야 한다. 복숭아는 접붙이는 것에서 맛있어지고, 복사꽃은 접붙이는 것에서 색이 나빠진다는 것을 사람들은 모르고 있다. 복사꽃 가운데 접붙이지 않은 것은 색이 매우 아름다워 미인의 얼굴과 흡사하다. 이른바 '도시桃腮'(복사꽃 같은 뺨)와 '도엽桃靨'(복사꽃 같은 볼)이라는 것은 모두 천연적으로 접붙이지 않은 복사꽃을 가리킨다. 현재 말

---

**15**  桃花能紅李能白: 출처는 북송 당경唐庚(1070~1120)의 시 「매화梅花」.

「도지송서도桃枝松鼠圖」(복숭아 가지 위의 청설모), 원대, 전선錢選(1239~1299)

하는 벽도碧桃16·강도絳桃17·금도金桃·은도銀桃18의 종류가 아니다. 지금 시인이 노래하고 그림에 그려진 것도 이 접붙이지 않은 복사꽃이다. 이 종류는 유명한 정원에서도 명승지에서도 구할 수 없으며, 오직 시골 담장 사이 그리고 목동과 나무꾼이 사는 지역에 많을 수 있다.

복사꽃을 보려는 사람은 반드시 나귀를 타고 교외로 나가 나귀가 가는 대로 맡겨두어야 무릉武陵19 사람이 우연히 도화원桃花源에

16  벽도碧桃: 복숭아나무의 변종으로 꽃잎이 여러 겹이고, 열매는 작아 식용에 부적당하여 주로 관상용으로 재배한다.
17  강도絳桃: 꽃잎은 여러 겹으로 짙은 홍색이며, 별명이 홍도紅桃인 복숭아나무의 일종.
18  금도金桃·은도銀桃: 당 정관貞觀 11년(637), 강국康國(지금의 우즈베키스탄 사마르칸트)에서 바쳐 황실 정원에 심었다는 복숭아. 금도는 금과 같은 황색의 복숭아. 은도는 백색이나 유백색의 복숭아. 출처는 당나라 사학가 두우杜佑(735~812)의 역사서 『통전通典』 「변방전邊防典」.

들어간 그 즐거움을 비로소 다시 누릴 수 있다. 만약 단지 정원의 정자에 술자리를 마련하고 뜰에서 미녀와 어울려 봄의 행락을 계획하는 사람이 그 밖에 다른 꽃을 감상한다고 말하면 믿을 수 있겠지만, 복사꽃을 보고 참다운 흥취를 얻을 수 있다고 말한다면 나는 믿지 않는다. 아! 색이 극히 아름다운 것으로 복사꽃을 넘어서는 것이 없으며, 꽃의 수명이 극히 짧은 것도 복사꽃보다 심한 것이 없으니 '미인박명'이라는 말과 같다. 대개 여인이 그 얼굴이 복사꽃과 서로 비슷하여 색깔이 분간되지 않으면 바로 꽃의 혼령으로 간주해야 하며, 오래지 않아 신체와 이별할 것을 말해주는 것이다. 그러나 분명하게 언급하여 여인이 눈물을 흘리게 하지는 마시라!

## 자두

자두는 우리 집안의 과일이며 자두꽃도 우리 집안의 꽃20이다. 개인적으로 사랑해야 마땅하지만 감히 하지 못했다. 당나라가 천하를 소유했을 때도 이 나무에게 벼슬이 봉해졌다는 것을 듣지 못했다.21 천자도 결코 개인적으로 비호하지 못하는데, 하물며 일반 백성이랴? 공정한 도리로 평론하는 것이 옳을 뿐이다. 복사꽃과 명

---

**19** 무릉武陵: 도연명의 「도화원기桃花源記」에 나오는 이상향인 도화원을 찾아간 어부가 살았던 지역. 지금의 후난성 창더시 우링구라고도 하고, 지금의 창더시 도원桃源이 도화원이라고도 한다.
**20** 저자 이어李漁가 이李(자두)씨이므로 자두와 관련지어 이렇게 말했다. 고려에서는 이씨가 왕이 된다는 도선道詵(827~898)의 예언을 방비하고자, 북악산에 자두나무를 심어 무성해지면 모두 베어 이씨의 기운을 억누르기도 했다.
**21** 당나라가 이李(자두)씨의 나라이므로, 자두와 관련지어 이렇게 말했다.

성을 나란히 하여 함께 꽃의 영수가 되었으나, 복사꽃은 색이 변할 수 있지만 자두꽃은 변할 수 없다. "나라에 도가 있을 때 지조가 변하지 않으면 이것이 진정으로 강한 것이다. 나라에 도가 없어도 목숨을 걸고 지조를 바꾸지 않으면 이것이 진정으로 강한 것이다邦有道, 不變塞焉, 強哉矯. 邦無道, 至死不變, 強哉矯."[22]

이 꽃이 존재한 이래 그 색이 조금이라도 바뀌었다는 얘기를 아직 듣지 못했다. 처음부터 끝까지 한결같아서 검게 물들여도 검어지지 않으므로[23] 진실로 우리 집안의 물건이다. 조금 그 색이 변한 것이 동일한 종류로 사칭하지만, 이러한 종류는 포함시키지 않으며 굳이 한 글자를 붙여 구별한 것이 울리鬱李(산앵두)다. 자두나무는 복숭아와 비교하여 내구성이 있어 30년이 넘어야 비로소 늙으며, 가지가 비록 시들어도 열매는 여전히 작지 않으므로 하늘에서 받은 것이 유독 많다. 또 기꺼이 담담하게 평소의 의지를 지켜 아름다운 자태로 사람에게 교태를 부리지 않는다. 만약 신선세계에 자두나무가 뿌리를 내린다면, 또 신령스러운 대춘大椿[24]나무와 수명을 비교할 만하리라! 나는 자두의 자질을 이어받고자 하지만 불가능하다. 저술하여 영원토록 전할 뿐이다.

---

22 邦有道, 不變塞焉, 強哉矯. 邦無道, 至死不變, 強哉矯: 출처는 『중용』.
23 涅而不淄: 출처는 『논어』 「양화」.
24 대춘大椿: 영춘靈椿. 『장자』 「소요유」에 나오는 8000년을 봄으로 삼고 8000년을 가을로 삼아 장수한다는 전설의 나무.

## 살구

—

살구를 심어 열매가 열리지 않을 때 처녀가 늘 입는 치마를 나무에 묶으면 바로 주렁주렁 열매가 맺힌다. 내가 처음에는 믿지 않았으나 시험해보았더니 과연 그랬다. 나무의 본성이 음탕한 것을 좋아하는 것으로 살구나무보다 지나친 것이 없어 내가 일찍이 '풍류수風流樹'라고 이름 붙였다. 아! 수목은 사람에게서 무엇을 얻고, 사람은 수목과 얼마나 친근하기에 이처럼 친밀하게 사랑하여 감정을 움직이는가? 감정은 만물을 움직일 수 있는데 하물며 사람이랴! 반드시 처녀의 치마라야 적당한 것은 감정이 한곳에 집중되어 있어 귀하기 때문이다. 이미 혼약한 여인은 감정이 분산되어 모여 있지 않다. 내 생각에 이러한 방법은 이미 살구에서 증명되었으므로 또 미루어 확대할 수 있다. 대개 수목으로 열매를 맺지 않는 것에는 모두 미녀의 치마를 묶어야 마땅하다. 남자로서 자식을 낳아 기를 수 없는 사람도 미인의 바지를 입어야 마땅하다. 대체로 세상에서 여색을 사모하고 처녀를 사랑하므로, 감정으로 느껴서 움직이도록 할 수 있는 것이 어찌 살구나무 하나뿐이겠는가!

## 배

—

나는 사방을 유랑하며 여러 곳에 머물렀다. 화훼 중 오직 여지荔枝·용안龍顔·불수佛手 등은 심어보지 못했는데 강남 여러 지역에서 산출되지 않았기 때문이다. 그 나머지 꽃이나 과일나무, 대나무 등은 가꿔보지 않은 게 없다. 그런데 유독 배꽃 한 종류는 눈앞에서 쉽게 얻을 수 있는 식물이지만, 스스로 이 나무를 소유하여 주인이 될 수 없었다. 두보가 해당화를 노래하지 않은 것25과 마찬가지로 가장 유감스러운 일이다.

그러나 성격이 배꽃을 좋아했으며 그 열매를 먹는 것보다 훨씬 심하게 좋아했다. 배나무 열매의 종류는 한 가지가 아니지만 먹기 적당한 것이 적은데, 꽃은 볼 만하여 그렇지 않은 게 하나도 없다. 눈은 하늘에서 내리지만 배꽃은 인간 세상의 눈이다. 눈에 없는 것은 향기이지만 배꽃은 그 아름다움을 겸비할 수 있다. 당나라 사람의 시에서 "매화는 비록 눈보다 세 푼 덜 하얗지만, 눈에는 도리어 매화의 향기가 조금도 없다네梅雖遜雪三分白, 雪却輸梅一段香"26라고 노래했다. 이것은 하늘의 눈을 읊은 것이다. 눈과 매화의 승부를 헤아려 결정이 나지 않는다면, 인간 세상의 눈(배꽃)으로 하늘을 구원하자.


## 해당화

----

"해당화는 자색이 있으나 향기가 없다海棠有色而無香." 이것은 현자에

----

25  두보가 해당화를 읊은 시를 짓지 않았다는 주장은 당나라 정곡鄭谷(851?~910)이 처음 주장한 이래 역대로 계속되었으며, 송나라 이기李頎의 『고금시화古今詩話』에서는 그 원인을 두보 모친의 이름이 최해당崔海棠이므로, 피휘하여 평생 해당화에 관한 시를 짓지 않았다고 했다. 그러나 현재 원인을 고증할 방법은 없다. 현재의 두보 시집에는 해당화에 관한 시가 없다.
26  梅雖遜雪三分白, 雪却輸梅一段香: 출처는 남송 노매파盧梅坡의 「설매雪梅」, 당나라 시인의 작품이라 한 것은 저자의 오류.

「해당도海棠圖」, 남송, 임춘林椿

게 더할 나위 없이 훌륭할 것을 요구하는 춘추필법27이다. 그렇지 않다면 왜 향기 없는 꽃이 많은데 다 용서하고 해당화만 책망하겠는가? 그러나 나는 또 해당화가 전혀 향기가 없는 것이 아니라 향기가 은은하게 있다고 본다. 불행하게도 아름다운 모습에 가려졌을 뿐이다. 사람이 살아가며 두 가지 기술이 있는데 하나의 기술이 조금 서투르면 뛰어난 기술에 가려지는 것과 같다. 하나의 기술이 너무 뛰어나면 육예六藝28에 전부 통달해도 모두 사람들에게 칭송되지 않을 것이다. 왕희지는 글씨에 뛰어났고 오도자吳道子29는 그림에 뛰어났는데, 이 두 사람이 어찌 서예에만 정통하고 그림에만 뛰어났겠는가? 소동파가 바둑과 음주를 잘하지 못했다고, 어찌 끝내 바둑 한 수도 두지 않았고 한 잔의 술도 마시지 않았겠는가? 시와 문장의 명성이 지나치게 높아서 바둑과 음주

---

27 春秋責備賢者: 출처는 『신당서』 「태종본기찬太宗本紀贊」. 책비責備는 더할 나위가 없이 훌륭하도록 요구한다는 의미.
28 육예六藝: 주나라 관학官學에서 학생이 익혀야 하는 여섯 종류의 기예로 예절·음악·활쏘기·기마술·서예·수학.
29 오도자吳道子(680?~759): '화성畫聖'이라 불리는 당나라의 저명한 화가.

를 칭찬하기에 부족했을 뿐이다. 나는 해당화에 자색만 있고 향기가 없다는 이전 사람의 학설을 증명하려고, 갓 피어난 해당화를 잡고 냄새를 맡았다. 특유하게 일종의 맑은 향기가 풍겨왔다. 천천히 음미하기에는 적당하지만 힘껏 향기를 맡기에는 적당하지 못했다.

만약 해당화에 향기가 전혀 없으면 벌과 나비가 꽃을 지나치고 앉지 않을 것이므로, 어떻게 정곡鄭谷30이 「해당화를 읊어咏海棠」라는 시에서 "아침에 취하고 저녁에 시를 읊으며 보아도 부족하여, 나비가 깊은 가지에서 잠자는 것을 부러워하네朝醉暮吟看不足, 羨他蝴蝶宿深枝"라고 했겠는가? 향기가 있고 없음은 당연히 나비가 오가는 것을 증거로 해야 한다. 또 향기와 악취는 서로 적이다. 『화보花譜』에서 "해당화는 향기가 없으나 악취를 두려워하므로, 인분을 비료로 주면 좋지 않다海棠無香而畏臭, 不宜灌糞"고 했다. 이것이 아니면 저것일 터. 이러면 해당화에 향기가 없다는 학설이 잘못임은 또한 앞의 설명에 증거가 갖추어져 있으며, 뒤의 설명에서 더 분명해졌을 것이다. 아! "가장 크고 아름다운 음악은 소리를 들을 수 없으며大音希聲"31 "가장 맛있는 국은 조미하지 않는다大羹不和"32라고 하는데, 어찌 반드시 난초와 사향처럼 향기가 코를 찌른 뒤에야 향기가 있다고 하겠는가?

---

30  정곡鄭谷(851?~910?): 당나라 말기의 저명한 시인이며, 「자고시鷓鴣詩」로 유명해져서 '정자고鄭鷓鴣'라 불렸다.
31  大音希聲: 출처는 노자 『도덕경』 41장.
32  大羹不和: 출처는 『예기』 「악기」. 대갱大羹은 오미五味를 섞지 않은 고깃국.

왕우칭王禹偁33의 『시화詩話』34에서 "두보가 촉 지역으로 피란하고 해당을 읊은 시가 하나도 없는데, 두보 생모의 이름이 해당이기 때문이다"라 했다. 생모의 이름이 해당이라는 것은 내 식견이 천박하여 고증할 수 없으나, 아마도 두보가 시를 잘 지었지만 또 사물마다 모두 시를 쓸 수는 없었을 것이다. 해당을 읊은 시가 우연히 빠져 후세 사람들의 논의가 부모에까지 미치게 했다. 심하구나! 뛰어난 사람의 어려움이여! 왕조가 바뀌기 전, 내 고향의 두杜씨 성을 가진 사람의 집에 해당이 매우 아름다웠으므로, 내가 해마다 마음껏 구경했으며 지금까지 간혹 빼먹지 않았다. 일찍이 시를 증정하여 "이 꽃은 다른 꽃과 비교되지 않는데, 봄의 신령이 심혈을 기울여 키운 것을 다 밝혔네. 두보가 시를 지어주지 않은 걸 탓하지 않고, 다정하게 오직 두씨 집을 향해 피었네此花不比別花來, 題破35東君36着意37培. 不怪少陵無贈句, 多情偏向杜家開"라 했다. 두보를 위해 변명해준 듯하다.

추해당秋海棠38이라는 한 종류는 봄꽃보다 더 아름답다. 봄꽃은 미인을 닮았지만 가을꽃은 더 미인을 닮았다. 봄꽃은 이미 시집간 미인을 닮았으며, 가을꽃은 시집가기를 기다리는 미인을 닮았다.

---

33  왕우칭王禹偁(954~1001): 북송의 시인이자 문장가. 자가 원지元之. 저서에 『소축집小畜集』『소축외집小畜外集』『오대사궐문五代史闕文』 등이 있으며, 『시화詩話』라는 명칭의 저서는 없다.
34  『시화詩話』: 시가·시인·시의 유파 등을 평론하고 시인에 관한 이야기를 기록한 저작물.
35  題破제파: 반복하여 남김없이 품평하다.
36  東君동군: 봄의 신. 태양. 태양신. 출처는 굴원의 초사 「구가·동군九歌·東君」.
37  着意착의: 주의하다. 심혈을 기울이다.
38  추해당秋海棠: 추해당과 추해당속에 속하는 다년생초본인 베고니아Begonia.

봄꽃은 미인의 화려하고 사랑스러운 것을 닮았으며, 가을꽃은 미인의 섬약하고 가련한 것을 닮았다. 처녀의 가련함과 젊은 부인의 사랑스러움, 이 두 가지는 겸비할 수 없으며 반드시 가련한 여인을 맞이하고 사랑스러운 여인을 버릴 것이다. 추해당은 처음에 이러한 꽃이 없었는데, 여인이 정인을 그리워해도 오지 않아 눈물을 땅에 뿌려 마침내 이 꽃이 자라났다고 전해오므로 '단장화斷腸花'[39]라 할 수 있다. 아! 같은 눈물이지만, 수풀 속에 뿌리면 반죽斑竹[40]이 되고, 땅 위에 뿌리면 바로 해당이 자라나니 눈물은 신비한 것이로구나! 봄 해당의 모습은 매우 아름다워 대개 정원을 소유한 사람은 심지 않으면 안 되지만, 가난한 선비의 집에서 다 갖출 수는 없으므로 추해당으로 보충해야 마땅하다. 이 꽃이 가난한 선비에게 편리한 점은 두 가지다. 뿌리를 옮겨 심으면 되므로 돈으로 살 필요가 없는 것이 하나다. 차지하는 땅이 많지 않으므로 담과 벽 사이에 모두 심을 수 있다. 성질이 또 그늘을 좋아하므로 추해당이 선택한 장소는 모두 여러 꽃이 버린 장소다.

---

39  단장화에 관한 전설은 송나라 무명씨의 필기 『채란잡지采蘭雜志』에 실려 있다.
40  서진 정치가 장화張華(232~300)의 『박물지博物志』에 따르면 순임금의 비妃 아황娥皇과 여영女英이 순임금의 죽음을 슬퍼하며 뿌린 대나무에 얼룩이 져서 반죽이 되었다고 한다.

## 옥란玉蘭(백목련)[41]

「옥당지란도玉堂芝蘭圖」, 명대, 손극홍孫克弘(1532~1611)

세상에 옥 나무가 없으므로 이 꽃으로 충당하고자 한다. 꽃이 흰 것은 매우 많으며 모두 이파리의 색과 뒤섞여 있지만, 옥란은 잎 없이 꽃이 피어나 매화와 운치가 동일하다. 천 개의 가지에서 만 송이 꽃이 모두 일시에 피어나니 매우 성대한 사건이다. 다만 매우 성대한 사건이 어느 때에는 한스러운 사건으로 변한다. 여러 꽃이 피어나 비를 꺼리지 않는 꽃이 없는데 이 꽃은 특히 심하다. 한 그루의 아름다운 꽃이 단지 하룻밤 가랑비에 완전히 색이 변하고, 또 썩어 문드

---

**41** 옥란玉蘭: 옥란은 일반적으로 백목련을 지칭하고, 신이辛夷는 자목련을 지칭하며, 여러 차이점이 있다. 신이는 소교목小喬木이나 관목灌木이지만 옥란은 교목喬木이다. 신이의 꽃송이는 조금 작고 잎도 작지만, 옥란의 꽃송이와 잎은 비교적 크다. 신이의 꽃받침과 꽃잎은 분명하게 구별되지만, 옥란의 꽃받침은 매우 작아 거의 눈에 잘 뜨이지 않는다. 신이의 꽃잎은 겉이 자주색이고 안은 흰색으로서, 백옥란白玉蘭처럼 전체가 희지도 않고 자옥란紫玉蘭처럼 전체가 자홍색도 아니다.

러져 가증스럽게 느껴지므로, 꽃이 없는 것과 비교해도 더 운치가 떨어진다.

여러 꽃은 계절에 따라 피고 지며, 지는 꽃은 이미 지고 피는 꽃은 여전히 피지만, 옥란은 하나가 지면 모두 져버려 반송이도 남지 않는다. 속담에 "일 년 동안 꽃을 키워 열흘 동안 꽃을 감상한다弄花一年, 看花十日"[42]라고 했다. 옥란의 주인은 항상 목을 길게 빼고 기다리며 한 해를 보내지만, 하루 아침도 바라던 것을 보지 못한다면 어찌 꽃의 나라에서 중대하고 한스러운 일이 아니겠는가? 그러므로 이 꽃이 한번 피면 신속하게 감상해야 마땅하며, 하루를 즐기면 하루를 즐기는 것이고, 한때를 감상하면 한때를 감상하는 것이다. 만약 처음 피었을 때 즐기지 않은 채 모두 피기를 기다리고, 다 피었을 때 즐기지 않고 무성하게 피기를 기다리면, 아마도 좋은 일이 아직 일어나지도 못한 채 매우 쓸쓸한 풍경이 닥쳐올 것이다. 아! 하늘이 옥란과 무슨 원수를 졌기에 왕왕 3년 중에 반드시 1~2년은 옥란을 난처하게 하는가?

## 신이辛夷(자목련)

---

신이辛夷·목필木筆·망춘화望春花는 한 가지 꽃이지만 명칭이 여러 가지로 다르다. 선택할 만한 매우 신기한 점이 없으므로 명성은 넘치지만 알맹이는 부족한 것이 이 종류다. 정원이 매우 넓어 갖추지

---

42　弄花一年, 看花十日: 출처는 남송 애국 시인 육유陸遊(1125~1210)의 『천팽모란보天彭牡丹譜』「풍속기風俗記」.

않은 꽃이 하나도 없는 경우에는 심을 수 있지만, 그렇지 않으면 이 꽃을 위해 졸렬한 모습을 감추어야 한다.

## 산다山茶(동백)43

꽃 중에 피어 있는 것을 가장 견디지 못하여 한번 피어나면 즉시 다 져버리는 것은 계화桂花와 옥란이다. 꽃 중에 가장 오래 피어 있으며, 필수록 더욱 무성한 것은 동백과 석류다. 그러나 석류가 오래 피어있는 것은 여전히 동백에 미치지 못한다. 석류의 잎은 서리를 맞으면 바로 떨어지지만, 동백은 눈을 맞아도 무성하다. 오직 이 꽃만이 소나무와 잣나무의 절개를 지니고, 복사꽃과 자두꽃의 자태를 품은 채 춘하추동을 하루처럼 살아간다. 아마도 초목이면서 신선인가? 또 더군다나 종류가 매우 다양하여, 옅은 홍색에서 짙은 홍색에 이르기까지 갖추지 않은 게 하나도 없다. 옅은 색은 분과 같고 연지와 같으며, 미인의 뺨과 같고, 술 취한 사람의 얼굴과 같다. 짙은 색은 주사朱砂와 같고 불꽃과 같으며, 성성이44의 피와 같고 학 머리의 구슬45같다. 명암과 농담의 운치를 다 갖추어 조금도 여한을 남기지 않았다고 할 수 있다. 이 꽃 한두 그루를 얻으면, 여러 꽃 수십 그루에 필적할 수 있다. 애석하구나! 나의 정원은 겨우 겨자만 하고 여러 꽃이 심어져 있는지라 이제는 무엇도 받아들

---

43  산다山茶: 동백冬柏.
44  성성이: 오랑우탄. 큰 원숭이의 일종.
45  학 머리의 구슬鶴頂之珠: 학의 앞이마에 있는 붉은색의 동그란 부분.

일 수 없다. 다만 화분에 심은 작은 나무를 괴석 옆에 놓았다. "좋은 사람을 존중하지만 등용할 수 없고, 나쁜 사람을 싫어하지만 떠나가게 할 수 없으니善善而不能用, 惡惡而不能去",[46] 아, 나는 곽공郭公[47]이로구나!

## 백일홍

사람들이 금수禽獸는 지각이 있고 초목은 지각이 없다고 한다. 나는 그렇지 않다고 대답했다. 금수와 초목은 모두 지각이 있지만, 금수의 시각은 사람과 조금 다르고, 초목의 지각은 또 금수와 조금 다르며, 점차로 어리석어지고 점점 둔해졌을 뿐이다. 어떻게 아는가? 백일홍이 가려움을 무서워하는 것에서 알 수 있다. 가려움을 지각하면 통증을 지각하고, 통증과 가려움을 지각하면 이해와 영욕을 지각하므로, 초목은 금수와 차이가 크지 않으며, 금수가 사람과 차이가 크지 않은 것과 같다. 사람들은 가려움을 무서워하는 나무가 백일홍 한 종류만 있으며 나머지는 그렇지 않다고 한다. 내가 설명했다. 초목은 본성이 동일하지만, 백일홍이 가려움을 무서워하는 것을 보면 통증과 가려움을 지각하지 못하는 초목이 없다는 것을 알 수 있는데, 다만 백일홍은 떨며 움직일 수 있고 다른 나무는 떨며 움직일 수 없을 뿐이다.

---

46  善善而不能用, 惡惡而不能去: 출처는 후한의 철학가 환담桓譚(기원전 23?~기원후 56?)의 『신론新論』「잡사 제4雜事第四」.
47  곽공郭公: 꼭두각시. 나라를 잃은 군주. 『공양전公羊傳』에 보임.

사람들이 또 질문했다. 떨며 움직이지 않는데 통증과 가려움을 인식한다는 것을 어떻게 알 수 있는가? 내가 대답했다. 사람을 간지럼 태웠는데 떨며 움직이지 않는다고, 어찌 사람도 통증과 가려움을 모르는 것이겠는가? 이렇게 보면 초목이 뿌리째 뽑히는 것은 금수가 잡혀 죽는 것과 같으며, 그 고통은 차마 모두 말할 수 없다. 사람이 백일홍을 대하는 것처럼 모든 초목을 상대할 수 있으며, 모든 초목을 상대하는 것처럼 금수와 사람을 상대할 수 있으면, 베어 죽이는 행동을 감히 망령되게 하지 않을 것이며, 질병 및 고통과 관련된 의미를 이해하게 될 것이다.

## 수구繡球(수국)48

조물주의 교묘한 솜씨는 수국이 피는 것에 이르러 끝이 날 것이다. 다른 품종의 교묘한 솜씨는 순전히 조물주의 재주를 이용했으나, 이 꽃은 인력을 사용한 듯이 가장하고 속세의 행위를 모방하여 만든 듯하다. 전춘라剪春羅49와 전추라剪秋羅50 등의 여러 꽃도 그렇다. 조물주가 이것에 대하여 아무런 의도가 없는 것이 아니라 "너희들

---

**48** 수구繡球: 원래 의미는 수를 놓은 공. 여기서는 식물 수국水菊을 가리킨다. 학명은 *Hydrangea macrophylla.* 6~8월에 자잘한 꽃잎이 모여 공처럼 둥글게 피며, 색은 옅은 자주색, 옅은 분홍색, 백색 등으로 다양하다.
**49** 전춘라剪春羅: 석죽과 전추라속에 속하는 다년생 초본식물로, 늦봄에 꽃을 피우는 동자꽃의 한 종류. 꽃의 모양이 패랭이꽃과 비슷하며, 꽃잎이 마치 오려 만든 듯이 가지런하면서 삐죽삐죽하다.
**50** 전추라剪秋羅: 석죽과 전추라속에 속하는 높이 25~85센티미터의 다년생 초본식물로, 가을에 꽃을 피우는 동자꽃의 한 종류. 꽃의 모양이 전춘라와 비슷하며, 좀더 들쭉날쭉하다.

이 할 수 있는 것은 나도 할 수 있다. 내가 할 수 있는 것을 너희들은 실제로 할 수 없다"라고 말하는 듯하다. 이렇다면 축구하는 사람 한두 명을 만들어 수국(수놓은 공 모양으로 생긴 수국) 꽃줄기의 위에 세워 놓으면, 조물주가 솜씨를 겨루는 것이 완전해질 것이다. 조물주는 이렇게 하는 것을 하찮게 여기면서, 어찌 사물은 모방하면서 사람은 모방하기에 부족하다고 하는가?

## 자형紫荊[51]

자형이라는 한 종류는 꽃 중에 없어도 되는 것이다. 다만 봄철에 피는 것은 홍색이 많고 자주색이 적으므로, 꽃의 색을 갖추기 위해 의도적으로 섞어 심는다. 그러나 가지가 적고 잎이 없으며 나무에 붙어서 꽃이 피어나, 자색 옷을 입은 소년처럼 우뚝하게 홀로 서 있다. 옷은 작고 소매는 좁아서 뚱뚱한 사람이 꽉 끼는 옷을 입고 너울너울 춤추는 미인들 사이에 서 있는 것처럼, 아무래도 보는 사람이 대신 불안스럽게 느껴진다.

---

51  자형紫荊: 박태기나무Chiness redbud. 콩과의 낙엽교목이나 관목으로, 이른 봄인 3~4월 잎이 나기 전에 작고 연붉은 꽃이 가지에 수북하게 피어난다. 가정이 화목하고 골육의 정이 깊은 것을 상징한다.

## 치자

치자꽃은 그리 기특한 점이 없으나, 나는 옥란과 비슷한 점을 높이 산다. 옥란은 비를 꺼리지만 치자는 꺼리지 않는다. 옥란은 일제히 피었다가 일제히 시들지만, 치자는 차례대로 핀다. 애석하게 치자 나무가 작아서 처마 밖으로 자라 나오지 못하는데, 만약 처마 밖으로 자라 나올 수 있으면 바로 옥란을 치자로 충당해서 석 달 봄날의 한스러운 일을 보충할 수 있다. 누가 안 된다고 하겠는가?

## 진달래꽃(두견杜鵑)과 앵두

진달래꽃과 앵두는 꽃 중에 있어도 되고 없어도 되는 것이다. 앵두에서 중요한 것은 열매에 있고 꽃에 있지 않다. 진달래꽃에서 중요한 것은 서촉西蜀(사천성 지역)의 기이한 종류에 있으며, 사방의 보통 종류에 있지 않다. 만약 유명한 화훼가 구비되었으면 이 두 꽃이 필 때쯤에 마음과 눈길을 빼앗는 것이 많을 것이다. 나머지는 보려고 해도 겨를이 없어 고민일 것이다.

## 석류

개자원芥子園의 땅은 3무畝[52]에 미치지 못하는데, 집이 일부를 차지하고 바위가 일부를 차지하며, 석류로 큰 것이 또 네다섯 그루 있다. 내 집을 장식하여 적막하지 않도록 하는 것은 석류다. 내 땅에 도사리고 있어 다른 꽃을 아예 심지 못하도록 하는 것도 석류다. 석류의 공과 죄는 거의 반반이 아니겠는가? 그러나 주인이 잘 활용하면, 석류가 비록 많아도 군더더기가 되지 않는다. 석류의 성질은 눌리는 것을 좋아하므로, 석류 뿌리가 바위와 어울리는 곳을 선택하여 여기에 가산을 만들면, 석류의 뿌리가 바로 산기슭이 된다. 석류의 성질이 햇볕을 좋아하므로, 석류의 그늘이 가릴 수 있는 곳을 선택하여 여기에 건물을 지으면, 석류가 있는 장소가 바로 건물의 하늘이 된다. 석류의 성질은 또 높이 위로 뻗는 것을 좋아하므로, 석류 가지를 가까이 할 수 있으며 또 석류를 빌려 천상의 신선이 되는 장소를 선택하여 여기에 누각을 지으면, 석류의 꽃은 바로 내가 난간에 기댈 때에 문을 수호하는 사람이 된다. 이것이 개자원의 주인이 석류를 구획하여 처리하는 방법이며, 나무를 심는 사람에게 공개하고자 한다.

---

[52] 무畝: 중국의 면적 단위. 명·청 시기의 1무는 614.4평방미터. 현대의 1무는 666.67평방미터.

## 무궁화

무궁화는 아침에 피어 저녁에 떨어지므로, 삶도 진실로 고단하다. 쉽게 떨어질 바에야 피지 않는 것이 어떠한가? 조물주가 무궁화를 낳은 것도 번거로운 것을 꺼리지 않았다고 할 수 있다. 어떤 사람이 말했다. 그렇지 않다. 무궁화가 꽃으로 현신해서 설법하여 어리석은 자를 훈계하는 것이다. 꽃의 하루는 인간의 백 년과 같다. 인간이 인간의 백 년을 보면 스스로 길다고 느끼지만, 꽃의 하루를 보면 극히 짧다고 여길 것이다. 사람이 사람을 보는 것이 꽃이 꽃을 보는 것과 같음을 모르고 있다. 인간은 백 년이 길다고 하는데, 꽃인들 어찌 하루를 길다고 하지 않겠는가? 하루에 지지 않는 꽃이 없으므로, 백년이 지나도 죽지 않는 사람이 없음을 알 수 있다. 이것이 사람이 꽃과 비슷한 점이다. 따라서 꽃이 피고 꽃이 지는 기간이 비록 잠깐이지만, 오히려 일정하게 변하지 않는 운명이 있다. 아침에 피어 저녁에 지는 꽃은 틀림없이 아침에 피어 정오에 지거나 정오에 피어 저녁에 지는 꽃으로 변하지 않는다. 그리고 사람의 생사는 일정하여 변하지 않는 운명이 없으므로, 백 년이 못 되어 죽는 사람이 있고, 백 년의 반이 못 되거나 백 년의 20년이나 30년이 못 되어 죽는 사람이 있다. 그러므로 꽃이 지는 것은 일정하며, 사람의 죽음은 급작스럽다. 만약 사람이 또 무궁화처럼 살아서 저녁이 되어 반드시 떨어질 것을 안다면, 생전과 사후의 일을 전부 스스로 다스릴 수 있겠지만, 어쩔 수 없이 불가능하다. 이것이 사람이 꽃만 못한 점이다. 사람이 이와 같은 관점을 가질 수 있으면, 무궁화라는 꽃은 원추리와 나란히 심어야 한다. 원추리를 보면 근심을 잊을 수 있으며 무궁화를 보면 경계해야 할 것을 알 수 있다.

## 계화

가을꽃으로 향기가 나는 것은 계화만 한 것이 없다. 계수나무는 바로 달 속의 나무이며, 향기도 천상의 향기다. 다만 결함은 온 나무가 일제히 꽃을 피워 여지를 남기지 않는 것이다. 내가 「계화를 애석해하며惜桂」라는 시에서 노래했다. "수많은 황금을 갈아 재가 되어, 한바탕 가을바람에 모두 불어왔네. 사흘 동안 흐드러질 걸 진작에 알았으면, 어찌하여 머무르며 차례대로 피지 않는가萬斛黃金 碾作灰, 西風一陣總吹來. 早知三日都狼藉, 何不留將次第開?" 번성이 극에 달하면 반드시 쇠퇴하는 것이 바로 차고 기우는 일정한 원리다. 대개 부귀영화를 단번에 이룩한 사람이 있다면, 모두 옥란이 만든 봄빛이고 계화가 만든 가을 경치로서 한순간에 사라질 것이다.

## 합환合歡(자귀나무)53

"합환은 분노를 없애고合歡蠲忿" "원추리는 근심을 잊게 하여萱草忘

---

53  합환合歡: 자귀나무. 콩과에 속하는 관목으로 3~5미터 정도 자라며 7월에 술 모양의 아름다운 꽃이 피어 정원수로 많이 심는다. 밤에 잎이 접혀 합환목合歡木, 합혼수合婚樹, 야합수夜合樹 등으로 불리었으며, 부부의 금실을 위하여 집 안에 많이 심었다.

憂"54 모두 사람의 성정을 유익하게 하는 식물이며, 심기 마땅치 않은 장소가 없다. 그러나 원추리를 보고서 근심을 잊는다는 그 말은 내가 들었으나, 그런 사람은 아직 못 보았다. 합환을 마주하여 분노가 사라지는 것은 다른 사람에게 물어볼 필요가 없다. 대개 이 꽃을 본 사람은, 화를 풀어 기쁨이 되며 눈물을 그치고 웃지 않는 경우가 없다. 그러므로 원추리는 심지 않아도 되지만, 합환은 심지 않으면 안 된다. 합환을 심는 방법은 『화보』에 상세하지 않은데, 사실 상세하지 않은 것이 아니라 『화보』를 만든 사람이 진정으로 화합하여 즐길 수 있는 사람이 아니었기 때문이다. 어부가 농사를 이야기하고 농부가 땔나무에 관한 책을 저술하면, 그 설명이 간략할 수밖에 없다. 대개 이 나무를 심을 경우 정원 밖으로 나가면 적당하지 않으며, 깊은 규방과 내실이 적당한 장소다. 이 나무는 아침에 벌어졌다가 저녁에 오므라들며, 황혼이 될 때마다 가지와 잎이 서로 얽히므로 '합환合歡(화합하여 즐기다)이라 이름했다.

규방에 심는 것은 화합하여 즐기는 것을 의미하는 꽃을 화합하여 즐기는 장소에 두어야 마땅하기 때문이다. 대춘나무와 원추리55는 승환承歡56의 장소에 있어야 마땅하고, 자형紫荊과 당체棠棣57는

---

54  合歡鑭忿, 萱草忘憂: 출처는 삼국시기 문학가 혜강嵇康(224?~263?)의 「양생론養生論」.
55  대춘나무와 원추리: 춘훤椿萱. 부모를 지칭. 고대에 대춘나무는 장수를 상징하며 부친에 비유했다. 원추리는 근심을 잊게 한다는 꽃으로, 모친의 거처를 훤당萱堂이라 한다.
56  승환承歡: 부모나 임금처럼 윗사람의 뜻에 맞추어 마음을 기쁘게 하다. 출처는 굴원의 작품이라는 초사 「구장·애영哀郢」.
57  자형紫荊과 당체棠棣: 자형은 가정이 화목하고 골육의 정이 깊은 것을 상징하고, 당체(산앵두나무)는 형제를 비유한다.

형제의 우애가 필요한 장소에 있어야 마땅한 것처럼, 서로 어울리도록 하려는 것이다. 합환을 내실에 심으면 사람이 떨어질 때 나무도 벌어지고, 나무가 합치면 사람도 합친다. 사람이 합환으로 말미암아 기쁨을 더하고, 나무도 이리하여 더 무성해지므로, 이른바 사람과 장소가 서로 어울리는 것이다. 합환을 적막한 장소에 심으면 또한 이 꽃을 헛되이 저버리는 것이 아니겠는가?

물은 너무 많지 않게 주며, 항상 남녀가 함께 목욕한 물을 하루 걸러 뿌리에 뿌려주면, 꽃이 향기롭고 아름다운 것이 평소와 비교하여 배가 된다. 이것은 내가 이미 실험한 방법인데 무심하게 우연히 발견했다. 믿지 못하겠으면 함께 두 그루를 찾아 하나는 정원 밖에 심고 다른 하나는 규중에 심어 놓은 채, 하나는 비료가 섞인 물을 주고 다른 하나는 목욕한 물을 뿌려 누가 번성하고 시드는지를 시험해보라. 나의 말이 틀린지 틀리지 않은지를 바로 알 것이다.

## 부용芙蓉[58]

연꽃은 여름철, 부용은 가을철 각각 두 계절의 공신이라 할 수 있다. 그러나 연꽃은 연못이 필수적이며, "그리운 사람은 물 한편에 있네所謂伊人, 在水一方"[59]라는 시처럼 자주 구할 수 없다. 주돈이朱敦

---

58　부용芙蓉: 목부용木芙蓉. 아욱과에 속한 낙엽관목. 8~10월에 연한 홍색 꽃이 핀다. 원산지는 중국이며, 관상용으로 재배한다. 학명은 *Hibiscus mutabilis Linn*.
59　所謂伊人, 在水一方: 출처는 『시경』 「진풍·겸가秦風·蒹葭」. 가까이 하려고 해도 늘 저편 먼 곳에 있는 님에 대한 사모의 감정을 노래한 것이다.

頤60가 좋아했지만 헛되이 그 마음만 있었을 뿐이다. 부용은 지형에 맞추어 심을 수 있다. 더구나 두 꽃의 요염함은 차이가 크지 않다. 비록 기슭 위에 자라더라도 물속에 있는 것과 같으므로, 가을 연꽃이라 해도 좋고 여름 연꽃이라 해도 좋다. 설사 석 달 봄날의 꽃이라 자인한다 해도 봄의 신령만 떠나지 않았으면 된다. 대체로 울타리가 있는 집에 이 종류는 반드시 없어서는 안 된다. 만약 물가에 살면서 건너편 기슭에 이 꽃이 보이지 않는다면, 지극히 속된 사람일 뿐만 아니라 작은 복도 누릴 수 없는 사람이다.

## 협죽도夾竹桃61

협죽도라는 한 종류는 꽃이 볼 만하지만, 이름 붙인 것이 좋지 못하다. 대나무는 바로 도가 있는 선비이고 복사꽃은 아름다운 여인이다. "도가 다르면 함께 도모할 수 없다道不同不相爲謀"62고 하는데 합쳐서 하나로 했으므로 너무나 모순이라 느껴진다. 그 이름을 '생화죽生花竹'(꽃이 피는 대나무)으로 바꾸기를 요청하는데, '도桃'(복숭아)라는 한 글자를 제거하면 바로 적당하게 느껴지기 때문이다. 또 소나무·대나무·매화는 본래 세한삼우歲寒三友라 하지만, 소나무에 꽃이 있고 매화에 꽃이 있으나 오직 대나무에 꽃이 없으므로 결함

---

60 주돈이朱敦頤(1017~1073): 자가 무숙茂叔, 호가 염계濂溪. 북송의 저명한 철학가로 연꽃을 좋아하여 「애련설愛蓮說」을 지었다.
61 협죽도夾竹桃: 유도화柳桃花라고도 한다. 인도 원산으로 제주도에도 자생하며, 협죽도과에 속하는 2~4m정도까지 자라는 나무. 장미를 닮은 화려한 꽃이 핀다.
62 道不同不相爲謀: 출처는 『논어』 「위영공衛靈公」.

이라 할 수 있다. 협죽도를 구해 보충하면 어찌 자연스럽게 어울리지 않겠는가? 또한 여왜女媧63의 오색석五色石과 비슷하리라!

## 서향瑞香64

주돈이는 연꽃을 꽃의 군자로 삼았지만 나는 적대국을 하나 증가시켜 말했다. 서향은 바로 꽃의 소인이다. 무엇 때문인가? 『화보』에는 이 꽃이 "일명 사낭麝囊이라 하며 꽃을 손상시킬 수 있으므로, 별도로 심어야 마땅하다"라고 실려 있다. 내가 처음에 믿지 않았으나, 선택하여 냄새를 맡아보니 과연 사향의 냄새를 띠고 있었다. 사향은 여러 꽃을 손상시키지 않을 수 없는 것이다. 여러 꽃 속에 함께 배치되어 있으면 주위의 꽃을 빛나게 하는 의미가 있어야 하는데, 서로 어우러져 이롭게 하지 못하고 도리어 해를 끼치므로 소인이 아니면 무엇인가? 다행히 조물주가 적절하게 처리해 근심스러운 상황은 조성되지 않았다.

　서향의 꽃이 피는 것은 반드시 겨울과 봄의 교차 시기다. 이 시절에는 많은 꽃이 시들어 떨어지고 여러 꽃은 아직 피지 않았으므로, 이 꽃을 만나는 것은 매화와 수선水仙 두 종류뿐이며, 또 활짝 피어나 장차 지려는 시기에 있어서 서향의 예봉과 부딪치는 기간

---

63　여왜女媧: 고대 신화에 나오는 세상을 창조한 여신으로, 오색 돌을 녹여 하늘을 메웠다는 전설이 있다. 출처는 『회남자』 「남명훈覽冥訓」.
64　서향瑞香: 학명은 *Daphne odora*. 중국 원산의 팥꽃나뭇과에 속한 상록 관목. 키는 1미터쯤 되며 3~5월에 흰빛 또는 붉은 자주색 꽃이 가지 끝에 모여 핀다. 대개 수나무이므로 열매를 맺지 못하여 꺾꽂이로 번식한다.

이 오래 지속되지 않으므로, 서향에게 피해를 입는 것도 심하지 않다. 이것은 조물주가 소인을 잘 활용한 것이다. 겨울과 봄의 교차 시기를 바꾸어 봄과 여름으로 하면, 화왕花王(모란)도 거의 자리를 빼앗길 판인데 하물며 그 아래의 꽃이랴? 당송 시기의 여러 명사 가 서향의 향기와 자색을 사랑하지 않음이 없고 시가를 지어 찬양 한 것은 모두 이른 봄에 꽃이 없을 때 이 꽃을 보면 눈이 시원해질 수 있기 때문이었다. 또 그 아름다운 모습만 보고 그 피해를 당하 지 않았기 때문이다. 내가 외람되게 꽃의 나라를 위해 품평하면서 어찌 공정하지 않을 수 있겠는가? 한 소인배가 분노하여 나를 죽 이고 싶게 할지언정, 감히 여러 군자를 위해 단단히 대비하지 않을 수 없다.

## 말리茉莉(재스민)[65]

말리라는 꽃은 다만 화장을 보조하기 위하여 배치되었으므로, 선 천적으로 여인에게 아첨하는 꽃인가? 모든 꽃은 전부 아침에 피어 나지만 이 꽃은 유독 저녁에 핀다. 저녁에 피는 꽃은 사람이 감상 할 수 없으므로, 감추었다가 새벽 화장에 사용한다. 어느 꽃이나 꽃꼭지 위에는 전부 구멍이 없는데 이 꽃에만 구멍이 있다. 구멍이 있는 것은 구멍이 아니면 비녀를 꽂을 수 없기 때문으로, 선천적으

---

65  말리茉莉(재스민): 재스민Jasmine. 재스민속Jasminum에 속하는 식물의 총칭으로, 대부분의 좋은 백색이나 황색의 꽃을 피운다. 여러 종류의 꽃은 강한 향기를 가지고 있 어 향수와 재스민 차의 원료로 사용된다.

로 비녀를 꽂기 위한 자리다. 이렇다면 여인의 화장은 바로 천연적으로 이루어져 꾸밀 필요가 없는 일일 뿐이다. 다른 나무를 심는 것은 모두 남자를 위한 일이지만, 이 꽃을 심는 것은 오직 여인을 위해서다. 이미 여인을 위해서이므로 가족으로 간주해야 할 것이다. 매화를 아내로 한 사람은 임포林逋 한 사람에 불과하지만, 말리화를 아내로 한 사람은 당연히 천하에 두루 존재한다.

이 꽃을 가꾸려면 반드시 목본木本을 구한다. 등본藤本도 마찬가지로 꽃을 볼 수 있지만 괴롭게도 한 해가 지나면 바로 죽어버리니, 죽음을 보고서 구하지 못하는 것도 어진 사람과 군자가 즐길 바가 아니기 때문이다. 목본은 겨울을 지나기가 제일 어렵지만, 나는 일찍이 보존하는 방법을 겪어서 알고 있다. 이 꽃이 추위에 시드는 것은 열에 하나이고 가뭄에 죽는 것은 열에 아홉인데, 사람들은 모두 얼어 죽을까 두려워 물을 주지 않아서 말라 죽는다. 이것은 목이 멘다고 밥을 먹지 않는 방법이며, 구역질을 피하려고 식사 시간이 지나도 단식하는 것이니, 그러고도 살아 있겠는가? 조금 따스하게 하여 약간 물을 뿌리고, 큰 추위가 오면 바로 물 주기를 중지하며 이것은 불변의 법칙이다. 다만 반드시 따스한 곳에 보관해야 하며 덮개가 없어서는 안 된다. 물을 줄 때 물을 사용하지 않고 식은 차를 사용하며, 이렇게 할 따름이다. 내가 이 꽃을 30년 동안 가꾸며 모두 말라서 죽게 했으나, 지금은 꽃에 관해 잘 알아 세상 사람에게 알려주니 또한 말리에게는 고생 끝에 낙이 오는 기회다.

## 2. 등본

등본식물의 꽃은 반드시 부식扶植(지지대를 설치)하여 재배해야 한다. 부식하는 도구로는 옛날의 기존 방식에서 사용한 죽병竹屛(대나무로 짠 병풍)보다 오묘한 것이 없다. 죽병의 눈을 사각형으로 하거나 격자를 비스듬하게 만들어서 기대어 무성하게 자라는 기둥으로 삼으면, 마침내 비단으로 수를 놓은 것과 같은 담이 된다. 안과 밖에 있는 사람을 꽃과 잎으로 격리시키고 자주색과 붉은색의 꽃으로 가로막아, 바라볼 수는 있으나 다가갈 수 없으니 이것이 좋은 방법이다. 공교롭게 근래 찻집과 술집은 그렇지 않은 경우가 하나도 없어서, 꽃이 있으면 바로 죽병을 이용해 심고, 꽃이 없으면 벽으로 대신한다. 이러한 관습은 유양維揚에서 시작되었으며, 오늘날 점차 다른 곳으로 퍼져가고 있다. 도시의 거리에서 이와 같이 하지만, 고상한 사람과 풍류객의 거처는 결코 이래서는 안 된다.

도시의 거리를 피한다는 것은 도시의 거리를 피하는 것이 아니라 매우 바쁘고 고단한 심정과 매우 쩨쩨한 낡은 관습을 피하는 것이다. 도시의 거리에 있는 사물을 보면 도시의 거리 가운데에 있는 것과 같게 된다. 거처에서 늘 보면 성격과 감정이 변화될 수 있으며, 이렇기 때문에 마땅히 피해야 한다. 가령 이전 사람이 별호를 선택하며 매번 '천川' '천泉' '호湖' '우宇' 등의 글자를 사용했는데, 처음에는 참신하지 않은 게 없었고 우아하지 않은 게 없었지만, 뒤에 상인의 부류가 집집마다 본받아서 법칙으로 삼았으므로, 시장 상점 간판에 쓰여 있는 이름이 '천川'이 아니면 '천泉'이고 '호湖'가 아니면 '우후'가 되는 상황에 이르렀다. 이리하여 속세를 피하려는 사람이 더럽혀질까 피하지 않을 수 없다. 요즈음 사대부들이 모두 '재齋'와 '암庵' 두 글자를 사용하는데, 매우 합당하다. 다만 사용하는 사람이 지나치게 많아 법칙으로 삼아 본받는 사람이 또 이전처럼 표방하는 상황이 될까 두려우므로, 오늘날의 '재齋'와 '암庵'이 반드시 이전의 '천川' '천泉' '호湖' '우후'가 아니라고 할 수가 없다. 비록 이름은 사람을 통해 중요해지는 것이고 사람은 이름을 통해 중요해지지는 않는다고 하더라도, 그러나 또한 실체에 종속된 것이다. 이미 천하에 명성이 떠들썩한 사람이 여전히 계속하여 이렇게 하므로, 여러분이 조금 변하는 게 마땅할 듯하다.

어떤 사람이 질문했다. 꽃을 심으며 죽병을 사용하지 않고 땅에서 벋어 나는 대로 맡겨두라는 것인가? 내가 대답했다. 그렇지 않다. 죽병은 옛 양식을 따르지만 약간 새롭게 한다. 비록 훗날의 저잣거리가 또 변하여 금일의 농장이 되지 않는다고 보장할 수 없지만, 하루를 새롭게 하면 하루가 새로워지고, 한때를 다르게 하면 한때가 달라진다. 다만 장사하는 사람이 성정과 풍속이 모두 변하기를 바랄 뿐이다. 변화도 완전히 변하는 것을 추구하지 않으며, 저잣거리의 사고방식이 없을 수는 없지만, 농단하려는 마음이 있어서는 안 된다. 마땅히 얻어야 할 이익을 찾고, 도가 있는 삶을 도모하면, 바로 사람들 사이에 있는 대은大隱66이다. 이러면 고상한 사람과 풍류객이 모두 이들과 즐거이 교유할 수 있을 것이므로, 다시

----

66 대은大隱: 진정한 은자. 도시나 조정에 있으나 의지가 심원한 사람. 출처는 동진 문학가 왕강거王康琚의 「반초은시反招隱詩」.

어찌하여 힘들고 성가시며 옹졸하다고 피하겠는가? 꽃 병풍의 양식은 세 가지가 있으며 '등본藤本'의 말미에 열거했다.

## 장미[67]

꽃 병풍에 얽혀 자라는 꽃은 장미가 첫째를 차지한다. 장미가 사랑스러운 것은 품종이 다양하여 꽃의 색이 하나가 아닌 점에 있다. 대략 꽃 병풍에 있는 꽃이 귀한 점은 여러 색깔이 아롱지는 데에 있으며, 만약 아래위 사방으로 모두 한 가지 색이면 미인이 만들기를 기피하는 자수나 졸렬한 화공도 그리지 않는 그림을 정자와 서재에 늘어놓은 격이므로, 어찌 운치가 있겠는가? 꽃 병풍에 얽혀 자라는 다른 종류의 꽃 가운데 목향木香[68]·도미酴醾[69]·월월홍月月紅[70]과 같은 여러 등본식물은 종류가 유한하고 꽃의 색이 다양하지 않으므로, 여러 색이 어우러지게 하려면 반드시 다른 종류를 널리 찾아야만 한다.

---

**67** 장미薔薇: 라틴어 학명은 *Rosa*. 장미목 장미과 장미속에 속하는 세계적으로 유명한 관상식물. 관목으로 꽃잎은 다섯 갈래이거나 겹꽃잎이고 향기가 진하며, 가지에는 가시가 있다.

**68** 목향木香: 국화과 식물 운목향雲木香과 천목향川木香의 통칭으로 사용되지만, 이 책에서는 운목향을 언급했다. 운목향은 국화과 풍모국속風毛菊屬에 속하는 다년생초본으로, 높이 1~2미터까지 자라며 7~8월에 꽃이 피고 8~10월에 열매가 익으며, 뿌리는 약용한다.

**69** 도미酴醾: 장미목 장미과 장미속에 속하는 찔레꽃의 일종으로 4~5월에 백색의 꽃이 핀다. 술의 이름으로 사용된다.

**70** 월월홍月月紅: 월계月季. 중국의 운남성·하남성·절강성 등지가 원산으로 중국장미 Chinese Rose라고 불리며 장미과 장미속에 속하는 상록소관목小灌木으로 2~12월에 걸쳐 꽃이 핀다.

장미의 자손은 매우 번성하여, 꽃의 색에 적색이 있고 홍색이 있고 황색이 있고 자주색이 있으며, 심지어 흑색도 있다. 홍색의 한 색은 또 여러 등급으로 나뉘어 대홍大紅(기본적인 홍색)·심홍深紅(진홍색)·천홍淺紅(옅은 홍색)·육홍肉紅(살코기와 같은 홍색)·분홍粉紅의 차이가 있다. 꽃 병풍 가운데 넓은 것에는 장미 종류를 모두 가져다 심어 가지와 줄기가 서로 뒤엉켜 만연하도록 하면, 꽃이 필 때 아름다움을 다퉈 석숭石崇의 보장步障[71]을 내려다볼 수 있으나, 명칭을 고찰하여 실체를 찾아보면 모두 장미다. 모든 꽃 병풍의 꽃 가운데 풍부한 것으로는 장미보다 뛰어난 것이 없다. 다른 종류의 꽃이 비록 아름답지만, 끝내 궁색함을 면하지 못했다.

## 목향 木香

———

목향은 꽃이 촘촘하게 피고 향기가 진하며, 이것은 장미보다 조금 뛰어난 점이다. 그러나 꽃 병풍에 엉켜 자라는 것을 이 종류에만 의지하면 단조로움을 면하지 못하므로 반드시 장미에 의지해야 한다. 장미에게는 시렁이 적당하고 목향에게는 천장 부위가 적당하다. 장미의 줄기가 뻗어가는 셋이 목향이 멀리 뻗는 것에 미치지 못하기 때문이다. 목향으로는 지붕을 삼고 장미로는 담을 삼으면, 두

———

71 석숭石崇의 보장步障: 『진서』「석숭전」에 따르면 석숭은 왕개王愷(석숭과 부를 다투었던 서진의 외척)나 양수羊琇(236~282, 극히 사치스러운 생활을 즐겼던 서진의 대신)와 사치를 다투어 왕개가 40리에 걸쳐 자사포보장紫絲布步障을 설치하자, 석숭은 50리에 걸쳐 비단보장을 설치하여 대적했다 한다. 자사포는 생사·마·칡 등으로 짠 자주색 천이다.

가지가 각각 장점을 다 발휘하고 주인도 그 이로움을 고루 거둘 것이다.

## 도미酴醾(찔레)

——

도미라는 품종은 장미와 목향에 조금 못미치지만 또한 꽃 병풍에 필수적인 식물이다. 꽃이 피는 시기가 조금 늦으므로, 장미와 목향이 연이어 피지 못하는 것을 이어지도록 할 수 있다.[72] "도미꽃이 피면 꽃을 감상하는 일이 끝난다開到

「도미」, 전세광田世光(1916~1999)

酴醾花事了."[73] 매번 이 구절을 떠올리면 흥취가 사라져버린다.

## 월월홍月月紅(월계화)

——

속담에 "사람은 천 일 동안 좋을 수 없으며, 꽃은 사계절 붉기 어렵다人無千日好, 花難四季紅"고 했다. 그러나 이 꽃은 사계절 붉을 수 있으

——

72  장미는 품종에 따라 5~9월에 피고, 목향은 7~8월에 피며, 도미는 4~5월에 핀다. 이어가 살았던 남경을 기준으로 하여 이렇게 서술한 것으로 추정된다.
73  출처는 송 왕기王淇의 시「봄날 저녁 작은 정원에서 노닐며春暮遊小園」.

므로 속담의 잘못을 바로잡고자 한다. 꽃이 속담의 잘못을 바로잡을 수 있는데, 어찌하여 인정은 도리어 속담이 영험하다고 믿는가? 꽃 병풍에 얽혀 자라는 꽃은 이것이 제일이다. 괴로운 것은 나무의 키가 높이 자랄 수 없는 점이며, 그래서 이 꽃을 일명 '수객瘦客'(수척한 나그네)이라 한다. 그러나 나에게는 또 그러한 단점을 이용하는 방법이

「세한삼우도歲寒三友圖」, 청대, 번기樊圻(1616~1694?), 천진박물관 소장
수선화·매화·산다화山茶花를 그렸다.

있다. 바로 도시인에게 핍박을 받아서 완성한 것이다. 그 방법은 꽃 병풍 양식의 제3폭에 있다. 이 꽃은 홍색, 백색, 담홍색 세 종류가 있으며, 꽃 병풍에 얽으려면 반드시 함께 심어야 한다. 이 꽃은 또 '장춘長春'이라 하고 '투설鬪雪'이라 하며 '승춘勝春'이라 하고 또 '월계月季'라 한다. 나는 이러한 여러 종류 이외에 다시 이름 하나를 보태어 '단속화斷續花'라 했다. 꽃이 피는 것이 끊어졌다가 이어질 수 있으며, 이어졌다가 끊어질 수 있는 것은 이 종류밖에 없다. 피는 것이

무성하지 않으므로 이어질 수 있는 여지가 있으며, 그러므로 이처럼 오래 지속될 수 있다. 나머지 모든 꽃이 피는 것이 이어질 수 없는 것은 그냥 이어질 수 없는 것이 아니라, 바로 끊어질 수 없을 뿐이다.

## 자매화姉妹花[74](다화장미)

----

꽃에 붙인 이름 가운데 이보다 좋은 게 없다. 하나의 꽃망울에 7개의 꽃이 피는 것을 '칠자매'라 하며, 하나의 꽃망울에 10개의 꽃이 피는 것을 '십자매'라 한다. 연하거나 진하거나 붉거나 하얀 꽃을 보면 확실히 형은 나이가 들고 누이는 나이가 어린 구분이 존재하므로, 아마도 양가자매楊家姉妹[75]의 현신이 아니겠는가? 나는 이 꽃을 매우 좋아하여, 두 종류를 나란히 심고 이름을 합쳐 '십칠자매'라 했다. 다만 이상하게도 너무 심하게 만연하여 꽃 병풍 밖으로 넘쳐나므로, 날마다 베고 달마다 제거하더라도 만연하는 상황을 여전히 막을 수 없다. 어찌 패거리가 지나치게 많아서 방종한 상황을 양성하는가? 이것은 다른 것이 아니라 모두 한마음으로 질투하지 않는 잘못 때문이다. 질투했으면 틀림없이 이러한 근심이 없었을 것이다. 그러므로 여인으로 인한 재난을 잘 제어하는 묘책은 여인

----

**74** 자매화姉妹花: 장미과 장미속에 속하는 다화장미多花薔薇(찔레꽃의 변종).
**75** 양가자매楊家姉妹: 북송 시기의 저명한 군사 가문인 양씨 집안의 여러 자매. 양씨 집안의 구국 충절에 대한 내용을 묘사한 작품으로 웅대목熊大木(1506?~1578)의 소설 『양가장楊家將』과 명대 중엽에 편집된 진회묵객秦淮墨客의 희곡 『양가장연의楊家將演義』 등이 있다.

이 질투하도록 하는 데 있다.

## 매괴 玫瑰

꽃 중에 사람에게 유익하여 나를 위해 쓰이지 못하는 것이 하나도 없는 것은 연꽃이다. 꽃 중에 사람에게 유익하여 내가 시중을 받지 못하는 것이 하나도 없는 것은 매괴다. 연꽃이 사람에게 이롭다는 주장은 이번 장 앞76에 나타나 있다. 매괴의 이로움은 연꽃과 같지만, 사람이 사랑하고 탐닉하도록 하여 잠시도 떨어지지 못하게 하는 것은 또 연꽃보다 더하다. 여러 꽃은 단지 눈을 즐겁게 할 수 있으나, 매괴는 입·눈·코·혀·피부와 모발에 이르기까지 시중을 받는 범위에 속하지 않는 게 하나도 없다. 휴대할 수 있고 먹을 수 있으며, 향기를 맡을 수 있고 눈으로 구경할 수 있으며, 몸에 꽂을 수 있고 머리에 착용할 수 있으므로, 그 자신은 충신이 될 수 있고 또 그 재주로 사랑받을 수 있는 꽃이다. 꽃의 뛰어난 능력은 여기서 완성될 것이다.

---

76  이 장 초본에서 연꽃을 다룬 부분에 실려 있다.

## 소형素馨77(대말리화)

소형이라는 한 종류는 꽃 중에 가장 허약한 것으로, 어느 가지나 줄기라도 지탱하여 심지 않아도 되는 것이 없으므로, 나는 일찍이 '가련화可憐花'라 했다.

## 능소화凌霄花78

등본식물의 꽃 중에 존경할 만한 것은 능소화 만한 게 없다. 그러나 바라보면 하늘 끝의 신선과 같아 황급하게 불러올 수가 없으므로, 존경스러우나 또

「능소화」, 전세광

한 한스럽다. 이 꽃을 키우려면 반드시 먼저 기이한 바위와 고목을 준비해서 기다려야 하며, 그렇지 않으면 의지할 것이 없어서 자라

---

77  소형素馨: 별명은 대말리화大茉莉花. 목서과木犀科 소형속素馨屬에 속하는 향과香科 식물. 직립 관목으로 꽃은 보통 백색이며 2~6월에 피고 향기가 매우 진하다. 파키스탄의 국화國花다.
78  능소화凌霄花: 학명은 *Campsis grandiflora*. 목질의 덩굴로 자라며 5~8월에 귤과 비슷하고 붉은색을 띠는 꽃이 핀다.

지 못하고, 자라도 크지 못한다. 내 나이 얼마나 되어야 기이한 바위와 고목의 선배가 되어서 이것들을 준비할 수 있는가? 그러므로 이 꽃을 소유하려면 깊은 산에 들어가지 않으면 안 된다. 가려면 바로 가서 이 한을 풀어야 하리라.

## 진주란眞珠蘭[79]

———

진주란의 꽃과 잎은 결코 난초와 비슷하지 않으나, 난초로 이름을 붙인 것은 향기가 닮았기 때문이다. 사실 향기도 조금 다르지만 오직 한 가지가 비슷하다. 난꽃의 향기는 여기에 익숙한 사람은 느끼지 못하며, 갑자기 만나거나 멀리했다가 다시 가까이 해야 비로소 향기를 맡을 수 있는데 이 꽃도 그렇다. 이것이 난이라 이름을 붙인 이유다. 복건성과 광동성에는 목란木蘭[80]이 있으며 나무가 계수나무만큼 크고 꽃도 비슷하지만, 이름을 계수라 붙이지 않고 난이라 붙인 것은 역시 그 향기가 은은하고 드러나지 않아 오래 맡아야 느낄 수 있고 갑자기 맡을 수는 없기 때문이다. 대개 사람이 갑자기 보고서 즉시 친할 수 있다고 느끼는 경우는 바로 사람 가운데 매괴이지 벗 가운데 난초는 아니다.

———

79 진주란眞珠蘭: 꽃이 구슬처럼 둥글어 '주란珠蘭'이나 '진주란珍珠蘭'이라고도 한다. 잎이 차나무와 비슷하고 꽃을 차로 할 수 있어 '다란茶蘭'이라고도 하고, 꽃이 작고 좁쌀과 같은 황색이며 맑은 향기는 난꽃과 비슷하여 '금속란金粟蘭'이라고도 한다. 금속란과 금속란속에 속하는 상록 다년생 초본식물로 높이는 30~60센티미터 정도이며 8~10월에 꽃이 핀다.
80 목란木蘭: 목련과 목련속에 속하는 목련의 일종으로, 자홍색의 꽃이 피는 자옥란紫玉蘭, 자목련.

# 3. 초본

초본의 꽃은 서리를 맞으면 반드시 죽는다. 죽어도 죽지 않고 봄이 오면 다시 피어날 수 있는 것은 뿌리가 있기 때문이다. 꽃이 필 시기를 기다리지 않고 앞서 피게 하는 방법이 있다고 항상 들었는데, 끓는 물을 뿌리에 뿌리거나 유황으로 흙을 대신하는 것으로, 피기는 피지만 꽃이 전부 시들고 나무도 꽃을 따라 시드는데 뿌리가 죽기 때문이다. 그러므로 사람의 영고성쇠, 출사와 은거, 성공과 실패, 승리와 패배는 모두 근거로 삼기에 부족하며, 다만 뿌리가 건강한가를 물어볼 뿐이다. 뿌리가 있으면 비록 액운을 만나도 도리어 서리가 내린 뒤에 피는 꽃처럼 다시 피어나는 것을 앉아서 기다릴 수 있다. 만약 뿌리가 죽었으면, 비록 부귀영화를 과시하는 상황에 있어도 기이한 꽃이 눈을 어지럽히는 것과 같아 결국에는 스스로 피는 꽃이 아니며, 다시 피어나는 것도 아마 기다릴 수 없을 것이다. 내가 초목에 관해 이야기하며 번번이 사람으로 비유했지만, 어찌 재잘대기 좋아하는 사람이겠는가? 세상 만물은 모두 사람을 위해 그 위치에 있다. 보는 것과 느끼는 것은 하나의 원리이며, 사람이 보도록 준비된 것은 바로 사람이 느끼도록 준비된 것이다. 하늘이 이러한 사물을 낳아서 어찌 단지 이목을 즐겁게 하고 마음을 기쁘게 하기 위해서 제공했겠는가?

## 작약

작약은 모란과 미를 다툴 만하며, 이전 사람은 모란을 '화왕花王'이라 했고, 작약을 '화상花相(꽃의 재상)'이라 했다. 원통하구나! 내가 공정하게 말하겠다. "하늘에는 두 개의 태양이 없으며, 백성에게는 두 명의 왕이 없다天無二日, 民無二王."[81] 모란이 꽃의 나라에서 왕의 자리를 차지하고 있으므로, 작약 스스로 모란과 나란히 서기 어렵다. 비록 존귀함과 비천함이 다르지만 역시 5등 제후[82]의 반열에 있어야 마땅한데, 어찌 끝내 왕의 아래와 재상의 위에 공을 세워서 상으로 받을 자리가 하나 없겠는가? 꽃을 재배하는 책을 훑어보면 "꽃은 모란과 비슷하지만 좁다"고 하지 않으면 "열매는 모란과 비슷하지만 작다"고 했다.

「작약선석도芍藥宣石圖」, 청대, 원요袁耀 (18세기 활동)
선성석宣城石(안휘성 선성宣城에서 산출되는 바위) 위로 작약과 원추리가 피어난 모습

---

81  天無二日, 民無二王: 출처는 『맹자』 「만장상」.
82  5등 제후: 공작·후작·백작·자작·남작.

이렇게 보면 이전 사람들의 품평은 대개 피상적이다.

아! 인간의 귀천과 미추를 키가 크고 작은 것과 몸이 살찌거나 마른 것으로 평가할 수 있는가? 매번 작약이 필 때 제사를 드리며, 반드시 따뜻한 말로 위로하여 말했다. "그대는 재상의 재목에 그치지 않는데, 이전 사람들이 무식하여 그릇되게 꽃의 재상이라는 명칭을 붙였다. 꽃의 신이 영험하면 그대로 맡겨 따지지 말고, 소라고 하거나 말이라고 하거나 맡겨둘 뿐이다." 내가 섭서성의 공창翠昌에서 모란과 작약을 각각 수십 그루 가지고 돌아왔는데, 모란은 산 것이 매우 적었지만 다행스럽게 작약은 무사하여 짊어지고 온 노고가 헛되지 않았다. 어찌하여 사람은 지기知己를 위하여 죽고, 꽃은 도리어 지기를 위하여 살았는가?

## 난초

"난초는 그윽한 골짜기에 피어나 사람이 없어도 스스로 향기롭다"고 하며, 확실히 이렇다. 그러나 만약 그윽한 골짜기에 사람이 없다면, 난초의 향기도 누가 맡아서 알 것이며 누가 맡아서 전할 것인가? 난초도 쑥과 함께 썩어갈 뿐이다. "만약 난초가 있는 방에 들어가면, 오래 있어도 그 향기를 맡지 못한다"라고 하는데, 확실히 그렇다. 그러나 이미 그 향기를 맡지 못한다면 난초가 없는 집과 무엇이 다르겠는가? 비록 있어도 없는 듯한 것은 난초가 행세하는 방법이 아니며 또 사람이 난초를 대하는 방법이 아니다. 내 생각에 난초는 본성이 결국 사람과 함께 있는 것을 좋아하고, 사람이 향기를 맡는 것을 즐거워한다.

문인의 말은 다만 난초의 아름 다움만을 돌아보고 찬양하여, 난 초의 본성이 편안하게 여기는 까닭 을 고려하지 않았다. 거의 대부분 이렇다. 그러나 서로 함께하는 데 중요한 것은 정취情趣이며, 정취가 있으면 방법을 찾으려 노력할 것이 다. 정취가 있어 방법을 찾아 난초 가 피어난 집에 앉으면, 오래될수 록 그 향기를 맡을 수 있다. 난초 가 그윽한 골짜기에서 태어나는 것 과 깊숙한 방에서 자라나는 것은 행운과 불행의 차이가 클 것이다. 난초가 처음 꽃을 피웠을 때, 자연

「난화도蘭花圖」, 명대, 문팽文彭(1498~1573)

히 자리를 바꾸어 밖에 있는 것을 안으로 들여오고, 멀리 있는 것 을 가까이 가져오며, 낮게 있는 것을 높이 두어야 한다. 이것은 처 음에 오만하게 굴다가 나중에 공손하게 대하는 것이 아니며, 사람 이 난초를 중시하는 것은 난초 자체를 중시하는 것이 아니라 난초 의 꽃을 중시하는 것이고, 난초의 잎은 꽃의 시종일 뿐이기 때문이 다. 한 방에 거처하면 함께 진열되는 것을 아름답게 해야 하므로, 서화와 향로 및 꽃병의 갖가지 감상하는 기물을 모두 난초 옆에 진 열해야 마땅하다.

다만 향을 피워서는 안 되는데, 향기를 쏘이면 즉시 꽃이 떨어지기 때문이다. 이것은 질투하는 것이 아니라 난초 꽃의 본성이 신선과 유사하여 불을 가까이 하는 것을 두려워하기 때문이다. 향을 꺼리는 것이 아니라 불을 피하는 것일 뿐이다. 이렇게 하면 자리를 배치하고 방비하는 방법을 터득할 것이다. 그러나 이러한 말은 모두 정취이고 방법은 아니며, 방법은 오로지 향기를 맡기 위한 것이다. "난초가 있는 방에 들어가서 오래 있어도 그 향기를 맡지 못한다"와 같은 것은 들어가는 것만 알고 나오는 것은 모르는 것이다. 나왔다가 다시 들어간 뒤 다가오는 향기는 전보다 배가 될 것이다. 그러므로 난초가 있는 방에는 오래 앉아 있어서는 안 되며, 따로 난초가 없는 한 칸을 설치하여 물러나 있는 장소로 만든다. 때때로 물러났다가 때때로 들어오는데, 들어오는 경우가 많고 물러나는 경우가 적으면 시시각각으로 향기를 맡게 된다. 비록 난초가 없는 방에 앉아 있더라도 천녀倩女의 혼령[83]처럼 향기가 따라온다. 이것이 방법이며, 정취는 그 속에 있을 것이다. 만약 이러한 방만 있으면 문밖을 물러나는 장소로 삼고 혹은 다른 일을 하러 갔다가 일이 끝나 들어와 무의식중에 향기를 맡으면 그 향기가 더욱 진할 것이다. 이것이 내가 난초의 향기를 누리는 비결이며, 죽을 때까지 비

---

83 천녀倩女의 혼령: 당나라 전기傳奇 『이혼기離魂記』에 다음과 같은 이야기가 실려 있다. 청하淸河에 사는 장일張鎰에게 딸 천랑倩娘이 있어 외조카 왕주王宙에게 시집을 보내기로 약조했다. 훗날 장일이 다른 사람에게 시집을 보내려 하자 딸이 병들어 누웠다. 그런데 딸이 누운 사이 그 혼령이 왕주를 만나 함께 촉蜀에서 5년을 살며 두 아들을 낳고 살다가, 집으로 돌아와 병든 몸과 합체하여 하나가 되었다고 한다. 같은 소재로 원 잡극雜劇 『천녀이혼倩女離魂』이 있다. 여기서는 천녀의 혼령처럼 향기가 따라온다는 의미다.

밀로 하려다가 하루아침에 공개하게 되어 너무 애석하다. 이 방법은 난초의 향기를 누리는 데 그치지 않고, 대체로 꽃이 있는 방에 속하면 모두 이렇게 해야 마땅하다. 가령 향을 피운 방도 그러하므로, 그 방에 오래 앉아 있으면 일찍이 향을 피우지 않은 것과 같아진다. 문 위의 천으로 만든 주렴은 반드시 없어서는 안 되며, 향기를 보호하여 유지시키는 일은 완전히 이것에 달려 있다. 만약 문짝을 열고 닫는 것에만 의지하면, 문을 열면 향기가 다 새어나가 한 줄기 잔향도 남지 않을 것이다.

## 혜초[84]

———

혜초와 난초는 작약과 모란의 관계와 같으며, 차이는 아주 약간에 불과하다. 그러나 세상에서 난을 귀하게 여기는 사람은 반드시 혜초를 천하게 여기는데, 모두 선입견을 고집하고 편견에 구애된 것이다. 사람들은 혜초의 꽃이 난초만 못하며, 혜초의 향기도 손색이 있다고 한다. 내 생각에 혜초가 진실로 난초에 비해 손색이 있지만 그 원인은 꽃과 향기에 있지 않고 잎에 있다. 작약이 모란에 비해 손색이 있는 이유가 꽃과 향기에 있지 않고 줄기에 있는 것과 같다. 모란은 목본으로 모란꽃이 피면 가지와 줄기 위에 꽃이 높이

———

84　혜초: 난과 혜란속蕙蘭屬에 속하는 초본식물. 하나의 줄기에 여러 송이의 꽃이 피는데 보통 6~15송이며 향기가 진하다. 꽃은 보통 옅은 황록색으로 짙은 자홍색의 맥문脈紋과 반점이 있다. 일반적으로 혜초도 난초로 분류하며 중국의 전통적인 구별법은 일경일화一莖一花를 '난'이라 하고 일경다화一莖多花를 '혜'라 한다.

매달려, 기세를 얻어 위엄스러운 자태를 장대하게 할 수 있다. 화왕의 존귀함은 기세에 있다. 작약은 초본으로 태어나 이파리만 있고 가지가 없으므로, 다른 사물로 부축하지 않으면 쓰러져 땅에 엎어질 것이다. 관리에게 거마를 따르는 시종이 없으면 스스로 위엄을 장대하게 할 수 있겠는가?

혜초가 난초와 대적하지 못하는 것은 또 이와 반대다. 작약의 잎은 짧아서 괴롭고, 혜초의 잎은 공교롭게도 길어서 괴롭다. 작약 잎은 너무 수척한 것이 단점이며, 혜초 잎은 도리어 너무 두터운 것이 단점이다. 강해야 마땅한 부분은 허약하고 허약해야 마땅한 부분은 강하여, 이것이 서로 어울리지 않아 난초보다 많이 뒤떨어진다. 난초와 혜초의 개화는 시기가 선후로 나누어진다. 난초 꽃이 지면 혜초 꽃이 이어받으며, 작약이 모란을 뒤이어 피는 것과 같다. 모두 형이 죽으면 아우가 계승하여 없애려 해도 할 수 없는 것이다. 혜초를 잘 사용하는 방법은 오직 꽃을 남기고 잎을 제거하는 데 달려 있으므로, 모질게 잎을 잘라버리는데 조금 좁으며 허약해 보이는 것을 선택하여 열에 둘셋만 남긴다. 또 모두 짧게 자르고 양쪽 모서리를 제거해서 뾰족하게 만들어 난초의 잎과 서로 비슷하게 하면, 혜초가 변하여 난초가 되며 이른바 "줄기를 강화시키기 위하여 가지와 잎을 약화시키는強幹弱枝"[85] 도리에 합치될 것이다.

---

85 強幹弱枝강간약지: 줄기를 강화하기 위하여 가지와 잎을 약화시키다. 출처는 『사기』「한흥이래제후왕연표서漢興以來諸侯王年表序」

# 수선화

수선이라는 꽃은 나의 목숨이다. 나에게는 네 개의 목숨이 있으며, 각각 한 시절을 담당하고 있다. 봄에는 수선과 난을 목숨으로 하고, 여름에는 연꽃을 목숨으로 하며, 가을에는 추해당을 목숨으로 하고, 겨울에는 납매를 목숨으로 한다. 이 네 가지 꽃이 없으면 바로 목숨이 없는 것이다. 한 계절에 꽃 하나가 없으면, 바로 내게서 한 계절의 목숨을 빼앗는 것이다.

수선은 남경의 수선이 제일이다. 내가 남경에 거주하는 것은 남경에 거주하려는 것이 아니라, 수선의 고향에 거주하려는 것이다. 기억하기에 병오년(1666) 봄, 먼저 설을 쇠느라 돈이 없어 옷을 모두 저당 잡혔는데, 수선화가 필 때가 되자 몰락한 처지가 되어 한 푼도 찾을 수 없었다. 사려고 해도 돈이 없자 가족들이 말했다. "그만두시지요! 일 년 이 꽃을 보지 않아도 괴이한 일은 아닙니다." 내가 말했다. "너는 내 목숨을 빼앗으려 하느냐? 차라리 일 년의 수명을 줄일지언정 한 해의 꽃을 줄일 수는 없다. 또 내가 타향에서 눈을 무릅쓰고 돌아온 것은 수선화 때문인데, 수선화를 보지 못하면 남경으로 돌아오지 않고 여전히 타향에서 새해를 보내는 것과 무엇이 다르겠는가?" 가족들이 만류하지 못하고 내가 비녀와 귀걸이를 저당 잡히도록 내버려두었다.

내가 이 꽃에 애정을 품은 것이 괴팍한 취향은 아니다. 수선화의 색과 향기 그리고 줄기와 이파리는 여러 꽃과 하나도 다르지 않지만, 나는 수선화의 애교 부리는 모습을 좋아한다. 여인 가운데 얼굴이 복사꽃과 비슷하고, 허리는 버들과 비슷하며, 풍만하기가 모란이나 작약과 같고, 가을 국화나 해당화에 비견될 만큼 날씬한 이는 도처에 있다. 하지만 수선화처럼 아담하면서 자태가 다양하여 이리저리 흔들리지 않으면서도 교태를 부릴 수 있는 사람은 내가 정말로 아직 보지 못했다. '수선水仙'이라는 두 글자로 부르면, 거의 완벽하게 묘사했다고 할 수 있다. 내가 수선에 이름을 붙인 사람을 만난다면 반드시 털썩 절을 올릴 것이다.

남경의 수선이 천하제일일 뿐만 아니라 이 꽃을 심어서 타인에게 판매하는 사람도 조물주의 권한을 가지고 있는데, 일찍 피게 하려면 일찍 피우고 늦게 피게 하려면 늦게 피게 할 수 있어서, 구입하는 사람이 어느 날에 피게 하고 싶으면 그날에 틀림없이 피어나 일찍이 하루도 빠르거나 늦지 않았다. 이 꽃이 지려 하면 또 늦게 피는 꽃으로 이어지는데, 아마 심은 시기에 따라 꽃이 차례로 피는 것이리라. 구입할 때에는 화분과 돌을 함께 주어 심도록 하는데, 또 손이 가는 대로 배치하면 바로 그림이 되므로 모두 우아한 문인이 따라갈 수 없는 것이다. 어찌 이러한 작은 재주도 하늘이 부여한 것으로서, 인간의 힘이 아닌 것인가?

## 연꽃

연꽃은 초본의 여러 꽃과 조금 다르게 느껴지는 듯하다. 그러나 뿌리는 있고 나무줄기가 없으며, 한 해에 한 번 살아가는 본성은 동일하다. 『화보』에 "물에서 나는 것을 초부용草芙蓉이라 하고, 육지에

(왼쪽)「호수에 등불을 띄우다放湖燈」, 왕홍력, 『고대풍속백도』 삽화
일찍이 송대부터 대보름날 호수에 등불을 띄워 망령을 인도하는 풍습이 있었다고 한다. 작은 판자에 붉은 종이로 연꽃 모양을 만들고 그 속에 초를 켜서 물 위에 띄운다.
(오른쪽)「연저문금도蓮渚文禽圖」(연꽃과 원앙), 명대, 주지면周之冕(1521~?)

서 나는 것을 한련旱蓮이라 한다"고 했다. 초본이 아니면 안 된다는 것을 말했다. 내가 여름철에 이것을 목숨으로 삼는 것은 고의로 주돈이를 흉내 내는 것이 아니라 이전 사람의 학설을 답습하는 것이다. 연꽃이 호감 가는 점은 한두 가지가 아니므로 정리해서 서술하고자 한다.

어느 꽃이나 계절에 적합한 시기는 단지 그 꽃이 피어 있는 며칠이다. 꽃이 피기 전이나 꽃이 핀 뒤에는 모두 지나가면서 무엇이냐고 물어보지도 않는다. 연꽃은 그렇지 않다. 동전처럼 작은 연잎

싹이 물 위에 나온 날부터 바로 푸른 물결을 장식하고, 줄기와 잎이 돋아나서 또 날이 갈수록 자라나고 날이 갈수록 아름다워지며, 바람이 불면 산들거리는 자태를 드러내고, 바람이 없으면 또 날씬하고 유연한 자태를 드러낸다. 이렇게 나는 연꽃이 아직 피지 않아도 먼저 한없이 우아한 운치를 누릴 것이다.

연이 꽃을 피우면 고운 자태가 뚝뚝 떨어질 듯하고, 뒤에 피는 꽃과 앞에 핀 꽃이 서로 이어져 여름부터 가을까지 지속된다. 이 시기가 꽃에게는 본분으로 해야 할 일을 하는 때이며, 사람에게는 마땅히 누려야 하는 자산이 된다. 꽃이 질 때도 연꽃은 주인에게 죄가 없다고 할 만하다. 여름에는 꼭지 아래에 연방蓮房[86]이 자라서 연방 속에 열매가 맺히며, 우뚝하게 홀로 서서 아직 피지 않은 꽃이 푸른 잎과 함께 떠받드는 듯하고, 하얀 이슬이 서리가 되기 전까지는 자신의 일을 그치지 않는다. 이것은 모두 직접 목격할 수 있는 사실을 말한 것이다.

코로 맡을 수 있는 것으로 연잎의 맑은 향기와 연꽃의 기이한 향기가 있으며, 더위를 피하려고 하면 더위가 이것으로 말미암아 물러가고, 서늘한 바람을 쏘이고자 하면 서늘한 기운이 이것을 따라 피어난다. 사람의 입에 알맞은 것은 연밥과 연근으로, 모두 접시에 담긴 요리로 진열되어 입안 가득히 향기를 풍긴다. 단지 서리를 맞아 잎이 시들면 참기 어려울 정도로 영락하여 폐물과도 같지만, 연잎을 따서 저장해두면 또 오래도록 물건을 싸는 용도로 사용할

---

86  연방蓮房: 연밥이 들어 있는 송이.

수 있다.

이 연꽃이라는 것은 한시라도 귀와 눈으로 감상하기에 부적당한 것이 없으며, 하나하나 작은 것도 일상생활의 용도로 쓰이지 않음이 없다. 오곡과 비슷한 열매가 있으나 오곡이라는 명칭은 없으며, 여러 꽃의 장점을 겸비했으나 각각의 단점은 없다. 연꽃을 심는 이익이 이것보다 큰 것이 있겠는가? 나의 네 가지 목숨 가운데 이 목숨이 제일이다. 그러나 일생 동안 몹시 좋아했으면서도 끝내 반무半畝(약 100평)의 연못을 구하지 못해 연꽃이 편안하게 자라게 해주지 못했다. 겨우 한 말 크기의 연못을 하나 파서 몇 그루를 심어서 대충 때워 넘겼고, 또 때때로 연못 물이 줄어드는 게 걱정되어 하늘에서 비를 내려 구조하기를 희망했다. 어쩌면 이른바 잘 키우지 못하여 연꽃의 목숨을 경시하는 것이리라!

## 양귀비

꽃으로서 잘 변하는 것은 양귀비꽃만 한 것이 없으며, 그 다음은 접시꽃을 꼽고, 나머지는 모두 원래의 모습을 유지하여 바뀌지 않는다. 이 꽃을 심으면 표범을 기르는 것처럼 그 변화를 감상한다. 모란이 지면 작약이 이어서 피고, 작약이 지면 양귀비꽃이 이어서 피어나며, 모두 극히 번성하고 지극히 무성한 꽃이다. [다른 꽃들은] 이 세 가지를 이어서 피려고 해도 이어서 피기가 어려울 것이다.

## 접시꽃

꽃으로서 재배하기 쉽고 번성하기 쉬우며 또 변화가 무궁한 것은 접시꽃 하나뿐이다. 모든 노력은 양귀비꽃의 반이지만 그 효과는 몇 배다. 그러나 잎이 비대하여 가증스러운데, 혜초보다 더욱 심하다. 속담에 "모란이 비록 좋지만, 푸른 잎이 받쳐줘야 한다"고 했다. 사람들은 나무 가운데 좋기가 어려운 것이 꽃이라고 말하지만, 어려운 것이 도리어 쉬운 줄은 모른다. 예로부터 지금까지 현명한 임금이 없지 않았지만, 절대 얻을 수 없었던 것이 있으니 충성스럽고 어진 신하의 보좌다.[87]

## 원추리

원추리꽃은 선택할 만한 점이 하나도 없어, 원추리를 심는 것은 채소를 심는 것과 같으므로 입과 배를 위한 계책으로는 괜찮다. 원추리를 마주하면 근심을 잊을 수 있으며 원추리를 패용하면 아들을 낳을 수 있다고 말하지만, 천만 명이 시험했어도 효험을 본 사람이 한 명도 없었다. 책에 있는 내용을 완전히 다 믿을 수는 없다고 하는 것은 이와 같은 종류일 것이다.

---

87  접시꽃은 꽃이 아름답지만 잎이 비대하여 가증스러우므로, 꽃을 현명한 임금에 잎을 훌륭한 신하에 비유하여 설명했다.

## 계관 鷄冠 88 (맨드라미)

---

나에게 「맨드라미 씨를 거두며收鷄冠花子」라는 절구가 있어 "손톱으로 꽃을 긁으니 자색 구름이 부서져 떨어지고, 비록 기이한 꽃은 아니지만 또 꽃다운 향기가 있다네. 때때로 방지해도 흩어져 떨어져 또 애석한데, 한 알이 내년에는 한 송이의 구름처럼 피어나리라指甲搔花碎紫雯, 雖非異卉也芳芬. 時防撒却還珍惜, 一粒明年一朵雲!"라고 읊었다. 이것은 과분하게 칭찬한 말이 아니라 사실을 말한 것이다. 꽃으로서 사물의 형상을 닮은 것은 매우 많다. 수구繡球(수놓은 공), 옥잠화玉簪花(옥비녀), 금전화金錢花(황금 동전)89, 호접화蝴蝶花(나비), 전춘라剪春羅(비단을 오려 만든 듯한 모양)와 같은 종류는 모두 사물의 형상과 흡사하지만, 닮은 대상이 모두 속세의 사물이다. 천상의 형상을 닮을 수 있는 것은 오직 계관鷄冠 한 종류다. 그 형상은 풍성하고 그 무늬는 아롱져, 위에서 보면 엄연히 상서로운 구름 한 송이다. 그러나 처음에 이름을 붙인 사람이 천상의 극히 아름다운 사물을 버리고 인간세상의 사물을 찾았다.

계관鷄冠, 닭 벼슬이라는 명칭이 비록 그럴듯하지만, 꽃의 자태를 천시했으므로 글자를 바꾸어서 '일타운一朵雲, 한 송이 구름'이라 하고자 한다. 이 꽃에는 홍색·자주색·황색·백색의 네 가지 색

---

88  계관鷄冠: 맨드라미꽃. 닭 벼슬. 7~8월에 피는 꽃의 모양이 닭 벼슬과 흡사하다.
89  금전화金錢花: 선복화旋復花(Inula flower)나 금불초金沸草라고도 하는 국화과에 속하는 다년생 풀. 키는 30~60센티미터 정도로 7~9월에 매우 동그랗고 노란 꽃이 가지 끝에서 피어난다. 요즘 길거리에 관상용으로 심는 금잔화Calendula와는 같은 국화과에 속하지만 다른 종류다.

이 있으며, 홍색의 꽃은 붉은 구름이고, 자주색의 꽃은 자색 구름이며, 황색의 꽃은 황색 구름이고, 백색의 꽃은 흰 구름이다. 또 오색의 한 종류가 있으며, 이름이 '바로 오색운五色雲'이다. 이상의 여러 가지를 '계관鷄冠'이라는 명칭과 비교하면 누가 영광스럽고 누가 치욕스러운가? 꽃에게 만약 지각이 있다면 반드시 나에게 감지덕지할 것이다.

## 옥잠화90

___

꽃으로서 매우 비천하면서 귀할 수 있는 것은 옥잠화다. 부인의 상투에 꽂으면 어느 것이 진짜이고 어느 것이 가짜인지 거의 분간할 수 없으므로, 바로 규방의 필수품이다. 따지 않고 남겨두어 울타리 사이를 장식하면 또 미인이 잃어버린 비녀인 듯하다. '강고옥패江皋玉佩'91라 불러도 누가 불가하다고 하겠는가?

## 봉선화

___

봉선화는 매우 비천한 꽃이다. 이 꽃은 울타리를 장식하기 적당하지만, 손톱을 물들이는 용도로 준비한다고 하면 크게 오류일 것이

___

90 옥잠화: 백합과에 속하는 다년생 초본식물로 8~9월에 하얀 꽃이 피며, 그 모양이 옥비녀와 비슷하여 옥잠화玉簪花(옥비녀 꽃)라 불린다.
91 강고옥패江皋玉佩: 강기슭의 옥패. 한나라 유향의 『열선전列仙傳』「강비이녀江妃二女」에 따르면, 주나라 시기 정교보鄭交甫가 한고산漢皋山(지금의 후베이성 샹양襄陽에 위치)을 유람하다가 두 선녀를 만나 선녀가 풀어준 옥패를 받았다고 한다.

다. 섬섬옥수의 오묘함은 흠이 없는 것에 있는데, 한번 선홍색으로 물들면 바로 속물이라 할 것이다. 하물며 물들이는 홍색이 또 완전히 손톱에만 있을 수 없으며, 틀림없이 피부와 살에 닿아 붉게 물들일 것이다. 피부와 살이 퇴색하여 깨끗하게 되어도 손톱이 또 전체가 다 홍색일 수 없는데, 손톱이 점차 자라면서 점점 퇴색하여 시들려고 하는 꽃처럼 되기 때문이다. 이러한 나쁜 방법을 창조한 사람은 속물이지 않겠는가?

## 금전화 金錢花

금전화金錢花·금잔화金盞花[92]·전춘라剪春羅·전추라剪秋羅 등의 여러 종류는 모두 하늘의 조화로 만들어진 작고 교묘한 문장이다. 모란과 작약이 한번 피면 조물주의 정화가 이미 고갈되어, 지속하려 해도 불가능하고 그치려고 해도 불가능하므로, 가볍고 담백하게 묘사한 문장을 지어 그 맥을 이었다. 내가 이것을 보고, 조물주의 종횡무진한 재주와 능력도 다할 때가 있어 샘물이 퐁퐁 솟아나서 솟을수록 더 흘러나오는 것처럼 할 수 없음을 알았다.

한 해 동안 피는 꽃을 합하면, 하늘의 조화에 관한 한 부의 원고를 만들 수 있다. 매화와 수선은 시험 삼아 쓴 글로서 그 기세가 비록 웅장하지만 그 기교가 아직 서툴러, 꽃은 그리 크지 못하고 색도 그리 진하지 못하다.

---

92　금잔화金盞花: 국화과에 속하는 두해살이풀로, 황색 계열의 꽃이 7~8월에 핀다. 현대에 와서 조경용으로 많이 심는다.

복숭아·자두·해당화·살구 등의 꽃이 피면, 글을 지으려는 생각이 격렬하게 일어나고 흥취가 왕성하여 저지할 수 없는 기세가 일어나는 듯하다. 그러나 꽃의 크기가 아직 그리 크지 않고 꽃의 색이 아직 지극하지 않은 것은 조물주의 사고가 어지럽게 치달아 집중되지 못하고, 창작의 영감이 지나치게 분방하여 수습하기 어려운 것이다. 이러한 상황을 저지할 수 없는 것은 필력이 제멋대로 풀어져 능수능란하지 않기 때문이다.

모란과 작약이 한번 피어나면, 글을 지으려는 구상과 필치가 모두 입신의 경지에 이르러 제멋대로 풀어진 것을 수습하여 능수능란한 경지로 돌아가고 축적된 것을 펼쳐서 광채를 다 드러낸 것으로, 조물주도 여기에 재주를 다 쏟아내어 터럭만큼의 여지도 남기지 않았다 할 것이다. 식견이 있는 사람이 보면 끝까지 다 보기를 기다리지 않고도 지속하기 어려운 것을 알 수 있다.

무엇 때문인가? 세상에 피어나서 나무가 지탱하지 못하고 잎이 가릴 수 없는 정도의 꽃이 어찌 있으며, 또 나무보다 높고 잎보다 큰 꽃이 하나라도 있겠는가? 피어나서 여러 색이 모두 갖추어져 한 가지 색이라도 빠지지 않은 꽃이 있으며, 또 주사朱砂보다 붉고 눈보다 하얀 것이 있겠는가? 이러한 시기에 내가 조물주가 되면 반드시 칼을 잘 닦아 보관해둘 것이다. 그러나 하늘은 재능이 없다고 알리는 것을 달가워하지 않아, 여름에는 재주를 겨루려고 연꽃을 피우고, 가을에는 국화를 피운다. 겨울에 계책과 힘이 고갈되어 아예 꽃을 피울 수가 없자, 도리어 납매 한 종류를 만들어 대충 얼버무린다. 이 몇 가지 꽃도 향기와 아름다움이 극치에 이르러 여러 꽃을 뒤로 밀어내기에 충분하다고 말할 수 있지 않겠는가? 그러나 늦봄 및 초여름의 꽃과 비교하면 모두 쇠퇴하여 몰락한 처지일 것이다.

금전화·금잔화·전춘라·전추라·적적금滴滴金93·패랭이꽃 등 여러 꽃에 이르면, 정력이 지속되지 못한 채 책의 권수가 매우 적은 것을 인지하고 이것들을 만들어 끝에 채워 넣은 것 같다. 어떤 사람이 시와 문장을 짓는 능력이 이미 다하여 자질구레하고 잡다한 저술을 덧붙인 것과 같은 셈이다. 이렇게 볼 때, 조물주는 자신의 재능을 매우 과시하려 하며, 자신의 힘을 스스로 아끼지 않으려는 자다. 조물주의 재주는 고갈될 수 없으나 고갈될 수 있으며, 고갈될 수 있으나 끝내는 고갈될 수 없는 것이다. 결국 한 부의 전체 문장에서 뒷부분이 조금 허약한 것이 단점이다. 처음이 허약하고 끝이 강력할 수 없는 것은 기세가 그렇게 시킨 것이며, 작가가 여지를 남기려 해도 그럴 수 없다. 내 생각에 재주 있는 사람의 저서는 조물주를 본받아서는 안 되고, 가을과 겨울을 시작으로 삼고 봄과 여름을 끝으로 삼으면 문장을 짓는 것이 점차 훌륭한 경지로 들어갈 수 있다. 그러면 "강엄의 재주가 다 없어졌다江淹才盡"94는 비난에서 벗어날 것이다.

---

93　적적금滴滴金: 금전화의 별칭.
94　江淹才盡강엄재진: 남조 양나라의 문학가 강엄(444~505)은 젊어서 문학으로 명성이 있었으나 만년의 시문에는 아름다운 구절이 없었으므로, 그 당시에 재주가 다했다는 비판을 받았다. 창작 능력이 쇠퇴했다는 의미다. 출처는 『남사南史』 「강엄열전江淹列傳」.

## 호접화蝴蝶花[95]

이 꽃은 매우 교묘하다. 나비는 꽃 사이의 동물인데 이 꽃은 바로 나비가 꽃이 되었다. 하나이면서 두 개이므로 "장자가 꿈에 나비가 된 것인지 나비가 꿈에 장자가 된 것인지 모르겠구나不知周之夢爲蝴蝶歟, 蝴蝶之夢爲周歟!"[96] 나비도 아니고 꽃도 아니므로 교묘하게 장자의 꿈속 경지와 들어맞는다.

## 국화

국화는 가을철의 모란과 작약이다. 종류가 다양한 것도 같으며, 꽃의 색이 모두 갖추어진 것도 동일하지만, 오래 피어 있는 성질은 또 모란과 작약보다 뛰어나다. 예로부터 심어 가꾸는 모든 꽃을 다 간략하게 설명했으나 모란과 작약 및 국화를 서술한 것은 유독 상세했다. 사람들이 모두 세 가지 기이한 꽃이라며 동등하게 대우하지만, 나 홀로 두 가지로 나누어 천공天工(하늘의 조화)과 인력人力의 구분이 존재한다고 생각한다. 무엇 때문인가? 모란과 작약의 아름다움은 완전히 천공에 의지하며 인력에 의지하지 않는다. 이 두 꽃을 심은 사람은 겨울에 비료를 주고 여름에 물을 뿌려 축축하게 하는

---

95  호접화蝴蝶花: 붓꽃. 꽃봉오리가 벌어지기 전의 모습이 붓과 유사하여 붓꽃이라 하며, 꽃이 활짝 핀 모습은 마치 날개를 펼친 나비와 비슷하여 호접화라고 한다. 5~6월에 자주색의 꽃이 피며, 뿌리는 약재로 사용한다.
96  不知周之夢爲蝴蝶歟, 蝴蝶之夢爲周歟: 출처는 『장자』「제물론齊物論」.

것에 그칠 뿐이다. 꽃이 피면 흐드러지고 향기가 진동하는데, 인력으로 노력하지 않는다고 약간 이라도 자태가 줄어들고 색이 조금이라도 흐릿해지지는 않는다.

국화의 아름다움은 완전히 인력에 의지하며 천공을 조금 빌릴 뿐이다. 국화를 기르는 사람은 국화를 아직 땅에 심지 않았을 때 땅을 정리하고 기름지게 하는 노력을 하고, 이미 땅에 심

「장주몽접莊周夢蝶」, 청대, 마태, 『마태화보馬駘畫寶』 삽도

었으면 표찰을 꽂고 종류를 기록하는 일을 한다. 이처럼 싹이 채 나기도 전에 이미 인력을 얼마간 소모한다. 묘목을 옮겨 심은 뒤에는 갖가지 노력이 또 여기서부터 시작된다. 건조하지 않게 방지하기, 너무 물이 많지 않도록 신경 쓰기, 가지치기, 잎 따기, 꽃봉오리 따기, 가지 접붙이기, 벌레를 잡고 지렁이를 파내서 피해 방지하기 등이다. 이 모든 일은 꽃이 아직 성장하지 않은 시기에 인력을 다하여 천공을 기다리는 것이다. 꽃이 피어나면 또한 비를 막고 서리를 피하게 하는 관심, 가지를 묶고 꽃봉오리를 묶는 부지런함, 그릇

으로 물을 주는 번거로움, 염색하여 모습을 바꾸는 수고 등이 필요하니 역시 모두 여분의 인력으로 부족한 천공을 보충하는 것이다. 이 하나의 꽃을 위해 봄부터 가을까지 아침저녁으로 잠시도 쉴 틈이 없다. 반드시 이렇게 해야 국화꽃이 비로소 풍성하고 화려하여 보기 좋을 수 있으며, 그렇지 않으면 할머니 들국화처럼 되어, 겨우 성긴 울타리를 장식할 수 있을 뿐이다. 그렇다면 국화의 아름다움은 하늘이 아름답게 한 것이 아니라, 사람이 아름답게 한 것이다. 사람이 아름답게 했으나 하늘로 공을 돌리고 고생스럽게 가꾸지 않은 모란이나 작약과 동등하게 대우한다면, 거의 은혜와 원한을 구분하지 않고 공사를 분간하지 않는 것이 아니겠는가? 꽃들을 모아 모래밭에서 비밀리에 소곤대는 것은 틀림없이 화신花神이라는 것을 나는 알겠다.

국화가 존재한 이래 고상한 선비와 은자들이 모두 입을 모아 찬양했지만 나 홀로 그 관점에 반대하는 것은 도연명과 적이 되려는 것이 아니다. 국화를 가꾸는 사람이 일 년 내내 부지런히 노동하지만, 사람들이 천공을 뛰어넘는다고 인정해주지 않는 것은 꽃이 아름답다는 것만 알고 아름다워진 원인에 대해서는 모르기 때문이다. 물을 마시면서 근원을 잊어버리고 또 물을 긷는 사람에게 물어보는 것조차 하지 않는다면 마음이 편안하겠는가? 예전에 국화를 노래한 여러 사람은 모두 이렇게 했다. 내가 이러한 학설을 창조한 것은 가을에 피는 꽃을 위해 은혜에 보답해서 국화를 깊이 사랑하려는 것이며, 국화를 구박하려는 것이 아니다. 내가 일찍이 노련한 농부가 국화를 심는 것을 보고, 수련하는 선비가 입신양명하고 유학자가 업적을 쌓는 것에 대해 깊이 감개했다. 국화를 심어 안일을 탐하지 않는 것으로 심신을 연마하면, 어찌 나아가 성현이 되지 않겠는가? 국화를 심어 인내하는 것으로 내 과거공부를 한다면, 높은 벼슬을 하지 못할까 어찌 근심하겠는가? 선비가 자신을 사랑하고 명예를 사랑하는 마음이 끝내 노련한 농부가 국화를 사랑하는 것만 못하니, 어찌할 것인가?

## 채소 꽃

채소는 매우 흔한 식물이다. 여러 꽃과 동등한 지위가 아니므로 '초본'과 '등본'에서도 도리어 빠져 있는데, 유독 이 꽃을 선택하여 이번 장의 제일 뒤에 둔 것은 여러 꽃을 천시하고 꽃을 가꾸는 일을 경시한 것이 아닌가? 대답했다. 그렇지 않다. 채소는 과연 매우 흔한 식물이며 채소의 꽃도 미천하여 열거할 만하지 않지만, 매우 불완전하고 비천한 것을 모아서 매우 많아지면 흔한 것이 귀해지고 비천한 것이 높아질 것이다. "백성이 귀중하고, 사직은 그 다음이며, 임금은 가볍다民爲貴, 社稷次之, 君爲輕"[97]라는 말은 백성이 진실로 귀중하다는 것이 아니라, 지극히 많고 지극히 번성한 것이 귀중하다는 것이다. 농장에 심은 꽃은 몇 송이부터 수십 수백 송이에 불과하다. 농장에 가득하여 사람이 한눈에 바라볼 수 없을 정도로 아득하게 끝이 없는 것이 있는가? 없다고 대답했다. 그렇다면 채소

97 民爲貴, 社稷次之, 君爲輕: 출처는 『맹자』 「진심하」.

꽃이 가장 번성하다고 꼽아야 할 것이다. 봄기운이 막 왕성해지면 온갖 꽃이 일제히 피어나 들판이 모두 황금색으로 변하므로, 진실로 끝없이 넓은 장관이 아니겠는가? 이때가 되어 벗을 부르고 친구를 붙잡아 꽃향기 나는 밭두둑을 산책하면, 향기로운 바람은 주객이 주막을 찾도록 이끌고, 아름다운 나비와 유람객이 길을 다투어 교외에 노니는 즐거움이 정원보다 열 배, 백배가 될 것이다. 채소 꽃이 필 때만이 바로 그 계절이다.


## 4. 여러 풀

초목의 종류에는 각각 장점이 있어, 꽃이 아름다운 것이 있고 잎이 아름다운 것이 있다. 꽃이 아름다우면 잎은 볼 것이 없고 또 혹과 같은데, 예를 들면 접시꽃과 혜초 같은 부류가 그렇다. 잎이 아름다우면 꽃이 없어도 되지만, 꽃이 없는 것이 아니라 잎이 바로 꽃이다. 하늘이, 꽃의 풍부한 정신과 빛깔을 잎으로 보내 태어나게 한 것이다. 그렇지 않으면 푸른 것이 잎의 본색이므로, 만약 잎을 만든다면 잎을 녹색으로 하면 그뿐인데 어찌하여 홍색이 되고 자주색이 되고 황색이 되고 벽색碧色(짙푸른 색)이 되는가? 노소년老少年[98], 미인초美人蕉(칸나)[99], 천죽天竹, 취운초翠雲草와 같은 여러 종류는 오색이 찬란하여 구경하는 사람의 눈을 즐겁게 하지 않는가? 가령

---

98　노소년老少年: 색비름. 1년생 관엽식물觀葉植物로 80~150센티미터 정도까지 자라며 잎이 녹색·홍색·진한 자주색 또는 자주색의 반점 등으로 변하여 매우 아름답다.

잎을 청색으로 하고 또 녹색으로 한다고 해도, 역시 꽃 피는 식물의 잎과 같지 않으며, 별도로 일종의 꽃다운 자태가 있다. 그러므로 수목의 아름다움은 반드시 꽃에 있지 않음을 알 수 있다. 장부의 아름다움이 오로지 재능 있음을 위주로 하지 않고, 여인의 추악함도 완전히 미색이 없음에 있지 않은 것과 같다. 여러 꽃을 보면 사람으로 하여금 용모를 가다듬도록 하지만, 여러 풀을 보면 꾸미는 것이 용모에만 있지는 않다.

## 파초

그윽한 거처에 빈터만 있으면 바로 파초를 심기에 적당하다. 파초는 사람을 운치 있게 하여 속된 것에서 벗어나도록 할 수 있으므로, 대나무와 공로가 동일하다. 왕휘지王徽之[100]가 유독 대나무를 중요시했으나, 하나를 중시하여 다른 하나를 빠트린 실수에서 벗어나지 못했다. 파초가 재배하기 쉬운 것은 대나무의 10배이며, 한두 달이 지나면 바로 그늘이 우거진다. 그 아래에 앉으면 남녀 모두 그림 속에 들어가는 것이며 또 누각·정자·서재·창을 모두 푸른색으로 물들여 '녹천綠天'(푸른 하늘)이라는 호칭이 참으로 무색하지 않다. 대나무에는 시를 새길 수 있고 파초에는 글자를 쓸 수 있으므

99  칸나: 잎의 색이 자주색 계열이나 옅은 노란색 계열인 칸나도 있으며 잎에 줄무늬가 있는 칸나도 있다.
100  왕휘지王徽之(338~386): 왕희지의 다섯째 아들. 『세설신어』 「임탄任誕」에 따르면, 타인의 빈 집에 기숙하면서도 대나무를 심었다고 한다.

「파초芭蕉」, 청대, 마태, 『마태화보』 삽도

로, 모두 문사의 근처에 있는 간독簡牘[101]이 될 수 있다. 그러나 대나무 위에는 글을 한 번밖에 쓸 수 없으며, 깎아내고 다시 새길 수 없다. 파초 잎은 수시로 쓰고 수시로 고쳐 하루에 몇 번이라도 바꿀 수 있고, 도리어 어떤 때에는 스스로 닦는 것이 번거롭지 않도록 비가 대신 씻어주기도 한다. 이것은 하늘이 준 유명한 시전지이므로, 회소懷素[102] 한 사람이 사용하도록 제공하는 것은 부당하다. 나에게 파초를 읊은 절구가 있다. "여러 꽃을 두루 읊으며 사심이 없다는 것을 보여주느라, 봄이 오자 필묵 마련할 돈을 다 써버렸네. 나의 검소함을 이해하는 파초를 유독 좋아하는 것은, 스스로 깨끗한 잎을 펼쳐 시 써주기를 기다리기 때문이네萬花題遍示無私, 費盡春來筆墨資. 獨

---

**101** 간독簡牘: 종이가 발명되기 전에 글씨를 쓰는 데 사용하던 대쪽이나 얇은 나무쪽. 출처는 서진 학자 두예杜預(222~285)의 「춘추경전집해서春秋經傳集解序」.

**102** 회소懷素(725~785): 당나라의 승려로 광초狂草로 불리는 초서를 잘 써서 초성草聖 장욱張旭과 명성이 나란했다. 당나라 다성茶聖 육우陸羽(733~804)의 「승회소전僧懷素傳」에서 회소는 종이가 없어 파초를 심어 파초 잎에 글씨 연습을 했다고 한다.

喜芭蕉容我儉, 自舒晴葉待題詩." 이것은 파초의 실록이다.

## 취운翠雲[103]

풀의 빛깔 중 가장 아름다운 것은 취운에 이르러 끝난다. 초목이 그럴 뿐만 아니라, 세상의 모든 푸른색 가운데 취운의 색에 비유할 수 있는 사물이 결국에는 하나도 없으며, 오직 하늘의 오색구름이 우연히 이 색으로 변한다. 그러므로 색을 잘 칠하는 존재는 오직 조물주뿐임을 알 수 있다. 설사 경국지색의 눈썹에 칠해진 색과 정도를 비교해도, 눈썹의 색은 화가의 솜씨이지 조물주의 필치가 아니라는 것을 깨닫게 된다.

---

**103** 취운翠雲: 부처손·바위손·용수龍鬚·남지백藍地柏이라고도 하며, 부처손속에 속하는 양치식물의 총칭으로 학명은 *Selaginella uncinata*다. 주먹을 쥔 모양과 비슷한 남녹색의 잎이 아름답다.

## 우미인虞美人[104]

우미인虞美人(개양귀비)

우미인은 꽃과 잎이 모두 교태로우며, 또 하늘거리며 춤을 잘 추므로 '무초舞草'라고도 한다. 『화보』에서 말했다. "사람이 혹시 손뼉을 치며 「우미인곡」을 부르면 바로 잎이 춤추듯이 움직인다." 내가 말했다. 춤추는 경우가 있지만, 반드시 「우미인곡」[105]을 불러야 하는가 하면 아마도 그렇지는 않을 것이다. 대개 노래와 춤을 병행하는 일에서, 한 여인이 춤을 추면 따르는 여인들이 반드시 노래로 보조하고, 노래를 들으면 일어나 춤을 추게 되니 상황이 그렇게 시킨 것이다. 만약 반드시 「우미인곡」을 불러야 한다면 이 곡을 부를 수 있는 사람이 몇 명인가? 노래가 잘 알려지지 않았으면 화답하는 사람이 적을 것이며, 이 꽃도 구실을 얻어 졸렬함을 감출 것이다.

---

104　우미인虞美人: 개양귀비Papaver rhoeas. 양귀비과에 속하며 30~80센티미터 정도까지 자라는 두해살이풀. 붉은색·주황색·흰색의 꽃이 피며 매우 아름답다. 아편 성분이 없어 관상용으로 재배가 가능하다.
105　「우미인곡」: 본래 당나라 교방敎坊(음악 훈련 기구)의 악곡이었으며, 사패詞牌(사 곡조의 명칭)와 곡패曲牌(곡조의 명칭)로 사용되었다. 남당南唐 이욱李煜(937~978)의 사詞가 유명하다.

## 서대초書帶草106

서대초는 이름이 매우 아름답지만 볼 수가 없어 괴롭다. 『화보』에
는 치천성淄川城107 북쪽 정현鄭玄이 독서하던 장소에서 나며, 이름
이 '강성서대초康成書帶草108'라고 실려 있다. 아! 정현은 우아한 사람
으로 어찌하여 왕융王戎이 복숭아씨에 구멍을 뚫었던 고사와109 비
슷한 행위를 하여, 서대초의 씨가 다른 지역에 전파되지 못하도록
했는가? 정현의 하녀는 글을 알고, 천하의 하녀들이 모두 글을 알
지 못했으면, 이 풀이 다른 곳으로 옮겨질 수 없었을 것이고, 그렇
지 않으면 도처에 재배될 수 있었을 것이다.


## 노소년老少年

이 풀은 '안래홍雁來紅' '추색秋色' '노소년老少年' 등으로 불리지만 모두
적절하지 않다. '안래홍'(기러기가 날아오면 붉어진다)이라는 것에는

---

106  서대초書帶草: 맥문동. 백합과에 속하는 상록 다년생초본. 5~6월에 엷은 보라색
꽃이 핀다. 서대書帶는 '책을 묶다'라는 의미.
107   치천성淄川城: 지금의 산둥성 쯔보시淄博市 쯔촨구淄川區에 있는 지명. 횡산黌山
기슭에 정현이 제자들을 가르치고 저서를 했다는 장소에, 후대에 세워진 정공서원鄭公書
院이 있다.
108   강성서대초康成書帶草: 정현이 강성서원에서 강론할 때, 서대초의 잎을 따서 죽간
竹簡을 묶었다고 하여 이렇게도 부른다. 출처는 서진 사학자 사마표司馬彪(?~306)의 역
사서 『속한서續漢書』「군국지郡國志」.
109   王戎鑽核왕융찬핵: 왕융이 씨에 구멍을 뚫다. 왕융王戎(234~305)은 죽림칠현의 한
사람으로 자기 집의 자두를 팔면서 다른 사람이 씨를 심는 것을 방지하려고 씨에 구멍을
내어 팔았다고 한다. 출처는 『세설신어』「검색儉嗇」.

또 요화蓼花[110] 한 종류가 있으며, 가을이 지나면 색이 변하는 것이 또 적지 않으므로 모두 범칭에 속한다. 오직 '노소년'이라는 세 글자가 적당하지만, 또 속된 것이 단점이다. 내가 일찍이 이름을 바꾸어 '환동초還童草'(회춘한 풀)라 했는데, 조금 뛰어나게 느껴지는 듯하다. 이것은 풀 가운데 속기가 없는 품종으로, 가을철 계단에 이것이 있으면 여러 꽃은 없어도 된다.

이 풀은 심는 사람이 많고 구경하는 이도 많지만, 하나만 알고 둘은 모르는데 나는 일찍이 자세하게 음미하여 깨달았다. 대체로 이 풀은 일 년 중에 가을이 지나면 더욱 아름다울 뿐만 아니라, 하루 중에는 또 저녁이 되면 더욱 아름다운데, 전체적으로 앞보다 뒤가 좋은 것이 본성이다. 이러한 의미를 일찍이 홀로 깨달았다고 자부했는데, 서사도徐似道[111]의 시를 보았더니 "이파리는 가을이 지난 뒤에 변하고, 색은 저녁 무렵에 붉구나葉從秋後變, 色向晚來紅!"라는 한 연이 있었다. 나처럼 확실하게 관찰하여 늦을수록 더욱 아름다운 것을 알았던 것일까? 아니면 아래 구절이 여전히 위의 구절과 같아서, '만晚'이라는 것도 가을을 가리키는 것인가? 구천에서 일으켜 물어보기 어려우므로, 나보다 앞서 한 수를 두었다고 치자.

---

**110**  요화蓼花: 여뀌. 습지에서 자라는 일년생 또는 다년생 초본식물로 6~9월에 백색이나 옅은 홍색의 꽃이 핀다.

**111**  서사도徐似道: 자가 연자淵子, 호가 죽은竹隱. 송대의 문학가로 저서에 『죽은집竹隱集』11권이 있다.

## 천죽天竹[112]

대나무가 꽃이 없어 협죽도로 대신하고 대나무가 열매를 맺지 않아 천죽으로 보충하는데, 모두 꼭 그렇지는 않은 것을 억지로 덧붙인 것이다. 그러나 덧붙인 모습도 하늘이 낳은 것이므로, 사람이 그 잘못을 다 책임져야 하는 것도 아니다.

## 호자虎刺[113]

"분재에는 호자를 기르고, 선석[114]으로 산봉우리를 만드네長盆栽虎刺, 宣石作峯巒." 배치가 적당하면 책상머리에 있는 한 폭의 산수화다. 이것은 호구虎丘[115]에서 꽃을 파는 사람의 뛰어난 재주이지만, 조물주의 솜씨라 하지 않을 수 없다. 그러나 구입자는 이것에 대하여 반드시 원래의 화분인가를 눈여겨봐야 한다. 모든 꽃은 새로 옮겨 심을 수 있으나 오직 호자는 반드시 장기간 한곳에 심어야 하며, 새로 옮겨 심어서 얼마 안 된 것은 백에 하나도 살지 못하므로 이

---

112  천죽天竹: 남천. 남천죽. 매자나뭇과Berberidaceae에 속하는 상록관목. 3미터 정도까지 자라며 흰색의 꽃이 6~7월에 피고 열매가 10월에 붉게 익는다.

113  호자虎刺: 호자나무. 꼭두서니과 호자속에 속하는 상록소관목으로 30~70센티미터까지 자라며, 가는 가지에 1~2센티미터의 가시가 자란다. 수명이 길어 정원에 심거나 분재로 많이 재배하며 '수정목壽庭木'이라고도 한다. 고대에 장수를 축하하는 예물로 쓰였다.

114  선석宣石: 선성석宣城石이라고도 하며 안휘성 남부 선성宣城과 영국寧國 일대 산에서 산출되는 돌. 재질이 치밀하고 단단하며 모양이 다양하고 백색·황색·회흑색 등의 색을 띤다. 설경雪景을 연출하는 가산假山·분경盆景의 석재·수석으로 많이 사용된다.

115  호구虎丘: 소주성 서북 교외에 있는 명승지. 춘추 시기 오나라왕 합려闔閭(재위 기원전 514~기원전 496)의 무덤이라 하는 높이 36미터의 동산.

를 몰라서는 곤란하다.

## 이끼

———

이끼는 지극히 흔하며 쉽게 자라는 식물이지만 또한 난처하게 만들 때가 있다. 계단을 새로 축조하여 이끼가 신속하게 돋아나기를 바라는 경우에, 이끼는 틀림없이 고의로 늦게 돋아나 얻기 어렵다는 것을 보여준다. 나에게 「이끼를 길러養苔」라는 시가 있어 이렇게 읊었다. "물 길어다 이끼에 뿌려 연못 물이 줄어드니, 이웃집 노인은 온종일 어리석다고 비웃네. 아직 얼룩덜룩해지지 않아서 기다리기 아주 곤란해, 섬돌을 돌며 자주 녹요아116를 부르네汲水培苔淺却池, 鄰翁盡日笑人痴. 未成斑蘚渾難待, 繞砌頻呼綠拗兒." 그러나 일단 돋아난 뒤에는 또 사람이 어찌할 수 없게 된다.

## 부평117

———

버들개지가 물에 들어가 부평이 된다는 것은 꽃 중의 제일 괴이한 일이다. 꽃이 이미 져서 나무에서 떠나면 그 목숨이 끝인데, 바

———

116  녹요아: 푸른 이끼. 명 진시교陳詩敎가 편찬한 『화리활花裏活』에 따르면 오대 시기 후량後梁의 명장 왕언장王彦章(863~923)이 정원을 짓고 꽃을 심었는데, 이끼가 오래도록 돋아나지 않자 제자에게 "이 녹요아를 참지 못하겠다叵耐這綠拗兒"라고 했다. 문맥에 따르면 녹요아는 '푸른색의 골칫덩이'라는 의미다.
117  부평: 개구리밥과에 속한 여러해살이 물풀. 물결 따라 떠돌며 이른 봄에 번식하여, 둥근 잎에서 가는 뿌리가 내리고, 여름에 백색의 꽃이 핀다.

로 또 하나의 사물로 변하여 그 생명이 바야흐로 시작되므로, 아마도 하나의 물질이 모습을 두 번 드러내는 것인가? 인간이 버들개지를 박명한 사람에 비유하지만, 그 목숨이 길어 천하 만물과 비교해도 유독 길다는 것을 모르고 있다. 내가 어찌 몸이 버들개지가 되어서 육지와 수상 두 곳의 뛰어난 장소에서 살 수 있겠는가? 물 위에 부평이 돋아나면 우아한 흥취가 넘친다. 그러나 괴이하게도 너무 심하게 번성하여 호수를 가득 채워 수면을

「봉화노인도捧花老人圖」(꽃을 든 노인).
청대, 황신黃愼(1687~1766)

육지와 같이 만들어버리는 것도 한스러운 일이다. 공이 있는 사람에게도 과실이 없을 수 없으니, 천하의 일이 모두 그러한 것인가?

## 5. 죽목竹木

죽목이란 무엇인가? 나무로서 꽃이 피지 않는 것이다. 모두 꽃이 피지 않는 것이 아니라, 세상에서 사용되는 것이 다른 것에 있고 꽃에 있지 않으므로, 비록 꽃이 피지만 꽃이 없는 것과 같다. 꽃은 남에게 아첨하는 사물이며, 남에게 아첨하는 것은 자신을 손

상시킨다. 꽃을 잘 피우는 나무는 대부분 장수하지 못하므로 의나무118·오동나무·가래나무·옻나무가 수수하여 장수할 수 있는 것만 못하다. 그러므로 나무는 나무일 뿐인데 어찌하여 꽃처럼 되려 하는가? 꽃을 잘 피우는 나무가 말했다. "저들이 세상에서 추구하는 것이 없으면 괜찮지만, 나는 그럴 수 없다. 비와 이슬은 함께하지만 물주기는 나에게만 필요하다. 토양은 함께하지만 비료는 나에게만 필요하다. 그대는 요임금 시기의 홍수119와 탕임금 시기의 가뭄120을 보지 못했는가? 만약 비와 이슬이 혹시 고갈되어 토양이 윤택해질 수 없으면 어찌할 것인가? 어찌하여 너의 소행을 포기하고 나를 따르지 않는가?" 꽃을 피우지 않는 나무가 말했다. "이는 불가능하므로, 달갑게 죽목이 될 뿐이다."

## 대나무

———

속담에 "아침에 나무를 심으면 저녁에 시원해진다<sub>早間種樹, 晚上乘涼</sub>"라고 했지만, 비유한 말이다. 내가 나무 중에 그러한 예를 찾아 실제로 증명했는데, 대나무뿐인 것인가! 나무를 심어 그늘이 지기를 바라지만, 10년이 지나지 않으면 불가능하고, 가장 쉽게 자라는 것

———

**118** 의나무: 산동자山桐子. 낙엽활엽교목으로 8~21미터까지 자란다. 5월에 황녹색의 꽃이 피고 11월에 구형의 열매가 황적색으로 익는다. 씨에 기름이 많아 오동기름을 대체할 수 있으므로 산동자라고도 한다.
**119** 요임금 시기의 홍수: 『맹자』 「등문공상」에 따르면 요임금 시기에 큰 홍수가 나서 천하에 범람했다.
**120** 탕임금 시기의 가뭄: 『장자』 「추수秋水」에 따르면 탕임금이 8년 다스리는 사이 7년에 걸쳐 가뭄이 들었다.

은 버들만 한 것이 없지만, 해를 가릴 만한 그늘이 되려면 역시 몇 년이 필요하다. 오직 대나무는 그렇지 않다. 뜰에 옮겨 심으면 바로 높은 나무가 되어, 저속한 사람의 집을 순식간에 고상한 선비의 집으로 만들 수

「자유종죽도子猷種竹圖」(왕자유王子猷가 대나무를 감상하는 모습). 청대, 오우여吳友如(?~1893?). 『고금인물백도古今人物百圖』 삽화

있다. 신기하구나! 대나무여! 진실로 최고의 의사로구나! 대나무를 심는 방법은 예로부터 전해오는 비결이 있다. "대나무를 심는 데는 일정한 시기가 없어, 비가 지나가면 바로 옮겨 심으며, 숙토[121]를 많이 보존하고, 가지를 남쪽으로 배치하는 것을 기억한다種竹無時, 雨過便移, 多留宿土, 記取[122]南枝." 내가 모두 시험했으나, 바로 다 믿을 수 있는 내용이 아니었다.

세 가지 가운데 오직 한 가지는 따를 만한데 "숙토를 많이 보존한다多留宿土"는 것이다. 나무를 이식할 때는 뿌리가 다치는 것을 가

---

121  숙토宿土: 식물 원생지의 토양.
122  記取기취: 기억하다. 출처는 당나라 시인 왕인王諲의 시 「보름날 등불을 구경하며 十五夜觀燈」.

장 피해야 하는데, 숙토가 많으면 뿌리가 예전처럼 구불구불한 그대로 있을 수 있으므로 장소를 옮겼으나 전혀 흙을 바꾼 것이 아니며, 마치 사람을 옮기면서 침대를 함께 옮겨서 그 사람이 깨어난 뒤에 아직도 옮긴 것을 모르는 것과 같다. 만약 비가 지나가기를 기다려 바로 이식하면 젖은 흙이 물기를 띠어 약간은 불편하다. 흙이 젖으면 성글어지고 물이 스며들어 축축해진다. 내가 숙토를 보존하려 해도 흙이 축축해 잘 부스러져서 호미가 닿는 대로 흩어져 보존할 수 없는데 어떻게 하겠는가? 또 비가 지나가면 반드시 날이 개고 새로 옮겨 심은 대나무가 햇볕을 받으면 잎이 둘둘 말리는데, 한번 말리면 살아날 조짐이 아닐 것이다. 내가 그 말을 바꾸어 "아직 비가 오지 않을 때 먼저 옮겨 심는다"고 했다. 하늘에 바야흐로 구름이 끼고 비가 아직 내리지 않았을 때를 이용하여 신속하게 옮겨 심으면, 숙토가 아직 축축해지지 않았고 또 습기를 띠고 있어 아교나 옻칠과 같은 상황이 되고, 숙토를 많이 보존하고자 하면 숙토가 나를 따라올 수 있으므로 우선 한 단계 유리해질 것이다. 또 옮겨 심어 막 고정시킨 뒤에 비가 내리면 이 비는 나를 위하여 내리는 것으로, 가만히 비를 맞으면 가지와 잎 및 뿌리 가운데 윤택한 이익을 받지 않는 것이 없을 것이다. 가장 피해야 하는 것은 햇볕인데 햇살은 비추지 않으며, 가장 기뻐할 것은 비인데 비가 바로 내린다. 피할 것은 없으면서 좋아할 것이 투입되므로, 무럭무럭 자라지 않을 까닭이 없다. 이 방법은 대나무를 심는 데에 그치지 않으며 꽃이나 나무가 모두 그렇다.

"가지를 남쪽으로 배치하는 것을 기억한다"라는 말은 특히 따르기 어렵다. 대나무를 옮겨 심고 꽃을 옮겨 심으면서 방향을 바꾸지 않아야 한다. 남쪽을 향한 것은 그대로 남쪽을 향하도록 하는 것이 자연히 초목에게는 다행스러운 일이다. 그러나 초목을 옮겨 사람에게 가져올 경우에는 사람에게 편리한 것을 따라야 하며, 완전히 초목에게 편리한 것만을 따를 수 없다. 꽃이나 대나무를 막론하고, 모두 정면이 있고 반대 면이 있다. 정면은 사람을 향하고 반대 면은 공터를 향하는 것이 원칙이다. 가지를 남쪽으로 향하게 하는 것만을 기억하여 사람과 서로 어긋나게 하면, 신부에게 장가든 후 그를 집안에 들여와서 일 년 내내 등지고 서 있도록 방치하는 것과 같으므로 이러한 도리가 있겠는가? 그러므로 이 말은 하지 않아야 마땅하며, 절대로 집착해서는 안 된다. 종합하면 꽃을 옮기고 대나무를 심을 때에는 네 글자를 기억해야 마땅한데 "그늘이 적당하고 햇살을 피한다宜陰忌日"라는 것이다. 자잘하고 복잡한 말은 부질없이 의심과 근심을 불어나게 한다.

## 소나무와 잣나무

──

'푸른 소나무와 늙은 잣나무蒼松古柏'라는 말은 늙은 것을 찬미한 것이다. 일체의 꽃과 대나무는 모두 젊은 것을 귀히 여기지만 오직 소나무, 잣나무, 매화 세 가지 식물은 늙은 것을 귀히 여기고 어린 것을 천시한다. 이 삼로三老[123]의 혜택을 받으려는 사람은 반드시 오래된 집을 구입하여 거주해야 한다. 만약 직접 심어서 기다린다면 아들과 손자를 위한 계책으로는 가능하지만, 자신은 크게 자란 것을 볼 수 없다. 옮길 수 있는 것을 찾아서 나에게 가져온다면 비록 매우 거목이라도 역시 오경五更이며 삼로는 아닐 것이다.

내가 일찍이 장난삼아서 여러 후배에게 말했다. "그림 속 사람이 되려면 노인이 아니면 안 된다. 15세 소년은 모두 비천한 존재다." 후배들이 그 이유를 질문했다. 내가 대답했다. "산수를 그린 것을 보지 못했는가? 인물을 그릴 때마다 반드시 지팡이를 짚거나 지팡이를 끄는 형상으로 그리며, 가령 앉아서 산을 바라보고 물에 가까이 있어도 정정한 노인의 형상이

「정청송풍도靜聽松風圖」(고요히 솔바람 소리를 듣는 모습), 남송, 마린馬麟

다. 예로부터 그 사이에 끼어든 준수한 소년은 없었다. 소년이 있어도 거문고를 들거나 그림을 받들고 있는 부류가 아니면 바로 합을 받들거나 술 단지를 든 무리들로 모두 그림 속에서 노예들이다." 후배들이 나의 말을 반박하려 했으나 끝내 근거가 없었다. 이것을 인

---

**123** 삼로三老: 출처는 『예기주소禮記注疏』 권20 「문왕세자文王世子」. 고대의 관직으로 향鄕·현縣·군郡에 설치했으며, 나이가 들어 사직한 노인을 대접하기 위하여 삼로三老·오경五更·군로群老라는 직책을 주고, 교화를 담당토록 했다. 여기서는 소나무·잣나무·매화의 고목을 삼로에 비유했다.

용하여 소나무와 잣나무에 비유하면 짝이 맞는다고 할 수 있다. 만약 한 정원에 계절마다 피는 꽃과 허약한 식물만 있고 그 사이에 주재하는 십여 그루의 고목이 없다면, 종일 아녀자와 어울리는 것으로 스승을 따르고 벗을 사귈 기회가 없을 것이다. 유명 인사가 그림을 그리면 기꺼이 이렇게 하겠는가? 아! 내가 이러한 주장을 일생 동안 유지했으나 끝내 노숙한 사람과 짝이 되지 못했고 바로 이제는 이미 그림에 들어갈 만한 늙은 나이가 되었는데, 여전히 매일 아녀자의 무리 속에 앉아 있다. 아마도 꽃이나 나무에 나를 비유하면 나는 소나무와 잣나무인가?

## 오동

———

오동이라는 나무는 초목 중에서 한 부의 편년사編年史(시간에 따라 기록한 역사)다. 온 세상에서 익숙하여 주의하지 않지만 내가 특별히 표시하여 거론한다. 꽃과 나무는 언제부터 심었는가? 수명은 몇 년인가? 주인에게 물어보아도 알지 못하고, 꽃과 나무에게 물어보아도 대답하지 않는다. 꽃과 나무를 '망년교忘年交'(나이에 상관없이 사귄 벗)라 하는 것은 가능하지만, '지시달무知時達務'(시세를 알고 사무에 통달하다)라 하는 것은 불가하다. 오동은 그렇지 않아 마디가 있어 나이를 기록할 수 있으므로, 일 년을 살면 일 년을 기록한다. 나무에게는 나무의 나이가 있으며, 사람은 사람의 나이를 기록한다. 나무가 작으면 사람이 나무와 더불어 작고, 나무가 크면 사람도 나무를 따라 자란다. 나무를 관찰하는 것은 바로 자신을 관찰하는 것이다. 『역경』「관괘觀卦」에서 "나의 삶을 관찰하여 나아가거나 물러난다觀我生, 進退"라 했다. 나의 삶을 관찰하는 근거가 오동이다.

　나는 어릴 때 오동을 심고 바로 나무 위에 시를 새겨서 나이를 기록했다. 해마다 한 마디에 바로 시 한 수를 새겼으나, 애석하게 전란으로 불에 타서 끝마치지 못했다. 아직도 기억하는 15세에 오동에 새겨 기록한 시는 이렇다. "어렸을 때 오동을 심어, 오동잎이 쑥보다 작았지. 비녀 머리로 짧은 시를 새겨, 글자가 작아 껍질이 다치지 않았네. 순식간에 열다섯이 되어, 오동이 자라고 글자도 커졌네. 오동에 새긴 글자도 이미 이런데, 사람이 자란 게 또 무얼 그리 괴상한가? 또다시 감탄하는 말을, 이전의 시 옆에 새겼네. 새로 새긴 글자는 날로 재촉하는 듯하고, 옛날에 새긴 글자도 기다려주지 않네. 이 새롭거나 낡은 흔적을 돌아보며 허송세월을 경계하네

小時種梧桐, 桐葉小于艾. 簪頭刻小詩, 字瘦皮不壞. 刹那三五年, 桐大字亦大. 桐字已如許, 人大復何怪. 還將感歎詞, 刻向前詩外. 新字日相催, 舊字不相待. 顧此新舊痕, 而爲悠忽戒." 이것은 나의 어린 시절 저작으로, 오동을 언급했으므로 우연히 기억했으며 그렇지 않으면 내용을 잊었을 것이다. 바로 이 하나의 일이 오동이 이익을 준 것이다. 그러므로 편년사라는 주장이 어찌 사람을 속이는 말이겠는가?

## 회화나무[124]와 느릅나무[125]

———

나무로서 그늘을 드리울 수 있는 것은 회화나무가 아니면 느릅나무다. 『시경』에서 "아! 나에게는 큰 건물이 깊고 넓네於我乎, 夏屋渠渠"[126]라 했다. 이 두 나무는 '하옥夏屋'(큰 건물)이라 부를 수 있으며, 집 옆에 심으면 건물을 짓는 것과 차이가 없다. 사람들이 '하夏'라고 한 것은 '크다'는 의미이며, 시절 가운데 여름을 말하는 것이 아니다. 내가 말했다. 옛사람이 '하夏'를 '크다大'고 한 것은 의미를 취함이 없는 것이 아니다. 여름이 되어 집이 크지 않으면 시원하지 않아서 다른 세 계절과 차이가 있으므로, 집屋을 '하夏'라는 글자로 명명했다. '하夏'를 '크다大'고 해석한 것은 내가 다만 아직 자세하게 알지 못할 뿐이다.

## 버드나무

———

버들은 늘어져야 귀중하며, 늘어지지 않는 버들은 없어도 된다. 버들가지는 길어야 귀중하며, 길지 않으면 하늘거리는 운치가 없고 부질없이 늘어져 무익하다. 이 나무는 매미가 깃드는 장소이며, 여

———

**124**  회화나무槐: Japanese pagoda tree. 콩과에 속하는 낙엽교목으로 마을 어귀에 많이 심겨져 고목으로 자라는 나무.

**125**  느릅나무楡: 느릅나뭇과에 속하는 낙엽활엽교목. 20미터까지 자라며 정원이나 분재용으로 많이 사용된다. 목재가 단단하여 건축재나 가구로 많이 쓰인다.

**126**  於我乎, 夏屋渠渠: 출처는 『시경』「진풍·권여秦風·權輿」. 저자는 '하옥夏屋'을 큰 집으로 풀이했으나, '하옥夏屋'을 '커다란 식기'로 풀이하는 설도 있다. '거거渠渠'는 '깊고 넓다'는 의미.

「유음사녀도柳蔭仕女圖」(버드나무 그늘의 여인), 청대, 비단옥

러 새도 모여든다. 긴 여름에 적막하지 않고 때때로 음악을 들을 수 있는데 모든 공이 나무에 있으며, 그중 키가 큰 버드나무가 최고다. 종합하면, 나무를 심는 것은 눈을 즐겁게 하는 것에 그치지 않고 겸하여 귀를 즐겁게 한다.

눈이 때로 즐겁지 않은 것은 침상 위에 있기 때문이다. 귀는 즐겁지 않은 때가 없다. 새소리가 가장 사랑스러운 것은 사람이 앉아 있을 때가 아니라, 뜻밖에도 자고 있을 때다. 새소리는 새벽에 들어야 적당하다는 걸 다들 알고 있다. 그러나 오직 새벽에 적당한 원인에 대해 사람들이 아직 살펴보지 않았다. 새가 주살 줄이 달린 화살을 방비하는 것은 그렇지 않은 때가 없다. 오전 5시에서 9시 이후에는 사람들이 모두 일어나며, 사람이 일어나면 새는 저절로 안전해지지 못할 것이다. 근심하는 마음이 일단 나타나면 비록 지저귀려고 해도 지저귈 수 없으며, 지저귀더라도 틀림없이 좋은 소리가 아니므로 이것이 낮에는 듣기에 좋지 않은 이유다. 새벽에는 사람이 아직 일어나지 않았으며 일어난 사람이 있어도 수가 얼마 안 되므로, 새에게 재난을 방지하려는 마음이 없어 스스로 자신의 장기를 다 펼칠 수 있다. 또 밤사이 울지 않아 마음이 근질거리다가 새벽이 되면 모두 지저귀려고 생각하며, 이른바 "울지 않으면 그뿐이지만, 한번 울면 사람을 놀라게 한다不鳴則已, 一鳴驚人"[127]는 것으로 이것은 오직 새벽에 들어야 마땅하다. 장자는 물고기가 아니면서 물고기의 즐거움을 알 수 있었다.[128] 나는 새가 아니지만 새의 감정을 알 수 있다. 대체로 우는 새에 속하면 모두 나를 지기라 불러야 마땅하다.

나무를 심는 즐거움은 다양하지만, 우아한 사람에게 불편한 것도 일부 있다. 가지와 잎이 무성하면 달빛이 투과되지 못한다. 달빛을 막아서 보지 못하게 하는 것, 이것은 무심한 잘못이므로 꾸짖을 것이 못된다. 그러나 수목이 무심한 것이 아니라 사람이 무심한 것일 뿐이다. 만약 처음 나무를 심을 때 이러한 사항을 예방하여 한군데 하늘로 통하는 공간을 남긴 후 달이 출몰하기를 기다리면, 밤낮으로 모두 나무의 이익을 누릴 것이다.

## 황양목黃楊木[129]

황양목은 해마다 한 치(약 3센티미터)가 자라는데 조금도 넘는 법이

---

127  不鳴則已,  一鳴驚人: 출처는 『사기』 「골계열전滑稽列傳」.
128  『장자』 「추수」에는 장자(기원전 369?~기원전 286)와 혜자惠子(기원전 370?~기원전 310)가 호수濠水(강물의 이름)에서 노닐며 물고기의 즐거움에 대하여 논쟁한 내용이 있다.
129  황양목黃楊木: 라틴 학명은 *Buxus sinica Rehd, et Wils. Cheng.* 황양과에 속하는 상록소교목으로 6미터까지 자라며, 목질이 치밀하고 단단하여 고급 공예품의 재료로 사용되는 나무.

없고, 윤년閏年130이 되면 도리어 한 치가 줄어드니 하늘이 성장을 제한하는 나무다. 이 나무를 심으면 동정하는 마음이 일어나야 마땅하다. 내가 새로 이름을 주어 '지명수知命樹'(천명을 아는 나무)라 했다. 하늘이 높이 자라지 못하게 하여 억지로 다투어도 무익하므로, 곤경과 액운을 받아들이고 있음은 당연하다. 겨울에는 가지가 바뀌지 않고 여름에는 잎이 바뀌지 않는데, 황양 평소의 행위가 본래 이렇다. 다른 나무를 이러한 장소에 심으면 설령 높이 자랄 수 없더라도, 또 이리저리 마구 자라나 크게 될 것이다. 그렇지 않으면 재능을 펼치지 못하고 시들어, 다시는 자신의 수명을 다하지 못할 것이다. 하늘에 의해 곤란을 당해도 스스로 천명을 보전할 수 있으므로, 천명을 아는 군자가 아니면 이렇게 할 수 있겠는가?

가장 가련한 것은 해마다 한 치가 자랄 뿐이고 윤년이 되면 도리어 한 치가 줄어드는 것으로, 그 원리는 무엇을 근거로 했는가? 해는 윤년이지만 나는 윤년이 아니고, 타인은 윤년이지만 자신은 윤년이 아니므로, 이미 천지가 사심을 품었다는 것이 드러났다. 이리하여 윤년이 아닌 것에 그치지 않고 또 도리어 윤년이 되는 것에 따라 황양을 가혹하게 대했으므로, 천지가 황양을 대우하는 것이 지극히 어질지 못하고 매우 의롭지 못하다고 할 수 있을 것이다. 그러나 황양은 천지를 원망하지 않고 가지와 잎이 다른 나무보다 더 번성하여, 도리어 은덕을 베푸는 듯이 하니 천명을 아는 것 중에서도 천명을 잘 아는 것이다. 연꽃은 꽃 중의 군자이며, 이 나무는 나

---

130  윤년閏年: 태음력에서 5년에 두 번씩 1년이 13개월이 되는 해. 본문에서는 평소보다 1개월이 더 있으므로, '윤택하다'는 의미로 풀이했다.

무 중의 군자가 되어야 마땅하다. 연꽃은 꽃의 군자이며, 주돈이周
敦頤가 이를 알았다. 황양은 나무 가운데 군자인데, 사물의 이치를
따져 밝히는 데에 조금 능통한 내가 아니면 누가 이것을 알까?

## 종려棕櫚[131]

———

나무가 수직으로 올라가면
서 가지가 없는 것은 종려
다. 나는 가지가 없는 것이
신기한 게 아니라, 가지가
없으면서 잎이 있다는 것이
신기하다. 여러 꽃 가운데
심어도 아래로는 여러 꽃의
땅을 침범하지 않고 위로는
하늘을 가리지 않는 것이
이 나무다. 파초와 비교하면

종려棕櫚

자신을 억제하는 것과 남을 해치는 것의 차이가 크다.

———
**131**  종려棕櫚: 야자과에 딸린 상록교목. 키는 3∼8미터이고, 잎은 줄기 끝에서 모여 나
며 부챗살 모양으로 퍼지고, 여름철에 황백색의 꽃이 핀다. 열매는 둥글고 11월에 검청색
으로 익는다.

## 단풍과 오구烏桕132

풀 가운데 잎으로 꽃을 대신하는 것은 취운翠雲과 노소년老少年이다. 나무 가운데 잎으로 꽃을 대신하는 것은 단풍과 오구다. 단풍의 홍색과 오구의 적색은 가을의 색 가운데 가장 진하다. 그리고 이러한 평가를 얻은 것은 비와 이슬의 공로가 아니라 서리의 힘이다. 초목에 서리가 내려도 공을 세우는 때가 있지만, 기꺼이 자주 드러내지 않으려는 것은 사람이 업신여길까 두려워서다. 여러 나무가 시들지만 유독 단풍과 오구가 번성하는 것은 은덕과 위엄의 한 부분을 보여주려는 것일 뿐이다.

## 동청冬青133

동청이라는 나무는 소나무와 잣나무처럼 사철 푸른 실체가 있으나 명성은 없으며, 매화와 대나무와 같은 풍채가 있으나 절개를 과시하지 않으므로 아마도 "자신이 은거하면서 어찌 꾸미겠습니까?"라고 했던 개자추介子推의 아류인가?134 그러나 서리를 이기고 눈을

---

132 오구烏桕: 오구나무. 영문 명칭은 Chinese tallow-tree. 중국 원산의 낙엽교목으로 높이가 15미터에 달하며 붉은색의 잎이 매우 아름답다.

133 동청冬青: Chinese ilex. 동청과에 속하는 상록교목으로 13미터까지 자라며, 꽃은 암꽃과 수꽃으로 나뉘어 4~6월에 피고 둥글고 작은 열매가 달린다.

134 『좌전』 희공僖公 24년의 기록에 따르면, 개자추介子推(?~기원전 636)는 진공자晉公子 중이重耳(?~기원전 628)가 진문공晉文公으로 즉위하여 상을 내릴 때 봉록을 말하지 않아 상을 못 받게 되었으며, 그의 모친이 공적을 알리라고 말하자 "말은 몸을 꾸미는 것입니다. 몸이 은거하려는데 어찌 말로 자신을 꾸미겠습니까言, 身之文也. 身將隱, 焉用文之?"라 대답하고, 어머니와 함께 은거했다.

견디는 동청의 자태에 대하여, 예로부터 한 사람이라도 언급하는 것을 아직 들어보지 못했다. 이것은 개자추가 봉록을 말하지 않았으므로, 봉록도 받지 못한 것이다. 나는 남몰래 동청을 위해 분개했는데, 동청의 이름을 바꾸어 '불구인지수不求人知樹'(남이 알아주기를 요구하지 않는 나무)라 해야 마땅할 것이다.

頤養部

## 1. 행락 行樂[1]

아프도다! 조물주가 한바탕 사람을 낳았으나 수명이 100세를 채우지 못한다. 저 요절하는 무리는 말할 것도 없고 잠시 장수하는 사람에 관해 말하자면, 설사 3만6000일이 모두 환락을 추구하는 시간이라 해도 또한 무한한 시간이 아니며, 결국에는 끝나는 날이 있다. 하물며 이러한 백 년 동안 수없이 많은 근심으로 고통을 받고, 질병으로 고생하며, 명예와 이익에 의해 속박을 당하고, 세상 풍속이 극히 심상치 않게 요동쳐서 인간이 마음껏 노니는 것을 방해하므로, 부질없이 인생 백 년이라는 헛된 이름만 있을 뿐 한두 해라도 살아 있는 사람이 마땅히 누려야 할 행복을 실제로 누리는 경우가 전혀 없었다.

　또 하물며 이러한 백 년 동안, 날마다 죽음의 소식이 전해와 나보다 앞서 태어난 사람이 죽었다고 하고, 나보다 뒤에 태어난 사람도 죽었다고 하며, 나와 나이가 같다고 비교하고 서로 형제라 하

---

1　행락行樂: 일반적인 의미는 '즐겁게 놀며 즐기다'이지만, 저자는 이 책에서 남녀 사이의 성적인 쾌락을 추구하는 의미로도 사용했다.

던 사람이 또 죽었다고 한다. 아! 죽음이 어떠한 것이기에 흉한 줄 알고도 피하지 못하고, 날마다 죽은 사람이 없도록 할 수 없어 눈으로 보고 놀라고 귀로 듣고 두려워하는가! 천고의 세월 동안 어질지 못한 것은 조물주보다 심한 존재가 없을 것이다. 비록 그렇지만, 아마 다른 주장이 있는 듯하다. 인자하지 못한 것이 지극히 인자한 것이다. 내가 죽지 않을 수 없다는 것을 알고 있는데, 날마다 사망한 소식을 알려주는 것은 나를 두렵게 하는 것이

「다복다수多福多壽」, 청대, 전혜안錢慧安(1833 ~1911)

다. 나를 두렵게 하는 까닭은 사람이 때에 맞추어 즐기려면 죽어간 사람들을 교훈으로 삼아야 하기 때문이다.

강해康海2가 정원에 정자를 하나 세웠는데 장소가 북망산北邙山3

---

2  강해康海(1475~1540): 명대 문학가로 자가 덕함德涵, 호가 대산對山. 시문으로 유명한 전칠자前七子의 한 사람. 저서에 시문집 『대산집對山集』, 잡극 『중산랑中山狼』, 산곡집散曲集 『반동악부沜東樂府』 등이 있다.
3  북망산北邙山: 하남성 낙양洛陽 북쪽에 있는 300미터 정도의 낮은 산. 역사상 수많은 왕후장상의 무덤이 있어 무덤을 지칭하기도 한다.

기슭이었으므로, 보이는 것이 모두 무덤이었다. 손님이 질문했다. "매일 이러한 경치를 마주하여 사람이 어찌 즐겁겠습니까?" 강해가 대답했다. "날마다 이러한 경치를 마주하면 감히 즐겁지 않을 수 없습니다." 통달했구나, 이 말이여! 내가 일찍이 좌석의 오른편에 새겨두었다. 이제 양생법을 설명하며 행락行樂을 맨 앞에 둔다. 남에게 행락을 권하면서 죽음으로 겁주는 것은 이러한 뜻을 본받는 것이다. 천지의 지극히 인자한 마음을 체험하려면 조물주의 인자하지 않은 자취를 따르지 않을 수 없다. 양생가가 전수하는 방법은 겉으로 약석藥石[4]에 의지하고 안으로 도인술導引術[5]에 의지한다. 양생을 빙자하여 멋대로 악행을 저지르는 상태로 빠지는 것을 '비가比家'라 한다. 이 세 가지는 옳거나 그르거나를 막론하고 모두 법술사의 말이다. 나는 유생이며 결코 법술사가 아니다. 법술사가 말하는 것은 술법이고 유가가 의지하는 것은 이치다.

『논어』「향당鄕黨」편은 반쯤 양생법에 속한다. 내가 비록 불민하지만 남몰래 성인의 무리를 따르고 있으므로, 감히 황당무계하고 경전에 없는 말로 세상을 그르칠 수 없다. 이번 장을 '이양頤養'(양생)이라 이름 붙였으면서 여기서 불사약을 조제하는 방법을 한 가지도 찾지 못했다고 나무라는 사람이 있다면, 나는 내 재주가 천박하다고 사과할 것이다. 또 내가 지은 「음찬飮饌」편이 요리법을 언급하

---

4  약석藥石: 약과 치료용의 돌 침. 약물. 출처는 『열자』「양주楊朱」.

5  도인술導引術: 고대 양생술의 일종. 현대의 기공氣功과 유사하게 호흡법과 운동으로 몸을 단련하여 병을 물리치고 수명을 늘이는 방법. 출처는 후한의 명의 장중경張仲景(150?~219?)의 의서 『금궤요략金匱要略』.

지 않아서, 간장은 어느 정도를 사용하고 식초는 어느 정도를 사용하며, 소금·산초·향료·고추를 어느 정도 사용하는지 모르겠다고 나무라는 사람이 있다. 내가 대답했다. 과연 이렇다면 나는 한 명의 요리사에 불과할 것이므로, 어찌 중요하겠는가? 사람들이 말했다. 이렇다면 『식물지食物志』『존생전尊生箋』6 『위생록衛生錄』7 등의 책에 어찌하여 이런 내용이 갖추어 나열되어 있는가? 내가 대답했다. 이것들은 진실로 요리사의 책이다. 선비는 각자 자신의 뜻을 밝히며, 사람은 각자 하지 않는 일이 있다.

## 귀인

인간의 지극히 즐거운 경지는 오직 제왕이 차지하고 있다. 제왕의 아래는 공경과 장군, 재상, 보좌하는 문무백관으로 모두 행락할 수 있는 사람이다. 그러나 처리해야 할 정치적인 일이 염두에 있고 수많은 업무가 마음을 얽어매고 있으므로, 하루 중에 조정으로 나아가 정무를 보고 관청에서 물러나서도 일을 처리하며, 사람을 다스리고 귀신을 섬기며, 반성하고 자신을 수양하는 것을 빼고 나면, 행락하는 시간이 얼마나 되겠는가? 대답했다. 그렇지 않다. 즐거움은 밖에 있지 않으며 마음에 있다. 마음이 즐거우면 이러한 경지가

---

6 『존생전尊生箋』: 이러한 명칭의 서적은 현재 없으며, 명대 말기의 극작가 고렴高濂이 저술한 양생법에 관한 내용으로 1591년에 간행된 『준생팔전遵生八箋』 20권이 있다. 이것을 가리키는 것으로 추정된다.
7 『위생록衛生錄』: 전1권. 명나라 학자 서삼중徐三重의 양생에 관한 저술.

모두 즐거우며, 마음이 괴로우면 괴롭지 않은 상황이 없다. 자신이 제왕이면 제왕의 경지를 안락한 경지로 여겨야 마땅하고, 자신이 공경公卿[8]이면 공경의 경지를 안락한 경지로 여겨야 한다.

대체로 내 본분으로 마땅히 해야 하는 일이어서 남에게 전가할 수 없다면, 곧바로 다른 모든 것을 포기해야 한다. 다른 모든 것은 고통으로 간주하고 이 일만을 즐거움으로 해야 한다. 내가 제왕이라 하면, 매일 처리해야 할 수많은 업무로 성가셔 마음이 진실로 피곤할 것이다. 그러나 세상에서 제왕을 흠모하는 사람은 짧은 순간이라도 제왕이 되고 싶지만 될 수 없으므로, 제왕이 지극히 수고로워하는 일이 사람들이 말하는 지극히 하고 싶은 일이다. 공경·장군·재상·문무백관이 되면 사고방식도 이들과 같아져 조정으로 나아가 정무를 보고 관청에서 물러나서도 일을 처리하며, 사람을 다스리고 귀신을 섬기며, 반성하고 자신을 수양하는 것을 빼고 별도로 안락한 경지를 찾을 필요가 없으며, 바로 이러한 일을 하는 장소가 곧 행락의 장소다. 한 번 붓을 들어 천하를 안정시키고, 한 번 말하여 백성을 편안하게 해서 천하 백성의 즐거움을 나의 즐거움으로 삼으면 얼마나 통쾌하겠는가?

만약 이러한 것 외에 약간 한적해지고, 다시 마땅히 누려야 할 모든 복을 누릴 수 있으면, 인간의 황제가 옥황상제와 비교될 수

---

8 공경公卿: 삼공구경三公九卿. 삼공은 주나라 시기의 봉작封爵으로 태사太師·태부太傅·태보太保 또는 사마司馬·사공司空·사도司徒. 구경은 고대의 고위 장관이나 벼슬의 칭호로 봉상奉常·낭중령郞中令·위위衛尉·태복太僕·정위廷尉·전객典客·종정宗正·치속내사治粟內史·소부少府 또는 소사少師·소부少傅·소보少保·총재冢宰·사도司徒·종백宗伯·사마司馬·사구司寇·사공司空.

있고, 속세의 관리가 마침내 선계의 관리가 될 것이므로 어찌 봉래
삼도蓬萊三島9를 부러워하겠는가? 이러한 기술은 다른 것이 아니라
대개 우리 집안 노자老子10의 '퇴일보退一步'(한 걸음 물러나기)법을 사
용하는 것이다. 자기만 못한 사람으로 자신을 바라보면 날마다 즐
거울 수 있다. 자기보다 뛰어난 사람으로 자신을 바라보면 시시때
때로 근심스럽게 느낄 수 있다. 예로부터 임금으로서 행락을 잘 한
사람은 한나라의 문제文帝11와 경제景帝12보다 뛰어난 사람이 없으
며, 행락을 잘하지 못한 사람으로 무제武帝13를 넘어섰던 사람이 없
다. 문제와 경제는 제왕으로서 마땅히 해야 할 행동 이외에 한 가
지 일도 더하지 않았으므로 편안하게 느꼈다. 무제는 커다란 공적
을 좋아했으며 또 제왕을 경시하고 신선을 흠모했으므로, 헛되이
수고하는 것만 보여주었다.

　신하로서 행락을 잘한 사람은 당나라의 곽자의郭子儀14보다 뛰

---

9　봉래삼도蓬萊三島: 발해渤海에 있다는 전설의 산인 봉래산蓬萊山·방장산方丈山·영
주산瀛洲山. 출처는 『사기』 「봉선서封禪書」.

10　노자老子(기원전 571?~기원전 471): 『도덕경』의 저자로 도가의 시조로 추앙되는 사람.
이름이 이담李耼 또는 이이李耳라 하므로 저자 이어가 자신의 조상으로 간주했다. 출처
는 『사기』 「노자한비열전老子韓非列傳」.

11　문제文帝: 유항劉恒(기원전 202~기원전 157). 한고조 유방劉邦(기원전 256~기원전 195)
의 둘째 아들로 한나라 3대 황제가 되어 23년간 재위하며 나라를 잘 다스렸다. 아들 경제
景帝와 함께 '문경지치文景之治'라는 태평세월을 구현했다.

12　경제景帝: 유계劉啓(기원전 188~기원전 141). 문제의 장자로 한나라 제6대 황제가 되
어 16년 동안 나라를 잘 다스렸다.

13　무제武帝: 유철劉徹(기원전 156~기원전 87). 경제의 열 번째 아들로 한나라 7대 황제가
되어 54년 동안 많은 공적을 쌓았으며, 특히 위만조선을 멸망시키고 한사군을 설치했다.

14　곽자의郭子儀(697~781): 당나라의 정치가. 안사安史의 난을 평정하는 데 공을 세웠
다. 4대에 걸쳐 황제를 모시며 재상의 지위에까지 올랐고, 분양왕汾陽王에 봉해졌으며 85
세까지 장수하면서 온갖 부귀영화를 누렸다. 오대동당五世同堂(5대가 한 집에서 거주하다)
고사의 주인공이다. 출처는 『구당서舊唐書』 권102 「열전列」 제70.

어난 사람이 없으며, 행락을 잘하지 못한 사람으로 이광李廣15 같은 사람이 없다. 곽자의는 분양왕汾陽王에 봉해져 소원이 이미 충족되어 다시는 다른 것을 추구하지 않았으므로, 욕망과 사치를 다하면서도 신하의 복을 갖추어 누릴 수 있었다. 이광은 다른 사람만 못한 것이 치욕스러워 반드시 제후에 봉해진 뒤에야 그치려 했으며,16 이리하여 혼자 선우單于17와 대적하려다가 끝내 길을 잃고 기한보다 늦어서 자살하기에 이르렀다. 그러므로 행락을 잘하는 사람은 반드시 먼저 만족할 줄 알아야 한다. 이소二疏18는 말했다. "만족할 줄 알면 욕을 당하지 않으며, 그칠 줄 알면 위태롭지 않다知足不辱, 知止不殆."19 욕을 당하지 않고 위태롭지 않으면 지극한 즐거움이 그 안에 있을 것이다.

## 부자

귀인에게 행락을 권하기는 쉽지만, 부자에게 행락을 권하기는 어렵다. 무엇 때문인가? 재물은 행락의 자원이지만 많아서는 안 되는

---

15  이광李廣(?~기원전 119): 전한의 명장. 흉노와의 전쟁에서 공을 세워 '비장군飛將軍'이라 불리었으나 흉노를 토벌하는 막북지전漠北之戰(기원전 119)에서 길을 잃어 대장군 위청衛青(?~기원전 106)과 합류할 시기를 어겨 문책을 당하게 되자 자살했다.
16  『사기』 「이장군열전李將軍列」에 따르면, 이광은 공을 세우고도 제후에 봉해지지 못한 것에 대하여 관상가 왕삭王朔에게 불평했다.
17  선우單于: 흉노의 수령. 출처는 『사기』 「흉노열전匈奴列傳」.
18  이소二疏: 전한 선제宣帝 시기의 명신 소광疏廣(?~기원전 45)과 그의 조카 소수疏受.
19  知足不辱, 知止不殆: 이어가 "二疏云, 知足不辱, 知止不殆"이라 한 것은 『한서漢書』 권71 「준소우설평팽전隽疏于薛平彭傳」의 소광전疏廣傳 부분에서 소광이 소수에게 『도덕경』 제44장의 이 구절을 말한 것을 다시 인용한 것이다.

데, 많으면 도리어 사람을 얽어매는 도구가 되기 때문이다. 화주華
州 지방의 사람들이 요임금이 부유하고 장수하며 아들을 많이 낳
도록 축원하자20 요임금이 말했다. "부유하면 일이 많아진다." 화주
지방의 사람들이 말했다. "부유하면 다른 사람을 시켜 나누어주면
무슨 일이 있겠습니까?" 이렇게 볼 때, 재물이 많으면서 분배하지
않으면 요임금의 성스러움과 제왕의 존엄으로도 일이 많아지는 번
거로움에서 벗어날 수 없었는데, 하물며 덕은 성인이 아니고 지위
는 제왕이 아닌 자야 말해 무엇 하겠는가? 도주공陶朱公21은 여러
번 천금을 모았다가 여러 번 천금을 나눠줬는데, 모으면 반드시 나
눠줬으며 나눠주고 다시 모았던 것도 요임금이 일이 많아지는 것을
방비한 방법을 배운 것이리라.

　이제 부자에게 행락을 권하려면 반드시 먼저 재물을 분배하도
록 권해야 한다. 부자에게 재물을 분배하도록 권하는 것은 산을
잡아 뽑고 바다를 뛰어넘는 것과 같아서, 이것은 할 수 없는 방법
임에 틀림없다. 재물이 많으면 운용을 생각하며, 운용하지 않으면
이자가 늘지 않는다. 그러나 운용하지 않으면 그뿐이지만 일단 운
용하면 경영하느라 참담해져서, 앉거나 일어서거나 편안하지 못하

---

20　고사성어는 화봉삼축華封三祝(화주 지방의 사람이 세 가지를 축원하다). 출처는 『장자』
「외편·천지外篇·天地」. 화주華州의 사람들이 요임금에게 장수하고 부귀하며 아들을 많
이 낳기를 축원했다는 이야기다. 화주는 화산華山이 있어 이러한 명칭이 붙었으며, 지금
의 산시성 웨이난시 화저우구華州區일대.
21　도주공陶朱公: 범여范蠡(기원전 536~기원전 448). 월나라 왕 구천勾踐(기원전 520~기
원전 465)을 보좌하여 패업을 완성하고 서시西施와 함께 은퇴했으며, 거대한 부를 이루었
다가 모두 나누어주어 재신財神(재물의 신)이자 상인의 시조로 추앙되고 있다. 출처는 『사
기』「월왕구천세가越王勾踐世家」.

므로 그 번거로움을 이루 다 말할 수 없다. 재물이 많으면 반드시 잘 지켜야 하며, 지키지 않으면 도적에게 빼앗기고 또 자신이 죽기도 한다. 그러나 지키지 않으면 그뿐이지만, 일단 지키려면 혼백을 놀라게 하는 사건이 사방을 에워싸서, 바람 소리나 학의 울음소리를 모두 도적처럼 느껴 두려워 벌벌 떠는 모습은 눈으로 차마 볼 수 없을 지경이다. 또 재물이 많으면 반드시 시기를 불러온다. 속담에 말했다. "따스하고 배부른 집으로 여러 사람의 원망이 돌아간다." 하나의 몸이 여러 명이 쏘아대는 표적이 되면, 부상과 사망을 두려워할 겨를조차도 없는데, 아직도 함께 행락을 말할 수 있겠는가? 심하구나! 재물은 많아서는 안 되며 많으면 누가 되어 또 이러한 지경에 이르게 된다.

그렇다면 부자의 행락은 끝내 바랄 수가 없는가? 대답했다. 그렇지 않다. 많은 것을 나누기는 어렵지만 적게 거두어들이기는 쉽다. 가가호호 모두 벼슬을 받을 수 있는 덕행이 있는 세상에 살면 은혜를 베풀기가 어렵다. 백성이 곤궁하고 국가의 재물이 다 사라진 시절을 당하면 덕을 드러내기 쉽다. 매우 적은 이자라도 적게 부과하면 곤궁한 백성이 바로 일어나 칭송할 것이다. 얼마 되지 않는 조세를 약간 면제하면 가난한 소작인이 바로 살아나 노래하고 춤출 것이다. 원금을 상환하고 이자는 아직 상환하지 못했으면, 그 사람이 가난하므로 이자를 면제해준다. 한 장의 채권이 막 불태워지면 풍환馮驩22과 같이 훌륭한 평판으로 떠들썩할 것이다. 내가 거둔 세금은 충분하지만 국가에서 쓸 것이 부족하면 국고가 비었으므로 국고를 보조하고, 긴급한 공공의 일을 우연히 시도하면 바로 복식ㅏ

示[23]과 같은 아름다운 명예가 다가올 것이다. 과연 이렇게 한다면 오늘날의 부유한 백성과 크게 다를 것이며, 또 본래의 나에게도 손해가 없을 것이다.

바라지 말 것을 바라지 않고 원망이 드물어지면 행락을 말할 수 있을 것이다. 부자의 행락도 귀인과 같으므로 경영하는 것 밖에서 별도로 안락한 경계를 찾을 필요가 없으며, 바로 이처럼 조세를 관대하게 하고 이자를 감해주며 의기義氣를 중시하고 공익에 열심인 시기에 가난한 백성이 기뻐하고 찬송하는 소리를 들으면 바로 두 악단이 연주하는 소리에 상당하게 될 것이다. 관청의 장려와 칭찬을 받는 것은 바로 백 년의 영광이다. 영광은 이보다 영광스러운 것이 없으며 즐거움도 이보다 즐거운 것이 없을 것이다. 미색을 즐기고 음악을 즐기며, 꽃밭에서 잠을 자고 버들 아래 누우며, 본채를 짓고 대청을 세우며, 음풍농월하는 여러 즐거운 일을 다른 사람은 구하려 하지만 돈이 없어 근심하는데, 이미 그러한 자금이 있는데 어찌 구하여 이루지 못하겠는가? 동일한 부자이지만 옛날에는 가장 행락하기 어려운 사람이었는데, 이제는 가장 행락하기 쉬운 사람이 되었다. 가령 요임금이 죽지 않았고 도주공이 지금 살아 있다고 해도, 저들도 대장부이고 나도 대장부인데 내가 어찌 저들을 두려워하겠는가? 잠깐의 생각을 떨어버리면 그만이다.

---

22  풍환馮驩: 풍훤馮諼. 전국시대 제나라 사람. 맹상군孟嘗君의 식객. 맹상군을 대신하여 설성薛城(산동성 쫘오좡시棗莊市 쉐청구薛城區)에서 채무를 거두었는데, 채무자를 모두 불러놓고 채권을 불살라 맹상군을 위해 인심을 얻었다. 출처는 『전국책』「제책4齊策四」.
23  복식卜式: 전한의 정치가로 양을 키워 부를 이루었으며, 재산의 반을 덜어 변방의 군비에 보태고 20만 전으로 빈민을 구제했다. 출처는 『한서』「복식전卜式傳」.

## 가난하고 비천한 사람

———

가난한 사람이 행락하는 방법은 다른 비결이 없으며, 역시 퇴일보
退一步(한 걸음 물러나기)가 있을 뿐이다. 나는 가난하다고 여기지만
나보다 가난한 사람이 또 있다. 나는 천하다고 여기지만 나보다 천
한 사람이 또 있다. 나는 처자가 부담이 된다고 여기지만 오히려 홀
아비·과부·고아·늙어서 자식이 없는 사람 등의 백성 가운데에는
부담이 되는 처자라도 있기를 바라지만 그렇게 할 수 없는 사람이
있다. 나는 손발에 못이 박이도록 일하는 것을 수고라 여기지만,
오히려 몸이 하옥되고 심문을 당하는 일에 얽매여 전답이 황폐해
져서 편안하게 밭을 일구고 우물을 파는 생활을 추구하지만 할 수
없는 사람이 있다. 이러한 점을 생각하면 고해가 모두 즐거움이 된
다. 만약 앞만 보고 줄곧 계산하여 자기보다 뛰어난 사람과 비교하
면 한순간도 편안하기 어려우며, 차꼬와 수갑을 차거나 감금되는
갖가지 상황이 나타날 것이다.

　현달한 사람이 여행하다가 우정郵亭24에 투숙했다. 때는 바야흐
로 무더위라서 휘장 내에 모기가 많아 쫓아도 나가지 않았으므로,
집에 거주할 때를 회상해보았더니 거실이 하늘처럼 넓고 대자리는
얼음처럼 시원했으며, 또 여러 첩이 부채를 들고 부쳐주어 전혀 여
름인 줄을 몰랐었는데, 어찌하여 이처럼 곤란한 상황에 이르게 되
었을까? 지극히 즐거웠던 일을 회상하자 생각할수록 마음이 더욱

———
24　우정郵亭: 고대에 문서를 전달하는 사람이 휴식할 수 있도록 연도에 만들어놓은 장
소. 출처는 『묵자墨子』「잡수雜守」.

번뇌스러워졌으며, 마침내 밤새 잠을 자지 못했다. 정장亭長(우정의 장) 한 명이 계단 아래에서 노숙하다가 많은 모기에 물려 거의 핏줄이 드러날 지경이 되었으므로, 부득이 뜰 안으로 달려가 사지를 움직이며 쉬지를 않자 사람을 무는 모기가 발을 붙일 수가 없었다. 그런데 모습은 왔다 갔다 하느라 매우 지쳤지만 입으로는 시끄럽게 감탄하고 있었으므로, 마치 괴로움 속에서도 즐거워하는 사람 같았

「포대화상도布袋和尙圖」, 남송, 양해梁楷
포대화상은 오대五代 후량後梁의 고승으로 미륵보살의 화신이라 한다. 배가 불룩 튀어나온 모습으로 일정한 거처가 없고, 항상 긴 막대기에 포대 하나를 걸치고 다니며 동냥했다. 때로 어려운 중생을 돌봐주기도 했다.

다. 현달한 사람이 이해하지 못하고 불러서 질문했다. "생각건대 네가 곤란을 당하는 것이 나보다 열 배 백배인데, 나는 괴롭다고 여기지만 너는 즐겁다고 여기는 그 까닭이 무엇인가?" 정장이 대답했다. "우연히 어느 해를 추억해보았더니, 원수에게 모함을 당하여 몸이 옥에 갇혀 있었습니다. 그 당시도 무더운 여름철이었는데, 옥졸이 내가 몰래 도망가는 것을 방지하려고 매일 밤 손발을 묶어 움직이지 못하도록 했습니다. 당시 모기가 많은 정도가 오늘 저녁의 두 배가 되었는데, 멋대로 물도록 맡겨둘 뿐으로 조금 피하려 해도 할 수가 없었습니다. 오늘 저녁에 쉬지 않고 움직이지만 사지가 자유로울 수 있는 것을 보면, 어찌 신선세계와 인간세계나 인간과 귀

신의 차이뿐이겠습니까? 옛날을 오늘과 비교하여 그 즐거운 것만을 보기 때문에 괴로움을 모르겠습니다." 현달한 사람이 듣고 자신도 모르게 망연자실했다. 이것이 바로 가난한 사람이 행락하는 비결이다. 생각만 그런 것이 아니라 몸을 단련하는 것도 이렇게 해야 마땅하다.

예를 들면, 여름에는 더위로 괴롭지만, 거실이 낮고 작아서 그러한 줄 알고 일부러 뙤약볕 아래를 잠깐 거닌 뒤에 거실로 걸어 들어오면, 더운 기운이 점차 사라지는 것을 느껴 이전처럼 심하게 덥지는 않은 듯하다. 만약 낮고 좁은 것이 두려워 넓은 곳으로 가서 시원한 바람을 쏘이면, 돌아와서 더위가 또 10배 더할 것이다. 겨울에는 추위에 괴롭지만 벽이 홑겹이고 얇아서 그러한 줄을 알고 의도적으로 눈바람 속을 향해 한바탕 돌아다닌 뒤에 집으로 돌아오면, 추위가 즉시 줄어들어 다시는 처음처럼 살을 에듯 춥지는 않게 느껴진다. 만약 이처럼 황량한 상황을 피하여 깊이 틀어박혀서 따스함을 추구하다가 다시 원래의 자리로 들어가면, 벌벌 떨어 또 무슨 꼴이 될 것인가? 이렇게 유추하면, 퇴일보라 하는 것은 존재하지 않는 곳이 없으며 갖고 있지 않은 사람이 없으므로, 퇴일보를 생각하면 안락한 경지가 저절로 나타날 것이다.

내가 천지간에 제일 곤궁한 사람으로서, 근심 속에서 죽음을 면할 수 있었고, 곤란하고 실의한 가운데 초췌해지지 않을 수 있었던 것은 모두 이 방법을 사용했기 때문이다. 또 붓이라는 것을 얻어 종신토록 함께했는데, 천군만마를 일소하기에는 부족하지만 만가지 근심을 제거하기에는 남음이 있었다. 그러나 퇴일보를 잘하지 못하면, 바로 시와 문장도 사람을 곤란하게 할 수 있다. 우경虞卿[25]의 저서를 생각해보면 역시 이 방법을 사용했는데, 나는 세상에 공개할 수 있으나 우경은 다만 비밀로 하여 전하지 않았을 뿐이다.

정장의 말로 추론해보면, 모든 행락하는 사람은 멀리서 다른 사람을 끌어다가 퇴일보의 예로 삼을 필요가 없다. 가령 이 한 몸으로 다가오는 역경을 겪지 않은 사람이 누가 있겠는가? 크면 재앙과 재난이고 작으면 질병과 근심이었다. "도끼 자루를 잡고 새 도끼 자루를 베니, 그 원칙이 멀리 있지 않다네執柯伐柯, 其則不遠"라는 말을 가져다 비교하면 더욱 확실하다. 대개 사람의 일생에서 기이한 화와 거대한 재난은 잊을 수 없을 뿐만 아니라, 또 대서특필하여 높이 매달아 좌우명으로 삼아야 마땅하다. 그렇게 하면 몸에 유익하게 도움이 되는 것이 세 가지다. 재난이 자신으로 말미암아 만들어졌으면, 잘못을 알고 통렬하게 고쳐 실패의 교훈으로 삼을 수 있다. 화가 하늘에서 왔으면 원망을 그치고 허물을 제거하여 후환을 없앨 수 있다. 고통을 회상하고 번뇌를 추억하여 무궁한 안락의 경지를 끌어내는 것은 또 마음과 눈이 놀란 다음에 덤으로 얻는 것이리라. 자신을 반성하고 벌주는 경우라면 이는 본래 말하기 어려운 사정에 속하므로, 다른 사람이 알게 하기 곤란하다. 이런 경우에는 속에 품고 드러내지 않는 방법이 있다. 어떤 경우에는 병이

---

25  우경虞卿: 전국시대 조나라의 명사로 병법에 뛰어났다. 이후 위나라의 재상 위제魏齊를 구원하는 일로 말미암아 높은 지위와 많은 봉록을 포기하고 조나라를 떠났으나 일이 실패했다. 양나라에서 곤궁하게 지내다가 분에 겨워 책을 썼다. 저서에 『우씨춘추虞氏春秋』가 있다.

「소하도消夏圖」(피서하는 장면), 원대, 유관도劉貫圖(1258~1336)

든 날짜만 기록하고 그 사항을 기록하지 않는다. 어떤 경우에는 암시하는 몇 마디 말을 별도로 기록하고 자세한 사항을 드러내지 않는다. 또 어떤 경우에는 시 한 수를 지어 기거하는 친숙한 장소에 걸어놓고, 자신의 뜻을 살짝 덧붙여 사람들이 알지 못하게 하는 것도, 자신이 선량해지고 신중해지는 오묘한 방법이다. 이것들은 모두 내가 사람을 속이고 혼자 한 일이며, 붓이 이르는 곳마다 피하려고 해도 그럴 수가 없었으므로, 이것이 바로 속어에서 말하는 "때리지 않아도 자백한다不打自招"[26]는 것이 아니겠는가?

---

26  不打自招: 출처는 명 오승은吳承恩(1500~1582)의 『서유기西遊記』 제17회.

# 가정

세상에서 제일 안락한 장소는 가정보다 좋은 곳이 없다. "부모가 모두 계시고 형제가 무탈한 것이 하나의 즐거움이다父母俱存, 兄弟無故, 一樂也."27 성현의 행락법은 이것으로 족했다. 그러나 후대에 인정의 애호와 취향은 왕왕 성현과 서로 어긋났다. 성현이 즐거워하는 것을 저들은 괴로워하며, 성현이 괴로워하는 것을 저들은 도리어 지극한 즐거움으로 간주하여 그 속에 빠져들었다. 예를 들면, 현존하는 친부를 버리고 다른 사람을 부친으로 모시며, 동포의 손을 뿌리치고 낯선 사람과 동맹을 맺으며, 여색을 피하여 남색으로 나아가며, 집의 닭을 버리고 들의 오리를 찾는 것은 모두 상식에 지극히 모순되지만, 온 세상에서 습관이 되어 안주하고 있다. 그 이유는 다른 것이 아니라 전체적으로 옛것을 미워하고 새것을 좋아하며 보통의 것을 지겨워하고 기이한 것을 추구하는 일념에서 비롯된 것이다. 이렇다면 가지고 태어난 본래 자신의 모습도 진저리나도록 진부하게 느껴질 것인데, 어찌 모두 바꾸어 새롭게 하지 않는가? 오늘은 자신의 영혼이 이 몸에 달라붙고, 내일은 또 다른 한 몸에 달라붙으면, 변할수록 새로워져서 사랑스럽게 느껴지지 않겠는가? 변하여 새롭게 할 수 없는 것은 태어나면서 정해졌기 때문이다. 그러나 변하여 새로워지려 하는 것에도 자연히 방법이 있다.

때때로 의복을 바꾸고 휘장과 좌석을 교체한 후 거울에 비추어

---

27  父母俱存, 兄弟無故, 一樂也: 출처는 『맹자』 「진심상」.

보면 모습이 바뀐 듯이 보일 것이다. 바로 이러한 방법을 부모·형제·골육·처자에게 시행하여, 교제하며 낭비하는 재물로 이들의 옷과 장신구를 아름답게 하고 공양하여 받드는 것을 좋게 하면, "환경이 기질을 바꾸고 봉양이 체질을 바꾼다居移氣, 養移體"28는 말처럼 일 년 동안 그 모습이 여러 번 변할 것이므로, 다른 사람을 아버지라 부르고 다른 사람을 어머니라 부르며, 동창인 소년과 서로 형제라 부르고 각 가문의 미녀와 혼인하는 일이 아니겠는가? 화류계에서 노닐기를 좋아하는 사람이 있었는데, 가산을 탕진해도 꺼리지 않으므로 그 아내가 추위와 굶주림에 핍박을 받아 떠나가려 했다. 떠나는 날에 별도로 새 옷으로 갈아입고 아름다운 장신구로 치장했더니 갑자기 절세미인이 되었다. 그 남편이 끌어안고 울며 말했다. "내가 화류계를 다 돌아다녔어도, 일찍이 이런 미인을 만나지 못했소. 이렇게 보면, 사람이 아름다운 것이 아니라 옷과 장신구가 사람을 아름답게 한 것이었소. 만약 다시 머무를 수 있다면 마땅히 근검하여 집안을 잘 꾸려나가서 그대를 황금 저택에 두겠소." 아내가 그 말을 좋게 여겨 머물렀다. 이후 방탕을 고치고 선을 행하여 끝내 약속한 대로 했다.

또 불효하여 부모에게 쫓겨난 자가 있었는데, 몇 년이 지나 다시 돌아와 조석으로 부모를 잘 섬기고 기쁘게 하여 옛날과 크게 달라졌다. 그 부친이 물으니 대답했다. "제가 어버이를 사랑하지 않은 것이 아니라, 오랫동안 익숙하여 염증이 났습니다. 이제 다시 익

---

28  居移氣, 養移體: 출처는 『맹자』 「진심상」.

숙하게 보았던 것에 염증이 나서 오랫동안 보지 못했던 것을 사랑할 수 있게 되었습니다." 여러 사람이 웃었으나, 식견이 있는 사람은 가련하게 여겼다. 무엇 때문인가? 오랫동안 익숙하여 자신의 어버이에게 염증이 나는 것은 천하가 모두 그렇지만, 스스로 그 이유를 밝힐 수 없었다. 이 사람은 그것을 알았으며 또 거리낌이 없이 직접 말할 수 있었으므로, 아마도 선량한 사람이 될 수 있을 것이다. 이처럼 드물고 완곡한 비유는 모두 몽매한 사람에게 권하여 그를 인도하기 위한 것이다. 누가 지극한 본성이 없으며 누가 양지良知[29]가 없어서 내가 교화를 선양하는 사람이 되기를 기다리는가? 어린애가 집을 떠나면 바로 울음을 터뜨리는 것만 보고 어찌 집보다 10배 더 지극히 안락한 경지가 없다고 하겠는가? 천성이 집에 있고 다른 곳에 있지 않기 때문이다. 사람이 어린애의 안락한 경지를 자신의 안락한 경지로 할 수 있다면, 성인과 그리 멀리 떨어지지 않을 것이다.

## 여행

"역려逆旅"[30]라는 두 글자는 먼 곳으로 가는 것을 개괄하기에 충분한데, 여행할 때의 환경은 모두 역경逆境이기 때문이다. 그러나 길을 가는 고통을 겪지 않으면 집 안에 거주하는 즐거움을 알지 못

---

29  양지良知: 유가에서 말하는 인류가 선천적으로 갖춘 도덕의식. 출처는 『맹자』 「진심상」.
30  역려逆旅: 여관. 객지에 머물다. 출처는 『좌전』 희공僖公 2년.

할 것이므로, 이러한 상황을 바로 하나하나 맛봐야 한다. 내가 아주 먼 변경 지역을 유람하고 돌아오자 마을 사람이 물었다. "변방의 유람이 즐거웠습니까?" 내가 대답했다. "즐거웠습니다." 그 지역을 지나치며 두려워했던 사람이 말했다. "땅은 불모지이고 사람은 모두 다른 종족으로, 사막을 보면 숨이 막히고 징과 북소리를 들으면 혼백이 뒤흔들리는데 어찌 즐거움이 있었는가?" 내가 말했다. "예전에 집을 떠나지 않았을 때는 사방이 일치하여 사방의 음식과 복식이 모두 나와 같다고 잘못 생각했으나, 사방을 돌아다니고 나서는 완전히 다르고 전혀 그렇지 않다는 것을 알았다. 그러나 교통이 편리한 대도시만 유람하고 궁벽한 변경에 가보지 않으면, 또 먼 곳과 가까운 곳이 동일한 지역인데 그 제도가 조금 변화되었을 뿐이라고 생각할 것이다. 변경 지역에 도달하여 비로소 지옥이 바로 인간 세상에 존재하고, 나찰羅刹[31]도 원래 특이한 존재가 아닌 것을 알게 되었다. 바로 그 뒤부터 바야흐로 사람이 금수와 다른 것이 거의 없으며, 가까운 지역 백성과 아주 먼 변경 백성의 거리가 도리어 하늘과 땅, 저승과 이승처럼 큰 차이가 있음을 알게 되었다. 그 지역에 들어가지 않고 그러한 상황을 목격하지 않으면, 동남 지역에 태어나 도회지에서 유람하며, 가벼운 옷과 따스한 자리에 쌀밥을 먹고 물고기로 국을 끓여 먹는 것이 매우 즐겁다는 것을 어찌 알겠는가?" 이것은 바깥으로 여행해본 사람은 집에 거주하는 것을 즐거움으로 여긴다는 것을 말한 것이다. 그러나 아직 집으로 돌아

---

**31** 나찰羅刹: 지옥에서 사람을 못살게 구는 옥졸. 사람의 피와 살을 먹는다는 악귀. 출처는 당나라 승려 혜림慧琳(737~820)의 『일체경음의一切經音義』「혜림음의慧琳音義」.

오지 못하면 끝내 고통스럽게 느낄 것이다.

  또 집에서 지내는 것을 고통으로 간주하고 여행을 빌려 행락하는 방법이 있는데, 잠시 눈앞의 상황을 즐기고, 바람과 서리 및 수레와 말에 곤란을 받지 않는 것으로, 또 하나의 편리한 방법이다. 향평向平32은 딸을 시집보내는 것이 끝나기를 기다려 오악五嶽33을 멋대로 유람하려 했다. 이고李固34는 아우에게 보낸 편지에서 "천하를 두루 관람했으나 오직 익주35를 아직 보지 못했다周觀天下, 獨末見益州"36고 했으며 한으로 남은 듯하다. 태사공太史公37은 명산대천을 유람했으므로 역사를 기록하는 필법이 천고에 절묘할 수 있었다. 이 유람이라는 것은 남자가 태어나서 하려는 것으로, 하지 못하면 바로 한이 되는 것이다. 도가 있는 선비는 오히려 자금과 건량을 휴대하고 자신의 의지를 오롯이 실행하지만, 나는 입에 풀칠이나 하며 살아가는 것을 견문을 넓히는 자산으로 삼는다. 한 지역을 지나가면 바로 그 지역의 인정을 관람하고, 한 고을을 지나가면 그 고을의 좋은 경치를 구경했다. 또 먹어보지 못한 것을 먹고 맛보

32  향평向平: 후한의 은사 향장向長. 자가 자평子平. 『후한서』 「일민전·향장逸民傳·向長」에 따르면, 벼슬하지 않고 은거했으며 자녀의 혼사가 모두 끝나자 오악 명산을 멋대로 유람하러 떠나 간 곳을 모르게 되었다고 한다.

33  오악五嶽: 중국의 오대 명산. 동악 태산泰山(1545미터), 서악 화산華山(2155미터), 남악 형산衡山(1300미터), 북악 항산恒山(2016미터), 중악 숭산崇山(1491미터).

34  이고李固(94~147): 후한의 저명한 충신. 부패한 외척 양기梁冀(?~159) 일파에게 저항하여 칭송을 받았으나 결국 무고당하여 옥사했다.

35  익주益州: 지금의 쓰촨성 일대.

36  周觀天下, 獨末見益州: 출처는 북위 지리학자 역도원酈道元(470?~527)의 지리서 『수경주水經注』 권33 「아우 이에게 보내는 글與弟圖書」.

37  태사공太史公: 『사기』의 저자 사마천司馬遷(기원전 145~?)의 별칭. 태사공은 전한 무제 때 설립된 천문과 도서를 관장하는 관직으로, 사마천이 이를 역임하여 이렇게 불린다.

려는 것을 맛보며 나머지를 모아서 돌아와 아내에게 주면, 훌륭한 요리를 구해다가 한 집안의 배를 채워주는 것과 비슷하므로, 인생에서 가장 즐거운 일이다. 무슨 일로 막다른 길에서 통곡하여, 현달한 사람들에게 남몰래 웃음거리가 되는가?

## 봄철

———

사람에게는 희로애락이 있으며 하늘에는 춘하추동이 있다. 봄이라는 계절은 바로 천지가 교합하는 시기이며 음양이 마음껏 즐기는 시절이다. 사람의 마음은 봄이 되면 통쾌하기를 추구하지 않아도 저절로 통쾌해지므로, 부모가 서로 사랑하면 자녀가 마음껏 즐겁게 웃는 것과 같다. 집안에 가득한 기쁨을 보면 한 귀퉁이에서 울려고 해도 울음이 나오

「투백초鬪百草」, 왕홍력, 『중국고대풍속백도』 삽화
투초鬪草라고도 하며 원래 단오 풍속으로 화초 이름을 대는 놀이다.

지 않을 것이다. 그러나 봄이 되어 행락할 경우, 매번 일반적인 도리를 넘기가 쉬우므로 반드시 한 가닥 봄을 남겨두어 다가올 가혹

한 여름을 보내도록 한다. 대개 일 년 중에 지나가기 어려운 관문은 오직 삼복더위다. 정신적인 피로와 질병의 발생 및 사망에 이르는 것이 모두 여기서 비롯된다. 그러므로 속담에서 "7월 15일을 지날 수 있는 것은 바로 철나한[38]이라네過得七月半, 便是鐵羅漢"라 말한 것이 헛소리가 아니다. 근심을 생각하여 예방하려면, 석 달 봄날 행락할 때 과도하게 욕심대로 하여 병의 근원이 먼저 매복되지 않도록 해야 한다.

꽃은 자세히 볼 수 있고, 새소리는 귀를 기울여 들을 수 있으며, 산천경물의 뛰어난 경치는 마음껏 유람할 수 있으나, 오직 성행위에 대해서는 약간의 여지를 남겨두어야 한다. 대개 사람이 이러한 때가 되면 몸에 충만한 것이 모두 봄기운이다. 봄이라는 것은 남김없이 다 쏟아내는 것을 말한다. 초목이 봄에 남김없이 다 쏟아내도 시들지 않는 것은 세 계절에는 모두 축적하여 봄 한 계절에 쏟아내기만을 기다리고, 이 한 봄이 지나가면 또 모두 정기를 축적하고 마음을 가다듬는 시기이기 때문이다. 사람의 한 몸은 한 계절에 모두 쏟아내고 세 계절에 전혀 쏟아내지 않을 수 있겠는가? 봄에 모두 쏟아내도 또 여름에 쏟아내지 않을 수 없으므로, 비록 초목이라도 시들지 않을 수 없는데 공허하고 허약한 사람의 몸이야 말해 무엇하리. 잠자리의 여운을 보존하려면 극점에 도달하도록 유람해야 한다. 무엇 때문인가? 꽃과 새에 마음을 분산시켜 몸이 한가롭다고 느껴야 하며, 규방에서 정력을 다 사용하면 몸에 잠시의

---

38 철나한鐵羅漢: 목석. 강직한 사람. 쇠로 된 나한. 출처는 북송 문학가 황정견黃庭堅의 「철나한송鐵羅漢頌」.

편안함도 없는 상황에 쉽게 도달하기 때문이다. 그러나 내가 언급한 것은 모두 너무 심한 경우를 방지하는 말이다. 만약 감정을 억제하고 욕망을 끊으면 천지가 모두 봄인데 나 홀로 쓸쓸한 가을일 것이다. 어찌 이처럼 무정하게 굴어 사람 가운데 특이한 재앙이 되겠는가?

## 여름철

___

가혹한 여름이 두려운 것은 앞글에서 일단을 드러냈지만, 여름이 가진 해독의 1/10도 다 말하지 못했다. 만약 기후에 세 계절만 있고 여름이 없다면, 사람이 죽는 것도 틀림없이 드물어지고 무당·의원·승려·도사의 무리가 모두 배고픔과 추위에 괴로워하며 구제되지 못할 것이다. 단지 이 한 계절이 많아졌으므로 마침내 사람의 몸이 어떻게 될지 알 수 없게 느껴지고, 아침에 인간이었다가 저녁에 귀신이 되는 사람이 자주 생겨났다. 『예기』에서 "이 달에는 음과 양이 투쟁하여 생과 사가 나뉜다是月也, 陰陽爭, 死生分"라고 했다. 위험하구나, 이 말이여! 사람으로 하여금 춥지도 않은데 전율토록 한다. 대개 사람의 몸이 이러한 기후에 있으면, 모두 시시각각 병을 예방하고 날마다 죽음을 걱정해야 한다. 질병을 예방하고 죽음을 걱정하면, 시시각각 한가한 틈을 이용하여 행락해야 한다. 예로부터 행락에 관한 일은 사람들이 모두 봄 석 달로 시기를 선택하며, 나 홀로 여름 90일 동안에는 교활하고 이익을 추구하려는 생각을 그만두었다.

봄 석 달 동안 정신이 왕성하면 설령 행락을 하지 않더라도 몸에 손해가 없다. 여름 90일 동안에는 정력이 소모되고 숨이 막혀 몸을 지탱하기도 힘에 부치는데, 만약 행락하지 않으면 정신이 피곤하고 몸이 지쳐 불난 곳에 열기를 더하는 것과 같으며, 이것은 자신의 생명에 원수가 될 것이다. 「월령月令」39에서 음력 11월에는 활동을 멈추고 잠복한다고 했다. 내 생각에 천지의 기운은 겨울에 활동을 멈

「유월六月」, 청대 궁중화
청대 궁중 화원에서 그린 「열두 달 그림十二月令」 가운데 6월

추고 잠복하며, 사람의 기운은 여름에 활동을 멈추고 잠복해야 한다. 시험 삼아 한겨울을 관찰하면, 사람의 정신은 추울수록 건강

---

39 「월령月令」: 『예기』의 편명. 전국시대 음양가의 저작으로 한대에 『예기』에 편입되었다. 1년 12개월의 절기에 따라 정부에서 해야 할 일을 기술하고, 이것을 오행五行의 상생 체계에 귀납시켜 설명했다.

하다. 더운 기운이 사람의 정신을 녹이는 것과 비교해서 함께 논할 수 없는 바가 있다. 대개 사람은 실제로 백성과 사직이 자신과 관련되지 않고 굶주림과 추위가 몸을 핍박하지 않아 조금 스스로 편안하면, 세 계절에 일을 하고 여름 한 계절에는 양생해야 한다. 여름이라는 위험한 관문을 지나고, 그런 뒤에 나와서 세상의 일에 응수해도 아직 늦지 않다.

추억해보면, 명나라가 정치를 그르친 뒤에 청나라가 혁명을 일으키기보다 앞서, 나는 헛된 명성에 대한 의지를 끊고 작은 관직도 추구하지 않은 채 난리를 피해 산에 은거하여, 도리어 일 없는 것을 영광으로 생각했다. 여름에 손님을 만나러 가지 않고 또 오는 손님도 없으므로, 두건을 매지 않았을 뿐만 아니라 장삼과 신발을 모두 치워버렸다. 혹은 연꽃 사이에 나체로 있어 처자가 찾지 못했으며, 혹은 큰 소나무 아래에 누워 원숭이와 학이 지나쳐도 알지 못했다. 흐르는 샘물에 벼루를 씻고 쌓인 눈으로 차를 끓여 마셨으며, 오이를 먹고 싶으면 문밖에 오이가 자라고, 과일을 먹으려 생각하면 과일이 나무 끝에서 떨어졌으므로, 인간 세상에서 대단히 기이한 이야기이며 살아서 지극한 즐거움을 누린 사람이라 할 수 있다.

이 뒤에 도시로 이사하여 날마다 분주하게 응대하여, 비록 사리 사욕에 정신이 팔리지는 않았지만 또 헛된 명성으로 누를 초래했다고 느낀다. 나의 일생을 따져보면, 여러 신선과 같은 복을 얻어 누린 것은 겨우 3년이다. 이제 이를 지속하려고, 이런 날이 늘어나기를 추구하지만 할 수가 없을 것이다. 아프도다! 사람은 쇠나 바위가 아닌데 어찌 절구 공이를 갈아서 바늘을 만드는 고통을 견디 겠는가? 목숨이 어찌 진흙이나 모래처럼 자신도 모르게 먼지를 따라 땅에 묻힐 수 있겠는가? 내가 남에게 행락을 권하느라 스스로 내 몸을 고생시킨 것을 깊이 후회한다. 아! 하늘은 어찌하여 약간의 한가로움을 내려 부귀영화를 누리지 못한 처지를 보상해주는데 인색한 것인가?

## 가을철

———

여름이 지나 가을이 와도 이 몸은 탈이 없으니, 다시 살아나 서로 장수한 것을 처자식과 경하해야 할 것이다. 또 찌는 듯한 더위가 막 물러나고 가을의 상쾌함이 사람을 즐겁게 하여, 사지가 자유로워지고 의복이 거추장스럽지 않게 되는데, 이러한 시기에 행락하지 않으면 장차 어떤 시기를 기다릴 것인가? 하물며 사람의 행락을 방해하는 두 가지 사물이 있어 오래지 않아 바로 다가온다. 그것은 무엇인가? 서리이고 눈이다. 서리와 눈이 일단 내리면, 만물이 변형되어 꽃이 없어질 뿐만 아니라 잎도 사라지며, 때로 달이 뜨지만 바람이 불지 않는다고 보장할 수 없다. 만약 "봄밤의 1각(15분)은 천금에 해당한다"고 한다면 가을 가격의 비싸기는 10배 더 되어야 마땅하다. 산수의 뛰어난 경치가 있으면 이 시기를 이용하여 한가롭게 유람해야 하며, 그렇지 않으면 눈앞에서 놓칠 것이다. 무엇 때문인가? 이 시기보다 앞선 때는 등산하려고 해도 불가능하고, 이보다 뒤의 시기에는 조망하려고 해도 할 수 없으므로 또 일 년이 지나야 할 것이다.

쇠와 돌처럼 변함없는 우정을 나누는 친구가 있으면 이 시기에 아침저녁으로 서로 왕래해야 하며, 그렇지 않으면 눈앞에서 기회를 놓칠 것이다. 무엇 때문인가? 앞에서는 더위가 사람을 방해하여 지척이 천리와 같이 멀고, 뒤에서는 눈바람이 사람을 능멸하므로 벗을 방문하는 것이 하늘에 오르는 것과 무엇이 다르겠는가? 이러면 또 일 년만의 약속을 저버리게 될 것이다. 첩이 집에 있으면 이러한 시절이 도래했을 때, 오래 이별했다가 잠시 만난 것과 같아서 특별히 기쁠 것이다. 무엇 때문인가? 여름철에는 땀이 줄줄 흘러서 화려하게 치장하려 해도 할 수가 없으므로 10할의 아름다움 가운데 겨우 4~5할만 존재한다. 가을에는 온 정신이 모두 아름답게 꾸미는 데 사용될 수 있다. 오랫동안 보지 않다가 이제 갑자기 보면, 멀리 떠났다가 돌아오거나 새로 맞이한 여인을 사랑하는 것과 같지 않겠는가? 성관계를 하려면 정력의 강약을 고려하여, 결국에는 한 가닥 여지를 남겨두어야 한다. 100리를 갈 수 있는 사람은 90리에 이르러 쉴 것을 생각한다. 탑에 잘 올라가는 사람은 6층에 도달하면 즉시 내려온다. 이러한 방중의 비법을 소년들에게 전수하고자 한다.

## 겨울철

겨울의 행락은 반드시 다른 사람의 입장에서 생각해야 한다. 상상 속에서 노상의 행인이 되어 풍설의 고통을 실컷 겪은 뒤에 집에 있

었던 때를 회상하면, 춥거나 덥거나 흐
리거나 맑거나를 막론하고 모두 타
인보다 100배의 즐거움이 있
을 것이다. 일찍이 설경
을 그린 산수화가 있
었는데, 사람이 찢
어진 우산을 들었거
나 절뚝거리는 나귀
를 채찍질하거나 하
며, 홀로 오래된 길을 가고 절벽 아
래를 지나가는데, 바위는 흉악한 형상
이고 사람은 비틀거리는 모습이었다.

「복안도伏案圖」, 목판 삽도

이들 험난한 내용의 그림은 한겨울에 대청의 중앙에 걸어야 적당
하다. 주인이 그림을 마주하면, 바로 바람과 눈을 막아주는 병풍이
되고 배 속이 따스해지며 마음이 온화해지는 약이 된다. 양국충楊
國忠의 육진肉陣[40]과 당태위黨太尉[41]의 양고미주羊羔美酒[42]와 같은 것
은 처음에 시도할 때는 따스하지만, 조금이라도 멈추면 기이한 추

---

40 육진肉陣: '육병풍肉屛風'이라고도 하며, 병풍처럼 세워놓은 첩을 지칭한다. 오대 시
기 왕인유王仁裕(880~956)의 『개원천보유사開元天寶遺事』「육진肉陣」에 따르면, 당 현종
玄宗 시절에 양귀비의 오빠 양국충楊國忠(?~756)은 황음하여 겨울철에는 신체가 뚱뚱한
첩을 선발한 후 앞에 세워놓아 바람을 막았다고 한다.
41 당태위黨太尉: 북송 초기의 장군 당진黨進(927~977). 용모가 걸출하고 성격이 솔직
했다고 한다. 『송사』「열전」에 사적이 실려 있다.
42 양고미주羊羔美酒: 양고주羊羔酒. 새끼 양의 고기를 넣어 발효하여 만든 술. 송나라
무명씨의 『상호근사湘湖近事』에 따르면 당진黨進이 눈 오는 날 양고미주를 마셨다고 한다.

위가 닥쳐올 것이다. 행락을 잘하는 사람이 반드시 먼저 이러한 관점에 따라 행동한 뒤에 계속하여 행락하면 1할의 안락한 경지가 2~3할에 맞먹을 것이며 5~7할의 안락한 경지가 바로 10할이나 12할에 맞먹을 것이다. 그러나 일단 행락의 극점에 도달하여 근심을 잊었을 때에는 그 즐거움이 점차 감소될 수 있으며 10할의 안락한 경지가 다만 5할이나 7할이 되고 2~3할의 안락한 경지가 또 단지 1할이 될 것이다. 이때 일체의 괴로운 환경을 또다시 처음부터 생각하기 시작하면, 즐거움이 줄어들지 않고 점차 증가하여 다시 처음처럼 된다. 이것은 요령 있게 잘 처리하는 가장 좋은 방법이다.

비유하면, 길을 가는 사람은 여정이 모두 100리일 경우에 70~80리를 갔으면 남은 여정이 많지 않다. 그러나 빨리 도착하려는 마음이 비할 데 없이 굳건하고 몹시 절박하여 기다리기 어려우므로, 갖가지 난관을 두려워하고 고통을 원망하는 마음이 나타날 것이다. 그러나 한번 머리를 돌려 지나온 노정을 따져보면 70~80리의 먼 길도 갈 수 있었는데, 하물며 그보다 적고 가까운 것임에랴? 만약 이 때 20~30리만을 지나오고 아직 70~80리가 남아 있다면, 괴로움은 많고 즐거움은 적을 것이므로 그 상황은 또 어떠하겠는가? 이러한 종류의 상념은 행락의 방법이 될 수 있을 뿐만 아니라, 무릇 관직에 있는 사람이 번잡한 업무를 처리하고, 도를 익히는 사람이 책을 읽고 이치를 탐구하며, 농부·기술자·상인이 고생을 겁내지 않고 부지런히 일하는 데에도 의지할 수 있는 방법이 아닌 것이 하나도 없다. 아! 다른 사람의 행락이 나와 무슨 관련이 있겠는가? 그런데 나는 이 때문에 목이 아프고 혀가 타며

팔이 거의 빠질 지경이다. 이것은 나에게 아마도 남에게 아첨하는
버릇이 있어 글로 아첨을 대신하는 것인가?

## 수시로 눈앞의 경물을 마주하여 활동할 때

———

행락하는 일은 다양하여 한 가지를 고집하여 논할 수 없다. 잠에
는 잠의 즐거움이 있고, 앉는 것에는 앉는 것의 즐거움이 있으며,
걷는 것에는 걷는 것의 즐거움이 있고, 서 있으면 서 있는 것의 즐
거움이 있으며, 먹고 마시는 것에는 먹고 마시는 것의 즐거움이 있
고, 세수와 머리 빗기에는 세수와 머리 빗기의 즐거움이 있으므로,
웃통을 벗어 몸을 드러내거나 화장실에 가서 대소변을 보는 것과
같은 갖가지 더러운 일도 적절하게 처리하면 또 각각 그 즐거움이
있다. 만약 임기응변하고 우연히 좋은 기회를 만날 수 있으면, 슬퍼
할 만하고 눈물을 흘릴 만한 일도 기쁨으로 변할 수 있다. 만약 일
을 대하는 재능이 부족하고 양생하려 해도 방법이 없으면, 가기歌
妓를 부르고 무희를 선발하는 장소에서도 슬픔이 나타날 것이다.
이에 일상생활에서 편안하고 안락하게 기거하는 일은 상황에 따라
적절한 방법을 정하여 아래에 각각 설명한다.

## 잠

———

전문적인 술법을 통해 양생의 비결을 두루 전수하는 사람이 있었
는데, 내가 자신을 스승으로 섬기기를 원했다. 내가 수명을 늘리는

「잠자는 진단」, 목판 삽도
진단陳摶(871~989)은 북송의 도가 학자로 도교를 수련하여 한번 잠들면 몇 달씩 깨지 않았다고 한다.

방법을 질문하여 어떤 물질이 가장 좋은지, 양생의 장소로 어느 곳이 다수를 차지하는지를 물었다. 만약 서로 미리 상의하지 않고도 의견이 합치하면 받들어 스승으로 모실 것이지만, 그렇지 않으면 벗이 되는 것이 가능할 뿐이다. 그 사람이 말했다. "수명을 늘리는 방법은 완전히 도인술導引術에 의지한다. 안전하게 사는 계책은 오직 좌공坐功[43]에 의지한다." 내가 말했다. "그렇다면 당신의 방법은 가장 고통스러워 고행을 수련하는 사람만이 할 수 있다. 나는 게으르지만 운동을 좋아하고, 또 사사건건 즐거움을 추구하므로 그러한 것을 말할 수 없다." 그 사람이 말했다. "그렇다면 당신의 뜻은 무엇인가? 시험 삼아 말하여 서로 증명해도 무방하다." 내가 말했다. "천지가 시간에 따라 사람을 낳아 활동하는 것이 반이고 쉬는 것이 반이다. 활동하는 것은 날이 밝았을 때고, 휴식하는 것은 날이 저물었을 때. 만약 낮에 노동하고 밤에 쉬지 않으면, 날마다 몸을 상해 죽음을 손꼽아 기다리게 될 것이다. 우리의 양생도 시간에

---

43  좌공坐功: 고요히 앉아 호흡법을 통해 수명을 늘이고 건강을 유지하는 방법.

따라 하여, 반은 움직이고 반은 정지한다. 움직이면 걷고 일어나고 앉고 서며, 정지하면 잠을 잔다. 만약 경영하느라 나를 피로하게 하면서 침실에서 편안하게 하지 않으면 매우 위태로울 것이다. 그러면 그 수명은 손꼽아 헤아릴 수도 없을 것이다.

이렇다면 양생의 비결은 잘 자는 것을 앞에 두어야 한다. 잠은 정력을 회복할 수 있으며, 잠은 정기를 양성할 수 있고, 잠은 비장과 위를 튼튼하게 할 수 있으며, 잠은 뼈와 근육을 굳건하게 할 수 있다. 만약 믿지 못하면 시험 삼아 병이 없는 사람과 병이 있는 사람을 합하여 검증해보라. 사람은 본래 질병이 없으나, 밤에 활동하여 여러 날을 편안하게 자지 못하면 눈가가 점점 우묵해지고 정기가 날로 감소하여, 비록 아직 병이 들지 않았더라도 병적인 정황이 나타날 것이다. 병 걸린 사람이 오랫동안 자지 않으면 병세가 날로 증가된다. 우연히 숙면하고 잠에서 깨어나면, 틀림없이 자연스럽게 왕성한 기세가 나타날 것이다. 이러한 잠은 잠이 아니라 약이다. 한 가지 질병을 치료하는 약이 아니라, 백 가지 병을 치료하고 만민을 구제하는, 시험하여 효험이 없는 곳이 없는 신령한 약이다. 현재 도인술에 종사하고 좌공에 힘쓰는 것은 틀림없이 먼저 지독한 졸음을 쫓아 권태롭지 않게 한 뒤에야 가능하다. 내가 평생 효과가 가장 좋은 약을 억지로 포기하고, 효과가 있을지도 모르는 어려운 방법을 시도하겠는가?" 그 사람이 발끈하여 떠나며 나는 가르치기에 부족한 사람이라고 했다. 나는 진실로 가르치기에 부족한 사람인가! 나는 단지 깨달은 것을 스스로 설명했으며, 실제로 나의 견해가 있어서 그렇게 말한 것으로, 억지로 변명하여 잘못을 감추는 사람과 조금 다른 것이었다. 이전 사람이 잠을 읊은 시에서 말했다. "꽃 피고 대 우거진 그윽한 창가에 한낮의 꿈은 긴데, 꿈속에서 잠시 세상사를 잊었다네. 화산[44]의 도사는 얼굴을 본 듯한데, 신선이 되는 방법을 찾지 않고 잠자는 방법을 찾는다네花竹幽窓午夢長, 此中與世暫相忘. 華山處士如容見, 不覓仙方覓睡方."[45] 근래 사람이 잠에 관한 비결에서 말했다. "먼저 마음이 잠들고, 뒤에 눈이 잠든다先睡心, 後睡眼."[46] 이것은 모두 책에 나오는 하찮은 내용이므로 치워두고 말하지 않으며, 아직 밝히지 않은 것을 말하려 할 뿐이다.

잠에는 잠을 잘 시기가 있으며, 잠에는 잠을 자는 장소가 있고, 잠에는 또 잠을 잘 수 있는 사람과 잠을 잘 수 없는 사람이 있으므로, 조목조목 분석하여 말하고자 한다. 술시(오후 7~9시)에서 묘시(오전 5~7시)까지는 잠을 자는 시간이다. 아직 술시가 안 되어 잠들면 시기보다 앞선다고 하며, 시기보다 앞서는 것은 상서롭지 못하므로 질병이 발작하여 누우려 생각하는 사람과 다름이 없다 할 것이다. 묘시가 지나서 잠들면 시기보다 늦다고 하며, 시기보다 늦는 것은 금기를 범하는 것으로 긴 밤 내내 자는 사람과 다름이 없다 할 것이다. 또 인생 백 년에 밤이 반을 차지한다면 종일 행락해도 도리어 많지 않아 괴로운데, 하물며 지나친 수면으로 본래부터

---

44  화산華山: 오악의 하나인 서악으로 섬서성 화음華陰에 있으며, 도교 전진파全眞派의 성지다.

45  花竹幽窓午夢長, 此中與世暫相忘. 華山處士如容見, 不覓仙方覓睡方: 출처는 송나라 애국시인 육유陸遊(1125~1210)의 시 「백일몽午夢」.

46  先睡心, 後睡眼: 출처는 남송 학자 채원정蔡元定(1135~1198)의 양생 비결 「수결睡訣」.

모자란 행락 시간에 손해를 끼쳐서야 되겠는가? 잠을 잘 자는 유명한 선비가 한 사람 있었는데, 일어나면 반드시 정오가 지났으므로 시간을 앞서서 방문하면 만날 수 있는 경우가 없었

「오수도午睡圖」, 명대, 목판 삽도

다. 내가 매번 그의 거처를 방문하면 반드시 오랫동안 기다린 뒤에야 만났다. 하루는 답답하게 앉아 있자니 무료한데, 필묵이 모두 갖추어져 있으므로 바로 옛 시 한 수를 골라 몇 글자를 고쳐 조롱하여 읊었다. "내가 여기서 고요히 잠을 자서, 일어나면 항상 정오가 지난다네. 비록 70년을 살더라도 35년에 해당될 뿐이라네吾在此 靜睡, 起來常過午, 便活七十年, 止當三十五." 친구들이 보고 포복절도하지 않는 사람이 없었다. 이것은 비록 농담이지만 지극한 원리와 자못 관련이 있다. 마땅히 잠을 자야 할 때는 다만 칠흑 같은 밤이며, 이 시기를 제외하면 모두 잠을 잘 시기가 아니다. 그러나 낮잠의 즐거움은 저녁보다 배가 되며, 세 계절에는 모두 적당하지 않지만 오직 긴 여름날에는 적절하다. 여름을 편애하는 것이 아니라 긴 여름날의 하루는 늦겨울의 이틀에 해당하고, 긴 여름날의 하룻밤은 늦겨

울 밤의 반도 되지 못하므로, 여름밤에만 휴식하고 낮에 휴식하지 않으면 1할의 편안함으로 4할의 피로를 감당해야 하는데 정력이 얼마이기에 이러한 상황을 감당할 수 있겠는가? 하물며 더운 기운은 쇠를 녹일 정도이므로, 더운 기운에 마주하여 피로해지지 않을 사람이 없다. 피로가 극에 달하여 잠을 자면, 굶주렸다가 음식을 먹는 것과 같고 목이 말랐다가 물을 마시는 것과 같으므로, 양생의 계책은 이보다 좋은 것이 없다.

점심 식사 뒤 아주 짧은 시간이 약간 지나 먹은 음식이 이미 소화된 이후에 평상 근처를 배회한다. 또 마음속으로는 잠을 자려고 하지 않는데 잠을 자려면 잘 수 있지만, 이러한 잠은 달콤하지 않다. 반드시 먼저 일을 하여 일이 아직 끝나지 않았는데 갑자기 피곤해지면, 꿈나라의 사람이 스스로 와서 나를 초대한다. 무릉도원과 천태산天台山[47]의 여러 미묘한 경계는 본래 의도적으로 조작한 것이 아니며, 모두 그런 줄 모르면서 그렇게 된 것이다. 나는 옛 시 가운데 "피곤해지면 책을 던지고 낮잠을 오래 잔다네手倦拋書午夢長"[48]라는 한 구절을 가장 좋아한다. 손에 책을 들고 잠이 들면 의도는 잠에 있지 않으며, 책을 덮고 잠이 들면 또 의도가 책에 있지 않으므로, 이른바 그런 줄을 모르면서 그렇게 된 것이다. 잠 속의 삼매경은 오직 여기서 얻을 수 있다. 이것은 잠잘 시기를 논한 것이다.

잠은 또 반드시 먼저 장소를 선택해야 한다. 좋은 장소는 두 곳

---

47  천태산天台山: 절강성 천태天台에 있는 해발 1098미터의 명산. 천태종의 발원지.
48  手倦拋書午夢長: 출처는 북송의 관리 채확蔡確(1037~1093)의 시 「여름날 거개정에 올라夏日登車蓋亭」 10수의 제3수.

으로 고요한 곳과 시원한 곳이다. 고요하지 않은 장소는 눈이 잠들 수 있을 뿐이고 귀가 잠들 수 없어 귀와 눈이 두 갈래로 나누어지므로, 어찌 몸을 편안케 하는 좋은 계책이겠는가? 시원하지 않은 장소는 단지 혼이 잠들 수 있을 뿐이고 몸이 잠들 수 없으며, 신체와 혼이 합치되지 않는 것은 바로 양생의 지극한 금기다. 잠을 잘 수 있는 사람과 잠을 잘 수 없는 사람은 '한망閒忙'(한가로운 것과 바쁜 것)의 두 글자에서 구별된다. 일반적인 도리로 말하자면, 바쁜 사람은 잠을 자야 마땅하고 한가로운 사람은 잠이 필요 없을 수 있다. 그러나 바쁜 사람에게 거짓으로 자게 하면 단지 눈이 잘 수 있을 뿐으로 마음이 잘 수 없다. 마음이 자지 않고 눈만 자면 잠을 자지 않는 것과 같다.

가장 받아들일 수 없는 것은, 자려다가 아직 잠들지 않았을 때 갑자기 어떤 일을 아직 하지 못했고 어떤 사람을 아직 만나지 못했다는 것이 생각나는 것으로, 모두 절대로 그만둘 수 없는 일이므로 이렇게 자면 일을 그르치고 시기를 놓치는 상황에서 벗어나지 못한다. 생각이 여기에 이르면 바로 온갖 사념이 일어 겁이 나며 마음으로 놀랍게 느껴져서, 잠을 자기 전과 비교하여 더욱더 초조해진다. 이것은 바쁜 사람이 잠을 자기에 적당하지 않은 까닭이다. 한가하면 눈이 아직 감기지 않아도 마음이 먼저 감기고, 마음이 이미 열려도 눈이 아직 떠지지 않는다. 이미 잠이 든 것은 아직 잠들지 않은 것과 비교하여 즐거우며, 이미 잠에서 깨어난 것은 아직 잠에서 깨어나지 않은 것과 비교하여 더욱 즐거우므로, 이것은 한가한 사람이 잠을 자기에 적당한 까닭이다. 그러나 하늘과 땅 사이에 한가한 사람이 몇이나 있겠는가?

반드시 한가해야 비로소 잠든다면, 잠을 잘 수 있는 시기가 없을 것이다. 잠시 그 마음을 느긋하게 하여 꿈속의 영혼을 편안하게 하는 방법이 있다. 대개 하루 중에 긴급하게 해야 할 일은 모두 오전에 끝내야 마땅하다. 아직 끝내지 못한 일은 집안사람과 나눠 대신하도록 하고, 일마다 모두 귀결시킨 뒤에 침상과 베개를 찾아 달게 자면 한가한 사람과 차이가 없을 것이다. 이것은 잠을 잘 수 있는 사람을 말한 것이다. 그러나 아직 설파하지 않은 중요한 하나의 관문이 더 있으니 나쁜 일을 하지 않는 것이다. "한밤중에 문을 두드려도 놀라지 않아야半夜敲門不吃驚"49 비로소 대낮에 잘 수 있으며, 그렇지 않으면 문을 두드리는 소리를 듣자마자 바로 나졸이 문에 왔다고 여길 것이다.

## 앉기

예로부터 양생을 잘하는 사람으로 공자보다 뛰어난 사람이 없었다. 어떻게 알았는가? "잠잘 때에는 시체처럼 경직되지 않았고, 집에 거주할 때는 엄숙하게 꾸미지 않았다寢不尸, 居不容"50라는 두 마디 말에서 알았다. 만약 풍채를 잘 꾸미고 옷차림새를 힘써 가다듬어 항상 군자와 비슷하기를 추구하고 어디서든지 성인이 되려고 하

---

49　半夜敲門不吃驚: 출처는 원나라 무명씨의 잡극 『진주조미陳州糶米』. 吃驚흘경은 '놀라다'는 뜻이다.
50　寢不尸, 居不容: 출처는 『논어』 「향당」.

면, 잠자고 집에 거주하면서 시체처럼 뻣뻣하고자 하지 않아도 저절로 시체처럼 뻣뻣해지고, 엄숙하려고 하지 않아도 저절로 엄숙해져 오관과 사지가 다시 활짝 펴질 때가 없을 것이다. 어찌 진흙으로 빚고 나무로 조각한 듯이 뻣뻣한 모습으로 세상에서 오래 살 수 있겠는가? '불시불용不尸不容(시체처럼 뻣뻣하지 않고 엄숙하게 꾸미지 않는다)이라는 네 글자로 시대에 부합하는 성인을 한 폭으로 그려냈는데, 천추만대에 받들어 제사를 지내는 우아한 교화의 시조가 되기에 적당했다. 우리가 한가하게 지내면서 앉는 방식은 공자를 스승으로 삼아야 마땅하므로, 단정해지려고 옷깃을 바로 하여 꼿꼿하게 앉을 필요가 없으며, 속박을 당한 것처럼 경직되어 이동하기 어렵게 되지 않아야 한다. 무릎을 부여잡고 앉아서 길게 읊조릴 때는 앉더라도 다리를 쫙 뻗고 앉아도 무방하다. 손으로 턱을 괴고 나를 잊는 것이 행락인데 하필 '좌망坐忘'[51]이라고 이름 붙였는가? 단지 얼굴과 몸이 수직으로 일치하여 오랫동안 움직이지 않는 것이 보이면 그 사람은 반드시 죽을 것이다. 이것은 영정을 그리게 될 징조다.

## 걷기

___

귀인은 외출할 때 반드시 수레나 말을 탄다. 편안하다면 편안하지

___

51  좌망坐忘: 모든 것을 잊고 앉아 있다. 자신의 형체를 망각하고 자신의 총명을 포기하여 형체와 지능의 속박에서 벗어나 대도大道와 하나가 되는 것. 정좌하여 무아의 세계로 들어가다. 출처는 『장자』 「대종사大宗師」.

만 조물주가 인간의 형상을 부여한 의미에서는 약간 주도면밀하지 못한 것이다. 다리가 있으면서 사용하지 않으면 다리가 없는 것과 같으며, 도리어 편안하게 걷는 것을 수레 타는 것으로 여기는 사람이 오관과 사지를 모두 적당하게 사용할 수 있는 것만 못하다. 이것은 가난한 선비가 남에게 과시하는 말이다. 수레를 타거나 말을 타거나, 신발을 끌거나 치마를 걷거나, 모두 길을 가는 사람이다. 다만 동적인 것과 정적인 것의 차이가 존재할 뿐이다. 만약 수레에 타거나 말을 타는 사람이 걷는 것을 즐거움으로 삼을 수 있으면, 산수의 뛰어난 경치를 지나가거나, 아름다운 꽃과 버드나무를 만나거나, 삿갓을 쓴 가난한 친구를 만나거나, 땔감을 짊어진 고고한 은자를 만나면 흔쾌히 수레나 말에서 내려 걷는 것을 즐거움으로 간주한다. 간혹 수레에 편하게 타서 걷기를 기다리고, 간혹 편안하게 걷는 것으로 수레 타는 것을 대신한다. 이는 다리를 사용하는 일에서 가난한 선비보다 한 단계 뛰어날 것이다.

가난한 선비가 남에게 자랑하는 것은 다리가 있어 걸을 수 있는 데에 그치지 않는다. 여유롭든 급박하든 문을 나설 때 믿을 만한 것이 있기 때문이다. 사정이 여유로우면 편안하게 걸어서 수레를 대신하고, 급박하면 빨리 걸어서 말 타는 것을 대신할 수 있다. 시중드는 사람이 있든 없든 외출하는 데 지장이 없다. 길동무를 맺어서 갈 수도 있고 길동무가 없어도 갈 수 있다. 부귀한 이가 다른 사람의 발을 빌리는 것과는 다르다. 부귀한 이는 하인이 오지 않으면 즉시 외출할 수 없다. 이러한 상황은 발이 있어도 없는 것과 같아 조물주가 인간에게 형체를 부여한 의의에 크게 어긋날 뿐이다. 홍이 나서 이야기하다 여기까지 왔는데 걷기란 정말 즐거운 것이로다!

## 서기

———

서 있는 것은 오래 서 있는 것과 잠시 서 있는 것으로 나뉜다. 잠시 서 있는 것은 의지할 곳이 없어도 되지만, 오래 서 있으려면 기댈 것을 생각해야 한다. 우뚝하게 홀로 서 있는 일은 다만 우연히 한 번 할 수 있으며, 매일 이렇게 하면

「문원도文苑圖」의 일부, 오대, 주문구周文矩
문인 두 사람이 소나무와 바위에 기대어 서서 시상에 잠긴 모습

근육과 뼈가 모두 허공에 매달려서 발뒤꿈치는 숫돌과 같아지고 혈맥은 응고되는 근심이 생긴다. 큰 소나무에 기대거나, 괴석에 의지하거나, 난간에 기대어 수레를 탈 때 손잡이로 삼거나, 긴 대나무에 의지하여 지팡이로 삼거나 한다. 이렇게 근심 없이 한가한 사람이 되고 또 그림 속의 인물이 되면 얼마나 즐겁겠는가! 다만 미인을 기둥으로 삼아 기댈 수는 없는데, 기초가 너무 허약하여 미인과 기대는 사람이 모두 엎어지는 상황이 초래될까 걱정되기 때문이다.

## 술 마시기

「취음도醉飮圖」의 일부, 명대, 만방치萬邦治(1502~1572), 광둥성박물관 소장

모여 잔치를 하는 일의 귀한 것은 다섯 가지다. 마시는 양이 많거나 적거나를 막론하고 귀한 것은 좋아할 수 있다는 것에 있다. 함께 마시는 동료가 많거나 적거나를 막론하고 귀한 것은 담소하기 좋다는 것에 있다. 마시는 도구가 화려하거나 검소하거나를 막론하고, 귀한 것은 지속할 수 있다는 것에 있다. 술 마실 때 주령酒令[52]이 관대하거나 엄격하거나를 막론하고, 귀한 것은 실행할 수 있다는 것에 있다. 마시는 시간이 짧거나 길거나를 막론하고, 귀한 것은 그칠 수 있다는 것에 있다. 이 다섯 가지 귀한 것을 구비해야 비로소 음주의 즐거움을 더불어 말할 수 있으며, 그렇지 않으면 좋은 술과 친구가 모두 목숨을 해치고 몸을 다치게 하는 도구가 된다.

[52] 주령酒令: 한 사람이 사령관이 되고 나머지가 차례로 돌아가며 정해진 규칙에 따라 시를 짓거나 놀이하여 지는 사람이 벌로 술을 마시는 놀이. 후한의 가규賈逵(174~228)가 『주령酒令』을 저술했다.

내 평생에 다섯 가지 좋아하는 것이 있으며 또 다섯 가지 좋아하지 않는 것이 있어, 이 두 사항은 서로 반대이지만 또 두 가지를 한꺼번에 해도 사리에 어그러짐이 없다. 다섯 가지 좋아하는 것과 다섯 가지 좋아하지 않는 것은 무엇인가? 술을 좋아하지 않지만 손님은 좋아한다. 음식은 좋아하지 않지만 담소는 좋아한다. 밤을 새는 환락을 좋아하지 않지만 밝은 달과 함께 차마 이별하지 못하는 것을 좋아한다. 가혹한 주령酒令은 좋아하지 않지만 벌을 받는 사람이 변명하려다가 말이 없는 것을 좋아한다. 술주정을 부리며 좌중을 욕하는 사람은 좋아하지 않지만 술을 마신 뒤에 속마음을 다 털어놓는 것은 좋아한다. 이러한 다섯 가지 좋아하는 것과 좋아하지 않는 것으로 인해 한 잔을 이기지 못하는 주량으로 날마다 주객과 친구가 되었다. 근래 또 하나의 좋아하는 버릇과 싫어하는 버릇이 늘어났다. 좋아하는 버릇은 음악을 들을 때마다 반드시 집으로 돌아오는 일을 잊어버리는 것이다. 또 싫어하는 버릇은 좌중의 손님이 말이 많아서 음악과 노랫소리를 어지럽히는 것이다. 음주의 즐거움은 다섯 가지 귀중한 것과 다섯 가지 좋아하는 것에 갖추어져 있으며, 이것들은 모두 모여 잔치를 벌이고 손님과 친구를 맞이하기 위하여 설정한 것이다.

그런데 가정에서 조금 마시는 것과 한가할 때 혼자 마시는 것은 그 즐거움이 모두 천지의 비밀이 드러나는 도중과 예법의 구속이 사라지는 속에 있다. 잔치에서처럼 술 마시고 먹는 실제 행동은 있지만, 술잔을 주고받는 헛된 행동은 없다. 아들과 딸이 웃고 우는 것을 보면 현란한 춤이라 간주하고, 처자가 훈계하는 말을 들으면 금루곡金縷曲<sup>53</sup>을 듣는 듯하다. 진실로 이렇게 간주할 수 있다면 아침마다 설날이고 밤마다 정월 대보름날이라고 할 것이다. 어찌 반드시 손님이 항상 가득하고 항아리의 술이 비지 않으며 날마다 호쾌한 행동을 해야 즐겁겠는가?

## 대답

———

독서는 가장 즐거운 일이지만 게으른 사람은 항상 괴롭게 여긴다. 조용하고 한적한 것은 가장 즐거운 일이지만 적막한 것을 싫어하는 사람이 있다. 즐거움을 향하고 괴로움에서 떠나가며, 적막한 것을 피하여 편안하고 한가한 것을 누리는 것으로는 고고한 선비와 교제하고 문인과 강론하는 것만 한 것이 없다. 무엇 때문인가? "그대와 하루 저녁 이야기하는 것이 10년 책을 읽는 것보다 낫다與君一夕話, 勝讀十年書"<sup>54</sup>는 말이 있다. 이미 하루 저녁의 즐거움을 얻었고 또 10년의 괴로움을 덜었으므로 또한 이익이 많지 않은가? "대나무 심은 정원을 지나다가 스님을 만나 이야기하여, 또 뜬구름 같은 삶에서 반나절의 한가로움을 얻었네因過竹院逢僧話, 又得浮生半日閑"<sup>55</sup>라고 하듯, 이미 반나절의 한가로움을 얻었으며 또 여러 시간의 적막

———

53  금루곡金縷曲: 사패詞牌의 일종. 부귀영화를 애석해하지 말고 소년 시절을 애석해해야 한다는 내용.
54  與君一夕話, 勝讀十年書: 출처는 송나라 학자 정호와 정이의 『이정전서二程全書』「유서22상·이천어록遺書二十二上·伊川語錄」에 나오는 "그대와 함께 하룻밤 나눈 말이, 10년 동안 책을 읽은 것보다 낫네共君一夜話, 勝讀十年書."
55  因過竹院逢僧話, 又得浮生半日閑.: 출처는 당나라 시인 이섭李涉의 시 「학림사 벽에 쓰다題鶴林寺壁」

함을 면했으므로, 쾌락을 이루 다 말할 수 있겠는가? 양생을 잘하는 사람은 도道가 있는 선비와 교류하지 않을 수 없으나, 도가 있는 선비는 말을 잘하지 못하는 사람이 많다. 도가 있으면서 말을 잘하는 사람은 살아가면서 만나기 드물기 때문에, 시시각각 찾아가고 날마다 초청하여 어리석은 것을 계발하는 용도로 해야 한다. 가령 내가 담론을 잘하여 다른 사람에게 의지하지 않을 수 있다고 해도 또한 벗들의 계발을 빌려야 한다. 어찌 서방의 자명종처럼 두드리지 않아도 스스로 울 수 있겠는가?

## 목욕

———

더운 여름 달에 낮잠 이외에 즐거운 일을 찾으면 오직 목욕이 아니겠는가? 축축한 때는 목욕이 아니면 제거할 수 없고, 혼탁한 오염은 목욕이 아니면 깨끗해지지 않는다. 찌는 듯한 더위의 독기도 목욕이 아니면 해소되지 않는다. 이 일은 한여름에만 마땅한 것이 아니라 대개 따스한 봄과 상쾌한 가을에도 모두 목욕을 즐거움으로 할 수 있다. 엄동에는 추위를 피해 자주 목욕하는 것이 여의치 않다. 그러나 양생가는 왕왕 목욕을 꺼리며 원신元神56을 손상시킨다고 한다. 내 생각에 목욕이 몸을 손상시킬 수 있으면, 비와 이슬도 만물을 손상시킬 수 있을 것이다. 어찌 사람과 초목이 다른 성질을 가지고 있겠는가? 그러나 목욕이 신체를 손상시킨다는 학설도 근

———

56　원신元神: 도교 용어. 인류 정신 활동의 원동력이자 생명의 근원이 되는 것. 사람의 영혼. 출처는 당나라 도사 여동빈의 『수신결修身訣』

거가 없이 그렇게 말한 것은 아니다. 내가 일찍이 시험해보았다. 시험 삼아 처음으로 목욕통에 들어갈 때, 아직 몸에 물을 뿌리기 전 갑자기 열기가 팽창하여 끓어오르는 상황을 만났다. 뜨거운 열이 차가운 몸에 다가오고 축축한 물이 건조한 몸에 침범하여 거의 물 공격과 비슷했다. 이러한 일격은 실제로 원신元神에 충격을 주어 흩어버리고 정기精氣를 소모시키기에 충분하다.

그러나 내게 처리하는 방법이 있다. 너무 격렬한 것이 걱정되면 방법은 천천히 물에 들어가는 데에 있다. 너무 뜨거운 것을 피하려면 따스한 물을 사용하는 게 이롭다. 물이 뜨거울 때 옷을 벗고, 먼저 물의 온도를 조절하여 약간 온화하게 한다. 배에서 가슴으로 가슴에서 등으로 물을 묻혀 천천히 따뜻하게 하면, 물이 닿아도 물이 없는 듯하고 이미 목욕을 했어도 아직 목욕을 하지 않은 것과 같을 수 있다. 물의 온도에 익숙해진 뒤에 비로소 뜨거운 물을 부어 넣는다. 자주 씻고 자주 물을 부어 넣으며, 자주 물을 부어 넣고 자주 뒤섞으면, 뜨거운 물과 차가운 물이 완전히 뒤섞여 느끼지 못하며 점차 아늑한 경지로 들어가서 차고 뜨거운 것을 모르게 될 것이다. 그 뒤에 이리저리 마구 자세를 바꾸어 몸을 뒤척거리며 물을 거꾸로도 붓고 자연스럽게도 뿌려, 반드시 몸이 통쾌하게 된 다음에 끝마친다. 이것이 목욕통에서 즐거움을 찾는 방법이다. 부유한 대저택에서는 목욕통을 확대하여 욕실로 만들고 연못에서 물을 넣기도 한다. 차가우면 불을 때고 더우면 불을 제거하여 저절로 편안한 방법으로 힘든 일을 처리하는 방법이 있다. 생각해보면 가난한 사람이 말참견하는 것이 필요 없을 것이다.

## 거문고 연주 듣기와 바둑 구경

바둑은 한가로움을 완전히 해소할 수 있지만, 바둑으로 행락하기는 어려운 듯하다. 거문고 연주는 실제로 품성을 함양할 수 있으나, 이것에 집착하여 환락을 찾기는 쉽지 않다. 거문고는 반드시 옷깃을 바로 하고 정좌하여 연주하며, 바둑은 반드시 전투태세를 갖추어 응대해야 한다. 신체를 완전히 풀어놓아야 할 때에 하필 다시 엄숙해져야

「대혁도對弈圖」, 청대, 전혜안錢慧安

하겠는가? 온갖 상념을 모두 잊어야 할 때 다시 승부를 겨루는 것이 어찌 마땅하겠는가? 항상 많은 봉록과 영예를 한 번에 던져버리면서 다른 사람과 바둑으로 승부를 겨루면 한 수도 양보하려 들지 않는 사람이 있는데, 이것은 제후의 나라를 양보하고 대나무 그릇에 담긴 밥과 굽다리 접시에 담긴 국을 다투는 것과 무엇이 다르겠는가? 그러므로 연주를 좋아하는 것은 감상을 좋아하는 것만 못

하고, 바둑을 잘 두는 것은 잘 구경하는 것만 못하다. 다른 사람이 이기면 내가 기뻐할 수 있지만 다른 사람이 져도 내가 근심할 필요가 없으므로, 항상 형세가 유리한 곳을 차지하고 있다. 다른 사람이 평화롭고 느릿한 곡을 연주하면 내가 상서롭게 여기고, 다른 사람이 격렬한 음악을 연주하면 나는 흉하다고 여길 필요가 없으므로 영원토록 운 좋은 사람이 된다. 구경하거나 감상하다 시간이 나서 손발이 근질거리면, 우연히 한 번 하는 것도 무방하지 않겠는가? 그 속에서 헤어 나올 줄 모르지만 않으면 연주를 잘하고 바둑을 잘 두는 사람이다.

## 꽃구경과 새소리 듣기

——

꽃과 새의 두 사물은 조물주가 낳아서 사람을 기쁘게 하는 것이다. 이미 아름다운 꽃과 어린 꽃봉오리를 만들어 미인을 대신했고, 또 꽃이 말을 알아듣지 못하는 것을 근심하여 다시 여러 새를 낳아서 보좌하도록 했다. 이러한 조물주의 생각은 결국 미녀를 찾아 구입하여 가무를 익히게 하고 마시게 하고 먹이며 가르치고 인도하여 사람을 기쁘게 하는 것과 마찬가지로 지극히 주도면밀한 것이었다. 그러나 세상 사람들은 알지 못하고 미련한 생명으로 간주하여, 항상 기이한 화초가 눈을 스쳐도 보지 못하고 지저귀는 새가 귀를 기쁘게 해도 듣지 못하는 사람이 있다. 재물을 써서 구입한 첩이 미색은 꽃의 만분의 일에도 미치지 못하고, 목소리는 겨우 새의 찌꺼기만을 훔쳐 가지고 있으나, 첩의 모습을 보면 바로 아름답다고

놀라고 노래를 들으면 번
번이 듣기 좋다고 기
뻐하며, 첩의 모습
이 꽃과 비슷하
고 목소리는 새
와 비슷하다고
한다. 아! 사이비
를 귀하게 여기고
진짜를 천하게 여기
고 있으니, 섭공
葉公57이 용을 좋
아한 것과 무엇이
다른가?

「사학도飼鶴圖」,(학을 기르는 은자의 모습), 청대, 임훈任薰(1835
~1893)

　나는 그렇지 않다. 매번 꽃과 버들이 아름다움을 다투는 때가
되고 날아가는 새가 재주를 겨루는 시절이 되면, 반드시 하늘에
감사를 드리고 조물주에게 공을 돌린다. 제물을 바치지 않으면 마
시지 않았고 음식이 있으면 반드시 진열하여, 부처를 믿는 선비와
독실한 여인이 부처를 공경하는 것과 같았다. 밤에는 꽃보다 늦게
잠들었고 아침에는 새보다 빨리 일어나, 소리 하나와 모습 하나도
우연히 놓칠까 두려워했다. 꾀꼬리가 늙고 꽃이 시들면, 번번이 무

57　섭공葉公: 춘추 시기 초나라의 귀족으로 이름이 자고子高이며 섭葉(지금의 허난성 예
현葉縣)에 봉해졌다. 유향의 『신서新序』 「잡사오雜事五」에 따르면, 섭자고가 용을 좋아한
다는 말을 듣고 하늘의 용이 내려오자 섭공이 보고 혼비백산하여 달아났다고 한다.

엇을 잃어버린 듯이 즐겁지 않았다. 이러한 나의 일생은 꽃과 새를 저버리지 않았다 할 것이다. 그러므로 꽃과 새가 나를 만난 것은 또 "한 사람의 지기가 있으면 죽어도 한이 없으리라─人知己, 死可無恨" 는 것이라 할 것인가!

## 새와 물고기 기르기

새 가운데 울음소리로 사람을 기쁘게 하는 것은 화미畫眉와 앵무새 두 종류다. 그러나 앵무새의 명성이 화미보다 훨씬 높고 사람들이 좋아하는 것은 사람의 말을 할 수 있기 때문이다. 나는 이러한 논리에 크게 반대한다. 앵무새의 장점은 깃털에 있을 뿐으로, 앵무새의 소리는 하나도 들을 것이 없다고 생각한다. 새소리가 듣기 좋은 것은 사람의 소리와 다르기 때문이다. 새소리가 사람의 소리와 달라 듣기 좋은 점은 사람에게서 나오는 소리는 인간의 소리이며, 새에게서 나오는 소리는 자연의 소리이기 때문이다. 만약 내가 사람의 말을 들으려 하면 귀에 가득 들리는 것이 모두 사람의 말인데, 하필 새장 속에 있는 새의 입을 빌리겠는가? 하물며 제일 말을 잘하는 앵무새도 그 혀뿌리가 뻣뻣하기는 말을 잘 못하는 사람보다 심하고, 앵무새가 하는 말은 또 자신도 모르게 하는 몇 마디에 불과하다. 그러므로 앵무새가 사람에게 중시를 받는 것과 사람이 앵무새를 중시하는 까닭은 모두 이해할 수 없는 일이다. 화미새의 교묘함은 한 입으로 여러 말투를 대신하여, 한 종류를 모방할 때마다 극히 흡사하지 않은 경우가 없으며, 또 섬세하고 완곡하기는 더 뛰어나므로 진실로 새 가운데 지혜로운 동물이다. 나는 이 동물과 인연 맺은 것을 좋아하지만 쉽게 죽어 유독 괴이하게 생각한다. 쉽게 병이 나서 또 원망을 초래하고 죽지 않으면 바로 다른 동물에게 상해를 입어, 결국 3년 동안 죽지 않는 것이 없었다. 아마도 또한 다재다능하여 이런 상황이 초래된 것인가?

학과 사슴의 두 종류가 기르기 적당한 것은 선풍도골을 지니고 있기 때문이다. 그러나 사용하는 비용이 헤아릴 수 없이 많고 키우는 장소가 반드시 넓어야 하므로, 재산과 땅이 없는 사람은 모두 기를 수 없다. 또 물고기를 기르고 학을 키우는 두 가지 일은 겸하여 실행할 수 없는데, 이것에 유리하면 저것에 해가 되기 때문이다. 그러나 학이 잘 울고 춤을 잘 추는 것과 사슴이 소란을 부리지 않아 길들이기 쉬운 것은 모두 품성이 극히 고귀하기 때문으로, 기린·봉황·거북·용 이외에 이 두 가지 동물을 앞에 꼽지 않을 수 없을 것이다. 그런데 세상 사람들이 이 두 동물을 좋아하지만, 또 그 중 중요한 정도를 구분하여 둘 모두를 가질 수 없으면 반드시 사슴을 버리고 학을 택할 것이다. 현달하여 부귀한 집에서는 정원에 깊이 감추어 둘 뿐만 아니라, 학의 가까이에 자신이 한가로이 머무는 거처를 설치하고, 만약 사람에게 부탁하여 초상을 그리면 반드시 이 동물을 동반한다. 내가 일찍이 그 원인을 연구해보았는데 모두 한 사람으로부터 시작되었으니 바로 조변趙抃58이라는 사람이다.

---

58  조변趙抃(1008~1084): 자가 열도閱道. 시호는 청헌清獻. 어사가 되었을 때 권문세족을 가리지 않고 탄핵하여 '철면어사鐵面御史'라 불렸다. 평소에 거문고 하나와 학 한 마리를 동반했다. 소식이 「청헌공신도비清獻公神道碑」를 지었다.

거문고가 학과 더불어 명성과 가치가 배로 증가한 것이 어찌 어진 재상이 도와준 공로가 아니겠는가?

일상생활에서 기르는 동물은 닭과 개 이외에 또 고양이가 있다. 닭은 새벽을 담당하고, 개는 밤을 지키며, 고양이는 쥐를 잡으므로, 모두 사람에게 공로가 있으면서 자신의 힘으로 살아가는 존재다. 그래서 고양이는 주인과 친밀해져서 매끼 함께하고, 또 멋대로 휘장을 들추고 침실로 들어와 침상에서 함께 잠을 잔다. 닭은 홰에서 살고 개는 밖에서 잠을 자므로, 거처와 음식이 모두 고양이에 미치지 못한다. 그러나 예로부터 금수의 공로를 기록하고 치국과 평천하의 형상을 언급한 것에서는 닭과 개만 말하고 고양이를 전혀 언급하지 않았다. 고양이와 친한 것이 옳다면 고양이를 생략한 것은 잘못이며, 고양이와 친한 것이 잘못이면 고양이를 생략한 것이 옳으므로, 둘 사이에서 곤혹스럽지 않을 수 없을 것이다.

내가 말했다. 여기에 관한 학설이 존재한다. 고양이와 친하고 닭과 개를 천시한 것은 악공樂工을 좋아하고 사랑스러운 아들을 좋아하는 것과 같은데, 부르지 않아도 다가오고 꾸짖음을 듣고도 떠나지 않기 때문이다. 고양이가 친밀하게 굴어서 고양이와 친한 것이며, 친할 만한 이유가 있는 것이 아니다. 닭과 개 두 동물은 직책을 중심으로 삼아서, 일단 새벽을 알리고 밤을 지키는 시기가 되면 각각 그 일을 담당하며, 비록 맛난 음식으로 사육하고 내실에 두어 일하는 저곳으로 가지 못하게 하고 이곳으로 오게 하려 해도 두 동물은 또한 죽어도 오지 않는다. 사람이 이러한 상황에 처하면 역시 닭과 개가 소원하기 때문에 멀리하는 것이며, 멀리할 만한 이유가 있는 것이 아니다. 게다가 새벽을 알리고 밤을 지키는 공로는 쥐를 잡는 공로와 또 차이가 있다. 닭이 새벽을 알리고 개가 밤을 지키는 것은 굶주림과 추위를 참아가며 몸과 마음을 다하고 이익이 없어도 하므로, 매우 공정하여 사심이 없는 것이다. 고양이가 쥐를 잡는 것은 해를 제거하고 음식을 얻는 것이다. 이익이 있어서 하는 것이므로, 공적인 것과 사적인 것이 서로 반씩이다. 청렴하게 스스로 처신하여 아첨하는 것을 하찮게 여기는 것은 소원해지는 방법이다. 공적인 것을 빌려 스스로 행동하여 주인에게 친밀하게 구는 것은 총애를 굳건히 하는 방법이다. 이 세 동물의 친소관계는 모두 스스로 선택한 것이다. 그러나 내가 인간 세상에서 직업을 가지고 있으므로, 또 반드시 닭과 개의 행동을 본받고 고양이의 거동을 경계로 삼아야 한다. 아! 친소관계는 말할 수 있으나 화와 복은 말할 수 없다. 고양이는 스스로 천수를 누리지만, 닭과 개의 죽음은 잔혹한 형벌을 피하지 못한다. 세 동물의 득실을 관찰하면서 관직에 있으며 직책을 수행하는 것의 어려움을 깨달았다. 관리가 되지 않아 관리사회에서 부침하는 속박에서 벗어난 것은 행운이다.

# 대나무와 나무에 물 주기

––––––

"연못 근처에 작은 채소밭을 만드니, 과일은 쉽게 열리고 채소도 쉽게 자라네. 항아리로 물 주는 것은 매우 어리석고 기계는 너무 교묘하지만, 그 속에서 정원에 물을 주는 방법을 짐작하여 선택한다네築成小圃近方塘, 果易生成菜易長. 抱瓮[59]太痴機太巧, 從中酌取灌園方."[60] 이것은 내가 산에 살며 행락할 때의 시다.초목의 생사를 나의 생사로 삼을 수 있어야 비로소 정원에 물을 주는 즐거움을 더불어 말할 수 있으며, 그렇지 않으면 한두 번 물을 준 뒤에는 힘든 일이라 여기지 않음이 없을 것이다. 이런 사람은 초목이 무럭무럭 자라면 눈과 귀가 즐거울 뿐만 아니라, 또한 화초를 기르고 나무를 심는 집에는 상서로운 빛이 비치고 서기가 발생한다는 것을 전혀 모른다. 재물이 불어나는 땅에는 만물이 모두 번영하고, 운이 나쁜 집에서는 여러 생명이 자라지 못하는 것을 보지 못했는가? 기운의 왕성함과 왕성하지 않음은 모두 동물과 식물에서 증명된다. 그렇다면 물을 길어다 꽃에 뿌리는 것이 감여가堪輿家[61]의 말을 믿어 문을 수리하고 방향을 바꾸는 것과 다름이 없다. 고통으로 간주하지 않으면 즐거움이

––––––

59　抱瓮포옹: 포옹관원抱瓮灌園. 항아리로 물을 주다. 출처는 『장자』 「천지天地」. 공자의 학생 자공子貢이 한음漢陰을 지나가다 한 노인이 항아리에 물을 담아 채소에 물을 주는 것을 보고 기계를 사용할 것을 건의했으나 거절했다고 한다. 순박한 생활에 안주하는 것을 비유한다.

60　築成小圃近方塘, 果易生成菜易長. 抱瓮太痴機太巧, 從中酌取灌園方: 출처는 저자 이어의 시 「이원십편·관원편伊園十便·灌園便」.

61　감여가堪輿家: 풍수지리를 연구해 터의 길흉을 판단하는 자. 출처는 『사기』 「일자열전日者列傳」.

그 속에 있다. 집안사람을 독촉하여 이끌고 물을 주게 하고 자신도 약간의 일을 맡아서, 피로와 편안함을 절제하는 것도 성정을 기르는 데 도움이 된다.

## 2. 근심 그치게 하기

근심은 잊을 수 있는가? 잊을 수 없는가? 대답했다. 잊을 수 있는 것은 근심이 아니며, 근심은 진실로 잊을 수 없다. 그렇다면 근심을 잊지 못하는데 어떻게 즐거울 수 있겠는가? 대답했다. 근심은 잊을 수 없으나 그치게 할 수 있으며, 그치면 바로 잊어버리게 된다. 만약 사람이 가난을 걱정하는데 잊도록 권하면, 그 사람이 잊으려고 하지 않는 것이 아니다. 배고프다고 울부짖고 춥다고 소리치는 것이 내부에서 압박하고, 세금을 부과하고 수색하여 체포하려는 것이 외부에서 공격하는데, 근심을 잊을 수 있겠는가? 가난한 사람에게 근심을 잊도록 하려면, 반드시 먼저 배고픈 사람이 울음을 잊게 하고 추워하는 사람이 소리치는 것을 잊게 하며, 징수와 수색을 당하는 사람이 체포와 세금 부과를 잊어버리게 한 뒤에야 가능하므로, 이것은 틀림없이 할 수 없는 계책이다. 이렇다면 '망우忘憂(근심을 잊는다)'라는 두 글자는 헛소리일 뿐이다. 마치 낙제한 사람에게 다음 과거에는 반드시 합격하리라 위로하고, 늙도록 자식이 없는 사람에게 이후에는 틀림없이 자식을 낳으리라고 위로하는 것과 같다. 합격하지 못하고 낳지 못하는 상황이 되어도 그만이

「금옥수사도金屋愁思圖」(화려한 규방에서 근심에 싸인 여인), 청대, 무명씨

며, 그렇다고 나를 위로한 사람에게 잘못을 돌려 보상하라고 따지겠는가? 속담에서 "연못에 다가가 물고기를 부러워하는 것은 물러나 그물을 엮는 것만 못하다臨淵羨魚, 不如退而結網"62라 했다. 가난을 근심하는 사람을 위로하려면 반드시 재물을 늘리는 방법을 가르쳐줘야 마땅하고, 낙제한 사람을 위로하려면 먼저 합격하는 방법을 가르쳐줘야 한다. 늙도록 자식이 없는 사람을 위로하려면 첩을 사서 두고 질투와 분쟁을 중지시켜 여러 아들이 출생할 조건을 만들게 해야 한다. 이렇게 하면 도움을 주는 말이 되므로, 한 번의 권고를 저버리지 않을 것이다. 근심을 그치는 방법도 이와 같다. 근심이 일어나는 경로는 비록 복잡하지만, 전체적으로 준비할 수 있는 것과 방비하기 어려운 것의 두 종류를 벗어나지 않으므로, 잠시 책에 기록하여 망우초忘憂草63를 대신한다.

---

62  臨淵羨魚, 不如退而結網: 출처는 『한서』 「동중서전董仲書傳」.
63  망우초忘憂草: 훤초萱草. 원추리. 출처는 『설문해자』 「초부艸部」.

## 눈앞에서 준비할 수 있는 근심

뜻대로 안 되는 상황은 누구에게나 있게 마련이지만, 처리가 쉬운지와 처리가 쉽지 않은지 그리고 방비할 수 있는지와 방비할 수 없는지를 물어봐야 한다. 만약 처리하기 쉽고 방비할 수 있으면 일어나기에 앞서 계획을 세워 응대한다. 이러한 계획을 한 번 세우면 그 일을 마음 밖에 두어 다시 계획할 필요가 없으며, 다시 계획하면 나를 미혹시키는 상황이 다가올 것이다. 도적이 외부에서 공격하고 백성이 내부에서 소란을 일으키면 방어할 수 있겠는가? 발생하기를 기다렸다가 이전에 계획한 책략을 선택하여 응수하며, 절대 스스로 말소리와 얼굴빛이 동요되어서는 안 된다. 말소리와 얼굴빛이 동요되어 밖으로 드러나면 내부에서 기가 빠져버린다. 이것은 정적인 것으로 동적인 것을 응대하는 방법이며, 알기 쉽고 행동하기 쉽다.

## 외부에 있어 예측할 수 없는 근심

예측할 수 없는 근심은 아직 발생하지 않았을 때 반드시 먼저 조짐이 있다. 점을 쳐서 나타나는 것과 인간의 사지를 통해 드러나는 것이 또 반드시 영험한 것은 아니다. 영험한 징조는 흉한 소식이 자주 오는 데 있지 않고, 반대로 상서로운 일이 너무 많은 데 있다. 반드시 그렇다. 즐거움이 극에 달하면 슬픔이 생기고, 불운은 행운에 잠복되어 있으며, 이것이 고정불변의 운수다. 박명한 사람에게 기이한 복이 있으면 바로 기이한 화가 나타난다. 설사 덕이 있어 복을 받은 사람이라도 극히 상서로운 와중에 또 반드시 작은 재앙이 빚어져 나온다. 대개 천지자연의 도리는 인과응보가 틀림없어, 그 사람을 완전히 편애하지 않은 채 한 가닥 공정한 도리를 살짝 보여 줄 뿐이다. 통달한 사람이 이러한 경우에 처하면, 근심을 생각하여 사전에 예방하며, 이것은 좋은 상황이 아니라 틀림없이 조물주가 시기하는 운명이고 틀림없이 귀신이 엿보고 있는 시기라고 여긴다. 내부에서 일어나는 변고는 바로 여기에 있는 것이 아닐까? 근심을 그치게 하는 방법은 다섯 가지다. 첫째는 겸손하여 과실을 반성하는 것이고, 둘째는 부지런하여 자신을 연마하는 것이며, 셋째는 검소하여 돈을 저축하는 것이고, 넷째는 용서하여 투쟁을 종식시키는 것이며, 다섯째는 관대하여 비방을 중지시키는 것이다. 이것을 따라서 행동하면, 근심 가운데 큰 것은 작게 할 수 있으며 작은 것은 없앨 수 있다. 순환하는 운수만 아니면 몰래 피하여 다행스레 벗어날 수 있다. 다만 주고 빼앗는 조물주의 권한은 인간에게 예측되는 것을 기꺼워하지 않으므로, 이렇게 하리라 예측하면 조물주는 도리어 반드시 이렇게 하지 않으며, 이 또한 조물주가 영웅을 희롱하는 상투적인 수단일 뿐이다.

## 3. 먹고 마시는 것 조절하기

『식물본초食物本草』64라는 책은 양생가가 꼭 갖추어야 할 필수품이다. 그러나 한번 읽어보면 바로 치워버려야 마땅하다. 만약 수저의 옆에 두고 날마다 점검하여 먹기 마땅한 식물이면 먹고, 그렇지 않으면 경계하여 사용하지 않는다면, 좋아하는 것은 먹을 만한 것이 아니고 먹을 만한 것은 좋아하는 것이 아니게 될까 나는 두렵다. 증석曾晳은 고욤을 보고서는 먹을 수 없었고,65 조귀曹劌는 육식하는 사람(권력을 잡은 사람)을 천시했으나 그들과 더불어 모의했으므로66 음식에 관한 일도 매우 괴로운 것이다.

일찍이 어떤 사람이 식성에는 먹기 적당하지 않으나 입으로는 유독 좋아하는 것이 있었는데, 『식물본초』의 설명에 미혹되어 마침내 의심과 걱정으로 병에 걸리게 되었다. 활과 뱀이 빌미가 되었지만67 어찌 비슷한 형상에만 빌미가 있었겠는가! 식욕과 성욕은 본

---

64 『식물본초食物本草』: 명나라 명의 노화盧和가 16세기 전후에 편찬한 의학 서적으로 생활 속에서 자주 보이는 400여 종의 식용 약재를 설명했다.

65 증석曾晳: 증점曾點으로 자가 자석子晳. 증삼曾參(기원전 505~기원전 435)의 아버지로 공문 72현의 한 사람. 안회顏回(기원전 521~기원전 481)의 부친 안무요顏無繇(기원전 545~?)와 맹자의 부친 맹손격孟孫激 등과 함께 곡부曲阜 공묘의 숭성사崇聖祠에 배향되어 있다. 『맹자』 「진심상」에 따르면 증석이 고욤을 매우 좋아했으므로, 증석의 아들인 증삼은 피휘하는 의미에서 고욤을 먹지 않았다고 한다. 이어의 이 부분 설명은 증삼의 이야기를 증석의 이야기로 혼동하여 기록한 것이다.

66 조귀曹劌: 춘추시대 노나라의 저명한 군사 이론가. 『좌전』 장공莊公 10년에 따르면, 조귀가 고기를 먹는 권력자는 식견이 비루하고 심모원려가 없다고 했으나, 실제로는 노장공魯莊公을 만나 제나라 군대를 물리치는 일을 상의하여 처리했다.

67 활과 뱀: 배궁사영杯弓蛇影. 술잔에 비친 활 그림자를 뱀으로 착각하다. 『진서晉書』 「악광열전樂廣列傳」에 따르면, 악광(?~304)의 손님이 술잔에 비친 활 그림자를 뱀으로 착각하여 마시고 병에 걸렸다고 한다. 어떤 사물에 대한 착각을 가리킨다.

성이다. 음식에 의지하여 양생하려면 본성과 떨어지지 않는 것이
정도에 가까울 것이다.

## 먹기 좋아하는 것 많이 먹기

「인당추연도麟堂秋宴圖」, 명대, 우자구尤子求(16~17세기 활동)

평생 먹기 좋아
하는 음식은 바
로 몸을 보양할
수 있으므로, 다
시 『식물본초』를
조사할 필요가
없다. 춘추 시기
에는 『식물본초』
가 없었지만 공
자의 식성은 생강을 좋아하여 생강 먹기를 중지하지 않았으며, 식
성이 장醬을 좋아하여 바로 그 장이 없으면 먹지 않았다. 모두 식
성이 좋아하는 것을 따른 것으로서 근거를 조사하여 그렇게 한 것
이 아니었다. 공자에게 생강과 장 두 음식은 매끼 떠나지 않았으나,
많이 먹어서 병에 걸렸다는 말을 듣지 못했다. 식성에 맞는 식물은
많이 먹어도 재앙이 되지 않음을 알 수 있다. 다만 또 주식과 부식
을 조절하는 방법이 있으므로 몰라서는 안 된다. "육식이 비록 많
아도 오곡의 기운을 이기도록 하지 않는다肉雖多, 不使勝食氣."68 이것
이 바로 주식과 부식을 조절하는 방법이다. 육식과 주식을 비교하

면, 주식은 임금이고 육식은 신하다. 생강과 장을 육식과 비교하면, 또 육식은 임금이고 생강과 장은 신하일 것이다. 비록 좋아하고 좋아하지 않는 차이가 있지만, 임금과 신하의 지위는 어지럽힐 수 없다. 다른 음식물도 이와 유사하다.

## 먹기 두려워하는 것 적게 먹기
———

대개 한 가지 음식을 먹고 가슴 한복판에 엉겨 소화시킬 수 없는 것이 바로 병의 근원으로, 긴급하게 소화를 유도해야 마땅하다. 세상에는 현기증을 일으키는 약이 존재할 뿐이며, 어찌 현기증을 일으키는 음식이 있겠는가? 먹기 좋아하는 음식에는 틀림없이 이러한 우환이 없으며, 태반은 모두 싫어하는 것 때문이다. 그러므로 식성에 맞지 않는 음식은 적게 먹어야 하고, 먹지 않는 것이 더욱 좋다.

## 매우 배고파도 배부르지 않게 하기
———

음식을 조절하려면 먼저 배고픔과 배부름을 조절해야 한다. 대개 배고픔이 70퍼센트에 이르러 음식을 먹으며 이것이 적당한 법도이므로, 이 시기보다 앞서면 빠른 것이고, 이 시기를 지나면 늦는 것이다. 그러나 70퍼센트의 배고픔에는 또 70퍼센트의 배부름을 제

———
68  肉雖多, 不使勝食氣: 출처는 『논어』「향당」.

공해야 한다. 논의 물과 같이 벼의 싹과 서로 조화를 이루도록 노력하여 필요한 정도가 어느 정도이면 그 정도로 물을 대며, 너무 많으면 도리어 곡식을 손상시킬 수 있는데, 이것이 평소 양생할 때의 기준이다. 때로는 번잡한 일에 핍박을 받아 배고픔이 70퍼센트를 지나도 음식을 먹지 못하여 마침내 90퍼센트나 100퍼센트에 이르는 경우가 있으며, 이것은 너무 배고프다고 하는 것이다. 이때 먹는 것은 차라리 적을지언정 많지 않아야 한다. 많이 먹으면 배고픔과 배부름이 서로 다투어 비장脾臟의 기운이 손상을 받아, 몇 달에 걸친 조화가 견디지 못하고 하루아침에 문란해진다.

## 매우 배불러도 배고프지 않게 하기

―――

배고픔과 배부름의 정도가 70퍼센트를 넘어서는 안 될 뿐이다. 그러나 또 식탐이 너무 심하여 배가 불룩해지는 때가 어찌 없겠는가? 이것은 너무 배부른 상황에 빠진 것이다. 배고픔을 조절하는 방법도 역시 앞과 같으며, 차라리 많이 먹을지언정 적게 먹지 않는다. 만약 시기를 지난 지가 오래되지 않아서 쌓인 음식이 소화되기 어렵다고 생각되면, 매를 기르는 방법69으로 처리한다. 의도적으로 끊어질 정도가 되도록 굶는 것으로, 크게 풍년이 든 뒤에 갑자기

―――

69　매를 기르는 방법: 『후한서』「여포전呂布傳」에 "매를 기르는 것에 비유할 경우, 굶주리면 주인에게 쓰이고 배가 부르면 훌쩍 날아간다譬如養鷹, 饑卽爲用, 飽則颺去"라는 내용이 있다. 매를 길들일 때 며칠 동안 굶긴 다음에 먹을 것을 주면서 유도하여 주인의 말을 잘 듣도록 길들인다고 한다.

기이한 흉년을 만난 것과 비슷하다. 가난한 사람의 배고픔은 참을 수 있으나, 부유한 사람의 배고픔은 견딜 수가 없으며, 질병의 발생은 대부분 여기서 비롯되었다. 예로부터 양생을 잘하는 사람은 반드시 자신의 몸을 희롱하지 않았다.

## 성날 때와 슬플 때는 먹지 않기

―――

희로애락이 처음 시작될 때는 모두 음식이 들어갈 때가 아니다. 그러나 기쁘고 즐거울 때는 도리어 먹는 것이 가능하지만, 슬프고 성날 때에는 먹는 것이 틀림없이 불가능하다. 성날 때 음식을 먹으면 쉽게 넘어가지만 소화시키기 어려우며, 슬플 때에 음식을 먹으면 소화시키기 어렵고 넘기기도 어려우므로, 모두 잠시 그때가 지나서 상황이 조금 잦아들기를 기다려야 한다. 음식을 먹는 것은 천천히 먹거나 빨리 먹거나를 막론하고, 전체적으로 위장에 들어가 소화되는 때를 기준으로 한다. 급하게 먹어서 소화시키지 못하는 것은 천천히 먹어서 바로 소화시키는 것만 못하다. 소화되지 않으면 바로 병이 되며, 소화가 되면 한 끼에서 발생하는 근심을 피할 수 있다.

## 피곤할 때와 답답할 때는 먹지 않기

―――

피곤할 때는 먹지 말아야 하며, 졸음을 방지하기 위해서다. 졸면 먹은 것이 중간에 멈춰 아래로 내려갈 수 없다. 번민에 빠졌을 때는 먹지 말아야 하며, 오심惡心70을 피하기 위해서다. 오심이 나면 음식이 내려가지 않을 뿐만 아니라 구토가 수반된다. 한 가지 음식을 먹으면 그 음식이 효과가 있도록 힘쓴다. 효과가 있으면 이익을 얻지만 효과가 없으면 어찌 이익을 얻지 못하는 것에 그치겠는가!

## 4. 색욕 조절

행락行樂71의 장소는 첫째로 실내를 꼽는다. 그러나 세상 사람들은 이것을 잘 처리하지 못한다. 왕왕 질투를 부르고 분쟁을 조성하여 도리어 사람에게 화를 끼치는 도구가 되었다. 잘 제어하는 사람이 있다고 해도 또 과도한 탐닉에서 벗어나지 못하여, 몸을 상하고 정혈을 고갈시켜 이에 따라 목숨이 끊어진다. 그러므로 잘 처리하거나 잘못 처리하거나 사람에게 무익한 것은 마찬가지다. 양생가에는 또 여색을 가까이하거나 여색을 멀리하는 두 파가 있으며, 각각 자신의 견해를 고집하여 그 주장이 물과 불처럼 양립한다. 아! 하늘이 남자를 낳고 어찌 다시 여자를 낳아서, 사람이 멀리할 수도 없게 하고 가까이할 수도 없게 했으며, 공과 죄를 결정하기도 어렵게 하여, 끝내 오랜 세월 판결하지 못하는 어려운 사건이 되어버렸는

---

70  오심惡心: 가슴 속이 불쾌하면서 토할 듯한 기분이 드는 증상. 출처는 수나라 의사 소원방巢元方(550~630) 등이 편찬한 의서 『제병원후론諸病源候論』.
71  행락行樂: 여기에서는 '재미있게 놀다'보다는 남녀 사이의 애정 행위를 의미하는 용어로 사용되었다.

가!

내가 분쟁을 중지키시고 비방을 그치게 하기 위해 하나의 공정한 논평을 세우고자 하는데, 음양이 서로 떨어질 수 없는 것은 마치 천지가 반으로 나뉠 수 없는 것과 같다. 하늘이 만약 땅에서 떠나면, 땅이 없는 것에 그치지 않고 또 하늘도 없어질 것이다. 강·하천·호수·바다

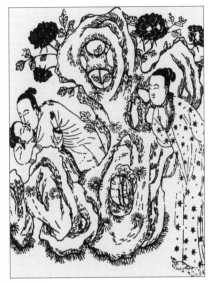

「후정희희도後庭嬉戱圖」,(후원에서 희롱하는 모습). 청대, 목판 삽도

가 존재하지 않으면 해와 달이 어디에 숨겠는가? 비와 이슬이 무엇에 기대어 내릴 것인가? 사람들은 해와 달을 감추는 것이 땅이라는 것만 알고, 해와 달을 낳는 것도 땅인 것은 모른다. 사람들은 비와 이슬이 내리는 곳이 대지인 것만 알고, 비와 이슬을 만드는 것도 대지인 것을 모른다. 대지는 하늘의 정기를 감출 수 있으며, 하늘의 정액이 내리지만 하늘에 피해가 되지 않고 도리어 하늘에 도움이 되는 것은 그 까닭이 어디에 있는가? 바로 하늘은 대지를 활용할 수 있으나, 대지에게 사용되지 않기 때문일 뿐이다. 하늘이 대지를 어둡게 하면 대지는 감히 어두워지지 않을 수 없다. 하늘이 대지를 밝게 하고자 하면 또 감히 밝아지지 않을 수 없다. 물은 대

지에 저장되지만, 하늘의 바람을 빌리지 않으면 파도가 의지하여 일어날 수 없다. 흙은 대지에 붙어 있으나, 하늘의 기후를 만나지 않으면 초목이 어디서 태어나겠는가? 이 하늘이라는 것은 대지를 사용하는 사물이며, 남자가 한 집안의 주인이 되어 재물을 출납하는 권한을 담당하고 있는 것과 같다. 대지라는 것은 하늘의 명령을 듣는 사물로서, 여인이 한 사람의 용도로 준비되어 음식과 잠자리의 수고로움을 담당하는 것과 같다. 과연 이렇다면 방중의 쾌락이 어찌 하루라도 없을 수 있겠는가? 그 사람이 활용할 수 있는가의 여부만을 고려하며, 내가 저를 사용할 수 있으면 이익이 막대할 것이다.

인삼·복령茯笭[72]·황기黃芪[73]·백출白朮[74]은 모두 죽어 있는 약死藥이며, 죽어 있는 약으로 살아 있는 사람을 치료하면 시든 나무를 생생한 나무에 접붙이는 것과 같아 기와 맥이 통하도록 추구해도 쉽게 할 수 없다. 황파黃婆[75]와 예쁜 소녀妊女는 모두 살아 있는 약이므로, 살아 있는 약으로 살아 있는 사람을 치료하면 암탉이 알을 품는 것과 같아 혈맥이 통하는 것을 바라기 더욱 쉽지 않겠는가? 대체로 여색을 빌려 몸을 양생하다가 도리어 피해를 받는 것

---

72  복령茯笭: 벌채한 지 몇 년이 지난 소나무의 뿌리 주위에 기생하는 버섯의 일종. 약재로 쓰인다.
73  황기黃芪: 콩과에 속하는 여러해살이풀로 뿌리를 한약재로 사용한다.
74  백출白朮: 국화과에 속하는 여러해살이풀인 삽주의 뿌리로 약재로 사용된다.
75  황파黃婆: 도교 연단술의 용어. 비장 내부의 용액을 지칭한다. 비장 내부의 타액은 기타 장기를 보양할 수 있다고 한다. 출처는 당나라 도사 여동빈呂洞賓(796~?)의 시 「칠언七言」. 혹은 도가에서 행하는 호흡법의 한 가지로 천천히 숨을 쉬어서 그 기운이 배꼽 아래까지 미치게 하는 것을 이른다.

은 모두 남자가 여인에게 이용을 당한 것으로, 땅이 뒤집혀 하늘이 된 것일 뿐이다. 방패와 창을 거꾸로 들어 타인에게 손잡이를 준 것은, 죽임을 당하는 사람의 잘못과 타인을 죽인 자의 잘못 중에 무엇을 탓할 것인가? 어떤 사람이 질문했다: 그대의 견해를 고집하면, 노자의 "욕망을 일으킬 수 있는 것을 보지 않으면 마음을 어지럽히지 않는다不見可欲, 使心不亂"[76]라는 주장이 거의 오류가 아닌가?

내가 대답했다. 바로 이러한 주장을 참고하여 나왔지만, 아래와 같이 한번 말을 바꾼다. "욕망을 일으킬 수 있는 것을 보지 않으면 마음이 어지럽지 않지만, 욕망을 일으킬 수 있는 것을 항상 봐도 마음을 어지럽지 않게 할 수 있다不見可欲, 使心不亂, 常見可欲, 亦能使心不亂." 무엇 때문인가? 사람이 기호와 욕망을 끊어 가무·여색·재물·이익이 앞에 오지 못하도록 하면, 나를 유혹하는 것이 다가오지 않으며 내 스스로 남에게 유혹을 당하지 않겠지만, 진실로 산으로 들어가 속세를 피하지 않고서 이렇게 할 수 있겠는가? 종일토록 욕망을 일으킬 만한 것을 보지 못하다가 하루 아침에 만나면, 마음이 어지러운 것은 항상 욕망을 일으킬 만한 것을 보는 사람보다 10배가 될 것이다. 날마다 욕망을 일으킬 만한 상황에 있어 이러한 것들과 익숙해지면 늘 보아 익숙한 일상사일 것이므로, 마음이 어지러워지지 않는 것이 욕망을 일으킬 만한 것을 보지 못하다가 갑자기 욕망을 일으킬 만한 것을 본 사람과 크게 다르지 않겠는가? 노자의 학설은 세상을 피하고 무위無爲[77]를 주장하는 학설이다. 나의

---

76  不見可欲, 使心不亂: 출처는 『노자』.

학설은 일상생활에서 할 수 있는 학설이다. 두 학설이 함께 존재하면, 세상의 안과 밖에서 노닐어도 가지 못할 곳이 없다.

## 쾌락에 빠져 한계를 넘어설 때

——

즐거운 가운데 행락하면 즐거움이 막대하다. 만약 남자는 지극히 즐거우나 부인이 된 사람은 또 다른 일에 마음이 얽혀 있으면, 그 즐거움에 인지상정을 넘어서는 근심은 없을 것이다. 만약 남녀가 모두 지극히 즐거운 상황에 있고 그곳에 환락을 교란하고 감소시키는 것이 하나도 없으면, 이것은 위험한 상황이다. 둑이 다 무너지는 근심을 시시각각 고려해야 마땅하다. 그러나 행락할 수 있는 사람이 바로 근심을 걱정할 수 있는 사람이 아니며, 근심을 걱정할 수 있는 사람은 바로 행락이 불필요한 사람일 수 있다. 이러한 주장은 헛되이 설명했을 뿐이다. 반드시 이들 근심을 직접 겪어 그 고통을 맛본 뒤에야 이러한 행락을 할 수 있다. 아! 부러진 팔을 세 번 고친 좋은 의사가 되고자 하면, 주머니에 신묘한 약이 거의 남지 않을 것이다. 이는 일찍이 여지를 남기는 것만 못하다.

## 우환에 쌓이고 상심할 때

——

우수에 잠기고 고통스러울 때, 마음을 즐겁게 할 일이 없으면 바

——

77 무위無爲: 도가의 사상으로 천명에 따르고 자연에 순응하여 작위할 필요가 없다는 의미.

로 방중의 쾌락을 생각한다. 이것은 스스로 좋아하는 것이 아니라, 상황이 핍박하여 그렇게 시킨 것이다. 그러나 근심 속의 행락은 평소와 비교하여 정신의 소모가 두 배나 된다. 무엇 때문인가? 몸은 비록 교합하지만 마음은 교합하지 않으며, 정액은 배설되지 않지만 정기는 이미 배설되었기 때문이다. 시험 삼아 근심에 찬 사람에게 즐겁게 웃도록 강요하면, 즐겁게 웃는 고통이 근심보다 더욱 심하므로, 근심 속의 행락은 그만두어야 함을 알 수 있다. 비록 내가 말할 수는 있으나 실행할 수는 없으며, 다만 평소와 비교하여 조금 절제하면 좋을 것이다.

## 배고픔과 배부름이 격렬할 때

———

배고프고 춥고 취하고 배부른 네 시기는 모두 쾌락을 추구할 때가 아니다. 그러나 만약 감정을 멈출 수 없어 반드시 욕망을 달성하고자 하면, 추울 때는 할 수 있으나, 배고플 때는 할 수 없으며, 취했을 때는 할 수 있지만, 배부를 때는 할 수 없다. 추위의 고통은 밖에 있고, 배고픔의 고통은 내부에 있으며, 취하면 술의 힘에 기댈 수 있으나, 배부르면 의지할 만한 경쾌한 몸이 없다. 종합하면, 음양이 교합하는 것은 전쟁이므로 배고픈 사람은 싸우도록 할 수 없다. 남녀가 함께 있으면 잠을 자지만, 배부른 자와는 더불어 잠을 잘 수 없다. 배고픔이 위장에 있지 않고 배부름이 배에 있지 않은 상황이 행락하는 시기다.

## 피로와 고통이 처음 멈추었을 때

———

피로가 극에 달하면 편안하기를 생각하는 것이 인지상정이지만, 술을 탐닉하고 여색을 좋아하는 사람에게 설명한 것이 아니다. 세상에 헐떡거리는 숨이 안정되기도 전에 바로 화류계로 달려가는 사람이 있으며, 이렇게 오관·골격·정신·기혈 및 뼈 속의 골수와 콩팥의 정기를 모두 피로하게 한 뒤에야 그만두는데, 이것은 몸을 죽이는 길이다. 질병의 발생이 완만한 것은 비록 알 수 없지만, 결국 내부에서 병이 잉태되지 않는 것이 없다. 이것을 조절하는 방법에는 완급緩急의 두 종류가 있다. 완화시킬 수 있는 것은 반드시 하루 밤이나 이틀 밤을 지나야 한다. 완화시킬 수 없는 것은 한 번 달게 자는 것으로 하루 밤을 대신하고, 두 번 달게 자는 것으로 이틀 밤을 대신한다. 오직 잠이 피로를 그치게 할 수 있으며, 음식과 거처는 모두 잠자는 것만 못하다.

## 신혼에 처음 교합할 때

———

신혼의 쾌락은 반드시 첫 부인에게 고정되지 않는다. 대개 아직 교합해보지 않은 여인이 처음으로 교합하는 때가 바로 신혼이다. 부인이나 첩이나 노비나 기녀를 막론하고, 쾌락의 감정은 동일하다. 즐거움은 새로 알게 된 것보다 즐거운 것이 없지만, 이 하룻밤의 환락이 보통의 며칠 밤에 해당될 수 있는 것을 보면, 이 하룻밤에 소모되는 정기가 또 보통의 며칠 밤에 해당된다는 것을 바로 알 수

있다. 이날 밤을 보
호하여 쾌락으로 인
한 손상을 받지 않아
야, 비로소 신혼의 즐
거움을 말할 수 있다.
그렇지 않으면 황무지
를 개척하고 우매한
것을 깨우쳐주느라 이
미 몸이 기이하게 힘
들며, 잘 보이려 아첨
하고 남의 공을 가로
채느라 또다시 몸이
특별하게 초췌해진다.

「운우지정雲雨之情을 나누다」, 청대, 목판 삽도

　종신토록 한 여인에게 애정이 변함없는 사람은 최후의 결전이
어찌 어렵겠는가? 후궁에 애첩과 시녀가 많은 사람이 고립된 군사
로서 어찌 패배하지 않을 수 있겠는가? 위험하구나! 위험하구나!
이러한 것을 잘 처리하도록 계획해야 마땅할 것이다. 이것을 잘하
려면 마땅히 어떤 방법을 사용해야 하는가? 대답했다. 마음을 안
정시켜, 비록 신혼의 쾌락일지라도 옛날에 있었던 일로 간주하여
실행해야 한다. "지위가 높고 귀한 사람이 말을 해도 그것을 무시
하고說大人, 則藐之",78 새로운 사람과 교접하면서 옛사람처럼 대하며,

<hr />

**78**　説大人, 則藐之: 출처는 『맹자』「진심상」

여전히 보통의 여인으로 간주하여 마음이 크게 움직이지 않도록 한다. 이렇게 하루 이틀이 지난 뒤에 도리어 새로운 사람으로 바라보면, 통제하는 방법이 있게 되고 당기거나 늦추거나 도리에 합치된다고 할 것이다.

## 한겨울과 한여름

욕망을 절제하기에 가장 적당한 시기는 한겨울이지만, 욕망을 절제하기 가장 어려운 시기도 한겨울이다. 행락을 가장 피해야 할 시기는 한여름이지만, 행락에 가장 편리한 시기도 한여름이다. 무엇 때문인가? 겨울밤에는 사람이 없으면 따뜻하지 않으며, 몸이 밀착되지 않을까만을 걱정하므로, 여인과 가까이할 때에 욕념이 이로 말미암아 일어난다. 봄·가을·겨울의 세 계절에는 두텁고 무거운 옷에 괴롭지만, 여름 90일 동안은 오직 가볍고 편한 옷이 잘 어울리며, 웃통을 벗어 몸을 드러냈을 때에 춘심이 이로 말미암아 요동친다. 이 두 계절에 사람들에게 욕망을 절제하도록 권하는 것이 몰인정한 것 같지만, 이렇게 하지 않는 것은 보신의 도리가 아니다. 절제하도록 말하는 것은 한도가 있음을 밝히는 것이다. 한도가 있으면 추위와 더위가 재앙이 되지 않으며, 한도가 없으면 온화한 날씨도 피해를 초래한다. 절제하도록 말하는 것은 지킬 수 있음을 보여주는 것이다. 지킬 수 있으면 매일 여인과 응접해도 정신이 왕성하고, 지킬 수 없으면 약간 접촉해도 넋이 나간다. 한도가 있으므로 점차 지킬 수 있고, 지킬 수 있으므로 점차 자연스러운 경지에 이른다. 그러면 여인과 교접을 감당하지 못할 때가 없어 한가하면 바로 여색을 가까이할 수 있다. 이 책을 천시하여 불태우고 내가 쓸데없는 일을 한다고 탓하리라!


## 5. 병 물리치기

병의 발생에도 원인이 있으며, 병의 잠복에도 장소가 있다. 원인을 없애고 장소를 깨뜨리는 것은 오직 한 글자 '화和'(조화)에 있다. 속담에 말했다. "집이 불화하면 이웃에게 괴롭힘을 당한다家不和, 被鄰欺." 병에는 병마病魔가 있으며, 마귀는 선한 물체가 아니라 벽을 뚫거나 담을 타 넘어 들어오는 도둑 혹은 소송을 일으키고 재난을 조작하는 사람과 같다. 내 집에 준비가 되어 있어 원망과 비방이 발생

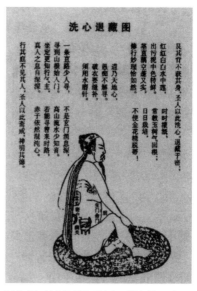

「세심퇴장도洗心退藏圖」, 「성명규지性命圭旨」삽도
세심퇴장洗心退藏은 마음에 한 올의 사사로운 욕심이 없어 어떠한 욕망도 일으키지 않는 상태를 말한다. 중국 고대 의학에서는 사상의 활동이나 정서의 변화를 모두 마음의 기능으로 보았다. 「성명규지」는 심신 수련의 비법을 체계적으로 논한 도교 서적이다.

하지 않으면 병마가 교활함을 발휘할 수 없지만, 만일 이용할 만한 틈이 있으면 둘러싸고 제 마음껏 허위로 사기를 치며 나를 괴롭힐 것이다. 그러나 만물은 반드시 먼저 썩은 뒤에 벌레가 생기므로, 만약 뿌리를 단단히 하고 가지와 잎이 무성할 수 있으면 벌레가 비록 많아도 나무를 어찌하겠는가?

　사람의 신체에서 조화를 이루어야 하는 것에 기혈, 오장육부, 비장과 위장, 근골의 여러 가지가 있으므로, 만약 반드시 차례대로 조화를 시키려면 두서가 분분하여 이것을 고려하면 저것을 잃어버려, 종일토록 힘을 다해도 한 줄기 틈이 새는 것을 방비할 수 없다. 병을 방지해도 병이 발생하여 도리어 병마에게 몰래 비웃음을 당할 뿐이다. 그러니 근본에 힘쓰는 것에 방법이 있으며, 이는 마음을 잘 조화시키는 데 있을 뿐이다. 마음이 조화로우면 온 몸이 다 조화를 이룬다. 만약 조화롭지 못하더라도, 마음이 중요한 자리를 차지하여 제어하고 계획할 수 있으면 방법을 사용하여 치료할 수 있을 것이다. 그렇지 않으면 안으로 안녕하지 못한데 밖을 어떻게 살피겠는가? 그러나 마음을 조화시키는 방법은 말하기 어렵다. 슬퍼해도 몸이 상하지 않으며, 즐거워도 지나치지 않고, 분노해도 벽을 들이받지 않으며, 근심에 싸여도 자살하려 하지 않는다. "대략 30퍼센트의 졸렬함을 지니고, 겸하여 한 줄기 어리석음을 보존하네. 귀머거리인 체하고 잠시 벙어리가 되는 것이, 모두 장수의 자산이라네略帶三分拙, 兼存一線痴. 微聾與暫啞, 均是壽身資." 이 말은 마음을 조화시키는 비결이다. 세 번 이 말을 반복하면 병을 물리칠 수 있다.

## 병들지 않았을 때 방비하기

----

병들지 않았지만 병이 들 만한 기회와 상황이 있으면, 먼저 약물을 투입하여 발병하지 못하도록 한다. 적이 나를 공격하기 전에 먼저 행동해 제압하는 것과 같다. 만약 우연히 옷이 얇아 한기가 들면 추워서 바람을 두려워하는 마음이 일어난다. 많이 먹어 소화가 안 되어 아프면 음식을 싫어하는 마음이 생긴다. 이것이 바로 병이 들 기회와 상황이다. 바람을 흩어버리는 약물을 급히 먹어 땀이 나도록 하고, 쌓인 음식을 소화시키는 약제를 때맞춰 투입하여 신속하게 소화시켜야 한다. 객관적으로 보면 발병할 징조는 겨우 나타났으나 발병할 상황은 아직 완성되지 않은 것이다. 발생할 수도 있고 멈출 수도 있는 경계에 있으므로, 사람이 그치게 하면 결국 발병이 그칠 것이다. 전쟁이 이미 발발하여 군대가 행군하고 있는 것과 비교하면, 그 상황이 크게 다르지 않겠는가?

## 병들려고 할 때 방지하기

----

이것은 병이 드러나려 할락말락, 병이 지속되려 하지만 지속되기 어려운 상태다. 오래 병들었다가 잠시 나은 사람의 상황과 동일하다. 이때 병에 걸린 자는 절대 의심하지 않아야 한다. 의심이라는 것은 내가 병에 걸렸는지 자문하는 것이다. 일단 두 갈래 상념이 들면, 치료하려고 해도 무력해져서 순식간에 병에 제대로 걸릴 것이다. 병들지 않았더라도 병이 든 것처럼 대처해야 한다. 침식을 엄

격하게 경계하고 힘써 견고한 방어시설을 갖추는 계획을 세우며 약품을 모두 준비하여, 때때로 뜻밖의 방법으로 승리를 얻는 계책을 만들어야 한다. 정신을 집중하고 미처 간계를 세우지 못한 도적을 요리하여 깃발을 들고 일어서지 못하도록 하는 것이, 어찌 실행하기 어려운 방법이겠는가?

## 이미 병들었을 때 퇴치하기

———

이미 병들었을 때 퇴치하는 방법은 무엇인가? 요체는 '정靜' 한 글자에 있다고 대답한다. 적이 이미 진군해왔다고 두려워하면 무엇이 이롭겠는가? "적을 섬멸한 뒤에 아침을 먹자剪滅此而後朝食"[79]는 것을 누가 하려고 하지 않겠는가? 그렇지만 갑자기 할 수는 없다. 여유롭게 하면 혹시 점차로 제거할 수 있으나, 서두르면 병 위에 또 병이 덮칠 것이다. 이러한 시기에 주관하는 권한은 노의盧醫 편작扁鵲에 있지 않으며, 완전히 병자에게 있다. 무엇 때문인가? 병을 불러오도록 한 것은 자신이지 의사가 아니다. 내가 추위로 인해 병들었으면, 힘을 합쳐 추위를 제거해야 마땅하다. 내가 욕망 때문에 병이 났으면, 한마음으로 욕망을 치료해야 마땅하다. 가장 이해할 수없는 것은 병자가 의사를 불러놓고 스스로 병의 근원을 설명하려들지 않고, 단지 의사에게 맥을 짚도록 하는 것이다.

　약의 성질은 알기 쉬우며 맥의 원리는 정통하기 어렵다. 약을 잘

———

79　剪滅此而後朝食: 출처는 『좌전』 성공成公 2년.

사용하는 의사는 때로 존재하지만, 맥의 원리에 정통하여 말하는 것이 모두 적중하는 의사가 지금 세상에 몇이나 있겠는가? 헛되이 의사에게 진맥시켜 처방을 결정하는 것은 목숨을 담보로 의사를 시험하여 유용한가를 관찰하는 것이다. 이른바 주관하는 권한이 편작에게 있지 않고 완전히 병자에게 있다는 것은, 병자의 마음이 한결같으면 의사의 마음도 한결같아지고 병자가 말을 두 번 세 번 하면 의사는 방법을 열 가지나 백 가지로 하게 되는 것인데, 방법이 느슨할수록 약은 복잡해지고 약이 복잡해질수록 병은 늘어날 것이다. 옛날 허윤종許胤宗[80]이 사람들에게 말했다. "옛날의 뛰어난 의사는 병증과 맥이 뛰는 형상이 일치하면, 오직 한 가지 약물로 병을 치료했다. 지금 사람은 맥의 원리를 알지 못하고, 정황으로 병을 진단하여 약물을 많이 사용하며 효과가 있기를 바란다. 비유하면 사냥꾼이 토끼가 있는 곳을 모르고 벌판에 널리 그물을 쳐서 잡히기를 바라는 것으로, 이러한 기술은 역시 우매한 것이다." 이것은 많은 약이 효과가 없음을 설명했으나, 그 피해는 언급하지 않았다. 내가 설명하자면, 약의 성질이 다양하면 병을 치유할 수 없으며 도리어 해를 끼친다.

만약 하나의 처방에 열 가지 약물을 사용하여 감기를 치료하는 것이 있고, 식체食滯(소화불량)를 치료하는 것이 있으며, 노상勞

---

**80**　허윤종許胤宗(536?~626): 맥진脈診에 정통하고 약물의 활용에 능통했던 남북조와 당나라 시기의 의사. 진陳나라 태후가 말 못하는 병에 걸렸으나 약을 먹을 수가 없었는데, 훈증법熏蒸法으로 치료했다. 섬서성 중부 일대에서 유행하던 골증병骨蒸病(폐결핵과 유사한 질병)도 치료했다고 한다.

傷[81]과 허손虛損[82]을 치료하는 것도 있다면, 이것이 적합할 때는 저
것이 맞지 않고, 저것이 순행할 때는 이것이 역행하게 된다. 설혹
적합한 것과 순행하는 것이 효과를 발휘하더라도, 맞지 않고 역행
하는 것이 또다시 내부에서 재앙이 될 것이다. 이해가 상충하여 이
익이 끝내 손해를 이길 수 없는데, 하물며 맞지 않는 것이 많고 적
합한 것이 적으며, 역행하는 것이 있고 순행하는 것이 없음에랴!
그러므로 의사를 초빙하여 약을 먹는 것은 위험한 방법이다. 스스
로 다스리지 않고 남에게 목숨을 맡기면, 또 위험한 방법 중에 위
험한 방법이다. 신중하고 또 신중해야 좋지 않겠는가!


## 6. 병의 치료

"병들어 약을 복용하지 않으면 의술의 원리에 맞는 방법을 얻은 것
과 같다病不服藥, 如得中醫."[83] 이 여덟 자의 비결이 세상의 위험한 목
숨을 얼마나 구출했는가! 처음 병이 들었을 때 이 말을 추천하면
진부하다고 나무라지 않는 사람이 없으며, 틀림없이 각종 의술과

---

81  노상勞傷: 노상勞傷. 한의학에서 말하는 오로칠상五勞七傷(다섯 가지 피로와 일곱 가
지 상해)의 하나로 과로로 인하여 생긴 손상. 출처는 원나라 극작가 유당경劉唐卿의 잡극
『오디를 따는 채순이 모친을 봉양하다降桑椹蔡順奉母』 제2절.
82  허손虛損: 병명. 여러 원인으로 손상을 받아 기혈이나 장부가 충만하지 못하여 생긴
질환. 출처는 명나라 의학가 이시진李時珍(1518~1593)의 『본초강목本草綱目』 「주치상·허
손主治上·虛損」.
83  病不服藥, 如得中醫: 출처는 『한서』 「예문지·방기략藝文志·方技略」의 "병이 났는데
치료하지 않는 것이 항상 의학의 원리에 들어맞는다有病不治, 常得中醫."

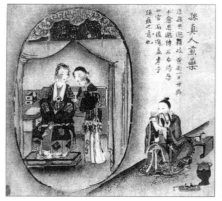

「약을 달이는 손진인」, 청대, 판화
손진인孫眞人은 손사막孫思邈(541~682)으로 수당 시기의
의학자이자 도사이며 후대에 약왕藥王으로 받들어졌다.

『본초강목本草綱目』 표지

약물을 모두 투입하여 인간의 노력을 이미 다했는데도 고질병이 옛날 그대로이면 부득이하게 이 말을 따라서 하므로, 하늘과 인간이 교대로 압박하여 의술의 원리에 맞추어나가도록 시킨 것이라 할 수 있다. 이리하여 처방하지 않고 치료하지 않아도 도리어 신속하고 깨끗하게 병이 치유되므로, 비로소 여덟 자의 비결이 오류가 아니라고 믿을 수 있다. 내가 설명하자면, 천지 사이에 오직 가난하게 살며 죽음을 두려워하는 사람은 있으나, 기사회생의 약은 절대로 없다. "약은 죽지 않을 병을 치료하고, 부처는 인연이 있는 사람을 제도한다藥醫不死病, 佛度有緣人."[84] 훌륭하도다, 이 말이여! 속담으로 간주해서는 안 될 것이다.

---

**84**  藥醫不死病, 佛度有緣人: 출처는 원나라 극작가 시혜施惠의 남희南戲 『유규기幽閨記』 「포양리란抱恙離鸞」. 「포양리란」에 특별히 의학과 관련된 내용이 많이 있다.

그러나 병들어 의사를 무시할 수 없는 것이 가뭄에 기우제를 폐지할 수 없는 것과 같다. 비가 내리는 은택이 하늘에 있어 구한다고 내리게 할 수 있는 것이 아닌 줄을 명확하게 알지만, 어찌 태연하게 좌시하여 농작물이 말라 시들도록 방치하겠는가? 스스로 정성을 다할 뿐이다. 나는 평생 병에 잘 걸렸지만, 늙어서는 약을 먹지 않는다. 온갖 약초를 모두 맛보아 거의 신농神農[85]의 화신이 되었으나, 대황大黃[86]으로 응어리를 해소한 이외에 극히 영험하여 이처럼 시험하는 대로 효과가 있는 것을 아직 보지 못했다. 평생 책을 쓰고 이론을 정립했으나, 근거 없이 조작한 것은 하나도 없으며 병을 치료하는 방법도 그렇다. 매번 한 가지 증상을 앓으면, 번번이 스스로 이러한 병이 초래된 이유를 조사하여 그 원인을 찾은 뒤 처방으로 다스리고 약물로 치료했다. 이른바 처방이라는 것은 의서에 기록된 방법이 아니라, 바로 증상에 따라 방법을 생각하고 사실에 입각하여 사건을 논해서 결정하는 방법이다. 이른바 약이라는 것은 『본초』에 반드시 실려 있는 약이 아니라, 바로 마음으로 좋아하는 것을 따르고 손이 가는 대로 집은 약이다. 근본이 없는 말은 세상을 훈도할 수 없음을 분명히 알지만, 잠시 멋대로 설명하여 세상 사람들이 멋대로 듣도록 해도 무방할 것이다.

대개 이 책을 보는 사람은 이치에 믿을 만한 것이 있으면 보존하

---

**85** 신농神農: 염제炎帝. 상고시대의 인물로 온갖 풀의 맛을 보고 약효와 독성을 구분하여 중국 의학의 기초를 다졌다고 한다. 신농씨를 기념하여 『신농본초경神農本草經』이 저술되었다.

**86** 대황大黃: 마디풀과에 속한 여러해살이풀인 장군풀의 뿌리로 한약재로 사용한다.

고 의심할 만한 일이 있으면 버리며, "글자에 구애되어 전체 구절의 의미를 오해하거나, 전체 구절의 의미에 구애되어 사상과 내용을 오해하지 말아야 한다不以文害辭, 不以辭害志."[87] 이것이 내 책을 읽는 사람에게 바라는 바다. 약상자에 마땅히 있어야 하는 약물은 의서에 구비되어 실려 있다. 대개 천지간의 모든 존재로서 초목·금속·돌·곤충·물고기·새 및 사람의 똥오줌, 소와 말의 똥오줌 같은 것을 혹시라도 하나 빠트린 것이 없으므로, 모든 것을 완전하게 갖춘 책이며 백대에 걸쳐 수정되지 않을 경전이라 할 수 있다. 이제 시험삼아 『본초』를 수도의 성문에 높이 매달아놓고, 병을 치료할 수 있는 한 가지 약물을 첨가할 수 있거나 약성이 하나라도 틀린 것을 바로잡을 수 있다면 내가 천금을 줄 것이다. 나는 황제黃帝와 기백岐伯[88]이 다시 태어나고 노나라 편작이 환생해도, 오직 숨을 죽이고 물러나며 분수에 넘치게 노릴 수 없을 것임을 알겠다.

그러나 만약 불행하게 나를 만나면 틀림없이 천금을 나에게 빼앗길 것이다. 무엇 때문인가? 약물은 처방을 고집하지 않고, 의술에는 정해진 격식이 없기 때문이다. 동일한 병이고 동일한 약이지만, 저 병의 치료에는 효과가 없으나 이 병의 치료에는 갑자기 효험이 있는 것이 많다. 저 병에 적합하면 이 병에는 부적합하며, 저 병에 부적합하면 이 병에는 적합하므로, 틀림없이 이 가운데에 하나

---

87  不以文害辭, 不以辭害志: 출처는 『맹자』「만장상萬章上」.
88  황제黃帝와 기백岐伯: 기백은 황제 시기의 의사로 황제가 기백에게 온갖 풀을 맛보도록 했으며, 『소문경素問經』은 황제가 질문하고 기백이 대답한 의학 이론을 정리한 책이라 한다.

에는 맞을 것이다. 또 병은 이러한 병이므로 약이 이러한 약이 아니면 절대로 사용할 리 없는데, 혹 돌팔이 의사가 실수로 투약하거나 노비가 잘못 선택한 후 먹어도 죽지 않고 도리어 회생하는 경우가 있다. 이러한 사항을 보면 『본초』에 기록된 모든 약물의 성질에 크게 오류가 있는 것은 아닌가? 또 이보다 기이한 것은 죽을병이 우연히 낫는 것이다. 병이 골수에 맺히고 위험이 조석에 달려 약과 음식으로 처방해도 효과가 없으며 의술을 시험해도 효력이 없는 상황이다. 그런데 무심결에 갑자기 한 가지 일을 당하고 한 가지 물건을 보았는데 병이 낫는다. 그 물건은 결코 약과 음식이 아니며 그 사건은 의술과 완전히 다르지만, 기쁘고 즐거워서 병이 해소되거나 놀라서 병이 물러나는 경우를 자주 본다. 그러니 목숨을 구제하여 살리면 바로 훌륭한 의사이며, 병을 치료하여 낫게 하면 바로 좋은 약이다. 이렇게 보면, 이 한 가지 물질과 이 한 가지 사건은 바로 『본초』에 빠진 것이므로 어찌 완전하게 구비되었다고 하겠는가? 비록 그렇지만 『본초』에 실려 있는 것은 물질이 지닌 일반적인 성질이며, 내가 말한 것은 사건과 이론의 변화다. 『본초』가 스승으로 삼는 것은 사람이므로, 사람의 말이 이와 같으면 『본초』의 말도 이와 같으므로 오류가 없기를 추구하면 다행일 것이다. 내가 스승으로 삼은 것은 마음으로, 마음이 그렇게 느끼면 입도 그렇게 믿으므로 세상에 의지하여 무엇 하겠는가? 어쨌든 나의 말은 창조한 듯하지만, 사실은 창조가 아니다. 원래 의서의 한마디 말인 "치료하는 것은 의지다醫者, 意也"[90]에 근거했으며, 의지로 의사를 삼으면 열에 여덟아홉은 효험이 있다. 그러나 실행하는 사람은 드물다. 나는 탁자拆字[90]와 사복射覆[91]을 하는 사람이 점술을 바꾸어 의술을 시행하기를 원하는데, 이러한 방법이 실행되어 고정불변의 의서에 의해 오도되지 않기를 바란다.

## 천성적으로 매우 좋아하는 약

첫째, 천성적으로 매우 좋아하는 물질은 약이 될 수 있다. 대개 사람의 일생에 유독 편애하는 한 가지 물질이 반드시 있으며, 문왕文王이

「전차도煎茶圖」(차 끓이는 그림). 하북성 장가구張家口의 요나라 무덤 벽화

창포저菖蒲菹(일종의 창포 김치)를 좋아하고, 증석曾晳이 고욤을 좋아

---

89  醫者, 意也: 출처는 『구당서』 「허윤종전許胤宗傳」.
90  탁자拆字: '파자破字'라고도 하며 한자의 필획 수를 가감하고 글자의 구조를 쪼개 분석하여 길흉을 점치는 방식. 출처는 남송 문학가 주필대周必大(1126∼1204)의 필기 『옥당잡기玉堂雜記』.
91  사복射覆: 어떤 사물을 놓고 그 위에 사발이나 주발 등을 엎어 보이지 않게 하고, 그 물건을 알아맞히는 놀이. 출처는 『한서』 「동방삭전東方朔傳」.

하며, 유령劉伶92이 술을 좋아하고, 노동盧소93이 차를 좋아하며, 권장유權長孺94가 손톱을 좋아하는 것과 같은 것은 모두 기호다. 기호가 존재하는 곳은 목숨과 관련되어, 중병에 걸렸을 때 이러한 것을 얻으면 모두 좋은 약이라 할 수 있다. 의사는 이러한 원리를 모르고, 틀림없이 『본초』에 따라 약물의 성질을 조사하여 조금 증상에 어긋나면 바로 짐독鴆毒95으로 간주한다. 이렇게 하면 기이한 질병은 신속하게 치료할 수 없다.

내가 일찍이 몸소 겪은 일이다. 경오년(1630)에 역병이 창궐하여 집안에 신음하지 않는 사람이 없었으며, 나는 유독 심각했다. 때는 5월(음력, 현재의 6~7월) 한여름으로 양매楊梅96를 추천해야 마땅하지만, 내가 이것을 좋아하기를 이전 사람이 창포저와 고욤 등을 좋아하는 것보다 더 극심해 먹을 때마다 반드시 한 말도 더 먹었다. 그래서 처자에게 물었다. "이 과일이 시장에 있는가?" 처자는 이미 있는 것을 알고도 감히 급히 가져다주지 못하고, 사람을 시켜 은밀

---

92 유령劉伶(221?~300): 죽림칠현의 한 사람으로 술을 몹시 좋아했다. 항상 수레에 술을 싣고 삽을 멘 사람을 따라오게 하여 술을 먹다 죽으면 바로 묻어달라고 했다. 출처는 『진서晉書』「열전」제19.

93 노동盧소(795?~835): 당나라의 저명한 시인. 『다보茶譜』를 저술하여 다성 육우와 더불어 다선茶仙으로 불린다. 노동의 「칠완다가七碗茶歌」는 일본에서 널리 유행하여 막대한 영향을 끼쳤다.

94 권장유權長孺: 당나라 말기의 사람으로 『태평광기太平廣記』 「재명才名」에 따르면 사람의 손톱을 즐겨 먹었다고 한다.

95 짐독鴆毒: 독물을 먹어 온 몸에 독이 가득하다는 짐새를 이용하여 만든 독. 일반적으로 짐새의 깃털을 술에 넣으면 독주로 변하여 마시면 죽는다고 한다. 출처는 『좌전』 민공閔公 원년.

96 양매楊梅: 소귀나뭇과에 속한 상록활엽교목으로 6~7월에 표면이 오돌토돌한 둥근 열매가 자주색으로 익으며 맛이 매우 좋다.

하게 의사에게 물어보았다. 의사가 말했다. "양매의 성질은 지극히 열기가 강하므로, 마침 병의 증세와 반대다. 많이 먹는 것은 물론이고 한두 개를 먹어도 목숨을 잃을 수 있다." 집안사람이 안 되는 줄을 알았으나 내가 고집스럽게 찾는 것이 두려워 마침내 거짓말로 대답하여, 지금은 구할 수 없지만 며칠이 지나면 혹 가져올 수도 있다고 했다. 뜻밖에도 내 집이 거리에 이웃하여 꽃과 과일을 파는 소리가 때때로 집 안으로 들려왔는데, 갑자기 큰 소리로 외치며 문을 지나가는 사람이 있어 양매를 파는 줄을 알았다. 내가 비로소 집안사람에게 캐물었더니 그들은 의사가 한 말로 대답했다. 내가 말했다. "보잘 것 없는 무함巫咸[97]이 어찌 이것을 알 것인가? 빨리 사 오너라!" 이미 구하여 겨우 한 번 이로 깨물자 가슴에 가득했던 응어리가 모두 풀렸고, 목구멍을 지나 배 속으로 들어가자 오장이 모두 조화를 이루고 사지가 편안하여, 이전의 병이 무엇인지도 모르게 되었다. 집안사람이 이것을 보고 의사의 말은 효험이 없고, 또 먹는 대로 맡겨 금지하지 않아 병이 마침내 이것으로 나았음을 알았다. 이렇게 볼 때, 고칠 수 없는 병은 없으며, 약으로 사용할 수 없는 물건도 없다. 다만 점진적으로 시도하여 적은 양부터 점점 많아지게 늘리고, 사용할 수 있는지를 보고서 사용해야 비로소 몸을 걸고 도박하지 않게 된다. 또 이러한 물건을 매우 좋아하여 과다하게 먹어 병이 된 경우는 또 별도로 논의해야 한다. 술로

---

97  무함巫咸: 요임금 시절의 사람으로 점을 잘 쳤다는 신령한 무당. 출처는 진晉나라 학자 곽박郭璞(276~324)의 「무함산부巫咸山賦」 서문. 저자가 의사를 무당에 비유한 것은 기본적으로 의사를 무시한 것이지만, 고대에는 무당이 약간의 의술을 시행하기도 했다.

숙취를 푼다는 주장을 고집해서는 안 되며, 상황에 따라 이를 많이 보충한다. 그러나 먹는 것이 이미 질려서 병이 된 경우에는 한번 그 물건을 보면 바로 원수처럼 피한다. 서로 꺼리지 않고 어울려야 바로 병을 치료하는 약이 됨을 알 수 있다.

## 그 사람에게 긴급하게 필요한 약

「비차도備茶圖」(차를 준비하는 모습), 하북성 장가구의 요나라 무덤 벽화

둘째, 그 사람에게 긴급하게 필요한 물건은 약이 될 수 있다. 사람은 귀함·천함·빈궁·현달에 관계없이 모두 긴급하고 간절하게 필요로 하는 물건이 있다. 예를 들면, 가난한 사람에게 필요한 것은 재물이고, 부자에게 필요한 것은 관직이며, 귀인에게 필요한 것은 승진이고, 노인에게 필요한 것은 장수로서, 모두 긴급하게 추구하는 것이다. 매우 긴급하게 필요하므로 한번 투입하면 바로 기뻐하고, 기쁘면 바로 병이 낫는다. 만약 사람의 병이 골수에 들었는데 의사가 고칠 수 없으면, 이러한 방법으로 치료해야 한다. 능력으로 필요한 것을 구할 수 있으면 구

하고, 능력으로 구할 수 없으면 술책으로 속여도 무방하다. 집이 가난하여 구할 수 없는 사람은 부자에게 빌렸다고 하거나 친구가 주었다고 거짓으로 말하며 책상머리에 두면 나는 이것으로 기뻐할 수 있으므로, 이것이 가난한 병을 고치는 첫째 수단이다. 관직을 얻지 못한 사람은 신속하게 곡식을 바쳐 벼슬을 구하거나 천거되었다고 거짓으로 말하며, 이미 관직을 얻은 사람은 보충 선발을 진짜로 모색하거나 이임되었다고 거짓으로 통보한다. 노인이 얻으려는 장수는 점쟁이와 무당의 입에서 나오므로, 천 살이라 하거나 백 살이라 하거나 인색할 것이 무엇인가! 이것은 모두 "바로 그 사람의 방법으로 그 사람 자신을 처리한다卽以其人之道, 反治其人之身"[98]고 하는 것이다. 비록 그렇지만, 여러 병을 치료하기는 쉬워도 가난한 병을 치료하기는 어렵다. 세상 사람들은 가난을 걱정하여 병이 들며, 병이 들어서 약으로 고칠 수 없는 것이 거의 갠지스강의 모래와 숫자를 비교할 만하다. 어떻게 하면 태창太倉[99]의 곡식을 빌리고 곽황郭況[100]의 황금을 빌려서 이들에게 모두 주어 기뻐서 갑자기 모두 낫도록 할 수 있겠는가?

---

98  卽以其人之道, 反治其人之身: 출처는 송 주희朱熹의 『중용집주中庸集注』 제13장.
99  태창太倉: 고대에 수도에 있었던 곡식 저장 창고. 출처는 『사기』 「평준서平準書」.
100  곽황郭況(9~59): 한나라 사람으로 누이가 광무제光武帝의 황후이며, 집에 황금이 넘쳐 그릇을 황금으로 만들었고 황금을 저장하는 창고가 있었다고 한다.

## 한마음으로 애정을 품고 있는 약

셋째, 한마음으로 애정을 품은 사람은 약이 될 수 있다. 사람의 마음에는 반드시 개인적으로 사랑하여 애정을 쏟는 사람이 있다. 항상 신하에게 사랑받지 못하는 임금이 있고 아들에게 사랑받지 못하는 아버지가 있으나, 사람들은 극히 소원하고 사랑받기에 매우 부족한 이에게 반대로 정신을 집중하고 목숨을 바치니 바로 애정을 쏟아 붓는 사람이다. 혹은 사랑스러운 아내나 아름다운 첩일 수도 있고, 매우 친한 사람이나 남자 기생일 수도 있으며, 지극히 친밀한 벗일 수도 있는데, 이들을 생각해도 얻지 못하고 얻어도 친하지 못하면 모두 병을 초래할 수 있다. 설사 병을 초래한 이유가 이것과 관련이 없다고 해도, 일단 병으로 고통스러워 어찌할 수 없을 때면 사랑하는 사람에게로 생각이 미치게 마련이다. 갑자기 서로 친하게 시키면 마치 물고기가 물을 만난 듯이 귀가 맑아지고 눈이 맑아지며 정신이 돌연 건강해져서 병마가 물러간 듯하지 않은 경우가 없다.

이러한 여러 종류 중에 오직 여색이 심각하여, 소년의 병은 태반이 이것에 해당된다. 부모가 알지 못한 채 의사의 말을 잘못 듣고 여색을 경계하지만, 여색이 사람을 해칠 수 있는 것은 상식을 말한 것이며, 애정이 질병을 치료할 수 있는 것은 변화에 대처하는 것인 줄을 모르는 것이다. 사람의 애정 때문에 죽는데 애정을 가지고 고치지 않는다면, 어찌 사람이 굶어 죽는데 여전히 먹지 못하도록 경계하여 수양산에서 굶어 죽은 의지101를 관철시키려 하는 것이 아니겠는가? 대체로 청년 남녀는 이미 남녀 사이의 애정을 이해하여 아직 결혼하지 않았지만 병에 걸리며, 병이 들어 신속하게 낫지 않는 것은 오직 이러한 물건으로만 고칠 수 있다. 만약 병든 몸이 허약하면 서로 친하도록 하기 어렵지만 그 앞에서 오고 가게 시켜 이미 나의 소유라는 것을 알도록 하면, 애정을 품은 생각의 대부분을 위로할 수 있다. 약을 구해 아직 먹지 않았지만 그 냄새만 맡아도, 안으로 주리膝理[102]와 통하고 겉으로 근골을 튼튼하게 하는 것과 동일한 경우다. 규방 밖의 사람(규수가 아니라 기녀)이라면 초대하기 어렵지 않으며 처리하기 더욱 쉽다. 침상에 가까이 오도록 하여 서로 친밀하게 하면, 사람을 불러 병자와 함께 동침시키는 것이 아니라 바로 약을 사서 먹게 하는 것이다. 어진 사람과 효자가 부모를 봉양할 때와 엄격한 부친과 자애로운 모친이 자식을 사랑하는 경우에는 모두 이러한 방법을 미리 준비하여 병을 방비하지 않으면 안 된다.

## 일생 동안 아직 보지 못한 약

———

넷째, 일생 동안 아직 보지 못한 물건은 약이 될 수 있다. 구하려 해도 구하지 못하는 물건은 사람에게 모두 있다. 예를 들어 문인에

---

**101**  수양산首陽山에서 굶어 죽은 의지: 상나라 말기 고죽국의 왕자 백이伯夷와 숙제叔齊는 상나라가 망하자 수양산에 들어가 주나라의 곡식을 먹지 않고 굶어 죽었다. 출처는 『사기』 「백이열전」.

**102**  주리膝理: 고대 의학에서 말하는 피부 아래 근육, 피부와 근육의 결을 가리키며, 소변과 기혈이 유통되고 주입되는 부위라 간주됐다. 출처는 『한비자』 「유로喩老」.

게 기이한 책, 무인에게 보검, 술꾼에게 유명한 술, 미인에게 아름다운 장식은 모두 갈수록 감정이 두터워져서 매우 고달프니 사양하지 않고 서로 함께하려는 것이다. 다방면으로 찾아서 한 번 보게 하고, 또 상황을 어렵게 한 뒤에 내어놓으니 이것이 병자를 제어하는 기술이다. 그러나 반드시 이미 구한 뒤에 남겨두어 난처하게 해야 하며, 만약 허락했으나 갑자기 제공할 수 없게 되면 병을 깊어지게 할 것이다. 이른바 기이한 서적도 반드시 미묘한 말이 써진 비밀스러운 책으로서 숨겨져 있는 벽을 부수어 수색한 뒤에야 얻는 것이 아니다.103

대개 신간 서적으로 아직 보지 못한 책이 바로 기이한 서적이며, 진림陳琳의 격문檄文104과 매승枚乘의 문장105 같은 것은 모두 이전 사람이 이미 시험한 약이다. 기이한 문장은 신령과 통하여, 귀신이 이것과 만나면 도망가지 않음이 없다는 것을 알아야 한다. 그러나 내가 말하는 문인도 반드시 재주가 있는 선비를 가리키지는 않으며, 대개 글자를 아는 사람은 바로 책을 약으로 사용할 수 있다.

---

103 『한서』 「예문지」에 따르면 분서갱유 이후 한나라에 들어와 다시 옛 경전을 모을 때, 공자 집의 벽에서 『예기』 『논어』 『효경』 등이 발견되었다고 했다. 또 학자 복승伏勝이 벽 속에 『상서』를 감추었다가 전수했다고 했다.

104 진림陳琳의 격문檄文: 진림(?~217)은 후한 말기 건안칠자建安七子의 한 사람. 건안 5년(200)의 관도지전官渡之戰에서 원소袁紹를 위해 조조를 공격하는 「원소를 위해 예주에게 알리는 글爲袁紹檄豫州文」을 지었다. 조조가 당시 두통을 앓고 있었는데 이 글을 보고 놀라서 씻은 듯이 나았다고 한다. 예주豫州가 누구인가에 대하여 설이 분분하지만 유비劉備라는 주장이 다수다.

105 매승枚乘의 문장: 매승枚乘(?~기원전 140)은 전한의 사부가辭賦家. '매승의 문장'은 초나라 태자가 병이 들었다가, 오나라 손님이 방문하여 문답하자 병이 나았다는 내용의 부 「칠발七發」을 가리킨다.

전기傳奇106와 야사野史가 병마를 가장 잘 쫓아버리므로, 남에게 청탁하여 이러한 책을 읽히면 사기邪氣를 물리치는 주문을 외우는 것과 차이가 없다. 다른 것은 유추할 수 있으며, 한 가지 격식에 구애되지 말아야 한다. 부자는 진귀한 보물을 기이한 물건으로 여기고, 가난한 집에서는 비단을 기이한 물건으로 여기며, 산에서 사냥하는 사람은 해산물을 보면 기이하다고 하고, 동굴에 사는 사람은 오두막집에 들어가면 기이하다고 찬탄한다. 사물에는 미추가 없으며, 드물게 만나는 것이 진귀한 것이다. 어린 여인은 미추를 막론하고 방금 친해졌으면 반드시 아름답게 보인다. 옛날에 보지 못했으나 지금 처음 본 것은 한 푼으로 구입했어도 충분히 천금에 해당한다. 만약 반드시 희대의 보물을 기다린다면, 건어물 시장에서 보물을 찾는 격이다.

## 평소에 애모하는 약

———

다섯째, 평소에 애모하는 사람은 약이 될 수 있다. 대개 사람은 평생 그리워했으나 아직 만나지 못한 사람이 있는데, 그 사람이 흔쾌히 기껍게와서 그를 약으로 삼을 경우에 그 효과가 더욱 신속하다. 옛사람의 전설에 따르면 한비韓非의 책107이 진秦나라에 흘러 들어

———

106 전기傳奇: 중국 소설의 일종. 희곡의 종류에도 '전기'라는 장르가 있다. 여기서는 '줄거리가 기특하거나 인물의 행동이 상식을 초월하는 기이한 이야기'의 의미로 해석했다.
107 한비韓非의 책: 『한비자』. 한비韓非(기원전 281?~기원전 233)는 전국시대 한韓나라의 사상가로 법가法家의 대표자이며 『한비자』의 저자다. 진나라 왕이 한 말의 출처는 『사기』「노자한비열전老子韓非列傳」.

가자, 진나라 왕이 책을 보고 말했다. "과인이 이 사람을 만나서 함께 교유하면 죽어도 한이 없으리라!" 한무제가 사마상여司馬相如의 「자허부子虛賦」108를 읽고 칭찬하여 말했다. "짐만이 이 사람과 같은 시대에 있을 수 없는가!" 진晉의 송섬宋纖109은 높고 심원한 절조가 있어 잠잠하게 세상과 교류하지 않고 주천酒泉에 은거하여 관직을 주는 것에 응하지 않았다. 태수 양선楊宣이 사모하여 그의 초상을 누각에 그려놓고 출입하면서 바라보았다.110 진나라 왕에게 한비는, 무제에게 사마상여는, 양선에게 송섬은 심신을 모두 쏟아서 오매불망 추구하는 존재라 할 것이다. 만약 진왕, 무제, 양선이 병들어 누운 날 갑자기 세 사람이 침상 앞에 나타나면 어떻게 되겠는가. 갑자기 일어나 춤을 추고 손을 잡고 기뻐하여 병이 떠나간 줄도 모르게 될 것을 일이 끝나기를 기다릴 필요도 없이 알 수 있을 것이다. 대개 이것들은 모두 불변의 도리를 따르고 지극히 좋아하는 것이 마음속에서 나와서 이처럼 쾌유될 수 있다는 것을 말한

---

108  사마상여司馬相如의 「자허부子虛賦」: 사마상여(기원전 179?~기원전 118)는 전한의 문학가로 탁문군卓文君과의 애정 고사로 유명하며 「자허부子虛賦」「상림부上林賦」「장문부長門賦」 등이 대표적인 작품이다. 「자허부子虛賦」는 사마상여가 양梁나라를 유람할 때 지은 작품으로, 초나라의 자허선생子虛先生과 제나라 오유선생烏有先生이 초나라와 제나라 산천의 아름다움에 대하여 자랑하는 내용을 화려한 필치로 묘사했다. 한무제가 한 말의 출처는 「사기」「사마상여열전司馬相如列傳」.

109  송섬宋纖: 진晉나라 돈황敦煌 사람으로 주천酒泉(지금의 간쑤성 서북부의 주취안)의 남산南山에 은거했으며 제자가 3000여 명이었다. 태수 마급馬岌이 만나려 했으나 거절했으며, 태수가 그를 '인중지룡人中之龍'이라 했다. 또 전량前涼의 왕 장조張祚(354~355 재위)가 태자태부太子太傅로 임명했으나, 곧 사직을 상서하고는 음식을 끊고 죽었다. 「진서」「송섬전宋纖傳」에 사적이 실려 있다.

110  이 내용은 「진서」「송섬전」에 나온다. 양선楊宣은 전량前涼 장조張祚 시기의 돈황태수다.

것이다. 다른 사람이 찬미하자 그 말을 따라 부화뇌동하는 경우는
이것과 관련이 없다.

## 평소에 즐겁게 하는 약

————

여섯째, 평소에 즐겁게 하는 일은 약이 될 수 있다. 병자가 피로해
지는 것을 피하는 것은 당연한 도리다. 그러나 "이것을 즐기면 피로
하지 않다"는 주장이 전어轉語111가 되면 병자를 피로하게 하는 것
이 오히려 편안하게 하는 것인데, 이것은 앞뒤가 꽉 막힌 사람이
알 수 있는 게 아니다. 내가 일생 동안 병을 치료하면서 전부 이 방
법을 사용하지 않은 병이 없고 시도하여 효험이 없지 않았다. 민간
요법과 관장법灌腸法의 기이함도 이것을 초월하지 못했다.

　내 평생 다른 기호는 없으나 오직 저술을 좋아하여, 근심도 책에
의지하여 해소하고 분노도 책에 의지해서 풀었으며, 불평불만의 기
운도 책에 의지하여 제거했다. 여러 질병의 싹을 생각해보면 칠정
七情112에서 시작되지 않는 게 없지만, 나에게 감정을 다스리고 본
성을 처리하는 약이 있는데 저들이 어찌 나를 병들게 할 수 있겠는
가? 그러므로 침상에 누워 신음하는 초기에 바로 책의 가장 중요
한 주제를 만들었다. 일어날 수 있고 앉을 수 있으면 붓을 들어 글

————

111　전어轉語: 불교 용어. 사고의 방향을 바꾸어 깨닫도록 하는 날카로운 말. 출처는
송나라 문학가 진선陳善의 소설 『문슬신화捫虱新話』「오백장불매인과悟百丈不昧因果」.
112　칠정七情: 희喜, 노怒, 우憂, 사思, 비悲, 공恐, 경驚의 7가지 감정. 중국 의학에서
는 칠정이 오장육부 기능의 활동과 밀접한 관련이 있다고 간주한다.

을 쓰고, 그렇지 않으면 구상으로만 보존했다. 고질병에서 일어나려는 날이 되면, 바로 새로운 책이 완성되는 시기다. 일생 동안 책을 출판했는데, 누가 시켰겠는가? 태반은 운명을 다스리는 신의 손에서 나왔다. 이것은 우리 문인의 약으로 "스스로 즐길 수만 있을 뿐, 그대에게 가져다줄 수 없다止堪自怡悅, 不堪持贈君"[113]는 것이다. 그런데 천하 사람들에게도 즐겁게 하는 한 가지 일이 없지 않은데, 혹은 시에 빠지고 술을 매우 좋아하며, 혹은 음악을 동경하고 바둑을 즐겨, 욕망이 하는 대로 맡겨 금지하지 않는 것도 병자를 조리하는 한 방법이다. 종합하면, 병을 제어하는 도리는 잊을 수 있는 것에 요점이 있다. 절절하게 마음에 남아 있으면, 내가 질병에게 부림을 받아 생사를 병에 맡기게 될 것이다. 병자에게 힘이 없는 것을 알면서도 고의로 일을 시키는 것은 병자를 움직여 피곤하게 만드는 것이 아니라, 바로 병자를 재촉하여 병을 잊도록 하는 것이다.

## 평생 통렬하게 증오하는 약

___

일곱째, 평생 통렬하게 증오하는 사물과 이를 갈며 싫어하는 사람이 갑자기 사라져버리면 역시 약이 될 수 있다. 사람이 특히 좋아하는 것이 있으면, 바로 특히 싫어하는 것도 있다. 특히 좋아하는 것이 다가오면 이미 병을 고칠 수 있는데, 특히 싫어하는 것이 병자를 피하여 떠나가게 하고 멀리 쫓으면, 어찌 고질병을 낫게 하는

___

**113**  止堪自怡悅, 不堪持贈君: 출처는 양梁나라 도사 도홍경陶弘景(456~536)의 시 「산 속에 무엇이 있는가를 하문하시어 시를 지어 대답하다詔問山中何所有賦詩以答」.

「칠발七發」114에 해당되지 않겠는가? 병이 없는 사람은 눈 속에 부스러기도 용납할 수 없는데, 가증스러운 사물이 사라지면 눈 속의 못을 뽑은 것과 같을 것이다. 병이 들어 이러한 것을 보면 그 피해가

「청등노인와간산해경靑藤老人臥看山海經」, 청대, 임백년任伯年(1840~1896)
청등노인이 누워서 『산해경』을 보다. 청등노인은 명말의 독특한 화풍과 기행으로 유명한 서위徐渭.

더욱 심하다. 그러므로 대개 병자가 침상에 있는 경우에는, 반드시 먼저 병자가 원망하는 사람이 누구인지와 증오하여 떠나기를 바라는 것이 무엇인지를 조사하여, 그러한 사람이 오면 차단하고 그러한 사물이 존재하면 제거한다.

원망하는 사람이 재난을 당해 다치거나 병으로 죽었다고 속여 말하여 잠시 한때 마음을 유쾌하게 해서 잠시 뒤에 죽을 것을 늦추면, 잠시 뒤에 죽을지 아니면 끝내 죽지 않을지도 알 수 없다. 넓적다리의 살을 베어 어버이를 구제하는 것115은 반드시 살린다고

---

114 「칠발七發」: 한나라 문학가 매승梅乘의 부. 초나라 태자가 병이 들자, 오나라 손님이 문병을 가서 서로 문답하는 과정을 통해 태자의 병이 나았다고 하는 내용이다.
115 자신의 살을 베어 부모를 공양하는 효자에 관한 이야기가 많이 전해오지만, 최초의 출처는 『한시외전韓詩外傳』에 나오는 개자추가 자신의 주군인 중이에게 넓적다리 살을 베어 먹였다는 할고담군割股啗君에서 시작되었다 한다.

할 수가 없지만, 원수의 살을 베어 어버이에게 먹이면 고질병에서 일어나지 못할 사람이 없다. 원수의 고기가 어찌 맛볼 만한 기이한 맛이 있으며, 분별할 만한 괴이한 색과 기이한 모습이 있겠는가? 잠시 방편으로 삼아 속여도 불가하지 않다. 이것은 동일한 종류의 사리를 추론하여 극히 정밀한 곳에 도달한 것이다. 병을 고치는 방법이 어찌 반드시 다 그러하겠는가? 그 의미를 선택할 뿐이다.

이상의 여러 약은 내가 창조했으므로 마땅히 『입옹본초笠翁本草』라 불러야 한다. 그 나머지 중에 병을 치료하는 약과 병을 다스리는 처방으로서 효험이 있으며 사용할 수 있는 것이 매우 많다. 다만 의사가 말할 수 있고 의서에서 조사할 수 있는 것은 기록하려 해도 이루 다 기록할 수 없다. 본분에 맞는 일을 모두 남겨두어 본분으로 하는 사람에게 돌려주고 월권을 하지 않지만, 폐기해도 된다고 말하는 것은 아니다. 종합하면, 이 책은 마땅히 있어야 하는 일은 반드시 있도록 했으며, 없어야 마땅한 주장은 감히 있도록 하지 않았다. "둘도 없이 하나뿐이다"라는 호칭은 감히 차지하지 못하며, "비록 있지만 없는 듯하다"는 명칭도 받아들이지 못한다. 아마 보존해도 될 것이며 모두 폐기할 필요는 없으리라!

원문

제1부 聲容部

## 1. 選姿

食色, 性也. 不知子都之姣者, 無目者也. 古之大賢擇言而發, 其
所以不拂人情, 而數爲是論者, 以性所原有, 不能强之使無耳.

人有美妻美妾而我好之, 是謂拂人之性. 好之不惟損德, 且以殺
身. 我有美妻美妾而我好之, 是還吾性中所有, 聖人復起, 亦得我心
之同然, 非失德也. 孔子云, 素富貴, 行乎富貴. 人處得爲之地, 不買
一二姬妾自娛, 是素富貴而行乎貧賤矣. 王道本乎人情, 焉用此矯淸
矯儉爲哉. 但有獅吼[1]在堂, 則應借此藏拙, 不則好之實所以惡之,
怜之適足以殺之, 不得以紅顏薄命借口, 而爲代天行罰之忍人也.

予一介寒生, 終身落魄, 非止國色[2]難親, 天香[3]未遇, 卽强顏[4]

---

1 獅吼사후: 하동사후河東獅吼. 하동 진조陳慥의 부인 유씨柳氏가 사자처럼 소리를 지
르다. 사납고 투기가 많은 여인이 남편에게 악다구니 쓰는 것을 비유한다. 출처는 송 소식
의 시 「오덕인에게 보내고 겸하여 진조에게 주는 편지寄吳德仁兼簡陳季常」.
2 國色국색: 나라에서 제일가는 미색. 출처는 『공양전公羊傳』 희공僖公 10년.
3 天香천향: 아주 좋은 향기. 미녀를 비유한다. 출처는 당나라 관리 이준李濬의 고사집
『송창잡록松窓雜錄』.
4 强顏강안: 후안무치하다. 억지로 기쁜 척하다. 출처는 당나라 문학가 한유韓愈
(768~824)의 「평회서비문을 지어 올리는 표進撰平淮西碑文表」.

陋質之婦, 能見幾人, 而敢謬次音容, 侈談歌舞, 貽笑于眠花藉柳[5]之人哉. 然而緣雖不偶, 興則頗佳, 事雖未經, 理實易譜, 想當然之妙境, 較身醉溫柔鄕[6]者倍覺有情. 如其不信, 但以往事驗之.

楚襄王, 人主也. 六宮窈窕, 充塞內庭, 握雨携雲[7], 何事不有. 而千古以下, 不聞傳其實事, 止有陽臺一夢, 膾炙人口. 陽臺今落何處. 神女家在何方. 朝爲行雲, 暮爲行雨, 畢竟是何情狀. 豈有踪迹可考, 實事可縷陳[8]乎. 皆幻境[9]也. 幻境之妙, 十倍于眞, 故千古傳之. 能以十倍于眞之事, 譜而爲法, 未有不入閑情三昧者.

凡讀是書之人, 欲考所學之從來, 則請以楚國陽臺之事對.


## ○ 肌膚

婦人嫵媚多端, 畢竟以色爲主. 詩不云乎, 素以爲絢兮. 素者, 白也. 婦人本質, 惟白最難. 常有眉目口齒般般[10]入畫, 而缺陷獨在

5 眠花藉柳면화자류: 면화숙류眠花宿柳. 버들을 베고 꽃 속에 잠들다. 기녀를 가까이하다. 출처는 명나라 문학가 난릉소소생蘭陵笑笑生의『금병매사화』제1회.
6 溫柔鄕온유향: 따스하고 편안한 장소. 화류계. 사람을 매혹시키는 미색. 원래는 한 성제成帝(기원전 51~기원전 7)의 황후 조비연趙飛燕(기원전 45~기원전 1)의 누이 조합덕趙合德(?~기원전 7)을 지칭했다. 성제는 조합덕을 위해 소양전昭陽殿을 지어 살게 하고 그녀를 총애하여 "차라리 온유향에서 취해 죽을지언정, 한 무제의 백운향(신선세계)을 사모하지 않으리라寧願醉死溫柔鄕, 不慕武帝白雲鄕!"고 했다.
7 握雨携雲악우휴운: 비를 움켜쥐고 구름을 잡아끌다. 남녀의 애정 행위를 비유. 출처는 원나라 극작가 왕실보의『서상기西廂記』.
8 縷陳누진: 상세하게 진술하다. 출처는 남조 양梁나라 승려 승우僧祐(445~518)의 불교 저서『홍명집弘明集』「정무론正誣論」.
9 幻境환경: 환상의 세계. 몽환의 경지. 출처는 당나라 문학가 왕유王維(701?~761)의 산문「병부에서 제사하는 고부의 왕랑중을 위한 글爲兵部祭庫部王郎中文」.
10 般般반반: 여러 가지의. 가지가지의. 출처는 당나라 시인 방간方干(809~888)의 시「바닷가의 석류海石榴」.

肌膚者. 豈造物生人之巧, 反不同于染匠[11], 未施漂練之力, 而遽加文采[12]之工乎. 曰, 非然. 白難而色易也. 曷言乎難. 是物之生, 皆視根本, 根本何色, 枝葉亦作何色.

人之根本維何. 精也, 血也. 精色帶白, 血則紅而紫矣. 多受父精而成胎[13]者, 其人之生也必白. 父精母血交聚成胎, 或血多而精少者, 其人之生也必在黑白之間. 若其血色淺紅, 結而爲胎, 雖在黑白之間, 及其生也, 飱以美食, 處以曲房[14], 猶可日趨于淡, 以脚地[15]未盡緇也. 有幼時不白, 長而始白者, 此類是也.

至其血色深紫, 結而成胎, 則其根本已緇, 全無脚地可漂, 及其生也, 卽服以水晶雲母, 居以玉殿瓊樓[16], 亦難望其變深爲淺, 但能守舊不遷, 不致愈老愈黑, 亦云幸矣. 有富貴之家, 生而不白, 至長至老亦若是者, 此類是也. 知此, 則知選材之法, 當如染匠之受衣.

有以白衣使漂者受之, 易爲力也. 有白衣稍垢而使漂者亦受之, 雖難爲力, 其力猶可施也. 若以旣染深色之衣, 使之剝去他色, 漂而爲白, 則雖什佰其工價, 必辭之不受.

以人力雖巧, 難拗天工, 不能强旣有者而使之無也. 婦人之白者易相, 黑者亦易相, 惟在黑白之間者, 相之不易. 有三法焉. 面黑于

---

11 染匠염장: 염색공.
12 文采문채: 사물이 가지고 있는 다양하고 화려한 색채. 출처는 『묵자墨子』「사과辭過」.
13 成胎성태: 아이를 배다. 잉태하다.
14 曲房곡방: 내실. 밀실. 출처는 한나라 문학가 매승枚乘(?~기원전 140)의 부賦「칠발七發」.
15 脚地각지: 발이 딛고 있는 땅. 바탕을 의미한다.
16 玉殿瓊樓옥전경루: 옥으로 만든 대전과 누각. 출처는 남송 문학가 신기질辛棄疾(1140~1207)의 사詞「목란화만木蘭花慢·가련한 오늘 밤의 달可憐今夕月」.

身者易白, 身黑于面者難白. 肌膚之黑而嫩者易白, 黑而粗者難白. 皮肉之黑而寬[17]者易白, 黑而緊且實者難白.

面黑于身者, 以面在外而身在內, 在外則有風吹日曬, 其漸白也爲難. 身在衣中, 較面稍白, 則其由深而淺, 業有明徵, 使面亦同身, 蔽之有物, 其驗亦若是矣, 故易白. 身黑于面者反此, 故不易白.

肌膚之細而嫩者, 如綾羅紗絹[18], 其體光滑, 故受色易, 退色亦易, 稍受風吹, 略經日照, 則深者淺而濃者淡矣. 粗則如布如毯, 其受色之難, 十倍于綾羅紗絹, 至欲退之, 其工又不止十倍, 肌膚之理亦若是也, 故知嫩者易白, 而粗者難白. 皮肉之黑而寬者, 猶紬緞之未經熨, 靴與履[19]之未經楦[20]者, 因其皺而未直, 故淺者似深, 淡者似濃, 一經熨楦之後, 則紋理陡變[21], 非復曩時色相矣. 肌膚之寬者, 以其血肉未足, 猶待長養, 亦猶待楦之靴履, 未經燙熨之綾羅紗絹, 此際若此, 則其血肉充滿之後必不若此, 故知寬者易白, 緊而實者難白. 相肌之法, 備乎此矣. 若是, 則白者嫩者寬者爲人爭取, 其黑而粗緊而實者遂成棄物乎.

曰, 不然. 薄命盡出紅顏, 厚福偏歸陋質, 此等非也, 皆素封伉儷[22]之材, 誥命夫人之料也.

---

17 寬관: 피부가 물렁물렁하고 늘어진 상태를 가리키는 것으로 보아 '느슨하다'로 풀이했다. 바로 뒤의 견차실堅且實은 이와 반대되는 의미에서 피부가 단단하고 탱탱한 상태를 가리키는 것으로 보고 '쫀쫀하다'로 풀이했다.
18 綾羅紗絹능라사견: 두터운 비단, 얇은 비단, 얇고 가벼운 비단, 명주실로 약간 거칠게 짠 각종 비단을 가리킨다.
19 靴與履화여리: 화靴는 발등을 완전히 덮고 목이 있는 신발. 이履는 신발의 통칭.
20 楦훤: 신을 만들 때 신의 모양을 잡는 틀인 신골.
21 陡變두변: 갑자기 변하다. 확 바뀌다.
22 伉儷항려: 부부. 출처는 『좌전』 소공昭公 2년.

○ 眉眼

面爲一身之主, 目又爲一面之主. 相人[23]必先相面, 人盡知之, 相面必先相目, 人亦盡知, 而未必盡窮其祕. 吾謂相人之法, 必先相心, 心得而後觀其形體.

形體維何. 眉髮口齒耳鼻手足之類是也. 心在腹中, 何由得見. 曰, 有目在, 無憂也. 察心之邪正, 莫妙于觀眸子, 子輿氏[24]筆之于書, 業開風鑑[25]之祖. 予無事贅陳其說, 但言情性之剛柔, 心思之愚慧. 四者非他, 卽異日司花[26]執爨[27]之分途, 而獅吼堂與溫柔鄕接壤之地也.

目細而長者, 秉性必柔. 目粗而大者, 居心必悍. 目善動而黑白分明者, 必多聰慧. 目常定而白多黑少, 或白少黑多者, 必近愚蒙.

然初相之時, 善轉者亦未能遽轉, 不定者亦有時而定. 何以試之. 曰, 有法在, 無憂也. 其法維何. 一曰以靜待動, 一曰以卑矚高. 目隨身轉, 未有動蕩其身, 而能膠柱[28]其目者. 使之乍往乍來, 多行數武, 而我回環其目以視之, 則秋波不轉而自轉, 此一法也.

婦人避羞[29], 目必下視, 我若居高臨卑, 彼下而又下, 永無見目之

---

23 相人상인: 다른 사람의 관상을 보다. 관상가.
24 子輿氏자여씨 : 맹자(기원전 372~기원전 289). 이름이 가軻이고 자字가 자여子輿다.
25 風鑑풍감: 관상술. 관상가.
26 司花사화: 꽃을 담당한 여인. 출처는 남송 문학가 범성대范成大(1126~1193)의 시 「비 온 뒤에 희롱 삼아 지어雨後戱書」.
27 執爨집찬: 취사를 담당하다. 출처는 『시경』 「소아·초자小雅·楚茨」.
28 膠柱교주: 교주고슬膠柱鼓瑟의 준말. 거문고의 줄을 괴는 기러기발을 올렸다 내렸다 할 수 없도록 아교로 붙여 놓고 연주한다. 고지식하여 조금도 융통성이 없는 것을 비유한다. 출처는 한나라 사마천司馬遷(기원전 145~?)의 『사기』 「염파인상여열전廉頗藺相如列傳」.
29 避羞피수: 부끄러워하다. 수줍어하다.

時矣. 必當處之高位, 或立臺坡之上, 或居樓閣之前, 而我故降其軀以矚之, 則彼下無可下, 勢必環轉其眼以避我. 雖云善動者動, 不善動者亦動, 而勉強自然之中, 卽有貴賤妍媸[30]之別, 此又一法也.

至于耳之大小, 鼻之高卑, 眉髮之淡濃, 脣齒之紅白, 無目者猶能按之以手, 豈有識者不能鑑之以形. 無俟嘵嘵[31], 徒滋繁瀆. 眉之秀與不秀, 亦復關系情性, 當與眼目同視. 然眉眼二物, 其勢往往相因. 眼細者眉必長, 眉粗者眼必巨, 此大較好, 然亦有不盡相合者. 如長短粗細之間, 未能一一盡善, 則當取長恕短, 要當視其可施人力與否.

張京兆工于畫眉, 則其夫人之雙黛, 必非濃淡得宜, 無可潤澤者. 短者可長, 則妙在用增. 粗者可細, 則妙在用減. 但有必不可少之一字, 而人多忽視之者, 其名曰曲. 必有天然之曲, 而後人力可施其巧.

眉若遠山, 眉如新月, 皆言曲之至也. 卽不能酷肖遠山, 盡如新月, 亦須稍帶月形, 略存山意, 或彎其上而不彎其下, 或細其外而不細其中, 皆可自施人力. 最忌平空[32]一抹, 有如太白[33]經天. 又忌兩筆斜沖[34], 儼然倒書八字. 變遠山爲近瀑, 反新月爲長虹, 雖有善畫之張郎, 亦將畏難而卻走. 非選姿者居心太刻. 以其爲溫柔鄉

───
30 妍媸연치: 미추美醜. 출처는 당나라 화가 장언원張彦遠(815~907)의 서예 이론서 『법서요록法書要錄』 「양중서시랑우화논서표梁中書侍郎虞龢論書表」.
31 嘵嘵효효: 재잘대다. 말이 많다.
32 平空평공: 터무니없이. 돌연. 출처는 명나라 극작가 가중명賈仲名의 잡극 『소숙란이 애정을 담아 보살만을 지어 보내다蕭淑蘭情寄菩薩蠻』.
33 太白태백: 태백성, 즉 금성.
34 斜沖사충: 비스듬히 기울다.

擇人, 非爲娘子軍擇將也.


○手足

相女子者, 有簡便訣云, 上看頭, 下看脚. 似二語可槪通身矣. 予怪其最要一著, 全未提起. 兩手十指, 爲一生巧拙之關, 百歲榮枯所係, 相女者首重在此, 何以略而去之. 且無論手嫩者必聰, 指尖者多慧, 臂豐而腕厚者, 必享球圍翠繞35之榮.

卽以現在所需而論之. 手以揮弦, 使其指節纍纍36, 幾類彎弓之決拾. 手以品簫, 如其臂形攘攘37, 幾同伐竹之斧斤. 抱枕攜衾, 觀之興索, 振卮進酒, 受者眉攢, 亦大失開門見山38之初著矣. 故相手一節, 爲觀人要著, 尋花問柳39者不可不知, 然此道亦難言之矣.

選人選足, 每多窄窄金蓮.40 觀手觀人, 絶少纖纖玉指. 是最易者足, 而最難者手, 十百之中, 不能一二覯也. 須知立法不可不嚴, 至于行法, 則不容不恕. 但于或嫩或柔或尖或細之中, 取其一得,

---

35 球圍翠繞구위취요: 진주와 비취로 감싸다. 여인이 화려하게 장식하다.

36 纍纍유루: 누적되다. 겹치다. 출처는 『예기』「악기樂記」로 여기서는 손마디가 굵어지는 것을 말한다.

37 攘攘양양: 양양穰穰. 풍성하다. 출처는 『시경』「주송·집경周頌·執競」으로 여기서는 팔이 두꺼워 지는 것을 말한다.

38 開門見山개문견산: 문을 열면 산이 보인다. 단도직입적으로 말하다. 출처는 남송 시인 엄우嚴羽의 『창랑시화滄浪詩話』「시평詩評」.

39 尋花問柳심화문류: 문류심화問柳尋花. 버들에게 묻고 꽃을 찾다. 봄날의 아름다운 경치를 유람하며 감상하다. 기녀와 노닐다. 출처는 당 두보의 시 「중승 엄무嚴武가 왕림하시어嚴中丞枉駕見過」.

40 窄窄金蓮착착금련: 금련착착金蓮窄窄. 전족해서 작은 발. 출처는 『서유기西遊記』 제72회.

卽可寬恕其他矣. 至于選足一事, 如但求窄小, 則可一目了解. 倘欲
由粗以及精, 盡美而思善, 使脚小而不受脚小之累, 兼收脚小之用,
則又比手更難, 皆不可求而可遇者也.

其累維何. 因脚小而難行, 動必扶牆靠壁, 此累之在己者也. 因
脚小而致穢, 令人掩鼻攢眉, 此累之在人者也. 其用維何. 瘦欲無
形, 越看越生憐惜, 此用之在日者也. 柔若無骨, 愈親愈耐撫摩, 此
用之在夜者也. 昔有人謂予曰, 宜興周相國, 以千金購一麗人, 名
爲抱小姐, 因其脚小之至, 寸步難移, 每行必須人抱, 是以得名. 予
曰, 果若是, 則一泥塑美人而已矣, 數錢可買, 奚事千金. 造物生
人以足, 欲其行也. 昔形容女子聘婷[41]者, 非曰, 步步生金蓮, 卽
曰, 行行如玉立, 皆謂其脚小能行, 又復行而入畫, 是以珍可寶,
如其小而不行, 則與刖足[42]者何異. 此小脚之累之不可有也.

予遍遊四方, 見足之最小而無累, 與最小而得用者, 莫過于秦之
蘭州晉之大同. 蘭州女子之足, 大者三寸, 小者猶不及焉, 又能步
履如飛, 男子有時追之不及, 然去其凌波小襪而撫摩之, 猶覺剛柔
相半. 卽有柔若無骨者, 然偶見則易, 頻遇爲難. 至大同名妓, 則
强八皆若是也. 與之同榻者, 撫及金蓮, 令人不忍釋手, 覺倚翠偎
紅[43]之樂, 未有過于此者. 向在都門, 以此語人, 人多不信. 一席間

---

41 聘婷빙정娉婷. 자태가 아름다운 여인. 미녀. 출처는 원나라 극작가 백박白朴
(1226~1306?)의 잡극 『당명황추야오동우唐明皇秋夜梧桐雨』 제1절.
42 刖足월족: 고대 신체에 가했던 6가지 형벌의 하나로 발을 자르는 것. 출처는 동진의
도교학자 갈홍葛洪(284~364)의 『포박자抱朴子』「용형용刑」.
43 倚翠偎紅의취외홍: 미인에게 기대고 친밀하게 지낸다. 여인과 아주 친밀하게 행동하
는 모습. 출처는 원나라 희곡 작가 왕실보王實甫의 『서상기西廂記』.

擁二妓, 一晉一燕, 皆無麗色, 而足則甚小. 予請不信者即而驗之, 果覺晉勝于燕, 大有剛柔之別. 座客無不翻然[44], 而罰不信者以金谷酒數. 此言小脚之用之不可無也. 噫, 豈其娶妻必齊之姜. 就地取材, 但不失立言之大意而已矣.

驗足之法無他, 只在多行幾步, 觀其難行易動, 察其勉强自然, 則思過半矣. 直則易動, 曲卽難行. 正則自然, 歪卽勉强. 直而正者, 非止美觀便走, 亦少穢氣. 大約穢氣之生, 皆强勉造作之所致也.


○態度

古云, 尤物足以移人. 尤物維何. 媚態是已. 世人不知, 以爲美色, 烏知, 顔色雖美, 是一物也. 烏足移人. 加之以態, 則物而尤矣. 如云美色卽是尤物, 卽可移人, 則今時絹做之美女, 畫上之嬌娥, 其顔色較之生人, 豈止十倍. 何以不見移人, 而使之害相思成鬱病耶. 是知媚態二字, 必不可少.

媚態之在人身, 猶火之有焰, 燈之有光, 珠貝金銀之有寶色, 是無形之物, 非有形之物也. 惟其是物而非物, 無形似有形, 是以名爲尤物. 尤物者, 怪物也, 不可解說之事也. 凡女子, 一見卽令人思, 思而不能自己, 遂至舍命以圖, 與生爲難者, 皆怪物也, 皆不可解說之事也.

吾于態之一字, 服天地生人之巧, 鬼神體物之工. 使以我作天地鬼神, 形體吾能賦之, 知識我能予之, 至于是物而非物, 開形似有

---

44 翻然번연: 번연회오翻然悔悟의 준말. 신속하게 깨달아 이전의 실수를 뉘우치다. 출처는 당나라 문학가 한유韓愈의 「진급사에게 주는 글與陳給事書」.

形之態度, 我實不能變之化之, 使其自無而有, 復自有而無也. 態之爲物, 不特能使美者愈美, 豔者愈豔, 且能使老者少而媸者姸, 無情之事變爲有情. 使人暗受籠絡而不覺者.

女子一有媚態, 三四分姿色, 便可抵過六七分. 試以六七分姿色而無媚態之婦人, 與三四分姿色而有媚態之婦人, 同立一處, 則人止愛三四分而不愛六七分, 是態度之于顏色, 猶不止一倍當兩倍也. 試以二三分姿色而無媚態之婦人, 與全無姿色而止有媚態之婦人, 同立一處, 或與人各交數言, 則人止爲媚態所惑, 而不爲美色所惑. 是態度之于顏色, 猶不止于以少敵多, 且能以無而敵有也.

今之女子, 每有狀貌姿容一無可取, 而能令人思之不倦, 甚至舍命相從者, 皆態之一字之爲祟也. 是知選貌選姿, 總不如選態一著之爲要. 態自天生, 非可强造. 强造之態, 不能飾美, 止能愈增其陋. 同一顰也, 出于西施則可愛, 出于東施則可憎者, 天生强造之別也. 相面相肌相眉相眼之法, 皆可言傳, 獨相態一事, 則予心能知之, 口實不能言之. 口之所能言者, 物也, 非尤物也. 噫, 能使人知, 而能使人欲言不得, 其爲物也何知, 其爲事也何知. 豈非天地之間一大怪物, 而從古及今, 一件解說不來之事乎.

詰予者曰, 旣爲態度立言, 又不指人以法, 終覺首鼠[45], 盍亦舍精言粗, 略示相女者以意乎. 予曰, 不得已而爲言, 止有直書所見, 聊爲榜樣[46]而已.

---

45 首鼠수서: 수시首施. 주저하다. 관망하며 진퇴를 정하지 못하다. 출처는 『사기』 「위기무안후열전魏其武安侯列傳」.

向在維揚, 代一貴人相妾. 靚妝[47]而至者不一其人, 始皆俯首而立, 及命之抬頭, 一人不作羞容而竟抬. 一人嬌羞覥腆[48], 強之數四而後抬. 一人初不即抬, 及強而後可, 先以眼光一瞬, 似于看人而實非看人, 瞬畢復定而後抬, 俟人看畢, 復以眼光一瞬而後俯, 此即態也.

記曩時春遊遇雨, 避一亭中, 見無數女子, 妍媸不一, 皆踉蹌[49]而至. 中一縞衣[50]貧婦, 年三十許, 人皆趨入亭中, 彼獨徘徊簷下, 以中無隙地故也. 人皆抖擻[51]衣衫, 慮其太濕, 彼獨聽其自然. 以簷下雨侵, 抖之無益, 徒現醜態故也. 及雨將止而告行, 彼獨遲疑稍後, 去不數武[52]而雨復作, 乃趨入亭. 彼則先立亭中, 以逆料必轉, 先踞勝地故也. 然臆雖偶中, 絕無驕人之色. 見後入者反立簷下, 衣衫之濕, 數倍于前. 而此婦代爲振衣, 姿態百出, 竟若天集衆醜, 以形一人之媚者.

自觀者視之, 其初之不動, 似以鄭重[53]而養態. 其後之故動, 似

---

46 榜樣방양: 모범. 본보기. 출처는 명나라 문학가 이지李贄(1527~1602)의 『속분서續焚書』 「이선장李善長」.
47 靚妝정장: 화려하게 장식하다. 출처는 남조 송 포조鮑照(415?~466)의 시 「대낭월행代朗月行」.
48 覥腆전전: 수줍어 행동이 부자연스럽다. 출처는 『서상기』.
49 踉蹌양창: 비틀거리다. 출처는 한유의 시 「장적에게 증정하여贈張籍」.
50 縞衣호의: 하얀 옷. 출처는 『예기』 「왕제王制」.
51 抖擻두수: 털다. 떨다. 출처는 당나라 문학가 백거이白居易(772~846)의 시 「주의 백성에게 답하여答州民」.
52 數武수무: 멀지 않은 곳. 멀지 않다. 반걸음. 고대에 6자(약 130센티미터)를 '보步'라 하고 반보를 '무武'라 했다.
53 鄭重정중: 신중하다. 엄숙하다. 출처는 『주자어류朱子語類』 권91.

以徜徉54而生態. 然彼豈能必天復雨, 先儲其才以俟用乎. 其養也,
出之無心, 其生也, 亦非有意, 皆天機之自起自伏耳. 當其養態之
時, 先有一種嬌羞無那之致現于身外, 令人生愛生憐, 不俟娉婷大
露而後覺也. 斯二者, 皆婦人媚態之一斑, 舉之以見大較. 噫, 以年
三十許之貧婦, 止爲姿態稍異, 遂使二八佳人與曳珠頂翠55者皆
出其下, 然則態之爲用, 豈淺鮮56哉.

人問, 聖賢神化之事, 皆可造詣而成, 豈婦人媚態獨不可學而
至乎. 予曰, 學則可學, 敎則不能. 人又問, 旣不能敎, 胡云可學. 予
曰, 使無態之人與有態者同劇, 朝夕薰陶, 或能爲其所化. 如蓬生
麻中, 不扶自直, 鷹變成鳩, 形爲氣感, 是則可矣. 若欲耳提而面命
之, 則一部廿一史, 當從何處說起. 還怕愈說愈增其木強57, 奈何.


## 2. 修容

婦人惟仙姿國色, 無俟修容. 稍去天工者, 卽不能免于人力矣.
然予所謂修飾二字, 無論妍媸美惡, 均不可少. 俗云, 三分人材, 七
分妝飾. 此爲中人以下者言之也. 然則有七分人材者, 可少三分妝
飾乎. 卽有十分人材者, 豈一分妝飾皆可不用乎. 曰, 不能也. 若是,

---

54 徜徉상양: 유유히 걷다. 출처는 『회남자淮南子』「인간훈人間訓」.
55 曳珠頂翠예주정취: 진주를 늘어뜨리고 머리는 비취로 장식하다. 화려하게 장식하다.
56 淺鮮천선: 미미하다. 경미하다. 출처는 『전국책戰國策』「한책2韓策二」.
57 木強목강: 목강木彊. 강직하다. 융통성이 없다. 우둔하다. 출처는 『사기』「강후주발세
가絳侯周勃世家」.

則修容之道不可不急講矣.

今世之講修容者, 非止窮工極巧, 幾能變鬼爲神, 我卽欲勉竭心神, 創爲新說, 其如人心至巧, 我法難工, 非但小巫見大巫, 且如小巫之徒, 往敎大巫之師, 其不遭噴飯[58]而唾面[59]者鮮矣. 然一時風氣所趨, 往往失之過當. 非始初立法之不佳, 一人求勝于一人, 一日務新于一日, 趨而過之, 致失其眞之弊也.

楚王好細腰, 宮中皆餓死. 楚王好高髻, 宮中皆一尺. 楚王好大袖, 宮中皆全帛. 細腰非不可愛, 高髻大袖非不美觀, 然至餓死, 則人而鬼矣. 髻至一尺, 袖至全帛, 非但不美觀, 直與魑魅魍魎[60]無別矣. 此非好細腰好高髻大袖者之過, 乃自爲餓死, 自爲一尺, 自爲全帛者之過也. 亦非自爲餓死, 自爲一尺, 自爲全帛者之過, 無一人痛懲其失, 著爲章程, 謂止當如此, 不可太過, 不可不及, 使有遵守者之過也.

吾觀今日之修容, 大類楚宮之末俗, 著爲章程, 非草野得爲之事. 但不經人提破, 使知不可愛而可憎, 聽其日趨日甚, 則在生而爲魑魅魍魎者, 已去死人不遠, 籾腰成一縷, 有餓而必死之勢哉. 予爲修容立說, 實具此段婆心, 凡爲西子[61]者, 自當曲體[62]人情, 萬毋遽

---

58 噴飯분반: 밥을 먹다가 웃음을 참지 못하고 웃어서 밥을 뱉어내다. 매우 우습다는 의미다. 출처는 송 소동파의 산문 「문동文同이 그린 운동곡언죽도에 쓴 글文與可畫篔簹谷偃竹記」.
59 唾面타면: 다른 사람의 얼굴에 침을 뱉다. 무시하다. 모욕하다. 출처는 『전국책』 「조책趙策」.
60 魑魅魍魎이매망량: 이매魑魅는 산과 연못의 귀신. 망량魍魎은 산천의 정령. 산이나 물에 사는 사람을 해치는 각종 귀신을 지칭한다. 출처는 『좌전』 선공宣公 3년.
61 西子서자: 중국 4대 미인의 한 사람인 서시西施.

發嬌嗔63, 罪其唐突64.

　○盥櫛65

　盥面之法, 無他奇巧, 止是濯垢務盡, 面上亦無他垢. 所謂垢者, 油而已矣. 油有二種, 有自生之油, 有沾上之油. 自生之油, 從毛孔沁出, 肥人多而瘦人少, 似汗非汗者是也. 沾上之油, 從下而上者少, 從上而下者多. 以髮與膏沐勢不相離, 髮面交接之地, 勢難保其不侵. 況以手按髮, 按畢之後, 自上而下, 亦難保其不相挨擦66, 挨擦所至之處, 卽生油發亮之處也. 生油發亮, 于面似無大損, 殊不知一日之美惡系焉, 面之不白不勻, 卽從此始. 從來上粉著色之地, 最怕有油, 有卽不能上色.

　倘于浴面初畢, 未經搽粉67之時, 但有指大一痕爲油手所汚, 迨加粉搽面之後, 則滿面皆白而此處獨黑, 又且黑而有光, 此受病之在先者也. 既經搽粉之後, 而爲油手所汚, 其黑而光也亦然, 以粉上加油, 但見油而不見粉也, 此受病之在後者也. 此二者之爲患, 雖似大而實小, 以受病之處止在一隅, 不及滿面, 閨人盡有知之者. 尙有全體受傷之患, 從古佳人暗受其害而不知者, 予請攻而出之.

---

62 曲體곡체: 인정을 깊이 깨닫다. 출처는 명나라 문학가 심덕부沈德符의 필기『만력야획편萬曆野獲編』「종번·번국수봉관宗藩·藩國隨封官」.
63 嬌嗔교진: 토라지다. 화를 내다. 출처는 오대 무명씨의 사詞「보살만菩薩蠻」.
64 唐突당돌: 당돌하다. 출처는『후한서後漢書』「공융전孔融傳」.
65 櫛즐: 빗. 참빗과 얼레빗을 모두 포괄한다.
66 挨擦애찰: 부비다. 문지르다.
67 搽粉차분: 얼굴에 분을 바르다. 아름답게 치장하다.

從來拭面之巾帕[68], 多不止于拭面, 擦臂抹胸, 隨其所至. 有膩即有油, 則巾帕之不潔也久矣. 卽有好潔之人, 止以拭面, 不及其他, 然能保其上不及髮, 將至額角而遂止乎. 一沾膏沐, 卽非無油少膩之物矣. 以此拭面, 非拭面也, 猶打磨[69]細物[70]之人, 故以油布擦光, 使其不沾他物也. 他物不沾, 粉獨沾乎. 凡有面不受妝, 越勻越黑. 同一粉也, 一人搽之而白, 一個搽之而不白者, 職是故也. 以拭面之巾有異同, 非搽面之粉有善惡也. 故善勻面者, 必須先潔其巾. 拭面之巾, 止供拭面之用, 又須用過卽浣, 勿使稍帶油痕, 此務本[71]窮源[72]之法也.

善櫛不如善篦[73]. 篦者, 櫛之兄也. 髮內無法, 始得絲絲現相, 不則一片如氈, 求其界限而不得, 是帽也, 非髻也, 是退光黑漆之器, 非烏雲蟠繞之頭也. 故善蓄姬妾者, 當以百錢買梳[74], 千錢購篦. 篦精則髮精, 稍儉其值, 則髮損頭痛, 篦不數下而止矣. 篦之極淨, 使便用梳. 而梳之爲物, 則越舊越精. 人惟求舊, 物惟求新. 古語雖然, 非爲論梳而論. 求其舊而不得, 則富者用牙, 貧者用角. 新木之梳, 卽搜根剔齒[75]者, 非油浸十日, 不可用也.

---

68 巾帕건파: 수건.
69 打磨타마: 기물의 표면을 연마하거나 마찰하여 매끄럽게 만들다. 출처는 원나라 무명씨의 잡극 『소위지小尉遲』.
70 細物세물: 작은 사물. 출처는 『열자列子』 「천서天瑞」로 여기서는 나무나 금속으로 만든 작은 공예품의 의미로 사용되었다.
71 務本무본: 근본에 힘쓰다. 출처는 『논어』 「학이學而」.
72 窮源궁원: 사물의 근원을 탐구하다. 출처는 송나라 학자 조여시趙與時(1172~1228)의 필기 『빈퇴록賓退錄』 권2.
73 篦비: 이가 매우 촘촘하고 손잡이가 중간 부위에 있는 참빗.
74 梳소: 이가 듬성듬성하고 손잡이가 한편에만 있는 얼레빗.

古人呼髻爲蟠龍. 蟠龍者, 髻之本體, 非由妝飾而成. 隨手綰成, 皆作蟠龍之勢, 可見古人之妝, 全用自然, 毫無造作. 然龍乃善變之物, 髮無一定之形, 使其相傳至今, 物而不化[76], 則龍非蟠龍, 乃死龍矣. 髮非佳人之髮, 乃死人之髮矣. 無怪今人善變, 變之誠是[77]也. 但其變之之形, 只顧趨新, 不求合理, 只求變相, 不顧失眞. 凡以彼物肖此物, 必取其當然者肖之, 必取其應有者肖之, 又必取其形色相類者肖之, 未有憑空捏造[78], 任意爲之而不顧者. 古人呼髮爲烏雲, 呼髻爲蟠龍者, 以二物生于天上, 宜乎在頂. 髮之繚繞似雲, 髮之蟠曲似龍, 而雲之色有烏雲, 龍之色有烏龍. 是色也, 相也, 情也, 理也, 事事相合, 是以得名, 非憑捏造, 任意爲之而不顧者也.

竊怪今之所謂牡丹頭荷花頭缽盂頭種種新式, 非不窮新極異, 令人改觀, 然于當然應有形色相類之義, 則一無取焉. 人之一身, 手可生花, 江淹之彩筆[79]是也. 舌可生花, 如來之廣長[80]是也. 頭則未見其生花, 生之自今日始. 此言不當然而然也. 髮上雖有簪花之義, 未有以頭爲花, 而身爲蒂者. 缽盂乃盛飯之器, 未有倒貯活

---

75 搜根剔齒수근척치: 뿌리를 찾고 이를 뽑다. 철저하게 조사하여 미세한 것도 빠트리지 않다. 출처는 명나라 문학가 시내암施耐庵의 『수호전水滸傳』이다. 여기서는 머리카락을 상하게 한다는 의미로 사용되었다.
76 物而不化물이불화: 고집하여 변화하지 않는다는 의미. 출처는 북송 철학자 장재張載(1020~1078)의 철학 서적인 『정몽正蒙』.
77 誠是성시: 확실히 이렇다. 정확하다. 출처는 『순자荀子』「영욕榮辱」.
78 憑空捏造빙공날조: 사실적인 근거가 없이 날조하다. 출처는 명나라 문학가 심덕부沈德符(1578~1642)의 『만력야획편萬曆野獲編』「보유·토사·토관승습補遺·土司·土官承襲」
79 彩筆채필: 아름답고 풍부한 문필. 출처는 『남사南史』「강엄전江淹傳」.
80 廣長광장: 장광설長廣舌. 쓸데없이 길게 늘어놓는 말. 출처는 송나라 소동파의 시「동림총장로에게 증정하여贈東林總長老」.

人之首, 而作覆盆之象者. 此皆事所未聞, 聞之自今日始. 此言不
應有而有也. 群花之色, 萬紫千紅, 獨不見其有黑. 設立一婦人于
此, 有人呼之爲黑牡丹黑蓮花黑缽盂者, 此婦必艴然[81]而怒, 怒而
繼之以罵矣. 以不喜呼名之怪物, 居然自肖其形, 豈非絶不可解之
事乎.

　吾謂美人所梳之髻, 不妨日異月新, 但須籌爲理之所有. 理之所
有者, 其象多端, 然總莫妙于雲龍二物. 仍用其名而變更其實, 則
古製新裁, 并行而不悖矣. 勿謂止此二物, 變爲有限, 須知普天下
之物, 取其千態萬狀, 越變而越不窮者, 無有過此二物者矣.

　龍雖善變, 猶不過飛龍遊龍伏龍潛龍戲珠龍出海龍之數種. 至
于雲之爲物, 頃刻數遷其位, 須臾屢易其形, 千變萬化四字, 猶爲
有定之稱, 其實雲之變相, 千萬二字, 猶不足以限量之也. 若得聰
明女子, 日日仰觀天象, 既肖雲而爲髻, 復肖髻而爲雲, 卽一日一更
其式, 猶不能盡其巧幻, 畢其離奇, 矧未必朝朝變相乎.

　若謂天高雲遠, 視不分明, 難于取法, 則令畫工繪出巧雲數朵,
以紙剪式, 襯于髮下, 俟櫛沐既成, 而後去之, 此簡便易行之法也.
雲上盡可著色, 或簪以時花, 或飾以珠翠, 幻作雲端五彩, 視之光
怪陸離[82]. 但須位置得宜, 使與雲體相合, 若其中應有此物者, 勿
露時花珠翠之本形, 則盡善矣.

　肖龍之法, 如欲作飛龍遊龍, 則先以己髮梳一光頭于下, 後以假

---

81 艴然不悅: 발끈하다. 출처는 『맹자』 「공손추상公孫丑上」.
82 光怪陸離광괴육리: 광채가 기이하고 색채가 번잡하며 변화가 다양하다. 출처는 전국
시대 초나라 굴원屈原(기원전 342?~기원전 278)의 초사楚辭 작품 「이소離騷」.

髮製作龍形, 盤旋繚繞, 覆于其上. 務使離髮少許, 勿使相粘相貼, 始不失飛龍遊龍之義, 相粘相貼則是潛龍伏龍矣. 懸空之法, 不過用鐵線一二條, 襯于不見之處, 其龍爪之向下者, 以髮作線, 縫于光髮之上, 則不動矣. 戲珠龍法, 以髮作小龍二條, 綴于兩旁, 尾向後而首向前, 前綴大珠一顆, 近于龍嘴, 名爲二龍戲珠. 出海龍亦照前式, 但以假髮作波浪紋, 綴于龍身空隙之處, 皆易爲之. 是數法者, 皆以雲龍二物分體爲之, 是雲自雲而龍自龍也.

予又謂雲龍二物勢不宜分. 雲從龍, 風從虎, 周易業有成言, 是當合而用之. 同用一髮, 同作一假, 何不幻作雲龍二物, 使龍勿露全身, 雲亦勿作全朵, 忽而見龍, 忽而見雲, 令人無可測識, 是美人之頭, 盡有盤旋飛舞之勢, 朝爲行雲, 暮爲行雨, 不幾兩擅其絶, 而爲陽臺神女之現身哉.

噫, 笠翁于此搜盡枯腸[83], 爲此瞽者, 不可不加尸祝[84]. 天年以後, 倘得爲神, 則將往來繡閣[85]之中, 驗其所製, 果有裨于花容月貌否也.


○薰陶

名花美女, 氣味相同, 有國色者, 必有天香. 天香結自胞胎, 非由

---

83 搜盡枯腸수진고장: 온갖 궁리를 다하다.
84 尸祝시축: 제사를 지내다. 출처는 명나라 학자 송렴宋濂(1310~1381)의 「부씨고칙에 글을 써서題傅氏誥敕後」.
85 繡閣수각: 수방繡房. 화려한 거처. 젊은 여인의 거처. 출처는 후촉後蜀 문학가 구양형歐陽炯(896~971)의 사詞 「보살만菩薩蠻 4」.

薰染86, 佳人身上實有此一種, 非飾美之詞也. 此種香氣, 亦有姿
貌不甚較豔, 而能偶擅其奇者. 總之, 一有此種, 卽是夭折摧殘之
兆, 紅顏薄命未有捷于此者.

有國色而有天香, 與無國色而有天香, 皆是千中遇一, 其餘則薰
染之力不可少也. 其力維何. 富貴之家, 則需花露. 花露者, 摘取花
瓣入甑, 醖釀而成者也. 薔薇最上, 群花次之. 然用不須多, 每于
盥浴之後, 把取數匙入掌, 拭體拍面而勻之. 此香此味, 妙在似花
非花, 是露非露, 有其芬芳, 而無其氣息, 是以爲佳. 不似他種香
氣, 或速或沉, 是蘭是桂, 一嗅卽知者也.

其次則用香皂87浴身, 香茶沁口, 皆是閨中應有之事. 皂之爲物,
亦有一種神奇, 人身偶染穢物, 或偶沾穢氣, 用此一擦, 則去盡無
遺. 由此推之, 卽以百和奇香拌入此中, 未有不與垢穢幷除, 混入
水中而不見者矣, 乃獨去穢而存香, 似有攻邪不攻正之別. 皂之佳
者, 一浴之後, 香氣經日不散, 豈非天造地設88, 以供修容飾體之
用者乎. 香皂以江南六合縣出者爲第一, 但價值稍昂, 又恐遠不能
致, 多則浴體, 少則止以浴面, 亦權宜89豐儉之策也.

至于香茶沁口, 費亦不多, 世人但知其貴, 不知每日所需, 不過
指大一片, 重止毫厘, 裂成數塊, 每于飯後及臨睡時以少許潤舌,

---

86 薰染훈염: 훈증하여 배어들게 하다.
87 香皂향조: 비누.
88 天造地設천조지설: 하늘이 만들고 땅이 설치하다. 자연적으로 완벽하게 이루어져 인
공을 가미할 필요가 없다. 출처는 송나라 휘종徽宗(1082~1135)의 정원에 관한 저술인
『간악기艮岳記』.
89 權宜권의: 일에 따라 방법을 변통하다. 출처는 『후한서』 「서강전론西羌傳論」.

則滿吻皆香, 多則味苦, 而反成藥氣矣. 凡此所言, 皆人所共知, 予特申明其說, 以見美人之香不可使之或無耳.

別有一種, 爲値更廉, 世人食而但甘其味, 嗅而不辨其香者. 請揭出言之. 果中荔子, 雖出人間, 實與交梨火棗無別, 其色國色, 其香天香, 乃果中尤物也. 予遊閩粵, 幸得飽啖而歸, 庶不虛生此口, 但恨造物有私, 不令四方皆出. 陳不知鮮, 夫人而知之矣. 殊不知荔之陳者, 香氣未嘗盡沒, 乃與橄欖同功, 其好處卻在回味時耳. 佳人就寢, 止啖一枚, 則口脂之香, 可以竟夕, 多則甜而膩矣. 須擇道地90者用之, 楓亭是其選也.

人問, 沁口之香, 爲美人設乎, 爲伴美人者設乎. 予曰, 伴者居多. 若論美人, 則五官四體皆爲人設, 奚止口內之香.


○點染

卻嫌脂粉91污顔色, 淡掃蛾眉朝至尊, 此唐人妙句也. 今世諱言脂粉, 動稱汚人之物, 有滿而是粉而云粉不上面, 遍唇皆脂而曰脂不沾唇者, 皆信唐詩太過, 而欲以虢國夫人自居者也. 噫, 脂粉焉能汚人, 人自汚耳.

人謂脂粉二物, 原爲中材而設, 美色可以不需. 予曰, 不然. 惟美色可施脂粉, 其餘似可不設. 何也. 二物頗帶世情, 大有趨炎附

---

90 道地도지: 진정으로 유명한 산지에서 산출된 것. 출처는 남송 시론가 엄우嚴羽 (1192?~1245?)의 시론『창랑시화滄浪詩話』「부답오경선서附答吳景仙書」.
91 脂粉지분: 연지와 분. 출처는『회남자淮南子』「수무훈修務訓」.

熱92之態, 美者用之愈增其美, 陋者加之更益其陋. 使以絶代佳人
而微施粉澤, 略染腥紅93, 有不增嬌益媚者乎. 使以媸顔陋婦而丹
鉛94其面, 粉藻其姿, 有不驚人駭衆者乎. 詢其所以然之故, 則以
白者可使再白, 黑者難使遽白. 黑上加之以白, 是欲故顯其黑, 而
以白物相形之也.

試以一墨一粉, 先分二處, 後合一處而觀之, 其分處之時, 黑自
黑而白自白, 雖云各別其性, 未甚相仇也. 迨其合外, 遂覺黑不自
安, 而白欲求去. 相形相礙, 難以一朝居者. 以天下之物, 相類者可
使同居, 卽不相類而相似者, 亦可使之同居, 至于非但不相類不相
似, 而且相反之物, 則斷斷勿使同居, 同居必爲難矣. 此言粉之不
可混施也.

脂則不然, 面白者可用, 面黑者亦可用. 但脂粉二物, 其勢相依,
面上有粉而唇上塗脂, 則其色燦然可愛. 倘面無粉澤而止丹唇,
非但紅色不顯, 且能使面上之黑色變而爲紫, 以紫之爲色, 非系
天生, 乃紅黑二色合而成之者也. 黑一見紅, 若逢故物, 不求合而
自合, 精光相射, 不覺紫氣東來, 使乘老子靑牛, 竟有五色燦然之
瑞矣.

若是, 則脂粉二物, 竟與若輩無緣, 終身可不用矣. 何以世間女

---

92 趨炎附熱취염부열: 따스한 곳으로 나아가 의지하다. 권세가에게 아첨하고 달라붙는
다는 의미다. 출처는 『송사宋史』 「이수전李垂傳」.
93 腥紅성홍: 피처럼 붉은색. 진홍색.
94 丹鉛단연: 서적을 교정할 때 사용하는 단사丹砂와 연분鉛粉. 고대 여인들은 단사를
입술에 칠하고 연분을 얼굴에 칠하여 화장에 사용했다. 출처는 남송 문학가 육유陸游
(1125~1210)의 시 「매화를 찾아서探梅」.

子人人不舍, 刻刻相需, 而人亦未嘗以脂粉多施, 擯而不納者. 曰, 不然. 予所論者, 乃面色最黑之人, 所謂不相類不相似, 而且相反者也. 若介在黑白之間, 則相類而相似矣. 旣相類而相似, 有何不可同居. 但須施之有法, 使濃淡得宜, 則二物爭效其靈矣. 從來傅粉之面, 止耐遠觀, 難于近視, 以其不能勻也. 畫士著色, 用膠始勻, 無膠則硏殺不合. 人面非同紙絹, 萬無用膠之理, 此其所以不勻也. 有法焉. 請以一次分爲二次, 自淡而濃, 由薄而厚, 則可保無是患矣. 請以他事喩之. 磚匠以石灰粉壁, 必先上粗灰一次, 後上細灰一次. 先上不到之處, 後上者補之. 後上偶遺之處, 又有先上者襯之, 是以厚薄相均, 泯然[95]無跡. 使以二次所上之灰, 幷爲一次, 則非但拙匠難勻, 巧者亦不能遍及矣. 粉壁且然, 況粉面乎. 今以一次所傅之粉, 分爲二次傅之, 先傅一次, 俟其稍干, 然後再傅第二次, 則濃者淡而淡者濃, 雖出無心, 自能巧合, 遠觀近視, 無不宜矣.

此法不但能勻, 且能變換肌膚, 使黑者漸白. 何也. 染匠之于布帛, 無不由淺而深, 其在深淺之間者, 則非淺非深, 另有一色, 卽如文字之有過文[96]也. 如欲染紫, 必先使白變紅, 再使紅變爲紫, 紅卽白紫之過文, 未有由白竟紫者也. 如欲染靑, 必使白變爲藍, 再使藍變爲靑, 藍卽白靑之過文, 未有由白竟靑者也.

如婦人面容稍黑, 欲使竟變爲白, 其勢實難. 今以薄粉先勻一

---

95 泯然민연: 사라지다. 출처는 당나라 문학가 황보매皇甫枚의 소설 『삼수소독三水小牘』 「후원侯元」.
96 過文과문: 과도 단계에 있는 글이나 형식.

次, 是其面上之色已在黑白之間, 非若曩時之純黑矣. 再上一次, 是使淡白變爲深白, 非使純黑變爲全白也, 難易之勢, 不大相徑庭[97]哉. 由此推之, 則二次可廣爲三, 深黑可同于淺, 人間世上, 無不可用粉勻面之婦人矣. 此理不待驗而始明, 凡讀是編者, 批閱至此, 卽知湖上笠翁原非蠢物[98], 不止爲風雅[99]功臣, 亦可謂紅裙[100]知己. 初論面容黑白, 未免立說過嚴. 非過嚴也, 使知受病實深, 而後知德醫人, 果有起死回生之力也.

舍此更有二說, 皆淺乎此者, 然亦不可不知. 勻面必須勻項, 否則前白後黑, 有如戱場之鬼臉. 勻面必記掠眉, 否則霜花覆眼, 幾類春生之社婆.

至于點唇之法, 又與勻面相反, 一點卽成, 始類櫻桃之體. 若陸續增添, 二三其手, 卽有長短寬窄之痕, 是爲成串櫻桃, 非一粒也.


## 3. 治服

古云, 三世長者知被服, 五世長者知飮食. 俗云, 三代爲宦, 著衣吃飯. 古語今詞, 不謀而合, 可見衣食二事之難也. 飮食載于他卷,

---

97 大相徑庭대상경정: 대유경정大有徑庭. 넓어서 오솔길과 정원이 있다. 차이가 크다. 크게 다르다. 출처는 『장자』 「소요유逍遙遊」로 경徑은 문밖의 작은 길, 정庭은 정원.
98 蠢物준물: 어리석은 놈. 출처는 『수호전』 제7회.
99 風雅풍아: 멋지고 우아하다. 출처는 서진 문학가 육기陸機(261~303)의 「변망론상辯亡論上」.
100 紅裙홍군: 미녀. 출처는 한유韓愈의 시 「취하여 장비서에게 증정하여醉贈張祕書」.

茲不具論, 請言被服一事.

　寒賤之家, 自羞襤褸, 動以無錢置服爲詞, 謂一朝發跡, 男可翩翩[101]裘馬[102], 婦則楚楚[103]衣裳. 孰知衣衫之附于人身, 亦猶人身之附于其地. 人與地習, 久始相安, 以極奢極美之服, 而驟加儉樸之軀, 則衣衫亦類生人, 常有不服水土之患. 寬者似窄, 短者疑長, 手欲出而袖使之藏, 項宜伸而領爲之曲, 物不隨人指使, 遂如桎梏其身.

　沐猴而冠爲人指笑者, 非沐猴不可著冠, 以其著之不慣, 頭與冠不相稱也. 此猶粗淺之論, 未及精微. 衣以章身, 請晰其解. 章者, 著也, 非文采彰明之謂也. 身非形體之身, 乃智愚賢不肖之實備于躬, 猶富潤屋, 德潤身之身也.

　同一衣也, 富者服之章其富, 貧者服之益章其貧. 貴者服之章其貴, 賤者服之益章其賤. 有德有行之賢者, 與無品無才之不肖者, 其爲章身也亦然. 設有一大富長者于此, 衣百結之衣, 履踵決[104]之履, 一種豐腴氣象, 自能躍出衣履之外, 不問而知爲長者. 是敝服垢衣, 亦能章人之富, 況羅綺而文繡者乎. 丐夫菜傭竊得美服而被焉, 往往因之得禍, 以服能章貧, 不必定爲短褐, 有時亦在長裾耳.

　富潤屋, 德潤身之解, 亦復如是. 富人所處之屋, 不必盡爲畫棟

---

101 翩翩편편: 득의하여 기뻐하다. 출처는 『한서漢書』 「서전하敍傳下」.
102 裘馬구마: 가벼운 갖옷과 살진 말. 화려한 생활을 의미. 출처는 『논어』 「옹야雍也」.
103 楚楚초초: 산뜻하다. 빼어나게 아름답다. 출처는 『시경』 「조풍·부유曹風·蜉蝣」.
104 踵決종결: 신발 뒤꿈치가 헤지다. 가난하다. 출처는 『장자』 「양왕讓王」.

雕梁, 卽居茅舍數椽, 而過其門入其室者, 常見蓽門圭竇[105]之間, 自有一種旺氣, 所謂潤也. 公卿將相之後, 子孫式微[106], 所居門第未嘗稍改, 而經其地者, 覺有冷氣侵入, 此家門枯槁[107]之過, 潤之無其人也. 從來讀大學者, 未得其解, 釋以雕鏤粉藻[108]之義. 果如其言, 則富人舍其舊居, 另覓新居而加以雕鏤粉藻. 則有德之人亦將棄其舊身, 另易新身而後謂之心廣體胖[109]乎.

甚矣, 讀書之難, 而章句訓詁[110]之學非易事也. 予嘗以此論見之說部[111], 今復敍入閑情. 噫, 此等詮解, 豈好閑情作小說者所能道哉. 偶寄云爾.


○首飾

珠翠寶玉, 婦人飾髮之具也, 然增嬌益媚者以此, 損嬌掩媚者亦以此. 所謂增嬌益媚者, 或是面容欠白, 或是髮色帶黃, 有此等奇珍異寶覆于其上, 則光芒四射, 能令肌髮改觀, 與玉蘊于山而山靈, 珠藏于澤而澤媚, 同一理也.

若使肌白髮黑之佳人, 滿頭翡翠, 環鬢金珠, 但見金而不見人,

---

105 蓽門圭竇필문규두: 필문규두蓽門圭竇. 대나무를 엮어 문을 만들고 담을 뚫어 창을 내다. 가난한 집안을 비유한다. 출처는 『위서魏書』 「일사전·이밀逸士傳·李謐」.
106 式微식미: 쇠퇴하다. 출처는 『시경』 「패풍·식미邶風·式微」.
107 枯槁고고: 초목이 시들다. 마르다. 초췌하다. 빈곤하다.
108 雕鏤粉藻조루분조: 조각하고 꾸미다.
109 心廣體胖심광체반: 마음이 너그럽고 몸이 풍만하다. 출처는 『예기』 「대학大學」.
110 訓詁훈고: 고대 서적의 자구를 해석하다. 이러한 학문을 훈고학이라 한다. 출처는 『한서』 「양웅전상揚雄傳上」.
111 說部설부: 소설. 출처는 명나라 문학가 종성鍾惺(1574~1624)의 「담우하에게 보내는 글致譚友夏書」. 이어에게는 『십이루十二樓』와 『무성희無聲戱』라는 단편소설집이 있다.

猶之花藏葉底, 月在雲中, 是盡可出頭露面之人, 而故作藏頭蓋面之事. 巨眼[112]者見之, 猶能略跡求眞[113], 謂其美麗當不止此, 使去粉飾而全露天眞, 還不知如何嫵媚. 使遇皮相之流, 止談妝飾之離奇, 不及姿容窈窕, 是以人飾珠翠寶玉, 非以珠翠寶玉飾人也. 故女人一生, 戴珠頂翠之事, 止可一月, 萬勿多時.

所謂一月者, 自作新婦于歸之日始, 至滿月卸妝之日止. 只此一月, 亦是無可奈何. 父母置辦一場, 翁姑婚娶一次, 非此豔妝盛飾, 不足以慰其心. 過此以往, 則當去桎梏而謝羈囚[114], 終身不修苦行矣.

一簪一珥, 便可相伴一生. 此二物者, 則不可不求精善. 富貴之家, 無論多設金玉犀貝之屬, 各存其製, 屢變其形, 或數日一更, 或一日一更, 皆未嘗不可. 貧賤之家, 力不能辦金玉者, 甯用骨角, 勿用銅錫. 骨角耐觀, 製之佳者, 與犀貝無異, 銅錫非止不雅, 且能損髮.

簪珥之外, 所當飾鬢者, 莫妙于時花數朵, 較之珠翠寶玉, 非止雅俗判然, 且亦生死迥別. 淸平調之首句云, 名花傾國兩相歡. 歡者, 喜也, 相歡者, 彼旣喜我, 我亦喜彼之謂也. 國色乃人中之花, 名花乃花中之人, 二物可稱同調, 正當晨夕與共者也.

漢武云, 若得阿嬌, 貯之金屋. 吾謂金屋可以不設, 藥欄[115]花

───
112 巨眼거안: 예리한 감별 능력. 출처는 『송사』「사심보전謝深甫傳」.
113 略跡求眞약적구진: 표면적인 현상을 무시하고 진실을 추구하다.
114 羈囚기수: 감옥에 가두다. 잡아서 가두다. 출처는 당나라 문학가 유종원柳宗元(773~819)의 시 「정월에 농부를 만나首春逢耕者」.

榭[116]則斷斷[117]應有, 不可或無. 富貴之家如得麗人, 則當遍訪名花, 植于閫內, 使之旦夕相親, 珠圍翠繞之榮不足道也.

晨起簪花, 聽其自擇. 喜紅則紅, 愛紫則紫, 隨心插戴, 自然合宜, 所謂兩相歡也. 寒素[118]之家, 如得美婦, 屋旁稍有隙地, 亦當種樹栽花, 以備點綴雲鬘之用. 他事可儉, 此事獨不可儉. 婦人青春有幾, 男子遇色爲難. 盡有公侯將相富室大家, 或苦緣分之慳, 或病中宮[119]之妒, 欲親美色而畢世不能. 我何人斯, 而擅有此樂, 不得一二事娛悅其心, 不得一二物妝點其貌, 是爲暴殄天物[120], 猶傾精米潔飯于糞壤[121]之中也.

卽使赤貧之家, 卓錐[122]無地, 欲藝時花而不能者, 亦當乞諸名園, 購之擔上. 卽使日費幾文錢, 不過少飲一杯酒, 旣悅婦人之習, 復娛男子之目, 便宜不亦多乎.

更有儉于此者, 近日吳門所製象生花[123], 窮精極巧, 與樹頭摘下者無異. 純用通草, 每朵不過數文, 可備月餘之用. 絨絹所製者,

---

115 藥欄약란: 작약이 피어나 있는 난간. 꽃으로 둘러싸인 난간 즉 정자나 누각을 의미한다. 출처는 두보의 시 「손님이 와서賓至」.

116 花榭화사: 꽃이 어우러져 있는 정자나 누각. 출처는 당나라 시인 허혼許渾의 시 「과주에서 이별하는 이후에게 기념하여 시를 지어 주며瓜州留別李誦」.

117 斷斷단단: 확실히. 절대로 틀림없다. 출처는 송 소동파의 「부역선생문집서鳧繹先生文集敍」.

118 寒素한소: 가문이 한미하고 지위가 낮다. 출처는 『위서』 「문원전·온자승文苑傳·溫子昇」.

119 中宮중궁: 본부인. 출처는 저자 이어의 희곡 『신란교愼鸞交』 「수호修好」.

120 暴殄天物폭진천물: 천하 만물을 전멸시키다. 마구 낭비하여 아까운 줄을 모르다. 출처는 『상서尙書』 「무성武成」.

121 糞壤분양: 더러운 흙. 썩은 흙. 출처는 굴원의 「이소離騷」.

122 卓錐탁추: 입추立錐, 송곳을 꽂다. 출처는 『한서』 「왕망전중王莽傳中」.

123 象生花상생화: 실제 꽃을 모방하여 인공으로 만든 조화造花.

價常倍之, 反不若此物之精雅, 又能肖眞. 而時人所好, 偏在彼而不在此, 豈物不論美惡, 止論貴賤乎. 噫, 相士用人者, 亦復如此, 奚止于物. 吳門所製之花, 花象生而葉不象生, 戶戶皆然, 殊不可解. 若去其假葉而以眞者綴之, 則因葉眞而花益眞矣. 亦是一法.

時花之色, 白爲上, 黃次之, 淡紅次之, 最忌大紅, 尤忌木紅. 玫瑰, 花之最香者也, 而色太豔, 止宜壓在鬢下, 暗受其香, 勿使花形全露, 全露則類村妝, 以村婦非紅不愛好. 花中之茉莉, 舍插鬢之外, 一無所用. 可見天之生此, 原爲助妝而設, 妝可少乎. 珠蘭亦然. 珠蘭之妙, 十倍茉莉, 但不能處處皆有, 是一恨事.

予前論鬢, 欲人革去牡丹頭荷花頭鉢盂頭等怪形, 而以假髮作雲龍等式. 客有過之者, 謂吾儕立法, 當使天下去贗存眞, 奈何敎人爲僞. 予曰, 生今之世, 行古之道, 立言則善, 誰其從之. 不若因勢利導, 使之漸近自然.

婦人之首, 不能無飾, 自昔爲然矣, 與其飾以珠翠寶玉, 不若飾之以髮. 髮雖云假, 原是婦人頭上之物, 以此爲飾, 可謂還其固有, 又無窮奢極靡之濫費, 與崇尙時花, 鄙黜珠玉, 同一理也. 予豈不能爲高世之論哉. 慮其無裨人情耳.

簪之爲色, 宜淺不宜深, 欲形其髮之黑也. 玉爲上, 犀之近黃者蜜蠟之近白者次之, 金銀又次之, 瑪瑙琥珀皆所不能. 簪頭取象于物, 如龍頭鳳頭如意頭蘭花頭之類是也. 但宜結實自然, 不宜玲瓏雕斲[124]. 宜于髮相依附, 不得昂首而作跳躍之形. 蓋簪頭所

---

124 雕斲조착: 조작雕斲, 조각하다, 꾸미다, 출처는 남조 양梁나라 문학가 포조鮑照(415?~466)의 시「산에 가서 우뚝 선 오동나무를 보고山行見孤桐」.

以壓髮, 服貼爲佳, 懸空則謬矣.

飾耳之環, 愈小愈佳, 或珠一粒, 或金銀一點, 此家常佩戴之物, 俗名丁香, 肖其形也. 若配盛妝豔服, 不得不略大其形, 但勿過丁香之一倍二倍. 旣當約小其形, 復宜精雅其制, 切忌爲古時絡索之樣, 時非元夕, 何須耳上懸燈. 若再飾以珠翠, 則爲福建之珠燈, 丹陽之料絲燈矣. 其爲燈也猶可厭, 況爲耳上之環乎.


○衣衫

婦人之衣, 不貴精而貴潔, 不貴麗而貴雅. 不貴與家相稱, 而貴與貌相宜. 綺羅文繡之服, 被垢蒙塵, 反不若布服之鮮美, 所謂貴潔不貴精也. 紅紫深豔之色, 違時失尙, 反不若淺淡之合宜, 所謂貴雅不貴麗也. 貴人之婦, 宜披文采, 寒儉之家, 當衣縞素[125], 所謂與人相稱也. 然人有生成之面, 面有相配之衣, 衣有相配之色, 皆一定而不可移者.

今試取鮮衣一襲, 令少婦數人先後服之, 定有一二中看, 一二不中看者. 以其面色與衣色有相稱不相稱之別, 非衣有公私向背于其間也. 使貴人之婦之面色, 不宜文采而宜縞素, 必欲去縞素而就文采, 不幾與面爲仇乎. 故曰不貴與家相稱, 而貴與面相宜. 大約面色之最白最嫩, 與體態之最輕盈者, 斯無往而不宜. 色之淺者顯其淡, 色之深者愈顯其淡. 衣之精者形其嬌, 衣之粗者愈形其

---

**125** 縞素호소: 백색. 호縞와 소素는 모두 백색의 생견, 즉 삶지 않은 명주실로 짠 비단을 가리킨다. 출처는 『전국책』「위책魏策」.

嬌. 此等即非國色, 亦去夷光<sup>126</sup>王嬙不遠矣, 然當世有幾人哉.

稍近中材者, 即當相體裁衣<sup>127</sup>, 不得混施色相矣. 相體裁衣之法, 變化多端, 不應膠柱而論, 然不得已而強言其略, 則在務從其近而已. 面顔近白者, 衣色可深可淺. 其近黑者, 則不宜淺而獨宜深, 淺則愈彰其黑矣. 肌膚近膩者, 衣服可精可粗. 其近糙者, 則不宜精而獨宜粗, 精則愈形其糙矣. 然而貧賤之家, 求爲精與深而不能, 富貴之家欲爲粗與淺而不可, 則奈何. 曰, 不難.

布苧有精粗深淺之別, 綺羅文采亦有精粗深淺之別, 非謂布苧必粗而羅綺必精, 錦繡必深而縞素必淺也. 紬與緞之體質不光花紋突起者, 即是精中之粗, 深中之淺. 布與苧之紗線緊密漂染精工者, 即是粗中之精, 淺中之深. 凡予所言, 皆貴賤咸宜之事, 旣不詳繡戶而略衡門, 亦不私貧家而遺富室. 蓋美女未嘗擇地而生, 佳人不能選夫而嫁, 務使得是編者, 人人有裨, 則憐香惜玉之念, 有同雨露之均施矣.

邇來<sup>128</sup>衣服之好尙, 其大勝古昔, 可爲一定不移<sup>129</sup>之法者, 又有大背情理, 可爲人心世道之憂者, 請幷言之. 其大勝古昔, 可爲一定不移之法者, 大家富室, 衣色皆尙靑是已靑非靑也, 玄也. 因避諱, 故易之. 記予兒時所見, 女子之少者, 尙銀紅桃紅, 稍長者尙

126 夷光이광: 중국 4대 미인 가운데 서시西施를 가리킨다. 서시의 본명이 시이광施夷光이다. 침어沈魚는 물고기가 서시의 얼굴을 보고 부끄러워 숨었다는 의미다.
127 相體裁衣상체재의: 양체재의量體裁衣. 신체를 보고 의복을 재단하다. 실제 상황에 근거하여 계획을 세우다. 출처는 이어 자신의 희곡 『교단원巧團圓』 「인모認母」.
128 邇來이래: 요즈음. 근래. 출처는 한유의 시 「한식날에 유람하며寒食日出遊」.
129 一定不移일정불이: 일정불역一定不易. 이미 확정되어 고칠 수 없다. 출처는 『회남자』 「주술훈主術訓」.

月白, 未幾而銀紅桃紅皆變大紅, 月白變藍, 再變則大紅變紫, 藍
變石靑. 迨鼎革[130]以後, 則石靑與紫皆罕見, 無論少長男婦, 皆衣
靑矣, 可謂齊變至魯, 魯變至道, 變之至善而無可復加者矣. 其遞
變至此也, 幷非有意而然, 不過人情好勝, 一家濃似一家, 一日深
于一日, 不知不覺, 遂趨到盡頭處耳.

　然靑之爲色, 其妙多端, 不能悉數. 但就婦人所宜者而論, 面白
者衣之, 其面愈白, 面黑者衣之, 其面亦不覺其黑, 此其宜于貌者
也. 年少者衣之, 其年愈少, 年老者衣之, 其年亦不覺甚老, 此其宜
于歲者也. 貧賤者衣之, 是爲貧賤之本等, 富貴者衣之, 又覺脫去
繁華之習, 但存雅素之風, 亦未嘗失其富貴之本來, 此其宜于分者
也. 他色之衣, 極不耐汚, 略沾茶酒之色, 稍侵油膩之痕, 非染不能
復著, 染之卽成舊衣. 此色不然, 惟其極濃也, 凡淡乎此者, 皆受
其侵而不覺. 惟其極深也, 凡淺乎此者, 皆納其汚而不辭, 此又其
宜于體而適于用者也.

　貧家止此一衣, 無他美服相襯, 亦未嘗盡現底裏, 以覆其外者
色原不豔, 卽使中衣敝垢, 未甚相形也. 如用他色于外, 則一縷欠
精, 卽彰其醜矣. 富貴之家, 凡有錦衣繡裳, 皆可服之于內, 風飄袂
起, 五色燦然, 使一衣勝似一衣, 非止不掩中藏, 且莫能窮其底蘊.
詩云衣錦尙絅, 惡其文之著也. 此獨不然, 止因外色最深, 使裏衣
之文越著, 有復古之美名, 無泥古[131]之實害. 二八佳人, 如欲華美

---

130 鼎革정혁: 나라가 바뀌다. 낡은 것을 혁파하고 새로운 것을 정립하다. 여기서는 명나
라가 청나라로 바뀐 것을 가리킨다. 출처는 『역경』의 정鼎괘와 혁革괘.
131 泥古이고: 옛 법규나 주장에 구애되어 변통하지 못하다. 출처는 『송사』 「유기전劉幾傳」.

其制, 則靑上灑線, 靑上堆花, 較之他色更顯. 反復求之, 衣色之妙, 未有過于此者. 後來卽有所變, 亦皆擧一廢百, 不能事事咸宜, 此予所謂大勝古昔, 可爲一定不移之法者也.

至于大背情理, 可爲人心世道之憂者, 則零拼碎補之服, 俗名呼爲水田衣者是已. 衣之有縫, 古人非好爲之, 不得已也. 人有肥瘠長短之不同, 不能象體而織, 是必製爲全帛, 剪碎而後成之, 卽此一條兩條之縫, 亦是人身贅瘤132, 萬萬不能去之, 故強存其跡. 贊神仙之美者, 必曰天衣無縫, 明言人間世上, 多此一物故也. 而今且以一條兩條廣爲數十百條, 非止不似天衣, 且不使類人間世上, 然而愈趨愈下, 將肖何物而後已乎. 推原其始, 亦非有意爲之, 蓋由縫衣之奸匠, 明爲裁剪, 暗作穿窬133, 逐段竊取而藏之, 無由出脫, 創爲此制, 以售其奸134. 不料人情厭常喜怪, 不惟不攻其弊, 且群然則而效之. 毁成片者爲零星小塊, 全帛何罪, 使受寸磔135之刑. 縫碎裂者爲百衲僧衣, 女子何辜, 忽現出家之相.

風俗好尙之遷移, 常有關于氣數136, 此制不昉于今, 而昉于崇禎末年. 予見而詫之, 嘗謂人曰, 衣衫無故易形, 殆有若或使之者,

---

132 贅瘤췌류: 쓸데없는 물건. 군더더기. 출처는 삼국시대 위나라 문학가 혜강嵇康(224?~263?)의 산문 「양생론 비판에 대한 답答難養生論」.

133 穿窬천유: 벽을 뚫거나 담을 타 넘다. 도둑질하다. 출처는 『논어』 「양화陽貨」.

134 售奸수간: 음모를 펼치다. 출처는 『만력야획편』 「영행·영인체읍佞幸·佞人涕泣」.

135 寸磔촌책: 사지를 부수어 해체하는 고대의 가혹한 형벌의 일종. 출처는 『만력야획편』 「독무·경략대신설파督撫·經略大臣設罷」.

136 氣數기수: 운수. 팔자. 출처는 후한 학자 순열荀悅(148~209)의 『신감申鑑』 「속혐俗嫌」.

六合以內, 得無有土崩瓦解[137]之事乎. 未幾而闖氛[138]四起, 割裂
中原, 人謂予言不幸而中. 方今聖人禦世, 萬國來歸, 車書一統[139]
之朝, 此等制度, 自應潛革. 倘遇同心, 謂芻蕘[140]之言, 不甚訾謬,
交相勸諭[141], 勿效前鞶, 則予爲是言也, 亦猶雞鳴犬吠之聲, 不爲
無補于盛治耳.

　雲肩以護衣領, 不使沾油, 制之最善者也. 但須與衣同色, 近觀
則有, 遠視若無, 斯爲得體. 卽使難于一色, 亦須不甚相懸. 若衣
色極深, 而雲肩極淺, 或衣色極淺, 而雲肩極深, 則是自首判然, 雖
曰相連, 實同異處, 此最不相宜之事也. 予又謂云肩之色, 不惟與
衣相同, 更須裏外合一, 如外色是靑, 則夾裏之色亦當用靑, 外色
是藍, 則夾裏之色亦當用藍. 何也. 此物在肩, 不能時時服貼, 稍
遇風飄, 則夾裏向外, 有如颶吹殘葉, 風卷敗荷, 美人之身不能不
現曆亂蕭條之象矣. 若使裏外一色, 則任其整齊顚倒, 總無是患.
然家常則已, 出外見人, 必須暗定以線, 勿使與服相離, 蓋動而色
純, 總不如不動之爲愈也.

　婦從之妝, 隨家豐儉, 獨有價廉功倍之二物, 必不可無. 一曰半

---

137 土崩瓦解토붕와해: 흙이 무너지고 기와가 깨지듯이 사물이 분열되어 수습할 수 없
다. 철저하게 무너지다. 출처는 『사기』 「진시황본기秦始皇本紀」.
138 闖氛틈분: 틈왕의 기운 즉 '반란의 기운'을 의미한다. 이어의 장편 희곡집 『입옹십종
곡笠翁十種曲』의 하나인 『교단원巧團圓』에 나오는 출出(희곡에서 독립된 극의 제목의 명칭
중 하나). 『교단원』의 내용에 명나라 반란군의 왕인 틈왕闖王에게 주인공이 괴롭힘을 당
하는 내용이 있다.
139 車書一統거서일통: 수레의 폭과 문자를 통일시키다.
140 芻蕘추요: 풀을 베고 나무를 하는 사람. 자신의 견해가 비천하다는 겸허한 표현. 출
처는 『시경』 「대아·판大雅·板」.
141 勸諭권유: 권하고 타이르다. 출처는 남송의 명장 악비岳飛(1103~1142)의 상주문 「양
양부로에 관리를 보충하는 조치가 옳다고 아뢰는 글奏襄陽府路差補職官措置事宜狀」.

臂, 俗呼背褡者是也. 一曰束腰之帶, 欲呼鸞絛者是也. 婦人之體, 宜窄不宜寬, 一著背褡, 則寬者窄, 而窄者愈顯其窄矣. 婦人之腰, 宜細不宜粗, 一束以帶, 則粗者細, 而細者倍覺其細矣. 背褡宜著于外, 人皆知之. 鸞絛宜束于內, 人多未諳. 帶藏衣內, 則雖有若無, 似腰肢本細, 非有物縮之使細也.

裙製之精麤[142], 惟視折紋之多寡. 折多則行走自如, 無纏身礙足之患, 折少則往來局促, 有拘攣[143]桎梏之形. 折多則湘紋[144]易動, 無風亦似飄颺, 折少則膠柱難移, 有態亦同木強. 故衣服之料, 他或可省, 裙幅必不可省. 古云, 裙拖八幅湘江水. 幅既有八, 則折紋之不少可知. 予謂八幅之裙, 宜于家常. 人前美觀, 尙須十幅. 蓋裙幅之增, 所費無幾, 況增其幅, 必減其絲. 惟細輕綃可以八幅十幅, 厚重則爲滯物, 與幅減而折少者同矣. 卽使稍增其值, 亦與他費不同. 婦人之異于男子, 全在下體. 男子生而願爲之有室, 其所以爲室者, 只在幾希[145]之間耳. 掩藏祕器, 愛護家珍, 全在羅裙幾幅, 可不豐其料而美其制, 以貽采葑采菲之誚乎.

近日吳門所尙百襇裙, 可謂盡美. 予謂此裙宜配盛服, 又不宜于家常, 惜物力也. 較舊制稍增, 較新制略減, 人前十幅, 家居八幅, 則得豐儉之宜矣. 吳門新式, 又有所謂月華裙者, 一襇之中, 五色俱備, 猶皎月之觀光華也, 予獨怪而不取. 人工物料, 十倍常裙,

---

142 精麤정추: 정밀함과 투박함. 출처는 『예기』 「왕제王制」.
143 拘攣구련: 구애되다. 얽매이다. 출처는 후한의 학자 양웅揚雄(기원전 53~기원후 18)의 「태현부太玄賦」.
144 湘紋상문: 상수湘水의 물결.
145 幾希기희: 얼마 되지 않는다. 매우 적다. 출처는 『맹자』 「진심상盡心上」.

暴殄天物, 不待言矣, 而又不甚美觀.

蓋下體之服, 宜淡不宜濃, 宜純不宜雜. 予嘗讀舊詩, 見飄揚血色裙拖地, 紅裙妬殺石榴花等句, 頗笑前人之笨. 若果如是, 則亦豔妝村婦而已矣, 烏足動雅人韻士之心哉. 惟近製彈墨裙, 頗饒別致, 然猶未獲我心, 嗣當別出新裁[146], 以正同調. 思而未製, 不敢輕以誤人也.

○鞋襪

男子所著之履, 俗名爲鞋, 女子亦名爲鞋. 男子飾足之衣, 俗名爲襪, 女子獨易其名曰褙, 其實褙卽襪也. 古云凌波小襪, 其名最雅, 不識後人何故易之.

襪色尙白, 尙淺紅. 鞋色尙深紅, 今復尙靑, 可謂制之盡美者矣. 鞋用高底, 使小者愈小, 瘦者越瘦, 可謂制之盡美又盡善者矣. 然足之大者, 往往以此藏拙. 埋沒作者一段初心, 是止供醜婦效顰, 非爲佳人助力.

近有矯其弊者, 窄小金蓮, 皆用平底, 使與僞造者有別. 殊不知此制一設, 則人人向高底乞靈, 高底之爲物也, 遂成百世不祧[147]之祀. 有之則大者亦小, 無之則小者亦大. 嘗有三寸無底之足, 與四五寸有底之鞋同立一處, 反覺四五寸之小, 而三寸之大者. 以有

---

146 別出新裁별출신재: 별도로 마음속의 계획을 제출하다. 다른 사람과 다른 방법을 생각해내다. 출처는 명나라 문학가 이지李贄(1527~1602)의 『수호전서발범水滸全書發凡』.
147 百世不祧백세부조: 백대에 걸쳐 조묘祧廟(먼 조상을 합하여 제사하는 사당)로 옮기지 않는다. 고정되어 변하지 않는 것을 의미한다. 출처는 『송사』 「예지9禮志九」.

底則指尖向下, 而禿者疑尖, 無底則玉筍朝天, 而尖者似禿故也. 吾謂高底不宜盡去, 只在減損其料而已. 足之大者, 利于厚而不利于薄, 薄則本體現矣. 利于大而不利于小, 小則痛而不能行矣. 我以極薄極小者形之, 則似鶴立雞群, 不求異而自異. 世豈有高底如錢, 不扭捏[148]而能行之大脚乎.

古人取義命名, 纖毫不爽[149], 如前所云, 以蟠龍名髻, 烏雲爲髮之類是也. 獨于婦人之足, 取義命名, 皆與實事相反. 何也. 足者, 形之最小者也. 蓮者, 花之最大者也. 而名婦人之足者, 必曰金蓮, 名最小之足者, 則曰三寸金蓮. 使婦人之足, 果如蓮瓣之爲形, 則其闊而大也, 尙可言乎. 極小極窄之蓮瓣, 豈止三寸而已乎. 此金蓮之義之不可解也.

從來名婦人之鞋者, 必曰鳳頭. 世人顧名思義[150], 遂以金銀製鳳, 綴于鞋尖以實之. 試思鳳之爲物, 止能小于大鵬. 方之衆鳥, 不幾洋洋乎大觀也哉. 以之名鞋, 雖曰贊美之詞, 實類譏諷之跡. 如曰鳳頭二字, 但肯其形, 鳳之頭銳而身大, 是以得名. 然則衆鳥之頭, 盡有銳于鳳者, 何故不以命名, 而獨有取于鳳. 且鳳較他鳥, 其首獨昂, 婦人趾尖, 妙在低而能伏, 使如鳳凰之昂首, 其形尙可觀乎. 此鳳頭之義之不可解者也.

---

148 扭捏유날: 살랑거리며 걷다. 우물쭈물하다. 출처는 원나라 잡극작가 관한경關漢卿의 잡극 『구풍진救風塵』.
149 纖毫不爽섬호불상: 조금도 틀리지 않다. 매우 정확하다. 출처는 남조 양나라 문학가 심약沈約의 『송서宋書』 「율력지律曆志」.
150 顧名思義고명사의: 명칭에서 내포된 의미를 찾다. 출처는 『삼국지』 「위서·왕창전魏書·王昶傳」.

若是, 則古人之命名取義, 果何所見而云然. 豈終不可解乎. 日有說焉. 婦人裹足之制, 非由前古, 蓋後來添設之事也. 其命名之初, 婦人之足亦猶男子之足, 使其果如蓮瓣之稍尖, 鳳頭之稍銳, 亦可謂古之小脚. 無其制而能約小其形, 較之今人, 殆有過焉者矣.

吾謂鳳頭金蓮等字相傳已久, 其名未可遽易, 然止可呼其名, 萬勿肖其實. 如肖其實, 則極不美觀, 而爲前人所誤矣. 不寗惟是, 鳳爲羽蟲之長, 與龍比肩, 乃帝王飾衣飾器之物也, 以之飾足, 無乃大褻名器乎. 嘗見婦人繡襪, 每作龍鳳之形, 皆昧理僭分[151]之大者, 不可不爲拈破.

近日女子鞋頭, 不綴鳳而綴珠, 可稱善變. 珠出水底, 宜在凌波襪下, 且似粟之珠, 價不甚昂, 綴一粒于鞋尖, 滿足俱呈寶色. 使登歌舞之氍毹[152], 則爲走盤之珠. 使作陽臺之雲雨, 則爲掌上之珠. 然作始者見不及此, 亦猶衣色之變靑, 不知其然而然, 所謂暗合道妙者也.

予友余子澹心, 向著鞋襪辨一篇, 考纏足之從來, 核婦履之原製, 精而且確, 足與此說相發明, 附載于後.


○婦人鞋襪辨

古婦人之足, 與男子無異. 周禮有屨人, 掌王及後之服屨, 爲赤舃黑舃赤繶黃繶靑勾素履葛履, 辨外內命夫命婦之功屨命屨散屨.

---

**151** 僭分참분: 분수를 넘다. 출처는 풍몽룡馮夢龍(1574~1646)의 소설『동주열국지東周列國志』제67회.
**152** 氍毹구유: 양탄자.

可見男女之履, 同一形製, 非如後世女子之弓彎細纖, 以小爲貴也.

考之纏足, 起于南唐李後主. 後主有宮嬪窅娘, 纖麗善舞, 乃命作金蓮, 高六尺, 飾以珍寶, 絢帶纓絡, 中作品色瑞蓮, 令窅娘以帛纏足, 屈上作新月狀, 著素襪, 行舞蓮中, 回旋有凌雲之態. 由是人多效之, 此纏足所自始也. 唐以前未開此風, 故詞客詩人, 歌詠美人好女, 容態之殊麗, 顏色之天姣, 以至面妝首飾衣褶裙裾之華靡, 鬢髮眉眼, 唇齒腰肢手腕之婀娜秀潔, 無不津津乎其言之, 而無一語及足之纖小者.

卽如古樂府之雙行纏云, 新羅繡白脛, 足跌如春妍, 曹子建云, 踐遠遊之文履, 李太白詩云, 一雙金齒屐, 兩足白如霜, 韓致光詩云, 六寸膚圓光致致, 杜牧之詩云, 鈿尺裁量減四分, 漢雜事祕辛云, 足長八寸, 脛跗豐妍. 夫六寸八寸, 素白豐妍, 可見唐以前婦人之足, 無屈上作新月狀者也.

卽東昏潘妃, 作金蓮花帖地, 令妃行其上, 曰此步步生金蓮花, 非謂足爲金蓮也. 崔豹古今注, 東晉有鳳頭重臺之履, 不專言婦人也. 宋元豐以前, 纏足者尙少, 自元至今, 將四百年, 矯揉[153] 造作亦泰甚矣. 古婦人皆著襪. 楊太眞死之日, 馬嵬嫗得錦裀襪一只, 過客一玩百錢.

李太白詩云, 溪上足如霜, 不著鴉頭襪. 襪一名膝褲. 宋高宗聞秦檜死, 喜曰, 今後免膝褲中插匕首矣. 則襪也, 膝褲也, 乃男女之通稱, 原無分別. 但古有底, 今無底耳. 古有底之襪, 不必著鞋, 皆

---

153 矯揉교유: 바로잡다. 출처는 『역경』 설괘說卦.

可行地. 今無底之襪, 非著鞋, 則寸步不能行矣. 張平子云, 羅襪
凌躡足容與, 曹子建云, 凌波微步, 羅襪生塵, 李後主詞云, 劃襪
下香階, 手提金縷鞋, 古今鞋襪之製, 其不同如此.

至于高底之製, 前古未聞, 于今獨絕. 吳下婦人, 有以異香爲底,
圍以精綾者. 有鑿花玲瓏, 囊以香麝, 行步霏霏[154], 印香在地者.
此則服妖, 宋元以來, 詩人所未及, 故表而出之, 以告世之賦香奩
詠玉臺[155]者.

襪色與鞋色相反, 襪宜極淺, 鞋宜極深, 欲其相形而始露也. 今
之女子, 襪皆尙白, 鞋用深紅深靑, 可謂盡制. 然家家若是, 亦忌雷
同. 予欲更翻置色, 深其襪而淺其鞋, 則脚之小者更露.

蓋鞋之爲色, 不當與地色相同. 地色者, 泥土磚石之色是也. 泥
土磚石其爲色也多深, 淺者立于其上, 則界限分明, 不爲地色所掩.
如地靑而鞋亦靑, 地綠而鞋亦綠, 則無所見其短長矣. 脚之大者則
應反此, 宜視地色以爲色, 則藏拙之法, 不獨使高底居功矣. 鄙見
若此, 請以質之金屋主人, 轉詢阿嬌, 定其是否.


4. 習技


女子無才便是德. 言雖近理, 卻非無故而云然. 因聰明女子失節

---

154 霏霏비비: 마구 쏟아지다. 출처는 『시경』「소아·채미小雅·采薇」.
155 玉臺옥대: 경대鏡臺. 출처는 당나라 시인 왕창령王昌齡(698~756)의 시 「아침이 오는
노래朝來曲」.

者多, 不若無才之爲貴. 蓋前人憤激之詞, 與男子因官得禍, 遂以讀書作宦爲畏途, 遺言戒子孫, 使之勿讀書勿作宦者等也. 此皆見噎廢食[156]之說, 究竟書可竟棄, 仕可盡廢乎. 吾謂才德二字, 原不相妨. 有才之女, 未必人人敗行. 貪淫之婦, 何嘗歷歷知書. 但須爲之夫者, 旣有憐才之心, 兼有雙才之術耳.

至于姬妾婢媵, 又與正室不同. 娶妻如買田莊, 非五穀不殖, 非桑麻不樹, 稍涉遊觀之物, 卽拔而去之, 以其爲衣食所出, 地力有限, 不能旁及其他也. 買姬妾如治園圃. 結子之花亦種, 不結子之花亦種. 成蔭之樹亦栽, 不成蔭之樹亦栽. 以其原爲娛情而設, 所重在耳目, 則口腹有時而輕, 不能顧名兼顧實也.

使姬妾滿堂, 皆是蠢然[157]一物, 我欲言而彼默, 我思靜而彼喧, 所答非所問, 所應非所求, 是何異于入狐狸之穴, 舍宣淫[158]而外, 一無事事者乎. 故習技之道, 不可不與修容治服幷講也. 技藝以翰墨爲上, 絲竹次之, 歌舞又次之, 女工則其分內事, 不必道也. 然盡有專攻男技, 不屑女紅[159], 鄙織紝[160]爲賤役, 視針線如仇讎, 甚至三寸弓鞋不屑自製, 亦倩老嫗貧女爲捉刀人者, 亦何借巧藏拙, 而失造物生人之初意哉.

---

156 見噎廢食견일폐식: 인열폐식因噎廢食. 목이 멘다고 밥을 먹지 않다. 출처는 『여씨춘추呂氏春秋』 「탕병蕩兵」으로, 어떤 사람이 밥을 먹다가 목이 메어 죽은 것을 보고 천하에 모두 밥을 먹지 못하도록 하려 했다는 이야기. 작은 문제 때문에 해야 할 일을 하지 않는 것을 비유한다.
157 蠢然준연: 미련하다. 꿈틀거리다. 출처는 『황제음부경黃帝陰符經』.
158 宣淫선음: 공개적으로 거리낌 없이 음란하게 행동하다. 출처는 『좌전』 선공宣公 9년.
159 女紅여홍: 여인이 해야 하는 길쌈·바느질·자수 등의 일. 출처는 『한서』 「경제기景帝紀」.
160 織紝직임: 길쌈. 출처는 『예기』 「내칙內則」.

予謂婦人職業, 畢竟以縫紉[161]爲主, 縫紉旣熟, 徐及其他. 予談習技而不及女工者, 以描鸞刺鳳之事, 閨閣中人人皆曉, 無俟予爲越俎[162]之談. 其不及女工, 而仍鄭重其事[163], 不敢竟遺者, 慮開後世逐末之門, 置紡績蠶繅[164]于不講也. 雖說閑情, 無傷大道, 是爲立言之初意爾.

○文藝

學技必先學文. 非曰先難後易, 正欲先易而後難也.

天下萬事萬物, 盡有開門之鎖鑰[165]. 銷鑰維何. 文理二字是也. 尋常鎖鑰, 一鑰止開一鎖, 一鎖止管一門. 而文理二字之爲鎖鑰, 其所管者不止千門萬戶. 蓋合天上地下, 萬國九州, 其大至于無外, 其小至于無內[166], 一切當行當學之事, 無不握其樞紐[167], 而司其出入者也.

此論之發, 不獨爲婦人女子, 通天下之士農工賈, 三敎九流, 百

---

161 縫紉봉인: 바느질. 출처는 후한 역사서 『동관한기東觀漢記』 「화희등황후전和熹鄧皇后傳」.

162 越俎월조: 월조대포越俎代庖. 제사를 주관하는 사람이 요리사를 대신하다. 자신의 업무 범위를 넘어서 다른 사람의 일을 처리하는 것을 비유한다. 출처는 『장자』 「소요유逍遙遊」.

163 鄭重其事정중기사: 매우 신중하게 일을 처리하다.

164 蠶繅잠소: 잠소蠶繅. 누에를 키우고 고치에서 실을 뽑다. 출처는 『맹자』 「등문공하滕文公下」.

165 鎖鑰쇄약: 열쇠. 요충지. 출처는 풍몽룡의 『동주열국지』 제32회.

166 其大至于無外, 其小至于無內기대지어무외, 기소지어무내: 출처는 『여씨춘추』 「하현下賢」.

167 樞紐추뉴: 중요 관건. 요점. 중추. 출처는 남조 양나라 문학가 유협劉勰(465?~520)의 문학비평서 『문심조룡文心雕龍』 「서지序志」.

工技藝, 皆當作如是觀. 以許大世界, 攝入文理二字之中, 可謂約矣, 不知二字之中, 又分賓主. 凡學文者, 非爲學文, 但欲明此理也. 此理旣明, 則文字又屬敲門之磚, 可以廢而不用矣.

天下技藝無窮, 其源頭止出一理. 明理之人學技, 與不明理之人學技, 其難易判若天淵[168]. 然不讀書不識字, 何由明理. 故學技必先學文. 然女子所學之文, 無事求全責備, 識得一字, 有一字之用, 多多益善, 少亦未嘗不善. 事事能精, 一事自可愈精. 予嘗謂土木匠工, 但有能識字記帳者, 其所造之房屋器皿, 定與拙匠不同, 且有事半功倍之益. 人初不信, 後擇數人驗之, 果如予言. 粗技若此, 精者可知. 甚矣, 字之不可不識, 理之不可不明也.

婦人讀書習字, 所難只在入門. 入門之後, 其聰明必過于男子, 以男子念紛, 而婦人心一故也. 導之入門, 貴在情竇未開[169]之際, 開則志念稍分, 不似從前之專一. 然買姬置妾, 多在三五二八之年, 娶而不禦, 使作蒙童求我者, 甯有幾人. 如必俟情竇未開, 是終身無可授之人矣. 惟在循循善誘, 勿阻其機, 撰作敎刑一語, 非爲女徒而設也. 先令識字, 字識而後敎之以書. 識字不貴多, 每日僅可數字, 取其筆畫最少, 眼前易見者訓之. 由易而難, 由少而多, 日積月累, 則一年半載以後, 不令讀書而自解尋章覓句矣. 乘其愛看之時, 急覓傳奇之有情節小說之無破綻者, 聽其翻閱, 則書非書也,

———
168 判若天淵판약천연: 판약홍구判若鴻溝(홍구처럼 차이가 분명하다), 하늘 위에 있고 연못 바닥에 있는 것처럼 구별되다. 천양지차. 출처는 『사기』 「고조본기高祖本紀」.
169 情竇未開정두미개: 아직 남녀 사이의 애정을 이해하지 못하다. 정두情竇는 감정의 발생이나 남녀 사이에 애정이 싹트는 것을 가리키며, 출처는 『예기』 「예운禮運」.

不怒不威而引人登堂入室之明師也. 其故維何. 以傳奇小說所載
之言, 盡是常談俗語, 婦人閱之, 若逢故物. 譬如一句之中, 共有十
字, 此女已識者七, 未識者三, 順口念去, 自然不差. 是因已識之七
字, 可悟未識之三字, 則此三字也者, 非我敎之, 傳奇小說敎之也.
由此而機鋒[170]相觸, 自能曲喩旁通. 再得男子善爲開導, 使之由
淺而深, 則共枕論文, 較之登壇講藝, 其爲時雨之化, 難易奚止十
倍哉.

十人之中, 拔其一二最聰慧者, 日與談詩, 使之漸通聲律, 但有
說話鏗鏘, 無重復聱牙[171]之字者, 卽作詩能文之料也. 蘇夫人說,
春夜月勝于秋夜月, 秋夜月令人慘凄, 春夜月令人和悅. 此非作詩,
隨口所說之話也. 東坡因其出口合律, 許以能詩, 傳爲佳話. 此卽
說話鏗鏘, 無重復聱牙, 可以作詩之明驗也. 其餘女子, 未必人人
若是, 但能書義稍通, 則任學諸般技藝, 皆是鎖鑰到手, 不憂阻隔
之人矣.

婦人讀書習字, 無論學成之後受益無窮, 卽其初學之時, 先有
裨于觀者. 只須案攤書本, 手捏柔毫, 坐于綠窗翠箔之下, 便是一
幅畫圖. 班姬續史之容, 謝庭詠雪之態, 不過如是, 何必睹其題詠,
較其工拙, 而後有閨秀同房之樂哉. 噫, 此等畫圖, 人間不少, 無奈
身處其地, 皆作尋常事物觀, 殊可惜耳.

---

170 機鋒기봉: 불교 용어. 기機는 진리와 만나는 관건이나 기회. 봉鋒은 기회를 활용하
는 예민한 상태. 여기서는 영감으로 풀이했다. 출처는 소동파의 시 「금산묘고대金山妙高
臺」.
171 聱牙오아: 글이 껄끄러워 읽기 어렵다. 출처는 한유의 산문 「진학해進學解」.

欲令女子學詩, 必先使之多讀. 多讀而能口不離詩, 以之作話, 則其詩意詩情, 自能隨機觸露, 而為天籟[172]自鳴矣. 至其聰明之所發, 思路之由開, 則全在所讀之詩之工拙, 選詩與讀者, 務在善迎其機. 然則選者維何. 曰在平易尖穎四字. 平易者, 使之易明且易學. 尖穎者, 婦人之聰明, 大約在纖巧一路, 讀尖穎之詩, 如逢故我, 則喜而願學, 所謂迎其機也. 所選之詩, 莫妙于晚唐及宋人, 初中盛三唐, 皆所不取. 至漢魏晉之詩, 皆祕勿與見, 見卽阻塞機鋒, 終身不敢學矣. 此予邊見[173], 高明者閱之, 勢必啞然[174]一笑. 然予才淺識陋, 僅足爲女子之師, 至高峻詞壇[175], 則生平未到, 無怪乎立論之卑也.

女子之善歌者, 若通文義, 皆可敎作詩餘[176]. 蓋長短句法, 日日見于詞曲之中, 入者旣多, 出者自易, 較作詩之功爲尤捷也. 曲體最長, 每一套必須數曲, 非力贍者不能. 詩餘短而易竟, 如長相思浣溪紗如夢令蝶戀花之類, 每首不過一二十字, 作之可逗靈機[177]. 但觀詩餘選本, 多閨秀女郎之作, 爲其詞理易明, 口吻易肖故也. 然詩餘旣熟, 卽可由短而長, 擴爲詞曲, 其勢亦易. 果能如果, 聽其自製自歌, 則是名士佳人合而爲一, 千古來韻事韻人, 未有出于此者. 吾恐上界神仙, 自鄙其樂, 咸欲謫向人寰[178]而就之矣. 此論前人

---

172 天籟천뢰: 자연의 소리. 매우 자연스러운 시문. 출처는 『장자』 「제물론齊物論」.
173 邊見변견: 천박한 견해.
174 啞然아연: 너무 놀라 어안이 벙벙하다.
175 詞壇사단: 문단文壇.
176 詩餘시여: 문학의 장르인 사詞를 가리킨다.
177 靈機영기: 민첩하고 교묘한 생각. 재치. 출처는 갈홍의 『포박자』 「행품行品」.
178 人寰인환: 인간 세상. 출처는 남조 송 문학가 포조鮑照의 「무학부舞鶴賦」.

未道, 實實創自笠翁, 有由此而得妙境者, 切忽忘其所本.

以閨秀自命者, 書畫琴棋四藝, 均不可少. 然學之須分緩急, 必不可已者先之, 其餘資性能兼, 不妨次第并擧, 不則一技擅長, 才女之名著矣.

琴列絲竹, 別有分門, 書則前說已備. 善敎由人, 善習由己, 其工拙淺深, 不可强也. 畫乃閨中末技, 學不學聽之. 至手談[179]一節, 則斷不容已, 敎之使學, 其利于人己者, 非止一端. 婦人無事, 必生他想, 得此遣日, 則妄念不生, 一也. 女子群居, 爭端易釀, 以手代舌, 是喧者寂之, 二也. 男女對坐, 靜必思淫. 鼓瑟鼓琴之暇, 焚香啜茗之餘, 不設一番功課, 則靜極思動[180], 其兩不相下之勢, 不在几案之前, 卽居床第之上矣. 一涉手談, 則諸想皆落度外, 緩兵降火之法, 莫善于此. 但與婦人對壘, 無事角勝爭雄[181], 甯饒數子而輸彼一籌, 則有喜無嗔, 笑容可掬[182]. 若有心使敗, 非止當下難堪, 且阻後來弈興矣. 纖指拈棋, 躊躇不下, 靜觀此態, 盡勾消魂. 必欲勝之, 恐天地間無此忍人也.

雙陸投壺諸技, 皆在可緩. 骨牌賭勝, 亦可消閑, 且易知易學, 似不可已.

---

179 手談수담: 손으로 하는 대화라 하여 바둑을 가리킨다. 출처는 남조 송나라 유의경劉義慶의 「세설신어世說新語」 「교예巧藝」.
180 靜極思動정극사동: 정적인 상태가 극점에 도달하여 변화가 있기를 바란다.
181 角勝爭雄각승쟁웅: 달팽이 뿔이 서로 이기려고 승부를 겨루다. 출처는 『장자』 「칙양則陽」.
182 笑容可掬소용가국: 얼굴 가득 웃음을 띠다. 출처는 명나라 문학가 나관중의 소설 『삼국연의三國演義』 제95회.

○絲竹

絲竹之音, 推琴爲首. 古樂相傳至今, 其已變而未盡變者, 獨此一種, 餘皆末世之音也.

婦人學此, 可以變化性性, 欲置溫柔鄕, 不可無此陶熔[183]之具. 然此種聲音, 學之最難, 聽之亦最不易. 凡令姬妾學此者, 當先自問其能彈與否. 主人知音, 始可令琴瑟在禦, 不則彈者鏗然[184], 聽者茫然, 强束官骸[185]以俟其閑, 是非悅耳之音, 乃苦人之具也, 習之何爲.

凡人買姬置妾, 總爲自娛. 己所悅者, 導之使習. 己所不悅, 戒令勿爲, 是眞能自娛者也. 嘗見富貴之人, 聽慣弋陽四平等腔, 極嫌昆調之冷, 然因世人雅重昆調, 强令歌童習之, 每聽一曲, 攢眉許久, 座客亦代爲苦難, 此皆不善自娛者也.

予謂人之性情, 各有所嗜, 亦各有所厭, 卽使嗜之不當, 厭之不宜, 亦不妨自攻其謬. 自攻其謬, 則不謬矣. 予生平有三癖, 皆世人共好而我獨不好者. 一爲果中之橄欖, 一爲饌中之海參, 一爲衣中之繭紬. 此三物者, 人以食我, 我亦食之. 人以衣我, 我亦衣之. 然未嘗自沽而食, 自購而衣, 因不知其精美之所在也. 諺云, 村人吃橄欖, 不知回味. 予眞海內之村人也. 因論習琴, 而謬談至此, 誠

---

183 陶熔도용: 도용陶鎔. 주조하고 녹이다. 배양한다는 의미다. 출처는 전촉前蜀의 도교학자 두광정杜光庭(850~933)의 「직접 사공을 따라 대왕을 위해 갈선화를 제사 지내는 글親隨司空爲大王醮葛仙化詞」.

184 鏗然갱연: 맑고 우렁차다. 출처는 『포박자』 「근구勤求」.

185 官骸관해: 신체. 출처는 이어의 희곡 「내하천奈何天」 「우가憂嫁」.

爲饒舌186.

人問, 主人善琴, 始可令姬妾學琴, 然則教歌舞者, 亦必主人善
歌善舞而後教乎. 鬚眉丈夫之工此者, 有幾人乎. 曰, 不然. 歌舞難
精而易曉, 聞其聲音之婉轉, 睹見體態之輕盈, 不必知音, 始能領
略, 座中席上, 主客皆然, 所謂雅俗共賞187者是也.

琴音易響而難明, 非身習者不知, 惟善彈者能聽. 伯牙不遇子
期, 相如不得文君, 盡日揮弦, 總成虛鼓. 吾觀今世之爲琴, 善彈者
多, 能聽者少. 延名師教美妾者盡多, 果能以此行樂, 不愧文君相
如之名者絶少.

務實不務名, 此予立言之意也. 若使主人善操, 則當舍諸技而專
務絲桐188. 妻子好合, 如鼓瑟琴. 窈窕淑女, 琴瑟友之. 琴瑟非他,
膠漆189男女, 而使之合一. 聯絡情意, 而使之不分者也. 花前月下,
美景良辰, 値水閣之生涼, 遇繡窓190之無事, 或夫唱而妻和, 或女
操而男聽, 或兩聲齊發, 韻不參差, 無論身當其境者儼若神仙, 卽
畫成一幅合操圖, 亦足令觀者消魂, 而知音男婦之生妬也.

絲音自蕉桐191而外, 女子宜學者, 又有琵琶弦索提琴之三種. 琵
琶極妙, 惜今時不尙, 善彈者少, 然弦索之音, 實足以代之. 弦索之

---

186 饒舌요설: 수다스럽다. 말이 많다. 출처는 『북제서北齊書』「곡률광전斛律光傳」.
187 雅俗共賞아속공상: 대상이 우미하면서 통속적이어서 고상한 사람이거나 속된 사람
이거나 함께 감상할 수 있다. 출처는 명나라 문학가 손종령孫鍾齡(?~1630?)의 희곡 『동곽
기東郭記』「면구綿驅」.
188 絲桐사동: 거문고. 오동나무로 형체를 만들고 비단실로 현을 만들었으므로, 거문고
를 '사동'이라고도 한다. 악곡. 출처는 『사기』「전경중완세가田敬仲完世家」.
189 膠漆교칠: 아교와 옻칠. 의기투합하여 격의 없이 매우 친밀한 것을 비유한다. 출처
는 『후한서』「독행전·뢰의전獨行傳·雷義傳」.
190 繡窓수창: 수를 놓은 비단으로 만든 창. 규방을 비유.

形較琵琶爲瘦小, 與女郎之纖體最宜. 近日敎習家, 其于聲音之道, 能不大謬于宮商[192]者, 首推弦索, 時曲次之, 戲曲又次之. 予向有場內無文, 場上無曲之說, 非過論也. 止爲初學之時, 便以取舍得失爲心, 慮其調高和寡, 止求爲下里巴人, 不願作陽春白雪, 故造到五七分卽止耳.

提琴較之弦索, 形愈小而聲愈淸, 度淸曲者必不可少. 提琴之音, 卽絕少美人之音也. 春容[193]柔媚, 婉轉斷續, 無一不肖. 卽使淸曲不度, 止令善歌二人, 一吹洞簫, 一拽提琴, 暗譜悠揚之曲, 使隔花間柳者聽之, 儼然一絕代佳人, 不覺動憐香惜玉[194]之思也. 絲音之最易學者, 莫過于提琴. 事半功倍, 悅耳娛神. 吾不能不德創始之人, 令若輩尸而祝之[195]也.

竹音之宜于閨閣者, 惟洞簫一種. 笛可暫而不可常. 到笙管二物, 則與諸樂幷陳, 不得已而偶然一弄, 非繡窗所應有也. 蓋婦人奏技, 與男子不同, 男子所重在聲, 婦人所重在容. 吹笙搦管之時, 聲則可聽, 而容不耐看, 以其氣塞而腮脹也, 花容月貌爲之改觀, 是以不應使習. 婦人吹簫, 非止容顔不改, 且能愈增嬌媚. 何也.

---

**191** 焦桐초동: 초동焦桐. 불에 태우다가 그슬린 오동나무를 후한의 서예가 채옹蔡邕 (133~192)이 가져다가 거문고를 만들었다고 하여, 거문고를 가리킨다. 출처는 『후한서』 「채옹열전하蔡邕列傳下」.

**192** 宮商궁상: 5음계에서 궁음과 상음. 음악.

**193** 春容용용: 소리가 은은하고 낭랑하다. 출처는 당나라 문학가 장열張說(667~730)의 시 「산에서 밤에 종소리를 듣고山夜聞鍾」.

**194** 憐香惜玉연향석옥: 여인의 향기를 사랑하고 여인의 옥 같은 피부를 아껴주다. 사랑하는 여인을 세심하게 보살피는 것을 비유한다. 출처는 원말 명초의 가수 가중명賈仲名의 희곡 「금안수金安壽」.

**195** 尸而祝之시이축지: 제사를 지내어 송축하다. 출처는 『장자』 「잡편·경상초雜篇·庚桑楚」.

按風作調, 玉笥196爲之愈尖. 簇口爲聲, 朱唇因而越小. 畫美人者, 常作吹簫圖, 以其易于見好也. 或簫或笛, 如使二女幷吹, 其爲聲也倍淸, 其爲態也更顯, 焚香啜茗而領略之, 皆能使身不在人間世也.

吹簫品笛之人, 臂上不可無釧. 釧又勿使太寬, 寬則藏于袖中, 不得見矣.


○歌舞

昔人敎女子以歌舞, 非敎歌舞, 習聲容也. 欲其聲音婉轉, 則必使之學歌. 學歌旣成, 則隨口發聲, 皆有燕語鶯啼之致, 不必歌而歌在其中矣. 欲其體態輕盈, 則必使之學舞. 學舞旣熟, 則回身擧步, 悉帶柳翻花笑之容, 不必舞而舞在其中矣.

古人立法, 常有事在此而意在彼者. 如良弓之子先學爲箕, 良冶之子先學爲裘. 婦人之學歌舞, 卽弓冶之學箕裘也. 後人不知, 盡以聲容二字屬之歌舞, 是歌外不復有聲, 而徵容必須試舞, 凡爲女子者, 卽有飛燕之輕盈, 夷光之嫵媚, 舍作樂無所見長. 然則一日之中, 其爲淸歌妙舞者有幾時哉. 若使聲容二字, 單爲歌舞而設, 則其敎習聲容, 猶在可疏可密之間. 若知歌舞二事, 原爲聲容而設, 則其講究歌舞, 有不可苟且塞責197者矣. 但觀歌舞不精, 則其

---

196 玉笥옥순: 여인의 손가락. 출처는 당나라 문학가 한악韓偓의 시「손을 읊어咏手」.
197 苟且塞責구차색책: 대강대강 해치우다. 책임을 얼버무리다. 출처는 명나라 학자 서삼중徐三重의 필기「채근록采芹錄」.

貼近主人之身, 而爲㠯雨尤雲198之事者, 其無嬌音媚態可知也.

絲不如竹, 竹不如肉. 此聲樂中三昧語, 謂其漸近自然也. 予又謂男音之爲肉, 造到極精處, 止可與絲竹比肩, 猶是肉中之絲, 肉中之竹也. 何以知之. 但觀人贊男音之美者, 非日其細如絲, 則日其淸如竹, 是可槪見. 至若婦人之音, 則純乎其爲肉矣. 語云, 詞出佳人口. 予曰, 不必佳人, 凡女子之善歌者, 無論妍媸美惡, 其聲音皆迥別男人. 貌不揚而聲揚者有之, 未有面目可觀而聲音不足聽者也. 但須敎之有方, 導之有術, 因材而施, 無拂其天然之性而已矣. 歌舞二字, 不止謂登場演劇, 然登場演劇一事, 爲今世所極尙, 請先言其同好者.

一曰取材. 取材維何. 優人所謂配脚色199是已. 喉音淸越而氣長者, 正生小生之料也. 喉音嬌婉而氣足者, 正旦貼旦之料也, 稍次則充老旦. 喉音淸亮而稍帶質樸者, 外末之料也. 喉音悲壯而略近噍殺200者, 大淨之料也. 至于丑與副淨, 則不論喉音, 只取性情之活潑, 口齒之便捷而已. 然此等脚色, 似易實難. 男優之不易得者二旦, 女優之不易得者淨丑. 不善配脚色者, 每以下選充之, 殊不知婦人體態不難于莊重妖嬈201, 而難于魁奇灑脫. 苟得其人,

---

198 㠯雨尤雲체우우운: 운우지락에 얽혀 있다. 남녀가 매우 친밀하게 뒤얽혀 사랑하는 행동을 비유한다. 출처는 명나라 문학가 난릉소소생蘭陵笑笑生의 『금병매사화金瓶梅詞話』 제29회.
199 脚色각색: 배역. 직무. 출처는 남송 학자 조승趙升의 필기 『조야유요朝野類要』.
200 噍殺초살: 말소리나 음악 소리가 빠르다. 출처는 『예기』 「악기樂記」.
201 妖嬈요요: 요염하다. 매혹적이다. 출처는 당나라 시인 하희요何希堯의 시 「해당海棠」.

即使面貌娉婷, 喉音清腕, 可居生旦之位者, 亦當屈抑202而爲之. 蓋女優之淨丑, 不比男優僅有花面之名, 而無抹粉塗臙203之實, 雖涉詼諧謔浪, 猶之名士風流. 若使梅香之面貌勝于小姐, 奴僕之詞曲過于官人, 則觀者聽者倍加憐惜, 必不以其所處之位卑, 而遂卑其才與貌也.

二曰正音. 正音維何. 察其所生之地, 禁爲鄉土之言, 使歸中原音韻之正者是已. 鄉音一轉而卽合崑調者, 惟姑蘇一郡. 一郡之中, 又止取長吳二邑, 餘皆稍遜, 以其與他郡接壤, 卽帶他郡之音故也. 卽如梁溪境內之民, 去吳門不過數十里, 使之學歌, 有終身不能改變之字, 如呼酒鍾爲酒宗之類是也. 近地且然, 況愈遠而愈別者乎. 然不知遠者易改, 近者難改. 詞語判然聲音迴別者易改, 詞語聲音大同小異者難改. 譬如楚人往粵, 越人來吳, 兩地聲音判如霄壤204, 或此呼而彼不應, 或彼說而此不言, 勢必大費精神, 改脣易舌, 求爲同聲相應而後已. 止因自任爲難, 故轉覺其易也. 至入附近之地, 彼所言者, 我亦能言, 不過出口收音之稍別, 改與不改, 無甚關系, 往往因仍苟且, 以度一生. 止因自視爲易, 故轉覺其難也. 正音之道, 無論異同遠近, 總當視易爲難.

選女樂者, 必自吳門是已. 然尤物之生, 未嘗擇地, 燕姬趙女越

---

202 屈抑굴억: 굴복하다. 억압하다. 출처는 송원시기 문학가 주밀周密(1232~1298)의 소설 『제동야어齊東野語』「조백미趙伯美」.
203 抹粉塗臙말분도연: 도지말분塗脂抹粉. 분을 바르고 연지를 바르다. 원래는 추악한 본질을 가리기 위하여 꾸민다는 의미다. 출처는 명나라 문학가 능몽초凌濛初(1580~1644)의 『이각박안경기二刻拍案驚奇』 권14.
204 霄壤소양: 하늘과 땅. 출처는 원나라 문학가 장양호張養浩(1270~1329)의 시 「아들 강야의 글씨를 받아 시를 지어 답하며得子強也書詩以答之」.

婦秦娥見于載籍者, 不一而足205. 惟楚有材, 惟晉用之. 此言晉人善用, 非曰惟楚能生材也. 予遊遍域中, 覺四方聲音, 凡在二八上下之年者, 無不可改, 惟八閩江右二省, 新安武林二郡, 較他處爲稍難耳.

正音有法, 當擇其一韻之中, 字字皆別, 而所別之韻, 又字字相同者, 取其吃緊一二字, 出全副精神以正之. 正得一二字轉, 則破竹之勢已成, 凡屬此一韻中相同之字, 皆不正而自轉矣. 請言一二以概之. 九州以內, 擇其鄉音最勁舌本最強者而言, 則莫過于秦晉二地. 不知秦晉之音, 皆有一定不移之成格. 秦音無東鍾, 晉音無眞文. 秦音呼東鍾爲眞文, 晉音呼眞文爲東鍾. 此予身入其地, 習處其人, 細細體認而得之者.

秦人呼中庸之中爲肫, 通達之通爲吞, 東南西北之東爲敦, 靑紅紫綠之紅爲魂, 凡屬東鍾一韻者, 字字皆然, 無一合于本韻, 無一不涉眞文. 豈非秦音無東鍾, 秦音呼東鍾爲眞文之實據乎. 我能取此韻中一二字, 朝訓夕詁, 導之改易, 一字能變, 則字字皆變矣.

晉音較秦音稍雜, 不能處處相同, 然凡屬眞文一韻之字, 其音皆彷彿東鍾, 如呼子孫之孫爲松, 昆腔之昆爲空之類是也. 卽有不盡然者, 亦在依稀彷彿之間. 正之亦如前法, 則用力少而成功多. 是使無東鍾而有東鍾, 無眞文而有眞文, 兩韻之音, 各歸其本位矣. 秦晉且然, 況其他乎.

大約北音多平而少入, 多陰而少陽. 吳音之便于學歌者, 止以陰

---

205 不一而足불일이족: 하나로 만족할 수 없다. 매우 많다. 출처는 『공양전公羊傳』 문공文公 9년.

陽平仄不甚謬耳. 然學歌之家, 盡有度曲一生, 不知陰陽平仄爲何物者, 是與蠹魚日在書中, 未嘗識字等也. 予謂教人學歌, 當從此始. 平仄陰陽旣諧, 使之學曲, 可省大半工夫.

正音改字之論, 不止爲學歌而設, 凡有生于一方, 而不屑爲一方之士者, 皆當用此法以掉其舌206. 至于身在靑雲, 有率吏臨民207之責者, 更宜洗滌方音, 講求韻學, 務使開口出言, 人人可曉. 常有官說話而吏不知, 民辯冤而官不解, 以致誤施鞭撲, 倒用勸懲者. 聲音之能誤人, 豈淺鮮208哉.

正音改字, 切忌務多. 聰明者每日不過十餘字, 資質鈍者漸減. 每正一字, 必令于尋常說話之中, 盡皆變易, 不定在讀曲念白209時. 若止在曲中正字, 他處聽其自然, 則但于眼于依從, 非久復成故物, 蓋借詞曲以變聲音, 非假聲音以善詞曲也.

三曰習態. 態自天生, 非閨學力. 前論聲容, 已備悉其事矣. 而此復言習態, 抑何自相矛盾乎. 曰, 不然. 彼說閨中, 此言場上. 閨中之態, 全出自然. 場上之態, 不得不由勉強, 雖由勉強, 卻又類乎自然, 此演習之功之不可少也.

生生態, 旦有旦態, 外末有外末之態, 淨丑有淨丑之態, 此理人人皆曉. 又與男優相同, 可置弗論, 但論女優之態而已. 男優妝旦, 勢必加以扭捏, 不扭捏不足以肖婦人. 女優妝旦, 妙在自然, 切忌

---

206 掉舌도설: 말하다. 유세하다. 출처는 『사기』 「회음후열전淮陰侯列傳」.
207 率吏臨民솔리임민: 관리를 거느리고 백성을 다스리다.
208 淺鮮천선: 미미하다. 경박하다. 출처는 『전국책』 「한책韓策」.
209 念白염백: 중국 전통 희곡에서 배우가 노래하듯이 하는 대사臺辭.

造作, 一經造作, 又類男優矣. 人謂婦人扮婦人, 焉有造作之理, 此語屬贅. 不知婦人登場, 定有一種矜持之態. 自視爲矜持, 人視則爲造作矣. 須令于演劇之際, 只作家內想, 勿作場上觀, 始能免于矜持造作之病. 此言旦脚之態也.

　然女態之難, 不難于旦, 而難于生. 不難于生, 而難于外末淨丑. 又不難于外末淨丑之坐臥歡娛, 而難于外末淨丑之行走哭泣. 總因脚小而不能跨大步, 面嬌而不肯妝痤容故也. 然妝龍像龍, 妝虎像虎, 妝此一物, 而使人笑其不似, 是求榮得辱, 反不若設身處地, 酷肖神情, 使人贊美之爲愈矣. 至于美婦扮生, 較女妝更爲綽約[210]. 潘安衛玠, 不能復見其生時, 借此輩權爲小像, 無論場上生姿, 曲中耀目, 卽于花前月下偶作此形, 與之坐談對弈, 啜茗焚香, 雖歌舞之餘文, 實溫柔鄉之異趣也.

─────
210 綽約작약: 부드럽고 허약하다. 온화하고 아름답다. 미녀. 출처는 『장자』 「소요유」.

## 제2부 居室部


### 1. 房舍


人之不能無屋, 猶體之不能無衣. 衣貴夏涼冬燠, 房舍亦然. 堂
高數仞, 榱題數尺, 壯則壯矣, 然宜于夏而不宜于冬. 登貴人之堂,
令人不寒而栗, 雖勢使之然, 亦廖廓有以致之. 我有重裘[1], 而彼
難挾纊[2]故也. 及肩之墻, 容膝之屋, 儉則儉矣. 然適于主而不適
于賓. 造寒士之廬, 使人無憂而嘆, 雖氣感之乎, 亦境地有以迫之.
此耐蕭疏, 而彼憎岑寂故也. 吾願顯者之居, 勿太高廣. 夫房舍與
人, 欲其相稱.

畫山水者有訣云, 丈山尺樹, 寸馬豆人. 使一丈之山, 綴以二尺
三尺之樹. 一寸之馬, 跨以似米似粟之人, 稱乎, 不稱乎. 使顯者之
軀, 能如湯文之九尺十尺, 則高數仞爲宜, 不則堂愈高而人愈覺其
矮, 地愈寬而體愈形其瘠, 何如略小其堂, 而寬大其身之爲得乎.

---

1 重裘중구: 두터운 모피 옷. 경구輕裘는 가벼운 가죽옷과 싱대직으로 품질이 좋지 않
은 가죽옷을 가리킨다.
2 挾纊협광: 솜옷을 입다. 위로를 받아 따스하게 느끼는 것을 비유한다. 출처는 『좌전』
선공宣公 12년.

處士之廬, 難免卑隘. 然卑者不能聳之使高, 隘者不能擴之使廣, 而汚穢者充塞者則能去之使淨, 淨則卑者高而隘者廣矣.

吾貧賤一生, 播遷流離3, 不一其處, 雖債而食, 賃而居, 總未覺稍汚其座. 性嗜花竹, 而購之無資, 則必令妻孥忍饑數日, 或耐寒一冬, 省口體之奉, 以娛耳目. 人則笑之, 而我怡然自得也. 性又不喜雷同4, 好爲矯異5, 常謂人之其居治宅, 與讀書作文同一致也. 譬如治擧業者, 高則自出手眼6, 創爲新異之篇. 其極卑者, 亦將讀熟之文移頭換尾7, 損益字句而後出之. 從未有抄寫全篇, 而自名善用者也. 乃至興造一事, 則必肖人之堂以堂, 窺人之戶以立戶, 稍有不合, 不以爲得, 而反以爲恥. 常見通侯貴戚, 擲盈千累萬之資以治園圃, 必先諭大匠曰. 亭則法某人之制, 樹則遵誰氏之規, 勿使稍異. 而操運斤之權者8, 至大廈告成, 必驕語居功9, 謂其立戶開窓, 安廊置閣, 事事皆倣名園, 纖毫不謬. 噫, 陋矣. 以構造園亭之勝事, 上之不能自出手眼, 如標新創異之文人. 下之至不能換

---

3 播遷流離파천유리: 유리파월流離播越. 이리저리 옮겨 다니다. 출처는 『포박자』 「자서自敍」.
4 雷同뇌동: 남이 말하는 대로 따라 말하다. 출처는 『예기』 「곡례상曲禮上」.
5 矯異교이: 의도적으로 남과 다르게 보이려고 하다. 출처는 명나라 시인 이동양李東陽(1447~1516)의 「성국 장간공 만시의 서문成國莊簡公挽詩序」.
6 自出手眼자출수안: 스스로 새로운 길을 개척하다. 출처는 명나라 문학가 원굉도袁宏道(1568~1610)의 서간 「풍시랑좌주馮侍郎座主」.
7 移頭換尾이두환미: 개두환미改頭換尾. 환미이두換尾移頭. 앞부분을 고치고 뒷부분을 바꾸다. 내용은 변하지 못하고 형식적으로 원래의 면모를 뒤바꾸다. 출처는 당나라 승려 언종彦琮의 「당나라 호법사문 법림 별전唐護法沙門法琳別傳」.
8 操運斤之權조운근지권자: 도끼를 휘두르는 권한을 잡은 사람. 건설 책임자. 감독관.
9 居功거공: 스스로 공이 있다고 여기다. 출처는 명나라 장서가 낭영郎瑛(1487~1566)의 소설 『칠수유고七修類稿』 「변증6·곽사전辨證六·郭四箭」.

尾移頭, 學套腐爲新之庸筆, 尙囂囂以鳴得意, 何其自處之卑哉.

予嘗謂人曰, 生平有兩絶技, 自不能用, 而人亦不能用之, 殊可惜也. 人問, 絶技維何. 予曰, 一則辨審音樂, 一則置造園亭. 性嗜塡詞, 每多撰著, 海內共見之矣. 設處得爲之地, 自選優伶, 使歌自撰之詞曲[10], 口授而躬試之, 無論新裁之曲, 可使迥異時腔, 卽舊日傳奇, 一槪删其腐習而益以新格, 爲往時作者別開生面[11]. 此一技也.

一則創造園亭. 因地制宜, 不拘成見, 一榱一桷, 必令出自己裁, 使經其地入其室者, 如讀湖上笠翁之書. 雖乏高才, 頗饒別致, 豈非聖明之世, 文物之邦, 一點綴太平之具哉. 噫, 吾老矣, 不足用也. 請以崖略[12]付之簡篇, 供嗜痂[13]者要擇. 收其一得, 如對笠翁, 則斯編實爲神交之助爾. 土木之事, 最忌奢靡. 匪特庶民之家當崇儉朴, 卽王公大人亦當以此爲尙. 蓋居室之制, 貴精不貴麗, 貴新奇大雅, 不貴纖巧爛漫.

凡人止好富麗者, 非好富麗, 因其不能創異標新, 舍富麗無所見長, 只得以此塞責[14]. 譬如人有新衣二件, 試令兩人服之, 一則雅素而新奇, 一則輝煌而平易, 觀者之目, 注在平易乎. 在新奇乎. 錦繡綺羅, 誰不知貴, 亦誰不見之. 縞衣素裳, 其製略新, 則爲衆目

---

10 詞曲사곡: 사詞와 곡曲. 희곡. 여기서는 희곡.
11 別開生面별개생면: 생면生面은 새로운 면모. 원래는 능연각凌煙閣에 그려진 공신功臣의 초상이 퇴색하자 다시 그리게 하여 면모가 일신되었다는 의미이며, 별도로 새로운 형식이나 국면을 칭조힌 깃을 비유한다. 출처는 두보의 시 「단청인丹靑引」.
12 崖略애략: 줄거리. 대강. 출처는 『장자』 「지북유知北遊」.
13 嗜痂기가: 괴벽한 기호. 출처는 『송서』 「유옹전劉邕傳」.
14 塞責색책: 얼버무리다. 대강대강 해치우다. 출처는 『명사』 「장규전張逵傳」.

所射, 以其未嘗睹也.

凡予所言, 皆屬價廉工省之事, 卽有所費, 亦不及雕鏤粉藻之百一. 且古語云, 耕當問奴, 織當訪婢. 予貧士也, 僅識寒酸之事. 欲示富貴, 而以綺麗勝人, 則有從前之舊制在.

新制人所未見, 卽縷縷言之, 亦難盡曉, 勢必繪圖作樣. 然有圖所能繪, 有不能繪者. 不能繪者十之九, 能繪者不過十之一. 因其有而會其無, 是在解人善悟耳.


○向背

屋以面南爲正向. 然不可必得, 則面北者宜虛其後, 以受南薰. 面東者虛右, 面西者虛左, 亦猶是也. 如東西北皆無餘地, 則開窗借天以補之. 牖之大者, 可抵小門二扇. 穴之高者, 可敵低窗二扇, 不可不知也.


○途徑[15]

徑莫便于捷, 而又莫妙于迂. 凡有故作迂途, 以取別致者, 必另開耳門一扇, 以便家人之奔走, 急則開之, 緩則閉之. 斯雅俗俱利, 而理致兼收矣.


○高下

房舍忌似平原, 須有高下之勢. 不獨園圃[16]爲然, 居宅亦應如是.

---

15 途徑도경: 경로. 본문에서는 이동하는 거리나 방향을 의미하는 동선으로 풀이했다.
16 園圃원포: 과수와 채소 등을 심는 농경지. 출처는 『주례周禮』 「천관·총재天官·冢宰」.

前卑後高, 理之常也. 然地不如是, 而強欲如是, 亦病其拘. 總有
因地制宜之法. 高者造屋, 卑者建樓, 一法也. 卑處疊石爲山, 高處
浚水爲池, 二法也. 又有因其高而愈高之, 堅閣磊峯于峻坡之上.
因其卑而愈卑之, 穿塘鑿井于下濕之區. 總無一定之法, 神而明
之, 存乎其人, 此非可以遙授方略者矣.


○出簷深淺

居宅無論精粗, 總以能避風雨爲貴. 常有畫棟雕梁, 瓊樓玉欄,
而止可娛晴, 不堪坐雨者, 非失之太敞, 則病于過峻. 故柱不宜長,
長爲招雨之媒. 窓不宜多, 多爲匿風之藪. 務使虛實相半, 長短得
宜. 又有貧士之家, 房舍寬而餘地少, 欲作深簷以障風雨, 則苦于
暗. 欲置長牖以受光明, 則慮在陰. 劑其兩難, 則有添置活簷一法.
何爲活簷. 法于瓦簷之下, 另設板棚[17]一扇, 置轉軸于兩頭, 可撑
可下. 晴則反撑, 使正面向下, 以當簷外頂格. 雨則正撑, 使正面向
上, 以承簷溜. 是我能用天, 而天不能窘我矣.


○置頂格

精室不見椽瓦, 或以板覆, 或用紙糊, 以掩屋上之醜態, 名爲頂
格, 天下皆然. 予獨怪其法制未善. 何也. 常因屋高簷矮, 意欲取
平, 遂抑高者就下, 頂格一槪齊簷, 使高敞有用之區, 委之不見不
聞, 以爲鼠窟, 良可慨也. 亦有不忍棄此, 竟以頂板貼椽, 仍作屋

---

17 板棚판붕: 판자로 만든 차양.

形, 高其中而卑其前後者, 又不美觀, 而病其呆笨.

予爲新製, 以頂格爲斗笠之形, 可方可圓, 四面皆下, 而獨高其中. 且無多費, 仍是平格之板料, 但令工匠畫定尺寸, 旋而去之. 如作圓形, 則中間旋下一段是棄物矣. 卽用棄物作頂, 升之于上, 止增周圍一段竪板, 長僅尺許, 少者一屋, 多則二屋, 隨人所好, 方者亦然. 造成之後, 若糊以紙, 又可于竪板之上, 裱貼字畫, 圓者類手卷, 方者類冊葉, 簡而文, 新而妥. 以質高明, 必當取其有裨. 方者可用竪板作門, 時開時閉, 則當壁樹四張, 納無限器物于中, 而不之覺也.


○塈地

古人茅茨土階, 雖崇儉樸, 亦以法制未盡備也. 惟幕天者可以席地[18], 梁棟旣設, 卽有階除, 不戴冠者不可跣足, 同一理也. 且土不覆磚, 嘗苦其濕, 又易生塵. 有用板作地者, 又病其步履有聲, 喧而不寂. 以三和土塈地, 築之極堅, 使完好如石, 最爲豐儉得宜.

而又有不便于人者. 若和灰和土不用鹽鹵, 則燥而易裂. 用之發潮, 又不利于天陰. 且磚可挪移, 而塈成之土不可挪移, 日後改遷, 遂成棄物, 是又不宜用也. 不若仍用磚鋪, 止在磨與不磨之間, 別其豐儉, 有力者磨之使光, 無力者聽其自糙. 予謂極糙之磚, 猶愈于極光之土. 但能自運機杼[19], 使小者間大, 方者合圓, 別成文理,

---

18 幕天席地막천석지: 출처는 죽림칠현의 한 사람인 진晉나라 유영劉伶(221?~300)의 「주덕송酒德頌」.

或作冰裂, 或肖龜紋, 收牛溲馬渤[20]入藥籠, 用之得宜, 其價值反在參苓之上. 此種調度[21], 言之易而行之甚難, 僅存其說而已.

○灑掃

精美之房, 宜勤灑掃. 然灑掃中亦具大段學問, 非僮僕所能知也. 欲去浮塵, 先用水灑, 此古人傳示之法, 今世行之者, 十中不得一二. 蓋因童子性懶, 慮有汲水之煩, 止掃不灑, 是以兩事并爲一事, 惜其力也. 久之習爲固然, 非特童子忘之, 幷主人亦不知掃地之先, 更有一事矣. 彼但知兩者幷一是省事法, 殊不知因其懶也, 遂以一事化爲數十事. 服役者旣以爲苦, 而指使者亦覺其繁, 然總不知此數十事者, 皆從一事苟簡[22]而生之者也.

精舍之內, 自明窗淨几而外, 尙有圖書翰墨古董器玩之種種, 無一不忌浮塵. 不灑而掃, 是以紅塵摻物, 物物皆受其蒙, 幷棟梁之上欀桷之間亦生障翳[23], 勢必逐件擦磨, 始現本來面目. 手不停揮者, 半日才能竣事, 不亦勞乎. 若能先灑後掃, 則掃過之後, 只須塵尾一拂, 一日淸晨之事畢矣. 何指使服役之紛紛哉. 此灑水之不容已也. 然勤掃不如勤灑, 人則知之, 多灑不如輕掃, 人則未知之也.

饒其善灑, 不能處處皆遍, 究竟乾地居多, 服役者不知, 以其旣

---

19 自運機杼자운기서: 자출기서自出機杼. 스스로 기발한 것을 생각해내다. 스스로 창조하다. 출처는 『위서魏書』 「조영전祖瑩傳」.

20 牛溲馬渤우수마발: 우수牛溲는 질경이. 마발馬渤은 마전馬牷이나 시고屎菰라고 하는 비섯의 일종. 또는 소 오줌과 말똥. 여기시는 질경이와 버섯으로 풀이했다.

21 調度조도: 조정하다. 안배하다. 출처는 『한서』 「영행전·동현佞幸傳·董賢」.

22 苟簡구간: 적당히 하다. 소홀히 하다. 출처는 『장자』 「천운天運」.

23 障翳장예: 물체 표면에 덮인 먼지.

經灑濕, 則任意揮掃無妨. 揚塵舞蹈之際, 障翳之生也更多, 故運帚切記勿重. 匪特勿重, 每于歇手之際, 必使帚尾着地, 勿令懸空, 如掃一帚起一帚, 則與揮扇無異, 是揚灰使起, 非抑塵使伏也. 此是一法. 又有閉門掃地之訣, 不可不知. 如人先掃房舍, 後及階除, 則將房舍之門緊閉, 俟掃完階除後, 略停片刻, 然後開門, 始無灰塵入戶之患. 臧獲24不知, 以爲房舍掃完, 其事畢矣, 此後漸及門外, 與內絕不相蒙, 豈知有顧此失彼25之患哉. 順風揚灰, 一帚可當十帚, 較之未掃更甚. 此皆世人所忽, 故拈出告之, 然未免饒舌.

灑掃二事, 勢必相因, 缺一不可, 然亦有時以孤行爲妙, 是又不可不知. 先灑後掃, 言其常也, 若旦旦如是, 則土膠于水, 積而不去, 日厚一日, 磚板受其虛名, 而有土階之實矣. 故灑過數日, 必留一日勿灑, 止令童子輕輕用帚, 不致揚塵. 是數日所積者一朝去之, 則水土交相爲用, 而不交相爲害矣.


○藏垢納汙26

欲營精潔之房, 先設藏垢納汙之地. 何也. 愛精喜潔之士, 一物不整齊, 卽如目中生刺, 勢必去之而後已. 然一人之身, 百工之所爲備, 能保物物皆精乎. 且如文人之手, 刻不停批. 繡女之躬, 時

24 臧獲장획: 노비를 멸시하여 부르는 용어. 종놈. 출처는 『순자』「왕패王霸」.

25 顧此失彼고차실피: 이것을 보다가 저것을 잃어버린다. 정신없이 어지러운 상황을 비유한다. 출처는 풍몽룡의 『동주열국지』 제76회.

26 藏垢納汙장구납오: 더러운 물건을 싸서 넣다. 나쁜 일이나 사람을 감추어두거나 포용하다. 출처는 『좌전』 선공 15년.

難罷刺. 唾絨27滿地, 金屋爲之不光. 殘稿盈庭, 精舍因而欠好. 是極韻之物, 尙能使人不韻, 況其他乎. 故必于精舍左右, 另設小屋一間, 有如復道, 俗名套房是也.

凡有敗箋棄紙垢硯禿毫之類, 卒急不能料理者, 姑置其間, 以俟暇時檢點. 婦人之閨閣亦然. 殘脂剩粉無日無之, 淨之將不勝其淨也. 此房無論大小, 但期必備. 如貧家不能辦此, 則以箱籠代之, 案旁榻後皆可置. 先有容拙之地, 而後能施其巧, 此藏垢之不容已也.

至于納汚之區, 更不可少. 凡人有飮卽有溺, 有食卽有便. 如厠之時尙少, 可于溺厠28之外, 不必另籌去路. 至于溺之爲數, 一日不知凡幾, 若不擇地而遺, 則淨土皆成糞壤. 如或避潔就汚, 則往來僕僕, 是率天下而路也. 此爲尋常好潔者言之. 若夫文人運腕, 每至得意疾書之際, 機鋒一轉, 則斷不可續. 然而寢食可廢, 便溺不可廢也.

官急不知私急, 俗不云乎. 常有得句將書而阻于溺, 及溺後覓之杳不可得者, 予往往驗之, 故營此最急. 當于書室之旁, 穴墻爲孔, 嵌以小竹, 使遺在內而流于外, 穢氣罔聞, 有若未嘗溺者, 無論陰晴寒暑, 可以不出戶庭. 此予自爲計者, 而亦擧以示人, 其無隱諱

---

27 唾絨타융: 여인이 자수를 놓을 때 바늘을 멈추고 실을 바꾸거나, 실을 이로 물어 끊을 때 입속에 남아 있던 실을 되는대로 뱉어낸 것. 실 찌꺼기. 실밥. 출처는 남당 이욱李煜의 사詞「얼 날의 구슬·새벽 화상을 처음 끝내고一斛珠·曉妝初過」의 "붉은 실을 잘근잘근 씹어 웃으며 마음속의 임을 향해 뱉어내네爛嚼紅絨, 笑向檀郎唾".
28 溺厠혼측: 화장실. 출처는 명나라 학자 사조제謝肇淛(1567~1624)의 필기「오잡조五雜組」「지부地部」.

可知也.


2. 窓欄


吾觀今世之人, 能變古法爲今制者, 其惟窓欄二事乎. 窓欄之
制, 日新月異, 皆從成法中變出. 腐草爲螢, 實具至理. 如此則造物
生人, 不枉付心胸一片. 但造房建宅與置立窓軒, 同是一理, 明于
此而暗于彼, 何其有聰明而不善擴乎.

予往往自制窓欄之格, 口授工匠使爲之, 以爲極新極異矣. 而偶
至一處, 見其已設者, 先得我心之同然, 因自笑爲遼東白豕. 獨房
舍之制不然, 求爲同心甚少. 門窓二物, 新制旣多, 予不復贅, 恐其
又蹈白豕轍也. 惟約略言之, 以補時人之偶缺.


○制體宜堅

窓櫺以明透爲先, 欄杆以玲瓏爲主, 然此皆屬第二義. 其首重
者, 止在一字之堅, 堅而後論工拙. 嘗有窮工極巧以求盡善, 乃不
逾時而失頭墮趾, 反類畫虎未成者, 計其新而不計其舊也. 總其大
綱, 則有二語, 宜簡不宜繁, 宜自然不宜雕斫[29]. 凡事物之理, 簡斯
可繼, 繁則難久, 順其性者必堅, 戕其體者易壞.

---

[29] 雕斫조작: 조착雕斲. 새기고 깎다. 꾸미다. 출처는 남조 양梁나라 시인 포조鮑照
(415~470)의 시 「산을 가다가 외로운 오동나무를 보고山行見孤桐」.

木之爲器, 凡合笋30使就者, 皆順其性以爲之者也. 雕刻使成者, 皆戕其體而爲之者也. 一涉雕鏤, 則腐朽可立待矣. 故窓櫺欄杆之制, 務使頭頭有笋, 眼眼着撒. 然頭眼過密, 笋撒太多, 又與雕鏤無異, 仍是戕其體也. 故又宜簡不宜繁. 根數愈少愈佳, 少則可堅. 眼數愈密最貴, 密則紙不易碎. 然旣少矣, 又安能密. 曰此在制度之善, 非可以筆舌爭也. 窓欄之體, 不出縱橫欹斜屈曲三項. 請以蕭齋31製就者, 各圖一則以例之.

△縱橫格

是格也, 根數不多, 而眼亦未嘗不密, 是所謂頭頭有笋, 眼眼着撒者, 雅莫雅于此, 堅亦莫堅于此矣. 是從陳腐中變出. 由此推之, 則舊式可化爲新者, 不知凡幾. 但取其簡者堅者自然者變之, 事事以雕鏤爲戒, 則人工漸去, 而天巧自呈矣.

△欹斜格系欄

此格甚佳, 爲人意想所不到, 因其平而有笋者, 可以着實, 尖而無笋者, 沒處生根故也. 然賴有躱閃法, 能令外似懸空, 內偏着實, 止須善藏其拙耳. 當于尖木之後, 另設堅固薄板一條, 托于其後, 上下投笋, 而以尖木釘于其上, 前看則無, 後觀則有. 其能幻有爲無者, 全在油漆時善于着色. 如欄杆之本體用朱, 則所托之板另用他色. 他色亦不得泛用, 當以屋內墻壁之色爲色. 如墻系白粉, 此板亦作粉色. 壁系靑磚, 此板亦肖磚色. 自外觀之, 止見朱色之紋, 而

---

30 笋순: 순자笋子. 장부.
31 蕭齋소재: 사원. 서재. 출처는 당나라 서예가 장회관張懷瓘의 서예 이론서 『서단書斷』.

與墻壁相同者, 混然一色, 無所辨矣. 至欄杆之內向者, 又必另爲一色, 勿與外同, 或靑或藍, 無所不可, 而薄板向內之色, 則當與之相合. 自內觀之, 又別成一種文理, 較外尤可觀也.

　　△屈曲體系欄

　　此格最堅, 而又省費, 名桃花浪, 又名浪裏梅. 曲木另造, 花另造, 俟曲木入柱投笋後, 始以花塞空處, 上下着釘, 借此聯絡, 雖有大力者撓之, 不能動矣. 花之內外, 宜作兩種, 一作桃, 一作梅, 所云桃花浪浪裏梅是也. 浪色亦忌雷同, 或藍或綠, 否則同是一色, 而以深淺別之, 使人一轉足之間, 景色判然. 是以一物幻爲二物, 又未嘗于本等材料之外, 另費一錢. 凡予所以, 强半皆若是也.


　　○取景32在借

　　開窓莫妙于借景, 而借景之法, 予能得其三昧. 向猶私之, 乃今嗜痂者衆, 將來必多依樣葫蘆33, 不若公之海內, 使物物盡效其靈, 人人均有其樂. 但期于得意酣歌之頃, 高叫笠翁數聲, 使夢魂得以相傍, 是人樂而我亦與焉, 爲願足矣.

　　向居西子湖濱, 欲購湖舫一隻, 事事猶人, 不求稍異, 止以窓格異之. 人詢其法, 予曰, 四面皆實, 獨虛其中, 而爲便面34之形. 實者用板, 蒙以灰布, 勿露一隙之光. 虛者用木作框, 上下皆曲而直

---

32 取景취경: 경물을 선택하여 대상으로 삼다.
33 依樣葫蘆의양호로: 다른 사람이 그린 견본을 보고 호리병을 그리다. 단순하게 모방하다. 출처는 북송 시기 학자 위태魏泰의 소설 『동헌필록東軒筆錄』.
34 便面편면: 오른편에 치우쳐 손잡이가 달려 있으며 얼굴을 가리는 사각형의 부채를 가리킨다. 여기서는 일반적인 부채의 의미로 풀이했다. 출처는 『한서』 「장창전張敞傳」.

其兩旁, 所謂便面是也. 純露空明, 勿使有纖毫障翳. 是船之左右, 止有二便面, 便面之外, 無他物矣. 坐于其中, 則兩岸之湖光山色寺觀浮屠雲煙竹樹, 以及往來之樵人牧竪醉翁遊女連人帶馬, 盡入便面之中, 作我天然圖畫. 且又時時變幻, 不爲一定之形. 非特舟行之際, 搖一櫓, 變一像, 撐一篙, 換一景. 卽繫纜時, 風搖水動, 亦刻刻異形. 是一日之內, 現出百千萬幅佳山佳水, 總以便面收之. 而便面之制, 又絕無多費, 不過曲木兩條直木兩條而已. 世有擲盡金錢, 求爲新異者, 其能新異若此乎.

此窓不但娛己, 兼可娛人. 不特以舟外無窮無景色攝入舟中, 兼可以舟中所有之人物, 幷一切几席杯盤射出窓外, 以備來往遊人之玩賞. 何也. 以內視外, 固是一幅便面山水. 而以外視內, 亦是一幅扇頭人物. 譬如拉妓邀僧, 呼朋聚友, 與之彈棋觀畫, 分韻拈毫, 或飲或歌, 任眠任起, 自外觀之, 無一不同繪事. 同一物也, 同一事也, 此窓未設以前, 僅作事物觀. 一有此窓, 則不煩指點, 人人俱作畫圖觀矣. 夫扇面非異物也, 肖扇面爲窓, 又非難事也. 世人取像乎物, 而爲門爲窓者, 不知凡幾, 獨留此眼前共見之物, 棄而弗取, 以待笠翁, 詎非咄咄怪事[35]乎. 所恨有心無力, 不能辦此一舟, 竟成欠事. 玆且移居白門, 爲西子湖之薄幸人矣. 此願茫茫, 其何能遂. 不得已而小用其機, 置機窓于樓頭, 以窺鍾山氣色, 然非創始之心, 僅存其制而已.

---

35 咄咄怪事돌돌괴사: 대단히 괴이한 일. 진晉나라 중군장군中軍將軍 은호殷浩 (303~356)가 평민으로 강등되어 신안信安에 있으면서 종일 허공에 "대단히 괴이한 일이로다咄咄怪事"라는 네 글자를 썼다고 한다. 출처는 유의경의 『세설신어』 「출면黜免」.

予又嘗作觀山虛牖, 名尺幅窓, 又名無心畫, 姑妄言之. 浮白軒
中, 後有小山一座, 高不逾丈, 寬止及尋, 而其中則有丹崖碧水, 茂
林修竹, 鳴禽響瀑, 茅屋板橋, 凡山居所有之物, 無一不備. 蓋因善
塑者肖予一像, 神氣宛然, 又因予號笠翁, 顧名思義[36], 而爲把釣
之形. 予思旣執綸竿, 必當坐之磯上, 有石不可無水, 有水不可無
山, 有山有水, 不可無笠翁息釣歸休之地, 遂營此窟以居之. 是此
山原爲像設, 初無意于爲窓也. 後見其物小而蘊大, 有須彌芥子之
義, 盡日坐觀, 不忍闔牖, 乃瞿然曰, 是山也, 而可以作畫. 是畫也,
而可以爲窓. 不過損予一日杖頭錢[37], 爲裝潢[38]之具耳. 遂命童子
裁紙數幅, 以爲畫之頭尾, 乃左右鑲邊. 頭尾貼于窓之上下, 鑲邊
貼于兩旁, 儼然堂畫一幅, 而但虛其中. 非虛其中, 欲以屋後之山
代之也. 坐而觀之, 則窓非窓也, 畫也, 山非屋後之山, 卽畫上之
山也. 不覺狂笑失聲, 妻孥群至, 又復笑予所笑, 而無心畫尺幅窓
之制, 從此始矣.

　予又嘗取枯木數莖, 置作天然之牖, 名曰梅窓. 生平制作之佳,
當以此爲第一. 己酉之夏, 驟漲滔天, 久而不涸, 齋頭淹死榴橙各
一株. 伐而爲薪, 因其堅也, 刀斧難入, 卧于階除者累日. 予見其枝
柯盤曲, 有似古梅, 而老幹又具盤錯之勢, 似可取而爲器者, 因籌
所以用之. 是時棲雲谷中幽而不明, 正思辟牖, 乃幡然曰, 道在是

36 顧名思義고명사의: 명칭을 보고 내포된 의미를 생각하다. 글자 그대로. 이름 그대로.
출처는 『삼국지』 「위서·왕창전魏書·王昶傳」.
37 杖頭錢장두전: 술을 살 돈. 구속됨이 없이 방탕하다. 출처는 『세설신어』 「임탄任誕」.
38 裝潢장황: 표구. 표구하다. 출처는 심약의 「제나라 선림사의 비구니 정수의 행장齊禪
林寺尼淨秀行狀」.

矣. 遂語工師, 取老幹之近直者, 順其本來, 不加斧鑿, 爲窓之上下
兩旁, 是窓之外廓具矣. 再取枝柯之一面盤曲一面稍站者, 分作梅
樹兩株, 一從上生而倒垂, 一從下生而仰接, 其稍平之一面則略施
斧斤, 去其皮節而向外, 以便糊紙. 其盤曲之一面, 則匪特盡全其
天, 不稍戕斫, 幷疏枝細梗而留之. 旣成之後, 剪彩作花, 分紅梅
綠萼二種, 綴于疏枝細梗之上, 儼然活梅之初着花者. 同人見之,
無不叫絶39. 予之心思, 訖于此矣. 後有所作, 當亦不過是矣.

便面不得于舟, 而用于房舍, 是屈事矣. 然有移天換日40之法在,
亦可變昨爲今, 化板成活, 俾耳目之前, 刻刻似有生機飛舞, 是亦
未嘗不妙, 止費我一番籌度41耳. 予性最癖, 不喜盆內之花, 籠中
之鳥, 缸內之魚, 及案上有座之石, 以其局促不舒, 令人作囚鸞繫
鳳42之想. 故盆花自幽蘭水仙而外, 未嘗寓目. 鳥中之畫眉, 性酷嗜
之, 然必另出己意而爲籠, 不同舊制, 務使不見拘囚之迹而後已.
自設便面以後, 則生平所棄之物, 盡在所取.

從來作便面者, 凡山水人物竹石花鳥以及昆蟲, 無一不在所繪
之內. 故設此窓于屋內, 必先于墻外置板, 以備承物之用. 一切盆
花籠鳥蟠松怪石, 皆可更換置之. 如盆蘭吐花, 移之窓外, 卽是一

---

39 叫絶규절: 절찬하다. 출처는 명나라 문학가 범정서范廷瑞의 시 「외로운 마을에서 흥
이 일어 벗에게 주어孤村漫興與友人」.
40 移天換日이천환일: 하늘을 옮기고 해를 바꾸다. 음모로 정권을 탈취하다. 출처는 『진
서晉書』 「제왕경전齊王冏傳」.
41 籌度주탁: 계획하다. 방법을 생각하다. 출처는 금나라 극작가 동해원董解元의 설창문
학說唱文學(노래하듯이 공연하는 양식) 작품 「서상기제궁조西廂記諸宮調」 권2.
42 囚鸞繫鳳수란집봉: 쇄봉수란鎖鳳囚鸞. 난새를 가두고 봉황을 묶어놓다. 미인을 속박
한다는 의미다. 출처는 명나라 극작가 진여원陳汝元의 전기傳奇 「금련기金蓮記」 「후간詬
奸」.

幅便面幽蘭. 盆菊舒英, 納之牖中, 卽是一幅扇頭佳菊. 或數日一
更, 或一日一更. 卽一日數更, 亦未嘗不可. 但須遮蔽下段, 勿露
盆盎之形. 而遮蔽之物, 則莫妙于零星碎石. 是此窓家家可用, 人
人可辦, 詎非耳目之前第一樂事. 得意酣歌之頃, 可忘作始之李笠
翁乎.

△湖舫式(一)

△湖舫式(二)

此湖舫式也. 不獨西湖, 凡居名勝之地, 皆可用之. 但便面止可
觀山臨水, 不能障雨蔽風, 是又宜籌退兵, 以補前說之不逮. 退步
云何. 外設推板, 可開可闔, 此易爲之事也. 但純用推板, 則幽而不
明. 純用明窓, 又與扇面之制不合, 須以板內嵌窓之法處之. 其法
維何. 曰卽倣梅窓之制, 以製窓櫺. 亦備其式于右.

△便面窓外推板裝花式

四圍用板者, 旣取其堅, 又省製櫺裝花人工之半也. 中作花樹
者, 不失扇頭圖畫之本色也. 用直櫺間于其中者, 無此則花樹無
所倚靠, 卽勉強爲之, 亦浮脆而難久也. 櫺不取直, 而作敧斜之勢,
又使上寬下窄者, 欲肖扇面之折紋. 且小者可以獨扇, 大則必分雙
扇, 其中間合縫處, 糊紗糊紙, 無直木以界之, 則紗與紙無所依附
故也. 若是, 則櫺與花樹縱橫相雜, 不幾涇渭難分, 而求工反拙乎.
曰不然. 有兩法蓋藏, 勿慮也. 花樹粗細不一, 其勢莫妙于參差,
櫺則極勻, 而又貴乎極細, 須以極堅之木爲之, 一法也. 油漆幷着
色之時, 櫺用白粉, 與糊窓之紗紙同色, 而花樹則繪五彩, 儼然活
樹生花, 又一法也. 若是涇渭自分, 而便面與花, 判然有別矣. 梅花

止備一種, 此外或花或鳥, 但取簡便者爲之, 勿拘一格. 惟山水人物, 必不可用. 板與花欄俱另製, 製就花欄, 而後以板鑲之. 卽花與欄, 亦難合適, 須使花自花而欄自欄, 先分後合. 其連接處, 各損少許以就之, 或以釘釘, 或以膠粘, 務期可久.

△便面窓花卉式

△便面窓蟲鳥式

諸式止備其槪, 餘可類推. 然此皆爲窓外無景, 求天然者不得, 故以人力補之. 若遠近風物盡有可觀, 則焉用此碌碌爲哉. 昔人云會心處正不在遠. 若能實具一段閑情一雙慧眼, 則過目之物盡是畫圖, 入耳之聲無非詩料. 譬如我坐窓內, 人行窓外, 無論見少年女子是一幅美人圖, 卽見老嫗白曳杖而來, 亦是名人畫幅中必不可無之物. 見嬰兒群戲是一幅百子圖, 卽見牛羊幷牧鷄犬交嘩, 亦是詞客文情內未嘗偶缺之資. 牛溲馬渤, 盡入藥籠. 予所製便面窓, 卽雅人韻士之藥籠也.

此窓若另製紗窓一扇, 繪以燈色花鳥, 至夜篝燈于內, 自外視之, 又是一盞扇面燈. 卽日間自內視之, 光彩相照, 亦與觀燈無異也.

△山水圖窓

凡置此窓之屋, 進步宜深. 使座客觀山之地, 去窓稍遠, 則窓之外廓爲畫, 畫之內廓爲山, 山與畫連, 無分彼此, 見者不問而知爲天然之畫矣. 淺促[43]之屋, 坐在窓邊, 勢必倚窓爲欄, 身之大半出

---

43 淺促천촉: 좁다. 널찍하지 않다.

于窓外, 但見山而不見畫, 則作者深心有時埋沒, 非盡善之制也.

　△尺幅窓圖式

　尺幅窓圖式, 最難摹寫. 寫來, 非似眞畫, 即似眞山, 非畫上之山與山中之畫也. 前式雖工, 慮觀者終難了悟, 玆再繪一紙, 以作副墨[44]. 且此窓雖多開少閉, 然亦間有閉時. 閉時用他槅他檻, 則與畫意不合, 醜態出矣. 必須照式大小, 作木槅一扇, 以名畫一幅裱之, 嵌入窓中, 又是一幅眞畫, 幷非無心畫與尺幅窓矣. 但觀此式, 自能了然. 裱槅如裱回屏[45], 托以麻布及厚紙, 薄則明而有光, 不成畫矣.

　△梅窓

　制此之法, 總論已備之矣, 其略而不詳者, 止有取老幹作外廓一事. 外廓者, 窓之四面, 即上下兩旁是也. 若以整木爲之, 則向內者古朴可愛, 而向外一面屈曲不平, 以之着墻, 勢難貼伏. 必取整木一段, 分中鋸開, 以有鋸路者着墻, 天然未斫者向內, 則天巧人工, 俱有所用之矣.


3. 墙壁


　峻宇雕墙, 家徒壁立, 昔人貧富, 皆于墙壁間辨之. 故富人潤屋,

---

44 副墨부묵: 부본副本. 출처는 송나라 문학가 섭소옹葉紹翁의 소설 『사조문견록四朝聞見錄』「진문충공시의眞文忠公論議」.
45 回屛회병: 접을 수 있는 병풍.

貧士結廬, 皆自墻壁始. 墻壁者, 內外攸分而人我相半者也. 俗云
一家築墻, 兩家好看. 居室器物之有公道者, 惟墻壁一種, 其餘一
切皆爲我之學也. 然國之宜固者城池, 城池固而國始固. 家之宜
堅者墻壁, 墻壁堅而家始堅. 其實爲人卽是爲己, 人能以治墻壁之
一念治其身心, 則無往而不利矣. 人笑予止務閑情, 不喜談禪講
學, 故偶爲是說以解嘲[46], 未審有當于理學名賢及善知識否也.


○界墻

界墻者, 人我公私之畛域[47], 家之外廓是也. 莫妙于亂石[48]壘
成, 不限大小方圓之定格, 壘之者人工, 而石則造物生成之本質
也. 其次則爲石子[49]. 石子亦系生成, 而次于亂石者, 以其有圓無
方, 似執一見, 雖屬天工, 而近于人力故耳. 然論二物之堅固, 亦復
有差. 若云美觀入畫, 則彼此兼擅其長矣. 此惟傍山鄰水之處得以
有之, 陸地平原, 知其美而不能致也. 予見一老僧建寺, 就石工斧
鑿之餘, 收取零星碎石幾及千擔, 壘成一壁, 高廣皆過十仞, 嶙剛
嶄絕, 光怪陸離[50], 大有峭壁懸崖之致. 此僧誠韻人也. 迄今三十
餘年, 此壁猶時時入夢, 其系人思念可知. 磚砌之墻, 乃八方公器,

---

46 解嘲해조: 조소하는 것에 대해 변명하다. 조소를 피하려 변명하다. 출처는 『한서』 「양
웅전揚雄傳」.
47 畛域진역: 경계. 한계. 출처는 『장자』 「추수秋水」.
48 亂石난석: 인공으로 깨트려 자잘하게 부스러진 돌.
49 石子석자: 천연의 작은 돌. 자갈. 출처는 북위北魏의 농학자 가사협賈思勰의 농서 『제
민요술齊民要術』 「분국병주笨麴幷酒」.
50 光怪陸離광괴육리: 광채가 기이하고 색채가 다양하다. 형상이 기이하고 색채가 화려하다.

其理其法, 是人皆知, 可以置而弗道[51].

至于泥墙土壁, 貧富皆宜, 極有蕭疏雅淡之致, 惟怪其跟脚[52]過肥, 收頂太窄, 有似尖山, 又且或進或出, 不能如磚墙一截而齊, 此皆主人監督之不善也. 若以砌磚墙, 掛線之法, 先定高低出入之痕, 以他物建標于外, 然後以築板因之, 則有旆墙[53]粉堵[54]之風, 而無敗壁頹垣[55]之象矣.


○女墙

古今注云, 女墙者, 城上小墙. 一名睥睨, 言于城上窺人也. 予以私意釋之, 此名甚美, 似不必定指城垣, 凡戶以內之及肩小墙, 皆可以此名之. 蓋女者, 婦人未嫁之稱, 不過言其纖小. 若定指城上小墙, 則登城御敵, 豈婦人女子之事哉. 至于墙上嵌花或露孔, 使內外得以相視, 如近時園圃所築者, 益可名爲女墙, 蓋倣睥睨之制而成者也. 其法窮奇極巧, 如園冶所載諸式, 殆無遺義矣.

但須擇其至穩極固者爲之, 不則一磚偶動, 則全壁皆傾, 往來負荷者, 保無一時誤觸之患乎. 壞墙不足惜, 傷人實可慮也. 予謂自

---

51 置而弗道치이불도: 치지불론置之不論. 한편에 치워두고 말하지 않다. 출처는 『예기』「상복전喪服傳」.

52 跟脚근각: 아랫부분. 기초. 출처는 이지李贄의 산문 「관음문·답담연사觀音問·答澹然師」.

53 旆墙전장: 전장氈墙. 천막을 두른 담. 천막. 출처는 『수서隋書』「양제기상煬帝紀上」.

54 粉堵분도: 분장粉墙. 하얗게 석회를 칠한 담. 출처는 당나라 시인 두목杜牧(803~852)의 시 「선주 개원사에 써서題宣州開元寺」.

55 敗壁頹垣패벽퇴원: 부서진 벽과 퇴락한 담. 황량하고 몰락한 광경을 지칭. 출처는 명나라 극작가 탕현조의 희곡 『모란정牡丹亭』「경몽驚夢」의 단정퇴원斷井頹垣(끊어진 우물 난간과 부서진 담).

頂及脚皆砌花紋, 不惟極險, 亦且大費人工. 其所以洞徹內外者, 不過使代琉璃屏, 欲人窺見室家之好耳. 止于人眼所矚之處, 空二三尺, 使作奇巧花紋, 其高乎此及卑乎此者, 仍照常實砌, 則爲費不多, 而又永無誤觸致崩之患. 此豈儉得宜, 有利無害之法也.

○廳壁

廳壁不宜太素, 亦忌太華. 名人尺幅自不可少, 但須濃淡得宜, 錯綜有致. 予謂裱軸[56]不如實貼. 軸慮風起動搖, 損傷名迹, 實貼則無是患, 且覺大小咸宜也. 實貼又不如實畫, 何年顧虎頭, 滿壁畫滄州. 自是高人韻事. 予齋頭偶倣此制, 而又變幻其形, 良朋至止, 無不耳目一新, 低回留之不能去者. 因予性嗜禽鳥, 而又最惡樊籠, 二事難全, 終年搜索枯腸[57], 一悟遂成良法. 乃于廳旁四壁, 倩四名手, 盡寫着色花樹, 而繞以雲煙, 卽以所愛禽鳥, 蓄于虯枝老幹之上. 畫止空迹, 鳥有實形, 如何可蓄. 曰不難. 蓄之須自鸚鵡始. 從來蓄鸚鵡者必用銅架, 卽以銅架去其三面, 止存立脚之一條, 幷飮水啄粟之二管. 先于所畫松枝之上, 穴一小小壁孔, 後以架鸚鵡者插入其中, 務使極固, 庶往來跳躍, 不致動搖. 松爲着色之松, 鳥亦有色之鳥, 互相映發, 有如一筆寫成. 良朋至止, 仰觀壁畫, 忽見枝頭鳥動, 葉底翎張, 無不色

---

56 裱軸표축: 족자로 표구하다. 출처는 당나라 화가 장언원張彦遠(815~907)의 화론 『역대명화기歷代名畫記』 「논장배표축論裝背褾軸」.

57 搜索枯腸수색고장: 머리를 짜내다. 고민하다. 고장枯腸은 굶주린 창자나 고갈된 사고를 의미한다. 출처는 당나라 시인 노동盧仝(775?~835)의 시 「간의 맹간孟簡이 새로 차를 보내준 것에 감사하며 붓을 놀려走筆謝孟諫議寄新茶」.

變神飛, 詫爲仙筆. 乃驚疑未定, 又復載飛載鳴[58], 似欲翶翔而下矣. 諦觀[59]熟視, 方知個裏情形, 有不抵掌叫絕, 而稱巧奪天工[60]者乎.

若四壁盡蓄鸚鵡, 又忌雷同, 勢必間以他鳥. 鳥之善鳴者, 推畫眉第一. 然鸚鵡之籠可去, 畫眉之籠不可去也, 將奈之何. 予又有一法. 取樹枝之拳曲似龍者, 截取一段, 密者聽其自如, 疏者網以鐵線, 不使太疏, 亦不使太密, 總以不致飛脫爲主. 蓄畫眉于中, 插之亦如前法. 此聲方歇, 彼喙復開. 翠羽初收, 丹睛復轉. 因禽鳥之善鳴善啄, 覺花樹之亦動亦搖. 流水不鳴而似鳴, 高山是寂而非寂. 座客別去者, 皆作殷浩書空, 謂咄咄怪事, 無有過此者矣.

### ○書房壁

書房之壁, 最宜瀟灑. 欲其瀟灑, 切忌油漆. 油漆二物, 俗物也, 前人不得已而用之, 非好爲是沾沾者. 門戶窗櫺之必須油漆, 蔽風雨也. 廳柱榱楹之必須油漆, 防點汚也. 若夫書房之內, 人迹罕至, 陰雨弗浸, 無此二患而亦蹈此轍, 是無刻不在桐腥漆氣之中. 何不幷漆其身而爲勵[61]乎. 石灰堊壁, 磨使極光, 上着也. 其次則用紙糊.

---

58 載飛載鳴재비재명: 날고 또 울어대다. 재載는 칙則(곧)이나 차且(또)를 의미한다. 출처는 『시경』「소아·소완小雅·小宛」.

59 諦觀체관: 자세히 살펴보다. 출처는 송나라 학자 장세남張世南의 필기 『유환기문遊宦紀聞』.

60 巧奪天工교탈천공: 교탈조화巧奪造化. 인공적으로 정교한 것이 자연의 솜씨보다 뛰어나다. 기술이 매우 뛰어나다. 출처는 진晉나라 학자 곽박郭璞(276~324)의 풍수지리에 관한 글인 『장서葬書』.

紙糊可使屋柱窓櫺共爲一色. 卽壁用灰堊62, 柱上亦須紙糊,
紙色與灰, 相去不遠耳. 壁間書畫自不可少, 然粘貼太繁, 不留餘
地, 亦是文人俗志. 天下萬物, 以少爲貴. 步幛非不佳, 所貴在偶爾
一見, 若王愷之四十里, 石崇之五十里, 則是一日中哄市63, 錦繡羅
列之肆廛而已矣. 看到繁縟處, 有不生厭倦者哉.

昔僧玄覽往荊州陟屺寺, 張璪畫古松于齋壁64, 符載贊之, 衛
象詩之, 亦一時三絶, 覽悉加堊焉. 人問其故, 覽曰無事疥吾壁也.
誠高僧之言, 然未免太甚. 若近時齋壁, 長箋短幅盡貼無遺, 似衝
繁65道上之旅肆66, 往來過客無不留題, 所少者只有一筆. 一筆維
何. 某年月日某人同某在此一樂是也. 此眞疥壁67, 吾請以玄覽之
藥藥之.

糊壁用紙, 到處皆然, 不過滿房一色白而已矣. 予怪其物而不
化, 竊欲新之. 新之不已, 又以薄蹄68變爲陶冶69, 幽齋化爲窯

---

61 漆其身而爲勵칠기신이위려: 칠신위려漆身爲勵. 몸에 옻칠을 하여 문둥병에 걸린 것
   처럼 종기가 나다. 원래는 춘추시대 진晉나라의 자객 예양豫讓(?~기원전 453?)이 원수를
   갚으려고 자신의 모습을 바꾸기 위해 한 행동이다. 출처는 『전국책』「조책趙策」.
62 灰堊회악: 악회堊灰, 즉 석회.
63 日中哄市일중홍시: 일중日中은 정오. 홍시哄市는 시끌벅적한 시장. 『역경』「계사하繫
   辭下」에 따르면 고대에는 정오에 모여 물물교환을 하는 시장이 존재했다.
64 齋壁재벽: 재齋는 서재나 방을 의미. 재벽은 서재의 벽이나 건물의 벽.
65 衝繁충번: 요충지에 있어 사무가 번잡하다.
66 旅肆여사: 여관. 여관과 상점. 출처는 명나라 지리학자 서하객徐霞客(1587~1641)의
   지리서 『서하객유기徐霞客遊記』「유안탕산일기후遊雁宕山日記後」.
67 疥壁개벽: 벽에 남긴 서화는 옴과 비슷하여 혐오스럽다는 의미. 출처는 단성식의 「유
   양잡조」「어자」에 실려 있는 현람의 고사.
68 薄蹄박제: 『역경』설괘說卦에 나오는 용어로 말의 얇은 발굽을 말한다. 미천한 재주
   라는 의미다.
69 陶冶도야: 도공陶工과 주물공鑄物工. 여기서는 창조한 사람의 의미로 사용했다. 출
   처는 『맹자』「등문공상滕文公上」.

器70, 雖居室內, 如在壺中71, 又一新人觀聽之事也. 先以醬色72紙一層, 糊壁作底, 後用豆綠雲母箋, 隨手裂作零星小塊, 或方或扁, 或短或長, 或三角或四五角, 但勿使圓, 隨手貼于醬色紙上, 每縫一條, 必露出醬色紙一線, 務令大小錯雜, 斜正參差, 則貼成之後, 滿房皆冰裂碎紋, 有如哥窯美器. 其塊之大者, 亦可題詩作畵, 置于零星小塊之間, 有如銘鍾勒卣, 盤上作銘, 無一不成韻事. 問予所費幾何, 不過于尋常紙價之外, 多一二剪合之工而已. 同一費錢, 而有庸腐73新奇之別, 止在稍用其心. 心之官則思. 如其不思, 則焉用此心爲哉.

糊紙之壁, 切忌用板. 板乾則裂, 板裂而紙碎矣. 用木條縱橫作槅, 如圍屛之骨子然. 前人制物備用, 皆經屢試而後得之, 屛不用板而用木槅, 卽是故也. 卽如糊刷用棕, 不用他物, 其法亦經屢試, 舍此而另換一物, 則紙與糊兩不相能, 非厚薄之不均, 卽剛柔之太過, 是天生此物以備此用, 非人不能取而予之. 人知巧莫巧于古人, 孰知古人于此亦大費辛勤, 皆學而知之, 非生而知之者也.

壁間留隙地, 可以代櫥. 此倣伏生藏書于壁之義, 大有古風, 但所用有不合于古者. 此地可置他物, 獨不可藏書, 以磚土性濕, 容

――――
70 窯器요기: 도자기. 출처는 명나라 학자 도종의陶宗儀(1321~1412)의 차기箚記 『철경록輟耕錄』「요기窯器」.
71 壺中호중: 신선세계. 별천지. 『후한서』「방술열전·비장방方術列傳·費長房」에 따르면, 시장에서 약을 파는 노인이 가게에 항아리를 걸어두었다가 일이 끝나면 항아리 속으로 사라져서 비장방(후한시기의 술사)이 함께 들어가보니 화려한 건물에 산해진미가 차려져 있어 함께 먹고 나왔다고 한다.
72 醬色장색: 진한 홍갈색. 간장과 비슷한 색.
73 庸腐용부: 평범하고 진부하다. 출처는 원나라 시인 양재楊載(1271~1323)의 시론 『시법가수詩法家數』「작시준승作詩準繩」.

易發潮, 潮則生蠹, 且防朽爛故也. 然則古人藏書于壁, 殆虛語乎. 曰不然. 東南西北, 地氣[74]不同, 此法止宜于西北, 不宜于東南. 西北地高而風烈, 有穴地數丈而始得泉者. 濕從水出, 水旣不得, 濕從何來. 卽使有極潮之地, 而加以極烈之風, 未有不返濕爲燥者. 故壁間藏書, 惟燕趙秦晉則可, 此外皆應避之. 卽藏他物, 亦宜時開時闔, 使受風吹. 久閉不開, 亦有霾濕生蟲之患. 莫妙于空洞其中, 止設托板, 不立門扇, 彷彿書架之形, 有其用而不侵吾地, 且有磐石之固, 莫能搖動. 此妙制善算, 居家必不可無者.

予又有壁內藏燈之法, 可以養目, 可以省膏, 可以一物而備兩室之用, 取以公世, 亦貧士利人之一端也. 我輩長夜讀書, 燈光射目, 最耗元神. 有用瓦燈貯火, 留一隙之光, 僅照書本, 餘皆閉藏于內而不用者. 予怪以有用之光置無用之地, 猶之暴殄天物. 因效匡衡鑿壁之義, 于墻上穴一小孔, 置燈彼屋而光射此房, 彼行彼事, 我讀我書. 是一燈也, 而備全家之用, 又使目力不竭于焚膏[75], 較之瓦燈, 其利奚止十倍. 以贈貧士, 可當分財. 使予得擁厚貲, 其不吝亦如是也.

74 地氣지기: 기후. 출처는 『주례』 「고공기서考工記序」.
75 焚膏분고: 기름을 태우다. 등불을 켜다. 출처는 한유의 산문 「진학해進學解」.

## 4. 聯匾

堂聯齋匾, 非有成規. 不過前人贈人以言, 多則書于卷軸, 少則揮諸扇頭. 若止一二字三四字, 以及偶語[76]一聯, 因其太少也, 便面難書, 方策[77]不滿, 不得已而大書于木. 彼受之者, 因其堅巨難藏, 不便納之笥中, 欲擧以示人, 又不便出諸懷袖, 亦不得已而懸之中堂[78], 使人共見. 此當日作始者偶然爲之, 非有成格定制, 劃一而不可移也. 詎料一人爲之, 千人萬人效之, 自昔徂今, 莫知稍變.

夫禮樂制自聖人, 後世莫敢竄易, 而殷因夏禮, 周因殷禮, 尚有損益于其間, 矧器玩竹木之微乎. 予亦不必大肆張揚, 但效前人之損益可耳. 錮習[79]繁多, 不能盡革, 姑取齋頭已設者, 略陳數則, 以例其餘. 非欲擧世則而效之, 但望同調者各出新裁, 其聰明什佰于我. 投磚引玉[80], 正不知導出幾許神奇耳.

有詰予者曰, 觀子聯匾之制, 佳則佳矣, 其如挂一漏萬[81]何. 由子所爲者而類推之, 則博古圖中, 如樽罍琴瑟几杖盤盂之屬, 無一不可肖像而爲之, 胡僅以寥寥數則爲也. 予曰不然. 凡予所爲

---

76 偶語우어: 서로 모여 의논하다. 은밀하게 이야기하다. 출처는 『사기』 「고조본기高祖本紀」.

77 方策방책: 목판과 죽간. 서적. 간책簡冊(목간이나 죽간을 엮은 책). 출처는 『예기』 「중용中庸」.

78 中堂중당: 정중앙의 대청.

79 錮習고습: 고습痼習. 장기간 누적되어 고치기 어려운 비루한 습속.

80 投磚引玉투전인옥: 포전인옥抛磚引玉. 벽돌을 던져 옥을 끌어오다. 가치가 없는 사물로 가치가 있는 사물을 끌어내다. 미숙한 의견을 이용하여 고명한 의견을 끌어내다. 출처는 북송의 승려 석도원釋道原의 『경덕전등록景德傳燈錄』.

81 挂一漏萬괘일루만: 예로 든 것이 주도면밀하지 못하여 하나를 거론하고 많은 것을 빠트리다. 출처는 한유의 시 「남산南山」.

者, 不徒取異標新, 要皆有所取義. 凡人操觚握管[82], 必先擇地而後書之, 如古人種蕉代紙, 刻竹留題, 冊上揮毫, 卷頭染翰[83], 剪桐作詔[84], 選石題詩. 是之數者, 皆書家固有之物, 不過取而予之, 非有蛇足于其間也. 若不計可否而混用之, 則將來牛鬼蛇神[85]無一不備, 予其作俑[86]之人乎. 圖中所載諸名筆, 系繪圖者勉強肖之, 非出其人之手. 縮巨爲細, 自失原神, 觀者但會其意可也.

○蕉葉聯

蕉葉題詩, 韻事也. 狀蕉葉爲聯, 其事更韻. 但可置于平坦貼服之處, 壁間門上皆可用之, 以之懸柱則不宜, 闊大難掩故也. 其法先畫蕉葉一張于紙上, 授木工以板爲之, 一樣二扇, 一正一反, 卽不雷同. 後付漆工, 令其滿灰密布, 以防碎裂. 漆成後, 始書聯句, 幷畫筋紋. 蕉色宜綠, 筋色宜黑, 字則宜塡石黃, 始覺陸離可愛, 他色皆不稱也. 用石黃乳金更妙, 全用金字則太俗矣. 此匾懸之粉壁, 其色更顯, 可稱雪裏芭蕉.

---

82 操觚握管조고악관: 익관조고搦管操觚. 간책을 들고 붓을 잡다. 붓을 들어 글을 쓰다. 출처는 남조 진陳나라 문학가 주홍양周弘讓(498?~577?)의 「왕포에게 대답하는 글答王褒書」.
83 染翰염한: 글을 쓰거나 그림을 그리다. 출처는 『위서』 「최현백전崔玄伯傳」.
84 剪桐作詔전동작조: 오동잎을 잘라 조서를 만들다. 전동봉제剪桐封弟(오동잎을 잘라 아우를 봉하다). 주나라 성왕成王이 당숙우唐叔虞와 노닐다가 오동잎을 주워 홀의 모양으로 만들어 주며 제후로 봉하겠다고 했으며, 실제로 진晉나라에 봉했다고 한다. 출처는 『여씨춘추』 「심응람·중언審應覽·重言」.
85 牛鬼蛇神우귀사신: 소머리의 귀신과 뱀 몸뚱이의 신령. 허황되다. 각종 악인. 출처는 당 이하李賀의 「이하집서李賀集序」.
86 作俑작용: 부장용의 인형을 제작하다. 창조하다. 최초로 나쁜 선례를 만든 사람을 비유한다. 출처는 『맹자』 「양혜왕상梁惠王上」.

○此君聯

寧可食無肉, 不可居無竹. 竹可須臾離乎. 竹之可爲器也, 自樓閣几榻之大, 以至笥盒杯箸之微, 無一不經采取, 獨至爲聯爲匾諸韻事, 棄而弗錄, 豈此君之幸乎. 用之請自予始. 截竹一筒, 剖而爲二, 外去其靑, 內鏟其節, 磨之極光, 務使如鏡, 然後書以聯句, 令名手鐫之, 摻以石靑或石綠, 卽墨字亦可. 以云乎雅, 則未有雅于此者. 以云乎儉, 亦未有儉于此者. 不寧惟是, 從來柱上加聯, 非板不可. 柱圓板方, 柱窄板闊, 彼此抵牾, 勢難貼服. 何如以圓合圓, 纖毫不謬, 有天機湊泊之妙乎. 此聯不用銅鉤挂柱, 用則多此一物, 是爲贅瘤. 止用銅釘上下二枚, 穿眼實釘, 勿使動移. 其穿眼處, 反擇有字處穿之, 釘釘後, 仍用摻字之色補于釘上, 混然一色, 不見釘形尤妙. 釘蕉葉聯亦然.


○碑文額

三字額, 平書者多, 間有直書者, 勻作兩行. 匾用方式, 亦偶見之. 然皆白地黑字, 或靑綠字. 玆效石刻爲之, 嵌于粉壁之上, 謂之匾額可, 謂之碑文亦可. 名雖石, 不果用石, 用石費多而色不顯, 不若以木爲之. 其色亦不倣墨刻[87]之色, 墨刻色暗, 而遠視不甚分明. 地用墨漆, 字塡白粉. 若是則値旣廉, 又使觀者耀目. 此額惟墻上開門者宜用之, 又須風雨不到之處. 客之至者, 未啓雙扉, 先立

---

87 墨刻묵각: 모각하여 먹으로 탁본을 뜨다. 출처는 사조제謝肇淛의 『오잡조』「인부3人部三」.

漆書壁經[88]之下, 不待搴帷入室, 已知爲文士之廬矣.

○手卷額

額身用板, 地用白粉, 字用石靑石綠, 或用炭灰代墨, 無一不可. 與尋常匾式無異, 止增圓木二條, 綴于額之兩旁, 若軸心然. 左畫錦紋, 以像裝潢之色. 右則不宜太工, 但像托畫之紙色而已. 天然圖卷, 絶無穿鑿之痕, 制度之善, 庸有過于此者乎. 眼前景, 手頭物[89], 千古無人計及, 殊可怪也.

○冊頁匾

用方板四塊, 尺寸相同, 其後以木縮之. 斷而使續, 勢取乎曲, 然勿太曲. 邊畫錦紋, 亦像裝潢之色. 止用筆畫, 勿用刀鐫. 鐫者粗略, 反不似筆墨精工. 且和油入漆, 着色爲難, 不若畫色之可深可淺, 隨取隨得也. 字則必用剞劂[90]. 各有所宜, 混施不可.

○虛白匾

虛室生白, 古語也. 且無事不妙于虛, 實則板矣. 用薄板之堅者, 貼字于上, 鏤而空之, 若製糖食果餡之木印, 務使二面相通, 纖

---

**88** 漆書壁經칠서벽경: 칠서漆書는 먹이 유행하기 전 옻칠을 이용하여 쓴 글자 또는 청대 화가 금농金農이 창조했다는 칠하는 붓으로 쓴 듯이 독특한 서체이며, 벽경壁經은 공자의 집 벽 속에서 발견되었다는 경전이다. 여기서는 칠서나 벽경의 서체를 모방하여 쓴 편액을 말한다.

**89** 手頭物수두물: 손을 뻗으면 닿을 수 있을 정도로 가까이 있는 사물.

**90** 剞劂기궐: 조각하다. 출처는 『위서』 「예술전론藝術傳論」.

毫無障. 其無字處, 堅以灰布, 漆以退光. 俟旣成後, 貼潔白綿紙
一層于字後. 木則黑而無澤, 字則白而有光, 旣取玲瓏, 又類墨刻,
有區之名, 去其迹矣. 但此區不宜混用, 擇房舍之內暗外明者置
之. 若屋後有光, 則先穴通其屋, 以之向外, 不則置于入門之處, 使
正面向內. 從來屋高門矮, 必增橫板一塊于門之上. 以此代板, 誰
曰不佳.


○石光區

卽虛白一種, 同實而異名. 用于磊石成山之地, 擇山石偶斷外,
以此續之. 亦用薄板一塊, 鏤字旣成, 用漆塗染, 與山同色, 勿使
稍異. 其字旁凡有隙地, 卽以小石補之, 粘以生漆, 勿使見板. 至板
之四圍, 亦用石補, 與山石合成一片, 無使有襞襀[91]之痕. 竟似石上
留題, 爲後人鑿穿以存其迹者. 字後若無障礙, 則使通天, 不則亦
貼綿紙, 取光明而塞障礙.


○秋葉區

御溝題紅, 千古佳事. 取以製區, 亦覺有情. 但製紅葉與製綠蕉
有異. 蕉葉可大, 紅葉宜小. 區取其橫, 聯妙在直. 是亦不可不知
也.

---

91 襞襀벽적: 겹치다. 중복되다. 출처는 『양서梁書』 「장면전張緬傳」.

## 5. 山石 第五


幽齋磊石, 原非得已. 不能致身巖下, 與木石居, 故以一卷代山, 一勺代水, 所謂無聊之極思[92]也. 然能變城市爲山林, 招飛來峯使居平地, 自是神仙妙術, 假手于人以示奇者也, 不得以小技目之. 且磊石成山, 另是一種學問, 別是一番智巧. 盡有丘壑塡胸煙雲繞筆之韻士, 命之畫水題山, 頃刻千巖萬壑, 及倩磊齋頭片石, 其技立窮, 似向盲人問道者. 故從來疊山名手, 俱非能詩善繪之人. 見其隨擧一石, 顚倒置之, 無不蒼古成文, 紆回入畫, 此正造物之巧于示奇也. 譬之扶乩[93]召仙, 所題之詩與所判之字, 隨手便成法帖, 落筆盡是佳詞, 詢之召仙術士, 尙有不明其義者. 若出自工書善咏之手, 焉知不自人心捏造.

妙在不善咏者使咏, 不工書者命書, 然後知運動機關, 全由神力. 其疊山磊石, 不用文人韻士, 而偏令此輩擅長者, 其理亦若是也. 然造物鬼神之技, 亦有工拙雅俗之分, 以主人之去取爲去取. 主人雅而喜工, 則工且雅者至矣. 主人俗而容拙, 則拙而俗者來矣. 有費累萬金錢, 而使山不成山石不成石者, 亦是造物鬼神作

---

92 極思극사: 온갖 궁리를 다하다. 출처는 전한 문학가 양웅揚雄(기원전 53~기원후 18)의 산문 「극주미신劇秦美新」.
93 扶乩부계: 부기扶箕·부란扶鸞·휘란揮鸞·강필降筆·청선請仙·복자고卜紫姑·가계架乩라고도 한다. 도교에서 점치는 방법의 하나로, 신들린 사람이 종이나 모래 등의 위에 신령에게서 받은 계시를 글이나 그림으로 표시해서 보여준다. 송대에 이르러서는 민간에서 널리 유행했다. 최초로 남송 관리 유경숙劉敬叔의 소설 「이원異苑」에 화장실이나 돼지우리에서 자고신紫姑神을 영접하여 양잠을 점치는 내용이 나타난다.

崇94, 爲之摹神寫像, 以肖其爲人也. 一花一石, 位置得宜, 主人神情已見乎此矣, 奚俟察言觀貌, 而後識別其人哉.


○大山

山之小者易工, 大者難好. 予遨遊一生, 遍覽名園, 從未見有盈畝累丈95之山, 能無補綴穿鑿之痕, 遙望與眞山無異者. 猶之文章一道, 結構全體難, 敷陳零段易. 唐宋八大家之文, 全以氣魄勝人, 不必句櫛字篦96, 一望而知爲名作. 以其先有成局, 而後修飾詞華, 故粗覽細觀同一致也.

若夫間架97未立, 才自筆生, 由前幅而生中幅, 由中幅而生後幅, 是謂以文作文, 亦是水到渠成98之妙境. 然但可近視, 不耐遠觀, 遠觀則斁襀縫紉之痕出矣. 書畫之理亦然. 名流墨迹, 懸在中堂, 隔尋丈而觀之, 不知何者爲山, 何者爲水, 何處是亭臺樹木. 卽字之筆畫杳不能辨, 而只覽全幅規模, 便足令人稱許. 何也. 氣魄勝人, 而全體章法99之不謬也.

至于累石成山之法, 大半皆無成局, 猶之以文作文, 逐段滋生者耳. 名手亦然, 矧庸匠乎. 然則欲累巨石者, 將如何而可. 必俟唐宋

94 作祟작수: 귀신이나 괴물이 사람을 해치다. 방해하다. 출처는 양웅의 「소부잠少府箴」.
95 盈畝累丈영무루장: 1무가 되고 여러 길이 되다. 넓고 크다.
96 句櫛字篦구즐자비: 구비자즐句比字櫛. 글자와 구절을 따라 자세히 퇴고하다. 출처는 청나라 문학가 전겸익錢謙益(1582~1664)의 「송자건의 요화집 서문宋子建遙和集序」.
97 間架간가: 가옥의 구조. 한자 필획의 구조. 여기서는 문장의 구성 체제라는 의미다.
98 水到渠成수도거성: 물이 흐르는 곳에 도랑이 생긴다. 조건이 되면 일은 저절로 성공한다는 것을 비유한다. 출처는 소동파의 「장자후에게 주는 글與章子厚書」.
99 章法장법: 문장의 장절을 배치하는 법칙. 출처는 명나라 문학가 송렴宋濂(1310~1381)의 필기 「포양인물기浦陽人物記」「오래전吳萊傳」.

諸大家復出, 以八斗才人[100], 變爲五丁力士[101], 而後可使運斤[102]乎. 抑分一座大山爲數十座小山, 窮年俯視, 以藏其拙乎. 曰不難. 用以土代石之法, 旣減人工, 又省物力, 且有天然委曲之妙. 混假山于眞山之中, 使人不能辨者, 其法莫妙于此.

累高廣之山, 全用碎石, 則如百衲僧衣, 求一無縫處而不得, 此其所以不耐觀也. 以土間之, 則可泯然無迹, 且便于種樹. 樹根盤固, 與石比堅, 且樹大葉繁, 混然一色, 不辨其爲誰石誰土. 立于眞山左右, 有能辨爲積累而成者乎. 此法不論石多石少, 亦不必定求土石相半. 土多則是土山帶石, 石多則是石山帶土. 土石二物原不相離, 石山離土, 則草木不生, 是童山矣.


○小山

小山亦不可無土, 但以石作主, 而土附之. 土之不可勝石者, 以石可壁立, 而土則易崩, 必仗石爲藩籬故也. 外石內土, 此從來不易之法.

言山石之美者, 俱在透漏瘦三字. 此通于彼, 彼通于此, 若有道路可行, 所謂透也. 石上有眼, 四面玲瓏, 所謂漏也. 壁立當空, 孤

---

**100** 八斗才人팔두재인: 모두 한 말의 재능 가운데 여덟 되의 재능을 혼자 차지한 사람. 매우 뛰어난 사람. 조조의 둘째 아들인 조식曹植(192~232)의 재능을 칭찬하여 남조 송나라 문학가 사영운謝靈運(385~433)이 한 말이다. 출처는 『남사南史』 「사영운전謝靈雲傳」.
**101** 五丁力士오정역사: 신화와 전설에 나오는 다섯 명의 역사. 출처는 양웅揚雄의 저작이라는 촉나라 왕의 전기인 『촉왕본기蜀王本紀』.
**102** 運斤운근: 도끼를 휘둘러 베고 깎다. 만들다. 기술이 뛰어나다. 출처는 『장자』 「잡편·서무귀雜篇·徐無鬼」.

峙無倚, 所謂瘦也. 然透瘦二字在在[103]宜然, 漏則不應太甚. 若處
處有眼, 則似窯內燒成之瓦器, 有尺寸限在其中, 一隙不容偶閉者
矣. 塞極而通, 偶然一見, 始與石性相符.

瘦小之山, 全要頂寬麓窄, 根脚一大, 雖有美狀, 不足觀矣.

石眼忌圓, 卽有生成之圓者, 亦粘碎石于旁, 使有棱角, 以避混
全之體.

石紋石色取其相同, 如粗紋與粗紋當幷一處, 細紋與細紋宜在
一方, 紫碧青紅, 各以類聚是也. 然分別太甚, 至其相懸接壤處, 反
覺異同, 不若隨取隨得, 變化從心之爲便. 至于石性, 則不可不依.
拂其性而用之, 非止不耐觀, 且難持久. 石性維何. 斜正縱橫之理
路是也.


○石壁

假山之好, 人有同心. 獨不知爲峭壁, 是可謂葉公之好龍矣. 山
之爲地, 非寬不可. 壁則挺然直上, 有如勁竹孤桐, 齋頭但有隙地,
皆可爲之. 且山形曲折, 取勢爲難, 手筆稍庸, 便貽大方之誚. 壁則
無他奇巧, 其勢有若累墻, 但稍稍紆回出入之, 其體嶙峋[104], 仰觀
如削, 便與窮崖絶壑無異. 且山之與壁, 其勢相因, 又可幷行而不
悖者.


**103** 在在재재: 도처. 각 방면. 출처는 당나라 시인 무원형武元衡(758~815)의 시 「봄날 서
재에서 밤비가 올 때에 곽통미를 추억하며春齋夜雨憶郭通微」.
**104** 嶙峋인순: 산봉우리·바위·건축물 등이 높이 솟아 있다. 출처는 송나라 정치가 이강
李綱(1083~1140)의 시 「종산에 올라 보공탑을 방문하여登鍾山謁寶公塔」.

凡累石之家, 正面爲山, 背面皆可作壁. 匪特前斜後直, 物理皆然. 如椅榻舟車之類, 卽山之本性亦復如是, 逶迤[105]其前者, 未有不嶄絶[106]其後, 故峭壁之設, 誠不可已. 但壁後忌作平原, 令人一覽而盡. 須有一物焉蔽之, 使座客仰觀不能窮其顚末, 斯有萬丈[107]懸巖之勢, 而絶壁之名爲不虛矣. 蔽之者維何. 曰非亭卽屋. 或面壁而居, 或負墻而立, 但使目與檐齊, 不見石丈人[108]之脱巾露頂[109], 則盡致矣.

石壁不定在山後, 或左或右, 無一不可, 但取其他勢相宜. 或原有亭屋, 而以此壁代照墻, 亦甚便也.


○石洞

假山無論大小, 其中皆可作洞. 洞亦不必求寬, 寬則藉以坐人. 如其太小, 不能容膝, 則以他屋聯之, 屋中亦置小石數塊, 與此洞若斷若連, 是使屋與洞混而爲一, 雖居屋中, 與坐洞中無異矣. 洞中宜空少許, 貯水其中而故作漏隙, 使涓滴之聲從上而下, 旦夕皆然. 置身其中者, 有不六月寒生, 而謂眞居幽谷者, 吾不信也.


---

105 逶迤위이: 구불구불하게 이어지다. 출처는 『회남자』 「태족훈泰族訓」.
106 嶄絶참절: 험준하고 가파르다. 출처는 남조 송나라 시인 포조의 시 「여산에 올라登廬山」.
107 萬丈만장: 만 길. 명대에는 약 3100미터. 매우 높다는 의미다.
108 石丈人석장인: 정원에 설치한 깎아지른 벽. 송나라 문학가 섭몽득葉夢得(1077~1148)의 필기 『석림연어石林燕語』에 따르면, 미불이 관청에 서 있는 돌을 보고 절을 하며 '석장石丈'이라 불렀다는 고사에서 유래하여 석장石丈은 '기이한 돌'을 의미한다.
109 脱巾露頂탈건로정: 두건을 벗어 정수리가 드러나다. 꼭대기를 지칭한다. 출처는 원나라 희극 작가 마치원馬致遠(1250?~1321?)의 희곡 『초편哨遍』 「장옥암초서張玉巖草書」.

○零星小石

貧士之家, 有好石之心而無其力者, 不必定作假山. 一卷特立, 安置有情, 時時坐臥其旁, 卽可慰泉石膏肓之癖. 若謂如拳之石亦須錢買, 則此物亦能效用于人, 豈徒爲觀瞻而設. 使其平而可坐, 則與椅榻同功. 使其斜而可倚, 則與欄杆幷力. 使其肩背稍平, 可置香爐茗具, 則又可代几案.

花前月下, 有此待人, 又不妨于露處, 則省他物運動之勞. 使得久而不壞, 名雖石也, 而實則器矣. 且搗衣之砧, 同一石也, 需之不惜其費. 石雖無用, 獨不可作搗衣之砧乎. 王子猷勸人種竹, 予復勸人立石. 有此君不可無此丈. 同一不急之務, 而好爲是諄諄者, 以人之一生, 他病可有, 俗不可有. 得此二物, 便可當醫, 與施藥餌濟人, 同一婆心之自發也.

# 제3부 器玩¹部


## 1. 制度

人無貴賤, 家無貧富, 飮食器皿, 皆所必需. 一人之身, 工之所爲
備. 子輿氏嘗言之矣. 至于玩好²之物, 惟富貴者需之, 貧賤之家,
其制可以不問. 然而粗用之物, 制度果精, 入于王侯之家, 亦可同
乎玩好. 寶玉之器, 磨礱³不善, 傳于子孫之手, 貨之不値一錢. 如
精粗一理, 卽知富貴貧賤同一致也. 予生也賤, 又罹奇窮, 珍物寶
玩, 雖云未嘗入手, 然經寓目者頗多.

每登榮膴⁴之堂, 見其輝煌錯落者星布棋列, 此心未嘗不動, 亦
未嘗隨見隨動, 因其材美, 而取材以制用者未盡善也. 至入寒儉之
家, 睹彼以柴爲扉, 以瓮作牖⁵, 大有黃虞三代⁶之風, 而又怪其純

---

1 器玩기완: 완상할 수 있는 기물. 출처는 『신당서』「현종기玄宗紀」.
2 玩好완호: 감상하며 애호하다. 출처는 『주례』「천관·대부天官·大府」.
3 磨礱마롱: 연마하다. 다듬다. 출처는 후한의 학자 조엽趙曄의 역사서 『오월춘추吳越春
秋』「구천음모외전勾踐陰謀外傳」.
4 榮膴영무: 화려하고 아름답다.
5 以瓮作牖이옹작유: 깨진 항아리로 창을 만들다. 출처는 『예기』「유행儒行」의 정현주鄭
玄注.
6 黃虞三代황우삼대: 황우黃虞는 황제·우임금·순임금. 삼대三代는 하·은·주夏殷周의
세 시대.

用自然, 不加區畫. 如瓮可爲隔也, 取瓮之碎裂者聯之, 使大小相錯, 則同一瓮也, 而有歌窰冰裂之紋矣.

柴可爲扉也. 取柴之入畫者7爲之, 使疏密中窾8, 則同一扉也, 而有農戶儒門之別矣. 人謂變俗爲雅, 猶之點鐵成金9, 惟具山林10經濟11者能此, 烏可責之一切. 予曰, 疊雪成獅, 伐竹爲馬, 三尺童子皆優爲之, 豈童子亦抱經濟乎. 有耳目卽有聰明, 有心思卽有智巧, 但苦自畫爲愚, 未嘗竭思窮慮以試之耳.


○几案12

予初觀燕几圖, 服其人之聰明什佰于我, 因自置無力, 遍求置此者, 訊其果能適用與否, 卒之未得其人. 夫我竭此大段心思, 不可不謂經營慘淡, 而人莫之則效者, 其故何居. 以其太涉繁瑣, 而且無此極大之屋, 盡列其間, 以觀全勢故也. 凡人制物, 務使人人可備, 家家可用, 始爲布帛菽粟13之才, 不則售冕旒而沽玉食, 難乎

7 柴之入畫者시지입화자: 그림에 그려 넣을 만한 땔나무, 즉 보기 좋은 땔나무.
8 中窾중관: 적합하다. 합당하다. 출처는 청나라 철학자 이옹李顒(1627~1705)의 강의록 『석산어요錫山語要』.
9 點鐵成金점철성금: 철을 손으로 만져 황금으로 만들다. 원래의 것을 고쳐 더욱 뛰어나게 만든다는 의미다. 출처는 송나라 문학가 황정견黃庭堅(1045~1105)의 「홍구부에게 답하는 글答洪駒父書」.
10 山林산림: 산과 숲. 원림園林. 여기서는 산과 숲의 의미를 가지고 천하로 풀이했다.
11 經濟경제: 경세제민經世濟民(세상을 다스리고 백성을 구제하다). 출처는 『진서』「은호전殷浩傳」.
12 几案궤안: 궤几와 안案은 형태와 용도가 비슷하여 명확하게 구분하기 곤란하지만, 일반적으로 궤는 주로 앉아 있을 때 기대는 가구이며, 안은 식사·독서·필기할 때 주로 사용하는 가구다. 여기서는 합쳐서 탁자로 풀이했다.
13 布帛菽粟포백숙속: 베·비단·콩·좁쌀. 입을 것과 먹을 것. 일용 필수품. 출처는 후한의 문학가 조착晁錯(기원전 200~기원전 154)의 「논귀속소論貴粟疏」.

其爲購者矣. 故予所言, 務舍高遠而求卑近.

几案之設, 予以庀材無資, 尚未經營及此. 但思欲置几案, 其中有三小物必不可少. 一曰抽替[14]. 此世所原有者也, 然多忽略其事, 而有設有不設. 不知此一物也, 有之斯逸, 無此則勞, 且可藉爲容懶藏拙之地. 文人所需, 如簡牘刀錐丹鉛膠糊之屬, 無一可少, 雖曰司之有人, 藏之別有其處, 究竟不能隨取隨得, 役之如左右手也. 予性卞急[15], 往往呼童不至, 即自任其勞. 書室之地, 無論遠迂捷, 總以舉足爲煩, 若抽替一設, 則凡卒急所需之物盡納其中, 非特取之如寄, 且若有神物俟乎其中, 以聽主人之命者.

至于廢稿殘牘, 有如落葉飛塵, 隨掃隨有, 除之不盡, 頗爲明窗淨几之累. 亦可暫時藏納, 以俟祝融[16], 所謂容懶藏拙之地是也. 知此則不獨書案爲然, 即撫琴觀畫供佛延賓之座, 俱應有此. 一事有一事之需, 一物備一物之用.

詩云, 童子佩觿, 魯論[17]云, 去喪無所不佩. 人身且然, 況爲器乎. 一曰隔板, 此予所獨置也. 冬月圍爐, 不能不設几席. 火氣上炎, 每致桌面臺心爲之碎裂, 不可不預爲計也. 當于未寒之先, 另設活板一塊, 可用可去, 衬于桌面之下. 或以繩懸, 或以鉤挂, 或于造桌

---

14 抽替추체: 추체抽屜. 서랍. 출처는 명말 청초의 학자 주양공周亮工(1612~1672)의 필기 『인수옥서영因樹屋書影』.

15 卞急변급: 조급하다. 출처는 『좌전』 정공定公 3년.

16 祝融축융: 신화에 나오는 불의 신. 여기서는 불을 의미한다. 출처는 『국어國語』 「정어鄭語」.

17 魯論노론: 『논어』의 한나라 판본 가운데 하나로, 노나라 사람이 전했다고 하는 현대 『논어』의 원류 가운데 하나다. 이 책에서는 일반 『논어』로 풀이했다. 출처는 『한서』 「예문지藝文志」.

之時, 先作機轂[18]以待之, 使之待受火氣, 焦則另換, 爲費不多. 此珍惜器具之婆心, 慮其暴殄天物, 以惜福[19]也.

一曰桌撒. 此物不用錢買, 但于匠作揮斤之際, 主人費啓口之勞, 僮僕用擧手之力, 卽可取之無窮, 用之不竭. 從來几案與地不能兩平, 挪移之時, 必相高低長短, 而爲桌撒, 非特尋磚覓瓦時費辛勤, 而且相稱爲難, 非損高以就低, 卽截長而補短. 此雖極微極瑣之事, 然亦同于臨渴鑿井, 天下古今之通病也, 請爲世人藥之.

凡人興造之際, 竹頭木屑, 何地無之. 但取其長不逾寸, 寬不過指, 而 一頭極薄, 一頭稍厚者, 拾而存之, 多多益善, 以備挪臺撒脚之用. 如臺脚所虛者少, 則止入薄者, 而留其有余者于脚處, 不則盡數入之. 是止一寸之木, 而備高低長短數則之用, 又未嘗費我一錢, 豈非極便于人之事乎. 但須加以油漆, 勿露竹頭木屑之本形. 何也. 一則使之與桌同色, 雖有若無. 一則恐童子掃地之時, 不能記憶, 仍謬認爲竹頭木屑而去之, 勢必朝朝更換, 將亦不勝其煩. 加以油漆, 則知爲有用之器而存之矣. 只此極細一着, 而有兩意存焉, 況大者乎. 勞一人以逸天下, 予非無功于世者也.


○椅杌

器之坐者有三, 曰椅, 曰杌, 曰凳. 三者之制, 以時論之, 今勝于古, 以地 論之, 北不如南. 維揚之木器, 姑蘇之竹器, 可謂甲于古今, 冠乎天下矣, 予何能贅一詞哉. 但有二法未備, 予特創

---

18 機轂기구: 기계장치, 원리. 출처는 원나라 극작가 관한경의 희곡 『구풍진救風塵』.
19 惜福석복: 눈앞의 행복을 소중히 아끼다. 출처는 『송사』「태조기3太祖紀三」.

而補之, 一曰暖椅, 一曰涼杌. 予冬月著書, 身則畏寒, 硯則苦凍, 欲多設盆炭, 使滿室俱溫, 非止所費不貲, 且几案易生生塵, 不終日而成灰燼世界. 若止設大小二爐以溫手足, 則厚于四肢而薄于諸體, 是一身而自分冬夏, 幷耳目心思, 亦可自號孤臣孽子矣. 計萬全而籌盡適, 此暖椅之制所由來也. 製法列圖于後. 一物而充數物之用, 所利于人者, 不止御寒而已也. 盛暑之月, 流膠鑠金, 以手按之, 無物不同湯火, 況木能生此者乎. 涼杌亦同他杌, 但杌面必空其中, 有如方匣. 四圍及底, 俱以油灰嵌之, 上覆方瓦一片. 此瓦須向窯內定燒, 江西福建爲最, 宜興次之. 各就地之遠近, 約同志數人, 斂出其資, 倩人携帶, 爲費亦無多也. 先汲涼水貯杌內, 以瓦蓋之, 務使下面着水, 其冷如冰, 熱復換水, 水止數瓢, 爲力亦無多也. 其不爲椅而杌者, 夏月不近一物, 少受一物之暑氣, 四面無障, 取其透風. 爲椅則上段之料勢必用木, 兩脇及背又有物以障之, 是止顧一臀而周身皆不問矣. 此制易曉, 圖說皆可不備.

○暖椅式

如太師椅而稍寬, 彼止取容臀, 而此則周身全納故也. 如睡翁椅而稍直, 彼止利于睡, 而此則坐臥咸宜, 坐多而臥少也. 前後置門, 兩旁實鑲以板, 臀下足下俱用柵. 用柵者, 透火氣也. 用板者, 使暖氣纖毫不泄也. 前後置門者, 前進入而後進火也. 然欲省事, 則後門可以不設, 進入之處亦可以進火. 此椅之妙, 全在安抽替于腳柵之下. 只此一物, 御盡奇寒, 使五官四肢均受其利而弗覺.

另置扶手匣一具, 其前後尺寸, 倍于轎內所用者. 入門坐定, 置此匣于前, 以代几案. 倍于轎內所用者, 欲置筆硯及書本故也. 抽替以板爲之, 底嵌薄磚, 四圍鑲銅. 所貯之灰, 務求極細, 如爐內燒香所用者. 置炭其中, 上以灰覆, 則火氣不烈而滿座皆溫, 是隆冬時別一世界. 況又爲費極廉, 自朝抵暮, 止用小炭四塊, 曉用二塊至午, 午換二塊至晚. 此四炭者, 秤之不滿四兩, 而一日之內, 可享室暖無冬之福, 此其利于身者也. 若至利于身而無益于事, 仍是宴安之具, 此則不然. 扶手用板, 鏤去掌大一片, 以極薄端硯補之, 膠以生漆, 不問而知火氣上蒸, 硯石常暖, 永無呵凍之勞, 此又利于事者也.

不寧惟是, 炭上加灰, 灰上置香, 坐斯椅也, 撲鼻而來者, 只覺芬芳竟日, 是椅也, 而又可以代爐. 爐之爲香也散, 此之爲香也聚, 由是觀之, 不止代爐, 而且差勝于爐矣. 有人斯有體, 有體斯有衣, 焚此香也, 自下而升者能使氤氳透骨, 是椅也而又可代薰籠. 薰籠之受衣也, 止能數件. 此物之受衣也, 遂及通身. 迹是論之, 非止代一薰籠, 且代數薰籠矣. 倦而思眠, 倚枕可以暫息, 是一有座之床. 饑而就食, 憑几可以加餐, 是一無足之案.

遊山訪友, 何煩另覓肩輿, 只須回以柱杠, 覆以衣頂, 則衝寒冒雪, 體有餘溫, 子猷之舟可棄也, 浩然之驢可廢也, 又是一可坐可眠之轎. 日將暮矣, 盡納枕簞于其中, 不須臾而被窩盡熱. 曉欲起也, 先置衣履于其內, 未轉睫而襪履皆溫. 是身也, 事也, 床也, 案也, 轎也, 爐也, 薰籠也, 定省晨昏之孝子也, 送暖偎寒之賢婦也, 總以一物焉代之. 蒼頡造字而天雨粟, 鬼夜哭, 以造化靈祕之氣

泄盡而無遺也. 此制一出, 得無重犯斯忌, 而重杞人之憂乎.


○床帳

人生百年, 所歷之時, 日居其半, 夜居其半. 日間所處之地, 或堂
或廡, 或舟或車, 總無一定之地, 而夜間所處, 則止有一床. 是床
也者, 乃我半生相共之物, 較之結髮糟糠, 猶分先後者也. 人之待
物, 其最厚者, 當莫過此. 然怪當世之人, 其于求田問舍, 則性命以
之, 而寢處晏息之地, 莫不務從苟簡, 以其只有己見, 而無人見故
也. 若是, 則妻妾婢媵是人中之榻也, 亦因己見而人不見, 悉聽其
爲無鹽嫫姆, 蓬頭垢面而莫之訊乎. 予則不然. 每遷一地, 必先營
臥榻而後及其他, 以妻妾爲人中之榻, 而床第乃榻中之人也. 欲新
其製, 苦乏匠資[20]. 但于修飾床帳之具, 經營寢處之方, 則未嘗不
竭盡綿力. 猶之貧士得妻, 不能變村妝爲國色, 但令勤加鹽櫛, 多
施膏沐而已. 其法維何. 一曰床令生花, 二曰帳使有骨, 三曰帳宜
加鎖, 四曰床要着裙. 曷云床令生花. 夫瓶花盆卉, 文人案頭所時
有也, 日則相親, 夜則相背, 雖有天香撲鼻, 國色昵人, 一至昏黃就
寢之時, 卽欲不爲紈扇之捐, 不可得矣. 殊不知白晝聞香, 不若黃
昏嗅味. 白晝聞香, 其香僅在口鼻. 黃昏嗅味, 其味眞入夢魂. 法于
床帳之內先設托板, 以爲坐花之具. 而托板又勿露板形. 妙在鼻受
花香, 儼若身眠樹下, 不知其爲妝造也. 先爲小柱二根, 暗釘床
後, 而以帳懸其外. 托板不可太大, 長止尺許, 寬可數寸. 其下又用

---

[20] 匠資장자: 시공 비용. 제작 비용.

小木數段, 製爲三角架子, 用極細之釘, 隔帳釘于柱上, 而後以板架之, 務使極固. 架定之後, 用彩色紗羅製成一物, 或像怪石一卷, 或作彩雲數朵, 護于板外以掩其形. 中間高出數寸, 三面使與帳平, 而以線縫其上, 竟似帳上繡出之物, 似吳門堆花之式是也. 若欲全體相稱, 則或畫或繡, 滿帳俱作梅花, 而以托板爲虬枝老幹, 或作懸崖突出之石, 無一不可. 帳中有此, 凡得名花異卉可作淸供者, 日則與之同堂, 夜則携之共寢. 卽使群芳偶缺, 萬卉將窮, 又有爐內龍涎, 盤中佛手與木瓜, 香楠等物可以相繼. 若是, 則身非身也, 蝶也, 飛眠宿食盡在花間. 人非人也, 仙也, 行起坐臥無非樂境. 予嘗于夢酣睡足將覺未覺之時, 忽嗅蠟梅之香, 咽喉齒頰盡帶幽芬, 似從臟腑中出, 不覺身輕欲擧, 謂此身必不復在人間世矣. 旣醒, 語妻孥曰, 我輩何人, 遽有此樂, 得無折盡平生之福乎. 妻孥曰, 久賤常貧, 未必不由于此. 此實事, 非欺人語也.

　曷云, 帳使有骨. 床居外, 帳居內, 常也. 亦有反此舊制, 而使帳出床外者, 善則善矣, 其如夏月驅蚊, 匿于床欄曲折之外, 有若負嵎21. 欲求美觀, 而以膏血殉之, 非長策也, 不若仍從舊制. 其不從舊制, 而使帳出床外者, 以床有端正之體, 帳無方直之形, 百計撑持, 終難服貼. 總以四角之近柱者軟而無骨, 不能肯柱以爲形, 有觭角抵牾之勢也, 故須別爲賦形, 而使之有骨. 用不粗不細之竹, 製爲一頂及四柱, 俟帳已挂定而後撑之, 是床內有床, 舊制之便

21 負嵎부우: 부우負隅. 산굽이에 의지하다. 험난한 요새에 의지하다. 여겨서는 모기가
침대의 좁은 구석에 숨어서 기회를 엿본다는 의미로 사용되었다. 출처는 『맹자』 「진심하
盡心下」.

與新制之精, 二者兼而有之矣. 床頂及柱, 令置轎者爲之, 其價頗
廉, 僅費中人<sup>22</sup>一飯之資耳.

　曷云, 帳宜加鎭. 設帳之故有二, 蔽風隔蚊是也. 蔽風之利十之
三, 隔蚊之功十之七, 然隔蚊以此, 閉蚊于中而使之不得出者亦以
此. 蚊之爲物也, 體極柔而性極勇, 形極微而機極詐. 薄暮而驅,
彼寧受奔馳之苦, 撻伐之危, 守死而弗去者十之八九. 及其去也,
又必擇地而攻, 乘虛以入. 昆蟲庶類之善用兵法者, 莫過于蚊. 其
擇地也, 每棄後而攻前. 其乘虛也, 必舍垣而窺戶. 帳前兩幅之交
接處, 皆其據險扼要, 伏兵伺我之區也. 或于風動帳開之際, 或于
取器之溺之時, 一隙可乘, 遂鼓噪而入. 法于門戶交關之地, 上中
下共設三紐, 若婦人之衣扣然. 至取溺器時, 先以一手縮帳, 勿使
大開, 以一手提之使入, 其出亦然. 若是, 則堅壁固壘, 彼雖有奇
勇異詐, 亦無所施其能矣. 至于驅除之法, 當使人在帳中, 空洞其
外, 始能出而無阻. 世人逐蚊, 皆立帳櫓之下, 使所開之處蔽其大
半, 是欲其出而閉之門也. 犯此弊者十人而九, 何其習而不察, 亦
至此乎.

　曷云, 床要着裙. 愛精美者, 一物不使稍汚. 常有綺羅作帳, 精
其始而不能善其終, 美其上而不得不汚其下者, 以貼枕着頭之處,
在婦人則有膏沐之痕, 在男子亦多腦汗之迹, 日積月累, 無瑕者玷
而可愛者憎矣, 故着裙之法不可少. 此法與增添頂柱之法相爲表
裏. 欲令着裙, 先必使之生骨, 無力不能勝衣也. 卽于四竹柱之下,

---

22 中人중인: 일반인. 보통 사람. 출처는 『논어』 「옹야雍也」.

各穴一孔, 以三橫竹內之, 去簟尺許, 與枕相平, 而後以布作裙, 穿于其上, 則裙汚而帳不汚. 裙可勤滌, 而帳難頻洗故也. 至于枕簟被褥之設, 不過取其夏涼冬暖, 請以二語槪之, 曰求涼之法, 澆水不如透風. 致暖之方, 增紬不如加布. 是予貧士所知者. 至于羊羔美酒, 亦足御寒, 廣廈重冰, 盡堪避暑. 理則固然, 未嘗親試. 知之爲知之, 不知爲不知. 此聖賢無欺之學, 不敢以細事而忽之也.

## ○櫥櫃

造櫥立櫃, 無他智巧, 總以多容善納爲貴. 嘗有制體極大而所容甚少, 反不若渺小其形而寬大其腹, 有事半功倍之勢者. 制有善不善也. 善制無他, 止在多設擱板. 櫥之大者, 不過兩屜三屜, 至四屜而止矣. 若一層止備一層之用, 則物之高者大者容此數件, 而低者小者亦止容此數件矣. 實其下而虛其上, 豈非以上段有用之隙, 置之無用之地哉. 當于每層之兩旁, 別釘細木二條, 以備架板之用. 板勿太寬, 或及進身之半, 或三分之一, 用則活置其上, 不則撤而去之. 如此層所貯之物, 其形低小, 則上半截皆爲餘地, 卽以此板架之, 是一層變爲二層. 總而計之, 則一櫥變爲兩櫥, 兩櫃合成一櫃矣, 所裨不亦多乎. 或所貯之物, 其形高大, 則去而容之, 未嘗爲板所困也. 此是一法.

至于抽替之設, 非但必不可少, 且自多多益善. 而一替之內, 又必分爲大小數格, 以便分門別類, 隨所有而藏之, 譬如生藥鋪中, 有所謂百眼櫥者. 此非取法于物, 乃朝廷設官之遺制, 所謂五府六部群僚百執事, 各有所居之地與所掌之簿書錢穀是也. 醫者若無

此櫥, 藥石之名盈千累百, 用一物尋一物, 則盧醫扁鵲無暇療病, 止能爲刻舟求劍[23]之人矣. 此櫥不但宜于醫者, 凡大家富室, 皆當則而效之, 至學士文人, 更宜取法. 能以一層分作數層, 一格畫爲數格, 是省取物之勞, 以備作文著書之用. 則思之思之, 鬼神通之. 心無他役, 而鬼神得效其靈矣.

## ○箱籠[24]篋笥[25]

隨身貯物之器, 大者名曰箱籠, 小者稱爲篋笥. 制之之料, 不出革木竹三種. 爲之關鍵者, 又不出銅鐵二項, 前人所制亦云備矣. 後之作者, 未嘗不竭盡心思, 務爲奇巧, 總不出前人之范圍. 稍出范圍卽不適用, 僅供把玩而已. 予于諸物之體, 未嘗稍更, 獨怪其樞鈕太庸, 物而不化, 嘗爲小變其制, 亦足改觀. 法無他長, 惟使有之若無, 不見樞鈕之迹而已. 止備二式者, 腹稿雖多, 未經嘗試, 不敢以待驗之方誤人也. 予遊東粤, 見市廛所列之器, 半屬花梨紫檀, 製法之佳, 可謂窮工極巧, 止怪其鑲銅裹錫, 清濁不倫[26]. 無論四面包鑲, 鋒棱埋沒, 卽于加鎖置鍵之地, 務設銅樞, 雖云制法

---

23 刻舟求劍각주구검: 배에다 위치를 새겨놓고 강에 빠진 검을 찾다. 변화된 상황을 모르고 고집부리는 것을 비유한다. 출처는 『여씨춘추』「찰금察今」.

24 箱籠상롱: 대나무로 만들었으며 등에 메는 것으로, 일반 서생이 책과 필묵 등을 넣는 천막이 있는 상자를 말한다. 또는 속이 얕은 것을 상箱이라 하고 속이 깊은 것을 농籠이라 한다. 또는 사각형이며 촘촘하게 짠 것을 상箱, 원형이면서 성글게 짠 것을 농籠이라 한다.

25 篋笥협사: 본문의 설명에 따르면 대나무로 만들었으며, 상롱과 유사하나 크기가 작은 상자를 말한다. 분리하면 협篋은 작은 상자, 사笥는 대나무로 만든 음식을 담는 전문용기를 가리킨다.

26 淸濁不倫청탁불륜: 우열이나 맑고 흐린 것이 이도 저도 아니다. 출처는 당나라 관리 원교袁郊의 전기傳奇소설집 『감택요甘澤謠』.

不同, 究竟多此一物. 譬如一箱也, 磨礱極光, 照之如鏡, 鏡中可使着屑乎. 一筍也, 攻治極精, 撫之如玉, 玉上可使生瑕乎. 有人贈我一器, 名七星箱, 以中分七格, 每格一替, 有如星列故也. 外系插蓋, 從上而下者. 喜其不釘銅樞, 尚未生瑕着屑, 因籌所以關閉之. 遂付工人, 命于心中置一暗門, 以銅爲之, 藏于骨中而不覺, 自後而前, 低于箱蓋. 蓋上鑿一小孔, 勿透于外, 止受暗門少許, 使抽之不動而已. 乃以寸金小鎖, 鎖于箱後. 置之案上, 有如渾金粹玉, 全體昭然, 不爲一物所掩. 覓關鍵而不得, 似于無鎖. 窺中藏而不能, 始求用鑰. 此其一也.

後遊三山, 見所製器皿, 無非雕漆, 工則細巧絶倫, 色則陸離可愛, 亦病其設關置鍵之地難免贅瘤, 以語工師, 令其稍加變易. 工師曰, 吾地般倕頗多, 如其可變, 不自今日始矣. 欲泯其迹, 必使無關鍵而後可. 予曰, 其然, 豈其然乎. 因置暖椅告成, 欲增一匣置于其上, 以代几案, 遂使爲之. 上下四旁, 皆聽工人自爲雕漆, 俟其成後, 就所雕景物而區畫之. 前面有替可抽者, 所雕系博古圖, 樽罍鍾磬之屬昌也. 後面無替而平者, 系折枝花卉, 蘭菊竹石是也. 皆備五彩, 視之光怪陸離. 但抽替太闊, 開閉時多不合縫, 非左進右出, 卽右進左出. 予顧而籌之, 謂必一法可當二用, 旣泯關鍵之迹, 又免出入之疵, 使適用美觀均收其利而後可. 乃命工人亦製銅閂一條, 貫于抽替之正中, 而以薄板掩之, 此板卽作分中之界限. 夫一替分爲二格, 乃物理之常, 而烏知有一物焉貫于其中, 爲前後通身之把握哉. 得此一物貫于其中, 則抽替之出入皆直如矢, 永無左出右入右出左入之患矣. 前面所雕博古圖, 中系三足之鼎, 列于兩

旁者一瓶一爐. 予鼓掌大笑曰, 執柯伐柯, 其則不遠. 卽以其人之
道, 反治其身足矣. 遂付銅工, 令依三物之成式, 各制其一, 釘于本
等物色之上. 鼎與爐瓶皆銅器也, 尙欲肖其形與色而爲之, 況眞
者哉. 不則而知其酷似矣. 鼎之中心穴一小孔, 置二小鈕于旁, 使
抽替閉足之時, 銅閂自內而出, 與鈕相平. 閂與鈕上俱有眼, 加以
寸金小鎖, 似鼎上原有之物, 雖增而實未嘗增也. 鎖則鎖矣, 抽開
之時, 手執何物. 不幾便于入而窮于出乎. 曰不然. 瓶爐之上原當
有耳, 加以銅圈二枚, 執此爲柄, 抽之不煩餘力矣. 此區畫正面之
法也. 銅閂旣從內出, 必在後面生根, 未有不透出本匣之背者, 是
銅皮一塊與聯絡補綴之痕, 俱不能泯矣. 烏知又有一法, 爲天授
而非人力者哉. 所雕諸卉, 菊在其中, 菊色多曹黃, 與銅相若, 卽以
銅皮數層, 剪千葉菊花一朵, 以暗閂之透出者穿入其中, 膠入甚固.
若是則根深蒂固, 誰得而動搖之. 予于此一物也, 純用天工, 未施
人巧, 若有鬼物伺乎其中, 乞靈于我, 爲開生面者.

　制之旣成, 工師告予曰, 八閩[27]之爲雕漆, 數百年于玆矣, 四方
之來購此者, 亦百千萬億其人矣, 從未見創法立規有如今日之奇
巧者. 請衍此法, 以廣其傳. 予曰, 姑遲之, 俟新書告成, 流布未晚.
竊恐世人先睹其物而後見其書, 不知創自何人, 反謂剿襲成功以
爲己有. 詎非不白之冤哉. 工師爲誰. 魏姓, 字蘭如, 王姓, 字孟明.
閩省雕漆之佳, 當推二人第一. 自不操斤, 但善于指使, 輕財尙友,
雅人也.

---

27 八閩팔민: 복건성의 별명. 행정구역이 원대에는 팔로八路로, 명대에는 팔부八府로 나
뉘어 있었다.

○骨董

是編于古董一項, 缺而不備, 蓋有說焉. 崇高古器之風, 自漢魏
晉唐以來, 至今日而極矣. 百金貿一卮, 數百金購一鼎, 猶有病其價
廉工儉而不足用者. 常有爲一渺小之物, 而費盈千累萬之金錢, 或
棄整陌連阡[28]之美産, 皆不惜也. 夫今人之重古物, 非重其物, 重
其年久不壞. 見古人所製與古人所用者, 如對古人之足樂也. 若是,
則人與物之相去, 又有間矣. 設使製用此物之古人至今猶在, 肯以
盈千累萬之金錢與整陌連阡之美産, 易之而歸, 與之坐談往事乎.
吾知其必不爲也. 予嘗謂人曰, 物之最古者莫過于書, 以其合古人
之心思面貌而傳者也. 其書出自三代, 讀之如見三代之人. 其書本
乎黃虞, 對之如生黃虞之世. 舍此則皆物矣. 物不能代古人言, 況
能揭出心思而現其面貌乎.

古物原有可嗜, 但宜崇尙于富貴之家, 以其金銀太多, 藏之無
具, 不得不爲長房縮地之法, 斂丈爲尺, 斂尺爲寸. 如藏銀不如藏
金, 藏金不如藏珠之說, 愈輕愈小, 而愈便收藏故也. 矧金銀太多,
則慢藏誨盜, 貿爲古董, 非特穿窬不取, 卽誤攫入手, 猶將擲而去
之. 迹是而觀, 則古董金銀爲價之低昂, 宜其倍蓰而無算[29]也. 乃
近世貧賤之家, 往往效響于富貴, 見富貴者偶尙綺羅, 則耻布帛爲
賤, 必覓綺羅以肖之. 見富貴者單崇珠翠, 則鄙金玉爲常, 而假珠

---

**28** 整陌連阡정맥련천: 전련천맥田連阡陌. 밭두둑이 끊어지지 않고 연결되다. 넓은 토지
를 비유한다. 출처는 후한의 사학자 순열荀悅(148~209)의 『전한효무황제기前漢孝武皇帝
紀』.
**29** 倍蓰而無算배사이무산: 배사倍蓰는 1배와 5배, 무산無算은 계산할 수 없다는 뜻이
다. 출처는 『맹자』 「고자告子」.

翠以代之. 事事皆然, 習以成性, 故因其崇舊而黜新, 亦不覺生今而反古. 有八口晨炊不繼, 猶舍旦夕而問商周. 一身活計茫然, 寧遣妻孥而不賣古董者. 人心矯異, 詎非世道之憂乎.

予輯是編, 事事皆崇儉朴, 不敢侈談珍玩, 以爲末俗揚波. 且予寠人也, 所置物價, 自百文以及千文而止. 購新猶患無力, 況買舊乎. 詩云, 惟其有之, 是以似之. 生平不識古董, 亦借口維風, 以藏其拙.

## ○爐瓶

爐瓶之制, 其法備于古人, 後世無容蛇足. 但護持衬貼之具, 不妨意爲增減. 如香爐旣設, 則鍬箸隨之, 鍬以撥灰, 箸以擧火, 二物均不可少.

箸之長短, 視爐之高卑, 欲其相稱, 此理易明, 人盡知之. 若鍬之方圓, 須視爐之曲直, 使勿相左, 此理亦易明, 而爲世人所忽. 入炭之後, 爐灰高下不齊, 故用鍬作準以平之, 鍬方則灰方, 鍬圓則灰圓. 若使近邊之地爐直而鍬曲, 或爐曲而鍬直, 則兩不相能, 止平其中而不能平其外矣, 須用相體裁衣之法, 配而用之. 然以銅鍬壓灰, 究難齊截, 且非一鍬二鍬可了. 此非僮僕之事, 皆必主人自爲之者.

予性最懶, 故每事必籌躱懶之法. 嘗製一木印印灰, 一印可代數十鍬之用. 初不過爲省繁惜勞計耳, 詎料製成之後, 非止省力, 且極美觀, 同志相傳, 遂以爲一定不移之法. 譬如爐體屬圓, 則倣其尺寸, 鏇一圓板爲印, 與爐相若, 不爽纖毫, 上置一柄, 以便手持.

但宜稍虛其中, 以作內昂外低之勢, 若食物之饅首然. 方者亦如是法. 加炭之後, 先以箸平其灰, 後用此板一壓, 則居中與四面皆平, 非止同於刀削, 且能與鏡比光, 共油爭滑. 是自有香灰以來, 未嘗現此嬌面者也. 旣光且滑, 可謂極精. 予顧而思之, 猶曰盡美矣, 未盡善也, 乃命梓人鏤之. 凡於着灰一面, 或作老梅數莖, 或爲菊花一朵, 或刻五言一絶, 或雕八卦全形, 只須擧手一按, 現出無數離奇, 使人巧天工, 兩擅其絶, 是自有香爐以來, 未嘗開此生面者也. 湖上笠翁實有裨於風雅, 非僭詞也. 請名此物爲笠翁香印. 方之眉公諸製, 物以人名者, 孰高孰下, 誰實誰虛, 海內自有定評, 非予所敢饒舌. 用此物者, 最宜神速, 隨按隨起, 勿遲瞬息. 稍一逗留, 則氣閉火息矣. 雕成之後, 必加油漆, 始不沾灰.

焚香必需之物, 香鍬香箸之外, 復有貯香之盒, 與揷鍬箸之瓶之數物者, 皆香與爐之股肱手足, 不可或無者也. 然此外更有一物, 勢在必需, 人或知之而多不設, 當爲補入淸供. 夫以箸撥灰, 不能免於狼藉, 爐肩鼎耳之上, 往往蒙塵, 必得一物掃除之. 此物不須特製, 竟用蓬頭小筆一枝, 但精其管, 使與濡墨者有別, 與鍬箸二物同揷一瓶, 以便次第取用, 名曰香帚. 至於爐有底蓋, 舊制皆然. 其所以用此者, 亦非無故. 蓋以覆灰, 使風起不致飛揚. 底卽座也, 用以隔手, 使移動之時, 執此爲柄, 以防手汗沾爐, 使之有迹, 皆有爲而設者也. 然用底時多, 用蓋時少. 何也. 香爐閉之一室, 刻刻焚香, 無時可閉. 無風則灰不自揚, 卽使有風, 亦有窓簾所隔, 未有閉熄有用之火, 而防未必果至之風者也. 是爐蓋實爲贅瘤, 盡可不設.

而予則又有說焉. 爐蓋有時而需, 但前人製法未善, 遂覺有用爲無用耳. 蓋以御風, 固也. 獨不思爐不貯火, 則非特蓋可不用, 幷爐亦可不設. 如其必欲置火, 則蓋之火熄, 用蓋何爲. 予嘗于花晨月夕及暑夜納涼, 或登最高之臺, 或居極敞之地, 往往携爐自隨, 風起灰揚, 御之無策, 始覺前人呆笨, 制物而不善區畫之, 遂使貽患及今也. 同是一蓋, 何不于頂上穴一大孔, 使之通氣. 無風置之高閣, 一見風起, 則取而覆之, 風不得入, 灰不致揚, 而香氣自下而升, 未嘗少阻. 其制不亦善乎. 止將原有之物, 加以擧手之勞, 卽可變無益爲有裨. 昔人點鐵成金, 所點者不必是鐵, 所成者亦未必皆金, 但能使不値錢者變而値錢, 卽是神仙妙術矣. 此爐制也.

瓶以磁者爲佳, 養花之水淸而難濁, 且無銅腥氣也. 然銅者有時而貴, 以冬月生冰, 磁者易裂, 偶爾失防, 遂成棄物, 故當以銅者代之. 然磁瓶置膽, 卽可保無是患. 膽用錫, 切忌用銅, 銅一沾水卽發銅靑, 有銅靑而再貯以水, 較之未有銅靑時, 其腥十倍, 故宜用錫. 且錫柔易製, 銅勁難爲, 價亦稍有低昂, 其便不一而足也. 磁瓶用膽, 人皆知之, 膽中着撒, 人則未之行也.

插花于瓶, 必令中窾, 其枝梗之有畫意者隨手插入, 自然合宜, 不則挪移[30]布置之力不可少矣. 有一種倔强花枝, 不肯聽人指使. 我欲置左, 彼偏向右, 我欲使仰, 彼偏好垂, 須用一物制之. 所謂撒也, 以堅木爲之, 大小其形, 勿拘一格, 其中則或扁或方, 或爲三角, 但須圓形其外, 以便合瓶. 此物多備數十, 以俟相機取用. 總之

---

30 挪移나이: 이동하다.

不費一錢, 與桌撒一同拾取, 棄于彼者, 復收于此. 斯編一出, 世間寧復有棄物乎.

## ○屛軸

十年之前, 凡作圍屛及書畫卷軸者, 止有巾條斗方及橫批三式. 近年幻爲合錦, 使大小長短以至零星小幅, 皆可配合用之, 亦可謂善變者矣. 然此制一出, 天下爭趨, 所見皆然, 轉盼又覺陳腐, 反不若巾條斗方諸式, 以多時不見爲新矣, 故體制更宜稍變.

變用何法. 曰莫妙于冰裂碎紋. 如前云所載糊房之式, 最與屛軸相宜, 施之墻壁猶覺精材粗用, 未免藝視[31]牛刀[32]耳. 法于未書未畫之先, 畫冰裂碎紋于全幅紙上, 照紋裂開, 各自成幅, 徵詩索畫旣畢, 然後合而成之. 須于畫成未裂之先, 暗書小號于紙背, 使知某屬第一, 某居第二, 某橫某直, 某角與某角相連, 其後照號配成, 始無攢湊不來之患. 其相間之零星細塊必不可少. 若憎其瑣屑而不畫, 則有寬無窄, 不成其爲冰裂紋矣. 但最小者, 勿用書畫, 止以素描間之, 若盡有書畫, 則紋理模糊不淸, 反爲全幅之累. 此爲先畫紙絹, 後徵詩畫者而言. 蓋立法之初, 不得不爲其簡且易者. 迨裱之旣熟, 隨取現成書畫, 皆可裂作冰紋, 亦猶裱合錦之法, 不過變四方平正之角, 爲曲直縱橫之角耳. 此裱匠之事, 我授意而使彼爲之者耳.

更有書畫合一之法, 則其權在我, 授意于作書作畫之人, 裱匠

---

31 藝視경시: 경시하다.
32 牛刀우도: 소를 잡는 칼. 커다란 재능. 출처는 『논어』「양화陽貨」.

則行其無事者也. 詩中有畫, 畫中有詩, 此古來成語. 作畫者取詩意命題, 題詩者就畫意作詩, 此亦從來成格. 然究竟詩自詩而畫自畫, 未見有混而一之者也. 混而一之, 請自今始. 法于畫大幅山水時, 每于筆墨可停之際, 卽留餘地以待詩, 如峭壁懸崖之下, 長松古木之旁, 亭閣之中, 墻垣之隙, 皆可留題作字者也. 凡遇名流, 卽索新句, 視其地之寬窄, 以爲字之大小, 或爲鵝帖33行書, 或作蠅頭小楷34. 卽以題畫之詩, 飾其所題之畫, 謂當日之原迹可, 謂後來之題咏亦可. 是詩中有畫, 畫中有詩二語, 昔作虛文, 今成實事, 亦遊戲筆墨之小神通也. 請質高明, 定其可否.

○茶具

茗注莫妙于砂壺, 砂壺之精者, 又莫過于陽羨, 是人而知之矣. 然寶之過情, 使與金銀比值, 無乃仲尼不爲之已甚乎. 置物但取其適用, 何必幽渺其說, 必至理窮義盡而後止哉. 凡制茗壺, 其嘴務直, 購者亦然. 一曲便可憂, 再曲則稱棄物矣. 蓋貯茶之物與貯酒不同. 酒無渣滓, 一斟卽出, 其嘴之曲直可以不論. 茶則有體之物也, 星星之葉, 入水卽成大片, 斟瀉之時, 纖毫入嘴, 則塞而不流. 啜茗快事, 斟之不出, 大覺悶人. 直則保

---

33 鵝帖아첩: 『환아첩換鵝帖』. 왕희지가 거위를 좋아하여, 도사에게 『황정경黃庭經』을 써주고 거위와 바꾸었다고 하며, 『황정경』을 『환아첩換鵝帖』이라고도 한다. 여기서는 왕희지의 의미로 사용되었다.

34 蠅頭小楷승두소해: 파리의 머리처럼 크기가 작은 해서체. 출처는 원말 명초의 효자 정학년丁鶴年(1335~1424)의 시 「비 내리는 창가에 앉아 사촌 형과 함께 시를 짓고 글씨를 쓰는 법을 토론하며雨窗宴坐與表兄論作詩寫字之法」.

無是患矣. 即有時閉塞, 亦可疏通, 不似武夷九曲之難力導也. 貯茗之瓶, 止宜用錫. 無論磁銅等器, 性不相能, 即以金銀作供, 寶之適以祟之耳. 但以錫作瓶者, 取其氣味不泄. 而制之不善, 其無用更甚于磁瓶. 詢其所以然之故, 則有二焉. 一則以制成未試, 漏孔繁多. 凡錫工制酒壺茶注等物, 于其既成, 必以水試, 稍有滲漏, 即加補苴[35], 以其爲貯茶貯酒而設, 漏即無所用之矣. 一到收藏乾物之器, 即忽視之, 猶木工造盆造桶則防漏, 置斗置斛則不防漏, 其情一也. 烏知錫瓶有眼, 其發潮泄氣反倍于磁瓶. 故制成之後, 必加親試. 大者貯之以水, 小者吹之以氣, 有纖毫漏隙, 立督補成. 試之又必須二次. 一在將成未鏃之時, 一在已成既鏃之後. 何也. 常有初時不漏, 迨鏃去錫時, 打磨光滑之後, 忽然露出細孔, 此非屢驗諦視者不知. 此爲淺人道也.

一則以封蓋不固, 氣味難藏. 凡收藏香美之物, 其加嚴處全在封口, 封口不密, 與露處同. 吾笑世上茶瓶之蓋必用雙層. 此制始于何人. 可謂七竅俱蒙[36]者矣. 單層之蓋, 可于蓋內塞紙, 使剛柔互效其力, 一用夾層, 則止靠剛者爲力, 無所用其柔矣. 塞滿細縫, 使之一線無遺, 豈剛而不善屈曲者所能爲乎. 即靠外面糊紙, 而受紙之處又在崎嶇凹凸之場, 勢必剪碎紙條, 作簑衣樣式, 始能貼服. 試問以簑衣覆物, 能使內外不通風乎. 故錫瓶之蓋, 止宜厚不

---

35 補苴보저: 결함을 보완하다. 출처는 한나라 유향劉向(기원전 77?~기원전 6)의 소설 『신서新序』「자사刺奢」.
36 七竅俱蒙칠규구몽: 눈 2개, 귀 2개, 콧구멍 2개, 입 1개의 일곱 구멍이 모두 막히다. 앞뒤가 꽉 막히다. 사리를 분별하지 못하고 우매하다.

宜雙. 藏茗之家, 凡收藏不卽開者, 開甁口向上處, 先用綿紙二三層, 實褙封固, 俟其旣乾, 然後覆之以蓋, 則剛柔幷用, 永無泄氣之時矣. 其時開時閉者, 則于蓋內塞紙一二層, 使香氣閉而不泄. 此貯茗之善策也. 若蓋用夾層, 則向外者宜作兩截, 用紙束腰, 其法稍便. 然封外不如封內, 究竟以前說爲長.

○酒具

酒具用金銀, 猶妝奩之用珠翠, 皆不得已而爲之, 非宴集時所應有也. 富貴之家, 犀則不妨常設, 以其在珍寶之列, 而無炫燿之形, 猶仕宦之不飾觀瞻者. 象與犀同類, 則有光芒太露之嫌矣. 且美酒入犀杯, 另是一種香氣. 唐句云, 玉碗盛來琥珀光. 玉能顯色, 犀能助香, 二物之于酒, 皆功臣也. 至尙雅素之風, 則磁杯當首重已. 舊磁可愛, 人盡知之, 無如價値之昂, 日甚一日, 盡爲大力者所有, 吾儕貧士, 欲見爲難. 然卽有此物, 但可作古董收藏, 難充飮器.

何也. 酒後擎杯, 不能保無墮落, 十損其一, 則如雁行中斷, 不復成群. 備而不用, 與不備同. 貧家得以自慰者, 幸有此耳. 然近日冶人, 工巧百出, 所制新磁, 不出成宣二窯下, 至于體式之精異, 又復過之. 其不得與舊窯爭値者, 多寡之分耳. 吾怪近時陶冶, 何不自愛其力, 使日作一杯, 月制一盞, 世人需之不得, 必待善價而沽, 其利與多制濫售等也, 何計不也此. 曰不然. 我高其技, 人賤其能, 徒讓壟斷于捷足之人耳.

○碗碟

碗莫精于建窯, 而苦于太厚. 江右所制者, 雖竊建窯之名, 而美觀實出其上, 可謂靑出于藍者矣. 其次則論花紋, 然花紋太繁, 亦近鄙俗, 取其筆法生動, 顔色鮮艶而已. 碗碟中最忌用者, 是有字一種, 如寫前赤壁賦後赤壁賦之類. 此陶人造孽之事, 購而用之者, 獲罪于天地神明不淺. 請述其故.

惜字一千, 延壽一纪. 此文昌垂訓之詞. 雖云未必果驗, 然字畫出于聖賢, 蒼頡造字而鬼夜哭, 其關乎氣數, 爲天地神明所寶惜[37]可知也. 用有字之器, 不爲損福, 但用之不久而損壞, 勢必傾委作踐, 有不與造孽陶人中分其咎者乎. 陶人但司其成, 未見其敗, 似彼罪猶可原耳. 字紙委地, 遇惜福之人, 則收付祝融, 因其可焚而焚之也. 至于有字之廢碗, 堅不可焚, 一似入火不燼入水不濡之神物. 因其壞而不壞, 遂至傾而又傾, 道旁見者, 雖有惜福之念, 亦無所施, 有時抛入街衢, 遭千萬人之踐踏, 有時傾入溷厠, 受千百載之欺凌, 文字之罹禍, 未有甚于此者. 吾愿天下之人, 盡以惜福爲念, 凡見有字之碗, 卽生造孽之慮. 買者相戒不取, 則賣者計窮. 賣者計窮, 則陶人視爲畏途而弗造矣. 文字之禍, 其日消乎. 此猶救弊之末着. 倘有惜福縉紳, 當路于江右者, 出嚴檄一紙, 遍諭陶人, 使不得于碗上作字. 無論赤壁等賦不許書磁, 卽成化宣德年造, 及某齋某居等字, 盡皆削去. 試問有此數字, 果得與成窯宣窯比值乎. 無此數字, 較之常值增減半文乎. 有此無此, 其利相同,

---

37 寶惜보석: 애석해하다. 출처는 『남사』 「왕승유전王僧孺傳」.

多此數筆, 徒造千百年無窮之孼耳. 制撫藩臬[38], 以及守令諸公, 盡是斯文宗主[39], 宦豫章[40]者, 急行是令, 此千百年未造之福, 留之以待一人. 時哉時哉, 乘之勿失.

○燈燭

燈燭輝煌, 賓筵之首事也. 然每見衣冠盛集, 列山珍海錯, 傾玉醴瓊漿[41], 幾部鼓吹, 頻歌疊奏, 事事皆稱絶暢, 而獨于歌臺色相, 稍近模糊. 令人快耳快心, 而不能不快其目者, 非主人吝惜蘭膏[42], 不肯多設, 只以燈煤作祟, 非剔之不得其法, 卽司之不得其人耳. 吾爲六字訣以授人, 曰多點不如勤剪. 勤剪之五, 明于不剪之十. 原其不剪之故, 或以觀場念切, 主僕相同, 均注目于梨園[43], 置晦明于不問. 或以奔走太勞, 職無專委, 因顧彼以失此, 致有炬而無光, 所謂司之不得其人也. 欲正其弊, 不

38 制撫藩臬제무번얼: 명청 시기의 관직인 제대制臺(총독)·무대撫臺(순무)·번사藩司(포정사)·얼사臬司(안찰사).
39 斯文宗主사문종주: 구양수歐陽脩(1007~1072)나 주희朱熹(1130~1200)와 같이 뛰어난 인물에게 붙이는 칭호로서 문화계의 맹주나 유학의 맹주를 의미한다. 출처는 송나라 시인 진저陳著(1214~1297)의 시 「왕문보 선생에게 차운하여 2수次韵王文甫先生二首다. 주희와 육구연陸九淵(1139~1193) 등이 지금의 장시성 옌산현鉛山縣 어후진鵝湖鎭 어후사鵝湖寺에서 거행했던 토론회를 기념하여 세워진 어후서원鵝湖書院 패방牌坊(입구에 대문처럼 만든 석조물)의 편액에 '사문종주斯文宗主'라 새겨져 있다.
40 豫章예장: 강서성의 수도 남창南昌의 별칭. 고대에는 예장군豫章郡에 지금의 징더전이 속해 있었다.
41 玉醴瓊漿옥례경장: 좋은 옥으로 만든 진액으로 마시면 신선이 된다는 전설의 액체. 좋은 술이나 맛있는 액체를 비유한다. 출처는 초나라 송옥宋玉의 초사 「초혼招魂」.
42 蘭膏난고: 택란澤蘭(꿀풀과에 속하는 다년생초본)의 씨를 짜서 만든 기름으로 등불을 켤 수 있다. 출처는 「초혼」.
43 梨園이원: 고대에 희곡을 공연하는 극단의 별칭. 희곡 배우를 '이원제자梨園弟子'라고도 한다.

過專責一人. 擇其謹朴老成不耽遊戲者, 則二患庶幾可免. 然司之得人, 剔之不得其法, 終爲難事. 大約場上之燈, 高懸者多, 卑立者少. 剔卑燈易, 剔高燈難. 非以人就燈而升之使高, 卽以燈就人而降之使卑, 剔一次必須升降一次, 是人與燈皆不勝其勞, 而座客觀之亦覺代爲煩苦, 常有畏難不剪而聽其昏黑者. 予創二法以簡其勞. 一則已試而可自信者, 一則未敢遽信而待試于人者. 已試維何. 長三四尺之燭剪是已. 以鐵爲之, 務爲極細, 粗則重而難擧. 然擧之有法, 說在後幅. 有此長剪, 則人不必升, 燈升不必降, 擧手卽是, 與剔卑燈無異矣.

未試維何. 暗提線索, 用傀儡登場之法是已. 法于梁上暗作長縫一條, 通于屋後, 納挂燈之繩索于中, 而以小小輪盤[44]仰承其下, 然後懸燈. 燈之內柱外幕, 分而爲二, 外幕系定于梁間, 不使上下, 內柱之索上跨輪盤. 欲剪燈煤, 則放內柱之索, 使之卑以就人, 剪畢復上, 自投外幕之中, 是外幕高懸不移, 儼然以靜待動. 同一燈也, 而有勞逸之分, 勞所當勞, 逸所當逸, 較之內外俱下, 而且有礙手礙脚之繁者, 先踞一籌之勝矣. 其不明抽以索, 而必暗投梁縫之中, 且貫通于屋後者, 其故何居. 欲埋伏抽索之人于屋後, 使不露形, 但見輪盤一轉, 其燈自下, 剪畢復上, 總無抽拽之形, 若有神物厠于梁間者. 予創爲是法, 非有心炫巧, 不過善藏其拙.

蓋場上多立一人, 多生一人之障蔽. 使以一人剪燈, 一人抽索, 了此及彼, 數數往來, 則座客止見人行, 無復洗耳聽歌之暇矣. 故藏

---

44 輪盤윤반: 바퀴 모양의 조종간. 핸들.

人屋後, 撤去一半藩籬, 耳目之前, 何等淸靜. 藏人屋後者, 亦不必定在墻垣之外, 廳堂必有退步, 屛障以後, 卽其處也. 或隔絳紗, 或懸翠箔, 但使內見外, 而外不見內, 則人工不露而天巧可施矣. 每燈一盞, 用索一條, 以蠟磨光, 欲其不澁. 梁間一縫, 可容數索, 但須預編字號, 系以小牌, 使抽者便于識認. 剪燈者將及某號, 卽預放某索以待之, 此號方升, 彼號卽降, 觀其術者, 如入山陰道中, 明知是人非鬼, 亦須詫異驚神, 鼓掌而觀, 又是一番樂事. 惜予囊慳無力, 未及指使匠工, 懸美法以待人, 卽謂自留餘地亦可. 梁上鑿縫, 勢有不能, 爲懸燈細事而損傷巨料, 無此理也. 如置此法于造屋之先, 則于梁成之後, 另鑲薄板二條, 空洞其中而蒙蔽其下, 然後升梁于柱, 以俟燈索, 此一法也. 已成之屋, 亦如此法, 但先置繩索于中, 而後周遭以板. 此法之設, 不止定爲觀場, 卽于元夕張燈, 尋常宴客, 皆可用之, 但比長剪之法爲稍費耳.

制長剪之法, 視屋之高卑以爲長短, 短者三尺, 長者四五尺, 直其身而曲其上, 如烏喙然, 總以細巧堅勁爲主. 然用之有法, 得其法則可行, 不得其法則雖設而不適于用, 猶棄物也. 蓋以鐵爲剪, 又長數尺, 是其體不能不重, 只手高擎, 勢必搖動于上, 剪動則燈亦動. 燈剪俱動, 則他東我西, 雖欲剪之, 不可得矣. 法以右手持剪, 左手托之, 所托之處, 高右手尺許. 剪體雖重, 不過一二斤, 只手孤擎則不足, 雙手效力則有餘. 擎而剪之者一手, 按之使不動搖者又有一手, 其勢雖高, 如何慮乎. 孤掌難鳴, 衆擎易擧. 天下事, 類如是也. 長剪雖佳, 予終惡其體重. 倘能以堅木爲身, 止于近燈煤處用鐵, 則盡美而又盡善矣. 思而未制, 存其說以俟解人.

長剪難于槪用, 惟有燭無衣, 與四圍有衣而空洞其下者可以用
之. 若明角燈珠燈, 皆無隙可入, 雖有長剪, 何所用之. 至于梁間放
索, 則是燈皆可. 二事亦可幷行, 行之之法, 又與前說相反. 燈柱居
中不動, 而提起外幕以俟剪, 剪畢復下. 又合居重馭輕[45]之法, 聽
人所好而爲之.


○箋簡

箋簡之制, 由古及今, 不知幾千萬變. 自人物器玩, 以迨花鳥昆
蟲, 無一不肖其形, 無日不新其式. 人心之巧, 技藝之工, 至此極矣.
予謂巧則誠巧, 工則至工, 但其構思落筆之初, 未免馳高騖遠[46],
舍最近者不思, 而遍索于九天之上八極之內, 遂使光燦陸離者總
成贅物, 與書牘之本事無幹. 予所謂至近者非也, 卽其手中所制之
箋簡是也. 旣名箋簡, 則箋簡二字中便有無窮本義. 魚書雁帛而外,
不有竹刺之式可爲乎. 書本之形可肖乎. 卷冊便面, 錦屛繡軸之上,
非染翰揮毫之地乎. 石壁可以留題, 蕉葉曾經代紙, 豈意未之前
聞, 而爲予之臆說乎. 至于蘇蕙娘所織之錦, 又後人思之慕之, 欲
書一字于其上而不可復得者也.

我能肖諸物之形似以箋, 則箋上所列, 皆題詩作字之料也. 還
其固有, 絶其本無, 悉是眼前韵事, 何用他求. 已命僕奴逐款制就,

45 居重馭輕거중어경: 중요한 위치를 차지하여 경미한 것을 제어하다. 병권을 장악하여
정권을 제어하다. 출처는 송나라 학자 유문표兪文豹의 잡기 「취검록외집吹劍錄外集」.
46 馳高騖遠치고무원: 호고무원好高騖遠. 실제와 부합되지 않게 지나치게 높은 목표를
추구하다. 출처는 「송사」 「정호전程顥傳」.

售之坊間, 得錢付梓人[47], 仍備剞劂[48]之用. 是此後生生不已. 其新人見聞, 愉人揮灑之事, 正未有艾. 卽呼予爲薛濤幻身, 予亦未嘗不受. 蓋鬚眉男子之不傳, 有愧于知名女子者, 正不少也. 已經制就者, 有韵事箋八種, 織錦箋十種. 韵事者何. 題石題軸便面書卷剖竹雪蕉卷子冊子是也. 錦紋十種, 則盡倣廻文織錦之義, 滿幅皆錦, 止留縠紋缺處代人作書, 書成之後, 與織就之廻文無異. 十種錦紋各別, 作書之地亦不雷同. 慘淡經營, 事難縷述, 海內名賢欲得者, 倩人向金陵購之. 是集內種種新式, 未能悉走實中, 借此一端, 以陳大概. 售箋之地卽售書之地, 凡予生平著作, 皆萃于此. 有嗜痂之癖者, 貿此以去, 如偕笠翁而歸. 千里神交, 全賴乎此. 只今知己遍天下, 豈盡謀面之人哉金陵承恩寺中有芥子園名箋五字署名者, 卽其處也.

是集中所載諸新式, 聽人效而行之. 惟箋帖之體裁, 則令侯奴自制自售, 以代筆耕, 不許他人翻梓. 已經傳札布告, 誠之于初矣. 倘仍有壟斷之豪, 或照式刊行, 或增減一地, 或稍變其形, 卽以他人之功冒爲己有, 食其利而抹煞其名者, 此卽中山狼之流亞也. 當隨所在之官司而控告焉, 伏望主持公道. 至于倚富恃強, 翻刻湖上笠翁之書者, 六合以內, 不知凡幾. 我耕彼食, 情何以堪. 誓當決一死戰, 布告當事, 卽以是集爲先聲. 總之天地生人, 各賦以心, 卽宜

---

47 **梓人**재인: 고대의 목공木工. 건축 기술자도 '재인'이라고 했다. 출처는 『고공기考工記』 「총서總序」.
48 **剞劂**기궐: 인쇄하려고 목판에 새기다. 출처는 명나라 극작가 주이정周履靖(1549∼1640)의 희곡 『금전기錦箋記』의 제록題錄(목록).

各生其智, 我未嘗塞彼心胸, 使之勿生智巧, 彼焉能奪吾生計, 使不得自食其力[49]哉.


## 2. 位置

器玩未得, 則講購求. 及其既得, 則講位置. 位置器玩與位置人才同一理也. 設官授職者, 期于人地相宜. 安器置物者, 務在縱橫得當. 設以刻刻需用者, 而置之高閣, 時時防壞者, 而列于案頭, 是猶理繁治劇之材, 處清靜無爲之地, 黼黻皇猷[50]之品, 作驅馳孔道之官. 有才不善用, 與空國無人等也.

他如方圓曲直, 齊整參差, 皆有就地立局之方, 因時制宜之法. 能于此等處展其才略, 使人入其戶登其堂, 見物物皆非苟設, 事事具有深情, 非特泉石勛猷, 于此足徵全豹, 卽論廟堂經濟, 亦可微見一斑. 未聞有顚倒其家, 而能整齊其國者也.


## ○忌排偶

臚列古玩, 切忌排偶. 此陳說也. 予生平耻拾唾餘, 何必更蹈其轍. 但排偶之中, 亦有分別. 有似排非排, 非偶是偶. 又有排偶其

---

**49** 自食其力자식기력: 자신의 능력에 의지하여 생활하다. 출처는 원나라 학자 진호陳澔(1260~1341)의 『예기집설禮記集說』.
**50** 黼黻皇猷보불황유: 조정을 보좌하다. 보黼는 백색과 흑색으로 된 옷이고 불黻은 청색과 적색으로 된 옷으로서, 제왕이나 고위 관리가 착용하는 복장이며 보좌한다는 의미다. 황유皇猷는 제왕의 교화나 책략이다. 출처는 명나라 무명씨의 희곡 『명봉기鳴鳳記』「배알충령拜謁忠靈」.

名, 而不排偶其實者. 皆當疏明其說, 以備講求. 如天生一日, 復生一月, 似乎排矣, 然二曜出不同時, 且有極明微明之別, 是同中有異, 不得竟以排比目之矣. 所忌乎排偶者, 謂其有意使然, 如左置一物, 右無一物以配之, 必求一色相俱同者與之相拌, 是則非偶而是偶, 所當急忌者矣. 若夫天生一對, 地生一雙. 如雌雄二劍, 鴛鴦二壺, 本來原在一處者, 而我必欲分之, 以避排偶之迹, 則亦矯揉執滯, 大失物理人情之正矣. 卽避排偶之迹, 亦不必強使分開, 或比肩其形, 或連環其勢, 使二物合成一物, 卽排偶其名, 而不排偶其實矣. 大約擺列之法, 忌作八字形, 二物拌列, 不分前後不爽分寸者是也. 忌作四方形, 每角一物, 勢如小菜碟者是也. 忌作梅花體, 中置一大物, 周遭以小物是也. 餘可類推.

當行之法, 則有時變化, 就地權宜. 視形體爲縱橫曲直, 非可預設規模者也. 如必欲強拈一二, 若三物相俱, 宜作品字格, 或一前二後, 或一後二前, 或左一右二, 或右一左二, 皆謂錯綜. 若以三者拌列, 則犯排矣. 四物相共, 宜作心字及火字格, 擇一或高或長者爲主, 餘前後左右列之, 但宜疏密斷連, 不得均勻配合, 是謂參差. 若左右各二, 不使單行, 則犯偶矣. 此其大略也, 若夫潤澤之, 則在雅人君子.

○貴活變51

幽齋陳設, 妙在日異月新. 若使古董生根, 終年皰繫52一處, 則因物多腐象, 遂使人少生機, 非善用古玩者也. 居家所需之物, 惟房舍不可動移, 此外皆當活變. 何也. 眼界關乎心境, 人欲活潑其心, 先宜活潑其眼. 卽房舍不可動移, 亦有起死回生之法. 譬如造屋數進, 取其高卑廣隘之尺寸不甚相懸者, 授意匠工, 凡作窗櫺門扇, 皆同其寬窄而異其體裁, 以便交相更替.

同一房也, 以彼處門窗挪入此處, 便覺耳目一新, 有如房舍皆遷者. 再入彼屋, 又換一番境界, 是不特遷其一, 且遷其二矣. 房舍猶然, 況器物乎. 或卑者使高, 或遠者使近, 或一物別之旣久, 而使一旦相親, 或數物混處多時, 而使忽然隔絕, 是無情之物變爲有情, 若有悲觀離合于其間者. 但須左之右之, 無不宜之, 則造物在手, 而臻化境矣. 人謂朝東夕西, 往來僕僕, 何許子之不憚煩乎53. 予曰, 陶士行之運甓, 視此猶煩, 未有笑其多事多. 況古玩之可親, 猶勝于甓, 樂此者不覺其疲, 但不可爲飽食終日無所用心者道.

古玩中香爐一物, 其體極靜, 其用又妙在極動, 是當一日數遷其位, 片刻不容膠柱者也. 人問其故, 予以風帆喻之. 舟行所挂之帆, 視風之斜正爲斜正. 風從左而帆向右, 則舟不進而且退矣. 位置香爐之法亦然.

---

51 活變활변: 영활하게 처리하다.
52 皰繫포계: 오랫동안 객지에 머무르다. 출처는 『논어』 「양화」.
53 何許子之不憚煩乎하허자지불탄번호: 출처는 『맹자』 「등문공상」으로 맹자가 허자를 비판한 말이다.

當由風力起見. 如一室之中有南北二牖, 風從南來, 則宜位置于正南, 風從北入, 則宜位置于正北. 若風從東南或從西北, 則又當位置稍偏, 總以不離乎風者近是. 若反風所向, 則風去香隨, 而我不沾其味矣. 又須啓風來路, 塞風去路. 如風從南來而洞開北牖, 風從北至而大辟南軒, 皆以風爲過客, 而香亦傳舍[54]視我矣. 須知器玩之中, 物物皆可使靜, 獨香爐一物, 勢有不能. 愛之能勿勞乎. 待人之法也, 吾于香爐亦云.

——
**54** 傳舍전사: 여관. 객점. 출처는 『사기』 「평원군우경열전平原君虞卿列傳」.

제4부 飮饌[1]部


## 1. 蔬食


吾觀人之一身, 眼耳鼻舌, 手足軀骸, 件件都不可少. 其盡可不設而必欲賦之, 遂爲萬古生人之累者, 獨是口腹二物. 口腹具而生計繁矣, 生計繁而詐僞奸險之事出矣. 詐僞奸險之事出, 而五刑不得不設. 君不能施其愛育, 親不能遂其恩私. 造物好生, 而亦不能不逆行其志者, 皆當日賦形不善, 多此二物之累也.

草木無口腹, 未嘗不生. 山石土壤無飮食, 未聞不長養. 何事獨異其形, 而賦以口腹. 卽生口腹, 亦當使如魚蝦之飮水, 蜩螗[2]之吸露, 盡可滋生氣力, 而爲潛躍飛鳴. 若是, 則可與世無求, 而生人之患熄矣. 乃旣生以口腹, 又復多其嗜欲, 使如溪壑之不可厭[3]. 多其嗜欲, 又復洞其底裏, 使如江海之不可塡. 以致人之一生, 竭五官百骸之力, 供一物之所耗而不足哉. 吾反復推詳, 不能不于造物

---

1 飮饌음찬: 음식. 출처는 동진의 학자 간보干寶(?~336)의 소설 『진녀매침기秦女賣枕記』.
2 蜩螗조당: 쓰르라미와 씽씽매미(털매미).
3 溪壑之不可厭계학지불가염: 계곡처럼 커서 만족시킬 수 없다. 출처는 『남제서南齊書』 「사조전謝朓傳」. 계학溪壑은 계곡의 의미이지만 만족시키기 어려운 커다란 탐욕을 비유한다.

是咎, 亦知造物于此. 未嘗不自悔其非, 但以制定難移, 只得終遂
其過. 甚矣. 作法愼初, 不可草草定制. 吾輯是編而謬及飲饌, 亦
是可已不已之事. 其止崇儉, 不導奢靡⁴者, 因不得已而爲造物飾
非, 亦當慮始計終, 而爲庶物⁵弭患. 如逞一己之聰明, 導千萬人之
嗜欲, 則匪特禽獸昆蟲無噍類, 吾慮風氣所開, 日甚一日. 焉知不
有易牙復出, 烹子求榮, 殺嬰兒以媚權⁶奸, 如亡隋故事者哉. 一誤
豈堪再誤. 吾不敢不以賦形造物視作覆車⁷.

聲音之道, 絲不如竹, 竹不如肉, 爲其漸近自然. 吾謂飲食之道,
膾不如肉, 肉不如蔬, 亦以其漸近自然也. 草衣木食⁸, 上古之風.
人能疏遠肥膩, 食蔬蕨而甘之, 腹中菜園, 不使羊來踏破, 是猶作
羲皇⁹之民, 鼓唐虞¹⁰之腹, 與崇尙古玩同一致也. 所怪于世者, 棄
美名不居, 而故異端其說, 謂佛法如是, 是則謬矣. 吾輯飲饌一卷,
後肉食而首蔬菜, 一以崇儉, 一以復古. 至重宰割而惜生命, 又其
念玆在玆¹¹, 而不忍或忘者矣.

---

4 奢靡사미: 사치하고 낭비하다. 출처는 『한서』 「지리지하地理志下」.
5 庶物서물: 만물. 출처는 『역경』 건괘乾卦.
6 媚權미권: 갖은 수단으로 권세가에게 아첨하다.
7 覆車복거: 실패의 교훈. 출처는 『후한서』 「적포전翟酺傳」.
8 草衣木食초의목식: 풀을 엮어 옷을 만들고 나무 열매를 식량으로 하다. 출처는 원나라
극작가 마치원馬致遠(1250?~1321?)의 희곡 『황량몽黃粱夢』.
9 羲皇희황: 삼황오제 중 복희伏羲.
10 唐虞당우: 요임금과 순임금. 태평성대.
11 念玆在玆염자재자: 한 가지 일을 늘 생각하여 잊지 못하다. 출처는 『상서』 「대우모大禹
謨」.

○笋

論蔬食之美者, 曰清, 曰潔, 曰芳馥, 曰鬆脆而已矣. 不知其至美
所在, 能居肉食之上者, 只在一字之鮮. 記曰, 甘受和, 白受采. 鮮
卽甘之所從出也. 此種供奉, 惟山僧野老躬治園圃者, 得以有之,
城市之人向賣菜佣[12]求活者, 不得與焉. 然他種蔬食, 不論城市山
林, 凡宅旁有圃者, 旋摘旋烹, 亦能時有其樂. 至于笋之一物, 則
斷斷宜在山林, 城市所産者, 任爾芳鮮, 終是笋之剩義[13]. 此蔬食
中第一品也, 肥羊嫩豕, 何足比肩. 但將笋肉齊烹, 合盛一簋, 人止
食笋而遺肉, 則肉爲魚而笋爲熊掌可知矣. 購于市者且然, 況山中
之旋掘者乎.

食笋之法多端, 不能悉紀, 請以兩言概之, 曰素宜白水[14], 葷用
肥豬. 茹齋[15]者食笋, 若以他物伴之, 香油和之, 則陳味奪鮮, 而笋
之眞趣沒矣. 白煮俟熟, 略加醬油, 從來至美之物, 皆利于孤行, 此
類是也. 以之伴葷, 則牛羊鷄鴨等物皆非所宜, 獨宜于豕, 又獨宜
于肥. 肥非欲其膩也, 肉之肥者能甘, 甘味入笋, 則不見其甘, 但覺
其鮮之至也. 烹之旣熟, 肥肉盡當去之, 卽汁亦不宜多存, 存其半
而益以淸湯.

調和之物, 惟醋與酒. 此製葷笋之大凡也. 笋之爲物, 不止孤行

———
12 賣菜佣매채용: 채소를 판매하는 사람. 미천한 사람을 비유한다. 출처는 명나라 극작
　가 심자징沈自徵(1591~1641)의 잡극 『잠화계簪花髻』.
13 剩義잉의: 체계를 이루지 못한 단편적인 의미.
14 白水백수: 맑은 물. 출처는 서진 문학가 반악潘岳(247~300)의 시 「회현에서 지어在懷
　縣作」.
15 茹齋여재: 끽재喫齋. 흘재吃齋. 육류가 없는 식사를 하다. 출처는 원나라 극작가 장국
　빈張國賓의 잡극 『합한삼合汗衫』 제3절.

幷用, 各見其美, 凡食物中無論葷素, 皆當用作調和. 菜中之笋與藥中之甘草, 同是必需之物. 有此則諸味皆鮮, 但不當用其渣滓[16], 而用其精液. 庖人之善治具者, 凡有焯笋之湯, 悉留不去, 每作一饌, 必以和之, 食者但知他物之鮮, 而不知有所以鮮之者在也. 本草中所載諸食物, 益人者不盡可口, 可口者未必益人, 求能兩擅其長者, 莫過于此. 東坡云, 寧可食無肉, 不可居無竹. 無肉令人瘦, 無竹令人俗. 不知能醫俗者, 亦能醫瘦, 但有已成竹未成竹之分耳.

○蕈

求至鮮至美之物于笋之外, 其惟蕈乎. 蕈之爲物也, 無根無蒂, 忽然而生, 蓋山川草木之氣, 結而成形者也, 然有形而無體. 凡物有體者必有渣滓, 旣無渣滓, 是無體也. 無體之物, 猶未離乎氣也. 食此物者, 猶吸山川草木之氣, 未有無益于人者也. 其有毒而能殺人者, 本草云以蛇蟲行之故. 予曰不然. 蕈大幾何, 蛇蟲能行其上. 況又極弱極脆而不能載乎. 蓋地之下有蛇蟲, 蕈生其上, 適爲毒氣所鍾, 故能害人. 毒氣所鍾者能害人, 則爲淸虛之氣所鍾者, 其能益人可知矣. 世人辨之原有法, 苟非有毒, 食之最宜. 此物素食固佳, 伴以少許葷食[17]尤佳. 蓋蕈之淸香有限, 而汁之鮮味無窮.

○蓴

陸之蕈, 水之蓴, 皆淸虛妙物也. 予嘗以二物作羹, 和以蟹之

---

16 渣滓사재: 찌꺼기. 앙금. 출처는 『주자어류朱子語類』 권16.
17 葷食훈식: 육류가 포함된 음식.

黃18魚之肋19, 名曰四美羹. 座客食而甘之, 曰今而後, 無下箸處矣.

○菜

世人製菜之法, 可稱百怪千奇, 自新鮮以至于淹糟醬腊, 無一不曲盡奇能20. 務求至美, 獨于起根發軔21之事, 缺焉不講, 予甚惑之. 其事維何. 有八字訣云, 摘之務鮮, 洗之務淨. 務鮮之論, 已悉前篇.

蔬食之最淨者, 曰笋, 曰蕈, 曰豆芽. 其最穢者, 則莫如家種之菜. 灌肥之際, 必連根帶葉而澆之. 隨澆隨摘, 隨摘隨食, 其間清濁, 多有不可問者. 洗菜之人, 不過浸入水中, 左右數漉, 其事畢矣. 孰知污穢之濕者可去, 乾者難去, 日積月累之糞, 豈頃刻數漉之所能盡哉. 故洗菜務得其法, 并須務得其人. 以懶人性急之人洗菜, 猶之乎弗洗也. 洗菜之法, 入水宜久, 久則乾者浸透而易去. 洗葉用刷, 刷則高低曲折處皆可到, 始能滌盡無遺. 若是, 則菜之本質淨矣. 本質淨而後可加作料, 可盡人工, 不然, 是先以污穢作調和, 雖有百和之香, 能敵一星之臭乎. 噫. 富室大家食指22繁盛者, 欲保其不食污穢, 難矣哉. 菜類甚多, 其杰出者則數黃芽23. 此

---

18 蟹之黃해지황: 게의 알.
19 魚之肋어지륵: 복어의 어백魚白, 즉 배 속에 있는 하얀 정액덩어리로 '이리'라고 한다.
20 奇能기능: 특수한 재능. 출처는 한나라 유향의 『열녀전列女傳』「제종리춘齊鍾離春」.
21 發軔발인: 수레의 잠금장치를 풀어 운행을 시작하다. 출처는 굴원의 「이소離騷」.
22 食指식지: 식구의 수. 가족. 출처는 명나라 문학가 전자정錢子正의 시 「계곡에서 본 것溪上所見」.
23 黃芽황아: 배추.

菜萃于京師, 而産于安肅, 謂之安肅菜, 此第一品也. 每株大者可
數斤, 食之可忘肉味. 不得已而思其次, 其惟白下[24]之水芹[25]乎. 予
自移居白門[26], 每食菜食葡萄, 輒思都門[27]. 食笋食鷄豆, 輒思武
陵. 物之美者, 猶令人每食不忘, 況爲適館[28]授餐之人乎. 菜有色
相最奇, 而爲本草食物志諸書之所不載者, 則西秦所産之頭髮菜
是也. 予爲秦客, 傳食于塞上諸侯. 一日脂車[29]將發, 見炕上有物,
儼然亂髮一卷, 謬謂婢子櫛髮所遺, 將欲委之而去. 婢子曰不然,
群公所餉之物也. 詢之土人, 知爲頭髮菜. 浸以滾水, 拌以薑醋,
其可口倍于藕絲鹿角等菜. 携歸餉客, 無不奇之, 謂珍錯中所未
見. 此物産于河西, 爲値甚賤, 凡適秦者皆爭購異物, 因其賤也而
忽之, 故此物不至通都[30], 見者絶少. 由是觀之, 四方賤物之中, 其
可貴者不知凡幾, 焉得人人物色之. 髮菜之得至江南, 亦千載一時
之至幸也.

24 白下백하: 강소성 남경 서북에 있던 고대 지명. 남경의 별명.
25 水芹수근: 미나리. 학명은 *Oenanthe javanica*. 미나리과에 속하는 여러해살이 풀
로 어린잎과 줄기를 식용으로 사용하며 독특한 향기가 있다.
26 白門백문: 남경.
27 都門도문: 도성의 성문, 즉 경성. 출처는 『한서』 「왕망전하王莽傳下」.
28 適館적관: 『시경』 「정풍·치의鄭風·緇衣」에서 나왔으며 본뜻은 '관사官舍로 가다.' 여기
서는 '좋은 장소로 간다'는 의미로 풀었다.
29 脂車지거: 수레 축에 기름을 칠하여 잘 굴러가도록 하다. 수레가 출발하는 것을 가리
킨다. 출처는 서진 문학가 하후잠夏侯湛(243?~291?)의 「저의抵疑」.
30 通都통도: 사통팔달한 도시. 출처는 남조 송나라 문학가 안연지顔延之(384~456)의
「자백마부赭白馬賦」.

○瓜茄瓠芋山藥[31]

瓜茄瓠芋諸物, 菜之結而爲實者也. 實則不止當菜, 兼作飯矣. 增一簋菜, 可省數合粮者, 諸物是也. 一事兩用, 何儉如之. 貧家購此, 同于粜粟. 但食之各有其法. 煮冬瓜絲瓜, 忌太生, 煮王瓜甜瓜, 忌太熟. 煮茄瓠, 利用醬醋, 而不宜于鹽. 煮芋, 不可無物伴之, 蓋芋之本身無味, 借他物以成其味者也. 山藥則孤行幷用, 無所不宜, 幷油鹽醬醋不設, 亦能自呈其美, 乃蔬食中之通材[32]也.

○葱蒜韭

葱蒜韭三物, 菜味之至重者也. 菜能芬人齒頰者, 香椿頭[33]是也. 菜能穢人齒頰及腸胃者, 葱蒜韭是也. 椿頭明知其香, 而食者頗少, 葱蒜韭盡識其臭, 而嗜之者衆, 其故何歟. 以椿頭之味雖香而淡, 不若葱蒜韭之氣甚而濃. 濃則爲時所爭尙, 甘受其穢而不辭. 淡則爲世所共遺, 自薦其香而弗受.

吾于飲食一道, 悟善身處世之難. 一生絶三物不食, 亦未嘗多食香椿, 殆所謂夷惠之間者乎. 予待三物有差. 蒜則永禁弗食. 葱雖弗食, 然亦聽作調和. 韭則禁其終而不禁其始, 芽之初發, 非特不臭, 且具淸香, 是其孩提[34]之心之未變也.

---

31 山藥산약: 마. 산우山芋나 서여薯蕷라고도 하며, 덩굴성 여러해살이풀로 산지에서 자라고, 연뿌리처럼 길게 자라는 덩이뿌리는 식용과 약용으로 쓰인다.
32 通材통재: 통용되는 재료.
33 香椿頭향춘두: 참죽나무의 새순.
34 孩提해제: 2~3살의 아이. 유아 시기. 출처는 『맹자』「진심상盡心上」.

○蘿卜

生蘿卜切絲作小菜, 伴以醋及他物, 用之下粥最宜. 但恨其食後打噯[35], 噯必穢氣. 予嘗受此厄于人, 知人之厭我, 亦若是也, 故亦欲絕而弗食. 然見此物大異葱蒜, 生則臭, 熟則不臭. 是與初見似小人, 而卒爲君子者等也. 雖有微過, 亦當恕之, 仍食勿禁.


○芥辣汁

菜有具薑桂之性者乎. 曰有, 辣芥是也. 製辣汁之芥子, 陳者絕佳, 所謂愈老愈辣是也. 以此拌物, 無物不佳. 食之者如遇正人, 如聞讜論[36], 困者爲之起倦, 悶者以之豁襟, 食中之爽味也. 予每食必備, 竊比于夫子之不撤薑也.


## 2. 穀食

食之養人, 全賴五穀. 使天止生五穀而不産他物, 則人身之肥而壽也, 較此必有過焉, 保無疾病相煎, 壽夭不齊之患矣. 試觀鳥之啄粟, 魚之飮水, 皆止靠一物爲生, 未聞于一物之外, 又有爲之看饌酒漿, 諸飮雜食者也. 乃禽魚之死, 皆死于人, 未聞有疾病而死, 及天年[37]自盡而死者, 是止食一物, 乃長生久視之道也. 人則

---

35 打噯타애: 트림하다.
36 讜論당론: 당언讜言. 정직한 말. 직언. 출처는 『한서』 「서전상敍傳上」.
37 天年천년: 천연의 수명. 천수. 출처는 『장자』 「산목山木」.

不幸而爲精腆38所誤. 多食一物, 多受一物之損傷, 少靜一時, 少安一時之淡泊. 其疾病之生, 死亡之速, 皆飮食太繁, 嗜欲過度之所致也. 此非人之自誤, 天誤之耳. 天地生物之初, 亦不料其如是, 原欲利人口腹, 孰意利之反以害之哉. 然則人欲自愛其生者, 卽不能止食一物, 亦當稍存其意, 而以一物爲君. 使酒肉雖多, 不勝食氣, 卽使爲害, 當亦不甚烈耳.

○飯粥

粥飯二物, 爲家常日用之需, 其中機縠39, 無人不曉, 焉用越俎40者強爲致詞. 然有吃緊41二語, 巧婦知之而不能言者, 不妨代爲喝破, 使姑傳之媳, 母傳之女, 以兩言代千百言, 亦簡便利人之事也.

先就粗者言之. 飯之大病, 在內生外熟, 非爛卽焦. 粥之大病, 在上淸下淀, 如糊如膏. 此火候不均之故, 惟最拙最笨者有之, 稍能炊爨者, 必無是事. 然亦有剛柔合道, 燥濕得宜, 而令人咀之嚼之, 有粥飯之美形, 無飮食之至味者. 其病何在. 曰挹水無度, 增減不常之爲害也.

其吃緊二語, 則曰粥水忌增, 飯水忌減. 米用幾何, 則水用幾何,

---

38 精腆정전: 정갈하고 좋으며 풍성하다. 출처는 『신당서』 「구화전丘和傳」.
39 機縠기구: 도리. 원리. 출처는 명나라 문학가 장봉익張鳳翼(1527~1613)의 희곡 『홍불기紅拂記』 「주규담협秋閨談俠」.
40 越俎월조: 월조대포越俎代庖. 제사를 주관하는 사람이 제기를 넘어가서 요리사를 대신하여 자리를 마련하다. 자신의 업무 범위를 넘어서 다른 사람의 일을 처리하는 것을 비유. 출처는 『장자』 「소요유逍遙遊」.
41 吃緊흘긴: 긴요하다. 출처는 송나라 문학가 유극장劉克莊(1187~1269)의 사詞 「하신랑賀新郎」.

宜有一定之度數. 如醫人用藥, 水一鍾或鍾半, 煎至七分或八分,
皆有定數. 若以意爲增減, 則非藥味不出, 卽藥性不存, 而服之無
效矣. 不善執爨[42]者, 用水不均, 煮粥常患其少, 煮飯常苦其多. 多
則逼而去之, 少則增而入之, 不知米之精液全在于水, 逼去飯湯
者, 非去飯湯, 去飯之精液也. 精液去則飯爲渣滓, 食之尙有味乎.
粥之旣熟, 水米成交, 猶米之釀而爲酒矣. 慮其太厚而入之以水,
非入水于粥, 猶入水于酒也. 水入而酒成糟粕[43], 其味尙可咀乎.
故善主中饋者, 挹水時必限以數, 使其勻不能增. 滴無可減, 再加
以火候調勻, 則其爲粥爲飯, 不求異而異乎人矣.

宴客者有時用飯, 必較家常所食者稍精. 精用何法. 曰使之有香
而已矣. 予嘗授意小婦[44], 預設花露[45]一盞, 俟飯之初熟而澆之,
澆過稍閉, 拌勻而後入碗. 食者歸功于穀米, 詫爲異種而訊之, 不
知其爲尋常五穀也. 此法祕之已久, 今始告人. 行此法者, 不必滿
釜澆遍, 遍則費露甚多, 而此法不行于世矣. 止以一盞澆一隅, 足
供佳客所需而止. 露以薔薇香櫞桂花三種爲上, 勿用玫瑰, 以玫瑰
之香, 食者易辨, 知非穀性所有. 薔薇香櫞桂花三種, 與穀性之香
者相若, 使人難辨, 故用之.

---

42 執爨집찬: 취사를 담당하다. 출처는 『시경』「소아·초자小雅·楚茨」.
43 糟粕조박: 술지게미. 가치 없는 것. 출처는 유향劉向의 『신서新序』「잡사2雜事二」.
44 小婦소부: 첩. 출처는 『한서』「원후전元后傳」.
45 花露화로: 꽃에 맺힌 이슬. 출처는 전촉前蜀의 문학가 위장韋莊(836?~910?)의 사詞
「주천자酒泉子」.

○湯

湯卽羹之別名也. 羹之爲名, 雅而近古. 不曰羹而曰湯者, 慮人古雅其名, 而卽鄭重其實[46], 似專爲宴客而設者. 然不知羹之爲物, 與飯相俱者也. 有飯卽應有羹, 無羹則飯不能下. 設羹以下飯[47], 乃圖省儉之法, 非尙奢靡之法也.

古人飮酒, 卽有下酒[48]之物. 食飯, 卽有下飯之物. 世俗改下飯爲厦飯, 謬矣. 前人以讀史爲下酒物, 豈下酒之下, 亦從厦乎. 下飯二字, 人謂指看饌而言, 予曰不然. 看饌乃滯飯之具, 非下飯之具也. 食飯之人見美饌在前, 匕箸遲疑[49]而不下, 非滯飯之具而何. 飯猶舟出, 羹猶水也. 舟之在灘, 非水不下, 與飯之在喉, 非湯不下, 其勢一也. 且養生之法, 食貴能消. 飯得羹而卽消, 其理易見. 故善養生者, 吃飯不可不羹. 善作家者, 吃飯亦不可無羹. 宴客而爲省饌計者, 不可無羹. 卽宴客而欲其果腹[50]始去, 一饌不留者, 亦不可無羹. 何也. 羹能下飯, 亦能下饌故也. 近來吳越[51]張筵, 每饌必注以湯, 大得此法. 吾謂家常自膳, 亦莫妙于此. 寧可食無饌, 不可飯無湯. 有湯下飯, 卽小菜不設, 亦可使哺啜[52]如流. 無湯下飯, 卽

---

46 鄭重其實정중기실: 실제로 엄숙하고 진지하다.

47 下飯하반: 식사를 돕다. 밥과 함께 먹기에 좋다. 출처는 남송의 학자 범공칭范公偁(1126~1158)의 필기 『과정록過庭錄』.

48 下酒하주: 술을 권하기에 적당하다. 술과 함께 먹기에 좋다. 출처는 북위 가사협賈思勰의 『제민요술齊民要術』「포석脯腊」.

49 遲疑지의: 주저하다. 머뭇거리다. 출처는 『후한서』「동탁전론董卓傳論」.

50 果腹과복: 불룩한 배. 출처는 당나라 문학가 유종원柳宗元(773~819)의 산문 「증왕손문贈王孫文」.

51 吳越오월: 강소성과 절강성. 오나라와 월나라가 주로 지금의 장쑤성과 저장성 지역에 있었으므로 대칭으로 사용된다.

52 哺啜포철: 포철餔歠. 먹고 마시다. 출처는 『맹자』「이루상離婁上」.

美味盈前, 亦有時食不下咽. 予以一赤貧之士, 而養半百口之家, 有飢時而無饉日者, 遵是道也.


○糕餅53

穀食之有糕餅, 猶肉食之有脯膾. 魯論云, 食不厭精, 膾不厭細. 製糕餅者于此二句, 當兼而有之. 食之精者, 米麥是也. 膾之細者, 粉麵是也. 精細兼長, 始可論及工拙. 求工之法, 坊刻所載甚詳, 予使拾而言之, 以作製餅製糕之印板, 則觀者必大笑曰, 笠翁不拾唾餘, 今于飲食之中, 現增一副依樣葫蘆矣. 馮婦下車54, 請戒其始. 只用二語括之, 曰糕貴乎鬆, 餅利于薄.


○麵55

南人飯米, 北人飯麵, 常也. 本草云, 米能養脾, 麥能補心, 各有所裨于人者也. 然使竟日窮年止食一物, 亦何其膠柱口腹, 而不肯兼愛心脾乎. 予南人而北相, 性之剛直似之, 食之強橫亦似之. 一日三餐, 二米一麵, 是酌南北之中, 而善處心脾之道也. 但其食麵之法, 小異于北, 而且大異于南. 北人食麵多作餅, 予喜條分而縷晰之, 南人之所謂切麵是也. 南人食切麵, 其油鹽醬醋等作料, 皆

---

53 糕餅고병: 고糕는 쌀가루나 밀가루를 다른 재료와 반죽하여 찌거나 구워 만든 식품. 병餅은 둥그스름하고 납작한 모양의 밀가루로 만든 식품. 고병에는 떡·빵·과자·전병 등이 포함된다.
54 馮婦下車풍부하거: 풍부가 수레에서 내리다. 그만두었던 일을 다시 하는 것을 비유한다. 출처는 『맹자』「진심하」.
55 麵면: 국수와 밀가루의 두 가지 의미가 다 있으며, 상황에 따라 풀이했다.

下于麵湯之中, 湯有味而麵無味, 是人之所重者不在麵而在湯, 與未嘗食麵等也. 予則不然, 以調和諸物, 盡歸于麵, 麵具五味而湯獨淸. 如此方是食麵, 非飮湯也. 所製麵有二種, 一曰五香麵, 一曰八珍麵. 五善膳己, 八珍餉客, 略分豐儉于其間.

五香者何. 醬也, 醋也, 椒末也, 芝蔴屑也, 焯笋或煮蕈煮蝦之鮮汁也. 先以椒末芝蔴屑二物拌入麵中, 後以醬醋及鮮汁三物和爲一處, 卽充拌麵之水, 勿再用水. 拌宜極勻, 擀56宜極薄, 切宜極細. 然後以滾水下之, 則精粹之物盡在麵中, 盡勻咀嚼, 不似尋常吃麵者, 麵則直呑下肚, 而止咀咂57其湯也. 八珍者何. 鷄魚蝦三物之肉, 晒使極乾, 與鮮笋香蕈芝蔴花椒四物, 共成極細之末, 和入麵中, 與鮮汁共爲八種. 醬醋亦用, 而不列數內者, 以家常日用之物, 不得名之以珍也. 鷄魚之肉, 務取極精, 稍帶肥膩者弗用, 以麵性見油卽散, 擀不成片, 切不成絲故也. 但觀製餠餌者, 欲其鬆而不實, 卽拌以油, 則麵之爲性可知己. 鮮汁不用煮肉之湯, 而用笋蕈蝦汁者, 亦以忌油故耳. 所用之肉, 鷄魚蝦三者之中, 惟蝦最便, 屑米爲麵, 勢如反掌, 多存其末, 以備不時之需. 卽膳己之五香, 亦未嘗不可六也. 拌麵之汁, 加鷄蛋靑58一二盞更宜, 此物不列于前而附于後, 以世人知用者多, 列之又同剿襲59耳.

---

56 擀간: 홍두깨로 반죽을 밀어 얇게 펴다.
57 咀咂저잡: 깊이 음미하다. 출처는 이어의 희곡 『황구봉凰求鳳』「수란囚鸞」.
58 鷄蛋靑계단청: 계단청鷄蛋淸. 계란 흰자위.
59 剿襲초습: 초습勦襲. 표절하다. 출처는 명나라 문학가 도륭屠隆(1543~1605)의 문집 『홍포집鴻苞集』 권17.

○粉

粉之名曰甚多, 其常有而適于用者, 則惟藕葛蕨綠豆四種. 藕葛二物, 不用下鍋, 調以滾水, 卽能變生成熟. 昔人云, 有倉卒客, 無倉卒主人. 欲爲倉卒主人, 則請多儲二物. 且卒急救飢, 亦莫善于此. 駕舟車行遠路者, 此是餱粮[60]中首善之物. 粉食之耐咀嚼者, 蕨爲上, 綠豆次之. 欲綠豆粉之耐嚼, 當稍以蕨粉和之. 凡物入口而不能卽下, 不卽下而又使人咀之有味, 嚼之無聲者, 斯爲妙品. 吾遍索飮食中, 惟得此二物. 綠豆粉爲湯, 蕨粉爲下湯之飯, 可稱二耐, 齒牙遇此, 殆亦所謂勞而不怨者哉.


## 3. 肉食


肉食者鄙. 非鄙其食肉, 鄙其不善謀也. 食肉之人之不善謀者, 以肥膩之精液, 結而爲脂, 蔽障胸臆, 猶之茅塞其心, 使之不復有竅也. 此非予之臆說, 夫有所驗之矣. 諸獸食草木雜物, 皆狡猾而有智. 虎獨食人, 不得人則食諸獸之肉, 是匪肉不食者, 虎也. 虎者, 獸之至愚者也. 何以知之. 考諸群書則信矣.

虎不食小兒, 非不食也, 以其痴不懼虎, 謬謂勇士而避之也. 虎不食醉人, 非不食也, 因其醉勢猖獗[61], 目爲勁敵而防之也. 虎不

---

60 餱粮후량: 후량糇粮. 건량. 출처는 『시경』 「대아·공류大雅·公劉」.
61 猖獗창궐: 마구 날뛰다. 출처는 남조 양梁나라 문학가 구지丘遲(464~508)의 「진백지에게 주는 글與陳伯之書」.

行曲路, 人遇之者, 引至曲路卽得脫. 其不行曲路者, 非若澹臺滅明之行不由徑, 以頸直不能回顧也. 使知曲路必脫, 先于周行[62]食之矣.

虎苑云, 虎之能搏狗者, 牙爪也. 使失其牙爪, 則反伏于狗矣. 迹是觀之, 其能降人降物而藉之爲粮者, 則專恃威猛, 威猛之外, 一無他能, 世所謂有勇無謀[63]者, 虎是也.

予究其所以然之故, 則以舍肉之外, 不食他物, 脂膩塡胸, 不能生智故. 然則肉食者鄙, 未能遠謀, 其說不旣有徵乎. 吾今雖爲肉食作俑, 然望天下之人, 多食不如少食. 無虎之威猛而益其愚, 與有虎之威猛而自昏其智, 均非養生善後[64]之道也.


○猪

食以人傳者, 東坡肉是也. 卒急聽之, 似非豕之肉, 而爲東坡之肉矣. 噫, 東坡何罪, 而割其肉, 以實千古饞人[65]之腹哉. 甚矣, 名士不可爲, 而名士游戲之小術, 尤不可不愼也. 至數百載而下, 糕布等物, 又以眉公得名. 取眉公糕眉公布之名, 以較東坡肉三字, 似覺彼善于此矣. 而其最不幸者, 則有溷厠[66]中之一物, 俗人呼爲眉公馬桶. 噫, 馬桶何物, 而可冠以雅人高士之名乎. 予非不知肉

62 周行주행: 큰길. 출처는 『시경』 「소아·대동小雅·大東」.
63 有勇無謀유용무모: 용기만 있고 계모가 없다. 출처는 당나라 문학가 육지陸贄(754~805)의 글 「양하와 회서의 이해를 논하는 글論兩河及淮西利害狀」.
64 善後선후: 뒤처리를 잘하다. 출처는 『손자孫子』 「작전作戰」.
65 饞人참인: 식탐하는 사람. 출처는 『자치통감』 「당태종 정관 8년唐太宗貞觀八年」.
66 溷厠혼측: 화장실. 출처는 『오잡조』 「지부1地部一」.

味, 而于豕之一物, 不敢浪措一詞者, 慮爲東坡之續也. 卽溷厠中
之一物, 予未嘗不新其製, 但蓄之家, 而不敢取以示人, 尤不敢筆
之于書者, 亦慮爲眉公之續也.


○羊

物之折耗[67]最重者, 羊肉是也. 諺有之曰, 羊幾貫, 帳難算, 生折
對半熟對半, 百斤止剩念餘斤, 縮到後來只一段. 大率羊肉百斤, 宰
而割之, 止得五十斤, 迨烹而熟之, 又止得二十五斤, 此一定不易之
數也. 但生羊易消, 人則知之. 熟羊易長, 人則未之知也. 羊肉之
爲物, 最能飽人, 初食不飽, 食後漸覺其飽, 此易長之驗也.

凡行遠路及出門作事, 卒急不能得食者, 啖此最宜. 秦之西鄙,
産羊極繁, 土人日食止一餐, 其能不枵腹[68]者, 羊之力也. 本草載
羊肉, 比人參黃芪. 參芪補氣, 羊肉補形. 予謂補人者羊, 害人者亦
羊. 凡食羊肉者, 當留腹中餘地, 以俟其長. 倘初食不節而果其腹,
飯後必有脹而欲裂之形, 傷脾壞腹, 皆由于此, 葆生者不可不知.


○牛犬

猪羊之後, 當及牛犬. 以二物有功于世, 方勸人戒之之不暇, 尙
忍爲制酷刑乎. 略此二物, 遂及家禽, 是亦以羊易牛之遺意也.

67 折耗절모: 손해 보다. 손실되다. 출처는 『후한서』 「풍곤전馮緄傳」.
68 枵腹효복: 배가 고프다. 출처는 당나라 강병康骿의 전기소설傳奇小說 『극담록劇談
錄』.

## ○鷄

鷄亦有功之物, 而不諱其死者, 以功較牛犬爲稍殺. 天之曉也, 報亦明, 不報亦明, 不似畎畝[69]盜賊, 非牛不耕, 非犬之吠則不覺也. 然較鵝鴨二物, 則淮陰羞伍絳灌矣. 烹飪之刑, 似宜稍寬于鵝鴨. 卵之有雄者弗食, 重不至斤外者弗食, 卽不能壽之, 亦不當過夭之耳.

## ○鵝

鴰鴰[70]之肉無他長, 取其肥且甘而已矣. 肥始能甘, 不肥則同于嚼蠟. 鵝以固始爲最, 訊其土人, 則曰豢之之物, 亦同于人. 食人之食, 斯其肉之肥膩亦同于人也. 猶之豕肉以金華爲最, 婺人[71]豢豕, 非飯卽粥, 故其爲肉也甜而膩. 然則固始之鵝, 金華之豕, 均非鵝豕之美, 食美之也. 食能美物, 奚俟人言. 歸而求之, 有餘師矣. 但授家人以法, 彼雖飼以美食, 終覺飢飽不時, 不似固始金華之有節, 故其爲肉也, 猶有一間之殊. 蓋終以禽獸畜之, 未嘗稍同于人耳. 繼子得食, 肥而不澤. 其斯之謂歟.

有告予食鵝之法者, 曰昔有一人, 善製鵝掌. 每豢肥鵝將殺, 先熬沸油一盂, 投以鵝足, 鵝痛欲絕, 則縱之池中, 任其跳躍. 已而復禽復縱, 炮瀹如初. 若是者數四, 則其爲掌也, 豐美甘甜, 厚可徑

---

69 畎畝견무: 논밭. 출처는 『맹자』 「고자告子」.
70 鴰鴰역역: 꽥꽥. 거위가 우는 소리. 거위를 지칭한다. 출처는 송나라 문학가 매요신梅堯臣(1002~1060)의 시 「메추라기를 놓아주며放鴰」.
71 婺人무인: 무주婺州의 사람. 무주는 지금의 저장성 진화金華.

寸, 是食中異品也. 予曰慘哉斯言. 予不願聽之矣. 物不幸而爲人所畜, 食人之食, 死人之事. 償之以死亦足矣, 奈何未死之先, 又加若是之慘刑乎. 二掌雖美, 入口卽消, 其受痛楚之時, 則有百倍于此者. 以生物多時之痛楚, 易我片刻之甘甜, 忍人不爲, 況稍具婆心者乎. 地獄之設, 正爲此人, 其死後炮烙之刑, 必有過于此者.

## ○鴨

禽屬之善養生者, 雄鴨是也. 何以知之. 知之于人之好尙. 諸禽尙雌, 而鴨獨尙雄. 諸禽貴幼, 而鴨獨貴長. 故養生家有言, 爛蒸老雄鴨, 功效比參芪. 使物不善養生, 則精氣必爲雌者所奪, 諸禽尙雌者, 以爲精氣之所聚也. 使物不善養生, 則情竇一開, 日長而日瘠矣. 諸禽貴幼者, 以其泄少而存多也. 雄鴨能愈長愈肥, 皮肉至老不變, 且食之與參芪比功, 則雄鴨之善于養生, 不待考核而知之矣. 然必俟考核, 則前此未之聞也.

## ○野禽野獸

野味之遜于家味者, 以其不能盡肥. 家味之遜于野味者, 以其不能有香也. 家味之肥, 肥于不自覓食而安享其成. 野味之香, 香于草木爲家而行止自若. 是知豐衣美食, 逸處安居, 肥人之事也. 流水高山, 奇花異木, 香人之物也. 肥則必供刀俎[72], 靡有孑遺. 香亦爲人朶頤[73], 然或有時而免. 二者不欲其兼, 舍肥從香而已矣.

---

72 刀俎도조: 칼과 도마. 출처는 『사기』 「항우본기項羽本紀」.
73 朶頤타이: 볼을 씰룩이며 음식을 먹다. 출처는 『역경』 이괘頤卦.

野禽可以時食, 野獸則偶一嘗之. 野禽如雉雁鳩鴿黃雀鵪鶉之
屬, 雖生于野, 若畜于家, 爲可取之如寄也. 野獸之可得者惟兎獐
鹿熊虎諸獸, 歲不數得. 是野味之中又分難易. 難得者何. 以其久
住深山, 不入人境, 檻阱之入, 是人往覓獸, 非獸來挑人也. 禽則不
然, 知人欲弋而往投入, 以覓食也, 食得而禍隨之矣. 是獸之死也,
死于人. 禽之斃也, 斃于己. 食野味者, 當作如是觀. 惜禽而更當惜
獸, 以其取死之道爲可原[74]也.


○魚

魚藏水底, 各自爲天, 自謂與世無求, 可保戈矛之不及矣. 烏知
網罟[75]之奏功[76], 較弓矢置罘爲更捷. 無事竭澤而漁, 自有呑舟[77]
不漏之法. 然魚與禽獸之生死, 同是一命, 覺魚之供人刀俎, 似較
他物爲稍宜. 何也. 水族難竭而易繁. 胎生卵生之物, 少則一母數
子, 多亦數十子而止矣. 魚之爲種也似粟, 千斯倉而萬斯箱, 皆于
一腹焉寄子. 苟無沙汰之人, 則此千斯倉而萬斯箱[78]者生生不已,
又變而爲恒河沙數[79]. 至恒河沙數之一變再變, 以至千百變, 竟無
一物可以喻之, 不幾充塞江河而爲陸地, 舟楫之往來能無恙乎. 故

---

74 可原가원: 정유가원情有可原. 사정상 용서할 만하다. 출처는 『후한서』 「곽서전霍諝傳」.
75 網罟망고: 물고기와 새를 잡는 그물. 출처는 『관자管子』 「세세」.
76 奏功주공: 주효하다. 성공을 거두다. 출처는 한유의 「남해신묘비南海神廟碑」.
77 呑舟탄주: 탄주지어呑舟之魚. 배를 삼킬 만큼 큰 물고기. 출처는 『여씨춘추』 「지도知
度」.
78 千斯倉而萬斯箱천사창이만사상: 출처는 『시경』 「소아·보전지십·보전小雅·甫田之什·
甫田」.
79 恒河沙數항하사수: 항하는 인도의 갠지스강. 갠지스강의 모래 숫자처럼 많은 수량.
출처는 『금강경金剛經』 「무위복승분제11無爲福勝分第十一」.

漁人之取魚蝦, 與樵人之伐草木, 皆取所當服, 伐所不得不伐者
也. 我輩食魚蝦之罪, 較食他物爲稍輕. 玆爲約法數章, 雖難比乎
祥刑[80], 亦稍差于酷吏.

食魚者首重在鮮, 次則及肥, 肥而且鮮, 魚之能事畢矣. 然二美
雖兼, 又有所重在一者. 如鱘如鯚如鯽如鯉, 皆以鮮勝者也, 鮮宜
淸煮作湯. 如鯿如白如鱒如鰱, 皆以肥勝者也, 肥宜厚烹作膾[81].
烹煮之法, 全在火候得宜. 先期而食者肉生, 生則不鬆. 過期而食
者肉死, 死則無味. 遲客之家, 他饌或可先設以待, 魚則必須活養,
候客至旋烹. 魚之至味在鮮, 而鮮之至味又只在初熟離釜之片刻,
若先烹以待, 是使魚之至美, 發泄于空虛無人之境. 待客至而再
經火氣, 猶冷飯之復炊, 殘酒之再熱, 有其形而無其質矣. 煮魚之
水忌多, 僅足伴魚而止, 水多一口, 則魚淡一分. 司廚婢子, 所利在
湯, 常有增而復增, 以致鮮味減而又減者. 志在厚客, 不能不薄待
庖人耳.

更有製魚良法, 能使鮮肥迸出, 不失天眞, 遲速咸宜, 不虞火候
者, 則莫妙于蒸. 置之鏇內, 入陳酒醬油各數盞, 覆以瓜薑及蕈笋
諸鮮物, 緊火蒸之極熟. 此則隨時早暮, 供客咸宜, 以鮮味盡在魚
中, 幷無一物能侵, 亦無一氣可泄, 眞上着也.

---

80 祥刑상형: 상형詳刑. 형벌을 잘 적용하다. 출처는 『상서』 「주서·여형周書·呂刑」.
81 作膾작회: 여기서는 앞에 '삶는다烹'는 말이 있으므로, 날고기를 회로 만드는 것이 아
니라 삶아서 얇게 저미는 것으로 풀이했다.

## ○蝦

笋爲蔬食之必需, 蝦爲葷食之必需, 皆猶甘草之于藥也. 善治葷食者, 以焯蝦之湯, 和入諸品, 則物物皆鮮, 亦猶笋湯之利于群蔬. 笋可孤行, 亦可幷用. 蝦則不能自主, 必借他物爲君. 若以煮熟之蝦單盛一簋, 非特華筵上無是事, 亦且令食者索然. 惟醉者糟者, 可供匕箸. 是蝦也者, 因人成事之物, 然又必不可無之物也. 治國若烹小鮮, 此小鮮之有裨于國者.

## ○鱉

新粟米炊魚子飯, 嫩蘆笋煮鱉裙羹. 林居之人述此以鳴得意, 其味之鮮美可知矣. 予性于水族無一不嗜, 獨與鱉不相能, 食多則覺口燥, 殊不可解. 一日, 鄰人網得巨鱉, 召衆食之, 死者接踵, 染指其汁者, 亦病數月始痊. 予以不喜食此, 得免于召, 遂得免于死. 豈性之所在, 卽命之所在耶.

予一生僥幸之事難更僕數[82]. 乙未居武林[83], 鄰家失火, 三面皆焚, 而予居無恙. 己卯之夏, 遇大盜于虎爪山, 賄以重資者得免, 不則立鱉. 予囊無一錢, 自分必死, 延頸受誅, 而盜不殺. 至于甲申乙酉之變, 予雖避兵山中, 然亦有時入郭, 其至幸者, 才徙家而家焚, 甫出城而城陷, 其出生于死, 皆在斯須[84]倏忽之間. 噫, 予何修而

---

82 難更僕數난경복수: 사람이나 일이 너무 많아서 세려도 셀 수가 없다. 출처는 『예기』「유행儒行」.
83 武林무림: 절강성 항주杭州의 별명.
84 斯須사수: 잠깐. 짧은 시간. 출처는 『예기』「제의祭義」.

得此于天哉. 報施無地, 有強爲善而已矣.


○蟹

予于飮食之美, 無一物不能言之, 且無一物不窮其想象, 竭其幽渺而言之. 獨于蟹螯一物, 心能嗜之, 口能甘之, 無論終身一日皆不能忘之, 至其可嗜可甘與不可忘之故, 則絶口不能形容之. 此一事一物也者, 在我則爲飮食中痴情, 在彼則爲天地間之怪物矣. 予嗜此一生. 每歲于蟹之未出時, 卽儲錢以待, 因家人笑予以蟹爲命, 卽自呼其錢爲買命錢.

自初出之日始, 至告竣之日止, 未嘗虛負一夕, 缺陷一時. 同人知予癖蟹, 召者餉者皆于此日, 予因呼九月十月爲蟹秋. 慮其易盡而難繼, 又命家人滌瓮釀酒, 以備糟之醉之之用. 糟名蟹糟, 酒名蟹釀, 瓮名蟹瓮. 向有一婢, 勤于事蟹, 卽易其名爲蟹奴, 今亡之矣. 蟹乎, 蟹乎, 汝于吾之一生, 殆相終始者乎. 所不能爲汝生色者, 未嘗于有螃蟹無監州[85]處作郡[86], 出俸錢以供大嚼, 僅以慳囊[87]易汝. 卽使日購百筐, 除供客外, 與五十口家人分食, 然則入予腹者有幾何哉. 蟹乎, 蟹乎, 吾終有愧于汝矣.

蟹之爲物至美, 而其味壞于食之之人. 以之爲羹者, 鮮則鮮矣,

---

85 監州감주: 주와 현을 감찰하는 관리. 출처는 원나라 학자 우집虞集(1272~1348)의 「호부상서 마공묘비戶部尙書馬公墓碑」.
86 作郡작군: 군의 관리가 되어 다스리다. 출처는 송나라 문학가 육유陸遊의 필기 「노학암필기老學庵筆記」 권3.
87 慳囊간낭: 저금통. 출처는 남송 문학가 범성대范成大(1126~1193)의 시 「세금을 재촉하는 노래催租行」.

而蟹之美質何地. 以之爲膾者, 膩則膩矣, 而蟹之眞味不存. 更可厭者, 斷爲兩截, 和以油鹽豆粉而煎之, 使蟹之色蟹之香與蟹之眞味全失. 此皆似嫉蟹之多味, 忌蟹之美觀, 而多方蹂躪, 使之泄氣[88]而變形者也. 世間好物, 利在孤行. 蟹之鮮而肥, 甘而膩, 白似玉而黃似金, 已造色香味三者之至極, 更無一物可以上之. 和以他味者, 猶之以爝火助日[89], 掬水益河, 冀其有裨也, 不亦難乎. 凡食蟹者, 只合全其故體, 蒸而熟之, 貯以冰盤[90], 列之几上, 聽客自取自食.

剖一筐, 食一筐, 斷一螯, 食一螯, 則氣與味纖毫不漏. 出于蟹之軀殼者, 卽入于人之口腹, 飮食之三昧, 再有深入于此者哉. 凡治他具, 皆可人任其勞, 我享其逸, 獨蟹與瓜子菱角[91]三種, 必須自任其勞. 旋剝旋食則有味, 人剝而我食之, 不特味同嚼蠟, 且似不成其爲蟹與瓜子菱角, 而別是一物者.

此與好香必須自焚, 好茶必須自斟, 僮僕雖多, 不能任其力者, 同出一理. 講飮食淸供之道者, 皆不可不知也. 宴上客者勢難全體, 不得已而羹之, 亦不當和以他物, 惟以煮鷄鵝之汁爲湯, 去其油膩可也.

甕中取醉蟹, 最忌用燈, 燈光一照, 則滿甕俱沙, 此人人知忌者

---

88 泄氣설기: 바람이 빠지다. 맥이 빠지다.
89 爝火助日작화조일: 횃불을 켜서 햇빛을 보조하다. 의미가 없음을 비유한다. 출처는 『장자』 「소요유」.
90 冰盤빙반: 커다란 쟁반. 출처는 송나라 문학가 왕안석王安石(1021~1086)의 시 「임촌의 역참에서 지어書任村馬鋪」.
91 菱角능각: 마름 열매. 삶아서 껍질을 벗겨 먹는다.

也. 有法處之, 則可任照不忌. 初醉之時, 不論晝夜, 俱点油燈一盞, 照之入瓮, 則與燈光相習, 不相忌而相能, 任憑照取, 永無變沙之患矣此法都門有用之者.

○零星水族

予擔簦[92]二十年, 履迹幾遍天下. 四海歷其三, 三江五湖則俱未嘗遺一, 惟九河未能環繞[93], 以其迂僻者多, 不盡在舟車可抵之境也. 歷水既多, 則水族之經食者, 自必不少, 因知天下萬物之繁, 未有繁于水族者, 載籍所列諸魚名, 不過十之六七耳. 常有奇形異狀, 味亦不群, 漁人竟日取之, 土人終年食之, 咨詢其名, 皆不知爲何物者. 無論其他, 卽吳門[94]京口諸地所産水族之中, 有一種似魚非魚, 狀類河豚而極小者, 俗名斑子魚, 味之甘美, 幾同乳酪, 又柔滑無骨, 眞至味也, 而本草食物諸書, 皆所不載. 近地且然, 況寥廓而迂僻者乎.

海錯[95]之至美, 人所艶羨而不得食者, 爲閩之西施舌江瑤柱二種. 西施舌予既食之, 獨江瑤柱未獲一嘗, 爲入閩恨事. 所謂西施舌者, 狀其形也, 白而潔, 光而滑, 入口咂之, 儼然美婦之舌, 但少朱唇皓齒牽制其根, 使之不留而卽下耳. 此所謂狀其形也. 若論

---

92 擔簦담등: 등簦(우산과 비슷한 손잡이가 있는 삿갓)을 메다. 여러 지방을 돌아다니다. 출처는 남조 송나라 시인 오매원吳邁遠(?~474)의 시 「장상사長相思」.
93 環繞환요: 둥글게 에워싸다. 출처는 한나라 술사 곽헌郭憲의 『동명기洞冥記』로 여기서는 '두루 돌아다니다'라는 의미다.
94 吳門오문: 춘추시대 오나라 도읍(소주)의 성문. 지금의 장쑤성 쑤저우.
95 海錯해착: 각종 해산물. 출처는 『상서』「우공禹貢」.

鮮味, 則海錯中盡有過之者, 未甚奇特. 朵頤此味之人, 但索美舌而咀之, 即當屠門大嚼[96]矣. 其不甚著名而有異味者, 則北海之鮮鱐, 味幷鰣魚, 其腹中有肋, 甘美絶倫. 世人以在鱘鰉腹中者爲西施乳, 若與此肋較短長, 恐又有東家西家之別耳.

河豚爲江南最尙之物, 予亦食而甘之. 但詢其烹飪之法, 則所需之作料甚繁, 合而計之, 不下十餘種, 且又不可缺一, 缺一則腥而寡味. 然則河豚無奇, 乃假衆美成奇者也. 有如許調和之料施之他物, 何一不可擅長. 奚必假殺人之物以示異乎. 食之可, 不食亦可. 若江南之鰣, 則爲春饌中妙物. 食鰣魚及鱘鰉有厭時, 鰣則愈嚼愈甘, 至果腹而猶不能釋手者也.


○不載果食茶酒說

果者酒之仇, 茶者酒之敵, 嗜酒之人必不嗜茶與果, 此定數也. 凡有新客入座, 平時未經共飮, 不知其酒量淺深者, 但以果餠及糖食[97]驗之. 取到卽食, 食而似有踊躍之情者, 此卽茗客[98], 非酒客也. 取而不食, 及食不數四而卽有倦色者, 此必巨量之客, 以酒爲生者也. 以此法驗嘉賓, 百不失一. 予系茗客而非酒人, 性似猿猴, 以果代食, 天下皆知之矣. 訊以酒味則茫然, 與談食果飮茶之, 則

---

96 屠門大嚼도문대작: 푸줏간을 향해 크게 입을 벌려 씹는 시늉을 하다. 출처는 한나라 학자 환담桓譚(기원전 23?~기원전 56?)의 철학 저서 『신론新論』으로, 마음속으로 상상했으나 손에 넣지 못하여 실제적이지 못한 방법을 사용하여 스스로 위안하는 것을 비유한다.
97 糖食당식: 당糖(사탕수수·사탕무·쌀·보리 등)에서 추출한 단 물질로 만든 식품. 단 음식.
98 茗客명객: 차를 즐기는 사람. 다인茶人. 출처는 송나라 시인 조상趙湘(959~993)의 시 「석교사의 우물에서 지어題石橋寺山井」.

覺井井有條99, 滋滋多味.

玆旣備述飮饌之事, 則當于二者加詳, 胡以缺而不備. 曰懼其略也. 性旣嗜此, 則必大收特書, 而且爲罄竹之書100, 若以寥寥數紙終其崖略101, 則恐筆欲停而心未許, 不覺其言之汗漫而難收也. 且果可略而茶不可略. 茗戰之兵法, 富于三略六韜, 豈孫子十三篇所能盡其靈祕者哉. 是用專輯一編, 名爲茶果志, 孤行可, 尾于是集之後亦可. 至于麴蘖102一事, 予旣自謂茫然, 如復强爲置吻, 則假口他人乎. 抑强不知爲知, 以欺天下乎. 假口則仍犯剿襲之戒. 將欲欺人, 則茗客可欺, 酒人不可欺也. 倘執其所短而興問罪之師103, 吾能以茗戰戰之乎. 不若絶口不談之爲愈耳.

99 井井有條정정유조: 질서정연하고 조리가 있다. 출처는 『순자』 「유효儒效」.
100 罄竹之書부죽지서: 죽간을 다 사용하여 쓴 책. 방대한 저서. 출처는 『여씨춘추』 「명리明理」.
101 崖略애략: 대략. 개요. 출처는 『장자』 「지북유知北遊」.
102 麴蘖국얼: 술누룩. 술. 출처는 『상서』 「설명하說命下」.
103 問罪之師문죄지사: 죄를 토벌하기 위한 군대. 엄하게 문책하는 것을 비유한다. 출처는 『구당서』 「후군집전侯君集傳」.

# 제5부 種植部

## 1. 木本

草木之種類極雜, 而別其大較[1]有三, 木本藤本草本是也. 木本
堅而難瘻, 其歲較長者, 根深故也. 藤本之爲根略淺, 故弱而待扶,
其歲猶以年紀. 草本之根愈淺, 故經霜輒壞, 爲壽止能及歲. 是根
也者, 萬物短長之數也, 欲豐其得, 先固其根. 吾于老農老圃之事,
而得養生處世之方焉. 人能慮後計長, 事事求爲木本, 則見雨露
不喜, 而睹霜雪不驚. 其爲身也, 挺然獨立, 至于斧斤之來, 則天
數也, 豈靈椿古柏之所能避哉.

如其植德不力, 而務爲苟延[2], 則是藤本其身, 止可因人成事, 人
立而我立, 人仆而我亦仆矣. 至于木槿其生, 不爲明日計者, 彼且不
知根爲何物, 遑計入土之淺深, 藏荄之厚薄哉. 是卽草木之流亞
也. 噫, 世豈乏草木之行, 而反木其天年, 藤其後裔者哉. 此造物
偶然之失, 非天地處人待物之常也.

---

1 大較대교: 대략, 대개. 출처는 『사기』 「화식열전貨殖列傳」.
2 苟延구연: 구차하게 늘이다. 출처는 이지李贄의 「심유를 대신하여 알리는 글代深有告
文」.

○牡丹3

牡丹得王于群花, 予初不服是論, 謂其色其香, 去芍藥有幾. 擇其絕勝者與角雌雄, 正未知鹿死誰手4. 及睹事物紀原, 謂武后冬月遊後苑, 花俱開而牡丹獨遲, 遂貶洛陽. 因大悟曰, 强項5若此, 得貶固宜. 然不加九五之尊6, 奚洗八千之辱乎韓詩夕貶潮陽路八千. 物生有候, 葭動以時7, 苟非其時, 雖十堯不能冬生一穗. 后系人主, 可强鷄人8使晝鳴乎. 如其有識, 當盡貶諸卉, 而獨崇牡丹. 花王之封, 允宜肇于此日, 惜其所見不逮, 而且倒行逆施. 誠哉, 其爲武后也. 予自秦之鞏昌, 載牡丹十數本而歸, 同人嘲予以詩, 有群芳應怪人情熱, 千里趨迎富貴花9之句. 予曰, 彼以守拙10得貶, 予載之歸, 是趨冷11非趨熱12也. 玆得此論, 更發明13矣. 藝

---

3 牡丹목단: 모란.

4 鹿死誰手녹사수수: 사슴이 누구의 손에 죽을 것인가? 누가 최후의 승자가 될 것인가? 출처는 당나라 명재상 방현령房玄齡(579~648)의 『진서晉書』「석륵재기하石勒載記下」.

5 强項강항: 목이 뻣뻣하다. 강직하다. 출처는 『후한서』「양진열전楊震傳」.

6 九五之尊구오지존: 황제. 양수陽數인 홀수 가운데 '九'는 가장 크며 '五'는 중앙에 위치하여 '九'와 '五'로 제왕의 권위를 상징하여 제왕을 '구오지존'이라 한다.

7 葭動以時가동이시: 시절에 따라 갈대의 얇은 막을 태운 재가 움직인다. 시절에 맞추어 움직인다는 의미다. 『진서晉書』「율력지상律曆志上」에 따르면, 회관灰琯(절기의 변화를 살펴 관측하는 기구)에 갈대의 얇은 막을 태운 재를 넣어두면, 절기의 변화에 반응하여 이 재가 날아간다고 한다.

8 鷄人계인: 궁전에서 시간을 알리는 설비를 담당하는 관리. 여기서는 닭을 의미한다. 출처는 『주례』「춘관·계인春官·鷄人」.

9 富貴花부귀화: 모란. 출처는 북송 학자 주돈이周敦頤의 「애련설愛蓮說」.

10 守拙수졸: 스스로 청빈함을 지켜 벼슬하지 않다. 출처는 도연명의 시 「귀원전거歸園田居」.

11 趨冷취랭: 추운 곳으로 나아가다. 부귀영화를 멀리하다. 지조를 지키다.

12 趨熱취열: 부염취열附炎趨熱. 권세가에 빌붙다. 출처는 명나라 희곡 작가 왕릉王錂의 전기傳奇 『춘무기春蕪記』「연상宴賞」.

13 發明발명: 설명하다. 증명하다. 출처는 『사기』「상군열전商君列傳」.

植14之法, 載于名人譜帙者, 纖發無遺, 予儵及之, 又是拾人牙後15矣. 但有吃緊一着, 花譜偶載而未之悉者, 請暢言之.

是花皆有正面, 有反面, 有側面. 正面宜向陽, 此種花通義也. 然他種猶能委曲16, 獨牡丹不肯通融17, 處以南面則生, 俾之他向則死, 此其肮臟18不回19之本性, 人主不能屈之, 誰能屈之. 予嘗執此語同人, 有迂其說者. 予曰, 匪特士民之家, 卽以帝王之尊, 欲植此花, 亦不能不循此例. 同人詰予曰, 有所本乎. 予曰, 有本. 吾家太白詩云, 名花傾國兩相歡, 常得君王帶笑看. 解釋春風無限恨, 沈香亭北倚欄杆. 倚欄杆者向北, 則花非南面而何. 同人笑而是之. 斯言得無定論.


○梅

花之最先者梅, 果之最先者櫻桃20. 若以次序定尊卑, 則梅當王于花, 櫻桃王于果, 猶瓜之最先者曰王瓜, 于義理未嘗不合, 奈何別置品, 使後來居上. 首出21者不得爲聖人, 則辟草昧22致文明者,

---

14 藝植예식: 재배하다. 출처는 『북사北史』 「철륵전鐵勒傳」.
15 拾人牙後습인아후: 습인아혜拾人牙惠. 다른 사람의 말을 주워 자신의 말로 하다. 아후牙後는 다른 사람이 했었던 말을 뜻한다. 출처는 『세설신어』 「문학文學」.
16 委曲위곡: 몸을 굽혀 절개를 꺾다. 구부러지다. 출처는 『한서』 「유림전·엄팽조儒林傳·嚴彭祖」.
17 通融통융: 융통하다. 변통하다. 출처는 북송 문학가 소철蘇轍(1039~1112)의 『영빈유로전潁濱遺老傳』.
18 肮臟항장: 강직하다. 출처는 후한 문학가 조일趙壹의 「질사시疾邪詩」.
19 不回불회: 정직하다. 출처는 『시경』 「대아·한록大雅·旱麓」.
20 櫻桃앵도: 앵두. 6월에 빨갛게 익는다.
21 首出수출: 걸출하다. 출처는 『문심조룡』 「애조哀吊」.
22 草昧초매: 미개하다. 몽매하다. 천지창조 이전의 혼돈 상태. 출처는 『역경』 둔괘屯卦.

誰之力歟. 雖然, 以梅冠群芳, 料輿情[23]必協. 但以櫻桃冠群果, 吾恐主持公道者, 又不免爲荔枝號屈矣. 姑仍舊貫, 以免抵牾[24].

種梅之法, 亦備群書, 無庸置吻, 但言領略之法而已. 花時苦寒, 卽有妻梅之心, 當籌寢處之法. 否則衾枕不備, 露宿爲難, 乘興而來者, 無不盡興而返. 卽求爲驢背浩然, 不數得也.

觀梅之具有二. 山遊者必帶帳房[25], 實三面而虛其前, 制同湯網, 其中多設爐炭, 旣可致溫, 復備暖酒之用. 此一法也.

園居者設紙屛數扇, 覆以平頂, 四面設窗, 盡可開閉, 隨花所在, 撐而就之. 此屛不止觀梅, 是花皆然, 可備終歲之用. 立一小區, 名曰就花居. 花間竪一旗幟, 不論何花, 槪以總名曰縮地法. 此一法也. 若家居種植者, 近在身畔, 遠亦不出眼前, 是花能就人, 無俟人爲蜂蝶矣. 然而愛梅之人, 缺陷有二. 凡到梅開之時, 人之好惡不齊, 天之功過亦不等, 風送香來, 香來而寒亦至, 令人開戶不得, 閉戶不得, 是可愛者風, 而可憎者亦風也.

雪助花妍, 雪凍而花亦凍, 令人去之不可, 留之不可, 是有功者雪, 有過者亦雪也. 其有功無過, 可愛而不可憎者惟日, 旣可養花, 又堪曝背, 是誠天之循吏[26]也. 使止有日而無風雪, 則無時無日不在花間, 布帳紙屛皆可不設, 豈非梅花之至幸, 而生人之極樂也

---

23 興情여정: 여론. 출처는 남당南唐 시인 이중李中(920?~974?)의 시 「교시랑에게 바쳐獻喬侍郎」.
24 抵牾저오: 모순. 어긋나다. 출처는 『자치통감』 「진서표進書表」.
25 帳房장방: 군대의 막사. 천막. 출처는 원나라 극작가 정광조鄭光祖(1264~?)의 잡극 『삼전여포三戰呂布』 제1절.
26 循吏순리: 법을 지키고 도리를 따르는 관리. 출처는 『사기』 「순리열전循吏列傳」.

哉. 然而爲之天者, 則甚難矣.

蠟梅者, 梅之別種, 殆亦共姓而通譜[27]者歟. 然而有此令德, 亦樂與聯宗[28]. 吾又謂別有一花, 當爲蠟梅之異姓兄弟, 玫瑰是也. 氣味[29]相孚, 皆造濃艶之極致, 殆不留餘地待人者矣. 人謂過猶不及, 當務適中, 然資性所在, 一往而深[30], 求爲適中, 不可得也.


○桃

凡言草木之花, 矢口[31]即稱桃李, 是桃李二物, 領袖群芳者也. 其所以領袖群芳者, 以色之大都不出紅白二種. 桃色爲紅之極純, 李色爲白之至潔, 桃花能紅李能白一語, 足盡二物之能事. 然今人所重之桃, 非古人所愛之桃. 今人所重者爲口腹計, 未嘗究及觀覽. 大率桃之爲物, 可目者未嘗可口, 不能執兩端事人.

凡欲桃實之佳者, 必以他樹接之, 不知桃實之佳, 佳于接, 桃色之壞, 亦壞于接. 桃之未經接者, 其色極嬌, 酷似美人之面, 所謂桃腮桃靨者, 皆指天然未接之桃, 非今時所謂碧桃絳桃金桃銀桃之類也. 即今詩人所咏, 畫圖所繪者, 亦是此種. 此種不得于名園, 不得于勝地, 惟鄕村籬落[32]之間, 牧童樵叟所居之地, 能富有之.

---

27 通譜통보: 같은 성의 사람이 서로 동족으로 인정하다. 출처는 송나라 문학가 육유陸遊(1125~1210)의 「노학암필기老學庵筆記」.
28 聯宗연종: 동성의 사람이 하나의 종족으로 연합하다.
29 氣味기미: 표정과 태도. 정서. 분위기. 출처는 『포박자』 「자서自敍」.
30 一往而深일왕이심: 갈수록 깊어지다. 깊은 감정을 쏟아 그리워서 통제할 수가 없다. 출처는 탕현조의 「모란정기제사牡丹亭記題詞」.
31 矢口시구: 입에서 나오는 대로 지껄이다. 출처는 명나라 문학가 도륭屠隆(1543~1605)의 전기傳奇 「채호기彩毫記」 「산재결객散財結客」.
32 籬落이락: 이파離芭. 울타리. 출처는 『포박자』 「자서」.

欲看桃花者, 必策蹇33郊行, 聽其所至, 如武陵人之偶入桃源, 始能復有其樂. 如僅載酒園亭, 携姬院落, 爲當春行樂計者, 謂賞他卉則可, 謂看桃花而能得其眞趣, 吾不信也. 噫, 色之極媚者莫過于桃, 而壽之極短者亦莫過于桃, 紅顔薄命34之說, 單爲此種. 凡見婦人面與相似而色澤不分者, 卽當以花魂視之, 謂別形體不久也. 然勿明言, 至生涕泣.


○李

李是吾家果, 花亦吾家花, 當以私愛嬖之, 然不敢也. 唐有天下, 此樹未聞得封. 天子未嘗私庇, 況庶人乎. 以公道論之可已. 與桃齊名, 同作花中領袖, 然而桃色可變, 李色不可變也. 邦有道, 不變塞焉, 強哉矯. 邦無道, 至死不變, 強哉嬌.

自有此花以來, 未聞稍易其色, 始終一操, 涅而不淄, 是誠吾家物也. 至有稍變其色, 冒爲一宗, 而此類不收, 仍加一字以示別者, 則鬱李是也. 李樹較桃爲耐久, 逾三十年始老, 枝雖枯而子仍不細, 以得于天者獨厚, 又能甘淡守素35, 未嘗以色媚人也. 若仙李之盤根, 則又與靈椿比壽. 我欲繩武36而不能, 以著述永年而已矣.

---

33 策蹇책건: 책건려策蹇驢. 절름발이 나귀를 타다. 행동이 느리다. 출처는 『포박자』「금단金丹」.
34 紅顔薄命홍안박명: 용모가 아름답지만 운명이 불행하다. 출처는 원나라 무명씨의 희곡 『원앙피鴛鴦被』.
35 守素수소: 평소의 의지를 지키다. 출처는 당나라 시인 노륜盧綸(739~799)의 시 「길시랑 중부와 함께綸與吉侍郎中孚」.
36 繩武승무: 출처는 『시경』「하무下武」로 무왕武王의 도를 계승한다는 의미다.

○杏

種杏不實者, 以處子常系之裙系樹上, 便結累累. 予初不信, 而試之果然. 是樹性喜淫者, 莫過于杏, 予嘗名爲風流樹. 噫, 樹木何取于人, 人何親于樹木, 而契愛[37]若此, 動乎情也. 情能動物, 況于人乎. 必宜于處子之裙者, 以情貴乎專. 已字人[38]者, 情有所分而不聚也. 予謂此法旣驗于杏, 亦可推而廣之. 凡樹木之不實者, 皆當系以美女之裳. 卽男子之不能誕育者, 亦當衣以佳人之褲. 蓋世間慕女色而愛處子, 可以情感而使之動者, 豈止一杏而已哉.


○梨

予播遷四方, 所止之地, 惟荔枝龍眼佛手諸卉, 爲吳越[39]諸邦不産者, 未經種植, 其餘一切花果竹木, 無一不經葺理. 獨梨花一本, 爲眼前易得之物, 獨不能身有其樹爲楂梨主人, 可與少陵[40]不咏海棠, 同作一等欠事.

然性愛此花, 甚于愛食其果. 果之種類不一, 中食者少, 而花之耐看, 則無一不然. 雪爲天上之雪, 此是人間之雪. 雪之所少者香, 此能兼擅其美. 唐人詩云, 梅雖遜雪三分白, 雪却輸梅一段香. 此言天上之雪. 料其輸贏[41]不決, 請以人間之雪, 爲天上解圍[42].

---

37 契愛계애: 친밀하게 사랑하다. 사이가 좋다. 출처는 소동파의 「증가선에게 답하는 글答曾子宣書」.
38 字人자인: 혼약하다. 출처는 『역경』 둔괘屯卦.
39 吳越오월: 오나라와 월나라. 강남 지역. 강소성과 절강성.
40 少陵소릉: 시성詩聖 두보杜甫(712~770)는 자신의 별호를 '소릉야로少陵野老'라 했다.
41 輸贏수영: 승부. 승패. 출처는 백거이의 시 「마구 떠들며放言」.

○海棠

海棠有色而無香, 此春秋責備賢者之法. 否則無香者衆, 胡盡恕之, 而獨于海棠是咎. 然吾又謂海棠不盡無香, 香在隱躍之間, 又不幸而爲色掩. 如人生有二技, 一枝稍粗, 則爲精者所隱. 一術太長, 則六藝皆通, 悉爲人所不道. 王羲之善書, 吳道子善畫, 此二人者, 豈僅工書善畫者哉. 蘇長公43不善棋酒, 豈遂一子不拈, 一卮不設者哉. 詩文過高, 棋酒不足稱耳. 吾欲證前人有色無香之說, 執海棠之初放者嗅之, 另有一種淸芬. 利于緩咀, 而不宜于猛嗅.

使盡無香, 則蜂蝶過門不入矣, 何以鄭谷咏海棠詩云, 朝醉暮吟看不足, 羨他蝴蝶宿深枝. 有香無香, 當以蝶之去留爲證. 且香之與臭, 敵國也. 花譜云, 海棠無香而畏臭, 不宜灌糞. 去此者必卽彼. 若是, 則海棠無香之說, 亦可備證于前, 而稍白于後矣. 噫, 大音希聲, 大羹不和, 奚必如蘭如麝, 撲鼻44薰人, 而後謂之有香氣乎.

王禹偁詩話云, 杜子美45避地蜀中, 未嘗有一詩及海棠, 以其生母名海棠也. 生母名海棠, 予空疏未得其考, 然恐子美卽善吟, 亦不能物物咏到. 一詩偶遺, 卽使後人議及父母. 甚矣, 才子之難爲也. 鼎革46以前, 吾鄕杜姓者, 其家海棠絕勝, 予歲歲縱覽, 未嘗或

---

42 解圍해위: 곤경에서 벗어나다. 출처는 『진서晉書』 「열녀전 · 왕응지처사씨列女傳 · 王凝之妻謝氏」.

43 蘇長公소장공: 소식蘇軾(1037~1101)을 존경하여 부르는 칭호. 소철蘇轍(1039~1112)의 형이지만 실제로는 장자가 아니라 둘째로서, 요절한 형이 있었다.

44 撲鼻박비: 코를 찌르다. 출처는 풍몽룡의 『성세항언醒世恒言』 「전수재가 짝을 잘못 점지하다錢秀才錯占鳳凰儔」.

45 杜子美두자미: 시성 두보. 자字가 자미子美다.

46 鼎革정혁: 왕조가 바뀌다. 정鼎과 혁革은 『역경』의 괘 이름. 출처는 『역경』 「서괘전하序卦傳下」.

遺. 嘗贈以詩云, 此花不比別花來, 題破東君着意培. 不怪少陵無
贈句, 多情偏向杜家開. 似可爲少陵解嘲.

秋海棠一種, 較春花更媚. 春花肖美人, 秋花更肖美人. 春花肖
美人之已嫁者, 秋花肖美人之待年[47]者. 春花肖美人之綽約可愛
者, 秋花肖美人之纖弱可憐者.

處子之可憐, 少婦之可愛, 二者不可得兼, 必將娶憐而割愛矣.
相傳秋海棠初無是花, 因女子懷人不至, 涕泣灑地, 遂生此花, 可
爲斷腸花. 噫, 同一淚也, 灑之林中, 卽成斑竹, 灑之地上, 卽生海
棠, 淚之爲物神矣哉. 春海棠顏色極佳, 凡有園亭者不可不備, 然
貧士之家不能必有, 當以秋海棠補之. 此花便于貧士者有二. 移根
卽是, 不須錢買, 一也. 爲地不多, 墻間壁上, 皆可植之. 性復喜陰,
秋海棠所取之地, 皆群花所棄之地也.


○玉蘭

世無玉樹, 請以此花當之. 花之白者盡多, 皆有葉色相亂, 此則
不葉而花, 與梅同致. 千幹萬蕊, 盡放一時, 殊盛事也. 但絕盛之
事, 有時變爲恨事. 衆花之開, 無不忌雨, 而此花尤甚. 一樹好花,
止須一宿微雨, 盡皆變色, 又覺腐爛可憎, 較之無花, 更爲乏趣.

群花開謝以時, 謝者旣謝, 開者猶開, 此則一敗俱敗, 半瓣不留.
語云, 弄花一年, 看花十日. 爲玉蘭主人者, 常有延佇[48]經年, 不得

────
47 待年대년: 대자待字. 여인이 성년이 되어 시집가기를 기다리다. 출처는 『후한서』「조황
후기曹皇后記」.
48 延佇연저: 목을 빼고 기다리다. 출처는 도연명의 시 「머물러 있는 구름停雲」.

一朝盼望者, 詎非香國[49]中絶大恨事. 故値此花一開, 便宜急急玩賞, 玩得一日是一日, 賞得一時是一時. 若初開不玩而俟全開, 全開不玩而俟盛開, 則恐好事未行, 而殺風景[50]者至矣. 噫, 天何仇于玉蘭, 而往往三歲之中, 定有一二歲與之爲難哉.

○辛夷

辛夷木筆望春花, 一卉而數異其名, 又無甚新奇可取, 名有餘而實不足者, 此類是也. 園亭極廣, 無一不備者方可植之, 不則當爲此花藏拙[51].

○山茶

花之最不耐開, 一開輒盡者, 桂與玉蘭是也. 花之最能持久, 愈開愈盛者, 山茶石榴是也. 然石榴之久, 猶不及山茶. 榴葉經霜卽脫, 山茶戴雪而榮. 則是此花也者, 具松柏之骨, 挾桃李之姿, 歷春夏秋冬如一日, 殆草木而神仙者乎. 又況種類極多, 由淺紅以至深紅, 無一不備. 其淺也, 如粉如脂, 如美人之腮, 如酒客之面. 其深也, 如朱如火, 如猩猩之血, 如鶴頂之珠. 可謂極淺深濃淡之致, 而無一毫遺憾者矣. 得此花一二本, 可抵群花數十本. 惜乎, 予園

---

**49** 香國향국: 꽃의 나라. 출처는 남송 학자 허월경許月卿(1217~1286)의 시 「목서木犀」.

**50** 殺風景살풍경: 풍경이 아주 보잘것없고 쓸쓸하다. 출처는 당나라 시인 이상은李商隱(813?~858?)의 문집 『잡찬雜纂』.

**51** 藏拙장졸: 졸렬함을 감추어 남에게 보이지 않다. 날카로움을 고의로 감추어 우둔해 보이게 하다. 출처는 당나라 도교 학자 나은羅隱(833~909)의 시 「자초하다自貽」.

僅同芥子, 諸卉種就, 不能再納須彌52, 僅取盆中小樹, 植于怪石之旁. 噫, 善善而不能用, 惡惡而不能去, 予其郭公也夫.

○紫薇53

人謂禽獸有知, 草木無知. 予曰, 不然. 禽獸草木盡是有知之物, 但禽獸之知, 稍異于人, 草木之知, 又稍異于禽獸, 漸蠢則漸愚耳. 何以知之. 知之于紫薇樹之怕痒. 知痒則知痛, 知痛痒則知榮辱利害, 是去禽獸不遠, 猶禽獸之去人不遠也. 人謂樹之怕痒者, 只有紫薇一種, 餘則不然. 予曰, 草木同性, 但觀此樹怕痒, 卽知無草無木不知痛痒, 但紫薇能動, 他樹不能動耳.

人又問, 旣然不動, 何以知其識痛痒. 予曰, 就人搔扒而不動者, 豈人亦不知痛痒乎. 由是觀之, 草木之受誅鋤54, 猶禽獸之被宰殺, 其苦其痛, 俱有不忍言者. 人能以待紫薇者待一切草木, 待一切草木者待禽獸與人, 則斬伐不敢妄施, 而有疾痛相關之義矣.

---

52 須彌수미: 수미산. 불교에서 말하는 우주의 중심에 있다는 거대한 산. 여기서는 작은 동백나무도 수미산처럼 크게 생각되어 아예 심을 수 없다는 의미로 풀이했다.
53 紫薇자미: 백일홍百日紅. 학명은 *Lagerstroemia indica L.* 부처꽃과에 속한 낙엽 소교목으로 여름에서 가을에 걸쳐 붉은색이나 흰색 등의 꽃이 오래 피어 있다.
54 誅鋤주서: 뿌리를 뽑아 죽이다. 출처는 굴원의 초사 「복거卜居」.

○繡球

天工之巧, 至開繡球一花而止矣. 他種之巧, 純用天工, 此則詐施人力, 似肖塵世所爲而爲者. 剪春羅剪秋羅諸花亦然. 天工于此, 似非無意, 蓋曰, 汝所能者, 我亦能之. 我所能者, 汝實不能爲也. 若是, 則當再生一二蹴球[55]之人, 立于樹上, 則天工之鬪巧[56]者全矣. 其不屑爲此者, 豈以物爲肖, 而人不足肖乎.


○紫荊

紫荊一種, 花之可已者也. 但春季所開, 多紅少紫, 欲備其色, 故間植之. 然少枝無葉, 貼樹生花, 雖若紫衣少年, 亭亭獨立, 但覺窄袍緊袂, 衣瘦身肥, 立于翩翩舞袖之中, 不免代爲跼蹐[57].


○梔子

梔子花無甚奇特, 予取其彷彿玉蘭. 玉蘭忌雨, 而此不忌. 玉蘭齊放齊凋, 而此則開以次第. 惜其樹小而不能出檐, 如能出檐, 卽以之權當[58]玉蘭, 而補三春恨事, 誰曰不可.

---

55 蹴球축구: 축국蹴鞠. 현대의 축구와 유사한, 고대 중국에서 하던 공놀이. 출처는 『사기』 「소진열전蘇秦列傳」.
56 鬪巧투교: 솜씨를 겨루다. 출처는 북송 문학가 장선張先(990~1078)의 사 「한궁춘·납매漢宮春·蠟梅」.
57 跼蹐축척: 공손하고 삼가다. 머뭇거리다. 출처는 『논어』 「향당鄕黨」.
58 權當권당: 임시로 충당하다.

○杜鵑59櫻桃

杜鵑櫻桃二種, 花之可有可無者也. 所重于櫻桃者, 在實不在花. 所重于杜鵑者, 在西蜀之異種, 不在四方之恒種. 如名花俱備, 則二種開時, 盡有快心而奪目者, 欲覽餘芳, 亦愁少暇.

○石榴

芥子園之地不及三畝, 而屋居其一, 石居其一, 乃榴之大者, 復有四五株. 是點綴吾居, 使不落寞者, 榴也. 盤踞吾地, 使不得盡栽他卉者, 亦榴也. 榴之功罪, 不幾半乎. 然賴主人善用, 榴雖多, 不爲贅也. 榴性喜壓, 就其根之宜石者, 從而山之, 是榴之根卽山之麓也. 榴性喜日, 就其陰之可庇者, 從而屋之, 是榴之地卽屋之天也. 榴之性又復喜高而直上, 就其枝柯之可傍, 而又借爲天際眞人60者, 從而樓之, 是榴之花卽吾倚欄守戶之人也. 此芥子園主人區處石榴之法, 請以公之樹木者.

○木槿61

木槿朝開而暮落, 其爲生也良苦. 與其易落, 何如弗開. 造物生此, 亦可謂不憚煩62矣. 有人曰, 不然. 木槿者, 花之現身說法以儆愚蒙者也. 花之一日, 猶人之百年. 人視人之百年, 則自覺其久, 視

---

59 杜鵑두견: 진달래. 소쩍새. 여기서는 진달래.
60 天際眞人천제진인: 천상의 신선. 출처는 『세설신어』「용지容止」.
61 木槿목근: 무궁화.
62 憚煩탄번: 번거로운 것을 꺼리다. 출처는 『맹자』「등문공상」.

花之一日, 則謂極少而極暫矣. 不知人之視人, 猶花之視花, 人以百年爲久, 花豈不以一日爲久乎. 無一日不落之花, 則無百年不死之人可知矣. 此人之似花者也. 乃花開花落之期雖少而暫, 猶有一定不移之數. 朝開暮落者, 必不幻而爲朝開午落, 午開暮落. 乃人之生死, 則無一定不移之數, 有不及百年而死者, 有不及百年之半與百年之二三而死者. 則是花之落也必焉, 人之死也忽焉. 使人亦知木槿之爲生, 至暮必落, 則生前死後之事, 皆可自爲政矣, 無如[63]其不能也. 此人之不能似花者也. 人能作如是觀, 則木槿一花, 當與萱草[64]幷樹. 睹萱草則能忘憂, 睹木槿則能知戒.

○桂

秋花之香者, 莫能如桂. 樹乃月中之樹, 香亦天上之香也. 但其缺陷處, 則在滿樹齊開, 不留餘地. 予有惜桂詩云, 萬斛[65]黃金碾作灰, 西風一陣總吹來. 早知三日都狼藉, 何不留將次第開. 盛極必衰, 乃盈虛一定之理, 凡有富貴榮華一蹴而至[66]者, 皆玉蘭之爲春光, 丹桂[67]之爲秋色.

---

63 無如무여: 어쩔 수 없다. 출처는 『예기』 「애공문哀公問」.
64 萱草훤초: 원추리. 망우초忘憂草(근심을 잊는 풀)라고도 한다.
65 萬斛만곡: 수많은 양. 1곡斛은 10두.
66 一蹴而至일축이지: 일축이취一蹴而就. 일축이성一蹴而成. 한 걸음에 도달하다(완성하다). 출처는 송 소순蘇洵의 「전추밀에 올리는 글上田樞密書」.
67 丹桂단계: 계화.

○合歡

合歡鐲忿68, 萱草忘憂, 皆益人情性之物, 無地不宜種之. 然睹萱草而忘憂, 吾聞其語矣, 未見其人也. 對合歡而鐲忿, 則不必訊之他人. 凡見此花者, 無不解慍成歡, 破涕爲笑. 是萱草可以不樹, 而合歡則不可不栽. 栽之之法, 花譜不詳, 非不詳也, 以作譜之人, 非眞能合歡之人也. 漁人談稼事69, 農父著樵經, 有約略其詞而已. 凡植此樹, 不宜出之庭外, 深閨曲房是其所也. 此樹朝開暮合, 每至昏黃, 枝葉互相交結, 是名合歡.

植之閨房者, 合歡之花宜置合歡之地. 如椿萱宜在承歡之所, 荊棣宜在友于之場, 欲其稱也. 此樹栽于內室, 則人開而樹亦開, 樹合而人亦合. 人旣爲之增愉, 樹亦因而加茂, 所謂人地相宜者也. 使居寂寞之境, 不亦虛負此花哉.

灌勿太肥, 常以男女同浴之水, 隔一宿而澆其根, 則花之芳姸, 較常加倍. 此予旣驗之法, 以無心偶試而得之. 如其不信, 請同覓二本, 一植庭外, 一植閨中, 一澆肥水70, 一澆浴湯, 驗其孰盛孰衰, 卽知予言謬不謬矣.


○木芙蓉

水芙蓉71之于夏, 木芙蓉之于秋, 可謂二季功臣矣. 然水芙蓉必

68 鐲忿견분: 분노를 해소하다. 출처는 혜강嵇康의 「양생론養生論」.
69 稼事가사: 농사. 출처는 「주례」 「지관·현정地官·縣正」.
70 肥水비수: 비료가 섞인 물. 출처는 원나라 농학자 왕정王禎(1271~1368)의 농학 이론서 「농서農書」.
71 水芙蓉수부용: 연꽃.

須池沼, 所謂伊人, 在水一方者, 不可數得. 茂叔之好, 徒有其心而已. 木則隨地可植. 況二花之艷, 相距不遠. 雖居岸上, 如在水中, 謂之秋蓮可, 謂之夏蓮亦可. 卽自認爲三春之花, 東皇[72]未去也亦可. 凡有籬落之家, 此種必不可少. 如或傍水而居, 隔岸不見此花者, 非至俗之人, 卽薄福不能消受之人也.


○夾竹桃

夾竹桃一種, 花則可取, 而命名不善. 以竹乃有道之士, 桃則佳麗之人, 道不同不相爲謀, 合而一之, 殊覺矛盾. 請易其名爲生花竹, 去一桃字, 便覺相安. 且松竹梅素稱三友, 松有花, 梅有花, 惟竹無花, 可稱缺典[73]. 得此補之, 豈不天然湊合. 亦女媧氏之五色石也.


○瑞香

茂叔以蓮爲花之君子, 予爲增一敵國, 曰瑞香乃花之小人. 何也. 譜載此花一名麝囊, 能損花, 宜另植. 予初不信, 取而嗅之, 果帶麝味. 麝則未有不損群花者也. 同列衆芳之中, 卽有明儕之義, 不能相資相益, 而反崇之, 非小人而何. 幸造物處之得宜, 予以不能爲患之勢.

72 東皇동황: 봄의 신령. 출처는 당나라 시인 대숙륜戴叔倫(732?~789?)의 시 「늦봄의 감회暮春感懷」.
73 缺典결전: 의례 제도나 전례典禮 등에 결함이 있다. 출처는 송나라 학자 이지언李之彦의 잡기雜記 『동곡소견東谷所見』 「초사招師」.

其開也, 必于冬春之交. 是時群花搖落, 諸卉未榮, 及見此花者,
僅有梅花水仙二種, 又在成功將退之候, 當其鋒也未久, 故罹其
毒也亦不深, 此造物之善用小人也. 使易冬春之交而爲春夏之交,
則花王亦幾被篡, 矧下此者乎. 唐宋諸名流, 無不憐香嗜色, 贊以
詩詞者, 皆以早春無花, 得此可搔目痒74, 又但見其佳, 而未逢其
虐耳. 予僭爲香國平章75, 焉得不秉公持正. 寧使一小人怒而欲殺,
不敢不爲衆君子密提防也.


○茉莉

茉莉一花, 單爲助妝而設, 其天生以媚婦人者乎. 是花皆曉開,
此獨暮開. 暮開者, 使人不得把玩76, 祕之以待曉妝也. 是花蒂上
皆無孔, 此獨有孔. 有孔者, 非此不能受簪, 天生以爲立腳之地也.
若是, 則婦人之妝, 乃天造地設77之事耳. 植他樹皆爲男子, 種此
花獨爲婦人. 旣爲婦人, 則當眷屬78視之矣. 妻梅者, 止一林逋, 妻
茉莉者, 當遍天下而是也.

欲藝此花, 必求木本. 藤本一樣看花, 但苦經年卽死, 視其死而
莫之救, 亦仁人君子所不樂爲也. 木本最難爲冬, 予嘗歷驗收藏之

---

74 可搔目痒가소목양: 눈이 간질거리는 것을 긁을 수 있다. 눈이 시원해지다. 안복을 누리
다.
75 平章평장: 품평하다. 당나라 문학가 유우석劉禹錫(772~842)의 시 「깊은 봄에 백거이
및 원진元稹과 함께同樂天和微之深春」의 제15수.
76 把玩파완: 손으로 가지고 놀다. 출처는 후한 문학가 진림陳琳(?~217)의 「조홍을 위해
위문제에게 보내는 글爲曹洪與魏文帝書」.
77 天造地設천조지설: 원문 1부 88번 주 참고.
78 眷屬권속: 가족. 출처는 『남제서』「강효전江斅傳」.

法. 此花痿于寒者什一, 毙于乾者什九, 人皆畏凍而滴水不澆, 是以枯死. 此見噎廢食[79]之法, 有避嘔逆而經時絶粒, 其人尚存者乎. 稍暖微澆, 大寒即止, 此不易之法. 但收藏必于暖處, 箴罩[80]必不可無, 澆不用水而用冷茶, 如斯而已. 予藝此花三十年, 皆爲燥誤, 如今識花, 以告世人, 亦其否極泰來[81]之會也.


## 2. 藤本

藤本之花, 必須扶植. 扶植之具, 莫妙于從前成法之用竹屛. 或方其眼, 或斜其槅, 因作葳蕤[82]柱石, 遂成錦繡墙垣, 使內外之人, 隔花阻葉, 礙紫間紅, 可望而不可親, 此善制也. 無奈近日茶坊酒肆, 無一不然, 有花卽以植花, 無花則以代壁. 此習始于維揚, 今日漸近他處矣. 市井若此, 高人韵士之居, 斷斷不應若此.

避市井者, 非避市井, 避其勞勞攘攘[83]之情, 錙銖必較[84]之陋習

---

79 見噎廢食견일폐식: 원문 1부 156번 주 참고.
80 箴罩멸조: 가늘게 쪼갠 대나무로 엮어 만든 덮개.
81 否極泰來부극태래: 역경否이 극에 도달하면 좋은 방향泰으로 전환된다. 고생 끝에 낙이 온다. 출처는 『역경』 부괘否卦와 태괘泰卦.
82 葳蕤위유: 초목이 무성하게 자라다. 출처는 전한 문학가 동방삭東方朔의 초사 「칠간 · 초방七諫 · 初放」.
83 勞勞攘攘노노양양: 정신없이 바쁘고 고생스럽다. 출처는 원나라 희곡 작가 무한신武漢臣의 잡극 「노생아老生兒」.
84 錙銖必較치수필교: 아주 작은 돈이나 일까지 꼼꼼하게 따지다. 쩨쩨하다. 옹졸하다. 1냥(37.5그램)의 4분의 1이 치錙이고 1냥의 24분의 1이 수銖다. 치수는 매우 작은 양을 의미한다. 출처는 『순자』 「부국富國」.

也. 見市井所有之物, 如在市井之中. 居處習見[85], 能移性情, 此其所以當避也. 卽如前人之取別號, 每用川泉湖宇等字, 其初未嘗不新, 未嘗不雅, 迨後商賈者流, 家效而戶則之, 以致市肆標榜[86]之上, 所書姓名非川卽泉, 非湖卽宇. 是以避俗之人, 不得不去之若浼[87]. 邇來縉紳先生[88]悉用齋庵二字, 極宜. 但恐用者過多, 則而效之者, 又入從前標榜, 是今日之齋庵, 未必不是前日之川泉湖宇. 雖曰名以人重, 人不以名重, 然亦實之賓[89]也. 已噪實中[90]者仍之繼起, 諸公似應稍變.

人問植花旣不用屛, 豈遂聽其滋蔓于地乎. 曰不然. 屛仍其故, 制略新之. 雖不能保後日之市塵, 不又變爲今日之園圃, 然新得一日是一日, 異得一時是一時. 但願貿易之人, 幷性情風俗而變之. 變亦不求盡變, 市井之念不可無, 壟斷之心不可有. 覓應得之利, 謀有道之生, 卽是人間大隱. 若是, 則高人韵士, 皆樂得與之遊矣, 復何勞擾[91]錙銖之足避哉. 花屛之製有三, 列于藤本之末.

---

85 習見습견: 늘 보다. 흔히 보다.
86 標榜표방: 표면에 그림을 그리거나 글자를 써서 표지로 삼는 목판(현대의 간판과 비슷). 출처는 유종원의 「법화사 석문정실 30운法華寺石門精室三十韵」.
87 去之若浼거지약매: 피지약매避之若浼. 피해도 피하지 못해 더럽혀질까 걱정하다. 더럽혀질까 피하다. 출처는 『맹자』 「공손추상」.
88 縉紳先生진신선생: 관리를 했던 대인. 출처는 『장자』 「천하天下」.
89 實之賓실지빈: 실체의 손님. 출처는 『장자』 「소요유」의 "명칭은 실체에 종속된 것이다 名者, 實之賓也".
90 實中환중: 천하. 출처는 동진의 시인·서예가 손작孫綽(314~371)의 불교 저술 『유도론喩道論』.
91 勞擾노요: 힘들고 귀찮다. 출처는 『후한서』 「좌웅전左雄傳」.

## ○薔薇

結屛之花, 薔薇居首. 其可愛者, 則在富于種而不一其色. 大約屛間之花, 貴在五彩繽紛92, 若上下四旁皆一其色, 則是佳人忌作之繡, 庸工不繪之圖, 列于亭齋, 有何意致. 他種屛花, 若木香酴醾月月紅諸本, 族類有限, 爲色不多, 欲其相間, 勢必旁求93他種.

薔薇之苗裔極繁, 其色有赤, 有紅, 有黃, 有紫, 甚至有黑. 卽紅之一色, 又判數等, 有大紅深紅淺紅肉紅粉紅之異. 屛之寬者, 盡其種類所有而植之, 使條梗蔓延相錯, 花時鬪麗, 可傲步障于石崇. 然徵名考實94, 則皆薔薇也. 是屛花之富者, 莫過于薔薇. 他種衣色雖妍, 終不免于捉襟露肘95.


## ○木香

木香花密而香濃, 此其稍勝薔薇者也. 然結屛單靠此種, 未免冷落, 勢必依傍96薔薇. 薔薇宜架, 木香宜棚者, 以薔薇條幹之所及, 不及木香之遠也. 木香作屋, 薔薇作垣, 二者各盡其長, 主人亦均收其利矣.

---

92 五彩繽紛오채빈분: 여러 색깔이 아롱지다.
93 旁求방구: 널리 구하다. 출처는 『상서』 「태갑상太甲上」.
94 徵名考實징명고실: 징명책실徵名責實. 명칭을 고찰하여 실질을 추구하여 명실상부해지도록 하다. 출처는 『진서陳書』 「선제기宣帝紀」.
95 捉襟露肘착금노주: 착금견주捉衿見肘. 옷깃을 잡으면 팔꿈치가 드러난다. 옷이 남루하다. 출처는 『장자』 「양왕讓王」.
96 依傍의방: 의지하다. 출처는 송나라 문학가 매요신梅堯臣의 시 「여하汝河의 가난한 여인汝墳貧女」.

○酴醾

酴醾之品, 亞于薔薇木香, 然亦屏間必須之物, 以其花候稍遲, 可續二種之不繼也. 開到酴醾花事了. 每憶此句, 情興爲之索然97.

○月月紅

俗云, 人無千日好, 花難四季紅. 四季能紅者, 現有此花, 是欲矯俗言之失也. 花能矯俗言之失, 何人情反聽其驗乎. 綴屏之花, 此爲第一. 所苦者樹不能高, 故此花一名瘦客. 然予復有用短之法, 乃爲市井之人強迫而成者也. 法在屏制之第三幅. 此花有紅白及淡紅三本, 結屏必須同植. 此花又名長春, 又名鬪雪, 又名勝春, 又名月季. 予于種種之外, 復增一名, 曰斷續花. 花之斷而能續, 續而復能斷者, 只有此種. 因其所開不繁, 留爲可繼, 故能綿邈98若此. 其餘一切之不能續者, 非不能續, 正以其不能斷耳.

○姊妹花

花之命名, 莫善于此. 一蓓七花者曰七姊妹, 一蓓十花者曰十姊妹. 觀其淺深紅白, 確有兄長娣幼之分, 殆楊家姊妹現身乎. 余極喜此花, 二種幷植, 匯其名爲十七姊妹. 但怪其蔓延太甚, 溢出屏外, 雖日刈月除, 其勢猶不可遏. 豈黨與99過多, 釀成不戢100之勢

---

97 索然색연: 색연무미索然無味. 조금도 흥미가 없다. 출처는 명나라 문학가 양신楊愼 (1488~1559)의 『단연잡록丹鉛雜錄』 「논형論衡」.
98 綿邈면막: 장구하다. 출처는 서진 문학가 육기陸機(261~303)의 「감시부感時賦」.
99 黨與당여: 같은 당의 사람. 출처는 『송사宋史』 「서적전徐積傳」.
100 不戢부집: 방종하다. 단속하지 못하다. 출처는 『시경』 「소아·상호小雅·桑扈」.

歟. 此無他, 皆同心不妬之過也, 妬則必無是患矣. 故善御女戎[101]者, 妙在使之能妬.

## ○玫瑰

花之有利于人, 而無一不爲我用者, 芰荷[102]是也. 花之有利于人, 而我無一不爲所奉者, 玫瑰是也. 芰荷利人之說, 見于本傳. 玫瑰之利, 同于芰荷, 而令人可親可溺, 不忍暫離, 則又過之. 群花止能娛目, 此則口眼鼻舌以至肌體毛髮, 無一不在所奉之中. 可囊可食, 可嗅可觀, 可插可戴, 是能忠臣其身, 而又能媚子其術者也. 花之能事, 畢于此矣.

## ○素馨

素馨一種, 花之最弱者也, 無一枝一莖不需扶植, 予嘗謂之可憐花.

## ○凌霄

藤花之可敬者, 莫若凌霄. 然望之如天際眞人, 卒急不能招致, 是可敬亦可恨也. 欲得此花, 必先蓄奇石古木以待, 不則無所依附而不生, 生亦不大. 予年有幾, 能爲奇石古木之先輩而蓄之乎. 欲有此花, 非入深山不可. 行當卽之, 以舒此恨.

---

101 女戎여융: 여화女禍. 여인을 총애하여 일을 그르치거나 여인이 일을 주도하여 그르치는 것. 출처는 「국어」「진어晉語」.
102 芰荷기하: 마름 잎과 연잎. 여기서는 연을 지칭. 출처는 굴원의 「이소」.

○眞珠蘭

此花與葉, 幷不似蘭, 而以蘭名者, 肖其香也. 卽香味亦稍別, 獨有一節似之. 蘭花之香, 與之習處者不覺, 驟遇始聞之, 疏而復親始聞之, 是花亦然. 此其所以名蘭也. 閩粤[103]有木蘭, 樹大如桂, 花亦似之, 名不附桂而附蘭者, 亦以其香隱而不露, 耐久聞而不耐急嗅故耳. 凡人驟見而卽覺其可親者, 乃人中之玫瑰, 非友中之芝蘭[104]也.


## 3. 草本


草本之花, 經霜必死. 其能死而不死, 交春復發者, 根在故也. 常聞有花不待時, 先期使開之法, 或用沸水澆根, 或以硫磺代工, 開則開矣, 花一敗而樹隨之, 根亡故也. 然則人之榮枯顯晦[105], 成敗利鈍[106], 皆不足據, 但詢其根之無恙否耳. 根在, 則雖處厄運, 猶如霜後之花, 其復發也, 可坐而待. 如其根之或亡, 則雖處榮膴[107]顯耀[108]之境, 猶之奇葩爛目[109], 總非自開之花, 其復發也,

---

103 閩粤민월: 복건성과 광동성.
104 芝蘭지란: 지란芷蘭. 혜초. 보통 난초의 의미로 사용된다.
105 顯晦현회: 명암. 출사와 은거. 출처는 『진서晉書』「은일전론隱逸傳論」.
106 利鈍이둔: 승리와 패배. 길흉. 출처는 『신당서』「이덕유전李德裕傳」.
107 榮膴영무: 부귀영화. 출처는 심덕부의 『만력야획편』.
108 顯耀현요: 자랑하다. 출처는 유종원의 「당뇨가고취곡唐鐃歌鼓吹曲·분경패奔鯨沛」.
109 爛目난목: 요목耀目. 눈부시다. 출처는 송나라 문학가 왕우칭王禹偁의 시 「갑자기 출세하여 사관으로 들어가는 손하를 전송하여暴富送孫何入史館」.

恐不能坐而待矣. 予談草木, 輒以人喩, 豈好爲是曉曉110者哉. 世間萬物, 皆爲人設. 觀感一理, 備人觀者, 卽備人感. 天之生此, 豈僅供耳目之玩情性之適而已哉.

○芍藥

芍藥與牡丹媲美, 前人署牡丹以花王, 署芍藥以花相. 冤哉. 予以公道之. 天無二日, 民無二王111, 牡丹正位于香國, 芍藥自難幷驅. 雖別尊卑, 亦當在五等諸侯之列, 豈王之下, 相之上, 遂無一位一座, 可備酬功112之用者哉. 歷翻種植之書, 非云花似牡丹而狹, 則曰子似牡丹而小. 由是觀之, 前人評品之法, 或由皮相而得之.

噫, 人之貴賤美惡, 可以長短肥瘦論乎. 每于花時奠酒, 必作溫言慰之曰, 汝非相材也, 前人無識, 謬署此名. 花神有靈, 付之勿較, 呼牛呼馬113, 聽之而已. 予于秦之鞏昌, 携牡丹芍藥各數十種而歸, 牡丹活者頗少, 幸此花無恙, 不虛負戴之勞. 豈人爲知己死者114, 花反爲知己生乎.

110 曉曉요요: 논쟁하다. 출처는 한유의 서간집 「다시 장유에게 답하는 편지重答張籍書」.
111 天無二日, 民無二王천무이일, 민무이왕: 출처는 『맹자』 「만장상萬章上」.
112 酬功수공: 공이 있는 사람에게 상을 주다. 출처는 한유의 「원화성덕시元和聖德詩」.
113 呼牛呼馬호우호마: 소라 해도 좋고 말이라 해도 좋다. 칭찬하거나 욕하거나 따지지 않는다. 출처는 『장자』 「천도天道」.
114 人爲知己死者인위지기사자: 출처는 『전국책』 「조책趙策」에 나오는 자객 예양의 이야기.

○蘭

蘭生幽谷, 無人自芳, 是已. 然使幽谷無人, 蘭之芳也, 誰得而知之, 誰得而傳之. 其爲蘭也, 亦與蕭艾[115]同腐而已矣. 如入芝蘭之室, 久而不聞其香, 是已. 然旣不聞其香, 與無蘭之室何異. 雖有若無, 非蘭之所以自處, 亦非人之所以處蘭也. 吾謂芝蘭之性, 畢竟喜人相俱, 畢竟以人聞香氣爲樂. 文人之言, 只顧贊揚其美, 而不顧其性之所安, 強半[116]皆若是也. 然相俱貴乎有情, 有情務在得法. 有情而得法, 則坐芝蘭之室, 久而愈聞其香. 蘭生幽谷與處曲房, 其幸不幸相去遠矣. 蘭之初着花時, 自應易其座位, 外者內之, 遠者近之, 卑者尊之. 非前倨而後恭, 人之重蘭非重蘭也, 重其花也, 葉則花之輿從[117]而已矣. 居處一室, 則當美其供設, 書畫爐瓶, 種種器玩, 皆宜森列[118]其旁.

但勿焚香, 香薰卽謝. 匪妒也, 此花性類神仙, 怕親煙火, 非忌香也, 忌煙火耳. 若是, 則位置提防之道得矣. 然皆情也, 非法也, 法則專爲聞香. 如入芝蘭之室, 久而不聞其香者, 以其知入而不知出也. 出而再入, 則後來之香, 倍乎前矣. 故有蘭之室不應久坐, 另設無蘭者一間, 以作退步. 時退時進, 進多退少, 則刻刻有香. 雖坐無蘭之室, 若依倩女之魂. 是法也, 而情在其中矣. 如止有此室, 則以門外作退步, 或往行他事, 事畢而入, 以無意得之者, 其香更甚.

---

115 蕭艾소애: 쑥. 쓸모없는 사람. 출처는 굴원의 「이소」.
116 強半강반: 과반. 태반. 출처는 수양제隋煬帝의 시 「한준아를 추억하며憶韓俊娥」.
117 輿從여종: 수레와 말의 수행원. 출처는 명나라 장서가 낭영郎瑛의 『칠수유고七修類稿』「기학2·마왕종사奇謔二·馬王終事」.
118 森列삼열: 삼엄하고 엄밀하게 배열하다. 출처는 이백의 시 「고풍古風」.

此予消受119蘭香之訣, 祕之終身, 而泄于一旦, 殊可惜也. 此法不止消受蘭香, 凡屬有花房舍, 皆應若是. 卽焚香之室亦然, 久坐其間, 與末嘗焚香者等也. 門上布簾, 必不可少, 護持香氣, 全賴乎此. 若止靠門扇開閉, 則門開盡泄, 無復一線之留矣.

○蕙

蕙之與蘭, 猶芍藥之與牡丹, 相去皆止一間耳. 而世之貴蘭者必賤蕙, 皆執成見, 泥成心也. 人謂蕙之花不如蘭, 其香亦遜. 吾謂蕙誠遜蘭, 但其所以遜蘭者, 不在花與香而在葉, 猶芍藥之遜牡丹者, 亦不在花與香而在梗. 牡丹系木本之花, 其開也, 高懸枝梗之上, 得其勢, 則能壯其威儀. 是花王之尊, 尊于勢也. 芍藥出于草本, 僅有葉而無枝, 不得一物相扶, 則委而仆于地矣. 官無輿從, 能自壯其威乎.

蕙蘭之不相敵也反是. 芍藥之葉苦其短, 蕙之葉偏苦其長. 芍藥之葉病其太瘦, 蕙之葉翻病其太肥. 當强者弱, 而當弱者强, 此其所以不相稱, 而大遜于蘭也. 蘭蕙之開, 時分先後. 蘭終蕙繼, 猶芍藥之嗣牡丹, 皆所謂兄終弟及, 欲廢不能者也. 善用蕙者, 全在留花去葉, 痛加剪除, 擇其稍狹而近弱者, 十存二三. 又皆截之使短, 去兩角而尖之, 使與蘭葉相若, 則是變蕙成蘭, 而與强幹弱枝之道合矣.

---

119 消受소수: 누리다. 출처는 원나라 희곡 작가 상중현尙仲賢의 희곡 『기영포氣英布』.

○水仙

水仙一花, 予之命也. 予有四命, 各司一時. 春以水仙蘭花爲命, 夏以蓮爲命, 秋以秋海棠爲命, 冬以蠟梅爲命. 無此四花, 是無命也. 一季缺予一花, 是奪予一季之命也.

水仙以秣陵[120]爲最, 予之家于秣陵, 非家秣陵, 家于水仙之鄕也. 記丙午之春, 先以度歲[121]無資, 衣囊質盡, 迨水仙開時, 則爲强弩之末[122], 索一錢不得矣. 欲購無資, 家人曰請已之. 一年不看此花, 亦非怪事. 予曰, 汝欲奪吾命乎. 寧短一歲之壽, 勿減一歲之花. 且予自他鄕冒雪而歸, 就水仙也, 不看水仙, 是何異于不返金陵[123], 仍在他鄕卒歲乎. 家人不能止, 聽予質簪珥購之.

予之鍾愛此花, 非痂癖也. 其色其香, 其莖其葉, 無一不異群葩, 而予更取其善媚. 婦人中之面似桃, 腰似柳, 豐如牡丹芍藥, 而瘦比秋菊海棠者, 在在有之. 若如水仙之淡而多姿, 不動不搖, 而能作態者, 吾實未之見也. 以水仙二字呼之, 可謂摹寫殆盡. 使吾得見命名者, 必頮然下拜.

不特金陵水仙爲天下第一, 其植此花而售于人者, 亦能司造物之權, 欲其早則早, 命之遲則遲, 購者欲于某日開, 則某日必開, 未嘗先後一日. 及此花將謝, 又以遲者繼之, 蓋以下種之先後爲先

---

120 秣陵말릉: 지금의 남경.
121 度歲도세: 해를 넘기다. 설을 쇠다. 출처는 명나라 문학가 능몽초凌濛初의 소설 『이각박안경기二刻拍案驚奇』 권11.
122 强弩之末강노지말: 쇠뇌에서 발사된 화살이 이미 끝에 도달했다. 강대한 힘이 이미 쇠퇴한 것을 비유한다. 출처는 『사기』 「한안국전韓安國傳」.
123 金陵금릉: 지금의 난징.

後也. 至買就之時, 給盆與石而使之種, 又能隨手布置, 卽成畫圖, 皆風雅文人所不及也. 豈此等末技, 亦由天授, 非人力邪.


○芙蕖124

芙蕖與草本諸花, 似覺稍異然有根無樹, 一歲一生, 其性同也. 譜云, 産于水者曰草芙蓉, 産于陸者曰旱蓮. 則謂非草本不得矣. 予夏季倚此爲命者, 非故效顰125于茂叔126, 而襲成說于前人也. 以芙蕖之可人127, 其事不一而足, 請備述之.

群葩當令128時, 只在花開之數日, 前此後此, 皆屬過而不問之秋矣, 芙蕖則不然. 自荷錢129出水之日, 便爲點綴綠波, 及其勁葉旣生, 則又日高一日, 日上日姸, 有風旣作飄颻之態, 無風亦呈裊娜130之姿. 是我于花之未開, 先享無窮逸致矣.

迨至菡萏131成花, 嬌姿欲滴, 後先相繼, 自夏徂秋. 此時在花爲

---

124 芙蕖부거: 연꽃. 출처는 『이아爾雅』 「석초釋草」. 이어는 연꽃을 묘사한 산문 「부거芙蕖」도 지었다.

125 效顰효빈: 흉내 내다. 모방하다. 서시의 이웃집에 사는 동시東施라는 여인이 서시가 찡그리는 모습을 아름답게 여겨 흉내를 냈다고 한다. 출처는 『장자』 「외편·천운外篇·天運」.

126 茂叔무숙: 북송의 성리학자 주돈이周敦頤. 자가 무숙이다. 연꽃을 사랑하여 지은 「애련설愛蓮說」이 유명하다.

127 可人가인: 마음에 들다. 호감이 가다. 사랑하는 사람. 출처는 『예기』 「잡기하雜記下」.

128 當令당령: 시절에 따르다. 계절에 맞다.

129 荷錢하전: 동전 모양의 갓 돋아난 연잎. 출처는 송나라 조장경趙長卿의 사 「조중조朝中措·수하首夏」.

130 裊娜요나: 날씬하고 유연하다. 출처는 남조 양나라 간문제簡文帝 소강蕭綱(503~551)의 시 「장찬에게 증정하여贈張纘」.

131 菡萏함담: 연꽃의 별명. 출처는 『시경』 「진풍·택피陳風·澤陂」.

---

分內之事[132], 在人爲應得之資者也. 及花之旣謝, 亦可告無罪于主人矣. 乃夏蒂下生蓬, 蓬中結實, 亭亭獨立, 猶似未開之花, 與翠葉幷擎, 不至白露爲霜, 而能事不已. 此皆言其可目者也. 可鼻則有荷葉之清香, 荷花之異馥, 避暑而暑爲之退, 納涼而涼逐之生. 至其可人之口者, 則蓮實與藕, 皆幷列盤餐[133], 而互芬齒頰者也. 只有霜中敗葉, 零落難堪, 似成棄物矣, 乃摘而藏之, 又備經年裹物之用.

是芙蕖也者, 無一時一刻, 不適耳目之觀, 無一物一絲, 不備家常之用者也. 有五穀之實, 而不有其名, 兼百花之長, 而各去其短. 種植之利, 有大于此者乎. 予四命之中, 此命爲最. 無如酷好一生, 竟不得半畝方塘[134], 爲安身立命[135]之地. 僅鑿斗大一池, 植數莖以塞責, 又時病其漏, 望天乞水以救之. 殆所謂不善養生, 而草菅其命[136]者哉.

——
132 分內之事분내지사: 본분으로 해야 할 일. 자신이 책임져야 할 일.
133 盤餐반찬: 접시에 담은 요리. 출처는 남당南唐 도교학자 담초譚峭(873?~976?)의 도가서 『화서化書』「식화食化」.
134 半畝方塘반무방당: 반무 크기의 사각형의 연못. 출처는 주희의 시 「책을 보며 감개에 젖어觀書有感」다. 원래는 주희가 어려서 공부하던 장소 앞에 있던 연못으로, 정확한 위치에 대한 설이 분분하다.
135 安身立命안신입명: 생활에 의지할 곳이 있고 정신에 기탁할 곳이 있다. 출처는 석도원의 『경덕전등록』.
136 草菅其命초관기명: 초관인명草菅人命. 목숨을 들풀처럼 멋대로 처리하다. 초관草菅은 잔디와 같은 들풀을 가리키며, 미천하다는 의미다. 출처는 『한서』「가의전賈誼傳」.

○罌粟137

花之善變者, 莫如罌粟, 次則數葵, 餘皆守故不遷者矣. 藝此花
如蓄豹, 觀其變也. 牡丹謝而芍藥繼之, 芍藥謝而罌粟繼之, 皆繁
之極盛之至者也. 欲續三葩, 難乎其爲繼矣.

○葵138

花之易栽易盛, 而又能變化不窮者, 止有一葵. 是事半于罌粟,
而數倍其功者也. 但葉之肥大可憎, 更甚于蕙. 俗云, 牡丹雖好, 綠
葉扶持. 人謂樹之難好者在花, 而不知難者反易. 古今來不乏明君,
所不可必得者, 忠良之佐耳.

○萱

萱花一無可取, 植此同于種菜, 爲口腹計139則可耳. 至云對此
可以忘憂, 佩此可以宜男, 則千萬人試之, 無一驗者. 書之不可盡
信, 類如此矣.

○鷄冠

予有收鷄冠花子一絶云, 指甲搔花碎紫雯, 雖非異卉也芳芬. 時

---

137 罌粟앵속: 양귀비. 학명은 *Papaver somniferum L*.이다. 180여 종류가 있으며
붉은 꽃이 3~11월에 피고 아편의 원료. 민간 재배는 불법이므로 현재는 개양귀비
*Papaver rhoeas*를 관상용으로 재배한다.
138 葵규: 접시꽃. 해바라기. 아욱. 여기서는 접시꽃.
139 口腹計구복계: 음식을 위한 계책. 입과 배를 위한 계책. 출처는 남송 문학가 육유陸
遊의 시 「병든 이病齒」.

防撒却還珍惜, 一粒明年一朵雲. 此非溢美之詞, 道其實也. 花之
肖形者盡多. 如繡球玉簪金錢蝴蝶剪春羅之屬, 皆能酷似, 然皆
塵世中物也. 能肖天上之形者, 獨有鷄冠花一種. 氤氳[140]其象而
靉靆[141]其文, 就上觀之, 儼然慶雲一朵. 乃當日命名者, 舍天上極
美之物, 而搜索人間.

鷄冠雖肖, 然而賤視花容矣, 請易其字, 曰一朵雲. 此花有紅紫
黃白四色, 紅者爲紅雲, 紫者爲紫雲, 黃者爲黃雲, 白者爲白雲. 又
有一種五色者, 卽名爲五色雲. 以上數者, 較之鷄冠, 誰榮誰辱. 花
如有知, 必將德我.


○玉簪

花之極賤而可貴者, 玉簪是也. 插入婦人髻中, 孰眞孰假, 幾不
能辨, 乃閨閣中必需之物. 然留之弗摘, 點綴籬間, 亦似美人之遺.
呼作江皐玉佩, 誰曰不可.


○鳳仙

鳳仙, 極賤之花, 此宜點綴籬落[142], 若云備染指甲之用, 則大
謬矣. 纖纖玉指, 妙在無瑕, 一染猩紅[143], 便稱俗物. 況所染之紅,

---

140 氤氳인온: 자욱하다. 가득하다. 출처는 위나라 문학가 조식曹植의 「구화선부九華扇
賦」.
141 靉靆애체: 구름이 자욱하다. 출처는 서진 문학가 반니潘尼(250?~311?)의 시 「일민음
逸民吟」.
142 籬落이락: 울타리. 출처는 『포박자』 「자서自序」.
143 猩紅성홍: 선홍색. 성성이의 피처럼 붉은색. 출처는 육유의 시 「꽃 아래서 간단히 술
마시며花下小酌」.

又不能盡在指甲, 勢必連肌帶肉而丹之. 迨肌肉退淸之後, 指甲又不能全紅, 漸長漸退, 而成欲謝之花矣. 始用俑者[144], 其俗物乎.

## ○金錢

金錢金盞剪春羅剪秋羅諸種, 皆化工[145]所作之小巧文字. 因牡丹芍藥一開, 造物之精華已竭, 欲續不能, 欲斷不可, 故作輕描淡寫之文, 以延其脈. 吾觀于此, 而識造物縱橫之才力亦有窮時, 不能似源泉混混[146], 愈涌而愈出也.

合一歲所開之花, 可作天工一部全稿. 梅花水仙, 試筆之文也, 其氣雖雄, 其機尙澁, 故花不甚大, 而色亦不甚濃.

開至桃李棠杏等花, 則文心怒發, 興致淋漓, 似有不可阻遏之勢矣. 然其花之大猶未甚, 濃猶未至者, 以其思路[147]紛馳而不聚, 筆機[148]過縱而難收. 其勢之不可阻遏者, 橫肆[149]也, 非純熟也.

迨牡丹芍藥一開, 則文心筆致俱臻化境[150], 收橫肆而歸純熟, 舒蓄積而聲光華, 造物于此, 可謂使才務盡, 不留絲髮[151]之餘矣. 然自識者觀之, 不待終篇而知其難繼.

---

144 始用俑者시용용자: 나무나 도기로 만든 인형을 순장에 처음으로 사용한 사람. 나쁜 일의 창시자. 출처는 『맹자』 「양혜왕상」.
145 化工화공: 하늘의 조화. 출처는 가의賈誼의 「복조부鵩鳥賦」.
146 源泉混混원천혼혼: 샘물이 끊임없이 흐르다. 출처는 『맹자』 「이루하」.
147 思路사로: 생각의 갈래. 사고의 맥락. 출처는 명말 청초 문학가 주양공周亮工(1612~1672)의 서간집 『척독신초尺牘新鈔』.
148 筆機필기: 창작의 영감. 작문의 구상.
149 橫肆횡사: 자유분방하다. 제멋대로다. 출처는 『신당서』 「두희전전杜希全傳」.
150 化境화경: 자연스럽고 절묘한 경지. 최고의 경지.
151 絲髮사발: 아주 미세한 것. 출처는 『후한서』 「남흉노전南匈奴傳」.

何也. 世豈有開至樹不能載葉不能覆之花, 而尙有一物焉, 高
出其上大出其外者乎. 有開至衆彩俱齊一色不漏之花, 而尙有一
物焉, 紅過于朱白過于雪者乎. 斯時也, 使我爲造物, 則必善刀而
藏152矣. 乃天則未肯告乏也, 夏欲計其技, 則從而荷之, 秋欲試其
技, 則從而菊之, 冬則計窮力竭153, 盡可不花, 而猶作蠟梅一種以
塞責之. 數卉者, 可不謂之芳姸盡致, 足殿群芳者乎. 然較之春末
夏初, 則皆強弩之末矣.

至于金錢金盞剪春羅剪秋羅滴滴金石竹154諸花, 則明知精力
不繼, 篇帙寥寥, 作此以塞紙尾155, 猶人詩文旣盡, 附以零星雜著
者是也. 由是觀之, 造物者極欲騁才156, 不肯自惜其力之人也. 造
物之才, 不可竭而可竭, 可竭而終不可竟竭者也. 究竟一部全文,
終病其後來稍弱. 其不能弱始勁終者, 氣使之然, 作者欲留餘地而
不得也. 吾謂人才著書, 不應取法于造物, 當秋冬其始, 而春夏其
終, 則是能以蔗境157行文, 而免于江淹才盡之誚矣.


○蝴蝶花

此花巧甚. 蝴蝶, 花間物也, 此卽以蝴蝶爲花. 是一是二, 不知

---

152 善刀而藏선도이장: 칼을 잘 닦아 보관해둔다. 적당하게 그쳐 재능을 스스로 보존한
다는 의미다. 출처는 『장자』「양생주養生主」.
153 計窮力竭계궁역갈: 계책과 역량이 모두 사라지다. 출처는 『서유기西遊記』.
154 石竹석죽: 패랭이꽃.
155 紙尾지미: 종이의 끝. 글의 끝부분. 출처는 『송서』「채곽전蔡廓傳」.
156 騁才빙재: 재능을 과시하다. 출처는 남조 진陳나라 문학가 서릉徐陵(507~583)의 시
「투계鬪鷄」.
157 蔗境자경: 사탕수수를 먹듯이 점차 좋은 경지로 들어간다. 뒤로 갈수록 좋다는 것
을 비유한다. 출처는 『진서晉書』「문원열전·고개지文苑列傳·顧愷之」.

周之夢爲蝴蝶歟. 蝴蝶之夢爲周歟. 非蝶非花, 恰合莊周夢境.


## ○菊

菊花者, 秋季之牡丹芍藥也. 種類之繁衍同, 花色之全備同, 而性能持久復過之. 從來種植之花, 是花皆略, 而敍牡丹芍藥與菊者獨詳. 人皆謂三種奇葩, 可以齊觀等視[158], 而予獨判爲兩截[159], 謂有天工人力之分. 何也. 牡丹芍藥之美, 全仗天工, 非由人力. 植此二花者, 不過冬溉以肥, 夏澆爲濕, 如是焉止矣. 其開也, 爛漫芬芳, 未嘗以人力不勤, 略減其姿而稍儉其色.

菊花之美, 則全仗人力, 微假天工. 藝菊之家, 當其未入土也, 則有治地釀土之勞, 旣入土也, 則有插標記種之事. 是萌芽未發之先, 已費人力幾許矣. 迨分秧[160]植定之後, 勞瘁[161]萬端, 復從此始. 防燥也, 慮濕也, 摘頭[162]也, 掐葉[163]也, 芟蕊[164]也, 接枝也, 捕蟲掘蚓以防害也. 此皆花事未成之日, 竭盡人力以俟天工者也. 卽花之旣開, 亦有防雨避霜之患, 縛枝系蕊之勤, 置盞引水之煩, 染色變容之苦, 又皆以人力之有餘, 補天工之不足者也. 爲此一花,

---

**158** 齊觀等視제관등시: 동등하게 대우하다. 동일시하다.

**159** 兩截양절: 두 토막. 두 조각.

**160** 分秧분앙: 모를 내다. 묘목을 옮겨 심다. 출처는 육유의 시 「봄과 여름에 날씨가 조화로워 풍년이 들 희망이 많으므로 기뻐하며 지어春夏雨暘調適頗有豐歲之望喜而有作」.

**161** 勞瘁노췌: 과도하게 고생하여 신체가 허약해지다. 출처는 『시경』 「소아·육아小雅·蓼莪」.

**162** 摘頭적두: 머리의 장식을 떼어내다. 출처는 『금병매사화』 제75회. 여기서는 국화가 잘 자라도록 많은 가지 가운데 일부를 솎아내는 작업을 가리킨다.

**163** 掐葉겹엽: 잎 따기. 쓸모없는 잎을 제거하는 작업을 가리킨다.

**164** 芟蕊삼예: 꽃봉오리 따기. 꽃이 크게 피도록 많은 꽃망울 가운데 일부는 솎아내는 작업을 가리킨다.

自春徂秋, 自朝迄暮, 總無一刻之暇. 必如是, 其爲花也, 始能豐麗而美觀, 否則同于婆婆野菊, 僅堪點綴疏籬而已. 若是, 則菊花之美, 非天美之, 人美之也. 人美之而歸功于天, 使與不費辛勤之牡丹芍藥齊觀等視, 不幾恩怨不分, 而公私少辨乎. 吾知斂翠凝紅[165]而爲沙中偶語[166]者, 必花神也.

自有菊以來, 高人逸士無不盡吻揄揚[167], 而予獨反其說者, 非與淵明[168]作敵國. 藝菊之人終歲勤動, 而不以勝天之力予之, 是但知花好, 而昧所從來. 飲水忘源, 幷置汲者于不問, 其心安乎. 從前題咏諸公, 皆若是也. 予創是說, 爲秋花報本[169], 乃深于愛菊, 非薄之也. 予嘗觀老圃[170]之種菊, 而慨然[171]于修士之立身與儒者之治業[172]. 使能以種菊之無逸者礪其身心, 則焉往而不爲聖賢. 使能以種菊之有恒者攻吾擧業[173], 則何慮其不掇靑紫[174]. 乃

165 斂翠凝紅염취응홍: 푸른 것이 모이고 붉은 것이 엉기다. 비취로 장식하고 연지를 바르다. 아름답게 단장하다. 출처는 당나라 시인 허혼許渾의 시「새벽에 서쪽 누대에서 일어나晨起西樓」. 여기서는 푸른 잎과 붉은 꽃을 가진 꽃으로 풀이했다.
166 沙中偶語사중우어: 출전은『사기』「유후세가史記·留侯世家」. 우어偶語는 서로 모여 의논하다. 비밀리에 이야기하다라는 뜻.
167 揄揚유양: 선양하다. 출처는 반고班固의「양도부兩都賦」.
168 淵明연명: 도연명陶淵明(352?~427).「음주飮酒」제5수의 "동쪽 울타리에서 국화를 따고, 물끄러미 남산을 바라본다彩菊東籬下, 悠然見南山"라는 구절로 국화를 상징하는 존재가 되었다.
169 報本보본: 보본반시報本反始. 은혜를 받으면 보답할 것을 생각하여 근원을 잊지 않는다. 출처는『예기』「효특생效特牲」.
170 老圃노포: 노련한 채소 농부. 출처는『논어』「자로子路」.
171 慨然개연: 감격하여 마음에 사무치다. 강개하다. 출처는『순자』「유좌宥坐」.
172 治業치업: 자신의 본업에 노력을 쏟다. 업적을 쌓다. 출처는『삼국지』「위지·무제기魏志·武帝紀」.
173 擧業거업: 과거시험을 보기 위하여 공부하다. 출처는 후촉後蜀 학자 하광원何光遠의 소설『감계록鑑誡錄』「공잡영攻雜咏」.

士人愛身愛名之心, 終不能如老圃之愛菊, 奈何.

○菜

菜爲至賤之物, 又非衆花之等倫[175], 乃草本藤本中反有缺遺,
而獨取此花殿後[176], 無乃賤群芳而輕花事乎. 曰不然. 菜果至賤
之物, 花亦卑卑不數之花, 無如積至殘至卑者而至盈千累萬[177],
則賤者貴而卑者尊矣. 民爲貴, 社稷次之, 君爲輕者, 非民之果貴,
民之至多至盛爲可貴也. 園圃種植之花, 自數朶以至數十百朶而
止矣. 有至盈阡溢畝, 令人一望無際者哉. 曰無之. 無則當推菜花
爲盛矣. 一氣初盈, 萬花齊發, 青疇白壤[178], 悉變黃金, 不誠洋洋
乎大觀[179]也哉. 當是時也, 呼朋拉友, 散步芳塍, 香風導酒客尋
簾[180], 錦蝶與遊人爭路, 郊畦之樂, 什佰園亭. 惟菜花之開, 是其
候也.

174 靑紫청자: 원래는 고관대작이 사용하는 인장 끈의 색깔. 고관대작을 의미한다. 출처
는 『한서』 「휴량하후경익이열전·하후승眭兩夏侯京翼李列傳·夏侯勝」.
175 等倫등륜: 동류. 나이나 신분이 같은 부류. 출처는 『한서』 「감연수전甘延壽傳」.
176 殿後전후: 뒤에 위치하다. 출처는 매요신의 시 「호공소가 조무택祖無擇의 노씨 석시
를 보여주어 화답하여胡公疏示祖擇之盧氏石詩和之」.
177 盈千累萬영천루만: 천 개가 되고 만 개가 되다. 매우 많다.
178 靑疇白壤청주백양: 녹색의 밭과 백색의 부드러운 흙. 각각의 출처는 남조 양나라 문
학가 심약의 시 「쉬면서 목욕하고 회포를 기탁하여休沐寄懷」와 『상서』 「우공禹貢」.
179 大觀대관: 장관이다. 풍성하다. 출처는 『역경』 관괘觀卦.
180 尋簾심렴: 염簾은 상점 입구에 표지로 내걸 깃발이다. 술집을 찾다.

4. 衆卉181

　草木之類, 各有所長, 有以花勝者, 有以葉勝者. 花勝則葉無足
取, 且若贅疣182, 如葵花蕙草之屬是也. 葉勝則可以無花, 非無花
也, 葉卽花也, 天以花之豐神色澤歸幷于葉而生之者也. 不然, 綠
者葉之本色, 如其葉之, 則亦綠之而已矣, 胡以爲紅, 爲紫, 爲黃,
爲碧. 如老少年美人蕉天竹翠雲草諸種, 備五色之陸離, 以娛觀
者之目乎. 卽有靑之綠之, 亦不同于有花之葉, 另具一種芳姿. 是
知樹木之美, 不定在花, 猶之丈夫之美者, 不專主于有才, 而婦人
之醜者, 亦不盡在無色也. 觀群花令人修容, 觀諸卉則所飾者不僅
在貌.


　○芭蕉

　幽齋但有隙地, 卽宜種蕉. 蕉能韵人而免于俗, 與竹同功. 王子
猷183偏厚此君, 未免挂一漏一. 蕉之易栽, 十倍于竹, 一二月卽可
成蔭. 坐其下者, 男女皆入畫圖, 且能使臺榭軒窗盡染碧色, 綠天
之號, 洵不誣也. 竹可鑴詩, 蕉可作字, 皆文士近身之簡牘. 乃竹上
止可一書, 不能削去再刻. 蕉葉則隨書隨換, 可以日變數題, 尙有

---

181 衆卉중훼: 여러 꽃. 출처는 삼국 위나라 황제 조비曹丕(187~226)의 「미질향부迷迭香
賦」. 화훼花卉라는 단어를 함께 사용하지만, 화花와 훼卉에 대한 구분이 필요하다. 화花
는 꽃이 피는 식물이나 식물의 꽃을 가리키고, 훼卉는 초본식물의 총칭이다.
182 贅疣췌우: 혹, 사마귀. 출처는 「포박자」「교제交際」.
183 王子猷왕자유: 왕희지의 다섯째 아들 왕휘지王徽之(338~386). 자유子猷는 왕휘지의
자.

時不煩自洗, 雨師[184]代拭者. 此天授名箋, 不當供懷素一人之用. 予有題蕉絕句云, 萬花題遍示無私, 費盡春來筆墨資. 獨喜芭蕉容我儉, 自舒晴葉待題詩. 此芭蕉實錄也.

○翠雲

草色之最舊者, 至翠雲而止. 非特草木爲然, 盡世間蒼翠之色, 總無一物可以喩之, 惟天上彩雲, 偶一幻此. 是知善着色者惟有化工. 卽與傾國佳人眉上之色幷較淺深, 覺彼猶是畫工之筆, 非化工之筆也.

○虞美人

虞美人花葉幷嬌, 且動而善舞, 故又名舞草. 譜云人或抵掌歌虞美人曲, 卽葉動如舞. 予曰舞則有之, 必歌虞美人曲, 恐未必盡然. 蓋歌舞幷行之事, 一姬試舞, 從姬必歌以助之, 聞歌卽舞, 勢使然也. 若謂必歌虞美人曲, 則此曲能歌者幾. 歌稀則和寡, 此草亦得借口[185]藏其拙矣.

○書帶草

書帶草其名極佳, 苦不得見. 譜載出淄川城北鄭康成[186]讀書

---

184 雨師우사: 비를 담당하는 신령. 출처는 『주례』 「대종백大宗伯」.
185 借口차구: 평계로 삼다. 구실. 출처는 금나라 문학가 왕약허王若虛의 『논어변혹4論語辨惑四』.
186 鄭康成정강성: 후한 말기의 경학가 정현鄭玄(127~200). 자가 강성康成.

處, 名康成書帶草. 噫, 康成雅人, 豈作王戎鑽核故事, 不使種傳別地耶. 康成婢子知書, 使天下婢子皆不知書, 則此草不可移, 否則處處堪栽也.

## ○老少年

此草一名雁來紅, 一名秋色, 一名老少年, 皆欠妥切. 雁來紅者, 尙有蓼花一種, 經秋弄色者又不一而足, 皆屬泛稱. 惟老少年三字相宜, 而又病其俗. 予嘗易其名曰還童草, 似覺差勝. 此草中仙品也, 秋階得此, 群花可廢.

此草植之者繁, 觀之者衆, 然但知其一, 未知其二, 予嘗細玩而得之. 蓋此草不特于一歲之中, 經秋更媚, 卽一日之中, 亦到晚更媚, 總之後勝于前, 是其性也. 此意向矜獨得, 及閱徐竹隱詩, 有葉從秋後變色向晚來紅一聯. 不知確有所見如予, 知其晚來更媚乎. 抑下句仍同上句, 其晚亦指秋乎. 難起九原[187]而問之, 卽謂先予一着可也.

## ○天竹

竹無花而以夾竹桃代之, 竹不實而以天竹補之, 皆是可以不必然, 而强爲蛇足之事. 然蛇足之形自天生之, 人亦不盡任咎[188]也.

---

187 九原구원: 묘지, 황천. 출처는 『예기』 「단궁하檀弓下」.
188 任咎임구: 죄를 떠맡다. 책임을 지다. 출처는 『북사北史』 「왕흔전王昕傳」.

○虎刺

長盆栽虎刺, 宣石作峯巒. 布置得宜, 是一幅案頭山水. 此虎丘
賣花人長技也, 不可謂非化工手筆. 然購者于此, 必熟視其爲原
盆與否. 是卉皆可新移, 獨虎刺必須久植, 新移旋踵[189]者百無一
活, 不可不知.


○苔

苔者, 至賤易生之物, 然亦有時作難. 遇階砌新築, 冀其速生者,
彼必故意遲之, 以示難得. 予有養苔詩云, 汲水培苔淺却池, 鄰翁
盡日笑人痴. 未成斑蘚渾難待, 繞砌頻呼綠拗兒. 然一生之後, 又
令人無可奈何矣.


○萍

楊入水爲萍, 是花中第一怪事. 花已謝而辭樹, 其命絕矣, 乃又
變爲一物, 其生方始, 殆一物而兩現其身者乎. 人以楊花喩命薄
之人, 不知其命之厚也, 較天下萬物爲獨甚. 吾安能身作楊花, 而
居水陸二地之勝乎. 水上生萍, 極多雅趣. 但怪其彌漫太甚, 充塞
池沼, 使水居有如陸地, 亦恨事也. 有功者不能無過, 天下事其盡
然哉.

---

189 旋踵선종: 발꿈치를 돌릴 정도의 매우 짧은 시간. 전한 문학가 한영韓嬰의 『한시외
전韓诗外傳』 권10.

## 5. 竹木

竹木者何. 樹之不花者也. 非盡不花, 其見用于世者, 在此不在
彼, 雖花而猶之弗花也. 花者, 媚人[190]之物, 媚人者損己, 故善花
之樹多不永年, 不若椅桐梓漆之朴而能久. 然則樹卽樹耳, 焉如花
爲. 善花者曰, 彼能無求于世則可耳, 我則不然. 雨露所同也, 灌
漑所獨也. 土壤所同也, 肥澤所獨也. 予不見堯之水湯之旱乎. 如
其雨露或竭, 而土不能滋, 則奈何. 盍舍汝所行而就我. 不花者曰,
是則不能, 甘爲竹木而已矣.

### ○竹

俗云, 早間種樹, 晚上乘涼, 嗑詞也. 予于樹木中求一物以實
之, 其惟竹乎. 種樹欲其成蔭, 非十年不可, 最易活者莫如楊柳,
求其蔭可蔽日, 亦須數年. 惟竹不然, 移入庭中, 卽成高樹, 能令
俗人之舍, 不轉盼[191]而成高士之廬. 神哉, 此君, 眞醫國手[192]
也. 種竹之方, 舊傳有訣云, 種竹無時, 雨過便移, 多留宿土, 記
取南枝. 予悉試之, 乃不可盡信之書也. 三者之內, 惟一可遵, 多
留宿土是也. 移樹最忌傷根, 土多則根之盤曲如故, 是移地而
未嘗移土, 猶遷人者幷其臥榻而遷之, 其人醒後尚不自知其遷

---

190 媚人미인: 남에게 아첨하다. 빌붙다. 출처는 『송사』「주돈이전周敦頤傳」.
191 轉盼전반: 눈 깜짝할 사이. 출처는 소동파의 시 「서대정의 한헌徐大正閑軒」.
192 國手국수: 어느 분야에서 나라를 통틀어 최고의 수준에 도달한 사람. 출처는 백거
이의 시 「취하여 유우석劉禹錫에게 증정하여醉贈劉二十八使君」.

也. 若俟雨過方移, 則沾泥帶水, 有幾許未便. 泥濕則鬆, 水沾則濡, 我欲留土, 其如土濕而蘇, 隨鋤隨散之, 不可留何. 且雨過必晴, 新移之竹, 晒則葉卷, 一卷即非活兆矣. 予易其詞曰, 未雨先移. 天方陰而雨猶未下, 乘此急移, 則宿土未濕, 又復帶潮, 有如膠似漆之勢, 我欲多留, 而土能隨我, 先據一籌之勝矣. 且栽移甫定而雨至, 是雨爲我下, 坐而受之, 枝葉根本, 無一不沾滋潤之利. 最忌者日, 而日不至, 最喜者雨, 而雨即來. 無所忌而投以喜, 未有不欣欣向榮[193]者. 此法不止種竹, 是花是木皆然. 至于記取南枝一語, 尤難遵奉. 移竹移花, 不易其向. 向南者仍使向南, 自是草木之幸. 然移草木就人, 當隨人便, 不能盡隨草木之便. 無論是花是竹, 皆有正面, 有反面. 正面向人, 反面向空隙, 理也. 使記南枝而與人相左[194], 猶娶新婦進門, 而聽其終年背立, 有是理乎. 故此語只當不說, 切勿泥之. 總之, 移花種竹只有四字當記, 宜陰忌日是也. 瑣瑣繁言, 徒滋疑擾.

○松柏

蒼松古柏, 美其老也. 一切花竹, 皆貴少年, 獨松柏與梅三物, 則貴老而賤幼. 欲受三老之益者, 必買舊宅而居. 若俟手栽, 爲兒孫計則可, 身則不能觀其成也. 求其可移而能就我者, 縱使極大,

---

**193** 欣欣向榮흔흔향영: 초목이 무성하게 자라다. 크게 발전하다. 출처는 진晉 도잠의 「귀거래사歸去來辭」.
**194** 相左상좌: 어긋나다. 출처는 명나라 유학자 당순지唐順之(1507~1560)의 「호부주사로 발탁된 읍령 이용망을 전송하는 시의 서문送邑令李龍岡擢戶部主事序」.

亦是五更, 非三老矣.

予嘗戲謂諸後生曰, 欲作畵圖中人, 非老不可. 三五少年, 皆賤物也. 後生詢其故. 予曰, 不見畵山水者, 每及人物, 必作扶筇曳杖之形, 卽坐而觀山臨水, 亦是老人矍鑠[195]之狀. 從來未有俊美少年厠于其間者. 少年亦有, 非携琴捧畵之流, 卽挈盒持樽之輩, 皆奴隷于畵中者也. 後生輩欲反證予言, 卒無其據. 引此以喩松柏, 可謂合倫. 如一座園亭, 所有者皆時花弱卉, 無十數本老成樹木主宰其間, 是終日與兒女子習處, 無從師會友時矣. 名流作畵, 肯若是乎. 噫, 予持此說一生, 終不得與老成[196]爲伍, 乃今年已入畵, 猶曰坐兒女叢中. 殆以花木爲我, 而我爲松柏者乎.

## ○梧桐

梧桐一樹, 是草木中一部編年史也. 擧世習焉不察, 予特表而出之. 花木種自何年. 爲壽幾何歲. 詢之主人, 主人不知, 詢之花木, 花木不答. 謂之忘年交則可, 予以知時達務, 則不可也. 梧桐不然, 有節可年, 生一年, 年一年. 樹有樹之年, 人卽年人之年. 樹小而人與之小, 樹大而人隨之大, 觀樹卽所以現身. 易曰, 觀我生進退. 欲觀我生, 此其資也.

予垂髫[197]種此, 卽于樹上刻詩以年年. 每歲一節, 卽刻一詩, 惜

195 矍鑠확삭: 노인의 눈이 반짝거리고 정신이 건강하다. 매우 정정하다. 출처는 『후한서』 「마원전馬援傳」.
196 老成노성: 나이가 들고 덕이 있는 사람. 남송학자 유문표兪文豹의 문집 『취검사록吹劍四錄』.
197 垂髫수초: 머리를 땋아 늘어뜨리다. 어린아이. 출처는 도연명의 「도화원기桃花源記」.

爲兵燹198所壞, 不克有終. 猶記十五歲刻桐詩云, 小時種梧桐, 桐葉小于艾. 簪頭刻小詩, 字瘦皮不壞. 利那三五年, 桐大字亦大. 桐字已如許, 人大復何怪. 還將感嘆詞, 刻向前詩外. 新字日相催, 舊字不相待. 顧此新舊痕, 而爲悠忽戒. 此予嬰年著作, 因說梧桐, 偶爾記及, 不則意忘之矣. 卽此一事, 便受梧桐之益. 然則編年之說, 豈欺人語乎.


○槐楡

樹之能爲蔭者, 非槐卽楡. 詩云, 於我乎, 夏屋渠渠. 此二樹者, 可以呼爲夏屋, 植于宅旁, 與肯堂肯構199無別. 人謂夏者, 大也, 非時之所謂夏也. 予曰, 古人以厦爲大者, 非無取義. 夏日之至, 非大不涼, 與三時有別, 故名厦爲屋. 訓夏以大, 予特未之詳耳.


○柳

柳貴于垂, 不垂則可無柳. 柳條貴長, 不長則無裊娜之致, 徒垂無益也. 此樹爲納蟬之所, 諸鳥亦集. 長夏不寂寞, 得時聞鼓吹者, 是樹皆有功, 而高柳爲最. 總之, 種樹非止娛目, 兼爲悅耳.

目有時而不娛, 以在臥榻之上也. 耳則無時不悅. 鳥聲之最可愛者, 不在人之坐時, 而偏在睡時. 鳥音宜曉聽, 人皆知之. 而其獨宜

---

**198** 兵燹병선: 전쟁으로 불이 나서 파괴되는 재난. 전쟁으로 인한 재난. 출처는 『송사』 「신종기神宗紀」.

**199** 肯堂肯構긍당긍구: 원래의 의미는 '자손이 집의 기초조차 기꺼이 만들려 하지 않는데, 어떻게 기꺼이 집 짓는 일을 말할 수 있겠는가?'다. 후대에는 이와 반대로 자식이 부친의 사업을 계승할 수 있는 것을 비유하는 의미로 사용되었다. 출처는 『상서』 「대고大誥」.

于曉之故, 人則未之察也. 鳥之防弋, 無時不然. 卯辰[200]以後, 是
人皆起, 人起而鳥不自安矣. 慮患之念一生, 雖欲鳴而不得, 鳴亦
必無好音, 此其不宜于晝也. 曉則是人未起, 卽有起者, 數亦寥寥,
鳥無防患之心, 自能畢其能事, 且捫舌[201]一夜, 技癢[202]于心, 至此
皆思調弄[203], 所謂不鳴則已, 一鳴驚人者是也, 此其獨宜于曉也.
莊子非魚, 能知魚之樂, 笠翁非鳥, 能識鳥之情. 凡屬鳴禽, 皆當呼
予爲知己.

種樹之樂多端, 而其不便于雅人者, 亦有一節. 枝葉繁冗, 不漏
月光. 隔嬋娟[204]而不使見者, 此其無心之過, 不足責也. 然匪樹木
無心, 人無心耳. 使于種植之初, 預防及此, 留一線之餘天, 以待月
輪出沒, 則晝夜均受其利矣.


○黃楊

黃楊每歲長一寸, 不溢分毫[205], 至閏年反縮一寸, 是天限之木
也. 植此宜生憐憫之心. 予新授一名曰知命樹. 天不使高, 強爭無
益, 故守困厄爲當然. 冬不改柯, 夏不易葉, 其素行原如是也. 使以
他木處此, 卽不能高, 亦將橫生而至大矣. 再不然, 則以才不得展

---

200 卯辰묘진: 묘시는 오전 5~7시, 진시는 오전 7~9시.
201 捫舌문설: 소리를 내지 않다. 말하지 않다. 출처는 『시경』「대아·억大雅·抑」.
202 技癢기양: 재주를 가진 사람이 기회를 만나 드러내고 싶어하다. 출처는 서진 문학가
반악潘岳(247~300)의 「사치부射雉賦」.
203 調弄조롱: 악기를 연주하다. 출처는 당나라 시인 방간方干(809~888)의 시 「단처사
의 거문고 연주를 들으며聽段處士彈琴」.
204 嬋娟선연: 달빛. 달. 출처는 소동파의 사 「수조가두水調歌頭」.
205 分毫분호: 10분의 1촌寸=1분分(100분의 1분=1호毫). 현대의 기준으로 1분은 3.3밀리
미터이다. 매우 적은 수량을 의미한다. 출처는 『포박자』「박유博喩」.

而至瘁, 弗復自永其年矣. 困于天而能自全其天, 非知命君子, 能
若是哉.

最可憫者, 歲長一寸是已, 至閏年反縮一寸, 其義何居. 歲閏而
我不閏, 人閏而己不閏, 已見天地之私, 乃非止不閏, 又復從而刻
之, 是天地之待黃楊, 可謂不仁之至, 不義之甚者矣. 乃黃楊不憾
天地, 枝葉較他木加榮, 反似德之者, 是知命之中又知命焉. 蓮爲
花之君子, 此樹當爲木之君子. 蓮爲花之君子, 茂叔知之. 黃楊爲
木之君子, 非稍能格物[206]之笠翁, 孰知之哉.

## ○棕櫚

樹直上而無枝者, 棕櫚是也. 予不奇其無枝, 奇其無枝而能有
葉. 植于衆芳之中, 而下不侵其地, 上不蔽其天者, 此木是也. 較之
芭蕉, 大有克己妨人之別.

## ○楓柏

草之以葉爲花者, 翠雲老少年是也. 木之以葉爲花者, 楓與柏
是也. 楓之丹, 柏之赤, 皆爲秋色之最濃. 而其所以得此者, 則非
雨露之功, 霜之力也. 霜于草木, 亦有有功之時, 其不肯數數見者,
慮人之狎之也. 枯衆木, 獨榮二木, 欲示德威之一斑耳.

---

206 格物격물: 사물의 이치를 연구하다. 출처는 『예기』「대학大學」.

○冬靑

冬靑一樹, 有松柏之實, 而不居其名, 有梅竹之風, 而不矜其節,
殆身隱焉文之流亞歟. 然談傲霜礪雪之姿者, 從未聞一人齒及. 是
之推[207]不言祿, 而祿亦不及. 予竊忿之, 當易其名爲不求人知樹.

---

## 제6부 頤養1部

### 1. 行樂

傷哉. 造物生人一場, 爲時不滿百歲. 彼夭折之輩無論矣, 姑就永年2者道之, 卽使三萬六千日盡是追歡取樂時, 亦非無限光陰, 終有報罷之日. 況此百年以內, 有無數憂愁困苦, 疾病顚連3, 名韁利鎖4, 驚風駭浪5, 阻人燕遊6, 使徒有百歲之虛名, 幷無一歲二歲享生人應有之福之實際乎.

又況此百年以內, 日日死亡相告, 謂先我而生者死矣, 後我而生者亦死矣, 與我同庚7比算, 互稱弟兄者又死矣. 噫, 死是何物, 而可知凶不諱, 日令不能無死者, 驚見于目, 而怛聞于耳乎. 是千古不

---

1 頤養이양: 보양. 보호하여 조섭하다. 출처는 『한서』「식화지食貨志」.
2 永年영년: 장수하다. 출처는 『상서』「필명畢命」.
3 顚連전련: 견딜 수 없이 고달프다. 북송 철학자 장재張載(1020~1077)의 철학 이론 「서명西銘」.
4 名韁利鎖명강리쇄: 명성에 고삐를 잡히고 이익에 묶이다. 명리에 속박되다. 출처는 북송 문학가 유영柳永(984?~1053?)의 사 「여름의 구름 낀 봉우리夏雲峯」.
5 驚風駭浪경풍해랑: 바람에 놀라고 파도에 놀라다. 세상 풍속이 심상치 않게 요동치다. 출처는 당나라 문학가 전영田穎의 『옥산당문집玉山堂文集』「해운루기海雲樓記」.
6 燕遊연유: 마음껏 노닐다. 출처는 『예기』「소의少儀」.
7 同庚동경: 동갑. 출처는 주희朱熹의 시 「원범과 이별한 뒤에 혜가에게 부쳐元范別後寄惠佳篇」.

仁, 未有甚于造物者矣. 雖然, 殆有說焉. 不仁者, 仁之至也. 知我不能無死, 而日以死亡相告, 是恐我也. 恐我者, 欲使及時爲樂, 當視此輩爲前車[8]也.

康對山構一園亭, 其地在北邙山麓, 所見無非丘隴[9]. 客訊之曰, 日對此景, 令人何以爲樂. 對山曰, 日對此景, 乃令人不敢不樂. 達哉斯言. 予嘗以銘座右[10]. 玆論養生之法, 而以行樂先之. 勸人行樂, 而以死亡怵之, 卽祖是意. 欲體天地至仁之心, 不能不蹈造物不仁之迹. 養生家授受之方, 外藉藥石, 內憑導引. 其借口頤生[11]而流爲放辟邪侈[12]者, 則曰比家. 三者無論邪正, 皆術士[13]之言也. 予系儒生, 幷非術士. 術士所言者術, 儒家所憑者理.

魯論鄕黨一篇, 半屬養生之法. 予雖不敏, 竊附于聖人之徒, 不敢爲誕妄不經[14]之言以誤世. 有怪此卷以頤養命名, 而覓一丹方[15]不得者, 予以空疏[16]謝之. 又有怪予著飮饌一篇, 而未及烹飪之法, 不知醬用幾何, 醋用幾何, 醝椒香辣用幾何者. 予曰, 果若是, 是一

8 前車전거: 앞서 간 수레. 교훈으로 삼을 수 있는 지난 일. 출처는 『순자』 「성상成相」.
9 丘隴구롱: 무덤. 출처는 『예기』 「월령月令」.
10 座右좌우: 자리의 오른편. 고대에는 보통의 경우 진귀한 서화 등을 이곳에 놓아두었다. 출처는 두보의 시 「황실 마구간 준마의 노래天育驃騎歌」.
11 頤生이생: 양생. 출처는 남조 양梁나라 도사 도홍경陶弘景(456~536)의 도가서 『진고眞誥』.
12 放辟邪侈방벽사치: 멋대로 악행을 저지르다. 출처는 『맹자』 「양혜왕상」.
13 術士술사: 법술을 부리는 사람. 출처는 『한비자韓非子』 「인주人主」.
14 不經불경: 경전에 나오지 않아 근거가 없다. 상리에 맞지 않다. 출처는 『사기』 「효무본기孝武本紀」.
15 丹方단방: 도가에서 불사약을 제련하는 방법. 출처는 『포박자』 「금단金丹」.
16 空疏공소: 공허하고 천박한 재능. 출처는 소동파의 상주문 「육지가 상주하여 시비를 논한 내용에 따라 폐단을 교정할 것을 간청하는 찰자乞校正陸贄奏議進御札子」.

庖人而已矣, 烏足重哉. 人曰若是, 則食物志尊生箋衛生錄等書, 何以備列此等. 予曰, 是誠庖人之書也. 士各明志, 人有弗爲.

○貴人行樂之法

人間至樂之境, 惟帝王得以有之. 下此則公卿將相, 以及群輔百僚, 皆可以行樂之人也. 然有萬機[17]在念, 百務縈心, 一日之內, 除視朝聽政, 放衙[18]理事, 治人事神, 反躬[19]修己之外, 其爲行樂之時有幾. 曰不然. 樂不在外而在心. 心以爲樂, 則是境皆樂, 心以爲苦, 則無境不苦. 身爲帝王, 則當以帝王之境爲樂境. 身爲公卿, 則當以公卿之境爲樂境.

凡我分所當行, 推諉[20]不去者, 卽當擯棄一切, 悉視爲苦, 而專以此事爲樂. 謂我爲帝王, 日有萬機之冗, 其心則誠勞矣. 然世之艶慕[21]帝王者, 求爲片刻而不能, 我之至勞, 人之所謂至逸也. 爲公卿將相群輔百僚者, 居心亦復如是, 則不必于視朝聽政, 放衙理事, 治人事神, 反躬修己之外, 別尋樂境, 卽此得爲之地, 便是行樂之場. 一擧筆而安天下, 一矢口而遂群生, 以天下群生之樂爲樂, 何快如之.

---

17 萬機만기: 정권을 잡은 사람이 처리하는 중요한 일. 출처는 『상서』「우서·고요모虞書·皐陶謨」.
18 放衙방아: 관청에서 퇴근하다. 출처는 소동파의 시 「삼협三峽으로 들어가며入峽」.
19 反躬반궁: 스스로 단속하다. 출처는 『예기』「악기樂記」.
20 推諉추위: 책임을 다른 사람에게 미루다. 회피하다. 출처는 『송서宋書』「서담지전徐湛之傳」.
21 艶慕염모: 흠모하다. 선망하다. 출처는 명나라 문학가 귀유광歸有光(1507~1571)의 「오삼천에게 주는 글與吳三泉書」.

若于此外, 稍得淸閑, 再享一切應有之福, 則人皇可比玉皇, 俗吏竟成仙吏, 何蓬萊三島之足羨哉. 此術非他, 蓋用吾家老子退一步法. 以不如己者視己, 則日見可樂. 以勝于己者視己, 則時覺可憂. 從來人君之善行樂者, 莫過于漢之文景. 其不善行樂者, 莫過于武帝. 以文景于帝王應行之外, 不多一事, 故覺其逸. 武帝則好大喜功, 且薄帝王而慕神仙, 是以徒見其勞.

人臣之善行樂者, 莫過于唐之郭子儀. 而不善行樂者, 則莫如李廣. 子儀旣拜汾陽王, 志願已足, 不復他求, 故能極欲窮奢[22], 備享人臣之福. 李廣則耻不如人, 必欲封侯而後已, 是以獨當單于, 卒致失道後期而自到. 故善行樂者, 必先知足. 二疏云, 知足不辱, 知止不殆. 不辱不殆, 至樂在其中矣.


○富人行樂之法

勸貴人行樂易, 勸富人行樂難. 何也. 財爲行樂之資, 然勢不宜多, 多則反爲累人之具. 華封人祝帝堯富壽多男, 堯曰, 富則多事[23]. 華封[24]人曰, 富而使人分之, 何事之有.[25] 由是觀之, 財多不分, 卽以唐堯之聖帝王之尊, 猶不能免多事之累, 況德非聖人而位非帝王者乎. 陶朱公屢致千金, 屢散千金, 其致而必散, 散而復致者, 亦學帝堯之防多事也.

---

22 極欲窮奢극욕궁사: 과분한 사치와 욕구, 사치와 욕망이 극점에 이르다. 돈을 물 쓰듯 하며 향락을 누리다. 출처는 『한서』「곡영전谷永傳」.
23 多事다사: 사고나 변고가 많다. 출처는 『장자』「천지天地」.
24 華封화봉: 화주華州 지방.
25 요임금과 화봉 사람의 이야기는 『장자』「천지天地」에 실려 있다.

妓欲勸富人行樂, 必先勸之分財. 勸富人分財, 其勢同于拔山超海26, 此必不得之數也. 財多則思運, 不運則生息27不繁. 然不運則已, 一運則經營慘淡, 坐起不寧, 其累有不可勝言者. 財多必善防, 不防則爲盜賊所有, 而且以身殉之. 然不防則已, 一防則驚魂四繞, 風鶴皆兵28, 其恐懼觳觫29之狀, 有不堪目睹者. 且財多必招忌. 語云溫飽之家, 衆怨所歸. 以一身而爲衆射之的, 方且憂傷慮死之不暇, 尙可與言行樂乎哉. 甚矣, 財不可多, 多之爲累, 亦至此也.

然則富人行樂, 其終不可冀乎. 曰不然. 多分則難, 少斂則易. 處比戶可封30之世, 難于售恩. 當民窮財盡31之秋, 易于見德. 少課錙銖之利, 窮民卽起頌揚. 略蠲升斗32之租, 貧佃卽生歌舞. 本償而子息未償, 因其貧也而貰之. 一券才焚, 卽噪馮驩之令譽. 賦足而國用不足, 因其匱也而助之, 急公33偶試, 卽來卜式之美名. 果

---

26 拔山超海발산초해: 산을 뽑고 바다를 뛰어넘다. 역량이 막대하다. 출처는 북주北周 문학가 유신庾信(513~581)의「연주체를 모방하여擬連珠」.

27 生息생식: 이익을 얻다. 출처는 명나라 문학가 능몽초凌濛初의 소설『이각박안경기二刻拍案驚奇』.

28 風鶴皆兵풍학개병: 풍성학려風聲鶴唳, 초목개병草木皆兵. 바람소리와 학 울음소리는 모두 추격하는 군대로 의심되고, 초목은 모두 적군으로 보인다. 매우 당황하여 정신이 어지러운 상황을 말한다. 출처는『진서晉書』「사현전謝玄」과「부견재기苻堅載記」.

29 觳觫곡속: 두려워 떨다. 출처는「맹자」「양혜왕상」.

30 比戶可封비호가봉: 비옥가봉比屋可封. 가가호호 모두 봉작을 받을 만한 덕행이 있다. 풍속이 순박하고 아름답다. 출처는『한서』「왕망전王莽傳」.

31 民窮財盡민궁재진: 백성이 곤궁하고 국가의 재물도 다 소진되었다. 출처는『수호전』제91회.

32 升斗승두: 되와 말. 소량. 출처는『장자』「외물外物」.

33 急公급공: 공익에 열심이다. 출처는『안씨가장척독顔氏家藏尺牘』「공관찰홍조孔觀察興詔」.

如是, 則大異于今日之富民, 而又無損于本來之故我.

覬覦34者息而仇怨者稀, 是則可言行樂矣. 其爲樂也, 亦同貴人, 可不必于持籌握算35之外, 別尋樂境, 卽此寬租減息仗義36急公之日, 聽貧民之歡欣贊頌, 卽當兩部鼓吹37. 受官司之獎勵稱揚, 便是百年華袞38. 榮莫榮于此, 樂亦莫樂于此矣. 至于悅色娛聲, 眠花藉柳, 構堂建廈, 嘯月潮風39諸樂事, 他人欲得, 所患無資, 業有其資, 何求弗遂. 是同一富也, 昔爲最難行樂之人, 今爲最易行樂之人. 卽使帝堯不死, 陶朱現在, 彼丈夫也, 我丈夫也, 吾何畏彼哉. 去其一念之刻而已矣.


○貧賤行樂之法

窮人行樂之方, 無他祕巧, 亦止有退一步法. 我以爲貧, 更有貧于我者. 我以爲賤, 更有賤于我者. 我以妻子爲累, 尙有鰥寡孤獨之民, 求爲妻子之累而不能者. 我以胼胝40爲勞, 尙有身繫獄廷,

---

34 覬覦기유: 얻어서는 안 되는 것을 얻기를 갈망하다. 분수에 넘치는 희망이나 계획. 출처는 『좌전』 환공桓公 2년.

35 持籌握算지주악산: 산가지를 쥐다. 계획하다. 재무관리를 하다. 주籌와 산算은 고대에 사용하던 계산용의 산가지다. 현대의 주판은 명대에 이르러 나타났으며 주산珠算이라 한다.

36 仗義장의: 정의를 행하다. 출처는 『한서』 「가의전賈誼傳」.

37 兩部鼓吹양부고취: 두 기악대의 합주. 출처는 『남제서』 「공치규전孔稚珪傳」. 고취鼓吹는 악대의 기악합주를 말한다.

38 華袞화곤: 고대 왕공 귀족의 화려한 예복. 극히 높은 영예. 군왕. 출처는 『시경』 「증민烝民」.

39 嘯月潮風소월조풍: 달 아래 읊조리고 바람에 젖다. 음풍농월하다.

40 胼胝변지: 굳은살. 출처는 『순자』 「자도子道」.

荒蕪田地, 求安耕鑿[41]之生而不可得者. 以此居心, 則苦海盡成樂地. 如或向前一算, 以勝己者相衡[42], 則片刻難安, 種種桎梏幽囚之境出矣.

一顯者旅宿郵亭. 時方溽暑[43], 帳內多蚊, 驅之不出, 因憶家居時, 堂寬似宇, 簟冷如冰, 又有群姬握扇而揮, 不復知其爲夏, 何遽困厄至此. 因懷至樂, 愈覺心煩, 遂致終夕不寐. 一亭長露宿階下, 爲衆蚊所嚙, 幾至露筋, 不得已而奔走庭中, 俾四體動而弗停, 則嚙人者無由厠足[44]. 乃形則往來僕僕, 口則贊嘆嚻嚻[45], 一似苦中有樂者. 顯者不解, 呼而訊之, 謂汝之受困, 什佰于我, 我以爲苦, 而汝以爲樂, 其故維何. 亭長曰, 偶憶某年, 爲仇家所陷, 身繫獄中. 維時亦當暑月, 獄卒防予私逸, 每夜拘攣手足, 使不得動搖. 時蚊蚋[46]之繁, 倍于今夕, 聽其自嚙, 欲稍稍規避而不能. 以視今夕之奔走不息, 四體得以自如者, 奚啻仙凡人鬼之別乎. 以昔較今, 是以但見其樂, 不知其苦. 顯者聽之, 不覺爽然自失[47]. 此卽窮人行樂之祕訣也. 不獨居心爲然, 卽鑄體煉形, 亦當如是.

---

41 耕鑿경천: 밭을 일구고 우물을 파다. 농사를 짓다. 출처는 왕충의 철학서 『논형論衡』 「감허편感虛篇」에 실린 선진 시기의 민가 「격양가擊壤歌」.

42 相衡상형: 서로 비교하다. 출처는 명나라 수향거사睡鄕居士의 『이각박안경기의 서문二刻拍案驚奇序』.

43 溽暑욕서: 한여름. 덥고 축축한 기운. 출처는 『예기』 「월령月令」.

44 厠足측족: 발을 담그다. 끼어들다. 출처는 『장자』 「외물」.

45 嚻嚻효효: 시끄럽게 떠들다. 출처는 『시경』 「소아·거공小雅·車攻」.

46 蚊蚋문예: 모기. 식물의 즙을 먹는 모기는 '문蚊'이라 하고, 사람과 가축의 피를 빠는 모기는 '예蚋'라 한다. 출처는 당나라 시인 항사項斯의 시 「멀리 갈 준비를 하는 밤에遙裝夜」.

47 爽然自失상연자실: 망연자실하다. 어찌할 줄 모르고 멍하다. 출처는 『사기』 「굴원가생열전屈原賈生列傳」.

譬如夏月苦炎, 明知爲室廬卑小所致, 偏向驕陽[48]之下來往片時, 然後步入室中, 則覺暑氣漸消, 不似從前酷烈. 若畏其湫隘[49]而投寬處納涼, 及至歸來, 炎蒸又加十倍矣. 冬月苦冷, 明知爲墻垣單薄所致, 故向風雪之中行走一次, 然後歸廬返舍, 則覺寒威頓減, 不復凜冽如初. 若避此荒涼而向深居就燠, 及其再入, 戰栗又作何狀矣. 由此類推, 則所謂退步者, 無地不有, 無人不有, 想至退步, 樂境自生.

予爲兩間第一困人, 其能免死于憂, 不枯槁于迍邅[50]蹭蹬[51]者, 皆用此法. 又得管城[52]一物, 相伴終身, 以掃千軍則不足, 以除萬慮則有餘. 然非善作退步, 卽楮墨[53]亦能困人. 想虞卿著書, 亦用此法, 我能公世, 彼特祕而未傳耳. 由亭長之說推之, 則凡行樂者, 不必遠引他人爲退步. 卽此一身, 誰無過來之逆境. 大則灾凶禍患, 小則疾病憂傷. 執柯伐柯, 其則不遠, 取而較之, 更爲親切. 凡人一生, 奇禍大難非特不可遺忘, 還宜大書特書, 高懸座右. 其裨益于身者有三. 孽由己作, 則可知非痛改, 視作前車. 禍自天來, 則可止怨釋尤, 以弭後患. 至于憶苦追煩, 引出無窮樂境, 則又警心

---

48 驕陽교양: 작열하는 태양. 출처는 이백의 시 「시절에 감개하며 사촌 형 서왕 이연년, 사촌 동생 이연릉과 이별하며感時傷別從兄徐王延年從弟延陵」.
49 湫隘추애: 낮고 협소하다. 출처는 『좌전』 소공 3년.
50 迍邅둔전: 처지가 곤란하다. 출처는 서진 문학가 좌사左思(250?~305)의 「영사시咏史詩」.
51 蹭蹬층등: 실의하다. 출처는 두보의 시 「물을 거슬러 올라가며 회포를 풀어上水遣懷」.
52 管城관성: 관성자管城子. 관성군管城君. 붓을 지칭한다. 출처는 한유의 산문 「모영전毛穎傳」.
53 楮墨저묵: 종이와 먹. 시와 문장. 서화. 출처는 당나라 사학자 유지기劉知幾(661~721)의 역사서 『사통史通』 「암혹暗惑」.

惕目54之餘事矣. 如曰省躬罪己55, 原屬隱情56, 難使他人共睹. 若是則有包含韞藉57之法. 或止書罹患58之年月, 而不及其事. 或別書隱射59之數語, 而不露其詳. 或撰作一聯一詩, 懸挂起居親密之處, 微寓己意, 不使人知, 亦淑愼60其身之妙法也. 此皆湖上笠翁瞞人獨做之事, 筆機所到, 欲諱不能, 俗語所謂不打自招者, 非乎.

○家庭行樂之法

世間第一樂地, 無過家庭. 父母俱存, 兄弟無故, 一樂也. 是聖賢行樂之方, 不過如此. 而後世人情之好向, 往往與聖賢相左. 聖賢所樂者, 彼則苦之聖賢所苦者, 彼反視爲至樂而沈溺其中. 如棄現在之天親, 而拜他人爲父, 撇同胞之手足, 而與陌路61結盟, 避女色而就孌童62, 舍家鷄而尋野鶩, 是皆情理之至悖, 而擧世習而安之. 其故無他, 總由一念之惡舊喜新, 厭常趨異所致. 若是, 則

---

54 警心惕目경심척목: 마음과 눈으로 경계하다. 경척警惕은 경각심을 가진다는 뜻이다. 출처는 주희의 『주자어류』 권97.
55 省躬罪己반궁죄기: 책궁죄기責躬罪己. 반성하고 자책하다. 출처는 『주서周書』 「무제기武帝紀」.
56 隱情은정: 상황을 감추다. 출처는 『좌전』 양공 27년.
57 韞藉온자: 함축하여 드러내지 않다. 출처는 원나라 시인 이야李冶의 문집 『경재집敬齋集』.
58 罹患이환: 병에 걸리다.
59 隱射은사: 암시하다.
60 淑愼숙신: 현명하고 신중하게 처신하다. 출처는 남송 학자 홍괄洪适(1117~1184)의 금석학 저서 『예석隸釋』 「한중상시번안비漢中常侍樊安碑」.
61 陌路맥로: 낯선 사람. 길을 가다가 만난 모르는 사람. 출처는 백거이의 시 「다시 성에 이르러 7절구·원진元稹을 만나重到城七絶句·見元九」.
62 孌童연동: 동성애의 대상이 되는 미성년의 남자. 출처는 한유의 산문 「잡설雜說」.

生而所有之形骸, 亦覺陳腐可厭, 胡不并易而新之. 他今日魂附一體, 明日又附一體, 覺愈變愈新之可愛乎. 其不能變而新之者, 以生定故也. 然欲變而新之, 亦自有法.

時易冠裳, 迭更幃座, 而照之以鏡, 則似換一規模矣. 卽以此法而施之父母兄弟骨肉妻孥, 以結交濫費之資, 而鮮其衣飾, 美其供奉, 則居移氣, 養移體, 一歲而數變其形, 豈不猶之謂他人父, 謂他人母, 而與同學少年互稱兄弟, 各家美麗共締姻盟者哉. 有好遊狹斜63者, 蕩盡家資而不顧, 其妻迫于饑寒而求去. 臨去之日, 別換新衣而佐以美飾, 居然絶世佳人. 其夫抱而泣曰, 吾走盡章臺64, 未嘗遇此嬌麗. 由是觀之, 匪人之美, 衣飾美之也. 倘能復留, 當爲勤儉克家65, 而置汝金屋. 妻善其言而止. 後改蕩從善, 卒如所云.

又有人子不孝而爲親所逐者, 鞠于他人, 越數年而復返, 定省66承歡67, 大異疇昔68. 其父訊之, 則曰非予不愛其親, 習久而生厭也. 玆復厭所習見, 而以久不睹者爲可愛矣. 衆人笑之, 而有識者憐之. 何也. 習久而厭其親者, 天下皆然, 而不能自明其故. 此人知之, 又能直言無諱, 蓋可以爲善人也. 此等罕譬曲喩, 皆爲勸導愚

---

63 遊狹斜유협사: 협사유狹斜遊. 기녀와 놀다. 출처는 고악부의 「장안유협사행長安有狹斜行」.
64 章臺장대: 전한 시기에 기원妓院이 집중되어 있었던 장안長安의 거리. 출처는 『한서』「장창전張敞傳」.
65 克家극가: 가사를 담당하다. 가업을 계승하다. 출처는 『역경』 몽괘蒙卦.
66 定省정성: 부모나 어른에게 문후를 드리다. 출처는 『예기』「곡례상曲禮上」.
67 承歡승환: 부모를 모시다. 환심을 사다. 출처는 굴원의 초사 「구장·애영九章·哀郢」.
68 疇昔주석: 지난날. 『예기』「단궁檀弓」.

蒙. 誰無至性[69], 誰乏良知, 而俟予爲木鐸[70]. 但觀孺子離家, 卽生哭泣, 豈無至樂之境十倍其家者哉. 性在此而不在彼也. 人能以孩提[71]之樂境爲樂境, 則去聖人不遠矣.

○道途[72]行樂之法

逆旅二字, 足概遠行, 旅境皆逆境也. 然不受行路之苦, 不知居家之樂, 此等況味[73], 正須一一嘗之. 予遊絕塞[74]而歸, 鄕人訊曰, 邊陲[75]之遊樂乎. 曰樂. 有經其地而憚焉者曰, 地則不毛, 人皆異類, 睹沙場而氣索[76], 聞鉦鼓而魂搖, 何樂之有. 予曰, 向未離家, 謬謂四方一致, 其飮饌服飾皆同于我, 及歷四方, 知有大謬不然[77]者. 然止遊通邑大都[78], 未至窮邊極塞[79], 又謂遠近一理, 不過稍變其制而已矣. 及抵邊陲, 始知地獄卽在人間, 羅刹原非異物. 而今而後, 方知人之異于禽獸者幾希, 而近地之民, 其去絕塞之民者, 反有霄壤幽明之大異也. 不入其地, 不睹其情, 烏知生于東南,

---

69 至性지성: 타고난 탁월한 품성. 출처는 『후한서』 「동평헌왕창전東平憲王蒼傳」.
70 木鐸목탁: 목탁. 교화를 선양하는 사람. 출처는 『논어』 「팔일八佾」.
71 孩提해제: 2~3세 아이. 유아. 출처는 『맹자』 「진심盡心」.
72 道途도도: 도로. 출처는 『예기』 「유행儒行」. 여기서는 여행으로 풀이했다.
73 況味황미: 상황. 사정. 출처는 범중엄의 「공부의 동료에게 주는 글與工部同年書」.
74 絕塞절새: 아주 먼 변방. 변방을 지나다. 출처는 『전국책』 「동주책東周策」.
75 邊陲변수: 국경 근처의 변두리 지역. 변방. 출처는 『좌전』 성공成公 13년.
76 氣索기색: 혼절하다. 숨이 멎다. 용기를 잃다. 출처는 『한서』 「손보전孫寶傳」.
77 大謬不然대류불연: 크게 틀려 실제에 전혀 부합하지 않다. 출처는 사마천의 「임소경에게 알리는 글報任少卿書」.
78 通邑大都통읍대도: 사통팔달의 대도시. 출처는 사마천의 「임소경에게 알리는 글」.
79 極塞극새: 아주 먼 변방. 출처는 당나라 시인 나업羅鄴(825~?)의 시 「장성長城」.

遊于都會, 衣輕席暖, 飯稻羹魚80之足樂哉. 此言出路之人視居家之樂爲樂也. 然未至還家, 則終覺其苦.

又有視家爲苦, 借道途行樂之法, 可以暫娛目前, 不爲風霜車馬所困者, 又一方便法門81也. 向平欲俟婚嫁旣畢, 遨遊五岳. 李固與弟書, 謂周觀天下, 獨未見益州, 似有遺憾. 太史公因遊名山大川, 得以史筆妙千古. 是遊也者, 男子生而欲得, 不得卽以爲恨者也. 有道之士, 尙欲挾資裹粮, 專行其志, 而我以餬口82資生83之便爲益聞廣見之資, 過一地, 卽覽一地之人情, 經一方, 則睹一方之勝槪84, 而且食所未食, 嘗所欲嘗, 蓄所餘者而歸遺細君85, 似得五侯之鯖86, 以果一家之腹, 是人生最樂之事也, 奚事哭泣阮途87, 而爲乘槎馭駿者88所竊笑哉.

---

80 飯稻羹魚반도갱어: 출처는『사기』「화식열전」.
81 方便法門방편법문: 기회에 따라 사람을 제도하는 방법. 사람을 편리하고 이롭게 하는 방법. 방편方便은 편리하다, 적당하다는 뜻이며, 법문法門은 부처의 말씀이다.
82 餬口호구: 호구糊口. 입에 풀칠하다. 간신히 먹고살다. 출처는『좌전』은공隱公 11년.
83 資生자생: (~에) 의지하여 살다. 국가와 민생에 도움이 되다. 출처는『역경』곤괘坤卦.
84 勝槪승개: 아름다운 경치. 훌륭한 경치. 출처는 이백의 시「여름에 사마무공과 여러 현인을 모시고 고숙정에서 연회를 베풀며夏日陪司馬武公與群賢宴姑熟亭序」.
85 細君세군: 제후의 아내. 아내. 출처는『한서』「동방삭전東方朔傳」.
86 五侯之鯖오후지청: 오후의 청. 훌륭한 요리를 가리킨다.『서경잡기西京雜記』권2에 따르면, 식향후息鄕侯 누호婁護가 한나라 성제成帝의 외숙들인 오후五侯(평아후 왕담平阿侯王譚·성도후 왕상成都侯王商·홍양후 왕립紅陽侯王立·곡양후 왕근曲陽侯王根·고평후 왕봉시高平侯王逢時)의 손님이 되어, 매일 아침에 오후의 집에서 각각 음식을 보내왔으며, 이것들을 모아 청청(육류와 생선으로 만든 잡채)을 만들었는데 기이하게 맛있었다고 한다.
87 阮途완도: 완적阮籍(210~263)의 길. 서글픈 말로를 비유한다.『진서晉書』「완적전阮籍」에 따르면 완적은 수레를 몰고 길을 벗어나 달리다가 수레가 다닌 흔적이 없어 수레가 나아가지 못하면 통곡하며 돌아왔다고 한다.
88 乘槎馭駿者승사어준자: 뗏목을 타고 말을 모는 사람. 현달한 사람. 승사乘槎는 사신이 되거나 조정에서 관리가 되는 것을 비유한다.

○春季行樂之法

人有喜怒哀樂, 天有春夏秋冬. 春之爲令, 卽天地交歡[89]之候, 陰陽肆樂之時也. 人心至此, 不求暢而自暢, 猶父母相親相愛, 則兒女嬉笑自如. 睹滿堂之歡欣, 卽欲向隅而泣, 泣不出也. 然當春行樂, 每易過情[90], 必留一線之餘春, 以度將來之酷夏. 蓋一歲難過之關, 惟有三伏. 精神之耗, 疾病之生, 死亡之至, 皆由于此. 故俗話云, 過得七月半, 便是鐵羅漢, 非虛語也. 思患預防, 當在三春行樂之時, 不得縱欲過度, 而先埋伏病根.

花可熟觀, 鳥可傾聽, 山川雲物之勝可以縱遊, 而獨于房欲之事[91]略存餘地. 蓋人當此際, 滿體皆春. 春者, 泄盡無遺之謂也. 草木之春, 泄盡無遺而不壞者, 以三時皆蓄, 而止候泄于一春, 過此一春, 又皆蓄精養神[92]之候矣. 人之一身, 能保一時盡泄而三時皆不泄乎. 盡泄于春, 而又不能不泄于夏, 雖草木不能不枯, 況人身之浮脆[93]者乎. 欲留枕席之餘歡, 當使遊觀[94]之盡致[95]. 何也. 分心花鳥, 便覺體有餘閑, 幷力閨幃[96], 易致身無寧刻. 然予所言, 皆防已甚之詞也. 若使杜情而絶欲, 是天地皆春而我獨秋. 焉用此

89 交歡교환: 남녀가 즐기다. 교합하다. 출처는 『금병매사화金甁梅詞話』.

90 過情과정: 일반적인 도리를 넘어서다. 출처는 『맹자』 「이루하離婁下」.

91 房欲之事방욕지사: 방사房事, 성행위.

92 養神양신: 정신을 보양하다. 출처는 『장자』 「각의刻意」.

93 浮脆부취: 공허하고 연약하다. 출처는 소식의 「방안상에게 대답하는 글答龐安常書」.

94 遊觀유관: 유람하다. 출처는 노자와 동시대의 도사 관윤자關尹子의 도가서 『관윤자關尹子』.

95 盡致진치: 임리진치淋漓盡致. 극점에 도달하다. 출처는 명나라 학자 이청李淸(1602~1683)의 『삼원필기三垣筆記』 「숭정보유崇禎補遺」.

96 閨幃규위: 규방의 장막. 규방. 출처는 『후한서』 「유유전劉瑜傳」.

不情97之物, 而作人中灾異98乎.

　○夏季行樂之法

　酷夏之可畏, 前幅雖露其端, 然未盡暑毒之什一也. 使天只有三時而無夏, 則人之死也必稀, 巫醫僧道之流皆苦饑寒而莫救矣. 止因多此一時, 遂覺人身叵測99, 常有朝人而夕鬼者. 戴記100云, 是月也, 陰陽爭, 死生分. 危哉斯言. 令人不寒而栗101矣. 凡人身處此候, 皆當時時防病, 日日憂死. 防病憂死, 則當刻刻偸閑以行樂. 從來行樂之事, 人皆選暇于三春, 予獨息機102于九夏.

　以三春神旺, 卽使不樂, 無損于身. 九夏則神耗氣索, 力難支體, 如其不樂, 則勞神役形, 如火益熱, 是與性命爲仇矣. 月令以仲冬103爲閉藏104. 予謂天地之氣閉藏于冬, 人身之氣當令閉藏于夏. 試觀隆冬之月, 人之精神愈寒愈健, 較之暑氣鑠人, 有不可同年而語105. 凡人苟非民社繫身, 饑寒迫體, 稍堪自逸者, 則當以三

―――
97 不情부정: 무정하다. 박정하다. 출처는 『신당서』「채정옥전蔡廷玉傳」.
98 灾異재이: 기이한 자연재해. 출처는 『한서』「선제기宣帝紀」.
99 叵測파측: 추측할 수 없다. 출처는 『신당서』「유학전하·윤음儒學傳下·尹愔」.
100 戴記대기: 『대대례기戴大禮記』와 『소대례기小大禮記』가 있으며, 여기서는 전한의 경학자 대성戴聖이 편집했다는 『소대례기』즉 현재의 『예기禮記』를 지칭한다.
101 不寒而栗불한이율: 출처는 『사기』「혹리열전酷吏列傳」.
102 息機식기: 교활한 생각을 그만두다. 교묘하게 이익을 추구하는 마음機心을 그치다. 출처는 『능엄경棱嚴經』.
103 仲冬중동: 10·11·12월의 두 번째 달. 음력 11월.
104 閉藏폐장: 보관하다. 출처는 『좌전』양공 10년.
105 不可同年而語불가동년이어: 같은 시기에 놓고 말을 할 수가 없다. 차이가 커서 함께 논할 수 없다. 출처는 가의의 「과진론」.

時行事, 一夏養生. 過此危關, 然後出而應酬世故106, 未爲晩也.

追憶明朝失政以後, 大淸革命之先, 予絶意浮名, 不幹寸祿107, 山居避亂, 反以無事爲榮. 夏不謁客, 亦無客至, 匪止頭巾不設, 幷衫履而廢之. 或裸處荷之中, 妻孥覓之不得, 或偃臥長松之下, 猿鶴過而不知. 洗硯石于飛泉, 試茗108奴以積雪, 欲食瓜而瓜生戶外, 思啖果而果落樹頭, 可謂極人世之奇聞, 擅有生之至樂者矣.

後此則徙居城市, 酬應日紛, 雖無利欲熏人109, 亦覺浮名致累. 計我一生, 得享列仙之福者, 僅有三年. 今欲續之, 求爲閏餘110而不可得矣. 傷哉. 人非鐵石, 奚堪磨杵作針111. 壽豈泥沙, 不禁委塵入土. 予以勸人行樂, 而深悔自役其形. 噫, 天何惜于一閑, 以補富貴榮膴無之不足哉.


○秋季行樂之法

過夏徂秋, 此身無恙, 是當與妻孥慶賀重生, 交相爲壽者矣. 又値炎蒸初退, 秋爽媚人, 四體得以自如, 衣衫不爲桎梏, 此時不樂, 將待何時. 況有阻人行樂之二物, 非久卽至. 二物維何. 霜也, 雪

---

106 世故세고: 세상의 모든 일. 출처는 혜강嵇康의 「산도山濤와 절교하는 글與山巨源絶交書」.
107 幹祿간록: 봉록 관직을 구하다. 출처는 『논어』 「위정爲政」.
108 試茗시명: 차를 마시다. 차를 품평하다. 출처는 육유의 시 「날이 개어 기뻐하며喜晴」.
109 利欲熏人이욕훈인: 이욕훈심利欲熏心. 재물을 탐하고 이익을 도모하는 욕망이 마음을 어지럽히다. 출처는 황정견의 시 「이차옹과 이별하며贈別李次翁」.
110 閏餘윤여: 태양력의 1년 365.2564일이 태음력(약 354일)보다 초과하는 날짜의 수로 약 11일. 출처는 『사기』 「역서曆書」. 여기서는 '첨가하다'나 '더하다'는 의미로 풀이했다.
111 磨杵作針마저작침: 출처는 송나라 학자 축목祝穆(?~1255)의 지리서 『방여승람方輿勝覽』 「마침계磨針溪」.

也. 霜雪一至, 則諸物變形, 非特無花, 亦且少葉, 亦時有月, 難保無風. 若謂春宵一刻值千金, 則秋價之昂, 宜增十倍. 有山水之勝者, 乘此時蠟屐[112]而遊, 不則當面錯過. 何也. 前此欲登而不可, 後此欲眺而不能, 則是又有一年之別矣.

有金石之交者, 及此時朝夕過從[113], 不則交臂而失[114]. 何也. 襁襶[115]阻人于前, 咫尺有同千里, 風雪欺人于後, 訪戴[116]何異登天. 則是又負一年之約矣. 至于姬妾之在家, 一到此時, 有如久別乍逢, 爲歡特異. 何也. 暑月汗流, 求爲盛妝而不得, 十分嬌艷, 惟四五之僅存. 此則全副精神, 皆可用于靑鬟翠黛[117]之上. 久不睹而今忽睹, 有不與遠歸新娶同其燕好[118]者哉. 爲歡卽欲, 視其精力短長, 總留一線之餘地. 能行百里者, 至九十而思休. 善登浮屠[119]者, 至六級而卽下. 此房中祕術, 請爲少年場[120]授之.

---

112 蠟屐납극: 나막신에 밀랍을 칠하다. 한가로운 생활을 비유한다. 출처는 『세설신어』 「아량雅量」.
113 過從과종: 서로 왕래하다. 출처는 당나라 소설가 이공좌李公佐의 소설 『남가태수전南柯太守傳』.
114 交臂而失교비이실: 어깨를 스치고 지나가는 사이에 잃어버리다. 눈앞의 기회를 놓치다. 출처는 『장자』 「전자방田子方」.
115 襁襶내대: 여름철 햇빛 차단용의 삿갓. 여기서는 무더위로 풀이했다. 출처는 송나라 학자 요관姚寬(1105~1162)의 필기 『서계총어西溪叢語』 하권.
116 訪戴방대: 대규戴逵(326~396)를 방문하다. 왕희지의 아들 왕휘지王徽之(344~386)가 눈이 오는 날 갑자기 배를 타고 대규를 찾아갔다는 고사에서 유래하여, 친구를 방문하다는 의미로 사용된다. 출처는 『세설신어』 「임탄任誕」.
117 靑鬟翠黛청환취대: 흑색의 고리 모양 머리와 청흑색으로 그린 여인의 눈썹. 아름답게 꾸민다는 의미이다.
118 燕好연호: 남녀가 서로 사랑하다. 출처는 유의경의 소설 『유명록幽明錄』 「종도鍾道」.
119 浮屠부도: 불교의 탑. 출처는 북위 역도원酈道元(470?~527)의 지리서 『수경주水經注』 「하수일河水一」.
120 少年場소년장: 젊은이가 모이는 장소. 출처는 『한서』 「혹리열전·윤상酷吏列傳·尹賞」.

○冬季行樂之法

冬天行樂, 必須設身處地[121]. 幻爲路上行人, 備受風雪之苦, 然後回想在家, 則無論寒燠[122]晦明, 皆有勝人百倍之樂矣. 嘗有畫雪景山水, 人持破傘, 或策蹇驢[123], 獨行古道之中, 經過懸崖之下, 石作猙獰[124]之狀, 人有顛蹶[125]之形者. 此等險畫, 隆冬之月, 正宜縣挂中堂. 主人對之, 卽是御風障雪之屛, 暖胃和衷[126]之藥. 若楊國忠之肉陣, 黨太尉之羊羔美酒, 初試和溫, 稍停則奇寒至矣. 善行樂者, 必先作如是觀, 而後繼之以樂, 則一分樂境, 可抵二三分, 五七分樂境, 便可抵十分十二分矣. 然一到樂極忘憂之際, 其樂自能漸減, 十分樂境, 只得五七分, 二三分樂境, 又只作得一分矣. 須將一切苦境, 又復從頭想起, 其樂之漸增不減, 又復如初. 此善討便宜[127]之第一法也.

譬之行路之人, 計程共有百里, 行過七八十里, 所剩無多. 然無奈望到心堅, 急切難待, 種種畏難怨苦之心出矣. 但一回頭, 計其行過之路數, 則七八十里之遠者可到, 況其少而近者乎. 譬如此際止行二三十里, 尙餘七八十里, 則苦多樂少, 其境又當何如. 此種

---

121 設身處地설신처지: 자신이 다른 사람의 처지에 있다고 가정하다. 다른 사람의 입장에서 생각하다. 출처는 송주희의 『예기』 「중용」 주注.
122 寒燠한욱: 추위와 더위. 출처는 『한서』 「천문지天文志」.
123 策蹇驢책건려: 절뚝거리는 나귀를 타다. 출처는 『포박자』 「금단金丹」.
124 猙獰쟁영: 두려울 만큼 흉악하다. 출처는 원나라 극작가 양재楊梓(?~1327)의 잡극 『예양탄탄豫讓呑炭』.
125 顚蹶전궐: 넘어지다. 좌절하다. 출처는 『전국책』 「제책3齊策三」.
126 和衷화충: 상냥하다. 화목하다. 출처는 『상서』 「고요모皐陶謨」.
127 討便宜토편의: 교활한 수단을 이용하여 차지하다. 요령 있게 자신의 것으로 하다. 출처는 당나라 시인 한산寒山의 시.

相念, 非但可爲行樂之方, 凡居官者之理繁治劇[128], 學道者之讀書窮理, 農工商賈之任勞[129]卽勤, 無一不可倚之爲法. 噫, 人之行樂, 何與于我, 而我爲之嗓敝舌焦[130], 手腕幾脫. 是殆有媚人之癖, 而以楮墨代脂韋[131]者乎.

○隨時卽景[132]就事行樂之法

行樂之事多端, 未可執一而論. 如睡有睡之樂, 坐有坐之樂, 行有行之樂, 立有立之樂, 飮食有飮食之樂, 盥櫛有盥櫛之樂, 卽袒裼裸裎[133]如厠便溺[134], 種種穢褻[135]之事, 處之得宜, 亦各有其樂. 苟能見景生情[136], 逢場作戲[137], 卽可悲可涕之事, 亦變歡娛. 如其應事寡才, 養生無術, 卽徵歌選舞[138]之場, 亦生悲戚. 玆以家

---

128 治劇치극: 복잡하고 하기 어려운 일을 처리하다. 출처는 『한서』 「혹리전·윤상酷吏傳·尹賞」.
129 任勞임로: 노고를 마다하지 않다. 출처는 전한 문학가 환관桓寬의 『염철론鹽鐵論』 「자권刺權」.
130 嗓敝舌焦상폐설초: 목이 헐고 혀가 마르다. 말을 너무 많이 하다. 출처는 후한 학자 조엽趙曄의 『오월춘추吳越春秋』 「부차내전夫差內傳」의 "초순건설焦唇乾舌"(입술이 타고 혀가 마르다).
131 脂韋지위: 유지油脂와 부드러운 가죽. 아첨한다는 의미다. 출처는 굴원의 초사 「복거卜居」.
132 卽景즉경: 눈앞의 경물. 출처는 당나라 시인 전기錢起(710~782)의 시 「처음으로 황색의 인끈을 차고 남전현으로 가면서 시를 지어初黃綬赴藍田縣作」.
133 袒裼裸裎단석나정: 웃통을 벗어 몸을 드러내다. 예의가 없다. 출처는 『맹자』 「공손추상」.
134 如厠便溺여측편익: 측간에 가서 대소변을 보다.
135 穢褻예설: 음탕하고 지저분하다. 출처는 『북사北史』 「사마자여전司馬子如傳」.
136 見景生情견경생정: 눈앞의 경물을 보고 감개가 일어나다. 임기응변하다. 출처는 원나라 극작가 궁천정宮天挺(1260?~1330?)의 「칠리탄七里灘」.
137 逢場作戲봉장작희: 유랑하는 배우가 적당한 장소를 만나서 연극을 하다. 우연히 기회를 만나다. 출처는 석도원의 『경덕전등록』.

常受用, 起居安樂之事, 因便制宜, 各存其說于左.


○睡

有專言法術之人, 遍授養生之訣, 欲予北面[139]事之. 予訊益壽
之功, 何物稱最, 頤生之生, 誰處居多. 如其不謀而合[140], 則奉爲
師, 不則友之可耳. 其人曰, 益壽之方, 全憑導引, 安生之計, 惟賴
坐功. 予曰, 若是, 則汝法最苦, 惟修苦行者能之. 予懶而好動, 且
事事求樂, 未可以語此也. 其人曰, 然則汝意云何. 試言之, 不妨互
爲印政[141]. 予曰, 天地生人以時, 動之者半, 息之者半. 動則旦, 而
息則暮也. 苟勞之以日, 而不息之以夜, 則旦旦而伐之[142], 其死也,
可立而待矣. 吾人養生亦以時, 擾之以半, 靜之以半. 擾則行起坐
立, 而靜則睡也. 如其勞我以經營, 而不逸我以寢處, 則岌岌[143]乎
殆哉. 其年也, 不堪指屈矣. 若是, 則養生之訣, 當以善睡居先. 睡
能還精, 睡能養氣, 睡能健脾益胃, 睡能堅骨壯筋. 如其不信, 試以
無疾之人與有疾之人, 合而驗之. 人本無疾, 而勞之以夜, 使累夕
不得安眠, 則眼眶漸落而精氣日頹, 雖未卽病, 而病之情形出矣.

**138** 徵歌選舞징가선무: 가기家妓를 부르고 미녀를 선발하다. 방탕한 생활 방식. 출처는
청 여회余懷의 애정소설집『판교잡기板橋雜記』「아유아유雅遊」의 선색징가選色徵歌(여색을 고
르고 가기를 징발하다).
**139** 北面북면: 스승으로 모시다. 출처는『세설신어』「상예賞譽」.
**140** 不謀而合불모이합: 미리 상의하지 않았어도 의견이나 행동이 일치하다. 출처는 동진
문학가 간보干寶(?~336)의 소설『수신기搜神記』.
**141** 印政인정: 인증印證. 대조하여 사실과 부합하는지 증명하다. 출처는 명나라 학자 호
응린胡應麟(1551~1602)의 필기『소실산방필총少室山房筆叢』「장악위담하莊嶽委談下」.
**142** 旦旦而伐之단단이벌지: 매일 손해가 나거나 몸을 상하게 하다. 출처는『맹자』「고자
상」.
**143** 岌岌급급: 위태로운 모양. 출처는『맹자』「만장상」.

患疾之人, 久而不寐, 則病勢日增. 偶一沈酣144, 則其醒也, 必有油然145勃然146之勢. 是睡, 非睡也, 藥也. 非療一疾之藥, 及治百病, 救萬民, 無試不驗之神藥也. 玆欲從事導引, 并力坐功, 勢必先遣睡魔147, 使無倦態而後可. 予忍棄生平最效之藥, 而試未必果難之方哉. 其人艴然148而去, 以予不足教也. 予誠不足教哉. 但自陳所得, 實爲有見而然, 與强辯飾非149者稍別. 前人睡詩云, 花竹幽窗午夢長, 此中與世暫相忘. 華山處士如容見, 不覓仙方覓睡方. 近人睡訣云, 先睡心, 後睡眼. 此皆書本唾餘150, 請置弗道, 道其未經發明者而已.

睡有睡之時, 睡有睡之地, 睡又有可睡可不睡之人, 請條晰言之. 由戌至卯, 睡之時也. 未戌而睡, 謂之先時, 先時者不詳151, 謂與疾作思臥者無異也. 過卯而睡, 謂之後時, 後時者犯忌, 謂與長夜不醒者無異也. 且人生百年, 夜居其半, 窮日行樂, 猶苦不多, 況以睡夢之有餘, 而損宴遊152之不足乎. 有一名士善睡, 起必過午, 先時而訪, 未有能晤之者. 予每過其居, 必俟良久而後見. 一日悶坐無聊, 筆墨具在, 乃取舊詩一首, 更易數字而嘲之曰, 吾在此静

---

144 沈酣침감: 숙면하다.
145 油然유연: 흥성한 모양. 출처는 『맹자』 「양혜왕상」.
146 勃然발연: 갑자기. 흥기하다. 출처는 『장자』 「천지」.
147 睡魔수마: 불교에서 말하는 오욕五慾의 하나인 잠. 출처는 당나라 도사 여동빈呂洞賓(796~?)의 시 「대운사차시人雲寺茶詩」.
148 艴然불연: 성을 내는 모습. 출처는 『맹자』 「공손추상」.
149 飾非식비: 잘못을 꾸며 감추다. 출처는 『장자』 「도척盜跖」.
150 唾餘타여: 다른 사람의 보잘것없는 말. 출처는 『만력야획편』 「예부일·휼증간관지류禮部一·恤贈諫官之謬」.
151 不詳불상: 상서롭지 못하다. 출처는 『역경』 대장괘大壯卦.
152 宴遊연유: 연회를 베풀어 놀며 즐기다. 출처는 『한서』 「가산전賈山傳」.

睡, 起來常過午. 便活七十年, 止當三十五. 同人見之, 無不絕倒.
此雖謔浪[153], 頗關至理. 是當睡之時, 止有黑夜, 舍此皆非其候
矣. 然而午睡之樂, 倍于黃昏, 三時皆所不宜, 而獨宜于長夏. 非
私之也, 長夏之一日, 可抵殘冬之二日, 長夏之一夜, 不敵殘冬之半
夜, 使止息于夜, 而不息于晝, 是以一分之逸, 敵四分之勞, 精力幾
何, 其能堪此. 況暑氣鑠金[154], 當之未有不倦者. 倦極而眠, 猶饑
之得食, 渴之得飲, 養生之計, 未有善于此者.

午餐之後, 略逾寸晷[155], 俟所食既消, 而後徘徊近榻. 又勿有心
覓睡, 覓睡得睡, 其爲睡也不甜. 必先處于有事, 事未皆而忽倦, 睡
鄉[156]之民自來招我. 桃源天台諸妙境, 原非有意造之, 皆莫知其
然而然者. 予最愛舊詩中有手倦抛書午夢長一句. 手書而眠, 意不
在睡抛書而寢, 則又意不在書, 所謂莫知其然而然也. 睡中三昧,
惟此得之. 此論睡之時也.

睡又必先擇地. 地之善者有二, 曰靜, 曰涼. 不靜之地, 止能睡目,
不能睡耳, 耳目兩岐, 豈安身之善策乎. 不涼之地, 止能睡魂, 不能
睡身, 身魂不附, 乃養生之至忌也. 至于可睡可不睡之人, 則分別
于忙閑二字. 就常理而論之, 則忙人宜睡, 閑人可以不必睡. 然使
忙人假寐, 止能睡眼, 不能睡心, 心不睡而眼睡, 猶之未嘗睡也.

---

**153** 謔浪학랑: 마구 희롱하다. 출처는 서진 육기陸機의 산문 「칠징七徵」.
**154** 鑠金삭금: 금속을 녹이다. 출처는 『주례』 「고공기서考工記序」.
**155** 寸晷촌귀: 해 그림자가 한 치 이동한 시간. 매우 짧은 시간. 출처는 서진 문학가 반니
潘尼의 시 「오왕의 낭중령으로 나가는 육기에게 증정하여贈陸機出爲吳王郎中令」.
**156** 睡鄉수향: 수면 상태. 출처는 송나라 문학가 진여의陳與義(1090~1138)의 시 「술을
대하고 사흘 만에 다시 지어對酒後三日再賦」.

其最不受用者, 在將覺未覺之一時, 忽然想起某事未行, 某人未見, 皆萬萬不可已者, 睡此一覺, 未免失事妨時. 想到此處, 便覺魂趨夢繞[157], 膽怯[158]心驚, 較之未睡之前, 更加煩躁[159], 此忙人之不宜睡也. 閑則眼未闔而心先闔, 心已開而眼未開. 已睡較未睡爲樂, 已醒較未醒更樂, 此閑人之宜睡也. 然天地之間, 能有幾個閑人.

必欲閑而始睡, 是無可睡之時矣. 有暫逸其心, 以妥夢魂之法. 凡一日之中, 急切當行之事, 俱當于上半日告竣, 有未竣者, 則分遣家人代之, 使事事皆有着落[160], 然後尋床覓枕以赴黑甜[161], 則與閑人無別矣. 此言可睡之人也. 而尤有吃緊[162]一關未經道破者, 則在莫行歹事. 半夜敲門不吃驚, 始可于日間睡覺, 不則一聞剝啄, 卽是邏倅[163]到門矣.


○坐

從來善養生者, 莫過于孔子. 何以知之. 知之于寢不尸, 居不容

---

**157** 魂趨夢繞혼추몽요: 魂牽夢繞혼견몽요. 혼이 얽매이고 꿈에 감돌다. 온갖 사념. 출처는 남송 문학가 유과劉過(1154~1206)의 사詞「취태평醉太平」.

**158** 膽怯담겁: 담이 작다. 용기가 없다. 출처는 당나라 문학가 육구몽陸龜蒙(?~881)의「채약부採藥賦」.

**159** 煩躁번조: 초조하다. 조급하다. 출처는『역경』「계사하繫辭下」.

**160** 着落착락: 책임지고 처리하도록 하다. 일임하다. 출처는『수호전』제57회.

**161** 黑甜흑첨: 달게 자다. 낮잠. 출처는 남송 문학가 위경지魏慶之의 시화집詩話集『시인옥설詩人玉屑』.

**162** 吃緊흘긴: 중요하다. 긴요하다. 출처는『만력야획편 보유』「역법·산학曆法·算學」.

**163** 邏倅나졸: 나졸邏卒. 순라를 도는 병사. 출처는『신당서』「온정균전溫庭筠傳」.

二語. 使其好飾觀瞻164, 務修邊幅165, 時時求肖君子, 處處欲爲聖人, 則其寢也, 居也, 不求尸而自尸, 不求容而自容, 則五官四體不復有舒展之刻. 豈有泥塑木雕其形, 而能久長于世者哉. 不尸不容四字, 繪出一幅時哉聖人, 宜乎崇祀166千秋, 而爲風雅斯文167之鼻祖也. 吾人燕居168坐法, 當以孔子爲師, 勿務端莊而必正襟危坐169, 勿同束縛而爲膠柱難移. 抱膝長吟170, 雖坐也, 而不妨同于箕踞171. 支頤喪我172行樂也, 而何必名爲坐忘. 但見面與身齊, 久而不動者, 其人必死. 此圖畫眞容173之先兆也.

○行

貴人之出, 必乘車馬. 逸則逸矣, 然于造物賦形之義, 略欠周

---

164 觀瞻관첨: 인상. 체통. 송나라 문학가 왕안석王安石(1021~1086)의 『한기韓琦를 축하하는 글賀韓魏公啓』.
165 修邊幅수변폭: 사람의 풍채를 꾸미다. 겉을 꾸미지만 대국에는 관련이 없다는 것을 비유한다. 출처는 『후한서』「마원전馬援傳」이다. 변폭邊幅의 원래 의미는 천의 가장자리이며, 사람의 풍채나 복장을 비유한다.
166 崇祀숭사: 숭배하고 제사를 지내다. 출처는 『수서隋書』「음악지하音樂志下」.
167 斯文사문: 예악 교화. 전장 제도. 출처는 『논어』「자한子罕」.
168 燕居연거: 한가하게 지내다. 출처는 『예기』「중니연거仲尼燕居」.
169 正襟危坐정금위좌: 옷깃을 바로 하여 단정하게 앉다. 출처는 『사기』「일자열전日者列傳」.
170 抱膝長吟포슬장음: 포슬장소抱膝長嘯. 손으로 무릎을 부여잡고 앉아서 길게 노래하다. 출처는 『삼국지』「촉지·제갈량전蜀志·諸葛亮傳」이다. 제갈량이 포슬장음하던 바위를 '포슬석抱膝石'이라 하고, 청 강희 시기에 여기에 정자가 세워져 '포슬정抱膝亭'이라 했으며, 현재 후베이성 샹양襄陽 삼고당三顧堂(유비가 삼고초려했다는 장소) 앞에 있다.
171 箕踞기거: 자리를 뻗고 앉다. 출처는 『전국책』「연책燕策」.
172 支頤喪我지이상아: 손으로 턱을 괴고 무아지경에 빠지다. 상아喪我는 '나를 잊다'라는 의미로 출처는 『장자』「제물론」.
173 眞容진용: 진실한 용모. 초상. 출처는 북위 문학가 양현지楊衒之의 불교서 『낙양가람기洛陽伽藍記』「백마사白馬寺」.

全174. 有足而不用, 與無足等耳, 反不若安步當車之人, 五官四體皆能適用. 此貧士驕人語. 乘車策馬, 曳履175搴裳176, 一般同是行人, 止有動靜之別. 使乘車策馬之人, 能以步趨爲樂, 或經山水之勝, 或逢花柳之姸, 或遇戴笠之貧交, 或見負薪之高士, 欣然止馭177, 徒步爲歡, 有時安車而待步, 有時安步以當車, 其能用足也, 又勝貧士一籌矣.

至于貧士驕人, 不在有足能行, 而在緩急出門之可恃. 事屬可緩, 則以安步當車如其急也, 則以疾行當馬. 有人亦出, 無人亦出, 結伴可行, 無伴亦可行, 不似富貴者假足于人. 人或不來, 則我不能卽出, 此則有足若無, 大悖謬于造物賦形之義耳. 興言及此, 行殊可樂.


○立

立分久暫, 暫可無依, 久當思傍. 亭亭獨立之事, 但可偶一爲之, 旦旦如是, 則筋骨皆懸, 而脚跟如砥, 有血脈膠凝之患矣. 或倚長松, 或憑怪石, 或靠危欄作軾, 或扶瘦竹爲筇. 旣作羲皇上人178, 又作畫圖中物, 何樂如之. 但不可以美人作柱, 慮其礎石太纖, 而致棟梁皆仆也.

---

174 周全주전: 주도면밀하다. 출처는 『후한서』 「독행전론獨行傳論」.

175 曳履예리: 신발을 끌다. 출처는 『한서』 「정숭전鄭崇傳」.

176 搴裳건상: 옷깃을 잡다. 출처는 당나라 시인 노조린盧照鄰의 산문 「석질문釋疾文」.

177 止馭지어: 수레나 말 몰기를 중지하다. 수레나 말에서 내리다.

178 羲皇上人희황상인: 복희씨 이전의 사람. 아득한 옛 시대의 사람. 근심이 없고 한가하게 사는 사람을 비유한다. 출처는 도연명의 「아들 도엄 등에게 주는 글與子儼等疏」.

○飲

宴集<sup>179</sup>之事, 其可貴者有五. 飮量無論寬窄, 貴在能好. 飮伴無論多寡, 貴在善談. 飮具無論豐嗇, 貴在可繼. 飮政<sup>180</sup>無論寬猛, 貴在可行. 飮候無論短長, 貴在能止. 備此五貴, 始可與言飮酒之樂, 不則麯糵賓朋, 皆鑿性斧身<sup>181</sup>之具也.

予生平有五好, 又有五不好, 事則相反, 乃其勢又可幷行而不悖. 五好五不好維何. 不好酒而好客. 不好食而好談. 不好長夜之歡, 而好與明月相隨而不忍別. 不好爲苛刻之令, 而好受罰者欲辭無辭. 不好使酒罵坐之人, 而好其于酒後盡露肝膈<sup>182</sup>. 坐此五好五不好, 是以飮量不勝蕉葉<sup>183</sup>, 而日與酒人爲徒. 近日又增一種癖好癖惡<sup>184</sup>. 癖好音樂, 每聽必至忘歸, 而又癖惡座客多言, 與竹肉之音<sup>185</sup>相亂. 飮酒之樂, 備于五貴五好之中, 此皆爲宴集賓朋而設.

若夫家庭小飮與燕閑<sup>186</sup>獨酌, 其爲樂也, 全在天機逗露<sup>187</sup>之

---

179 宴集연집: 모여 잔치를 베풀다. 출처는 『진서』 「두예전杜預傳」.
180 飮政음정: 술 마실 때의 정책. 주령酒令을 실행하는 일.
181 鑿性斧身착성부신: 목숨을 해치고 몸을 도끼질하다. 신체를 참혹하게 해치다.
182 肝膈간격: 폐부. 내심을 비유한다. 출처는 『삼국지』 「오지·주방전吳志·周魴傳」.
183 蕉葉초엽: 깊이가 얕은 술잔의 한 종류. 출처는 북송 문학가 호자胡仔(1110~1170)의 시화집詩話集 『초계어은총화후집苕溪漁隱叢話後集』 「회선回仙」.
184 癖好癖惡벽호벽오: 특별히 좋아하고 특별히 싫어하다.
185 竹肉之音죽육지음: 악기 연주와 성악. 출처는 『진서晉書』 「맹가전孟嘉傳」.
186 燕閑연한: 한가하다. 여가. 출처는 남송 문학가 주밀周密의 역사서 『제동야어齊東野語』 「주한장본말朱漢章本末」.
187 逗露두로: 드러나다. 출처는 명나라 문학가 능몽초凌濛初(1580~1644)의 소설 『이각박안경기二刻拍案驚奇』 권2.

中, 形迹188消忘之內. 有飲宴189之實事, 無酬酢之虛文190. 睹兒
女笑啼, 認作班斕191之舞, 聽妻孥勸誡, 若聞金縷之歌. 苟能作如
是觀, 則雖謂朝朝歲旦, 夜夜元宵可也, 又何必座客常滿, 樽酒不
空, 日藉豪擧以爲樂哉.


○談

讀書, 最樂之事, 而懶人常以爲苦. 淸閑, 最樂之事, 而有人病其
寂寞. 就樂去苦, 避寂寞而享安閑, 莫若與高士盤桓192, 文人講
論. 何也. 與君一夕話, 勝讀十年書. 旣受一夕之樂, 又省十年之苦,
便宜193不亦多乎. 因過竹院逢僧話, 又得浮生半日閑. 旣得半日之
閑, 又免多時之寂, 快樂可勝道乎. 善養生者, 不可不交有道之士,
而有道之士, 多有不善談者. 有道而善談者, 人生希觀, 是當時就
日招, 以備開聾啓瞶194之用者也. 卽云我能揮麈195, 無假于人, 亦

---

188 形迹형적: 예법에 구속되다. 출처는 남당南唐 유숭원劉崇遠의 필기 『금화자잡편金
華子雜編』 상권.
189 飲宴음연: 모여 술 마시고 먹다. 출처는 후한 시기 작자 불명의 소설 『한무고사漢武
故事』.
190 虛文허문: 아무 의미가 없는 예절. 출처는 남송 문학가 누약樓鑰(1137~1213)의 시
「임천으로 가는 추관을 시종하는 손아래 처남 왕내옹을 전송하며送內弟汪耐翁隨侍因赴
臨川推官」.
191 班斕반란: 알록달록하다. 출처는 『후한서』 「남만전서南蠻傳序」.
192 盤桓반환: 교제하다. 출처는 원나라 무명씨의 소설 『진병육국평화秦幷六國平話』.
193 便宜편의: 좋은 점. 출처는 당나라 시인 한산寒山의 시 「시詩」 제27.
194 開聾啓瞶개롱계외: 진롱계외震聾啓瞶, 귀머거리를 깨우치다. 어리석은 사람을 깨우
치다. 출처는 명나라 학자 홍응명洪應明의 『채근담菜根譚』.
195 揮麈휘주: 주미麈尾를 흔들다. 담론하다. 주미는 위진 청담가淸談家들이 먼지를 피
하고 더위를 쫓으며 신분을 드러내기 위해 사용하던 도구다. 나뭇잎 형태에 손잡이가 달
려 부채와 비슷했으나, 송나라 이후 점차 사라졌다.

須借朋儕起發196. 豈能若西域之鍾簾197, 不叩自鳴者哉.

## ○沐浴

盛暑之月, 求樂事于黑甜之外, 其惟沐浴乎. 潮垢非此不除, 濁汚非此不淨, 炎蒸暑毒之氣亦非此不解. 此事非獨宜于盛夏, 自嚴冬避冷, 不宜頻浴外, 凡遇春溫秋爽, 皆可借此爲樂. 而養生之家則往往忌之, 謂其損耗元神也. 吾謂沐浴旣能損身, 則雨露亦當損物. 豈人與草木有二性乎. 然沐浴損身之說, 亦非無據而云然. 予嘗試之. 試于初下浴盆時, 以未經澆灌之身, 忽遇澎湃奔騰之勢, 以熱投冷, 以濕犯燥, 幾類水攻. 此一激也, 實足以沖散元神, 耗除精氣.

而我有法以處之. 慮其太激, 則勢在尙緩. 避其太熱, 則利于用溫. 解衣磅礴198之秋, 先調水性, 使之略帶溫和, 由腹及胸, 由胸及背, 惟其溫而緩也, 則有水似乎無水, 已浴同于未浴. 俟與水性相習之後, 始以熱者投之. 頻浴頻投, 頻投頻攪, 使水乳交融199而不覺, 漸入佳境而莫知. 然後縱橫其勢, 反側其身, 逆灌順澆, 必至痛快其身而後已. 此盆中取樂之法也. 至于富室大家, 擴盆爲屋,

---

196 起發기발: 계발하다. 출처는 『후한서』 「문원전하·조일文苑傳下·趙壹」.

197 鍾簾종거: 원래는 편종과 종을 매다는 틀을 지칭하며 출처는 『주례』 「고공기·재인考工記·梓人」이다. 여기서는 스스로 소리를 내는 서양의 자명종을 의미한다.

198 磅礴방박: 기세가 대단하다. 출처는 당나라 시인 심전기沈佺期(656?~715?)의 시 「신축년 10월 황제께서 장안에 행차했을 때 호종하여 화산華山으로 나아가며 지어辛丑歲十月上幸長安扈從出西嶽作」.

199 水乳交融수유교융: 물과 우유가 융화되다. 혼연일체가 되다. 출처는 송나라 승려 석보제釋普濟의 불교 이론서 『오등회원五燈會元』 권17의 "수유불분水乳不分"(물과 우유가 구분되지 않는다).

注水于池者, 冷則加薪, 熱則去火, 自有以逸待勞200之法, 想無俟貧人置喙201也.

○聽琴觀棋

弈棋盡可消閑, 似難借以行樂. 彈琴實堪養性, 未易執此求歡. 以琴必正襟危坐而彈, 棋必整槊橫戈202以待. 百骸203盡放之時, 何必再期整肅. 萬念俱忘之際, 豈宜復較輸贏. 常有貴祿榮名付之一擲, 而與人圍棋賭勝, 不肯以一着相繞者, 是與讓千乘之國204, 而爭簞食豆羹205者何異哉. 故喜彈不若喜聽, 善弈不如善觀. 人勝而我爲之喜, 人敗而我不必爲之憂, 則是常居勝地也. 人彈和緩之音而我爲之吉, 人彈噍殺206之音而我不必爲之凶, 則是長爲吉人也. 或觀聽之餘, 不無技癢, 何妨偶一爲之. 但不寢食其中207而莫之或出, 則爲善彈善弈者耳.

200 以逸待勞이일대로: 이일대로以佚待勞. 편안한 상태에서 피곤해진 상대를 기다린다. 출처는 『손자』 「군쟁軍爭」.

201 置喙치훼: 말참견을 하다. 출처는 명나라 학자 초횡焦竑(1540~1620)의 필기 『초씨필승焦氏筆乘』 「양자운시말변揚子云始末辨」.

202 整槊橫戈정삭횡과: 창을 정돈하고 창을 비껴들다. 전투를 준비하다. 삭槊은 자루가 길고 날이 길쭉한 창이며, 과戈는 날이 굽은 창이다.

203 百骸백해: 온 몸. 사지백해. 출처는 『장자』 「제물론齊物論」.

204 千乘之國천승지국: 전차가 천 대인 나라. 제후의 나라. 출처는 『논어』 「학이學而」.

205 簞食豆羹단식두갱: 대나무 밥그릇에 담긴 밥과 굽다리 접시에 담긴 국. 작은 이익을 비유한다. 출처는 『맹자』 「고자상」.

206 噍殺초살: 음악 소리가 촉박하다. 출처는 『예기』 「악기」.

207 寢食其中침식기중: 그 안에서 먹고 자다. 탐닉하다.

○看花聽鳥

花鳥二物, 造物生之以媚人者也. 旣產嬌花嫩蕊心代美人, 又病其不能解語, 復生群鳥以佐之. 此段心機, 竟與購覓紅妝, 習成歌舞, 飮之食之, 敎之誨之以媚人者, 同一周旋之至也. 而世人不知, 目爲蠢然208一物, 常有奇花過目而莫之睹, 鳴禽悅耳而莫之聞. 至其捐資所購之姬妾, 色不及花之萬一, 聲僅竊鳥之緒餘209, 然而睹貌卽驚, 聞歌輒喜, 爲其貌似花而聲似鳥也. 噫, 貴似賤眞, 與葉公之好龍何異.

予則不然. 每値花柳爭姸之日, 飛鳴鬪巧之時, 必致謝洪鈞210, 歸功造物, 無飮不奠, 有食必陳, 若善士信嫗之佞佛者. 夜則後花而眠, 朝則先鳥而起, 惟恐一聲一色之偶遺也. 及至鶯老花殘, 輒怏怏有所失. 是我之一生, 可謂不負花鳥. 而花鳥得予, 亦所稱一人知己, 死可無恨者乎.


○畜養禽魚

鳥之悅人以聲者, 畫眉鸚鵡二種. 而鸚鵡之聲價, 高出畫眉上, 人多癖之, 以其能作人言耳. 予則大違是論, 謂鸚鵡所長止在羽毛, 其聲則一無可取. 鳥聲之可聽者, 以其異于人聲也. 鳥聲異于人聲

208 蠢然준연: 어리석고 굼뜨다. 출처는 구양수의 산문 「청묘전을 논하는 첫 번째 차기 言青苗錢第一札子」.

209 緖餘서여: 실을 뽑고 누에고치에 남아 있는 실. 나머지. 후대. 출처는 『장자』 「양왕讓王」.

210 洪鈞홍균: 하늘. 출처는 서진 문학가 장화張華(232~300)의 시 「하소에게 대답하여 答何劭」.

之可聽者, 以出于人者爲人籟[211], 出于鳥者爲天籟[212]也. 使我欲
聽人言, 則盈耳皆是, 何必假口籠中. 況最善說話之鸚鵡, 其舌本
之強, 猶甚于不善說話之人, 而所言者, 又不過口頭數語[213]. 是鸚
鵡之見重于人, 與人之所以重鸚鵡者, 皆不可詮解之事. 至于畫眉
之巧, 以一口而代衆舌, 每效一種, 無不酷似, 而復纖婉過之, 誠鳥
中慧物也. 予好與此物作緣, 而獨怪其易死. 旣善病而復招尤, 非
殃于已, 卽傷于物, 總無三年不壞者. 殆亦多技多能所致歟.

鶴鹿二種之當蓄, 以其有仙風道骨也. 然所耗不貲[214], 而所居
必廣, 無其資與地者, 皆不能蓄. 且種魚養鶴, 二事不可兼行, 利此
則害彼也. 然鶴之善唳善舞, 與鹿之難擾易馴, 皆品之極高貴者,
麟鳳龜龍而外, 不得不推二物居先矣. 乃世人好此二物, 又以分輕
重于其間, 二者不可得兼, 必將舍鹿而求鶴矣. 顯貴之家, 匪特深
藏苑囿, 近置衙齋[215], 卽倩人[216]寫眞繪像, 必以此物相隨. 予嘗
推原其故, 皆自一人始之, 趙淸獻公是也. 琴之與鶴, 聲價倍增, 詎
非賢相提携之力歟.

家常所蓄之物, 鷄犬而外, 又復有猫. 鷄司晨, 犬守夜, 猫捕鼠,

---

211 人籟인뢰: 인간이 연주하는 음악. 인위적으로 내는 소리. 출처는 『장자』 「제물론齊物
論」.
212 天籟천뢰: 자연의 소리. 바람·새·물 소리처럼 자연스럽게 나오는 소리. 출처는 『장
자』 「제물론」.
213 口頭語구두어: 말할 때 자신도 모르게 나오는 말.
214 不貲부자: 부자不訾. 헤아릴 수 없다. 매우 많다. 출처는 『관자』 「칠신칠주七臣七主」.
215 衙齋아재: 관청 내에 관리가 한가로이 지내는 장소. 출처는 원굉도의 편지 「구장유에
게 주며與丘長孺」.
216 倩人천인: 타인에게 청탁하다. 출처는 후한 문학가 진림陳琳(?~217)의 「조홍과 위문
제를 위한 글爲曹洪與魏文帝書」.

皆有功于人而自食其力者也. 乃猫爲主人所親昵, 每食與俱, 尙有聽其搴帷入室, 伴寢隨眠者. 鷄棲于塒, 犬宿于外, 居處飮食皆不及焉. 而從來敍禽獸之功, 談治平[217]之象者, 則止言鷄犬而幷不及猫. 親之者是, 則略之者非, 親之者非, 則略之者是. 不能不惑于二者之間矣.

曰有說焉. 昵猫而賤鷄犬者, 猶癖諸臣[218]媚子[219], 以其不呼能來, 聞叱不去. 因其親而親之, 非有可親之道也. 鷄犬二物, 則以職業爲心, 一到司晨守夜之時, 則各司其事, 雖豢以美食, 處以曲房, 使不卽彼而就此, 二物亦守死弗至. 人之處此, 亦因其遠而遠之, 非有可遠之道也. 卽其司晨守夜之功, 與捕鼠之功亦有間焉. 鷄之司晨, 犬之守夜, 忍饑寒而盡瘁, 無所利而爲之, 純公無私[220]者也. 猫之捕鼠, 因去害而得食, 有所利而爲之, 公私相半者也. 淸勤自處, 不屑媚人者, 遠身之道. 假公自爲, 密邇[221]其君者, 固寵之方. 是三物之親疏, 皆自取之也. 然以我司職業于人間, 亦必效鷄犬之行, 而以猫之擧動爲戒. 噫, 親疏可言也, 禍福不可言也. 猫得自終其天年, 而鷄犬之死, 皆不免于刀鋸鼎鑊[222]之罰. 觀于三者

---

217 治平치평: 나라를 다스리고 천하를 평정하다. 출처는 『예기』 「대학」.
218 諸臣제신: 악공樂工. 『신당서』 「원결전元結傳」에서 "악공들이 황제의 용안을 기쁘게 했다諸臣顧官, 怡愉天顔"고 했다. 원관顧官은 원관諢官이며 농담 전문 관리다.
219 媚子미자: 사랑하는 사람. 사랑스러운 아들.
220 純公無私순공무사: 지공무사至公無私. 극히 공정하여 사심이 없다. 출처는 후한 학자 마융馬融(79~166)의 철학서 『충경忠經』 「천지신명天地神明」.
221 密邇밀이: 매우 가깝다. 출처는 『상서』 「태갑상太甲上」.
222 刀鋸鼎鑊도거정확: 정확도거鼎鑊刀鋸. 칼·톱·솥·큰 솥으로 고대에 혹형을 가할 때 사용하는 4가지 형구. 잔혹한 형벌을 의미한다. 출처는 송나라 문학가 나대경羅大經(1196~1252)의 소설 『학림옥로鶴林玉露』 권4.

之得失, 而悟居官守職之難. 其不冠進賢[223], 而脫然[224]于宦海[225]
浮沈之累者, 幸也.

○澆灌竹木

築成小圃近方塘, 果易生成菜易長. 抱瓮太痴機太巧, 從中酌
取灌園方. 此予山居行樂之詩也. 能以草木之生死爲生死, 始可與
言灌園之樂, 不則一灌再灌之後, 無不畏途[226]視之矣. 殊不知草
木欣欣向榮[227], 非止耳目堪娛, 亦可爲藝草植木之家, 助祥光而
生瑞氣. 不見生財之地萬物皆榮, 退運之家群生不遂[228]. 氣之旺
與不旺, 皆于動植驗之. 若是, 則汲水澆花, 與聽信堪輿修門改向
者無異也. 不視爲苦, 則樂在其中. 督率家人灌漑, 而以身任微勤,
節其勞逸[229], 亦頤養性情之一助也.

---

223 不冠進賢불관진현: 진현관을 쓰지 않다. 벼슬을 하지 않다. 진현관進賢冠은 고대에
황제를 만날 때 착용하는 모자의 일종으로, 원래 유학자들이 착용했으며 당나라 때에는
문무백관이 모두 착용했다.
224 脫然탈연: 걸림 없이 초탈하다. 출처는 당나라 시인 사공도의 시론 『이십사시품
二十四詩品』「고고高古」.
225 宦海환해: 정계政界. 관리사회. 출처는 육유의 「전참정에게 감사하는 계謝錢參政
啓」.
226 畏途외도: 험난하여 두려운 길. 위험하고 하기 어려운 일을 비유한다. 출처는 『장자』
「달생達生」.
227 欣欣向榮흔흔향영: 초목이 무성하다. 출처는 도연명의 시 「귀거래혜사歸去來兮辭」.
228 不遂불수: 자라지 못하다. 출처는 『묵자』「상동중尙同中」.
229 勞逸노일: 노고와 안일. 출처는 『좌전』 애공 원년.

## 2. 止憂

憂可忘乎, 不可忘乎. 曰可忘者非憂, 憂實不可忘也. 然則憂之未忘, 其何能樂. 曰憂不可忘而可止, 止卽所以忘之也. 如人憂貧而勸之使忘, 彼非不欲忘也. 啼饑號寒230者迫于內, 課賦索逋者攻于外, 憂能忘乎. 欲使貧者忘憂, 必先使饑者忘啼, 寒者忘號, 徵且索者忘其逋賦而後可, 此必不得之數也. 若是, 則忘憂二字徒虛語耳. 猶慰下第者以來科必發, 慰老而無嗣者以日後必生. 迨其不發不生, 亦止聽之而已, 能歸咎慰我者而責之使償乎. 語云臨淵羨魚, 不如退而結網. 慰人憂貧者, 必當授以生財之法, 慰人下第者, 必先予以必售之方, 慰人老而無嗣者, 當令蓄姬買妾, 止妒息爭, 以爲多男從出之地. 若是, 則爲有裨之言, 不負一番勸諭. 止憂之法, 亦若是也. 憂之途徑雖繁, 總不出可備難防之二種, 姑爲汗竹231, 以代樹萱.

○止眼前可備之憂

拂意232之境, 無人不有, 但問其易處不易處, 可防不可防. 如易處而可防, 則于未至之先, 籌一計以待之. 此計一得, 卽委其事于度外235, 不必再籌, 再籌則惑我者至矣. 賊攻于外而民擾于中, 其

---

**230** 啼饑號寒제기호한: 배고프다고 울부짖고 춥다고 소리치다. 출처는 한유의 산문 「진학해進學解」.
**231** 汗竹한죽: 서책. 출처는 『진서晉書』 「지리지상地理志上」.
**232** 拂意불의: 마음에 맞지 않다. 뜻대로 안 되다.

可防乎. 俟其旣至, 則以前劃之策, 取而予之, 切勿自動聲色. 聲色
動于外, 則氣餒于中. 此以靜待動之法, 易知亦易行也.


○止身外不測之憂[234]

不測之憂, 其未發也, 必先有兆. 現乎蓍龜[235], 動乎四體者, 猶
未必果驗. 其必驗之兆, 不在凶信之頻來, 而反在吉祥之事之太
過. 樂極悲生[236], 否伏于泰[237], 此一定不移之數也. 命薄之人, 有
奇福, 便有奇禍. 卽厚德載福[238]之人, 極祥之內, 亦必釀出小灾.
蓋天道好還[239], 不敢盡私其人, 微示公道于一線耳. 達者如此, 無
不思患預防, 謂此非善境, 乃造化必忌之數, 而鬼神必瞷之秋也.
蕭墻之變[240], 其在是乎. 止憂之法有五. 一曰謙以省過, 二曰勤以
礪身, 三曰儉以儲費, 四曰恕以息爭, 五曰寬以彌謗[241]. 率此而行,

---

**233** 度外도외: 법도의 밖. 고려한 것의 밖. 출처는 후한 역사서 『동관한기東觀漢記』 「광무
제기光武帝紀」.
**234** 不測之憂불측지우: 의외의 재난. 출처는 소동파의 서문 「전표성주의서田表聖奏議
敍」.
**235** 蓍龜시귀: 점치는 데 사용하는 시초蓍草와 거북 껍질. 점을 지칭한다. 출처는 『사기』
「귀책열전龜策列傳」.
**236** 樂極悲生악극비생: 즐거움이 극에 이르면 슬픔이 생긴다. 출처는 『사기』 「골계열전滑
稽列傳」.
**237** 否伏于泰부복어태: 나쁜 것은 좋은 것에 잠복되어 있다. 부否는 나쁜 것을 가리키
고 태泰는 좋은 것을 가리키며 모두 『역경』 괘의 이름이다.
**238** 厚德載福후덕재복: 덕이 있는 사람은 많은 복을 받을 수 있다. 출처는 『국어』 「진어6
晉語六」.
**239** 天道好還천도호환: 하늘의 도는 순환을 좋아한다. 하늘의 도는 공정하여 인과응보
가 틀림없다. 출처는 『노자老子』 30장.
**240** 蕭墻之變소장지변: 집 안에서 일어나는 화. 내부의 원인으로 일어나는 화를 비유한
다. 소장蕭墻은 고대 궁실 내의 문을 마주하고 있는 작은 담이다. 출처는 『금사金史』 「후
비전·희종도평황후后妃傳·熙宗悼平皇后」.
**241** 彌謗미방: 비방을 중지시키다. 출처는 『사기』 「주본기周本紀」.

則憂之大者可小, 小者可無. 非循環之數, 可以竊逃而幸免也. 只因造物予奪之權, 不肯爲人所測識, 料其如此, 彼反未必如此, 亦造物者顚倒英雄之慣技[242]耳.


### 3. 調飮啜

食物本草一書, 養生家必需之物. 然翻閱一過, 卽當置之. 若留匕箸之旁, 日備考核, 宜食之物則食之, 否則相戒勿用, 吾恐所好非所食, 所食非所好. 曾晳睹羊棗而不得嚼, 曹劌鄙肉食而偏與謀, 則飮食之事亦太苦矣. 嘗有性不宜食而口偏嗜之, 因惑本草之言, 遂以疑慮致疾者. 弓蛇之爲祟, 豈僅在形似之間哉. 食色性也. 欲藉飮食養生, 則以不離乎性者近是.

○愛食者多食

生平愛食之物, 卽可養身, 不必再查本草. 春秋之時, 幷無本草, 孔子性嗜薑, 卽不撤薑食, 性嗜醬, 卽不得其醬不食, 皆隨性之所好, 非有考據而然. 孔子于薑醬二物, 每食不離, 未聞以多致疾. 可見性好之物, 多食不爲祟也. 但亦有調劑君臣之法, 不可不知. 肉雖多, 不使勝食氣. 此卽調劑君臣之法. 肉與食較, 則食爲君而肉爲臣. 薑醬與肉較, 則又肉爲君而薑醬爲臣矣. 雖有好不好之分,

---

**242** 慣技관기: 늘 사용하는 수단.

然君臣之位不可亂也. 他物類是.


〇怕食者少食

凡食一物而凝滯胸膛, 不能克化[243]者, 卽是病根, 急宜消導. 世間只有瞑眩之藥[244], 豈有瞑眩之食乎. 喜食之物, 必無是患, 强半皆所惡也. 故性惡之物卽當少食, 不食更宜.


〇太饑勿飽

欲調飮食, 先勻饑飽. 大約饑至七分而得食, 斯爲酌中之度, 先時則早, 過時則遲. 然七分之饑, 亦當予以七分之飽. 如田疇之水, 務與禾苗相稱, 所需幾何, 則灌注幾何, 太多反能傷稼, 此平時養生之火候[245]也. 有時迫于繁冗, 饑過七分而不得食, 遂至九分十分者, 是謂太饑. 其爲食也, 寧失之少, 勿犯于多. 多則饑飽相搏而脾氣受傷, 數月之調和, 不敵一朝之紊亂矣.


〇太飽勿饑

饑飽之度, 不得過于七分是已. 然又豈無饕餮[246]太甚, 其腹果

---

243 克化극화: 극화尅化. 소화시키다.
244 瞑眩之藥명현지약: 복용한 뒤에 반응이 격렬한 약. 명현瞑眩은 약을 먹은 뒤에 구토·어지럼증·가슴 답답함 등이 나타나는 것을 가리킨다. 출처는 『상서』 「설명편상說命篇上」.
245 火候화후: 요리할 때 불의 세기와 타는 시간. 기준으로 풀이했다. 출처는 『유양잡조酉陽雜組』 「주식酒食」.
246 饕餮도철: 탐욕스럽게 먹다. 출처는 두보의 시 「노루麂」.

然247之時. 是則失之太飽. 其調饑之法, 亦復如前, 寧豐勿嗇. 若謂逾時不久, 積食難消, 以養鷹之法處之. 故使饑腸欲絶, 則似大熟248之後, 忽遇奇荒. 貧民之饑可耐也, 富民之饑不可耐也, 疾病之生多由于此. 從來善養生者, 必不以身爲戲.


○怒時哀時勿食

喜怒哀樂之始發, 均非進食之時. 然在喜樂猶可, 在哀怒則必不可. 怒時食物, 易下而難消, 哀時食物, 難消亦難下, 俱宜暫過一時, 候其勢之稍殺. 飲食無論遲早, 總以入腸消化之時爲度. 早食而不消, 不若遲食而卽消. 不消卽爲患, 消則可免一餐之憂矣.


○倦時悶時勿食

倦時勿食, 防瞌睡249也. 瞌睡則食停于中, 而不得下. 煩悶時勿食, 避惡心也. 惡心則非特不下, 而嘔逆隨之. 食一物, 務得一物之用. 得其用則受益, 不得其用, 豈止不受益而已哉.


---

247 其腹果然기복과연: 복유과연腹猶果然. 배가 불룩하다. 출처는 『장자』 「소요유」.
248 大熟대숙: 대숙大孰. 대풍년. 출처는 『상서』 「금등金縢」.
249 瞌睡갑수: 졸다. 출처는 후촉後蜀 시인 구양형歐陽炯(896~971)의 시 「관휴가 꿈에 감응하여 나한도를 그린 것을 읊은 노래貫休應夢羅漢畫歌」.

## 4. 節色欲

行樂之地, 首數房中. 而世人不善處之, 往往啓妒釀爭, 翻爲禍人之具. 卽有善御者, 又未免溺之過度, 因以傷身, 精耗血枯, 命隨之絶. 是善處不善處, 其爲無益于人者一也. 至于養生之家, 又有近妊遠色之二種, 各持一見, 水火其詞. 噫, 天旣生男, 何復生女, 使人遠之不得, 近之不得, 功罪難予, 竟作千古不決之疑案250哉.

予請爲息爭止謗, 立一公評, 則謂陰陽之不可相無, 猶天地之不可使半也. 天苟去地, 非止無地, 亦幷無天. 江河湖海之不存, 則日月奚自而藏, 雨露憑何而泄. 人但知藏日月者地也, 不知生日月者亦地也. 人但知泄雨露者地也, 不知生雨露者亦地也. 地能藏天之精, 泄天之液, 而不爲天之害, 反爲天之助者, 其故何居. 則以天能用地, 而不爲地所用耳. 天使地晦, 則地不敢不晦. 迨欲其明, 則又不敢不明. 水藏于地, 而不假天之風, 則波濤無據而起. 土附于地, 而不逢天之候, 則草木何自而生. 是天也者, 用地之物也, 猶男爲一家之主, 司出納吐茹251之權者也. 地也者, 聽天之物也, 猶女備一人之用, 執飲食寢處之勞者也. 果若是, 則房中之樂, 何可一日無之. 但顧其人之能用與否, 我能用彼, 則利莫大焉.

參苓芪朮皆死藥也, 以死藥療生人, 猶以枯木接活樹, 求其氣

---

**250** 疑案의안: 의문이 있어 결정하기 어려운 사건. 상황이 불분명하여 확정하기 어려운 사건.

**251** 吐茹토여: 딱딱한 것은 토하고 부드러운 것은 삼키다. 강자를 두려워하고 약자를 기만하다. 출처는 『시경』 「대아·증민大雅·烝民」.

脈之貫, 未易得也. 黃婆姹女皆活藥也, 以活藥治活人, 猶以雌鷄抱雄卵, 冀其血脈之通, 不更易乎. 凡借女色養身而反受其害者, 皆是男爲女用, 反地爲天者耳. 倒持干戈, 授人以柄,[252] 是被戮之人之過, 與殺人者何尤. 人問, 執子之見, 則老氏不見可欲, 使心不亂之說, 不幾謬乎.

予曰, 正從此說參來, 但爲下一轉語. 不見可欲, 使心不亂, 常見可欲, 亦能使心不亂. 何也. 人能摒絕嗜欲, 使聲色貨利不至于前, 則誘我者不至, 我自不爲人誘, 苟非入山逃俗, 能若是乎. 使終日不見可欲, 而遇之一旦, 其心之亂也, 十倍于常見可欲之人. 不如日在可欲之中, 與若輩習處, 則是司空見慣渾閑事[253]矣, 心之不亂, 不大異于不見可欲而忽見可欲之人哉. 老子之學, 避世無爲之學也. 笠翁之學, 家居有事之學也. 二說幷存, 則遊于方之內外, 無適不可.


○節快樂過情[254]之欲

樂中行樂, 樂莫大焉. 使男子至樂, 而爲婦人者尙有他事縈心, 則其爲樂也, 可無過情之慮. 使男婦幷處極樂之境, 其爲地也, 又無一人一物攪挫其歡, 此危道也, 決盡提防[255]之患, 當刻刻慮之.

---

252 倒持干戈, 授人以柄도지간과, 수인이병: 방패와 창을 거꾸로 들어 손잡이를 남에게 주다. 출처는 『후한서』 「하진전何進傳」.
253 司空見慣渾閑事사공견관혼한사: 사공司空 벼슬의 그대에게는 익숙한 일상사. 출처는 유우석劉禹錫의 시 「이신李紳의 기녀에게 증정하여贈李司空妓」다. 사공은 고대 벼슬의 이름으로 공부工部의 일을 하는 관리이며 이신의 벼슬이 사공이었다. 혼한사渾閑事는 일상사를 의미한다.
254 過情과정: 실제 상황을 초과하다. 출처는 『맹자』 「이루하」.
255 決提결제: 홍수가 나서 둑이 터지다. 여기서는 절제하지 않고 쾌락을 끝까지 추구하는 것을 비유했다.

然而但能行樂之人, 卽非能慮患之人, 但能慮患之人, 卽是可以不必行樂之人. 此論徒虛設耳. 必須此等憂慮歷過一遭, 親嘗其苦, 然後能行此樂. 噫, 求爲三折肱之良醫256, 則囊中妙藥存者鮮矣, 不若早留餘地之爲善.

○節憂患傷情之欲

憂愁困苦之際, 無事娛情, 卽念房中之樂. 此非自好, 時勢迫之使然也. 然憂中行樂, 較之平時, 其耗精損神也加倍. 何也. 體雖交而心不交, 精未泄而氣已泄. 試强愁人以歡笑, 其歡笑之苦更甚于愁, 則知憂中行樂之可已. 雖然, 我能言之, 不能行之, 但較平時稍節則可耳.

○節饑飽方殷257之欲

饑寒醉飽四時, 皆非取樂之候. 然使情不能禁, 必欲遂之, 則寒可爲也, 饑不可爲也, 醉可爲也, 飽不可爲也. 以寒之爲苦在外, 饑之爲苦在中, 醉有酒力之可憑, 飽無輕身之足據. 總之, 交媾258者, 戰也, 枵腹259者不可使戰. 幷處者, 眠也, 果腹者不可與眠. 饑不在腸而飽不在腹, 是爲行樂之時矣.

---

256 爲三折肱之良醫위삼절굉지양의: 팔이 부러진 것을 세 번 고쳐야 훌륭한 의사가 된다. 삼절굉三折肱은 '팔이 세 번 부러지다'라는 뜻으로, 여러 번 실패를 맛보는 것을 비유한다. 출처는 『좌전』 정공定公 13년.
257 方殷방은: 극성하다. 출처는 『신당서』 「육지전陸贄傳」.
258 交媾교구: 음양이 교합하다. 성교하다. 출처는 『후한서』 「주거전周擧傳」.
259 枵腹효복: 배가 텅 비다. 굶주리다. 출처는 당나라 강병康騈의 소설 『극담록劇談錄』 「엄사칙嚴士則」.

○節勞苦初停之欲

勞極思逸, 人之情也, 而非所論于耽酒嗜色之人. 世有喘息未定260, 卽赴溫柔鄕者, 是欲使五官百骸精神氣血, 以及骨中之髓腎內之精, 無一不勞而後已, 此殺身之道也. 疾發之遲緩雖不可知, 總無不胎病于內者. 節之之法有緩急二種. 能緩者, 必過一夕二夕. 不能緩者, 則酣眠一覺以代一夕, 酣眠二覺以代二夕. 惟睡可以息勞, 飮食居處皆不若也.


○節新婚乍御261之欲

新婚燕爾262, 不必定在初娶. 凡婦人未經御而乍御者, 卽是新婚. 無論是妻是妾, 是婢是妓, 其爲燕爾之情則一也. 樂莫樂于新相知, 但觀此一夕之爲歡, 可抵尋常之數夕, 卽知此一夕之所耗, 亦可抵尋常之數夕. 能保此夕不受燕爾之傷, 始可以道新婚之樂. 不則開荒辟昧263, 旣以身任奇勞, 獻媚要功264, 又復躬承異瘁.

---

260 喘息未定천식미정: 호흡이 촉박하여 아직 평온해지지 않았다. 출처는 『수호전』제77회.
261 乍御사어: 어御는 '다스리다'라는 의미이다. 사전적으로 남녀의 교합이라는 의미가 없지만, 본문의 내용을 검토하면 성생활은 남자가 주도하여 여인을 다스려야 한다고 주장하고 있으므로, '사어乍御'는 '처음으로 남자가 여인을 다스린다'고 보아 '처음으로 교합하다'로 풀이했다.
262 新婚燕爾신혼연이: 연이신혼燕爾新婚. 새로 결혼하여 즐기다. 연이燕爾는 연이宴爾라고도 하며, 신혼의 쾌락을 형용하는 용어로 '안락하다'라는 의미. 출처는 『시경』「패풍·곡풍邶風·谷風」.
263 開荒辟昧개황벽매: 황무지를 개척하고 우매한 것을 깨우치다. 여기서는 성에 무지한 상대를 행동과 지식으로 인도한다는 의미로 사용되었다.
264 獻媚要功헌미요공: 잘 보이기 위하여 아첨하고 남의 공을 가로채다. 교접하기 위해 갖은 행동을 한다는 의미로 사용되었다.

終身不二色265者, 何難作背城一戰266. 後宮多嬖侍者, 豈能爲不敗孤軍. 危哉危哉. 當籌所以善此矣. 善此當用何法. 曰靜之以心, 雖曰燕爾新婚, 只當行其故事. 說大人, 則藐之, 御新人, 則舊之, 仍以尋常女子相視, 而不致大動其心. 過此一夕二夕之後, 反以新人視之, 則可謂駕馭267有方, 而張弛合道者矣.

○節隆冬盛暑之欲

最宜節欲者隆冬, 而最難節欲者亦是隆冬. 最忌行樂者盛暑, 而最便行樂者又是盛暑. 何也. 冬夜非人不暖, 貼身惟恐不密, 倚翠偎紅268之際, 欲念所由生也. 三時苦于襦襪269, 九夏獨喜輕便, 袒裼裸裎之時, 春心所由蕩也. 當此二時, 勸人節欲, 似乎不情, 然反此卽非保身之道. 節之爲言, 明有度也. 有度則寒暑不爲災, 無度則溫和亦致戾. 節之爲言, 示能守也. 能守, 則日與周旋而神旺, 無守, 則略經點綴而魂搖. 由有度而馴至能守, 由能守而馴至自然,

---

265 不二色불이색: 남자의 애정이 변함없다. 출처는 이어의 희곡 『내하천奈何天』「요봉鬧封」.

266 背城一戰배성일전: 성을 등지고 결전하다. 생사존망을 결정하는 최후의 일전을 의미한다. 출처는 『좌전』 성공成公 2년.

267 駕馭가어: 가어駕御. 수레와 말을 조종하다. 통제하다. 출처는 『삼국지』「오지·장소전吳志·張昭傳」으로 저자 이어는 여인과 교합하는 것을 말이나 수레를 조종하듯이 남자가 통제해야 한다고 주장하고 있다.

268 倚翠偎紅의취외홍: 여인에게 기대고 가까이하다. 여색을 가까이하다. 출처는 왕실보의 잡극 『서상기』.

269 襦襪내대: 의복이 두툼하고 헐렁하다. 출처는 명나라 시인 장황언張煌言(1620~1664)의 시 「빗속에 한기가 심한데 앞의 운을 다시 바꾸어雨中寒甚再迭前韵」.

則無時不堪昵玉[270], 有暇卽可憐香[271]. 將鄙是集爲可焚, 而怪湖
上笠翁之多事矣.


5. 却病


病之起也有因, 病之伏也有在, 絶其因而破其在, 只在一字之
和. 俗云, 家不和, 被鄰欺. 病有病魔, 魔非善物, 猶之穿窬之盗,
起訟構難之人也. 我之家室有備, 怨謗不生, 則彼無所施其狡猾,
一有可乘之隙, 則環肆姦欺而祟我矣. 然物必先朽而後蟲生之, 苟
能固其根本, 榮其枝葉, 蟲雖多, 其奈樹何.

人身所當和者, 有氣血臟腑脾胃筋骨之種種, 使必逐節調和, 則
頭緒紛然, 顧此失彼, 窮終日之力, 不能防一隙之疏. 防病而病生,
反爲病魔竊笑耳. 有務本之法, 止在善和其心. 心和則百體皆和.
卽有不和, 心能居重馭輕, 運籌帷幄[272], 而治之以法矣. 否則內之
不寧, 外將奚視. 然而和心之法, 則難言之. 哀不至傷, 樂不至淫,
怒不至于欲觸, 憂不至于欲絶. 略帶三分拙, 兼存一線痴. 微聾與
暫啞, 均是壽身資. 此和心訣也. 三復斯言, 病其可却.

---

**270** 昵玉일옥: 석옥惜玉. 옥을 사랑하다. 여색을 가까이하다. 출처는 원나라 산곡 작가
장가구張可久(1270?~1350?)의 산곡 「보천악·수심普天樂·收心」.
**271** 憐香연향: 꽃향기를 좋아하다. 여인을 사랑하다. 출처는 당나라 시인 서인徐夤의 시
「호접蝴蝶」.
**272** 運籌帷幄운주유악: 군중의 장막에서 책략을 운용하다. 작전을 논의해 결정하다. 출
처는 『사기』 「고조본기」.

○病未至而防之

病未至而防之者, 病雖未作, 而有可病之機與必病之勢, 先以藥物投之, 使其欲發不得, 猶敵欲攻我, 而我兵先之, 預發制人者也. 如偶以衣薄而致寒, 略爲食多而傷飽273, 寒起畏風之漸, 飽生悔食之心, 此卽病之機與勢也. 急飮散風之物而使之汗, 隨投化積之劑而速之消. 在病之自視如人事, 機才動而勢未成, 原在可行可止之界, 人或止之, 則竟止矣. 較之戈矛已發, 而兵行在途者, 其勢不大相徑庭274哉.

○病將至而止之

病將至而止之者, 病形將見而未見, 病態欲支而難支, 與久疾乍愈之人同一意況. 此時所患者切忌猜疑. 猜疑者, 問其是病與否也. 一作兩歧之念, 則治之不力, 轉盼而疾成矣. 卽使非疾, 我以是疾處之, 寢食戒嚴, 務作深溝高壘275之計, 刀圭276畢備, 時爲出奇制勝277之謀. 以全副精神, 料理奸謀未逞之賊, 使不得揭竿而起278者, 豈難行不得之數哉.

---

273 傷飽상포: 병증의 하나로 식체食滯(소화불량의 한 종류)를 가리킨다. 출처는 수나라 의사 소원방巢元方 등이 610년에 편찬한 의서 『제병원후론諸病源候論』.

274 大相徑庭대상경정: 원문 1부 97번 주 참고.

275 深溝高壘심구고루: 해자를 깊이 파고 보루를 높이 쌓는다. 견고하게 방어 공사를 한다. 출처는 『한비자』 「설림하說林下」.

276 刀圭도규: 약재. 출처는 당나라 시인 왕적王績(589?~644)의 시 「약초를 캐며采藥」.

277 出奇制勝출기제승: 기이한 군대나 병법을 내어 승리하다. 출처는 『손자』 「세勢」.

278 揭竿而起게간이기: 대나무 장대를 들고 일어나다. 나무를 잘라 무기를 만들고 대나무 장대를 들어 깃발로 삼아 봉기하다. 출처는 가의의 「과진론過秦論」.

○病已至而退之

病已至而退之, 其法維何. 曰止在一字之靜. 敵已至矣, 恐怖何益. 剪滅此而後朝食, 誰不欲爲. 無如不可猝得. 寬則或可漸除, 急則疾上又生疾矣. 此際主持之力, 不在盧醫扁鵲, 而全在病人. 何也. 召疾使來者, 我也, 非醫也. 我由寒得, 則當使之幷力去寒. 我自欲來, 則當使之一心治欲. 最不解者, 病人延醫, 不肯自述病源, 而只使醫人按脈.

藥性易識, 脈理難精, 善用藥者時有, 能悉脈理而所言必中者, 今世能有幾人哉. 徒使按脈定方, 是以性命試醫, 而觀其中用否也. 所謂主持之力不在盧醫扁鵲, 而全在病人者, 病人之心專一, 則醫人之心亦專一, 病者二三其詞, 則醫人什佰其徑, 徑愈寬則藥愈雜, 藥愈雜則病愈繁矣. 昔許胤宗謂人曰, 古之上醫, 病與脈値, 惟用一物攻之. 今人不諳脈理, 以情度病, 多其藥物, 以幸有功. 譬之獵人, 不知兔之所在, 廣絡原野, 以冀其獲, 術亦昧矣. 此言多藥無功, 而未及其害. 以予論之, 藥味多者不能愈疾, 而反能害之.

如一方十藥, 治風者有之, 治食者有之, 治癆傷虛損者亦有之. 此合則彼離, 彼順則此逆, 合者順者卽使相投, 而離者逆者又復于中爲崇矣. 利害相攻, 利卒不能勝害, 況其多離少合, 有逆無順者哉. 故延醫服藥, 危道也. 不自爲政, 而聽命于人, 又危道中之危道也. 愼而又愼, 其庶幾乎.

## 6. 療病

病不服藥, 如得中醫. 此八字金丹[279], 救出世間幾許危命. 進此說于初得病時, 未有不怪其迂者, 必俟刀圭藥石無所不投, 人力既窮, 而沈痾[280]如故, 不得已而從事斯語, 是可謂天人交迫, 而使就中醫者也. 乃不攻不療, 反致霍然, 始信八字金丹, 信乎非謬. 以予論之, 天地之間只有貪生怕死[281]之人, 幷無起死回生之藥. 藥醫不死病, 佛度有緣人. 旨哉斯言. 不得以諺語目之矣.

然病之不能廢醫, 猶旱之不能廢禱. 明知雨澤在天, 匪求能致, 然豈有晏然坐視, 聽禾苗稼穡之焦枯者乎. 自盡其心而已矣. 予善病一生, 老而勿藥. 百草盡經嘗試, 幾作神農後身, 然于大黃解結之外, 未見有呼應極靈, 若此物之隨試驗驗者也. 生平著書立言, 無一不由杜撰[282], 其于療病之法亦然. 每患一症, 輒自考其致此之由, 得其所由, 然後治之以方, 療之以藥. 所謂方者, 非方書[283]

---

279 金丹금단: 연단술煉丹術 용어. 내단內丹과 외단外丹으로 나뉜다. 내단은 체내에서 단약을 응결시키는 수련 방식이며, 외단은 각종 약물을 제련하여 만들어 먹으면 불로장생한다는 단약이다. 출처는 『포박자』「금단金丹」.
280 沈痾침아: 중병. 오래도록 낫지 않는 병. 출처는 남조 송나라 시인 포조鮑照(415?~470)의 시 「여산에서 동으로 진택을 바라보며自廬山東望震澤」.
281 貪生怕死탐생파사: 삶에 미련을 갖고 죽음을 두려워하다. 출처는 『한서』「문삼왕전文三王傳」.
282 杜撰두찬: 근거 없이 편집하다. 출처는 송나라 왕무王楙(1151~1213)의 『야객총서野客叢書』「두찬杜撰」.
283 方書방서: 의서. 출처는 『사기』「편작창공열전扁鵲倉公列傳」.

所載之方, 乃觸景生情[284], 就事論事[285]之方也. 所謂藥者, 非本草必載之藥, 乃隨心所喜, 信手拈來[286]之藥也. 明知無本之言不可訓世, 然不妨姑妄言之, 以備世人之妄聽[287].

凡閱是編者, 理有可信則存之, 事有可疑則闕之, 不以文害辭, 不以辭害志. 是所望于讀笠翁之書者. 藥籠應有之物, 備載方書. 凡天地間一切所有, 如草木金石昆蟲魚鳥, 以及人身之便溺牛馬之溲渤, 無一或遺, 是可謂兩者至備之書, 百代不刊之典. 今試以本草一書高懸國門, 謂有能增一療病之物, 及正一藥性之訛者, 予以千金. 吾知軒岐[288]復出, 盧扁再生, 亦惟有屛息而退, 莫能覬覦[289]者矣.

然使不幸而遇笠翁, 則千金必爲所攫. 何也. 藥不執方, 醫無定格. 同一病也, 同一藥也, 盡有治彼不效, 治此忽效者. 彼是則此非, 彼非則此是, 必居一于此矣. 又有病是此病, 藥非此藥, 萬無可用之理, 或被庸醫[290]誤投, 或爲臧獲[291]謬取, 食之不死, 反以回生者. 迹是而觀, 則本草所載諸藥性, 不幾大謬不然乎. 更有奇于

---

284 觸景生情촉경생정: 경물을 접촉해 감정이 일어나다. 상황 따라 대처하다. 출처는 원나라 무명씨의 산곡 「규원閨怨」.
285 就事論事취사론사: 사물 자체의 본성에 따라 시비를 논해 결정하다. 출처는 「만력야획편」 「사신논핵수규詞臣論劾首揆」.
286 信手拈來신수점래: 손이 가는 대로 집어오다. 출처는 소동파의 시 「공의보가 옛 사람의 구절을 모은 것을 보고 차운하여 증정하며次韵孔毅甫集古人句見贈」.
287 妄聽망청: 마음대로 들어 진지하게 여기지 않다. 출처는 「장자」 「제물론齊物論」.
288 軒岐헌기: 황제黃帝 헌원씨軒轅氏와 황제의 신하 기백岐伯. 중국 의학의 시조로 추앙된다.
289 覬覦기유: 분수에 넘치는 희망이나 기도企圖. 출처는 「좌전」 환공 2년.
290 庸醫용의: 의술이 고명하지 못한 의사. 출처는 소동파의 산문 「책략1策略一」.
291 臧獲장획: 노비에 대한 비칭. 출처는 「순자」 「왕패」.

此者, 常見有人病入膏肓, 危在旦夕, 藥餌攻之不效, 刀圭試之不靈, 忽于無心中瞥遇一事, 猛見一物, 其物幷非藥餌, 其事絕異刀圭, 或爲喜樂而病消, 或爲驚慌而疾退. 救得命活, 卽是良醫, 醫得病瘥, 便稱良藥. 由是觀之, 則此一物與此一事者, 卽爲本草所遺, 豈得謂之全備乎. 雖然, 彼所載者, 物性之常, 我所言者, 事理之變. 彼之所師者人, 人言如是, 彼言亦如是, 求其不謬則幸矣. 我之所師者心, 心覺其然, 口亦信其然, 依傍于世何爲乎. 究竟予言似創, 實非創也. 原本于方書之一言, 醫者意也. 以意爲醫, 十驗八九, 但非其人不行. 吾願以拆字射覆者改卜爲醫, 庶幾此法可行, 而不爲一定不移之方書所誤耳.

○本性酷好之藥

一曰本性酷好之物, 可以當藥. 凡人一生, 必有偏嗜偏好之一物, 如文王之嗜菖蒲葅, 曾晳之嗜羊棗, 劉伶之嗜酒, 盧仝之嗜茶, 權長孺之嗜瓜, 皆癖嗜也. 癖之所在, 性命與通, 劇病得此, 皆稱良藥. 醫士不明此理, 必按本草而稽查藥性, 稍與症左, 卽鴆毒視之. 此異疾之不能遽瘳也.

予嘗以身試之. 庚午之歲, 疫癘盛行, 一門之內, 無不呻吟, 而惟予獨甚. 時當夏五, 應薦楊梅, 而予之嗜此, 較前人之癖菖蒲羊棗諸物, 殆有甚焉, 每食必過一斗. 因訊妻孥曰, 此果曾入市否. 妻孥知其旣有而未敢遽進, 使人密訊于醫. 醫者曰, 其性極熱, 適與症反. 無論多食, 卽一二枚亦可喪命. 家人識其不可, 而恐予固索, 遂詭詞以應, 謂此時未得, 越數日或可致之. 詎料予宅鄰街, 賣花

售果之聲時時達于戶內, 忽有大聲疾呼而過予門者, 知其爲楊家果292也. 予始窮詰家人, 彼以醫士之言對. 予曰, 碌碌巫咸, 彼烏知此. 急爲購之. 及其旣得, 才一沁齒, 而滿胸之鬱結俱開, 咽入腹中, 則五臟皆和, 四體盡適, 不知前病爲何物矣. 家人睹此, 知醫言不驗, 亦聽其食而不禁, 病遂以此得瘥. 由是觀之, 無病不可醫, 無物不可當藥. 但須以漸嘗試, 由少而多, 視其可進而進之, 始不以身爲孤注293. 又有因嗜此物, 食之過多因而成疾者, 又當別論. 不得盡執以酒解酲294之說, 遂其勢而益之. 然食之旣厭而成疾者, 一見此物, 卽避之如仇. 不相忌而相能, 卽爲對症之藥可知已.

○其人急需之藥

二曰其人急需之物, 可以當藥. 人無貴賤窮通, 皆有激切所需之物. 如窮人所需者財, 富人所需者官, 貴人所需者升擢, 老人所需者壽, 皆卒急欲致之物也. 惟其需之甚急, 故一投輒喜, 喜卽病瘥. 如人病入膏肓, 匪醫可救, 則當療之以此. 力能致者致之, 力不能致, 不妨紿之以術. 家貧不能致者者, 或向富人稱貸, 僞稱親友饋遺, 安置床頭, 予以可喜, 此救貧病之第一着也. 未得官者, 或急爲納粟295, 或謬稱薦擧, 已得官者, 或眞謀銓補296, 或假報量移299.

---

292 楊家果양가과: 양씨 집안의 과일, 즉 양매. 출처는 『세설신어』「언어言語」.
293 孤注고주: 모든 돈을 걸고 도박하다. 출처는 사마광의 필기 『속수기문涑水記聞』.
294 以酒解酲이주해정: 술로 숙취를 풀다. 유해한 방법으로 응급처치를 하다. 출처는 『세설신어』「임탄任誕」.
295 納粟납속: 곡식을 바쳐 벼슬을 얻거나 속죄하다. 출처는 『사기』「진시황본기」.
296 銓補전보: 관직에 선발되어 보충되다. 출처는 『북제서』「문선제기文宣帝紀」.

至于老人欲得之遐年, 則出在星相巫醫之口, 予千予百, 何足吝哉.
是皆卽以其人之道, 反治其人之身者也. 雖然, 療諸病易, 療貧病
難. 世人憂貧而致疾, 疾而不可救藥者, 幾與恒河沙²⁹⁸比數. 焉能
假太倉之粟, 貸郭況之金, 是人皆予以可喜, 而使之霍然盡愈哉.

○一心鍾愛之藥

三曰一心鍾愛之人, 可以當藥. 人心私愛, 必有所鍾. 常有君不
得之于臣, 父不得之于子, 而極疏極遠極不足愛之人, 反爲精神所
注, 性命以之者, 卽是鍾情之物也. 或是嬌妻美妾, 或爲狎客²⁹⁹孌
童, 或系至親密友, 思之弗得, 與得而弗親, 皆可以致疾. 卽使致
疾之由, 非關于此, 一到疾痛無聊之際, 勢必念及私愛之人. 忽使
相親, 如魚得水, 未有不耳淸目明, 精神陡健, 若病魔之辭去者.

此數類之中, 惟色爲甚, 少年之疾, 強半犯此. 父母不知, 謬聽
醫士之言, 以色爲戒, 不知色能害人, 言其常也, 情堪愈疾, 處其
變也. 人爲情死, 而不以情藥之. 豈人爲饑死, 而仍戒令勿食, 以
成首陽之志乎. 凡有少年子女, 情竇已開³⁰⁰, 未經婚嫁而至疾, 疾
而不能遽瘳者, 惟此一物可以藥之. 卽使病軀羸弱, 難使相親, 但
令往來其前, 使知業爲我有, 亦可慰情思之大半. 猶之得藥弗食,

297 量移양이: 오지로 좌천됐다가 사면을 받아 경성 근처로 이전되다. 출처는 『구당서』
「현종기상玄宗紀上」.
298 恒河沙항하사: 항하 즉 인도 갠지스강의 모래. 매우 많음. 출처는 왕유의 「육조능선
사비명六祖能禪師碑銘」.
299 狎客압객: 기루 출입자. 오입쟁이. 출처는 송나라 학자 맹원로孟元老의 필기 『동경몽
화록東京夢華錄』「가회의위駕回儀衛」.
300 情竇已開정두이개: 원문 1부 169번 주 참고.

但嗅其味, 亦可內通腠理, 外壯筋骨, 同一例也. 至若閨門以外之人, 致之不難, 處之更易. 使近臥榻, 相昵相親, 非招人與共, 乃曠藥使嘗也. 仁人孝子之養親, 嚴父慈母之愛子, 俱不可不預蓄是方, 以防其疾.

○一生未見之藥

四曰一生未見之物, 可以當藥. 欲得未得之物, 是人皆有. 如文士之于異書, 武人之于寶劍, 醉翁之于名酒, 佳人之于美飾, 是皆一往情深, 不辭困頓, 而欲與相俱者也. 多方覓得而使之一見, 又復艱難其勢而後出之, 此駕馭病人之術也. 然必既得而後留難之, 許而不能卒與, 是益其疾矣. 所謂異書者, 不必微言祕籍, 搜藏破壁而後得之.

凡屬新編, 未經目睹者, 卽是異書, 如陳琳之檄, 枚乘之文, 皆前人已試之藥也. 須知奇文通神, 鬼魅遇之, 無有不辟者. 而予所謂文人, 亦不必定指才士, 凡系識字之人, 卽可以書當藥. 傳奇野史, 最祛病魔, 倩人讀之, 與誦咒辟邪無異也. 他可類推, 勿拘一轍. 富人以珍寶爲異物, 貧家以羅綺爲異物, 獵山之民見海錯而稱奇, 穴處之家入巢居而贊異. 物無美惡, 希覯爲珍. 婦少妍媸, 乍親必美. 昔未睹而今始睹, 一錢所購, 足抵千金. 如必俟希世之珍, 是索此輩于枯魚之肆301矣.

---

301 枯魚之肆고어지사: 건어물 가게. 구조할 방법이 없는 절망적인 상태를 비유한다. 출처는 『장자』 「외물外物」.

○平時契慕302之藥

五日平時契慕之人, 可以當藥. 凡人有生平向往, 未經謀面者, 如其惠然肯來303, 以此當藥, 其爲效也更捷. 昔人傳韓非書至秦, 秦王見之曰, 寡人得見此人與之遊, 死不恨矣. 漢武帝讀相如子虛賦而善之, 曰朕獨不得與此人同時哉. 晉時宋纖有遠操, 沈靜不與世交, 隱居酒泉, 不應辟命304. 太守楊宣慕之, 畫其像于閣上, 出入視之. 是秦王之于韓非, 武帝之于相如, 楊宣之于宋纖, 可謂心神畢射, 寤寐相求者矣. 使當秦王漢帝楊宣臥疾之日, 忽致三人于榻前, 則其霍然起舞, 執手爲歡, 不知疾之所從去者, 有不待事畢而知之矣. 凡此皆言秉彝305至好出自中心, 故能愉快若此. 其因人贊美而隨聲附和者, 不與焉.


○素常樂爲之藥

六日素常樂爲之事, 可以當藥. 病人忌勞, 理之常也. 然有樂此不疲一說作轉語, 則勞之適以逸之, 迹非拘士306所能知耳. 予一生療病, 全用是方, 無疾不試, 無試不驗, 徙癰307浣腸308之奇, 不

302 契慕계모: 애모하다. 출처는 명나라 문학가 이지李贄(1527~1602)의 저서 『분서焚書』「독사讀史·조공曹公」.
303 惠然肯來혜연긍래: 흔쾌히 기껍게 오다. 출처는 『시경』「패풍·종풍邶風·終風」.
304 不應辟命불응벽명: 관직을 주는 것에 응하지 않다. 출처는 『후한서』「가규전賈逵傳」.
305 秉彝병이: 상도常道(불변의 도리)를 따르다. 출처는 『시경』「대아·증민大雅·烝民」.
306 拘士구사: 고집스러워 융통성이 없는 사람. 출처는 『사기』「굴원가생열전屈原賈生列傳」.
307 徙癰시옹: 종기를 치료할 수 있다는 민간요법. 출처는 『남사南史』「설백종전薛伯宗傳」.
308 浣腸완장: 관장灌腸. 관장하다.

是過也.

予生無他癖, 惟好著書, 憂藉以消, 怒藉以釋, 牢騷309不平之氣
藉以鏟除. 因思諸疾之萌蘗310, 無不始于七情, 我有治情理性之
藥, 彼烏能祟我哉. 故于伏枕呻吟之初, 卽作開卷第一義. 能起能
坐, 則落毫端, 不則但存腹稿311. 迨沈痾將起之日, 卽新編告竣之
時. 一生剞劂, 孰使爲之. 強半出造化小兒312之手. 此我輩文人之
藥, 止堪自怡悅, 不堪持贈君者. 而天下之人, 莫不有樂爲之一事,
或耽詩癖酒, 或慕樂嗜棋, 聽其欲爲, 莫加禁止, 亦是調理病人之
一法. 總之, 御疾之道, 貴在能忘. 切切在心, 則我爲疾用, 而死生
聽之矣. 知其力乏, 而故授以事, 非擾之使困, 乃迫之使忘也.


○生平痛惡之藥

七曰生平痛惡之物與切齒之人, 忽而去之, 亦可當藥. 人有偏好,
卽有偏惡. 偏好者致之, 旣可已疾, 豈偏惡者辟之使去, 逐之使遠,
獨不可當沈痾之七發乎. 無病之人, 目中不能容屑, 去一可憎之物,
如拔眼內之釘. 病中睹此, 其爲累也甚. 故凡遇病人在床, 必先
計其所仇者何人, 憎而欲去者何物, 人之來也屛之, 物之存也去之.

或詐言所仇之人災傷病故, 暫快一時之心, 以緩須臾之死, 須

────
309 牢騷뇌소: 억울하고 불만스러운 정서나 말. 불평하다. 출처는 명나라 극작가 육세렴
陸世廉의 잡극 『서대기西臺記』.
310 萌蘗맹얼: 새로 돋아난 싹. 시초. 출처는 『맹자』 「고자상」.
311 腹稿복고: 마음속으로 생각하여 아직 표현하지 않은 시문의 구상. 출처는 『신당서』
「왕발전王勃傳」.
312 造化小兒조화소아: 조화를 부리는 꼬마. 운명. 출처는 『신당서』 「두심언전杜審言傳」.

臾不死, 或竟不死也, 亦未可知. 割股救親, 未必能活, 割仇家之肉
以食親, 痼疾未有不起者. 仇家之肉, 豈有異味可嘗, 而怪色奇形
之可辨乎. 暫欺以方, 亦未嘗不可. 此則充類至義之盡也313. 愈疾
之法, 豈必盡然. 得其意而已矣.

　以上諸藥, 創自笠翁, 當呼爲笠翁本草. 其餘療病之藥及攻疾
之方, 效而可用者盡多. 但醫士能言, 方書可考, 載之將不勝載. 悉
留本等之事, 以歸分內314之人, 俎不越庖, 非言其可廢也. 總之,
此一書者, 事所應有, 不得不有, 言所當無, 不敢不無. 絶無僅有
之號, 則不敢居, 雖有若無之名, 亦不任受. 殆亦可存而不必盡廢
者也.

―――
313 充類至義之盡也충류지의지진야: 동일한 종류의 사리를 추구하여 의미가 극히 정밀
한 곳까지 도달하다. 사리를 충분히 추론하다. 출처는 『맹자』 「만장하萬章下」.
314 分內분내: 본분 이내. 출처는 『논어』 「헌문憲問」.

# 쾌락의 정원

| | |
|---|---|
| 초판 인쇄 | 2018년 4월 13일 |
| 초판 발행 | 2018년 4월 19일 |

| | |
|---|---|
| 지은이 | 이어 |
| 옮긴이 | 김의정 |
| 펴낸이 | 강성민 |
| 편집장 | 이은혜 |
| 기획 | 노승현 |
| 편집 | 박은아 곽우정 김지수 이은경 |
| 편집보조 | 김민아 |
| 마케팅 | 정민호 이숙재 정현민 김도윤 오혜림 안남영 |
| 홍보 | 김희숙 김상만 이천희 |
| 독자모니터링 | 황치영 |

| | |
|---|---|
| 펴낸곳 | (주)글항아리 | 출판등록 2009년 1월 19일 제406-2009-000002호 |
| 주소 | 10881 경기도 파주시 회동길 210 |
| 전자우편 | bookpot@hanmail.net |
| 전화번호 | 031-955-1936(편집부) | 031-955-8891(마케팅) |
| 팩스 | 031-955-2557 |

| | |
|---|---|
| ISBN | 978-89-6735-513-5 03910 |

글항아리는 (주)문학동네의 계열사입니다.

이 도서의 국립중앙도서관 출판시도서목록(CIP)은 서지정보유통지원시스템 홈페이지
(http://seoji.nl.go.kr)와 국가자료공동목록시스템(http://www.nl.go.kr/kolisnet)에서
이용하실 수 있습니다. (CIP제어번호 : CIP2018010868)